Das Mysterium der Dualseelen und Zwillingsseelen

Die Geheimnisse unserer beiden intensivsten seelischen Liebesverbindungen, deren Herausforderungen, Bedeutung und Chancen für unser Leben

von

Sandra Maria Ruzischka

Weitere Bücher von Sandra Ruzischka:

Das Geheimnis der Dualseelen, Seelengefährten und Seelengeschwister, Karmische Verbindungen und über die großen Herausforderungen dieser Begegnungen in unserem Leben, *ISBN 978-3-89094-468-5*

The Secret of Twin Souls, Soul Mates an Soul Families, *ISBN 978-3-89094-832-4,* **ebook, Format ePUB, PDF, English Edition! (Englische Ausgabe)**

© **2. Auflage, Copyright 2016 by Bohmeier Verlag, D-04357 Leipzig, Oelssnerstr. 2, Germany, Tel.: +49 (0) 341-6812811 - Fax: +49 (0) 341-6811837. Immer erreichbar über unsere Internet-Homepage: www.magick-pur.de**

© **Coverbild von Sandra Ruzischka (Titelbild „Galaxien"** – Das Titelbild mit den Spiralgalaxien ist eine Fotomontage, aus zwei verschiedenen Bildern: Der untere Teil ist der Walchensee (© *Sandra Maria Ruzischka*). Der obere Teil mit den Galaxien ist ein Bild von fotolia.com (http://de.fotolia.com/id/20855395, Autor rolffimages). Wir danken vielmals für die Lizenzüberlassung.**), Gesamtkonzeption von JAD.**

Gesamtherstellung: Bohmeier Verlag, Printed in Germany

ISBN 978-3-89094-720-4

Inhaltsverzeichnis

Vorwort

Als ich 1997 meiner Zwillingsseele begegnete, wusste ich noch nichts von der Tragweite und der enormen Intensität seelischer Beziehungen. Dieses Ereignis löste in mir einen tiefgreifenden Entwicklungsprozess aus, der sich im Laufe der Jahre immer wieder wandelte, aber bis heute fortbesteht. Meine Sicht über das Leben, meine Einstellungen, meine Standpunkte, ja sogar mein gesamter Kontext erneuerten sich auf positive Weise. Ich erkenne immer mehr mein wahres Sein und meinen Platz im Universum. Ich bin sehr dankbar über meine Seelenbegegnungen, die tiefe Liebe und das enorme Potenzial, das mit jeder Seelenbeziehung verbunden ist. Wenn du mein erstes Buch „Das Geheimnis der Dualseelen, Seelengefährten und Seelengeschwister", das 2006 veröffentlicht wurde, gelesen hast, dann kennst du den Teil meiner damaligen Erfahrungen. Ich empfehle dir mein erstes Buch vor allem dann, wenn du dich noch nie zuvor mit Seelenverwandtschaft und spirituellen Themen befasst hast. Es dient als leichter Einstig in die, in diesem Buch recht komplex beschriebene, Thematik.

Jetzt schreiben wir das Jahr 2012. Meine persönlichen Erkenntnisse und Erlebnisse der vergangenen Jahre offenbaren mir sehr viel Neues und Profundes zum Thema Seelenverwandtschaft. Ganz besondere Einsichten wurden mir dabei über Dualseelen und Zwillingsseelen, deren besondere Liebe und Verbindung zuteil. Mit diesem Buch möchte ich dir meine neuen Ansichten, Erkenntnisse und Theorien nahebringen. Der Inhalt dieses Buches beruht nicht nur auf meinen persönlichen Erfahrungen mit meiner Dualseele und meiner Zwillingsseele, sondern auch auf dem Erfahrungsschatz meiner Klientinnen und Klienten in Einbeziehung zahlreicher Beratungsgespräche, Seminare, Aurareadings und Heilsitzungen.

Mit meinen Theorien schaffe ich eine Grundlage, ein Modell, mit dem du dich auseinandersetzen kannst, um deine eigene Wahrheit zu finden. Die Erfahrungen und Erkenntnisse in diesem Buch hegen selbstverständlich keinen Absolutheitsanspruch. Sie sind lediglich als ein Aspekt des großen, umfassenden und komplexen Bereiches seelischer Beziehungen zu verstehen. Sie können und sollen nicht als die absolute Wahrheit betrachtet werden. Auf dem Gebiet „der Seelenliebe" gibt es keine allgemeingültigen Normen und Regeln. Ich gebe auch keine Rezepte wie etwas sein muss, oder etwas unbedingt sein soll. Jeder Mensch macht seine eigenen authentischen Erfahrungen und Erkenntnisse und erhält daraus wertvolle Einsichten in seine eigene, individuelle Wahrheit. Wenn du deine Seelenbeziehungen nicht nur auf der Seelenebene betrachtest, wirst du feststellen, dass die menschliche Ebene enorm wichtig ist.

Die Probleme miteinander haben die Menschen – die Seelen kennen keine Probleme – für sie ist alles, was sie erleben richtig. Die Seelen sind immerzu in ewiger Liebe vereint. Deshalb bitte ich dich liebe Leserin, lieber Leser, deinen Verstand eingeschaltet zu lassen, wenn du dieses Buch liest und das für dich herauszunehmen, was für dich stimmig ist. Verbinde dich mit deiner eigenen inneren Stimme, deiner Intuition und fühle, wie das Gelesene auf dich wirkt. Was sich stimmig anfühlt, das stimmt für dich. Alles andere betrachte am besten als potenzielle Erfahrungsmöglichkeit, die du vielleicht zu gegebener Zeit selbst noch erleben wirst.

Als ich meiner Zwillingsseele begegnete, stand ich ganz alleine vor den vielen Rätseln, die mit diesem Ereignis auftauchten. Warum diese Begegnung so extreme, intensive und wunderschöne Gefühle mit sich brachte, aber in manchen Momenten wiederum äußerst schmerzhaft war, entzog sich meinem Verstand. Teilweise zweifelte ich sogar an ihm. Ich versuchte mir selbst die Lösungen auf all meine drängenden Fragen zu geben. Während einer speziellen Meditation zu meinem Hohen Selbst erhielt ich die Antwort, dass der betreffende Mensch meine Zwillingsseele sei. Dieser Begriff sagte mir damals überhaupt nichts. Noch nie zuvor hatte ich von „Zwillingsseelen" gehört. Monate nach der Meditation stieß ich „zufällig" auf ein Buch über Seelen, in dem ich den Begriff „seelische Zwillinge" entdeckte. In einem kurzen aber sehr prägnanten Text wurde erklärt, was seelische Zwillinge sind. Außerdem beschrieb der Autor exakt das, was ich erlebte. Diese Informationen sollten für lange Zeit alles sein, was ich zum Begriff Zwillingsseele in Erfahrung bringen konnte. Dennoch eröffneten sich mir durch die Beziehung mit meiner Zwillingsseele immer mehr Erkenntnisse und ich entschloss mich dazu eine Webseite zum Thema Seelenverwandtschaft mit dem Schwerpunkt Zwillingsseelen zu erstellen. Auf diese Webseite erhielt ich große Resonanz und viele Zuschriften von Menschen, die ebenfalls ihrer Seelenliebe begegnet waren. Durch den Schriftwechsel, dem Erfahrungsaustausch mit anderen und meiner persönlichen Geschichte entstand mein erstes Buch über Dual- und Zwillingsseelen. In diesem verwende ich den Begriff Dualseele als Synonym für Zwillingsseele. Bis zum Jahr 2008 war ich der Ansicht Dual- und Zwillingsseelen seien ein und dasselbe – das Leben sollte mich eines Besseren belehren.

Im Jahr 2008 traf ich schließlich auf meine Dualseele und erkannte, dass meine Zwillingsseele, wie mein Hohes Selbst ja schon sagte, mein seelischer Zwilling ist. Ich bemerkte die Unterschiede in den Aurareadings zur Beschreibung von Dualseelen und Zwillingsseelen. Außerdem wurde mir bewusst, dass die Charakterisierungen von Dualseelen und Zwillingsseelen nur auf den ersten Blick identisch aussahen. Im Grunde gab es auch hier schon definierte Unterschiede. Meine Theorien über Seelenverwandte erweiterten sich durch die Betrachtung der Aussagen in den Aurareadings beträchtlich. Ich bin sehr dankbar, selbst vieles erfahren und erlebt zu haben. Diese Erlebnisse schließen Freude genauso ein, wie auch sehr leidvolle Momente. Herausforderungen gehören zum großen Mysterium der Seelenliebe, ebenso wie Glück, Freude, Ekstase und tiefe Erfüllung. Keine Theorie hat auf Dauer Bestand, wenn sie nicht einmal gelebt, erlebt und mit allen Sinnen unseres Wesens erfasst werden kann. Und genau das ist der Grund für unsere Existenz. Unsere Seelen wollen sich miteinander erfahren im großen Spiel des Lebens – durch ihre Liebe. Alles, was in meinem ersten Buch steht, hat selbstverständlich weiterhin seine Gültigkeit – in diesem neuen Buch erläutere ich die Unterschiede zwischen Dualseelen und Zwillingsseelen genau und beschreibe deren Gemeinsamkeiten, Besonderheiten und ihre speziellen Herausforderungen.

Dieses Buch gibt Rat, eröffnet erweiterte Sichtweisen, beinhaltet philosophische Thesen und Studien ebenso, wie persönliche Erfahrungsberichte, praktische Methoden, Gedichte und anschauliche Grafiken.

Ich freue mich über dein Interesse und wünsche dir viel Spaß beim Lesen!

München-Pasing, im August 2012,
Sandra Maria Ruzischka

Einleitung

Das Mysterium der *„Seelenliebe"* beschäftigt die Menschheit schon seit jeher. Dichter, Schriftsteller und Philosophen berichten gegenwärtig, wie auch schon vor Jahrhunderten von dieser besonderen und einzigartigen Liebe. In unserer heutigen Zeit scheint es, als würden immer mehr Menschen auf ihre Dualseele und/oder ihre Zwillingsseele treffen. Die Zeit ist reif dafür all die Antworten auf unsere drängenden Fragen über dieses erstaunliche Phänomen zu erhalten. Die Menschheit bewegt sich auf ihre seelische Erfüllung zu – die Menschen wollen sich selbst leben und nicht mehr gelebt werden. Das ist die Qualität der Gegenwart und unserer Zukunft. Abhängigkeiten, Altes und Überholtes können nun transformiert und von erweiterten Betrachtungsweisen abgelöst werden. Dazu gehören unter anderem: Aspekte zwischenmenschlicher Beziehungen, persönliche Begrenzungen und karmische Verstrickungen. Der Beginn des Wassermannzeitalters und der Eintritt in eine neue Ära seelischer Bewusstwerdung und kosmischer Evolution begünstigen diese Reformation. Die Menschen werden ihre eigene Spiritualität leben können – viele haben längst damit begonnen. Spiritualität wird nichts mehr sein, das als etwas Überirdisches oder Übersinnliches wahrgenommen wird, sondern gelebte Realität werden. So wie unsere Vorfahren und noch heute lebende Urvölker einen ganz natürlichen Zugang zu ihrer Spiritualität haben, werden auch wir Menschen in den Industrieländern wieder Zugang dazu bekommen. Spiritualität wird nichts Abgehobenes oder Esoterisches mehr sein, sondern ein ganz natürlicher Bestandteil unseres Lebens.

Einige Publikationen sprechen von speziellen Aufgaben, die mit der Dualseele und der Zwillingsseele gelöst werden müssen. Viele Seelenpaare sind indessen noch zu sehr durch Kummer und Leid geprägt und leben das Prinzip der Trennung und nicht der Erfüllung. Gefangen in belastenden Beziehungen und behindernden Strukturen, ist es ihnen unmöglich ihre gemeinsamen Lebensaufgaben zu erfüllen, geschweige denn Aufgaben globalen Ausmaßes anzunehmen. Der Kontakt und die Beziehung zu dem geliebten Menschen, zu dem diese wundersame seelische Verbundenheit besteht, sind häufig durch Schwierigkeiten getrübt und viele Paare sind sogar längst schon wieder getrennt. Die eventuell vorhandene gemeinsame Aufgabe rückt somit in weite Ferne. Die primäre Aufgabe von Dual- und Zwillingsseelen, wenn man sie überhaupt als Aufgabe bezeichnen mag, liegt darin, zusammen in einem erfüllten, harmonischen und heilvollen Gleichgewicht und Miteinander zu sein und ihre Liebe zu leben – wie auch immer das für die einzelnen Paare aussehen mag. Ist dies erreicht, entwickelt sich das außergewöhnliche seelische Potenzial der beiden liebenden Seelen zu seiner Vollkommenheit. Das Seelenpaar erhält nun Zugang zu seinen gesamten, wunderbaren und kraftvollen Energien. Nun ist alles möglich! Die beiden aufs innigste verbundenen Seelen stehen miteinander in ihrer vollen Schöpferkraft, können ihre Seelenaufgaben gemeinsam erfüllen und schöpfen ihr enormes Potenzial auf wundervolle Weise aus. Sie leben ihre Erfüllung, indem sie ihre gemeinsame Fülle entdecken, zulassen und zur Entfaltung bringen.

Was hat es mit der gemeinschaftlichen Lebensaufgabe auf sich? Was ist das Besondere an Dualseelen und an Zwillingsseelen? Welche Gemeinsamkeiten und Unterschiede gibt es? Wie kann man aus diesen speziellen, intensiven seelischen Verbindungen Kraft und Stärke schöpfen und einen Zustand der Erfüllung erlangen, auch wenn zunächst vielleicht Trennung, Trauer und Kummer vorliegen? Welche Chancen und Potenziale eröffnen sich dir persönlich durch diese tiefen Seelenverbindungen? Welche Herausforderungen und Entwicklungsschritte stehen dir bevor, und wie kannst du diese meistern? All das und vieles mehr findest du liebe Leserin, lieber Leser in diesem Buch. Immer wieder werden neue Erkenntnisse und Erfahrungen über Seelenverwandtschaften im Allgemeinen und im Besonderen erkannt. Betrachte dich, deine Dualseele und deine Zwillingsseele als eine ganz besondere und einmalige Seelenverbindung. So, wie wir alle Individuen sind, so ist auch jede Dual- und Zwillingsseelenschaft absolut einmalig in der gesamten Schöpfung. Darum verwende ich in meinen Texten und Fallbeispielen sehr breit gefächerte Darstellungen und Erläuterungen, um die spezielle Beziehungsthematik zwischen Dual- und Zwillingsseelen noch deutlicher zu machen.

In **Teil I** stelle ich die Besonderheiten von Dualseelen dar. Ich gehe auf folgende Themen ein und erläutere sie: Was sind Dualseelen? Was ist ihre gemeinsame Aufgabe? Mit welchen Herausforderungen sind Dualseelen konfrontiert und welche Chancen und Entwicklungspotenziale haben sie? Einige prägnante Fallbeispiele und persönliche Worte von Menschen, die ihrer Dualseele begegneten, runden diesen Teil ab.

In **Teil II** beschreibe ich, was Zwillingsseelen sind und erläutere ebenfalls ihre gemeinsamen Aufgaben, Herausforderungen, Chancen und Potenziale. Am Schluss erzählen spezielle Fallbeispiele und persönliche Worte von Betroffenen ihre eigene Geschichte.

In **Teil III** gehe ich auf die Gemeinsamkeiten und die Unterschiede zwischen einer Dualseelen- und einer Zwillingsseelenbeziehung ein. Ich beschreibe die speziellen Chancen, Entwicklungsprozesse und Herausforderungen im Vergleich zwischen diesen beiden Seelenverbindungen. Ein Kapitel widmet sich unterschiedlichen Fragen und deren Antworten von verschiedenen Menschen zu ihrer persönlichen Seelenbeziehung.

In **Teil IV** erzähle ich von meinen persönlichen Seelenbeziehungen zu meiner Dualseele, meiner Zwillingsseele und anderen Seelenverwandten. Ich berichte von meinen eigenen Herausforderungen, Erfahrungen und Erlebnissen und wie sich meine Seelenverbindungen im Laufe der Zeit entwickelt haben.

Teil V beschreibt einige hilfreiche Methoden, Meditationen und einen Teil meiner spirituellen Praxis, die sich allesamt bei der Bewältigung der Herausforderungen seelischer Verbindungen bewährt haben.

In **Teil VI** beschreibe ich, anhand zweier bekannter historischer Dichter, in welcher Weise das Phänomen der Seelenliebe schon in früheren Epochen bekannt war. Dieser Teil beinhaltet außerdem einige wundervolle Gedichte zum Thema.

Im Buch verwende ich den Begriff *„Seelenverwandter"*. Viele Aspekte der Seelenliebe betreffen Dualseelen und Zwillingsseelen gleichermaßen. Der Begriff *„Seelenverwandter"* gilt für beide. Für Zwillingsseelen benutze ich manchmal den Begriff „andere Hälfte". Hier bitte ich zu beachten, dass Zwillingsseelen selbstverständlich keine in der Mitte durchtrennten Seelen sind, die wie zwei unvollständige Hälften existieren. Eine jede Seele für sich ist selbstverständlich vollkommen und vollständig. Näheres hierzu erkläre ich im Kapitel über Zwillingsseelen.

Wenn ich im Text das Wort „Beziehung" für die Verbindung zwischen zwei Seelenverwandten verwende, so meine ich damit nicht nur eine „Partnerschaft" oder „Liebesbeziehung". Mit der Bezeichnung „Beziehung" beschreibe ich alle Formen des Kontaktes zwischen zwei Menschen.

Dieses Buch wird sicherlich zum einen von Menschen gelesen werden, die sich Neues und Profundes zum Thema Dual- und Zwillingsseelen erwarten und auch wiederum von Menschen, die sich erst ganz neu damit vertraut machen. Deshalb wirst du, falls du zur ersteren Gruppe gehörst, vermutlich einiges lesen, das dir schon bekannt ist. Manche Kapitel werden dir sicher eine erweiterte Sichtweise aufzeigen und dein Verständnis und Bewusstsein über das Thema erweitern können. Diejenigen Leserinnen und Leser, die sich zum ersten Mal mit dem großen Gebiet der Seelenverbindungen beschäftigen, werden vielleicht das eine oder andere schwer verständlich und abstrakt empfinden. Solltest du zu dieser Gruppe gehören, so lasse dich nicht von abstrakten Darstellungen abschrecken, sondern konzentriere dich auf die Teile des Buches, die dir und deinem Bewusstseinsstand mehr entsprechen.

Teilweise verwende ich, der flüssigeren Lesbarkeit halber, die maskuline Form. Es sollen sich dabei bitte auch alle Frauen angesprochen fühlen.

Erfahrungsberichte befinden sich immer am Ende eines Abschnitts. Fallbeispiele sind als solche gekennzeichnet. Somit besteht die Möglichkeit, diese bei Bedarf schnell zu überblättern und zum nächsten Teil überzugehen. Du kannst dieses Buch lesen wie du es möchtest. Von Anfang bis Ende und Kapitel für Kapitel. Du kannst aber auch kreuz und quer lesen. Lasse dich von deiner Intuition durch das Buch führen. Du wirst sehen, dass du es in der für dich richtigen Reihenfolge lesen wirst.

Widmung

ॐ

Für Sonja meine große Liebe

Liebe weiter als der Himmel und tiefer als das Meer

*Unsere Liebe ist wie ein Lied,
eine Melodie, erwacht in
den Weiten unserer Seelen.
Das Lied unserer Liebe erklingt,
wenn wir zusammen zum Takt
unserer Seelen tanzen.
Komm, lass uns tanzen,
denn unser Lied ist die Melodie
der Schöpfung und der Ewigkeit.*

© Sandra Maria Ruzischka, März 2012

Teil I
Dualseelen

Besonderheiten, Bedeutung, Aufgaben, Chancen und Herausforderungen im Leben

Rainer Maria Rilke
(1875 - 1926)

Wenn etwas uns
fortgenommen wird
womit wir tief
und wunderbar
zusammenhängen
so ist viel
von uns selber
mit fortgenommen.
Gott aber will
dass wir uns
wiederfinden
reicher um alles
Verlorene
und vermehrt um
jenen
unendlichen
Schmerz.

Dualseelen

Durch die Liebe verbunden

Von Anfang an
im Urgrund uns'res Seins
geschaffen füreinander
uns zu lieben über alle
Zeiten und Welten hinweg,
wurden wir von Gott für uns erwählt;
die Liebe ist das Element unserer Seelen,
das uns alles überwinden lässt,
Pole vereinend und in und
durch die Liebe mit uns selbst verbunden.

Sandra Ruzischka, am 11. Mai 2011

Dualseelen sind ewige Gefährten füreinander. Sie sind zwei in unvergänglicher Liebe miteinander verbundene Seelen. Dualseelen wurden füreinander geschaffen. Sie begegnen sich im Leben ohne sich suchen zu müssen. Als Menschen fühlen sie ihre Liebe und Verbundenheit tief in ihrem Inneren. Sie lieben sich bis auf den Urgrund ihrer Seelen über alle Zeiten und Inkarnationen hinweg.

Wenn sich zwei Dualseelen treffen, werden sie sich sehr rasch ihrer tiefen Liebe bewusst. Diese Liebe verbindet und vereint sie bis in ihr tiefstes Inneres, aller dualseelentypischen Gegensätzlichkeiten zum Trotz. Haben sich Dualseelen gefunden, dann ziehen sie sich auf geheimnisvolle Weise an und erleben ihre Zusammenkunft, wie von einer schicksalhaften Macht bestimmt. Sind sie miteinander, fühlt sich alles absolut stimmig und richtig an – so, als müsse es ganz genau *so* sein. Nicht nur in schönen, romantischen Stunden, sondern auch in ihren Auseinandersetzungen, oder gar während ihrer Streitigkeiten erleben Dualseelen ihre spezielle Verbundenheit. Wenn sie sich begegnen, ist es wie zuhause anzukommen, ohne je fort gewesen zu sein. Dualseelen entsprechen sich gegenseitig auf völlig perfekte Weise durch ihre Gegensätzlichkeit.

Dualseelen wurden nie voneinander getrennt, da sie niemals in dem Sinne, wie seelische Zwillinge *eins* waren. Dualseelen sind zwei die eines sind. Sie sind zwei vollkommen gegensätzliche, aber sich dennoch entsprechende und ergänzende Wesen. Sie stammen zwar wie alles Sein aus derselben Urquelle, stehen sich in ihrer Seelenausprägung und ihrer evolutionären Entwicklung allerdings genau gegensätzlich gegenüber. Sie wurden von der Urquelle allen Seins füreinander bestimmt. Ihr gemeinsames Seelenspektrum vereinigt ihre individuellen seelischen Strukturen auf unvergleichliche Weise, sodass sie zusammen wie in einem wundervollen Mandala vermählt sind. Gemeinsam lassen sie eine kraftvolle Einheit entstehen und bilden miteinander ein enormes Schöpfungsfeld. Dieses Schöpfungsfeld nutzen sie, indem sie ihre Energien bündeln und auf ein Ziel fokussieren. Dies funktioniert selbstverständlich am besten, wenn sie ausgeglichen und miteinander in Harmonie sind. Ziehen Dualseelen an einem Strang, fühlen sie sich wundervoll sicher und gestärkt. Ihr gemeinsames Energiefeld ist sehr wirkungsvoll und so intensiv, dass andere Menschen diese Energie instinktiv wahrnehmen können.

Zusammen erschaffen Dualseelen ein größeres Ganzes ihres Selbst. Sie bilden miteinander ein vollkommenes Seelenspektrum, das durch ihre gegensätzlichen Aspekte zur Entfaltung kommt. Selbstverständlich ist jede Seele für sich alleine betrachtet perfekt und absolut vollkommen. Zusammen aber komplettieren sie sich wie Yin und Yang. Das Yin- und Yang-Symbol steht füreinander entgegengesetzt stehende Kräfte. Diese Kräfte sind aufeinander bezogen und wirken auch entsprechend. Sie verstärken und unterstützen sich alleine durch ihre Existenz. Ein Dual kann nicht ohne seine gegensätzliche Entsprechung existieren. Alpha und Omega, Anfang und Ende – bilden ebenfalls einen Kreis, an dem der Anfang das Ende bedingt und das Ende den Anfang. Genauso bedingen sich duale Seelen gegenseitig. Jede für sich alleine ist perfekt – aber zusammen ergeben sie ein kraftvolles Seelenfeld, das ebenso wie Alpha und Omega einen enormen Schöpfungsaspekt beinhaltet.

Dualseelen besitzen dieselbe Seelenessenz in ihrer gegensätzlichen Ausprägung. So wie heiß und kalt nur die zwei gegensätzlichen Ausprägungen von Temperatur beschreiben, so findet man in den beiden dualen Seelen ebenfalls völlig entgegengesetzte Aspekte, einer im Grunde aus derselben Ursubstanz bestehenden Seele. Im Gegensatz zur Zwillingsseele, die ebenfalls aus derselben Seelensubstanz besteht, die jedoch noch die völlig identische Ausprägung besitzt. Daraus lässt sich erkennen, dass zwischen zwei Dualen ein enormes Spannungsfeld besteht, das sich in einem besonderen Erlebnisspektrum auf schöpferische Weise auswirken kann. Dieser Umstand bewirkt im Leben häufig chaotische Situationen, die alte begrenzende Strukturen sprengen können. Dieses Spannungsfeld kann unser Leben so stark reformieren, dass wir hinterher ein völlig anderes Leben haben werden. Alles, was nicht wirklich zu uns gehört, wird durch die Schöpfungsenergie dieser Seelenliebe transformiert. Die Liebe zwischen zwei Dualen kann alles, was zwischen ihnen liegt in Harmonie transformieren. Sie wird das auch tun, wenn beide in dieses Spannungsfeld eintauchen und sich auf das große Abenteuer der Selbsterkenntnis gepaart mit der Kraft ihrer Liebe einlassen.

Dualseelen können nur zusammen in die nächsthöhere Dimensionsebene aufsteigen. Sie bleiben in derselben Ebene zusammen, damit sie ihrer Funktion als Duale entsprechen können. Niemals geschieht es, dass einer alleine die Dimensionen innerhalb einer Inkarnationsebene wechselt. Deshalb verbringen sie immer das erste und das letzte Leben in einer Dimensionsebene miteinander. Zwischen dem ersten und dem letzten Leben inkarnieren sie dann gemeinsam, wenn sie die Fäden ihrer Realitäten zusammenknüpfen, um ein stärkeres Gitternetz in ihrer Seelenmatrix zu erschaffen. Die Matrix der Seele ist das, was die Seele im Laufe ihrer Leben an Erfahrungen gemacht hat. Diese Matrix ist Bestandteil der aus dem Licht geborenen Wirklichkeiten. Wirklichkeiten, Realitäten, Welten, Materie und alles was existiert haben ihren Ursprung im Sein, das sich in die Seele ergießt und sich in der Materie durch einen beseelten Körper ausdrückt und zur Entfaltung bringt.

Ist die Dualseele immer gegengeschlechtlich?

Manche Theoretiker vertreten die Ansicht, Dualseelen würden immer in gegengeschlechtlichen Körpern inkarnieren. Das ist meiner Erfahrung nach zwar häufig, aber nicht ausschließlich der Fall. Denn die Seele an sich ist androgyn. Sie beinhaltet das männliche Prinzip genauso in sich, wie das weibliche Prinzip. Ebenso verfügt jeder Mensch über weibliche, wie auch männliche Anteile. Die Seele kann und wird in beiden Geschlechtern inkarnieren. Sie ist nicht auf ein Geschlecht festgelegt. Jeder, der sich näher mit der Reinkarnationslehre befasst, kann erkennen, dass er sowohl Leben als Mann, wie auch als Frau gelebt hat. Die Seele bildet den menschlichen Körper, den sie bewohnt so aus, dass sie ihre geplante Inkarnation entsprechend ihrem Seelenplan erfüllen kann. Sie wird also nicht unbedingt gegengeschlechtlich zu ihrer Dualseele inkarnieren, wenn dasselbe Geschlecht besondere Erfahrungen verspricht. Ein bestimmtes Geschlecht ist für die Seele notwendig, damit sie spezielle Erfahrungen machen kann. Die Seele möchte wachsen und auf ihrem Evolutionsweg voranschreiten und sucht deshalb Konstellationen, die ihr zu der gewünschten Entwicklung verhelfen. Hierzu gehören gleichgeschlechtliche Partnerschaften, wie auch die Erfahrung trans- oder intersexuell zu sein, genauso wie heterosexuelle Beziehungen.

Viele Theoretiker betrachten ausschließlich das Geschlecht des biologischen Körpers und glauben ein Dual müsse dem anderen Geschlecht angehören, sonst wäre es kein Dual. Sie lassen meiner Ansicht nach hierbei die Seelenausprägung komplett außer Acht. Betrachten wir doch einmal einen transsexuellen Menschen. Dessen androgyne Seele kann durchaus in einem männlichen Körper inkarniert sein, während seine Dual- oder Zwillingsseele weiblich ist. Aber dieser transsexuelle Mensch ist lediglich körperlich ein Mann. In seinem Inneren fühlt er sich absolut weiblich und betrachtet sich selbst als Frau, obwohl er, oder besser gesagt sie, einen männlichen Körper hat. Außerdem, um es noch komplizierter zu machen, liebt er bzw. sie Frauen und ist aus seiner/ihrer Sicht lesbisch. Für Außenstehende, die nur seinen männlichen Körper sehen, ist dieser Mensch ein heterosexueller Mann. Für viele Menschen unserer heterosexuell geprägten Gesellschaft stellt diese Besonderheit ein Paradoxon dar. Ein Mann, der sich als Frau fühlt und eine Lesbe ist! Das ist sicher etwas, das für viele Menschen nicht in ihrem Bewusstsein ist. So eine spezielle Inkarnation stellt für den Betroffenen sicherlich eine sehr große Herausforderung dar. Die Seele ist frei. Sie lässt sich nicht in Schubladen oder Normen sperren. Nur der Mensch erschafft Begrenzungen allein durch sein Denken! Durch seine Dualseele kommt man zu sich selbst! Schon viele Menschen sind ihrer Dualseele genau aus diesem Grunde begegnet. Sie erkennen, wer sie sind und was sie leben wollen.

Genauso ist es mit intersexuellen Menschen. Diese Menschen besitzen weibliche *und* männliche körperliche Merkmale. Sie sind also Mann und Frau zugleich. Sie stellen die Personengruppe dar, die sich selbst als das dritte Geschlecht bezeichnet. Sie sind weder eindeutig Mann noch eindeutig Frau. Sie sind eben so, wie sie sind – in erster Linie sind sie Menschen. Menschen mit ganz besonderen Attributen. Die Dual- oder Zwillingsseele eines intersexuellen Menschen wird vermutlich nicht zwangsläufig ebenfalls intersexuell sein. Sie kann Mann oder Frau, hetero-, trans- oder homosexuell sein. Intersexuelle Menschen werden von der Gesellschaft momentan kaum wahrgenommen und tauchen deshalb auch nicht in den gängigen Theorien über seelische Beziehungen auf, da diese sehr hetero geprägt sind. Aber nicht nur in diesem Bereich ist Intersexualität nicht im Bewusstsein der Menschen – was sich aber hoffentlich bald im Sinne der Betroffenen und zu deren Wohle ändern wird. Ich kann aus meiner eigenen Erfahrung mit einigen Klienten berichten, dass selbstverständlich intersexuelle Menschen, genauso wie transsexuelle, homosexuelle und heterosexuelle Menschen, Seelenbeziehungen haben und diese auf ganz besondere und individuelle Weise leben und erleben. Es gibt nichts, das es nicht gibt und ich finde es wundervoll, auf welche Weise sich unsere Seelen hier auf Erden begegnen. Sie begegnen sich in Liebe – in absoluter und reiner Liebe. Es wäre schön, wenn auch die Menschen sich gegenseitig ungeachtet irgendwelcher Äußerlichkeiten, Kulturen, sexueller Ausprägungen und Herkunft ebenso in Liebe begegnen würden. Ich glaube, dass es in unseren Seelenbeziehungen genau darum geht. Wir sollen lernen nicht nur die zu lieben, die wir sowieso lieben, sondern unsere Liebe auf alle Menschen ausdehnen.

Die Liebe zwischen Dualseelen

Die Liebe zwischen Dualseelen ist das Band, das sie über Raum und Zeit, über alle Leben hinweg untrennbar miteinander verbindet. Die Liebe ist der „Stoff", der ihre beiden Seelen zu einem größeren, wundervollen Spektrum ihres Selbst verbindet und der sie in ihrer Herrlichkeit erstrahlen lässt. Diese Liebe vereint durch ihre Kraft die Gegensätzlichkeiten der beiden Duale. Die Liebe zwischen Dualseelen war schon immer und wird auch immer sein. Sie ist eine feste Konstante. Sie ist der Motor, der sie einander finden lässt, ohne dass sie sich je gesucht haben. Durch die Liebe erkennen sie einander wieder, denn ihre Liebe verbindet sie und bewirkt ihre enorme gegenseitige Anziehung. Dualseelen fühlen ihre Liebe füreinander meist in ihrem gesamten Energiefeld. In den Chakren ebenso wie in ihrem physischen Körper. Die Liebe zwischen Dualseelen möchte sich auf allen Bereichen ausdrücken, auch auf der körperlichen Ebene. Deshalb fühlen sich Dualseelen, die sich als potenzielle Partner begegnen, auch körperlich sehr voneinander angezogen und erleben, wenn sie es zulassen können, eine sehr intensive und erfüllende Sexualität miteinander – wie sie sie mit keinem anderen Menschen auf diese Weise erleben könnten.

Die Liebe zwischen Dualseelen ist großartig und absolut einmalig. Sie ist anderen seelischen Beziehungen gegenübergestellt vollkommen einzigartig. Dabei bitte ich, dies nicht als Wertung zu sehen. Selbstverständlich kann die Liebe zur Zwillingsseele ebenso stark und großartig wahrgenommen werden, wie die Liebe zur Dualseele. Beide Lieben fühlen sich jedoch vollkommen anders an und stehen von daher in keinerlei Konkurrenz zueinander.

Was ist das Besondere einer Dualseelenverbindung?

„Dual" bedeutet „Zwei"! Der Begriff Dualseelen beschreibt genau das, was duale Seelen sind – sie sind zwei, die gegensätzlich und doch auf mysteriöse Weise gleich sind. Oberflächlich betrachtet haben Dualseelen zunächst nicht viel gemeinsam. Sie fühlen ihre Verschiedenheit meist recht bald. Trotz, oder gerade wegen ihrer Unterschiedlichkeiten ziehen sich Dualseelen magnetisch an. Ihre Andersartigkeit macht sie füreinander attraktiv, begehrens- und liebenswert. In der Spannbreite ihrer Gegensätzlichkeiten existiert ein unglaublich großes Entwicklungsfeld. Die Gegensätzlichkeit von Dualseelen betrifft in der Regel mehr ihre Gefühls- und Gedankenwelt. Dabei reagieren sie sehr unterschiedlich in entsprechenden Situationen. Dualseelen weisen meistens ein ziemlich unterschiedliches Äußeres auf – was durch ihre konträren Eigenschaften noch betont wird. Vor allem in ihren Charakterzügen entdecken sie schnell ihre Andersartigkeit. Der eine ruhig, der andere lebhaft. Einer draufgängerisch, der andere eher vorsichtig und behutsam. Einer impulsiv, der andere zurückhaltend, usw. Dualpaare beschreiben miteinander den gegensätzlichen Zustand ein und desselben Prinzips. Der Zustand „Heiß" stellt genau wie sein Gegenteil „Kalt" prinzipiell dasselbe dar. Nämlich die gegensätzliche Ausprägung von Temperatur. Genauso ist auch das Wesen von Dualseelen zu verstehen. Das ist der Grund, warum sich Dualseelen trotz aller Differenzen auf geheimnisvolle Weise eins fühlen. Ihre Differenzen sind der Weg zueinander. Die Unterschiedlichkeiten einzelner Dualpaare variiert von sehr schwach bis extrem stark. Es gibt Paare, die ihre Verschiedenheit kaum bemerken, während andere Paare daran verzweifeln, weil sie sehr stark ausgeprägt ist. Im Leben kann sich die Unterschiedlichkeit von Dualseelen auf die vielfältigste Weise bemerkbar machen. Nehmen wir beispielsweise die Eigenschaft „Mut". Bei zwei zusammengehörigen Dualseelen wird sich der Mut in der Regel unterschiedlich bemerkbar machen. Mutig zu sein bedeutet etwas zu tun, obwohl man Angst davor hat. In unserem Beispiel äußert sich der Mut bei beiden Dualen recht konträr. Dualseele A ist Bergsteiger und gerät dabei immer wieder in Situationen, die Mut erfordern. Dual A überwindet eine Situation im Außen, bei der er Angst empfindet durch seinen Mut. Sein Dual B hat eine sehr hohe, verantwortungsvolle berufliche Stellung, in der immer wieder Entscheidungen getätigt werden müssen, die Mut erfordern. Dual B überwindet seine Angst, um wichtige, weitreichende Entscheidungen treffen zu können. Wir können an diesem Beispiel ersehen, dass beide das Thema „Mut" in Form von „Angst überwinden" in ihrem Leben haben. A muss Mut aufbringen, um eine Situation im Außen zu bewältigen. B muss Mut aufbringen, um innere Ängste zu überwinden.

Der Gegensatz – das Prinzip der Dualseelen

Beide Dualseelen sind jede für sich vollkommen und doch vervollständigen sie sich durch ihre Gegensätzlichkeit zu einem größeren Ganzen ihrer Selbst. Die vereinten Potenziale beider Dualseelen ergeben ein größeres gemeinsames Seelenspektrum. Dieses Seelenspektrum beinhaltet neben dem Schöpfungsfeld auch noch ein enormes Spannungsfeld, in dem unendlich viele Ausdrucksmöglichkeiten des Lebens und der Liebe vorhanden sind. Diese bewirken, dass sie sich immer wieder in ihren Inkarnationen finden ohne sich gesucht zu haben. Dieses Feld lässt sie einander fühlen – auch über sehr große Entfernungen hinweg.

Zum besseren Verständnis hilft es uns, andere gegensätzliche Prinzipien und Gegensätze zu betrachten. Berg und Tal sind so ein Gegensatzpaar. Gegensätze gehören untrennbar zusammen. Ohne das Tal wäre der Berg nicht erkennbar und umgekehrt. Jede Form bedingt ihre Gegenform.

Das ist auch das Geheimnis von Dualseelen. Sie verfügen über eine gemeinsame Mitte, die sie, wenn sie von beiden erlangt wurde, ein wundervolles harmonisches und ausgeglichenes Miteinander leben lässt. Diese Mitte zu erreichen und trotzdem sich selbst zu bleiben, ist für die meisten Dualseelenpaare eine ziemliche Herausforderung. Nehmen sie diese allerdings an, dann bewegen sich beide aufeinander zu und sind in der Lage den eigenen Standpunkt zu verlassen ohne diesen aufzugeben. Sie bedingen und ergänzen einander und bleiben dennoch sich selbst.

Das Spektrum gemeinsamer Seelenkräfte nutzen

Dualseelen können das große Spektrum ihrer gemeinsamen Seelenkraft vereinen und damit Großartiges bewirken. Sie fühlen ihr enormes seelisches Potenzial und wissen, dass sie zusammen vieles erreichen und bewegen können. Gemeinsame Aufgaben kommen immer dann zum Tragen, wenn zwei Duale ihre Herausforderungen angenommen, gemeistert und somit transformiert haben. Haben Dualseelen ihre gemeinsame Mitte gefunden, dann können sie auf wundervolle Weise miteinander wirken. Für uns Menschen bedeutet das Leben des gemeinsamen Potenzials große Erfüllung, Freude und Begeisterung in allem, was wir mit unserer Dualseele erleben. Diese Begeisterung kann sich sogar bis hin zu einem wundervollen ekstatischen Lebensgefühl steigern.

Das große Spannungsfeld zwischen Dualseelen, das sie vereint, wirkt manchmal allerdings wie eine Trennmauer. Zwischen Dualseelen befinden sich viele positive, aber auch negative Felder. Diese verbinden und trennen die beiden zugleich – je nachdem welche Kräfte derzeit zwischen ihnen wirksam sind. Die gemeinsamen Aufgaben können nur dann vollständig erfüllt werden, wenn sie dieses Spannungsfeld positiv und konstruktiv für sich nutzen. Ruhen beide in ihrer inneren Mitte und haben ihr eigenes Yin und Yang in sich selbst integriert und ausbalanciert, dann fällt es ihnen leicht die positiven Schwingungen, die sie verbinden zu nutzen und heilbringend für sich selbst und andere einzusetzen.

Bevor Dualseelen völlig harmonisch miteinander gereift sind, werden sie, ähnlich wie die Gezeiten, von einem Extrem ins andere Extrem schwanken.

Heilung durch die Liebe und das Yin- und Yang-Prinzip

Wie oben schon erwähnt sind Dualseelen wie Yin und Yang und jeder trägt einen kleinen Teil der anderen Seele in sich. Mit dieser Komponente können sie sich gegenseitig stärken und verfügen sogar über das Potenzial sich gegenseitig zu heilen. Seelenschmerzen und negative Lebenserfahrungen können durch den Kontakt mit dem anderen an die Oberfläche gelangen, um transformiert und letztlich geheilt zu werden. Der Heilungsprozess wird durch gemeinsame Themen, die auf- und ineinander greifen hervorgerufen und kann durch gegenseitige Unterstützung seine volle Wirkung entfalten.

Häufig spiegeln sich Dualseelen ein aktuelles Lebensthema wider, damit sie es erkennen, bearbeiten und transformieren können. Durch das Vorhandensein eines kleinen Anteils der anderen Seelenessenz ist es Dualseelen möglich zu erspüren, bzw. einfach zu wissen, was für den anderen gerade von besonderer Wichtigkeit ist. Dualseelen fordern sich gegenseitig sehr, ohne sich jedoch zu überfordern. Immer spielt ihre grenzenlose Liebe zueinander eine große Rolle. Durch diese Liebe und ihr unermesslich großes Verständnis und Vertrauen füreinander ist es ihnen möglich, alte Leidensmuster aufzulösen.

Dieser Prozess geht meist mit dem Auftreten von essenziellen Ängsten, seelischen Blockaden und anderer verdrängter Anteile einher. Diese können aus dem aktuellen, oder einem vergangenen Leben stammen. Unterdrückte Emotionen, unerfüllte Wünsche, große Sehnsüchte und tiefe Ängste gelangen vielfach an die Oberfläche. Wenn ihre Beziehung funktioniert, dann unterstützen sich die beiden Duale dabei in einer sehr liebevollen und fürsorglichen Weise. Die Liebe, die sie verbindet, ist einzigartig und wird in einer Art erlebt, wie sie zuvor noch nie auf diese Weise gefühlt wurde. Das Ego spielt bei einer ausbalancierten Dualseelenbeziehung nur eine untergeordnete Rolle, was beide zumindest anfänglich als äußerst irritierend empfinden können. So kann es zum Beispiel vorkommen, dass ein Dualseelenpartner, der vom anderen verletzt wird, sogar gelassen darauf reagiert, während er unter anderen Bedingungen beleidigt oder auch wütend geworden wäre.

Dualseelen haben die Fähigkeit sich gegenseitig auf allen Ebenen zu heilen. Dabei ist Heilung als Prozess zu verstehen. Zeiten größten Leids beinhalten auch das größte Heilungspotenzial. Rückblickend ist dieser Aspekt in speziellen Lebenssituationen erkennbar. Ist eine Dualseelenbeziehung noch nicht in Balance und stecken beide in einer leidvollen Situation fest, fällt es ihnen vermutlich schwer das darin liegende Potenzial zu erkennen. Dieses wird meist erst rückblickend bewusst.

Dualseelen können sowohl das positive, wie auch das negative duale Prinzip leben. Wenn sie ihre gemeinsame Mitte noch nicht gefunden haben, pendeln sie häufig zwischen zwei Extremen hin und her. Dadurch kommt es bei machen Paaren immer wieder zu Trennungen und nach einiger Zeit zur Wiederannäherung. Dualseelen verfügen aber ebenfalls über die Fähigkeit, ohne Leiden ein noch größeres Heilungspotenzial zu entfalten. Durch ihre Liebe ist es ihnen möglich Leiden loszulassen, indem sie sich vollkommen auf die Liebe einlassen. Ich kann diesen Vorgang bei immer mehr Dualseelenpaaren beobachten. Der Heilungsprozess von Dualseelen läuft in der Regel gegensätzlich ab. Das sieht folgendermaßen aus: Bei dem einen wird besonders die Seele gestärkt, während beim anderen der Körper heilen kann. Am leichtesten funktioniert die gemeinschaftliche Heilung, wenn der Kontakt zwischen den Dualen ausgeglichen und harmonisch verläuft.

Diejenigen, die keinen, oder nur schlechten Kontakt zu ihrem Dual haben, heilen natürlich auch. Aber auf andere Weise. Wer Heilung ohne direkten Kontakt zu seinem Dual erfährt, kann davon ausgehen, dass dies für ihn genau so richtig ist. Der Betreffende soll sich zunächst selbst alleine heilen, um dann eventuell die anderen Ebenen heilen zu lassen die nur im Kontakt mit seinem Dual gesunden können. Dabei kann der Kontakt sowohl real, wie auch auf den feinstofflichen Ebenen stattfinden.

Masken und Schutzfunktionen

Aus Angst von anderen verletzt zu werden legen sich die viele Menschen im Laufe ihres Lebens bestimmte Schutzmechanismen/Masken zu. Werden wir mit einem leidvollen Thema aus der Vergangenheit konfrontiert, geht ein spezielles Muster auf und wir reagieren automatisch darauf. Das sind die Situationen in denen wir einfach reagieren ohne eine bewusste Kontrolle darüber zu haben. Im Kontakt mit seiner Dualseele tauchen zwar ebenso die gewohnten Muster auf, aber sie wirken nicht auf die gewohnte Weise. Gnadenlos kann unsere Dualseele unsere Muster und Masken durchschauen und sie unwirksam machen. Dualseelen können sich nichts vormachen, oder sich belügen, ohne sich selbst zu verleugnen. Das ist die große Chance die eigenen Lebensthemen im Spiegel seines Duals erkennen zu können. Durch die tiefe Liebe unserer Dualseele gelingt es immer mehr die alten Muster los- und die Masken fallenzulassen.

Dualseelen begegnen sich vor allem, um sich gegenseitig zu lieben und mit ihrer Liebe zu heilen. Auch wenn ihnen das nicht bewusst ist, arbeiten sie vereint an ihren jeweiligen Lebensaufgaben und ihrem Heilungsprozess. Mit der Zeit gelingt es ihnen ihre alten Muster loszulassen und zusammen neue, noch unbekannte Wege zu gehen. Sie öffnen sich gegenseitig in einer noch nie gekannten Weise und erkennen ihre Schwachstellen. Es kann aber durchaus sehr langwierig sein, bis beide bereit sind, diesen Weg gemeinsam zu gehen. Deshalb treffen sie sich auch immer wieder in ihren verschiedenen Inkarnationen und in den unterschiedlichsten Konstellationen. Dualseelen wissen, dass alles zwischen ihnen aus reiner Liebe geschieht.

Vergebung aus Liebe

Alles, was zwischen zwei Dualseelen geschieht, ist aus reiner Liebe entstanden. Nicht nur die wundervollen, schönen Augenblicke, sondern auch alles andere ist von dieser Liebe durchdrungen. Auch wenn du das vielleicht in der derzeitigen Situation nicht erkennen kannst – sei dir gewiss, dass du in immerwährender Liebe mit deinem Dual verbunden bist.

Dualseelen fordern sich teilweise bis aufs Äußerste heraus, was sehr anstrengend sein kann. Ich kann aus eigener Erfahrung sagen, dass mich meine Zwillingsseele schon sehr gefordert hat, aber die Themen und Erlebnisse mit meiner Dualseele übertreffen diese bei Weitem, in ihrer Tragweite und in ihrer Intensität. Gerade die Differenz zwischen Dualseelen beinhaltet dieses unglaubliche Spannungspotenzial. Einige meiner Klienten mit Dualseelenerfahrungen berichteten mir ebenfalls von den großen Herausforderungen, den heftigen Themen und der großen Liebe, die es erst ermöglichte all das miteinander durchzustehen. Eine Bekannte sagte, sie ist froh, so weit von ihrem Dual weg zu wohnen, ansonsten würden sicher jeden Tag die Fetzen fliegen. *„Ich glaube fast, wir würden uns umbringen, so heftig prallen wir teilweise aufeinander! Wenn da nicht diese tiefe Liebe wäre und das innere Wissen, dass diese Liebe alles überwinden kann und wir einfach zusammengehören, dann hätten wir uns schon lange getrennt.“* Dualseelen können sich also bis aufs Äußerste fordern und Themen und Dinge an die Oberfläche holen, die wir am liebsten überhaupt nicht sehen möchten. Manche erleben dermaßen heftige Situationen, dass man gar an eine karmische Seelenverstrickung denken könnte. Es handelt sich hierbei jedoch um Dualseelen in Aktion. Die Themen, die sich Dualseelen gegenseitig vor die Füße werfen, können sehr verletzend sein und sie mit ihren tiefsten Ängsten in Kontakt bringen. Wenn deine Dualseele dir nicht geben kann was du dir wünschst und du deshalb verletzt bist, dann hat nicht deine Dualseele dich verletzt, sondern du fühlst all diese negativen Gefühle, weil die Realität eine andere ist, als sie in deiner Vorstellung sein sollte. Hier ist es wichtig nicht dem Seelenverwandten die Schuld an den eigenen negativen Gefühlen zu geben, sondern zu schauen was dir die Situation sagen soll. Vielleicht spiegelt dir dein Dual lediglich etwas, was du selbst mit dir oder mit anderen Menschen machst, oder einmal getan hast?

Teilweise entstehen Situationen, in denen Dualseelen emotional total an ihre Grenzen kommen. Einem anderen Menschen würden sie vielleicht nicht mehr vergeben können, aber bei der eigenen Dualseele sieht das ganz anders aus. Dualseelen vergeben sich in der Regel sehr schnell. Im Prinzip gibt es auch gar nichts zu vergeben, denn alles, was zwischen zwei Dualseelen geschieht, ist gut so wie es ist, denn es geschieht in Liebe. Das Geschehene ist im Zeichen ihrer ewigen Seelenliebe entstanden. Es ist möglich das eigene Verhalten zu korrigieren und es zu ändern, wenn es nicht im Sinne der Liebe ist. Wenn du dich selbst fragst, *„was würde die Liebe jetzt in dieser Situation tun?"* dann hast du schon die Antwort. Die Liebe zwischen Dualseelen ist so stark, dass sie alles überwinden kann und auch alles überwinden wird.

Zwei und dennoch eins

Dualseelen verfügen über eine gemeinsame Schnittstelle in der sie *eins* sind. Diese Schnittstelle finden sie, indem sie ihre Gegensätzlichkeiten transformieren. Zwei zueinander gehörige Duale leben jeweils ihre individuelle Dualität, welche sie verbindet und trennt zugleich. Dualseelenpaare erleben Nähe durch die Überwindung von Distanz. Die Distanz ist der Weg, den sie zurücklegen, um sich in der Mitte zu treffen. Das ist auch der Grund, warum sie nicht dauerhaft miteinander verschmelzen, sondern immer den richtigen Abstand zueinander wahren. Auf diese Weise können sie sich selbst sein, was für Dualseelen enorm wichtig ist.

„Durch deine Dualseele kommst du zu dir selbst,
denn sie hilft dir zu erkennen, wer du wirklich bist!"

Ebenso wenig wie die Prinzipien „oben" und „unten" eins werden können, da sie sich sonst auslöschen würden, ebenso wenig können sich Dualseelen dauerhaft miteinander verbinden im Sinne von verschmelzen. Die Distanz zwischen zwei Dualen muss unbedingt aufrechterhalten werden, um ihre Individualität zu bewahren. Eine Symbiose zwischen Dualseelen funktioniert nur dann, wenn Abhängigkeiten dabei keine Rolle spielen. Sie können sich ebenso wenig angleichen, wie Berg und Tal. Würde dies geschehen, dann gäbe es nur noch die flache Ebene. Alle Individualität wäre ausgelöscht.

Die Aufgabe von Dualseelen ist es ihre Dualität zu transformieren. Wie oben schon beschrieben, kann die Dualität zwischen Dualseelen weder einfach ausgeblendet, noch ausgelöscht werden. Eine transformierte Dualität bedeutet also nicht, dass die Dualität zu existieren aufhört, sondern es bedeutet, dass sie bestehen bleibt. In diesem Fall entscheiden sich die beiden Duale ganz bewusst dafür, die jeweils andere Seite kennenzulernen. Sie verlassen ihren eigenen Standpunkt um einen „Ausflug" auf die Seite ihres Duals zu unternehmen, um dessen Standpunkt zu betrachten. Damit es einen Ausgleich geben kann, sollte der andere natürlich auch dazu bereit sein. Es ist sehr interessant, den eigenen Standpunkt zu verlassen und die Welt mit den Augen seines Duals zu sehen. Wenn du das selbst einmal ausprobierst, wirst du erstaunt feststellen, dass dein Dual gar nicht so anders ist als du selbst. Du wirst bemerken, dass seine Betrachtungsweise einiger Themen und Ansichten gar nicht so fremd sind, wie du immer dachtest. Es ist lediglich ein anderer Blickwinkel, durch den dein Dual die Dinge auf der anderen Seite der Skala betrachtet. Selbstverständlich kannst du deinen eigenen Standpunkt jederzeit wieder beziehen. Du wirst jedoch immer einen kleinen Teil der Sichtweise deines Duals mitnehmen und in dein Bewusstsein integrieren. Denn das, was du einmal erlebt und erfahren hast, das kannst du nicht mehr „entwissen". Es wird dir immer zu Eigen sein und dich bereichern.

Dualseelen sind sich bewusst, dass sie zwei eigenständige Wesen sind – jeder in sich selbst komplett und vollständig. Zusammen verfügen sie über einen großen inneren Reichtum und eine enorme Bandbreite an verschiedenen Potenzialen. Sie bereichern sich gegenseitig, durch die Stärke ihrer Liebe und ihrer Einmaligkeit. Dualseelen erleben keinen Mangel in Bezug auf den anderen. Sie fühlen sich weder geteilt und auch nicht nur halb beseelt. Nein, sie fühlen sich größer, farbiger und lebendiger durch den anderen, ohne sich alleine geringer oder kleiner zu fühlen. Darum ist es gerade bei Dualseelen sehr wichtig zu beachten, dass sie ihre Individualität nicht dem anderen zuliebe aufgeben. Sonst sind Konflikte unweigerlich vorprogrammiert. Halten diese länger an, wird es in den meisten Fällen zur Trennung kommen. Dann ist es für beide angesagt, wieder zu sich selbst zu finden, sich selbst zu fühlen und zu leben. Dualseelen müssen die eigene Individualität wahren, damit ihre Beziehung harmonisch funktioniert. Deine Dualseele hilft dir dabei, dich selbst zu finden, zu erkennen und auch anzuerkennen. Wenn beide wissen, wer sie sind und das auch leben, dann wird sich ihre Beziehung sehr erfüllend und . harmonisch gestalten.

Die erste Begegnung und darüber hinaus

Treffen zwei Dualseelen aufeinander und blicken sich in die Augen, scheint die Welt für sie stillzustehen. Häufig erkennen sie die tiefe Seelenliebe, die sie miteinander verbindet, in ihren Augen und fühlen die Magie ihrer seelischen Verbundenheit. Ihr Aussehen und Wesen ist meist recht unterschiedlich und wirkt dadurch äußerst anziehend aufeinander. In der Andersartigkeit ihres Duals erkennen sie sich auf besondere Weise wieder. Sie verfügen über die Begabung ihre Unterschiede auszugleichen, indem sie gegenseitig ihre Stärken hervorheben und ihre Schwächen ausgleichen können.

Ein Vergleich zu Dualseelen sind die Komplementärfarben. Zu jeder Farbe gibt es eine gegensätzliche Ergänzungsfarbe – Rot und Grün sind solche Ergänzungsfarben. Sie verstärken sich gegenseitig. Durch ihre Gegensätzlichkeit steigern sich Komplementärfarben wechselseitig in ihrer Leuchtkraft. Nebeneinander platziert erhöhen sie ihre Farb- und Lichtwirkung um ein Vielfaches. Komplementärfarben sind in der Lage sich gegenseitig zu verstärken, oder auch auszulöschen. Und genauso wie sich Farben gegenseitig stärken können, so ziehen Dualseelen Kraft und Stärke aus ihrer Verbindung. Sie verfügen aber leider auch über das negative Potenzial. Dualseelen können sich genauso gegenseitig schwächen. Durch die ungeheure gemeinsame Kraft mit der sie sich gegenseitig heilen, aber auch schwächen können, ist es für sie sinnvoll, erst dann dauerhaft zusammen zu sein, wenn sie in der Lage sind ihre Verbindung positiv zu leben.

Dualseelen suchen sich nicht – Dualseelen finden sich, wenn die Zeit für sie gekommen ist. Die Seelen treffen sich erst dann, wenn beide den nötigen Entwicklungsstand füreinander haben. Was aber dennoch große Herausforderungen nicht unbedingt verhindert. Mit Entwicklungsstand meine ich nicht, dass sie ein großartiges spirituelles Wissen, oder dergleichen besitzen müssen. Entwicklung ist ohne Wertung zu sehen. Die Entwicklung beider Duale passt ebenso wie sie selbst perfekt zusammen. Es scheint fast so zu sein, als wären sie auch hier sehr gegensätzlich. Dort, wo einer noch wenig Entwicklung aufweist, kann sein Dual schon sehr weit fortgeschritten sein und umgekehrt. Das birgt den Vorteil in sich, dass Duale sich gegenseitig sehr in ihrer Entwicklung vorantreiben können.

Dualseelen finden sich und werden sich auch dann erst erkennen, wenn sie dazu bereit sind. Es wird immer wieder beschrieben, dass sie sich bei ihrem ersten Aufeinandertreffen erkennen. Das ist zwar häufig der Fall, aber nicht immer. Manche Dualseelen begegnen sich auch, ohne sich gleich zu erkennen. Die große Liebe, die sie verbindet, ist immer von Anfang an vorhanden.

Auch wenn sie ihrer Liebe nicht sofort gewahr werden, so fühlen sie auf jeden Fall eine große Sympathie und Zuneigung füreinander. Die Intensität ihrer Gefühle kann sie vollkommen durcheinander bringen. Ein tiefes inneres Wissen und eine große Weisheit erwachsen in ihnen, wenn sie die Tragweite ihrer Gefühle zulassen können. Sie fühlen, dass sie auf ganz spezielle Weise miteinander verbunden sind. Die dabei erlebten Gefühle lassen sich nicht mit Worten beschreiben. Dualseelen begegnen sich, um sich bei ihren Lebensthemen zu helfen und zu heilen und um die Liebe, die sie verbindet, zu leben. Dualseelen sind ewige Gefährten füreinander. Eine ihrer „Aufgaben" ist es, die Liebe in unser irdisches Sein einfließen zu lassen. Auf der Seelenebene lieben sie sich ja sowieso – so wie sich alle Seelen lieben. Dort ist die Liebe ein Zustand und allgegenwärtig. Im Irdischen dagegen fehlt häufig die Liebe. Dualseelen wollen die Liebe von der spirituellen Ebene „hinunter" ins Irdische bringen, damit sie hier vermehrt werden kann. Wir können nicht genug Liebe auf der Erde haben. Dabei ist es Dualseelen wichtig, ihrer Liebe Ausdruck zu verleihen. Sie wollen sie mit all ihrem Sein leben und erleben – und dafür sind sie hier.

Die Spiegelwirkung von Dualseelen

Dualseelen halten sich gegenseitig einen Spiegel vor und bringen sich in Kontakt mit den Hintergründen tiefgehender Probleme, Ängste und verdrängter Erfahrungen. Ebenso zeigen sie sich gegenseitig ihre verborgenen Talente und Potenziale. Wie durch Magie werden Facetten unseres Seins sichtbar, die vorher im Verborgenen schlummerten. *„Es war, als hätte meine Dualseele ein Licht in meiner Seele entzündet. Plötzlich kann ich sehen, was in mir steckt. Ich kann das kaum glauben. Dasselbe geschieht übrigens auch bei ihm. Es ist wundervoll, wie sehr wir uns gegenseitig inspirieren!"* Diese Aussage stammt von einer Frau, die ihre verborgenen Talente erst durch ihre Dualseele entdecken konnte.

Sind Duale im Einklang miteinander, schöpfen sie sehr viel Kraft und Stärke aus ihrer einmaligen Verbindung. Zusammen bilden sie ein großartiges, energetisches Kraftfeld. Durch Impulse von unserer Dualseele können versteckte Talente an die Oberfläche gelangen. Neue Wege tauchen plötzlich vor uns auf und wir erhalten den Mut diese auch zu beschreiten.

Wie ein Musiker seinem Instrument die herrlichsten Melodien entlocken kann, so können Dualseelen, wenn sie aufeinander eingestimmt sind, gegenseitig ihre Seele erklingen lassen. Musiker und Instrument brauchen einander, um eine Melodie ertönen zu lassen. Ebenso brauchen sich Dualseelen, ohne aber voneinander abhängig zu sein. Im gemeinsamen Sein singen ihre Seelen ihr kosmisches Lied und lassen die Melodie erklingen, die durch ihre Liebe lebendig wird.

„Meine Dualseele spricht auf eine Weise die Dinge an, die mich innerlich sehr treffen. Ich weiß, dass er das nicht mit Absicht macht. Im Grunde sind es ja auch keine verletzenden Worte, die er sagt, – aber sie treffen mich dennoch, weil sie an ganz alte Wunden aus meiner Kindheit rühren. Wenn da nicht diese große und tiefe Liebe zwischen uns wäre, ich wäre sicher schon längst weggelaufen. Aber ich weiß, dass er mir mit seinem Verhalten lediglich zeigt, wo ich in mir noch nicht heil und ganz bin. Ich kann, seitdem ich das weiß, viel besser damit umgehen und erkenne die große Chance darin." So wie unsere Dualseele in der Lage ist, unsere Talente an die Oberfläche zu holen, so können wir durch sie unsere wunden Punkte und dunklen Flecken erkennen, um die dahinter liegenden Themen heilen zu können.

So romantisch die Verbindung zwischen Dualseelen auch gefühlt wird, so sehr stellt sie in der Realität eine große Herausforderung für alle bisher existierenden Lebens- und Verhaltensmuster dar. Die Liebe zwischen Dualseelen ist mit nichts vergleichbar. Gemeinsam unterstützen sie sich bei der Heilung ihrer Lebensthemen, um schließlich ihre gemeinsame Lebensaufgabe zu verwirklichen. Ihre gemeinsame Lebensaufgabe werden sie erst dann erkennen und annehmen können, wenn sie ihre entscheidenden Themen geheilt haben.

Verschieden und doch gleich

Dualseelen machen oft dieselben Erfahrungen in unterschiedlichen Situationen und unterschiedliche Erfahrungen durch gleiche Gegebenheiten. Dieses Phänomen äußert sich folgendermaßen: Zwei zusammengehörige Dualseelen erleben eine gleichartige Situation, in der sie jedoch völlig gegensätzlich reagieren. In unterschiedlichen Situationen, die ein bestimmtes Thema enthalten, verhalten sie sich dagegen gleich.

Alexa, Sophie und die Schlingpflanzen

Alexa und Sophie bekamen beide als Kinder von ihren Eltern eine Schauergeschichte erzählt. Die Eltern behaupteten Schlingpflanzen würden deshalb Schlingpflanzen heißen, weil sie sich um die Beine schwimmender Menschen schlingen, um diese in die Tiefe zu ziehen. Sophie bekam durch diese Geschichte Angst und traute sich von da an nicht mehr in natürlichen Gewässern zu schwimmen. Selbst heute als erwachsene Frau hat sie Angst vor den unbekannten Dingen, die sich unter der Wasseroberfläche befinden könnten. Heute weiß sie zwar, dass die Geschichte nicht stimmt, aber die Angst ist trotzdem da. Sie hat sich verselbstständigt.

Alexa hingegen ist als Kind absichtlich an einer seichten Stelle im See in Schlingpflanzen hinein geschwommen und hat sogar an ihnen gezupft, um auf sich aufmerksam zu machen. Aber es war so, wie Alexa es sich schon dachte – die Schlingpflanzen nahmen keinerlei Notiz von ihr und schlangen sich weder um ihre Beine, noch zogen sie sie nach unten. Alexa war klar, dass dies nur ein Schauermärchen der Erwachsenen war.

Alexa, Sophie und die anderen Kinder

Alexas Kindheit und Jugend war von vielen Schulwechseln geprägt. Fast in jedem Jahrgang kam sie in eine andere Schule mit fremden Kindern zusammen. Immer wieder musste sie sich behaupten und Freunde finden. Als ihre Eltern mit ihr in eine Großstadt zogen und sie in die dritte Klasse kam, wurde sie von den neuen Kindern extrem abgelehnt und gehänselt. Auch in der fünften Klasse wieder ein Schulwechsel und wieder die Ablehnung. Alexa wehrte sich und wurde wütend, wenn ihr die anderen böse Streiche spielten.

Sophie hingegen zog nie um und musste auch nicht ständig die Schule wechseln. Sie wurde von den anderen Kindern wegen ihres Äußeren abgelehnt und gehänselt. Sophie reagierte auf die Ablehnung der anderen Kinder mit Schuldgefühlen sich selbst gegenüber. Sie dachte, an ihr wäre etwas verkehrt, weil die anderen sie nicht mochten, und zog sich immer mehr in sich selbst zurück.

Diese beiden Beispiele beziehen sich auf die Kindheit von Alexa und Sophie. Rückblickend konnten sie erkennen, dass sie auch schon früher in sehr unterschiedlicher Weise auf bestimmte Situationen reagierten. Diese Situationen standen meist in Verbindung mit einem Lebensthema. Dualseelen haben einen Teil ihrer Lebensthemen in der Regel gemeinsam. Das Besondere dabei ist, dass sie sehr unterschiedlich mit diesen Lebensthemen umgehen. Wo der eine mit Angst reagiert, zeigt der andere besonderen Mut und umgekehrt. Dabei sind diese Themen immer ausgeglichen. Alexa reagierte im Gegensatz zu Sophie als Kind recht tollkühn auf die Geschichte mit den Schlingpflanzen. Wo Sophie ängstlich wurde, zeigt sich Alexa hingegen mutig. Aber auch hier gab es einen Ausgleich. Alexa reagierte dafür in anderen Situationen sehr ängstlich – wohingegen Sophie mutig war. Wir können daran erkennen, dass Dualseelen immer nach einem Ausgleich streben. Die Balance ist sehr wichtig, damit sie ihr gemeinsames Gleichgewicht erhalten können.

Seit Alexa und Sophie sich als Dualseelen und als Lebenspartnerinnen gefunden haben, können sie immer mehr ihrer Themen transformieren. Sophie lässt sich heute nicht mehr unterdrücken und kann zu sich selbst stehen und Alexa reagiert bei Unstimmigkeiten nicht mehr sofort aggressiv.

Das Thema Angst vor Ablehnung haben beide auf unterschiedliche Weise. In ihrer Beziehung kommt dieses Thema teilweise extrem hervor. Es gibt beispielsweise Situationen in denen eine von beiden Angst hat von der anderen abgelehnt zu werden. Dabei bezieht sich diese Angst vor allem darauf nicht gemocht und zurückgewiesen zu werden. Vom Verstand her wissen beide, dass diese Angst unbegründet ist. Inzwischen können Alexa und Sophie darüber reden und sich gegenseitig diese Angst nehmen. Sie werden auch nicht müde sich gegenseitig emotionale Sicherheit zu geben.

Alexa verkörpert in Bezug auf Sophie das Yang-Prinzip und Sophie in Bezug auf Alexa das Yin-Prinzip. Selbstverständlich besitzen beide Yin und Yang in sich selbst. Dualseelen teilen sich beide Prinzipien auf spezielle Weise. Die eine verkörpert Yang, die andere Yin. Haben beide ihr persönliches Yin und Yang in sich selbst harmonisiert, dann können sie auch gemeinsam Yin und Yang zu ihrer Entsprechung bringen und sich harmonisch vereinen. Das bedeutet, dass sie sich Yin und Yang nicht mehr aufteilen, sondern es in einem harmonischen Kontext gemeinsam zum Ausdruck bringen und dadurch sehr große Schöpferkraft erhalten. Das ausgeglichene Yin- und Yang-Prinzip in einer Dualseelenverbindung kann uns, wenn es dauerhaft gelebt wird, den Himmel auf Erden bringen.

Dualseelen und das Yin- und Yang-Prinzip

Dualseelen werden sehr häufig mit dem Yin- und Yang-Symbol in Verbindung gebracht. Jede Seele beinhaltet beide Prinzipien in sich. Sie ist weder rein männlich, noch rein weiblich; sondern androgyn. Die Seele kann sich in beiden Geschlechtern verkörpern. In einem Leben kann sie als Frau, im anderen als Mann auf die Welt kommen. Manche Seelen bevorzugen ein bestimmtes Geschlecht über mehrere Inkarnationen hinweg. Eine Seele, die viele Leben als Mann lebte und plötzlich als Frau inkarniert ist, kann erst mal gewisse Gewöhnungsprobleme haben. Das kann sogar so weit gehen, dass sich der Mensch im falschen Körper gefangen fühlt. Innerlich erlebt er sich als Mann – äußerlich ist er jedoch eine Frau oder auch umgekehrt. Hierbei geraten der Mensch und auch die Seele aus dem harmonischen inneren Gleichgewicht. Yin und Yang können gestört sein und müssen erst wiedererlangt werden. Für viele ist eine geschlechtsanpassende Operation der einzige Weg, um mit sich selbst ins Gleichgewicht zu kommen. Das Außen (der Körper) wird an das Innere (die Seele) angepasst. (Anmerkung: Es ist niemals möglich die Seele an den Körper anzupassen. Denn die Seele ist unser wahres Wesen. Unseren

Körper besitzen wir nur für das aktuelle Leben.) Darüber hinaus ist es außerdem hilfreich im Inneren beide Prinzipien auszugleichen.
(Anmerkung: Hier möchte ich erwähnen, dass es selbstverständlich noch andere Gründe für Transsexualität gibt. Einer davon kann im Vorleben begründet liegen. Wir können nicht immer alles erklären – die Wege unserer Seele liegen für uns Menschen im Verborgenen.)

Ein unausgeglichenes Yin und Yang kann sich in unterschiedlichster Form bemerkbar machen. Das oben beschriebene Beispiel ist sehr plakativ. Meist äußert sich ein Yin- und Yang-Ungleichgewicht auf eine nicht so drastische Weise.

Für uns Menschen ist es sehr wichtig die inneren Yin- und Yang-Prinzipien in Ordnung zu bringen und das zu leben, was uns entspricht. Durch die Erziehung und unser Umfeld sind wir eventuell in eine, oder mehrere Rollen gedrängt worden, die nicht unserem wahren Wesen entsprechen. Diese Rollen können yin- oder yanglastig sein. Leben wir das Prinzip im Außen, das nicht unserem Inneren entspricht, geraten wir in Disharmonie. Diese kann Unwohlsein und Krankheiten zur Folge haben.

Für Dualseelen spielt das Yin- und Yang-Prinzip in Bezug aufeinander eine große Rolle. Dualseelen stehen sich auf der Seelenebene gegensätzlich gegenüber. Achtung! Das hat wie oben dargestellt, nichts mit dem biologischen Geschlecht des menschlichen Körpers zu tun. Dieses Phänomen betrifft rein die Seelenebene. Die Einzelseele beinhaltet Yin und Yang selbstverständlich gleichermaßen in sich selbst. In Bezug aufeinander ist die eine Dualseele Yin und die andere Yang. Dieser Umstand kommt jedoch nur im Miteinander zum Tragen. Mit anderen Menschen wird Entsprechendes so nicht erlebt werden. Nur in Bezug auf seine Dualseele fühlt man das reine Yin- oder Yang-Prinzip in sich. Dieses Phänomen ist schwer zu erklären und nachzuempfinden. Wer Entsprechendes noch nicht selbst erlebt hat, vermag sich schwerlich vorzustellen, wie es sich im Kontext mit einem anderen Menschen anfühlt, rein Yin oder nur rein Yang zu sein. Diese Besonderheit findet man bei allen Dualseelenpaaren. Die Dualseelenpaare, die schon in sich selbst ausgeglichen sind, wenn sie aufeinander treffen, werden vermutlich nicht viel davon merken. Alle anderen fühlen teilweise sehr extrem die große Diskrepanz, die entsteht, wenn sie auf ihre gegensätzliche, seelische Entsprechung treffen.

Besonders schwierig gestaltet sich eine Dualseelenverbindung dann, wenn einer von beiden, oder gar beide nicht das eigene Prinzip leben, sondern in gesellschaftliche Rollen und Normen gepresst wurden. Oder, wenn sie durch ihre Erziehung und ihr Umfeld nicht das leben können, was in ihnen steckt. Aber auch in diesen Fällen können Dualseelen sich gegenseitig helfen sich selbst zu erkennen und heil zu werden. Durch seine Dualseele erkennt man nicht nur sich selbst, sondern auch alle Rollen und Konstrukte, die nicht zu einem passen. Dadurch ist es möglich, das eigene wahre Wesen wahrzunehmen und seine Bestimmung zu leben.

Dualseelen gehören in Freiheit zusammen

Die Verbindung zwischen zwei dualen Seelen existiert auf der Seelenebene in absoluter Freiheit. Diese Freiheit verbindet sie auf eine großartige Weise in immerwährender Liebe miteinander.

Dualseelen sind zwei völlig eigenständige Wesen. Durch ihre Liebe und ihre gemeinsame Schnittstelle sind sie miteinander verbunden. Dort sind sie *eins* und dort verfügen sie über die Fähigkeit ihre Dualität zu transformieren. Hier gehen Yin und Yang eine Verbindung ein und erzeugen eine wundervolle, großartige Schöpferkraft. Viele Dualseelen irritiert es, dass sie sich zusammen als Einheit wahrnehmen, aber dennoch für sich alleine auch vollständig und ganz fühlen. Sind Dualseelen im Einklang mit sich selbst, vermissen sie sich zwar, können aber ihr eigenes Leben ohne Probleme weiterleben. Anders als bei der Mehrzahl der Zwillingsseelen erleben Dualseelen nicht so sehr den Mangel bei einer Trennung. Dualseelen helfen und stärken sich bei der Bewältigung von Lebensproblemen. Sie zeigen sich wechselseitig ihre innere Wahrheit und führen sich zu sich selbst. In meinem ersten Buch schreibe ich: *„Zu deiner Dualseele kommst du nur durch dich selbst"* – an dieser Stelle möchte ich diesen Satz ein wenig umstellen: *„Durch deine Dualseele kommst du zu dir selbst!"*

Dualseelen begegnen sich im Leben, um sich gegenseitig zu stärken und zu heilen. In der Literatur und auch im Leben findet man immer wieder Berichte über Dualseelen, die sich gegenseitig sehr starken seelischen Schmerz und Kummer zufügen. Viele der Betroffenen, die ich im Laufe der vergangenen Jahre kennenlernen durfte, berichteten mir von großen, teilweise schier unüberwindbaren Problemen mit ihrem Dual. Sie litten teils beträchtlich unter dem Verlust ihres Duals und wussten weder ein noch aus. Bedenkt man an dieser Stelle, dass sich Dualseelen als gegensätzliche Entsprechung bedingen und ohne einander gar nicht das wären, was sie sind, dann stellt sich die Frage: Warum sollten sich Dualseelen gegenseitig verletzen? Wenn sie sich gegenseitig Leid zufügen, schaden sie sich doch ebenso selbst. Was auf der Seelenebene ganz klar und logisch aussieht, ist für uns Menschen schwer verständlich und noch schwieriger zu leben. Dualseelen sind gegensätzlich und doch auch wieder gleich. Dieses scheinbare Paradoxon zu erfassen, ist allein schon eine Herausforderung. Das auch noch miteinander zu leben – ist eine

Aufgabe, der sich nicht alle Duale sofort gewachsen sehen. Der auf Logik aufbauende Verstand vermag das nicht zu begreifen – hier ist das Herz gefragt. Auf der anderen Seite sind viele Dualseelenpaare genau von diesem Gegensatz sehr fasziniert. Gelingt es, die eigenen Vorstellungen, Einstellungen, Schlussfolgerungen, Glaubenssätze und Prinzipien freizulassen, dann ist es möglich einen ganz großen Schritt auf seine Dualseele und somit auch auf sich selbst zuzugehen. Frei lassen bedeutet übrigens nicht über Bord werfen.

Im Laufe der Zeit, wenn sich die Beziehung zur Dualseele intensiviert, wird klar, dass der Gegensatz im Prinzip, das eigene Denken, Fühlen und Handeln widerspiegelt. Aber eben genau auf der anderen Seite des eigenen Standpunktes. Gegensätze vereinen sich in den beiden Dualen zu einem persönlichen, gemeinsamen inneren Universum. Diese Vereinigung geschieht ohne Verschmelzung und ohne Verlust der Individualität. Gemeinsam zu einem verwoben, bleibt jeder der er ist – frei und doch zusammen.

Die Freiheit der Duale in einer irdischen Partnerschaft bedeutet, eine Partnerschaft zu leben, in der beide ihre gegenseitigen Bedingungen frei wählen, und diese als freie Verpflichtung leben wollen. Niemand gehört einem anderen Menschen. Jeder gehört sich selbstverständlich nur selber. Unsere Dualseele gehört uns auch nicht – aber sie gehört zu uns. Eine erfüllte Partnerschaft zwischen zwei Dualseelen wird nur dann glücklich und erfüllend gelingen können, wenn sie sich in Freiheit begegnen und freiwillig „Ja" zueinander sagen. Auf der Seelenebene ist ihre Liebe ein immerwährender Zustand. Insofern haben wir hier bedingungslose Liebe in ihrer höchsten Entsprechung gelebt. Bedingungslose Liebe bedeutet, absolut „Ja" zueinander zu sagen und die gegenseitigen Bedingungen an eine Partnerschaft erfüllen zu WOLLEN. Bedingungen können sein: Treue, gemeinsame Pläne und Ziele, ein gemeinsames Leben, gemeinsame Kinder etc. Wenn nicht beide dazu bereit sind, ihre gegenseitigen Bedingungen zu erfüllen, dann ist eine erfüllte Partnerschaft nicht möglich. Diese Duale leben ihre Liebe nicht durch eine Partnerschaft. Selbstverständlich ist ihre Liebe auf den spirituellen Ebenen existent und sie sind über diese miteinander verbunden. Es gibt durchaus eine beträchtliche Anzahl von Dualseelenpaaren, die ihre Liebe rein auf die spirituellen Ebenen verlagert haben, wenn sie im Irdischen nicht gelebt wird. Hier bitte ich dich zu beachten, dass es auch hierbei keine Wertung gibt. Es ist nicht besser und nicht schlechter diese Liebe rein auf den spirituellen Ebenen zu leben, es ist nur anders. Ich erlebe jedoch immer wieder Dualseelenpaare, die sich zuerst im Leben treffen – eine Weile ihre Liebe miteinander leben, um sich dann wieder zu trennen und „nur" noch über die spirituellen Ebenen miteinander verbunden zu sein – um schließlich, wenn die Zeit dafür reif ist, ihrer Liebe auch wieder im Irdischen Ausdruck zu verleihen.

Empathie und Telepathie

Dualseelen verfügen über einen ausgeprägten empathischen Kontakt zueinander. Sie fühlen sich selbst über weite Entfernungen hinweg. Die Telepathie hingegen ist bei vielen Dualseelenpaaren nur latent vorhanden. Wobei es Ausnahmen gibt, die sehr viel telepathisch miteinander kommunizieren. Meines Erachtens stellt dies eine Schutzfunktion dar, damit Dualseelen miteinander reden, denn ihre Kommunikation ist teilweise von erheblichen Missverständnissen geprägt. Dualseelen besitzen ein weit verzweigtes Netz feinstofflicher Verbindungen zueinander. Sie fühlen, wie es dem anderen geht, und wissen manchmal sogar, was der andere gerade macht. Durch ihre Gegensätzlichkeit bedingt, ist es bisweilen so, als würden sie verschiedene Sprachen sprechen. Ein ganz normales Gespräch kann dermaßen von Missverständnissen geprägt sein, dass sie sich fühlen wie Hund und Katze, die zwei verschiedene Sprachen sprechen. Der nonverbale Ausdruck zwischen Dualseelen steht im ausgeprägten Gegensatz zur normalen Kommunikation. Wenn sie etwas miteinander unternehmen verstehen sie sich in der Regel ohne Worte. Doch ein ganz normales Gespräch kann sie an den Rand der Verzweiflung bringen. Deshalb ist es gerade für Dualseelen wichtig, auf ihr Gefühl zu achten und den Empathiemodus immer eingeschaltet zu lassen. Denn die Gabe, sich gegenseitig ins Herz zu sehen, haben sie nicht umsonst. Die Empathie zwischen zwei zueinander gehörigen Dualen beschränkt sich größtenteils auf gemeinsame Themen. Fühlt einer von beiden beispielsweise aus anderen Gründen Kummer oder Sorgen, so ist der andere geschützt und bekommt diese negativen Gefühle in der Regel nicht mit. Dualseelen sollen miteinander in Kommunikation sein und bleiben, auch wenn sie durch häufige Verständigungsschwierigkeiten frustriert sind. Diese können sie überwinden, indem sie ihre Empathie zueinander aktiviert haben. So fühlen sie ganz genau, wie es der andere meint und Missverständnisse können vielfach vermieden werden. Sehr wichtig ist für viele Dualpaare realen Kontakt zueinander zu haben, sich beim Gespräch in die Augen sehen zu können und die Gestik und Mimik des anderen zu erleben.

Fehlen diese, wie es zum Beispiel beim reinen schriftlichen Kontakt vorkommt, so sind Missverständnisse sehr schnell an der Tagesordnung. Je mehr Dualseelen voneinander wahrnehmen und mitbekommen, desto besser wirkt sich das auf ihre Kommunikation aus. Können sie sich nicht sehen, dann ist ein Telefongespräch sicherlich günstiger als eine E-Mail.

Sind Dualseelen getrennt, oder sprechen sie aus anderen Gründen nicht miteinander, dann verlagert sich ihre Kommunikation häufig auf die feinstofflichen Ebenen. Der telepathische Kontakt kann sich somit in relativ kurzer Zeit extrem verstärken. Hinzukommt bei vielen die ebenfalls starke empathische Verbindung. Diese wird bei einer Trennung ebenfalls intensiver werden. Dieses Phänomen beschreibe ich genauer im Kapitel „*Telepathie und Empathie – Segen und Fluch zugleich*".

Typische Herausforderungen in Dualseelenbeziehungen

Die typischen Herausforderungen, mit denen sich die meisten Dualseelenpaare im Laufe ihrer Beziehung konfrontiert sehen, greifen alle mehr oder weniger ineinander über. Zur deutlicheren Darstellung habe ich sie hier in Kapitel unterteilt.

Diese Herausforderungen betreffen sehr viele Dualseelenpaare, sicher aber nicht alle gleichermaßen. Manche Herausforderungen treten schon am Anfang einer Beziehung auf, andere möglicherweise erst nach einer längeren gemeinsamen Zeit. Selbstverständlich sind diese Herausforderungen nicht zwangsläufig ein Privileg von Dualseelenpaaren. Sie können selbstverständlich mit anderen Menschen ebenfalls erlebt werden. Für viele Dualseelenpaare stellen sie allerdings die typischen Hürden dar, die es zu überwinden gilt, bevor ein harmonisches und kraftvolles Miteinander gelebt werden kann. Bedenke bitte, dass diese typischen Herausforderungen zwar für viele, aber sicher nicht für alle, Dualpaare im gleichen Maße erlebt werden. Manche erleben sie vielleicht nur im geringen Ausmaß, während andere geradezu davon gebeutelt werden.

Die innere Dualität überwinden

Dualseelen sind ihre gegensätzliche Entsprechung. Innerlich sind sie zwar in gewissen Punkten (Eigenschaften, Einstellungen, Standpunkten, Lebensvorstellungen, Auswirkungen ihres Handelns) gleich. Das sind jene Punkte, die sie schon im Laufe ihrer gemeinsamen Inkarnationen erfolgreich in ihre Seelenmatrix integriert haben. Bei anderen Punkten überwiegt aber immer noch die Gegensätzlichkeit so sehr, dass die Duale sich hier nicht annähern können. Für Dualseelen gilt es im Miteinander dem eigenen Standpunkt zwar treu zu bleiben, sich dem anderen aber annähern zu können, indem sie sich für den Standpunkt ihres Duals interessieren und die Welt einmal mit seinen Augen betrachten. Ich empfehle dir, dich einmal ganz bewusst auf die Seite deines Duals zu stellen, so kannst du dessen Standpunkt besser verstehen. Es ist selbstverständlich wichtig, dass du deinem Dual seinen Standpunkt weder schlecht zu machen noch auszureden versuchst. Denn dieser ist weder besser noch schlechter als deine eigene Sichtweise – er ist nur anders. Bei sich selbst zu bleiben, aber dennoch offen für den anderen zu sein und sogar in den richtigen Momenten auf ihn zuzugehen ist eine Kunst, die Dualseelen miteinander lernen können und auch sollten, wenn sie ihre Beziehung auf Dauer glücklich und bereichernd erleben wollen.

Unterschiedliche Sprachen sprechen

Dualseelen erleben ihre Gegensätzlichkeit in unterschiedlicher Ausprägung. Manchmal ist sie kaum wahrnehmbar – ein anderes Mal kann sie so extrem sein, dass sie sich im wahrsten Sinne des Wortes nicht mehr verstehen können. Sie reden aneinander vorbei, oder begreifen einfach nicht, was der andere meint. Dabei sprechen sie doch ganz normal mit einfachen und verständlichen Worten miteinander. Aber dennoch erfasst der andere diese Worte nicht so, wie sie gemeint sind. Ständig kommt es zu Missverständnissen und ganz normale Sätze werden falsch verstanden. Streits und Reibereien sind vorprogrammiert.

Viele Dualseelenpaare trennen sich aus diesem Grunde frustriert und resigniert wieder voneinander. Ständige Streitereien und Missverständnisse wirken zermürbend, frustrierend und schädigen gar ihre Beziehung, wenn sie nicht überwunden werden können. Die Liebe jedoch zieht sie hingegen jeglicher Vernunft wieder unweigerlich zueinander und so versuchen sie es erneut miteinander, um wahrscheinlich wieder eines Tages frustriert das Weite zu suchen. Auf diese Weise geht es bei vielen Dualpaaren hin und her und sie leben eine sogenannte On-Off-Beziehung. Die Betroffenen scheitern immer wieder an denselben, vordergründig simplen Gründen und eine (vorübergehende) Trennung ist für viele die Rettung aus ihrem Dilemma.

Leider gibt es kein Patentrezept um diesen Teufelskreislauf zu unterbrechen. Die Gründe für die Missverständnisse sind ziemlich individuell und kein Dualseelenpaar gleicht einem anderen. Am besten wäre es, wenn beide gleichermaßen an ihrer Beziehung zueinander „arbeiten" würden, doch häufig ist sich nur einer von beiden der Angelegenheit bewusst. Wenn das so ist, dann ist es für den Betroffenen eine große Hilfe, ein paar Aspekte zu beherzigen und sich eventuell sogar Hilfe von außen zu suchen. Steckt man selbst in einer derartigen Situation, ist es schwer, diese objektiv zu beurteilen.

Helfen können bei den meisten Verständigungsproblemen

- In der Liebe zu bleiben!
- Nicht alles hinterfragen zu wollen. Einfach mal das eine oder andere einfach stehen lassen und es so annehmen, wie der andere es gesagt hat.
- Nicht ständig zu interpretieren. Den anderen beim Wort nehmen.

- Sich gegenseitig zu Wort kommen und ausreden lassen. Kritik nicht immer sofort rechtfertigen.
- Nicht auf seinem Recht beharren. Wollen wir den anderen unbedingt von unserer Meinung überzeugen, blockiert das Gespräch und endet in einem festgefahrenen Streit.
- Nicht in allem, was der andere sagt, gleich eine Kritik oder einen Angriff sehen. Oft sind es lediglich unterschiedliche Auffassungen einer Sache. Vermutlich handelt es sich in den wenigsten Fällen um Kritik, sondern nur um den persönlichen Standpunkt.
- Bei der Kommunikation die Empathie mit einbeziehen. Wir fühlen die Energie hinter den Worten.
- Sich selbst nicht so wichtig nehmen. Je mehr wir lieben, desto verletzlicher sind wir. Versuchen etwas über den Dingen zu stehen, den Worten nicht zu viel Gewicht geben, den anderen aber trotzdem ernst nehmen.
- Bei einem Missverständnis oder einem Streit den Mut besitzen, diesen selbst zu beenden und nicht auf seinem Recht beharren. Etwas anderes vorschlagen. Zum Beispiel einen Spaziergang machen, oder etwas anderes was euch verbindet. Später eventuell durch den Abstand das Ganze noch mal gemeinsam betrachten.

Sich selbst treu bleiben

Dualseelen sind zwei Seelen, die sich entgegengesetzt gegenüberstehen. Sie sind so gegensätzlich, dass sie nicht nur einander entsprechen, sondern auch bedingen. Das, was die eine Seele darstellt – repräsentiert die andere Seele auf ihrer Seite des Seelenspektrums. Durch das Sein seines ewigen Gefährten ist das eigene Wesen erkennbar. *„Erkenne dich selbst und sei frei."* Deshalb ist es sehr wichtig sich selbst absolut treu zu bleiben – ganz besonders in Bezug auf seine Dualseele.

Durch die Gefahr ständig Missverständnisse zu produzieren geraten viele Betroffene in die Situation dies vermeiden zu wollen, indem sie versuchen sich selbst für den anderen passend zu machen. Instinktiv möchten sie sich anpassen, um einander gerecht zu werden. Dabei verlassen sich manche Menschen selbst, nur um ihrer Dualseele zu gefallen und nicht wieder in die Konfrontation zu geraten. Wer sich selbst nicht treu ist, der verlässt sich nur allzu schnell und kann sich gar verlieren, wenn er nicht aufpasst.

Sich selbst nicht verlassen

Wenn sich Dualseelen gefunden haben, konzentriert sich in der Regel zumindest einer von beiden vollkommen auf den anderen. Die Betroffenen denken nur noch an ihren geliebten Menschen und schwelgen in all den wundervollen Gefühlen. Sind wir nur noch beim anderen, dann sind wir nicht mehr ganz bei uns selbst – wir haben uns selbst verlassen. Eine Trennung ist hier leider nur allzu oft vorprogrammiert. Hat man sich selbst verlassen, wird man auch verlassen. Die Dualseele ist der Mensch mit der extremsten Spiegelwirkung überhaupt. Bist du nicht authentisch du selbst, dann wirkt sich das negativ auf die Beziehung zu deiner Dualseele aus. Im Falle einer Trennung haben wir die Chance uns selbst wieder zu finden. Wir sind nun ganz alleine und vollkommen auf uns selbst zurückgeworfen worden. Unsere Dualseele wird dann wieder auf uns zukommen können, wenn wir zu uns selbst zurückgekehrt sind. *„Verlasse ich mich, dann verlasse ich dich."* Wer sich selbst verlassen hat, der hat im Grunde genommen auch seine Dualseele verlassen. Wir müssen wir selbst sein, um unsere Funktion als Dual, als gegensätzliche Entsprechung des anderen darstellen zu können. Gegensätze brauchen einander als genau das, was sie sind. Akzeptieren sie ihr eigenes Sein ebenso wie das Anderssein ihres Duals, dann kann jeder derjenige sein, der er ist. So sind die Duale authentisch und können sich im Leben auch entsprechend begegnen.

Nähe und Distanz

Eine ebenfalls sehr große Herausforderung für Dualseelen ist es, eine ausgewogene Balance zwischen Nähe und Distanz in ihrem Miteinander zu finden, um eine harmonische, glückliche und erfüllte Beziehung leben zu können. Dualseelen prallen durch ihre Gegensätzlichkeit bedingt immer wieder voneinander ab. Ihr gemeinsames Ziel ist es, trotzdem in Kontakt und in der Beziehung zu bleiben. Sie blockieren sich dann, wenn Nähe und Distanz nicht im rechten Maß gelebt werden können. Liebe und Freiheit, sowie Nähe und Distanz gehören für sie untrennbar zusammen. Ihre enorme Anziehungskraft und ihre große Liebe füreinander verbindet sie auf besonders innige und intensive Weise. Die aus dieser Anziehung entstandene Nähe braucht immer wieder den Ausgleich durch einen gewissen Abstand. Auch bei räumlicher Distanz sind Dualseelen innerlich sehr intensiv miteinander verbunden. Sie können eine sehr innige Beziehung führen, ohne sich räumlich gesehen nah zu sein. Freilich brauchen sie den persönlichen Kontakt in Form von Treffen, Telefonaten etc. Nach intensiven persönlichen Zeiten ist es für Dualseelen bereichernd, wenn jeder etwas für sich unternimmt und seinen eigenen Interessen nachgeht. Für eine glückliche Dualseelenbeziehung ist es extrem wichtig, dass jeder seine eigenen Lebensbereiche lebt und seine eigenen Freunde und Hobbys pflegt. Eine ausgewogene Balance zwischen Nähe und Distanz zu finden ist sicherlich eine der größten Herausforderungen zwischen Dualseelen. Ein gemeinsames Leben ist für Dualseelen die Erfüllung ihrer Sehnsüchte. Es ist jedoch nur bei sehr weit entwickelten Dualseelenpaaren möglich, dauerhaft glücklich und harmonisch in einem gemeinsamen Zuhause zu leben und in voller Liebe miteinander zu sein. Diesen Zustand haben, meiner Ansicht nach, noch nicht sehr viele Dualseelenpaare erreicht. Ich denke aber, dass im Laufe der Zeit immer mehr ihre Träume leben werden.

Entgegnung
Betty Paoli
(1814 - 1894)

Bange nicht vor künft'gen Tagen,
Vor der Liebe Unbestand!
Herzen, die wie unsre schlagen
Eint ein unzerreißbar Band!

Geister, die wie unsre streben
Zu der Wahrheit Sonnenbahn,
Sind dem wechselvollen Leben
Nun und nimmer unterthan.

Hat uns denn ein Bund vereinet,
Wie ihn jeder Tag gebiert,
Wo geküßt, gelacht, geweinet,
Endlich auch geschieden wird?

Unsre Liebe ist Erkennen,
Streben nach dem gleichen Ziel!
Was kann solche Liebe trennen,
Unerreicht vom Schicksalsspiel?

Tausend Lichtgedanken ranken
Sich um uns und halten fest,
Ohne Weichen, ohne Wanken,
Dich an meine Brust gepreßt.

Einen engen Pfad bestrahlen
Gleiche Sterne dir, wie mir, –
Könnt' ich auf dem rauhen, schmalen,
Jemals trennen mich von dir?

Möglich, daß in künft'gen Zeiten
Andrem Glück dein Wunsch noch
winkt,
Und den Born der Seligkeiten
Einst von fremden Lippen trinkt.

Möglich, daß in neuer Regung
Einst auch meine Seele schwillt
Und in stürmischer Bewegung
Hin sich neigt zu fremdem Bild.

Doch den Geistesbund zu brechen,
Der sich leuchtend um uns flicht,
Und dich von mir loszusprechen, -
Das, mein Lieb, vermagst du nicht!

Doch dein Lieben zu vergessen
Einst bei andrer Augen Schein,
Glaube mir, ich werde dessen
Nun und nimmer fähig sein.

Drum, ob sich auch unsre Seelen
Einst auch beugen neuem Joch,
Wird uns Freundschaft stets vermählen,
Und der Bund bleibt ewig doch!

Fallbeispiele zu Dualseelenbegegnungen

Thomas und Isabel – Gegensätze ausgleichen

Thomas und Isabel lernten einander kennen, als Thomas 42 und Isabel 23 Jahre alt waren. Thomas war Abteilungsleiter einer großen Versicherung, als Isabel geradewegs nach ihrer Ausbildung in seiner Nachbarabteilung eingestellt wurde. Sie trafen das erste Mal im Fahrstuhl aufeinander. Als sie sich in die Augen blickten, spürten sie sofort eine sehr intensive und starke gegenseitige Anziehung, wie sie häufig bei der ersten Begegnung von Dualseelen auftritt. Ab diesem Zeitpunkt drehten sich ihre Gedanken ständig umeinander. Es verwirrte sie sehr, denn so was hatten sie zuvor noch nicht erlebt.

Erst neun Monate später sollten sie sich bei einer Betriebsfeier näher kennenlernen. Das Eis zwischen ihnen war schnell gebrochen und es entwickelte sich eine innige Freundschaft, aus der sehr rasch eine Liebesbeziehung wurde. Der große Altersunterschied stellte für beide kein Problem dar. Bei Isabels Eltern betrug der Altersunterschied auch viele Jahre. Thomas war schon immer ein Freigeist gewesen und scherte sich wenig um gesellschaftliche Konventionen. Thomas und Isabel haben die Hürden, die ihre Dualseelenbeziehung ihnen präsentierte, sehr gut gemeistert. Auch heute noch sind sie als Paar zusammen und ergänzen sich auf wundervolle Weise, so verschieden sie auf den ersten Blick auch wirken. Nicht nur, dass Thomas ein dunkler Typ und Isabel sehr hellhäutig ist, auch in ihrem Gefühlsleben unterscheiden sie sich zum Teil beträchtlich. Thomas verhält sich eher ruhig und in sich gekehrt, während Isabel quirlig und extrovertiert ist. Mithilfe ihrer Gegensätzlichkeit können sie einander ausgleichen und voneinander lernen. Die Beziehung zwischen den beiden verläuft optimal. Anfänglich erlebten sie zwar auch gemeinsame Tiefpunkte durch ihre Unterschiedlichkeit, aber es kam nie zu einer wirklichen Trennung. Thomas genießt Isabels Temperament und liebt es, wenn sie lebendig ihre Emotionen zeigt. Isabel hingegen schätzt Thomas ruhiges Wesen – es vermittelt ihr Halt, Sicherheit und Geborgenheit. Im Laufe der Zeit lernten sie immer mehr ihr gemeinsames Potenzial zu leben und entwickelten sich zu einer idealen Dualseelenbeziehung. Sie lernen ständig von- und miteinander und aktivieren in sich selbst die entsprechenden Attribute des anderen. Thomas lernte im Laufe der Zeit aus sich herauszugehen und seine Gefühle zu zeigen. Isabel hingegen reagiert heute, dank Thomas, in entsprechenden Situationen viel ruhiger und gelassener. Sie kann sich nun selbst den Halt und die Sicherheit geben, die sie braucht. Sie sagt, Thomas würde auf sie abfärben. Auf diese Weise ergänzen sie sich gegenseitig. Ihre Liebe und Verbundenheit wächst immer mehr und sie entwickeln sich und reifen miteinander auf wundervolle Weise.

Die Dualseelenbeziehung zwischen Thomas und Isabel verläuft auch deshalb so gut, da beide ganz bewusst an sich arbeiten. Außerdem ist ihnen ihr Dualseelensein bewusst. Sie können die spezifischen Herausforderungen annehmen und für sich und ihre Liebe nutzen. In erster Linie konzentrieren sie sich auf die irdische Ebene und leben ihre spirituelle Verbindung auf sehr weltliche Art. Es tut ihnen gut, um ihre seelische Verbundenheit zu wissen, diese zu fühlen und anzuerkennen. Sie machen jedoch ihre Liebe nicht nur davon abhängig. Zu Beginn ihrer Beziehung hatte Thomas Schwierigkeiten mit ihrer Seelenverbindung. Er stellte sich die Frage, ob Isabel ihn auch dann lieben würde, wenn er nicht ihre Dualseele wäre. Er wollte nicht nur als Seele geliebt werden, sondern primär als der, der er ist – als ihr Mann. Thomas wagte es, seine Gedanken auszusprechen und Isabel sagte und zeigte ihm daraufhin immer wieder, dass sie nicht nur seine Seele, sondern ihn ganz besonders als den Menschen liebte, der er ist. *„Du bist mein Mann, den ich über alles liebe – und ich liebe dich, weil du so bist, wie du bist!"* Die typischen Verständigungsschwierigkeiten zwischen Dualseelenpaaren erlebten und erleben sie zwar auch, aber dank ihrer stark ausgeprägten Empathie können sie diese schnell überwinden.

Thomas und Isabels Beziehung verläuft sehr harmonisch und ohne allzu große Tiefen. Dafür erleben sie extreme Höhenflüge miteinander. Sie können ihre einmalige Verbindung wunderbar leben, miteinander wachsen und sich gegenseitig positiv fördern. Ihr gemeinsames Thema ist, sich selbst zu sein, sich selbst zu erkennen und voneinander diejenigen Eigenschaften anzunehmen, die sie jeweils in latenter Form in sich selbst tragen. Sie „färben" auch nur soweit aufeinander ab, wie es gut für sie ist. Sie gleichen sich in einer positiven Weise an und entwickeln sich mit dem anderen entsprechend ihrer eigenen Entwicklung weiter.

Die Dualseelenbeziehung von Thomas und Isabel stellt sicherlich einen Idealfall dar, der zwar immer wieder vorkommt, aber sicher nicht die Regel ist. Häufig trifft man auf Dualseelenpaare, die wesentlich mehr Herausforderungen miteinander bewältigen müssen.

Tanja und Rolf – innere Gegensätze überwinden

Tanja und Rolf lernten sich beim Handballtraining ihrer Söhne kennen. Tanja war als alleinerziehende Mutter mit ihrem 11-jährigen Sohn Maximilian in Rolfs Heimatstadt gezogen. Rolfs Sohn Florian spielte schon eine Weile in dem Verein Handball, als Tanja das erste Mal mit Maximilian zum Probetraining kam. Die beiden Jungs verstanden sich auf Anhieb prima. Als Tanja ihren Sohn nach dem Training vom Sportverein abholte, stellte dieser ihr ganz stolz seinen neuen Freund vor. Florian musste noch ein paar Minuten auf seinen Vater warten. *„Er ist nie ganz pünktlich"*, scherzte Florian. Tanja machte Späße mit den Jungs, innerlich wurde sie seltsamerweise immer nervöser. Ja, richtiggehend zittrig war sie. Ihre Knie schlotterten und sie fragte sich, was da nur in ihr vorgeht. Ihr wurde plötzlich bewusst, dass sie wegen Florians Vater so aufgeregt war. *„Mein Gott, ich kenne diesen Mann doch gar nicht"*, dachte sie. Sie erinnerte sich an ihre Teenagerzeit, als sie vor der ersten Verabredung mit ihrer großen Liebe sehr nervös war. Genauso fühlte sich das jetzt auch an – sehr seltsam.

Florians Vater winkte seinem Sohn von weitem mit einem Strahlen im Gesicht zu. Seine Augen zogen Tanjas Blick magisch an. *„Mein Gott, diese Augen"*, dachte Tanja. Die Zeit schien stillzustehen. Tanja war wie hypnotisiert von seinem Blick. *„Hi, ich bin der Rolf!"* sagte Florians Vater und schüttelte Tanjas Hand. *„Ich bin Tanja!"* stammelte sie und ihre Knie zitterten noch mehr. *„Meine Güte, ich muss hier weg"*, dachte Tanja – stotterte, dass sie es eilig habe, schnappte sich Maximilian und suchte schnell das Weite. Erst als sie im Auto saß, ließ das innere Zittern allmählich nach. Ihr Sohn bemerkte nichts von alldem und schaltete sofort das Radio ein. Sie spielten aus Dirty Dancing *„Time of my life"*, ein Lied, das Tanja schon lange tief berührte und jetzt, als sie es hörte, ein eigenartiges Gefühl in ihr hervorrief.

Die Freundschaft zwischen Maximilian und Florian entwickelte sich sehr schnell. Dadurch lernten sich Tanja und Rolf ebenso immer besser kennen. Beide fühlten eine ungewohnte, empathische Verbindung zueinander. Selbst in den Zeiten, in denen sie sich nicht sahen, wie während der Schulferien, fühlten sie die Stimmungen des anderen. So etwas hatten beide noch nie zuvor erlebt und sie zweifelten an ihrem Verstand.

Dann kam Florians Geburtstag. Er wünschte sich von seinem Vater einen Tag im Klettergarten mit seinem Freund Maximilian. Rolf wollte seinem Sohn gerne den Wunsch erfüllen und fragte beim nächsten Training Tanja, was sie davon halten würde. Tanja war überglücklich vor Freude. Das war *die* Gelegenheit Rolf endlich richtig zu treffen und etwas mit ihm zu unternehmen. Andererseits beunruhigte sie die Vorstellung Maximilian könne im Klettergarten etwas zustoßen. *„Keine Sorge"*, meinte Rolf zu ihren Bedenken. Ein Trainer wäre immer bei den Kindern um sie anzuleiten. Sie beide könnten in der Zeit ihrerseits die Gegend genießen und miteinander plaudern. Die Kinder bräuchten sie ja nicht. Tanja war schnell beruhigt und stimmte gerne zu. Endlich bot sich die Gelegenheit, diesen interessanten Mann, der so faszinierende Augen besaß, besser kennenzulernen.

Florians Geburtstag wurde zu dem Tag an dem Tanja und Rolf ein Paar wurden. Schnell stellten sie zu ihrem großen Erstaunen viele Gemeinsamkeiten fest. Beide waren früh nach der Geburt ihres Sohnes verwitwet. Florian hieß mit zweitem Vornamen Max. Als Maximilian noch klein war, sagte Tanja „*mein kleiner Floh*" zu ihm. „*Flo*" war auch Florians Spitzname. Außerdem endeten ihre beiden Namen auf „*ian*". Tanjas und Rolfs Eltern hielten je einen belgischen Schäferhund. Tanjas Hund, ein Rüde hatte langes schwarzes Fell und hörte auf den Namen „Wolf". Klingt ja so ähnlich wie „Rolf" scherzte sie. Rolfs Schäferhund, eine helle kurzhaarige Belgierhündin hieß „Dunja". So ähnlich wie „Tanja" lachte Rolf. Rolf war Zahntechniker, während Tanja als Zahnarzthelferin arbeitete. Sie staunten sehr über all diese Gemeinsamkeiten.

Gleichzeitig stellten sie erhebliche innere Unterschiede fest. Tanja reagierte des Öfteren sehr emotional. Obwohl sie ihre Gefühle nicht kontrollieren wollte, fühlte sie sich manchmal selbst davon überfordert. Rolfs Innenwelt bestand zwar auch aus sehr intensiven Gefühlen, doch er hatte gelernt, sie zu unterdrücken. Nur so kam er mit dem Tod seiner Frau zurecht. Auch in seiner Kindheit musste Rolf seine intensiven Gefühle unterdrücken „*Du willst doch mal ein richtiger Mann werden*", hieß es da. Oder, „*Indianer kennen keinen Schmerz*", oder „*du bist doch keine Memme – nur Mädchen heulen!*". Dieses und Ähnliches hörte er immer wieder von seinen Eltern und seinen beiden größeren Brüdern. Tanja hatte übrigens zwei ältere Schwestern.

Tanja zeigte ihre Gefühle recht hemmungslos. Rolf hingegen verschloss sich automatisch bei Problemen. Tanja verstand Rolfs Verschlossenheit nicht und Rolf verstand ebenso wenig, warum Tanja nur so wenig Kontrolle über sich aufbrachte. Wenn sie darüber sprachen, brachte das nur noch mehr Missverständnisse. Es war, als würden sie zwei verschiedene Sprachen sprechen. Sie verstanden sich einfach nicht, was sie als sehr zermürbend empfanden.

Tanja wurde eines Tages bewusst, dass sie sich in der Zeit, als sie noch nicht so viel miteinander redeten, viel besser verstanden hatten. Sie fühlten sich selbst über große Entfernungen hinweg und wussten, ohne zu sprechen, was im anderen vorging. Eines Tages, als es wieder einmal besonders schlimm war, vertraute sie sich ihrer Freundin Helena an. Helena brachte sie auf das Thema „*Seelenverwandtschaft und Dualseelen*". Als Tanja die ersten Texte darüber las, wurde ihr sehr vieles bewusst. Genau, DAS war es! Ein Aha-Effekt löste den nächsten ab. Endlich bekam sie die Bestätigung, dass sie nicht verrückt war und eine Erklärung dafür, was sie tief in ihrem Inneren schon längst wusste. Indem sie sich intensiv mit dem Thema beschäftigte, stieß sie auch auf das große Gebiet der Esoterik und Spiritualität. Eigentlich interessierte sie dieser ganze „Esokram" nicht. Schon immer hatte sie über die Gutgläubigkeit unglücklich verliebter Frauen gelächelt, die ihr Heil bei Wahrsagerinnen suchten. Ebenfalls amüsierte sie sich über diese Esoterik-Shows im Fernsehen, bei denen man anrufen und sich kostenlos die Zukunft vorhersagen lassen konnte. Doch nun geschah, was sie sich niemals hätte vorstellen können, sie wollte sich selbst Klarheit mithilfe einer Hellseherin verschaffen. Über Helena kam sie Kontakt zu einer Meditationsgruppe. Die Leiterin dieser Gruppe wusste über Dualseelen gut Bescheid – führte sie doch selbst eine seit Jahren stabile und wundervolle Beziehung mit ihrem Seelen-Dual. *„Unsere Partnerschaft war aber nicht immer so stabil und harmonisch"*, sagte Franziska. *„Zu Beginn erlebten wir unsere Gegensätzlichkeit auf so schreckliche Weise, dass ich dachte, ich müsse schreiend davonlaufen. Er brachte mich zur Weißglut – er war so entsetzlich anders als ich"*, sagte Franziska und blickte Tanja verständnisvoll an. Ich kann dir aber sagen, was du, beziehungsweise was ihr beide für euch tun könnt. Stefan und mir hat diese Methode wunderbar geholfen.

Und so erlernte Tanja erst mal alleine bei Franziska eine spezielle Meditationstechnik, die ihr half und sie innerlich stabilisierte. Ein sehr positiver Nebeneffekt davon war, dass sie immer besser mit ihren Gefühlen umgehen konnte. Rolf hingegen stand dem Ganzen zunächst sehr abweisend gegenüber. Tanja ließ sich jedoch nicht beirren und praktizierte emsig ihre Übungen. Im Laufe der Zeit veränderte sich vieles in ihr. Durch diese Veränderungen schaffte sie es ganz anders mit Rolf umzugehen. Sie verstand ihn plötzlich viel besser, ohne ihren eigenen Standpunkt aufgeben zu müssen. Während sie ganz normal miteinander redeten, konnte Tanja ihren von früher bekannten „Empathie-Modus" wieder einschalten. Sie fühlte Rolfs Emotionen, die hinter seinen Worten verborgen waren, und verstand ihn wie noch nie zuvor. Rolf bemerkte den Wandel bei Tanja und öffnete sich ebenfalls wieder mehr. Auch er konnte sich nun besser in Tanja einfühlen und sie verstehen. *„Wir waren wie blind gewesen"*, sagte Tanja eines Tages zu Franziska. *„Es war, als hätten die Worte plötzlich alles, was wir anfänglich fühlten und wie von selbst wussten, zerstört."*

Die Geschichte von Tanja und Rolf zeigt sehr anschaulich, wie die innere Gegensätzlichkeit, die Beziehung zwischen zwei Dualseelen belasten kann, falls diese nicht integriert, bzw. heilvoll transformiert wird. Die Meditationsmethode die Tanja dabei half, ist freilich nur eine von vielen „Hilfsmitteln", die uns auf diesem Weg unterstützen können. Für Tanja war diese Methode ideal. Sie erhielt damit Zugang zu ihrem eigenen Inneren und konnte sich damit erst wieder richtig in Rolf einfühlen. Sie musste erst zu sich selbst finden, um zu ihm finden zu können. Sehr wichtig für ihre Beziehung war, dass beide wieder aufeinander zugehen und sich einander öffnen konnten. Eine Trennung wäre sicher vorprogrammiert gewesen, hätte sich ihre Kommunikation nicht positiv gewandelt. Nachdem Tanja schon alleine einiges transformieren konnte und wieder Zugang zu ihrer Empathie bekam, verband sie Herz und Verstand miteinander und brachte beides in Einklang. Durch ihr erweitertes Bewusstsein, gepaart mit ihrem klaren empathischen Empfinden, war das, was Rolf sagte, plötzlich für sie verständlich. Jetzt wusste sie wie er es meinte. Sie fühlte seine Emotionen auf eine so deutliche und wundervolle Weise, dass sie großes Verständnis für ihn entwickelte. Daraufhin änderte und entspannte sich ihre gesamte Verständigung. Tanja wurde außerdem bewusst, warum er sie die ganze Zeit über nicht verstanden hatte. Rolf seinerseits war es jetzt erst möglich Tanjas Gefühlsleben zu begreifen und das Wunder geschah. Als Dualseelen transformierten sie ihre innere Dualität. Im Außen hatten sie verbindende Ähnlichkeiten – innerlich aber waren sie sehr dual, was ihr Handeln betraf. Dadurch, dass sie sich füreinander öffneten, transformierten sie ihre innere Dualität und fanden einen wundervollen gemeinsamen Weg. Wichtig war für beide auf den anderen zu zugehen, aber trotzdem sich selbst treu zu bleiben. Zu sich selbst zu stehen, den anderen aber auch so sein zu lassen, wie er ist, ist der Schlüssel für eine glückliche Dualseelenbeziehung.

An der Geschichte von Tanja und Rolf erkennen wir, dass es für Dualseelen sehr wohl möglich ist, ihre innere Dualität zu transformieren, um dann eine gemeinsame Einheit zu erschaffen, in der sich beide selbst treu bleiben können. Und gerade dadurch den anderen so zu sehen, zu fühlen und zu erfassen, wie er wirklich ist. Die Liebe ist die Kraft zwischen zwei dualen Seelen, die sie alles überwinden lässt, wenn sie sich darauf einlassen können. Liebe vereint Gegensätze und befreit uns. Leben wir unsere eigene innere Dualität ausgewogen und harmonisch, dann können wir zusammen mit unserem Seelenverwandten die gemeinsamen Unterschiede ausgleichen und unsere Liebe in Freiheit leben. Vielen Menschen helfen dabei die Entwicklung ihrer eigenen Spiritualität und die Praxis heilvoller spiritueller Methoden in Verbindung mit einer adäquaten Bodenständigkeit.

Alexa und Sophia – verschieden und doch gleich

Schon als kleines Kind spielte Alexa lieber mit den Jungs aus der Nachbarschaft als mit Mädchen, deren Spiele sie langweilig fand. Wenn sie doch mit Mädchen spielte, dann meist das Spiel *„Vater, Mutter, Kind"* – Alexa übernahm dabei immer die Vaterrolle und hieß Alex. Die anderen Mädchen spielten das gerne mit ihr – sie wollten nie der Vater sein. Die Jungs spielten dieses Spiel nie mit, sie spielten lieber Fußball. Die üblichen Mädchenspielzeuge, Puppenküche, Barbiepuppen, Seilspringen mochte sie nicht. *„Sie ist ein halber Junge"*, sagten ihre Eltern. Alexas Mutter verzweifelte jeden Sonntag, wenn sie ihrer Tochter ein adrettes Kleidchen anziehen wollte und es gab jedes Mal ein großes Geschrei. Bis Alexas Vater meinte, *„So lass sie doch ihre Jeans anziehen und mit den Jungs rumtoben!"* Alexas Mutter blieb nichts anderes übrig, als nachzugeben und irgendwann versuchte sie es auch nicht mehr, Alexa zu einem hübschen Kleidchen zu überreden. Alexa tobte nun mal lieber mit den Buben rum, machte sich schmutzig, balgte sich und spielte typische Jungenspiele, wie Räuber und Gendarm, oder Cowboy und Indianer. Sie liebte Spielzeugautos, kletterte auf Bäume, schoss mit Spielzeugpistolen und mit Pfeil und Bogen. Auch im Fasching wollte sie sich niemals als Prinzessin oder Fee verkleiden. Sie war immer ein Cowboy mit aufgemaltem Schnurrbart oder ein Indianer mit Tomahawk.

Sophia hingegen war durch und durch ein Mädchen. Sie spielte für ihr Leben gern mit Puppen. Ihr Vater, der handwerklich sehr geschickt war, baute ihr ein Puppenhaus für ihre Barbiepuppen. Dabei hätte Sophies Vater lieber einen Jungen gehabt. Er war ziemlich betrübt darüber, dass Sophie ein Mädchen war. Seine Versuche einen Jungen aus ihr zu machen scheiterten kläglich. Es gab eine Zeit da steckte er seine kleine Tochter in Jungenklamotten. Sophie sagt heute, es seien unförmige Bundeswehrklamotten gewesen. Sie fühlte sich darin sehr unwohl und weigerte sich immer mehr diese Sachen anzuziehen. Bei Sophie war es die Mutter, die ihr helfend beistand und dem Vater verbot, ihr „dieses Zeug" weiterhin zu kaufen. *„Schau doch, unsere Sophie ist eben eine richtige kleine Dame"*, meinte Sophies Mutter. Eine Dame wollte sie zwar auch nicht sein, dachte Sophie, aber das war immerhin besser, als diese derben Kleidungsstücke und eine Baseballmütze zu tragen. So, wie Alexa sich durchsetzte, wie ein Junge sein zu dürfen, so setzte sich Sophie durch, ein „richtiges" Mädchen zu sein.

Alexa war 35 und Sophie 30 Jahre alt, als sie sich auf einer Party kennenlernten. Sophie wusste zwar schon lange, dass sie Frauen liebte, hatte sich aber dennoch auf ein bürgerliches Leben mit Familie eingelassen. Sie traute sich damals nicht, ihre Neigung zu leben, um ihre Eltern nicht zu enttäuschen. Sophie erkannte schließlich nach vielen Ehejahren, dass sie sich unglaublich nach einer Frau sehnte. Es war ihr nicht möglich ihre Sehnsucht noch länger zu unterdrücken und sie befreite sich aus ihrer Ehe. Alexa hingegen lebte schon immer Frauenbeziehungen.

Sophie vergnügte sich schon eine Weile auf der Party als Alexa auftauchte. Sie bemerkte sie sofort. „Wer ist sie?", fragte sich Sophie und beobachtete Alexa verstohlen aus dem Augenwinkel. Ihr zweiter Gedanke war, hoffentlich geht sie nicht wieder, bevor ich sie kennengelernt habe. Alexa hingegen bemerkte Sophie zunächst nicht.

„Zufällig" ergab es sich, dass Sophie durch eine Freundin mit Alexa ins Gespräch kam. In dem Moment, als sie sich in die Augen sahen, geschah etwas sehr Eigenartiges bei beiden. Sie fühlten augenblicklich eine tiefe Liebe, eine innige Verbundenheit und etwas Großartiges, Unbegreifliches, das sie nicht mit dem Verstand erfassen, aber sehr wohl fühlen konnten. Den ganzen Abend über hatten sie nur noch Augen füreinander. Die anderen Gäste, die Räumlichkeiten, ja selbst das reichhaltige Buffet verloren an Bedeutung und waren komplett ausgeblendet. Nur noch Alexa und Sophie existierten in einem scheinbar unsichtbaren Raum, zu dem nur sie beide Zutritt hatten. Zwischen den beiden entwickelte sich eine innige Freundschaft, aus der schnell eine feste Partnerschaft wurde. Zu ihrem Leidwesen lebten sie viele hundert Kilometer voneinander entfernt. Sie stellten fest, dass es außer der gemeinsamen Freundin auf deren Party sie sich kennengelernt hatten, noch weitere Berührungspunkte gab. Sophies Vater und Alexas Großvater waren Arbeitskollegen gewesen. Alexas Großvater war zu seinen Lebzeiten „zufällig" in Sophies Stadt gezogen. Sophies Vater konnte sich sogar noch sehr gut an ihn erinnern, obwohl es viele Jahrzehnte her war. Beide hatten sie einen medizinischen Beruf erlernt und lebten von Kind auf ihre eigene Spiritualität. In ihrer Kindheit und Jugend erlebten sie viele ähnliche Situationen, mit denen sie aber komplett gegensätzlich umgegangen waren. So viele Ähnlichkeiten und Gleichheiten sie im Außen verbanden, so unterschiedlich waren sie in ihrem Wesen. Diese Tatsache brachte auch schon bald die ersten Probleme in ihrer Dualseelenbeziehung. Die Missverständnisse zermürbten sie sehr, aber ihre unendlich starke Liebe schweißte sie fest zusammen. Sophie hatte schon zweimal mit Alexa Schluss gemacht, es aber nie lange ohne sie ausgehalten. Die Liebe zog sie unweigerlich wieder zueinander.

Im Laufe der Zeit lernten sich die beiden immer näher kennen und stellten mit großem Erstaunen fest, dass die trennenden Gegensätze, in Wahrheit ähnliche Eigenschaften darstellen, die sie nur anders lebten. Ihnen wurde bewusst, wie unterschiedlich sie mit ihren Gefühlen umgehen. Sophie schafft es kaum ihre Emotionen zurückzuhalten – sie brechen oft mit der Macht eines Taifuns aus ihr heraus. Alexa hingegen hatte durch sehr schmerzhafte Erlebnisse in ihrer Jugend gelernt, ihre Gefühle besser im Zaum zu halten. Oberflächlich betrachtet erscheint Sophie in Alexas Augen extrem emotional, teilweise sogar hysterisch und in Sophies Augen wirkt Alexa manchmal so unnahbar und kühl wie ein Eisschrank. In Wahrheit jedoch fühlen sie sehr ähnlich – drücken ihre Emotionen lediglich anders aus.

Der Kontakt, zu ihrer natürlichen Spiritualität und die Anerkennung ihrer besonderen Seelenverbindung, hilft ihnen über ihre Schwierigkeiten hinweg. Durch eine Freundin von Alexa erfuhren sie vieles über Dualseelen. Über Bücher und im Internet erhielten sie weitere Informationen. Zuerst überforderte sie die Vielfalt der teilweise recht unterschiedlichen Berichte. In sehr vielen Berichten und Beschreibungen fanden sie sich wieder. Die gelesenen Informationen bestätigten ihre Gefühle. Sie erfuhren, dass Dualseelen zwar füreinan-

der bestimmt seien, aber eine Partnerschaft große Probleme mit sich bringen könnte. Das erlebten sie selbst sehr schmerzhaft. Es deprimierte sie sehr und sie wünschten sich zwei ganz „normale" verliebte Frauen zu sein und keine Seelenverwandten. Immer wieder lasen sie außerdem, über die große Bedeutung der Dualseelen für die Menschheit und die Erde im Jahr 2012. Auch das entsprach nicht dem, was die beiden Frauen wollten. Sie fühlten sich von diesem Anspruch an ihr Dualseelensein überfordert. Sie wollten keine bombastischen Aufgaben lösen, sie wollten einfach nur leben, sich lieben und miteinander glücklich sein. Der gute Zugang zu ihrer eigenen natürlichen Spiritualität brachte ihnen Klärung und die Erkenntnis, was für sie wirklich wichtig ist. Es geht für Alexa und Sophie darum ihre Liebe zu leben. Ihnen wurde bewusst, dass, wenn jeder Mensch für sich glücklich ist, liebt und geliebt wird, diese Erde zu einem wundervollen Ort voller Liebe werden kann. Und seitdem konzentrieren sie sich auf ihre Liebe und auf ihr Leben. Dadurch, dass sie ihr Dualseelensein anerkennen und ihre Gegensätzlichkeiten in Einklang bringen können, ist es ihnen möglich, ihre Verschiedenheiten immer mehr auszugleichen. Sie geben sich gegenseitig alles, was sie brauchen, ohne in eine Abhängigkeit zu geraten. Sie lernen anders miteinander umzugehen – indem sie sich die Besonderheiten ihrer Dualseelenverbindung bewusst machen. *„Uns ist ein Licht nach dem anderen aufgegangen"*, sagte Alexa. Sophie meinte: *„Nur dadurch, dass wir uns all diese Prozesse bewusst machen, wissen wir, wie wir damit umgehen können. Vorher tappten wir im Dunkeln, jetzt aber begreifen wir, um was es für uns geht."*
Das Beispiel von Alexa und Sophie zeigt recht anschaulich, wie zwei Dualseelen sehr ähnliche Erfahrungen machen, aber gegensätzlich damit umgehen. In ihrem Fall war das Wissen um ihre spezielle Seelenverwandtschaft zunächst ein Schock und ein scheinbares Hindernis ihre Liebe leben zu können. Nachdem sie ihr Dualseelensein anerkannten und sich dem Leben und der Liebe zuwandten, konnten sie das Besondere, das sie verband, schätzen lernen. Sie erleben zwar nach wie vor Höhen und auch Tiefen miteinander – kommen aber immer besser damit zurecht. Es gelingt ihnen zusammenzuleben und ihre gemeinsame Dualseelenaufgabe zu erfüllen – wenn man dabei überhaupt von Aufgabe sprechen kann. Denn sie machen das, wozu Dualseelen füreinander geschaffen wurden – sie lieben sich und sie leben ihre Liebe.

Persönliche Worte zur Dualseele

Hört man Menschen zu, die ihrer Dualseele begegneten, kann man feststellen, wie individuell die persönlichen Geschichten sind. Die Mehrzahl berichtet von sehr ähnlichen Gefühlen und Gedanken bei der Dualseelen-Begegnung.

Charlotte – Dualitäten vereinen

Vom ersten Tag an fühlten wir uns intensiv miteinander verbunden und waren uns augenblicklich so vertraut, wie mit manch langjährigen Freunden nicht. Wir unternahmen viel miteinander und fühlten dabei, dass wir das schon öfters miteinander getan haben – nicht in diesem, aber in anderen Leben. Ich kenne seine Gedanken und seine Gefühle, sehe innere Bilder von ihm und von uns. Ich spüre ihn sehr stark, auch wenn er nicht bei mir ist. Ihm geht es genauso. Wir wussten nicht, was da mit uns passierte. Teilweise machte es uns auch Angst.

Wir mussten uns leider wieder loslassen, denn wir haben beide unsere eigenen Aufgaben im Leben. Wir sind dual und dual bedeutet zwei. Deshalb soll jeder in seine eigene Kraft kommen – unser beider Yin und Yang muss sich erst noch entwickeln. Ich bin ein absoluter Gefühlsmensch, will aber auch meine Ratio in mir integrieren, während er seine Gefühle mehr zulassen sollte. Tief in seinem Innersten ist er genauso gefühlvoll wie ich. Leider hat er keinen Zugang dazu. Genauso bin ich auch rational – lebe diese Seite aber nicht. Jeder von uns lebt in seinem Extrem. Um ganz zu sein und den anderen zu verstehen, ist es notwendig, beides im rechten Maß zu integrieren. Wir wollen uns gegenseitig inspirieren und helfen auch die andere Seite, die in uns ist, zu leben. Ich bin auf dem Weg Yin und Yang in mir zu vereinen, und weiß, je mehr ich meine eigene Ganzheit erlange, desto leichter gelingt es auch ihm.

Jacopo – entscheidender Rückzug

Ich lernte meine Dualseele kennen, als ich es gerade geschafft hatte meine erste große Liebe zu verdauen. Ich war in dieser Zeit durch meine persönliche Hölle gegangen und wie ein Phönix aus der Asche gestiegen, um gleich darauf meiner Dualseele zu begegnen. Die Gefühle, die durch diese Begegnung in mir hochkamen, übertrafen die zu meiner ersten großen Liebe um ein Vielfaches. Nie hätte ich eine derartige Gefühlssteigerung erwartet. Wir verlebten eine herrliche erste Zeit miteinander. Dann aber brach in mir vieles wieder hervor, was ich dachte längst überwunden zu haben. Die Liebe zu meiner Dualseele ist so unendlich groß und die Angst davor war ebenso groß. Durch die leidvolle Erfahrung mit meiner ersten verflossenen Liebe war ich einfach geprägt und voller Angst. Ich konnte nicht anders und zog mich von meiner Du-

alseele zurück. Ich war feige und wollte vor diesen Gefühlen einfach nur flie-
hen. Aber sie ließen mich natürlich nicht los.
Ich brauchte meine Zeit, damit klarzukommen. Auch suchte ich mir Hilfe,
denn ich wollte ja einen Weg mit ihr finden. Mein Fehler war, ihr das nicht zu
sagen. Ich dachte es wäre falsch und ich traute mich auch nicht. Meine Dualseele war von meinem Rückzug so sehr verletzt, dass sie mich sehr reser-
viert und kühl empfing, als ich endlich wieder den Mumm hatte auf sie zuzugehen. Mir krampfte es das Herz zusammen sie so unnahbar wahrzunehmen.
Ich hatte mir erhofft, sie würde mich mit offenen Armen und einem offenen
Herzen empfangen. Ihre Reaktion ließ wieder Angst in mir aufkeimen und ich
zog mich abermals von ihr zurück, was ihr nur bestätigte, dass ich noch nicht
soweit war und meine Gefühle erst mal sortieren sollte. Wie sollte ich ihr
meine Liebe zeigen, wenn sie mich am ausgestreckten Arm zappeln ließ?
Nach meiner Meinung ist das keine auf Liebe basierende Reaktion gewesen.
Es ging ein paar Mal so hin und her. Aber schließlich konnte sie ihre Egofas-
sade nicht mehr länger aufrechterhalten. Alles brach in ihr zusammen. Sie ge-
stand mir unter Tränen sich selbst vergewaltigt zu haben, da sie dachte es wäre das richtige Verhalten, wenn sie mich nicht sofort wieder an sich ranließe.
Ich wäre froh gewesen, hätte sie gleich auf ihr Herz gehört. Zum Glück hat
unsere Liebe gesiegt! Ich hoffe, dass wir so was nie mehr wieder erleben müssen. Ein Gutes hat diese Erfahrung. Wir beide wissen nun ganz sicher, wie
sehr wir uns lieben und es brauchen, füreinander offen zu sein.

Christoph – Liebe und Angst

Uns war sehr schnell bewusst, dass das, was wir erlebten weit über eine normale Verliebtheit hinausging. Diese mentale und emotionale Nähe war gigantisch – nicht mehr von dieser Welt. Dimensionen taten sich auf und katapul-
tierten uns in fremde Welten – unseren Verstand völlig außer Acht lassend.
Manchmal glühte mein Herzchakra stundenlang – als hätte ich eine kleine
Sonne in meiner Brust. Später sagte meine Dualseele mir, dass sie ganz intensiv in der Zeit an mich gedacht hätte. Oft kamen E-Mails und SMS zeitgleich
an. Sehr häufig versuchten wir uns gleichzeitig anzurufen, oder einer sagte
etwas und der andere erwiderte: *„exakt das wollte ich auch gerade sagen!"* Es
wurde uns langsam unheimlich, denn wir verstanden nicht, was mit uns geschah. Wenn ich in ihrer Nähe war, konnte ich unser Glück förmlich fühlen.
Es war ganz rein, wahr, überwältigend groß und voller Liebe getränkt. Wie
unbändige Wellen durchflutete die Liebe mein ganzes Sein. Auch bei der Sexualität erlebte ich eine Intimität wie noch nie zuvor. Unbeschreiblich tief waren diese Gefühle. Sie gingen weit über alles hinaus, was ich jemals für möglich hielt, geschweige denn erlebte. Das Körperliche war nur ein kleiner Be-

reich, sie berührte mich im Urgrund meiner Seele. Ich ging ganz in diesem Gefühl auf, hatte aber dennoch sehr viel Angst. Wir waren sehr verletzlich geworden durch diese Tiefe und wussten, dass wir uns in den siebten Himmel befördern, aber auch gleichzeitig zerstören könnten, würde einer seine Liebe auf einmal zurückziehen. Die Angst nahm immer mehr zu. Wir trennten uns, aber die Liebe zog uns immer wieder zueinander. Sie war einfach viel größer als unsere Angst. Wir wollen so gerne zusammen leben. Momentan geht das leider noch nicht. Aber wir wissen tief in uns, dass wir, wenn die Zeit dafür reif ist, zusammen leben werden. Wir gehören einfach zusammen. Es ist, als wäre sie die Essenz, die mein Sein zum Leben erweckt und umgekehrt.

Elena – Liebe und Trennung

Dieser Mann hat in einem für mich nicht beschreibbaren Augenblick einen Raum in meiner Seele betreten, von dem ich selbst nicht mal wusste, dass er existiert. Mein Gefühl sagte mir: Ich bin bei ihm Zuhause, bei Gott und in der Welt angekommen. Ich lebe! Ich bin aufgewacht! Da war nur noch Liebe, sehr viel Liebe in mir und um mich. Sie war überall. Ich war mir selbst so nah und dabei so fremd wie noch nie zuvor in meinem Leben. Und da waren dieses ungeheure Wiedererkennen der anderen Seele und das tiefe innere Wissen – er ist mein Mann. Wir werden zusammenkommen und zusammenbleiben – wir sind füreinander bestimmt. Ich „sah" mich in aller Deutlichkeit an seiner Seite. Während einiger Monate war ich einfach nur glücklich und dankbar. Ich unternahm nichts (beide waren wir noch verheiratet). Glücklich war ich auch deshalb, weil ich mir sicher war, dass so eine starke Verbindung und Sehnsucht einfach dazu führen *musste*, dass wir ein Paar würden.
Bevor wir uns richtig annähern konnten, trennte uns das Leben. Er musste weit wegziehen, in ein anderes Land. Die folgende Zeit war unbeschreiblich schwer. Unmittelbar, nachdem ich davon erfuhr, dachte ich – ich könnte ihn loslassen. Aber zu meiner Überraschung blieb die seelische Verbindung bestehen und verstärkte sich sogar noch. Ich versuchte alles, um mich zu stabilisieren und die ständige telepathische Verbindung einigermaßen zu ertragen. Mittlerweile geht es mir etwas besser. Aber ich muss gestehen: Ich hoffe und glaube immer noch, dass wir zusammenkommen, dass er sich meldet und es für uns trotz allem einen Weg gibt – entgegen jeder Vernunft.
Momentan schaffe ich es, anzunehmen was ist, ohne daran zu verbittern. Ich vertraue darauf, dass alles seine Richtigkeit hat. Es war schon zu Ende, bevor es begonnen hatte. Ich weiß, dass wir ein paar vergangene Leben miteinander hatten, in denen wir auch immer kurz vorher getrennt wurden. Ich bin immer mehr dazu bereit diese Leben zu lösen, um altes Karma, das uns trennt, zu be-

seitigen. Natürlich hoffe ich, dass wir dann vielleicht zusammenkommen können in diesem Leben.

Marianne – Liebe vereint innere Gegensätze

Sehr oft denke ich an meine geliebte Dualseele. Manchmal entsteht ein warmes Gefühl in mir und plötzlich klingelt mein Handy und meine Liebste ist dran. Wenn wir uns in die Augen schauen, wissen wir, was die andere fühlt oder denkt. Auch wenn sie nicht bei mir ist, kann ich sie spüren – ich fühle sie teilweise sogar in mir, oder habe das Gefühl sie steht neben mir. Obwohl wir wie Tag und Nacht, oder wie Hund und Katze sind – so empfinden wir doch unsere tiefe Herzens- und Seelenverbindung. Die Liebe ist das, was uns vereinigt, was uns die Grenzen unserer Gegensätzlichkeit überwinden lässt. Ich bin voller Dankbarkeit sie zu kennen und zu lieben.

Miriam – innere Veränderungen zulassen

Am Anfang waren wir Freunde, dann wurde unser Kontakt immer intensiver und dadurch leider schwieriger. Tiefe Gefühle tauchten in uns auf, die wir beide nicht mehr einordnen konnten. Wir wissen gegenseitig, wie es dem anderen gerade geht und was er denkt. Ganz oft fühlen wir uns richtig körperlich, auch wenn wir nicht zusammen sind. Wir erlebten großartige Höhen, die von fürchterlichen Tiefen abgewechselt wurden. Ein Auf und ein Ab. Einer von uns beiden machte immer wieder den Anfang. Ich bin eher der Vernunftmensch – er ist sehr gefühlvoll – ein richtiger Romantiker. Das liebe ich sehr an ihm. Bei den meisten ist es wohl der Mann, der vom Verstand geprägt ist – bei uns ist das umgekehrt. Aber es ist dadurch nicht leichter. Durch die Begegnung mit ihm setzt bei mir die Vernunft immer mehr aus. Ich kann mehr und mehr meine Gefühle zulassen. Er hilft mir dabei sehr. Wenn er nur meine Hand nimmt und ich seine Seele durch die Berührung spüre, fühle ich nur noch unser unendliches Sein. Meinem Verstand macht das große Angst und ein Teil in mir sagt, ich solle aufpassen. Wir empfinden unsere seelische Einheit sehr stark. Es ist, als wäre es schon immer so gewesen. Die Höhen und Tiefen sind zwar ein Problem für uns, aber wir können immer besser damit umgehen. Unser Ego spielt uns nur noch kurz einen Streich. Die große Liebe, die uns vereint bewirkt, dass wir unsere alten Muster und Konditionierungen umprogrammieren können. Das neue „Programm" heißt Liebe und Glück. Wir wünschen uns für die Zukunft, dass wir alles Schwierige überwinden und eines Tages zusammenleben werden.

Sophie – Liebe der Schlüssel des Herzens

Noch nie habe ich Derartiges erlebt. Es fühlt sich an als wärest du der Schlüssel, der in das Schloss meines Herzens passt – wie ein passendes Puzzleteil. Mit dir fühle ich mich eins, ohne alleine halb zu sein. Ich brauche dich, ohne von dir abhängig zu sein, denn ich kann dich ja nur deshalb lieben, weil du existierst. Das ist das, was ich als „brauchen" bezeichne. Wärst du nicht da, könnte ich dich auch nicht lieben. Ich würde vielleicht fühlen, dass es dich irgendwo da draußen gibt, aber ich könnte dir nicht in die Augen schauen und dich auch nicht meine Liebe fühlen lassen – also sage ich – ich brauche dich!

Susanne – von der Liebe wachgeküsst

Vor fünf Jahren traf ich auf meine Dualseele. Diese Zeit war die schönste, aber auch die schwierigste in meinem bisherigen Leben. Ich erlebte den Himmel auf Erden, aber auch sehr tiefe Abstürze. Er hat meine Seele aus einem tiefen Schlaf erweckt. Ich weiß jetzt erst, was es bedeutet wahrhaftig zu leben. Er hat mich im wahrsten Sinne des Wortes wachgeküsst. Seit unserer Begegnung hinterfrage ich mein Leben, räume es auf und sehe alles aus einem ganz anderen Blickwinkel. Durch die Begegnung mit ihm lerne ich unglaublich viel und kann vieles ganz anders wahrnehmen. Dafür bin ich ihm sehr dankbar. Mir wurde bewusst, dass das Einzige, das wirklich zählt, unsere Liebe ist. Wir hatten auch sehr große Probleme. Nicht wir waren das Problem, sondern die anderen – viele Neider, die uns unser großes Glück missgönnten. Enge Freunde und sogar Familienangehörige wandten sich gegen uns und versuchten uns auseinander zu bringen. Es war richtig beängstigend, denn bei ihm wie bei mir war das so. Fast wäre es ihnen auch gelungen, aber unsere Liebe war stärker. Ich bin so glücklich mit Alexander und weiß, dass es sich gelohnt hat, für unsere Liebe zu „kämpfen".

Tom – intensives gemeinsames Energiefeld

Jede Berührung ging uns durch und durch. Jeder Blick traf direkt in unser Innerstes. Die Intensität aller Gefühle, die mit ihr zu tun hatten, war überwältigend – alles war so unglaublich tief und innig. Wir empfanden unbeschreiblich schöne Gefühle und ein riesengroßes Glück, wenn wir uns in die Augen blickten. Wir erlebten den Himmel auf Erden, wenn wir zusammen waren. Auf der anderen Seite fühlten wir aber auch diese enorme und schreckliche Sehnsucht, wenn wir nicht beisammen sein konnten. Ich musste ständig an sie denken. Ich fühlte ihre Anwesenheit teilweise richtig körperlich. Ich spürte ihre Küsse auch dann auf meinen Lippen, wenn sie gar nicht da war. Ich merkte, wenn sie sehnsuchtsvoll an mich dachte. Dann waren meine Gedanken und Gefühle ganz bei ihr – ich weiß, dass es für sie ganz genauso war. Andere Menschen erkannten unsere besondere Verbindung sehr schnell – vielen machte sie wohl Angst. Manche sagten sogar, wir wären wie ein eingespieltes, machtvolles Team. Andere sagten, wir wären wie David und Goliath, die sich verbündet hätten. Aber es gab auch jene, die uns bewundernd zulächelten. Wenn wir in der Öffentlichkeit waren, fühlte ich unsere Einheit und mir war klar, dass andere das auch fühlen konnten. Es war, als würden wir zusammen eine spezielle, großartige Aura um uns herum haben. Ein Strahlen und eine starke gemeinsame Energie. Alleine verfügten wir darüber nicht – nur zusammen.

Doch leider tauchten nach einer wundervollen Anfangszeit auch bei uns die ersten Schwierigkeiten auf. Wir waren so verschieden – zu verschieden. Dadurch mussten wir uns bemühen ganz normale Dinge zu erklären, um keine Missverständnisse zu erzeugen. Nur ein einziges falsches Wort konnte einen riesigen Streit bedeuten. Auf der anderen Seite dann wieder diese unglaubliche Anziehung, Liebe, Sehnsucht und das extreme Verlangen und Begehren nacheinander.

Erschwerend hinzu kamen schlechte Erfahrungen, Verletzungen und negative Belastungen aus vergangenen Partnerschaften. Wir konnten uns gegenseitig nichts vormachen, da wir fühlten, wenn der andere unehrlich war. Das erzeugte wiederum Angst. Wir mussten Abstand voneinander nehmen, denn wir vermochten damit nicht mehr umzugehen. Zu intensiv war es, wenn wir beieinander waren. Die Sexualität war die pure Erfüllung für uns, aber wenn wir miteinander redeten, verstanden wir uns nicht. Angst kam immer wieder hoch. Wir erzeugten durch unsere unterschiedlichen Denkweisen ein Missverständnis nach dem anderen.

Schließlich trennten wir uns unter größter Seelenqual. Es verging bis heute kein einziger Tag, an dem ich nicht an sie gedacht hätte. Mein erster Gedanke am Morgen und mein letzter Gedanke am Abend gehören nur ihr. Obwohl ich weiß, dass wir erst unsere innere Dualität überwinden müssen, bevor wir unser Glück leben können, sehne ich mich in jeder Sekunde unglaublich nach ihr. In der letzten Zeit unternehme ich sehr viel. Ich besuche spirituelle Seminare und hole mir Rat bei einer Hellseherin. Das gibt mir Kraft und neuen Mut. Ich meditiere jeden Abend. Es hilft mir nach einem stressigen Arbeitstag abzuschalten. Ich hoffe sehr, dass wir unsere Liebe eines Tages leben können.

Tobias – Liebe, die vereint

Meine Zwillingsseele kenne ich schon länger – nun lernte ich auch meine Dualseele kennen. Verrückte Zufälle brachten uns zueinander. Ich kann es mir nicht anders erklären, als dass es wohl so sein sollte. Ich glaubte sehr lange, niemals wieder so tiefe Gefühle empfinden zu können, wie ich es für meine Zwillingsseele tat. Aber meine Dualseele sollte mich eines Besseren belehren. Als wir uns begegneten, war da sofort diese große Vertrautheit. Sie berührte mich mitten in meinem Herzen. Wir haben auch eine telepathische Verbindung. Sie ist anders als mit meiner Zwillingsseele, aber genauso intensiv. Wir fühlen uns wie zwei Elemente, die zusammengehören und sich zusammenfügen. Wir lernen miteinander klarzukommen und unsere Lebensthemen zu bearbeiten. Öfters geraten wir aneinander, weil einer von uns die Art des anderen provozierend empfindet, oder einfach Missverständnisse aufkommen. Wenn wir uns dann selber genauer beobachten, sehen wir uns mit unseren eigenen Ängsten und Blockaden konfrontiert. Unsere Beziehung hat eine ganz spezielle Qualität. Sie ist sehr anstrengend – aber wenn wir es annehmen auch sehr konstruktiv. Wäre diese unendlich tiefe Liebe nicht, die uns verbindet, dann hätten wir uns sicher schon längst getrennt. Durch diese Liebe können wir uns gar nicht trennen, denn sie verbindet uns sehr stark. Meine Zwillingsseele und ich wollten nur miteinander verschmelzen, anstatt den eigenen Horizont zu erweitern. Wir konnten nichts voneinander lernen und wollten das auch gar nicht. Wir klebten wie Kletten aneinander und merkten nicht, dass wir uns dadurch blockierten. Das war auch der Grund für unsere Trennung. Mit meiner Dualseele erlebe ich ganz andere Facetten der Liebe. Eine Liebe, die vereint. Die Liebe mit meiner Zwillingsseele hat mir immer die Trennung gezeigt. Eine Seele, die geteilt wurde. Mit meiner Dualseele erlebe ich Vereinigung und bleibe trotzdem immer ich selbst. Das ist das Wundervolle dabei.

Nicht von dieser Welt

Als ich meiner Dualseele 2006 begegnete, hatte ich weder eine Ahnung vom Sinn meines Lebens noch hatte ich jemals etwas von Dualseelen gehört. Ich erholte mich gerade von den Folgen eines Unfalls und einiger damit verbundener Krankenhausaufenthalte. Ein Jahr zuvor war meine Hochzeit gewesen. Meiner Ansicht nach traf alles sehr unpassend zusammen. Erst rückblickend wurde mir bewusst, dass alles zum richtigen Zeitpunkt geschehen war.
Bei unserem ersten Treffen fiel mir Sebastian gar nicht auf. Erst am nächsten Tag nahm ich ihn wirklich wahr. Als ich ihn ansah, bekam ich die Frage nicht aus dem Kopf, woher wir uns kannten. Da wir uns vorher noch nicht begegnet sein konnten, war die Frage verstandesmäßig nicht zu erklären. Trotzdem hatte ich das Gefühl ihn schon zu kennen.
Vieles passierte in der darauffolgenden Zeit. Immer wieder Begegnungen und immer wieder Abschiede. Manche waren in Ordnung, andere schmerzten unglaublich stark.

Jetzt hab ich ihn schon seit Längerem nicht mehr gesehen. Ich träume aber immer noch von ihm. Ich träumte sogar von seiner Hochzeit. Ich weiß, wenn es ihm schlecht geht, und erhalte die reale Bestätigung kurze Zeit später. Er ist immer in meinem Herzen. Selbst die Enttäuschungen, die wieder und wieder kommen, heilen immer schneller. Ich weiß, was er fühlt und warum er sich verhält, wie er es eben tut. Ich habe durch ihn erkannt, warum ich manches in meinem Leben getan habe. Es ist es so schwer, in den Spiegel zu sehen. Aber ich habe in diesem Spiegel auch das größte Geschenk auf Erden gefunden: mein Dual, meine bedingungslose Liebe. Ich entwickelte mich in den letzten drei Jahren sehr schnell. Ich lernte, worum es im Leben geht. Mein Leben hat eine ganz andere Wendung genommen. Ich weiß, dass wir beide verschiedene Aufgaben für uns in diesem Leben zu erledigen haben. Und die werden nicht immer zusammen funktionieren. Aber für die Zeit, die ich ihn in meinem Leben haben darf, bin ich dankbar. So sehr ich manchmal den Tag verfluche, an dem ich ihm begegnet bin, weiß ich doch, dass ich im Endeffekt nicht anders kann, als ihn zu lieben. Er hat mir gezeigt, wer ich wirklich bin.

Dualseelen

- Dualseelen sind ewige Gefährten.
- Dualseelen wurden füreinander geschaffen.
- Dualseelen sind zwei, die gemeinsam ein größeres ihrer Selbst sind.
- Dualseelen gehören (zu)einander.
- Dualseelen wurden niemals getrennt, da sie nie EINS waren. Sie waren schon immer zwei, die sich gegenseitig erfüllen und zur Entfaltung bringen.
- Dualseelen bedingen einander – wie Nord- und Südpol – jeder ist für sich vollständig und komplett, braucht aber den anderen als Gegensatz.
- Die Dualseele ist unsere gegensätzliche Ergänzung/Entsprechung.
- Dualseelen komplettieren einander auf eine spezielle Weise, die sie gemeinsam größer werden lässt.
- Die Sehnsucht zwischen Dualseelen stellt keinen Mangel dar. Sie wissen um ihre Einheit.
- Dualseelen lieben sich bedingungslos.
- Dualseelen haben die Gabe sich gegenseitig zu heilen.
- Der feinstoffliche Kontakt zwischen Dualseelen ist primär empathischer Natur. Telepathie ist je nach realem Kontakt mal mehr und mal weniger ausgeprägt.
- Dualseelen sind göttliche Vermählte seit Anbeginn allen Seins.

Teil II
Zwillingsseelen

Besonderheiten, Bedeutung, Aufgaben, Chancen und Herausforderungen im Leben

Emanuel Geibel

(1815 - 1884)

In diesen Frühlingstagen, da genesen
Das Herz nicht will vom süßen Sehnsuchtsleid,
Wie spricht, was einst bei Platon ich gelesen,
Vertraut mich an aus dunkler Fabel Kleid!
Geschaffen, schreibt er, ward als Doppelwesen
Der Mensch dereinst im Anbeginn der Zeit,
Bis ihn ein Gott, weil er nicht Schuld gemieden,
In seine Teile, Mann und Weib, geschieden.

Ein heilig Rätsel deutet mir dies Wort;
Wer fühlt' es nie, dass Bruchstück nur sein Leben,
Ein Ton, nur angeschlagen, zum Akkord
Mit seinem Gegenton sich zu verweben?
Wir all sind Hälften, ach, die fort und fort
Nach den verlornen Zwillingshälften streben,
Und dieses Suchens Leid im Weltgetriebe
Wir heißen's Sehnsucht, und das Finden Liebe.

Zwillingsseelen

In der Liebe vereint

Sind wir seit Anbeginn des Seins
erschaffen voneinander,
um uns zu lieben
in allen Formen und Gestalten
in und durch das Leben,
fühlen wir uns im anderen
um zu erkennen,
dass alles Sein in Liebe verbunden ist,
so sind wir vereint durch unsere Liebe.

(Sandra Ruzischka, 11. Mai 2011)

Zwillingsseelen sind durch ihre Liebe tief in ihren Herzen miteinander vereint. Sie sind zwei Strahlen einer Seele – auf Erden geboren, um sich zu finden und einander durch ihre Liebe zu erkennen. Zwillingsseelen verfügen über dieselbe Seelensubstanz der einen Urseele, aus der sie hervorgegangen sind. Im seelischen sind sie mit eineiigen Zwillingen vergleichbar. Sie fühlen sich auf mysteriöse Weise magnetisch voneinander angezogen und betrachten sich wie von schicksalhafter Hand füreinander bestimmt. Seelenzwillinge erkennen sich vor allem über die Augen. Ihre Augen strahlen ihre Liebe unablässig aus. Durch Blickkontakt und dem ganz speziellen Ausdruck in ihren Augen, erkennen Zwillingsseelen ihre andere Seelenhälfte wieder. Viele Zwillingsseelenpaare verfügen über die Fähigkeit nonverbal miteinander zu kommunizieren. Sie sehnen sich danach immer mit ihrer geliebten anderen „Hälfte" zusammen zu sein, oder sogar danach miteinander zu verschmelzen. *„Du bist ich und ich bin du."* Diesen Ausspruch höre ich oft von Menschen über ihre Zwillingsseelenbegegnung. Sie fühlen sich mit ihrem Seelenzwilling auf rätselhafte Weise so stark verbunden, als wären sie ein Wesen, das in zwei Körpern lebt.

Zwillingsseelen gleichen sich äußerlich manchmal auf erschreckende Weise. Sie legen ähnliche Verhaltensweisen an den Tag und hegen häufig dieselben Vorlieben oder Abneigungen. Viele Menschen finden es verwirrend, bei ihrem Seelenzwilling Identisches, wie auch Andersartiges zu finden. Sie erkennen sich selbst im anderen auf mysteriöse Weise wieder. Sämtliche Berührungen sind von einer nie geahnten Intensität. Viele Zwillingsseelenpaare erleben miteinander einen riesigen Gefühlscocktail. Da sind Verwirrung und große Glücksgefühle, die tiefe, innige Liebe, aber auch die Sorge womöglich den Verstand zu verlieren, oder ihn gar schon verloren zu haben, ebenso wie das Gefühl abzuheben oder Bäume ausreißen zu können. Das Herz scheint in einem ständigen Widerspruch zum Verstand zu sein. Enorme Energieschübe und ein gleichzeitiges inneres Chaos sind ebenfalls häufige Erscheinungen einer Zwillingsseelenbegegnung.

Zwillingsseelen fühlen sich innerlich sehr ähnlich und ähneln sich auch vielfach in ihrem Aussehen. Die äußeren Lebensumstände hingegen sind bei einigen Zwillingsseelenpaaren sehr unterschiedlich. Sie ziehen sich extrem an, wie zwei Magnete, die sich ihrer gegenseitigen Präsenz nicht entziehen können. In der Regel werden sie ähnlich auf bestimmte Situationen reagieren.

Es existieren die unterschiedlichsten Konstellationen, in denen sich Zwillingsseelen auf Erden begegnen können. Ihr Zusammentreffen geschieht auf mysteriöse Weise, als wäre es von schicksalhafter Hand gelenkt worden. Viele Zwillingsseelenpaare berichten, sie wären regelrecht zusammengeführt worden. Wie von Zauberhand wurde ihr Leben in genau die richtigen Bahnen gelenkt, um dem anderen begegnen zu können. Manche verpassten ihren Flug oder ihren Zug, um dann „zufällig" neben ihrem Seelenzwilling zu sitzen. Wieder andere wurden krank „nur" um ihre Urlaubsreise einen Monat später anzutreten, wo sie ihrer Zwillingsseele begegnen konnten. Sehr viele Menschen erzählen, wie das Schicksal ihr Leben entsprechend steuerte, um die Begegnung zu ermöglichen. War es wirklich vom Schicksal gelenkt, oder hat die eigene Seele die Menschen geführt? Ich persönlich glaube, wir werden von unserer eigenen Seele geführt. Unsere Seele ist unser Schicksal. Wer Zugang zu seiner Seele hat, vertraut seiner inneren Führung. Unsere innere Führung kann uns sehr hilfreiche Dienste leisten. Wenn wir zu zweifeln beginnen kann sie uns leiten. Denn sie ist die Instanz in uns, die uns die richtigen Wege zeigt und uns hilft unser Leben so zu gestalten, wie es für uns das Beste ist.

Durch einen Blick in die Augen seiner Zwillingsseele kann das gesamte Leben auf den Kopf gestellt werden. Gefühle nie gekannten Ausmaßes tauchen plötzlich auf und durchfluten jede Zelle unseres physischen und unserer fein-stofflichen Körper. Ganz besonders in den Chakren, den Hauptenergiezentren des Menschen, ist die Energie dieser Liebe fühlbar. Zunächst vermuten viele eine starke Verliebtheit hinter diesen Gefühlen, aber schnell erkennen sie, dass dieses Gefühl mit „normaler" Verliebtheit nichts zu tun hat, sondern weit darüber hinausgeht. Irgendeine unerklärliche Macht geht von diesem Menschen aus, die sich wie verliebt anfühlt, aber noch ganz andere, viel tiefere Dimensionen berührt. Drängende Fragen tauchen, früher oder später, bei den meisten Liebenden auf. *„Ich liebe ihn, weiß aber nicht warum. Wir kennen uns doch gar nicht. Trotzdem fühle ich eine reine, pure und sehr starke Liebe für ihn – was ist das nur?" „Woher kommen diese extremen Gefühle?" „Warum zieht mich dieser Mensch wie ein Magnet an?" „Warum fühle ich mich in der Gegenwart dieses Menschen so wohl, wo wir uns doch gar nicht kennen?" „Warum weiß ich, dass wir uns kennen, wo wir uns doch noch nie zuvor begegnet sind?" „Was ist das nur, das mich so extrem zu diesem Menschen hinzieht?" „Mein ganzes, Denken und Fühlen bezieht sich nur noch auf ihn. Ich weiß nicht, was das ist, ich weiß nur, dass es etwas ganz Besonderes ist."*

Vor allem dann, wenn die äußeren Unterschiede zwischen den Liebenden sehr groß sind, wie zum Beispiel wenn sie einer anderen Kultur oder einer anderen Rasse angehören, oder wenn es einen großen Altersunterschied zwischen ihnen gibt, dann können viele Zwillingsseelenpaare ihren Gleichklang nicht begreifen. Ihre Seelen schwingen im selben Takt, sind eins, aber äußerlich betrachtet scheinen Welten zwischen ihnen zu liegen. Es ist nicht leicht, diese Gefühle einfach anzunehmen, denn die meisten Menschen begegnen ihrer Zwillingsseele in einem Alter, in dem sie von ihren bisherigen Lebenserfahrungen schon sehr geprägt sind. Häufig befindet sich zumindest einer von beiden in einer festen Partnerschaft, was die Angelegenheit noch komplizierter macht. Kurz gesagt: Die äußeren Umstände scheinen gegen die Liebe zu sprechen, was leider früher oder später auch Probleme machen kann. Auf der einen Seite bestehen diese unbeschreiblich tiefe Liebe und die extrem große Anziehung und auf der anderen Seite stehen viele Fragen und häufig auch große Angst. Nach der ersten unbeschwerten und von Liebe durchfluteten Zeit folgt für viele Paare eine Phase der Angst, des Kummers und auch häufig der Trennung und des damit verbundenen Leidens. Für viele Zwillingsseelenpaare gehört es zu ihrer gemeinsamen Lebensaufgabe, diese Hindernisse zu überwinden und einen Weg zu finden, der ihre Liebe lebbar macht. Wobei die Liebe nicht zwangsläufig in einer Liebespartnerschaft gelebt werden muss, was sich aber viele aus tiefstem Herzen wünschen.

Um mit seiner Zwillingsseele eine glückliche Lebenspartnerschaft führen zu können, ist es wie bei Dualseelenpaaren wichtig, in sich selbst ganz zu sein. Menschen, die ihre eigene Einheit noch nicht erlangt haben, leben nicht mehr ihre Bestimmung. Die Gefahr, sich im anderen zu verlieren, ist gerade bei Zwillingsseelen sehr groß. Die eigenen Lebensthemen sind in Gefahr zu blockieren. Dieser Zustand wirkt sich äußerst negativ auf die Beziehung zum Seelenzwilling aus. Viele Zwillingsseelenpaare, bei denen sich einer, oder gar beide, im anderen verloren haben, werden wieder getrennt.

Ihre identische Seelenessenz, die enorme Anziehungskraft und die Übereinstimmung in der anderen „Hälfte" zu erkennen, macht die Verbindung zwischen Zwillingsseelen so einmalig. Zwillingsseelen verstehen sich ohne Worte, erfühlen aber auch gegenseitig ihre Schwachstellen. Sich bis auf den Grund ihrer Seele schauen können, wie es seelische Zwillinge tun, kann sehr erfüllend sein, stellt aber auch eine große Herausforderung dar. Nur wenn beide Seelenverwandte voll und ganz in ihrem Leben stehen und sich ihrer Selbst bewusst sind, wird diese Beziehung auch beglückend erlebt. *„Wo viel Licht ist, ist auch viel Schatten!"* Dieses Sprichwort scheint besonders auf Zwillingsseelenpaare zuzutreffen. Die Aufgaben einer Zwillingsseelenverbindung hängen gewiss auch mit der Überwindung bzw. Integration ihrer Schatten, im Sinne von unerlösten Themen zusammen.

„Ist das möglich?" fragen viele Menschen, „wo doch der Schatten wohl unweigerlich zum Licht gehört". „Ja, das ist möglich, denn der Schatten ist nur an das Licht gebunden, wenn man nicht vollständig im Licht ist!" Zur Mittagszeit, wenn die Sonne an ihrem höchsten Punkt angelangt ist, gibt es keinen Schatten, da wir direkt im Licht stehen. Im übertragenen Sinne ist das spirituell ebenso. Befindet sich ein Mensch direkt im Zenit seines eigenen Lichtes, das seine Seele ausstrahlt, so wirft er keinen Schatten mehr. Er ist sozusagen erleuchtet. Wir alle können zumindest zeitweise in diesen Zustand eintreten. Je mehr und je öfters wir mit uns selbst verbunden sind, desto harmonischer sind wir und desto mehr befinden wir uns in unserer persönlichen inneren Mitte. Dies kann uns sehr bei der Transformation unsere Schattenthemen helfen.

Zwillingsseelen haben die Gabe, eine große Harmonie in vielen gemeinsamen Lebensbereichen zu entwickeln. Sie müssen sich dabei nicht erst aufeinander einspielen – sie haben sofort ein Gefühl füreinander. Das kann sich bei ganz gewöhnlichen Tätigkeiten äußern. Sie kommunizieren, ohne viele Worte sprechen zu müssen. Wunderbar arbeiten sie Hand in Hand. Jeder „weiß" auf geheimnisvolle Weise genau, was er wie zu tun hat. Ihre Tätigkeiten greifen so leicht und spielerisch ineinander, dass es den Anschein erweckt, sie wären ein Wesen. Zwillingsseelen, die beruflich am gleichen Objekt wirken, berichten von großartigen Möglichkeiten. Gemeinsam können sie auf diese Weise Grandioses erschaffen. Außenstehende Menschen bemerken schnell die mysteriöse Aura, die von einem Zwillingsseelenpaar ausgeht. Da ihre Energiefelder, wenn sie zusammen sind, regelrecht miteinander verschmelzen, eins werden können, ist dieses Phänomen einleuchtend. Wer schon einmal ein Zwillingsseelenpaar live erlebt hat, der hat sicher ihre spezielle Ausstrahlung gefühlt. Ist ein Zwillingsseelenpaar in Harmonie miteinander, dann kann es eine ganz bestimmte Schwingung erzeugen und aussenden, die sogar harmonisierend auf die Menschen in ihrer Umgebung wirkt.

Die Liebe zwischen Zwillingsseelen

Zwillingsseelen lieben sich auf ganz natürliche Weise. Sie können gar nicht anders, als sich zu lieben. Seelische Zwillinge haben dieselbe Seelensubstanz – sie sind seelisch aus demselben Stoff gemacht. Bei Seelenzwillingen fungiert die Liebe nicht als verbindendes Element, denn sie sind seelisch gesehen ja EINS. Die Liebe zwischen ihnen resultiert auf natürliche Weise aus ihrem Einssein heraus. Der Urzustand einer jeden Seele ist Liebe in ihrer Reinform. Die Seelen sind allgegenwärtig im Zustand der Liebe, denn Liebe ist der „Stoff", aus dem die Seelen bestehen.

Die Einheit, die Zwillingsseelen miteinander fühlen, lässt sie ihre Liebe als Menschen noch stärker wahrnehmen. Durch den geliebten Menschen, in dem wir uns selbst sehen und den wir auf tiefste Weise lieben, können wir im Laufe der Zeit lernen uns selbst ebenso zu lieben. Lieben wir nun beide Aspekte unserer gemeinsamen Seele – uns selbst ebenso wie unsere Zwillingsseele, dann ist unsere Liebe vollkommen. Gelingt es unserer Zwillingsseele ihrerseits sich selbst und auch uns ebenso so stark zu lieben, dann entsteht eine unglaubliche Energie. Der Kreis schließt sich und ein ekstatisches Gefühl voller Freude, Glück und Erfüllung stellt sich ein.

Die Liebe zwischen Zwillingsseelen möchte nicht nur feinstofflich gefühlt werden, sondern ist bestrebt, sich auch über das Körperliche auszudrücken. Auch gleichgeschlechtliche Seelenzwillinge, die nicht homosexuell sind, verspüren den Impuls ihrer Liebe körperlichen Ausdruck zu verleihen. Wobei viele Betroffene anfänglich damit Probleme bekommen. Der Mensch möchte seine Liebe immer ganzheitlich leben. Wir sind Wesen aus Fleisch und Blut und unser Körper ist das Ausdrucksmittel unserer Seele. Das Leben in der Körperlichkeit ist das, was unsere Seelen erfahren wollen. Unsere Seele möchte ihre Liebe über die körperliche Ebene ausdrücken und sich dadurch selbst erfahren. Selbstverständlich muss der körperliche Ausdruck der Liebe nicht zwangsläufig durch Sexualität erfahren werden. Es kann auch „nur" eine

Umarmung oder ein Händedruck sein. Die Liebe braucht den Sex nicht unumgänglich, um sich körperlich auszudrücken. Eine Frau sagte einmal: *„Wenn ich die Frau, die mein Seelenzwilling ist, umarme, dann fühle ich, wie unsere Herzen im selben Takt schlagen und miteinander verschmelzen. Es ist wunderschön – wie ein einziges großes Herz. Am liebsten würden wir uns in diesen Momenten nicht mehr loslassen. Anfänglich machte uns das Angst, denn wir sind beide verheiratet. Ich dachte, ich sei auf meine alten Tage noch lesbisch geworden. Aber ich weiß nun, dass das so ist, weil sie meine Zwillingsseele ist."*

Zwillingsseelenpaare, die aufgrund ihrer Konstellation eine sexuelle Beziehung miteinander führen können und dies auch wollen, werden das auch tun. Die Liebe sucht sich ihren Weg um sich ausdrücken zu können. Die Sexualität stellt für viele seelenverwandte Paare die Erfüllung ihres gemeinsamen Seins dar. Sie lässt sich weder von Konventionen noch von Prinzipien aufhalten.

„Ich wusste von Anfang an, dass wir unsere Liebe für uns spürbar machen wollten und das taten wir auch. Schon seit einem Jahr lassen wir uns unsere Liebe fühlen. Jede noch so kleine Berührung ist wie Balsam für unsere Seelen. Wir fühlen unser Einssein, wenn wir miteinander schlafen, so, als gäbe es keine verschiedenen Körper. Sein Körper verschmilzt mit meinem und wir werden auch körperlich eins, so wie wir es seelisch schon immer sind. Es ist die absolute Erfüllung für uns."

Was ist das Besondere einer Zwillingsseelenverbindung?

„Du bist ich – und ich bin du!" Zwillingsseelen fühlen die identische Struktur ihrer Seelen, den Gleichklang ihres Wesens und ihre starke innere Verbundenheit. Sie sind zwei Menschen, die sich im Inneren sehr ähneln und sich sogar auf unerklärliche Weise *eins* miteinander fühlen. Von außen betrachtet unterscheiden sie sich vermutlich durch individuelle Gegebenheiten, wie beispielsweise durch einen enormen Altersunterschied, eine andere kulturelle Herkunft oder eine andere gesellschaftliche Stellung. Bei manchen Zwillingsseelenpaaren ist dieser Unterschied sehr groß und ganz klar ersichtlich. Bei anderen wiederum ist er zunächst nicht so deutlich, kann sich aber trotzdem stark auswirken.

Zwillingsseelen sind dazu aufgerufen, ihre in den äußerlichen Gegebenheiten liegenden Gegensätze zu bewältigen. Diese Herausforderung scheint fast wie eine Prüfung zu sein. Eine Prüfung ihrer Liebe, mögen sich manche fragen? Sicher nicht! Denn Zwillingsseelen lieben sich ja sowieso – ganz ungeachtet aller Widrigkeiten. Trotzdem scheint es aus der Sicht der Seelen eine Prüfung für die beiden Menschen zu sein. Schaffen sie es, die Schranken zu überwinden, die sie trennen? Finden sie einen gemeinsamen Weg ihre Liebe zu leben? Das kann, muss jedoch nicht unbedingt in einer Partnerschaft sein. Für Zwillingsseelen ist es wichtig, ihrer Liebe Ausdruck zu verleihen. Wie der Mensch ihre Verbindung schließlich benennt, ist für die Seelen nicht so entscheidend. Für sie ist es bedeutend, in ihrem menschlichen Sein ihre tiefe Seelenliebe zu erkennen und zu leben. Manche Zwillingsseelenpaare leben ihre Liebe in einer zwischenmenschlichen Beziehung miteinander. Das kann sein, als Geliebte, als Ehepartner, als Freunde, als Geschäftspartner, oder in irgendeiner anderen Art und Weise. Manche Zwillingsseelenpaare haben jedoch keinen Kontakt zueinander, aber auch sie leben ihre tiefe Liebe. Sie leben sie selbstverständlich auf ganz andere Weise als die Paare, die miteinander in Kontakt stehen. Aber auch alleine ist es möglich, der Liebe zum geliebten Seelenzwilling Ausdruck zu verleihen. Ich traf auf Menschen, die dies sehr künstlerisch und kreativ gestalteten. Manche malten wundervolle, ausdrucksstarke Bilder, oder erschufen einmalige Skulpturen, andere musizierten und ließen so ihre Liebe lebendig werden, wieder andere schrieben Texte darüber, oder dichteten und gaben dadurch ihrer Liebe Ausdruck. Diese tiefe Liebe drängt gerade danach ausgedrückt zu werden. Wir können sie nicht in uns einschließen, sie möchte Ausdruck erhalten und gelebt werden. Wenn das mit dem Seelenzwilling im Irdischen nicht möglich ist, so sucht sie sich ein anderes Ausdrucksmittel.

Zwillingsseelen sehen sich in ihrer menschlichen Gestalt größtenteils recht ähnlich. Wobei es hierbei relative graduelle Unterschiede gibt. Die einen haben lediglich ein paar prägnante Körpermerkmale gemeinsam, wie zum Beispiel auffallende Grübchen, eine identische Nasenform, ein ausgeprägtes markantes Kinn, dieselben charakteristischen Stirnfalten, ein Muttermal oder die gleiche Augenfarbe. Bei anderen wiederum treten die Ähnlichkeiten auf subtilere Weise auf und werden erst im Laufe der Zeit bemerkt. Das kann beispielsweise sein: eine sehr ähnliche Mimik und Gestik oder eine spezielle Art sich zu bewegen. Manche sehen sich sogar so außergewöhnlich ähnlich, dass sie selbst von Fremden für Geschwister, oder gar für Zwillinge gehalten werden. Es kommt sogar vor, dass beide unterschiedlichen Rassen angehören, aber dennoch eine frappierende Ähnlichkeit aufweisen. Ein Seelenzwilling ist zum Beispiel ein dunkelhäutiger Afrikaner, seine andere „Hälfte" aber ein hellhäutiger nordischer Typ. Trotzdem bestehen so deutliche Ähnlichkeiten in Gestik, Haltung, Mimik und mancher Körpermerkmale, als wäre der eine nur die hellere, bzw. dunklere Version des anderen. *„Meine Zwillingsseele hat an fast derselben Stelle wie ich ein Feuermal. Erstaunlich ist, dass beide Male fast gleich groß sind und eine sehr ähnliche Form haben. Ich bin sehr überrascht darüber, denn ich kenne niemand sonst mit so einem Mal."*

Aber auch erworbene Körpermerkmale, wie sehr ähnliche Tattoos, Narben, Piercings etc., haben Seelenzwillinge öfters gemeinsam. *„Als ich sah, dass er fast dieselbe Narbe am Knie hatte wie ich, habe ich sehr gestaunt. Unsere Narben haben fast dieselbe Form und Größe und befinden sich an der gleichen Stelle am rechten Knie. Er hat seine Narbe von einem Hundebiss. Meine stammt von einer kleinen Knieoperation."*

„Meine Zwillingsseele hat fast das gleiche Tattoo auf der rechten Schulter, so wie ich. Das Motiv ist bei uns beiden ein Schmetterling. Meiner ist als Tribal gemacht und ihrer ist eher natürlich dargestellt. Beide Tattoos sind fast gleich groß und nahezu gleich alt. Es hat mich fast umgehauen als ich ihr Tattoo das erste Mal gesehen habe. Sie wollte es, wie ich, auch bereits ein Jahr lang, bevor sie es sich stechen ließ."

Was zeichnet Zwillingsseelenbeziehungen aus?

Zwillingsseelen halten sich, durch ihre Gleichheit bedingt, gegenseitig einen Spiegel vor und fordern sich dadurch sehr stark heraus. Der Grund hierfür ist: Die Zwillingsseele spiegelt das eigene Verhalten auf ganz besonders drastische Weise wider. Die Gefahr sich gegenseitig zu verletzen ist deshalb besonders vorhanden. Viele Zwillingsseelenpaare berichten, ganz genau zu wissen, welche Stärken, aber auch welche Schwächen ihre andere „Hälfte" besitzt. Seelenzwillinge haben die Gabe sich gegenseitig glücklich, aber auch unglücklich zu machen. Mit der in ihrer Natur liegenden, instinktiven Sicherheit erfühlen sie genau die Knöpfe, die sie nur zu drücken brauchen, um den geliebten Menschen in die höchsten Höhen, aber leider auch in die tiefsten Abgründe katapultieren zu können. Sich gegenseitig glücklich zu machen ist wundervoll, aber die Schwachpunkte des anderen zu aktivieren, ist für viele eine äußerst beängstigende Tatsache. Dahinter steckt jedoch, wie könnte es anders sein, ein unglaublich großes Potenzial. Zwillingsseelen sind aufgerufen neue Wege miteinander zu begehen und voneinander zu lernen. Denn das, was sich Zwillingsseelen gegenseitig spiegeln, sind sie selbst – sie erkennen ihre eigenen Schwachpunkte im anderen. Wenn Zwillingsseelenpaare die große Chance ihrer Begegnung annehmen, dann können sie vieles zu ihrem Wohle transformieren. Nicht nur ihre Schattenseiten zeigen sich Zwillingsseelen, auch ihr Potenzial und ihre eigene Schönheit spiegeln sie sich wider. Ein paar wenige Sätze von seinem Seelenzwilling reichen schon aus, um wundervolle Gefühle, wie Kraft, Stärke und Mut zu erzeugen.

Freilich stellt jeder Mensch, mit dem eine nähere Verbindung besteht, einen Spiegel dar – Zwillingsseelen vermögen sich jedoch auf ganz besonders intensive Weise zu spiegeln. Durch die extreme innere Nähe und Gleichartigkeit fühlen und denken zusammengehörige Zwillingsseelen sehr ähnlich, wenn nicht sogar identisch. Deshalb kannst du annehmen, dass deine Zwillingsseele auch dasselbe braucht wie du. Frage dich, was du in dieser Situation wollen, oder brauchen würdest? Willst du einen Schritt auf deine andere „Hälfte" zugehen, dann kannst du in dich selbst hineinfühlen und hinterfragen, was du in der Situationen von deinem Seelenzwilling brauchen und dir wünschen würdest. Vermutlich landest du einen Haupttreffer, wenn du genau *das* deiner Zwillingsseele entgegenbringst. Lasse hier dein Ego am besten einen Schritt zur Seite treten, falls Gedanken wie: *„Er/sie soll es mir gefälligst zuerst geben!"*, oder *„Er/sie soll den ersten Schritt machen!"* auftauchen.

Haben sich Zwillingsseelen gefunden, so ziehen sie sich magnetisch an. Die Liebe dieser beiden gleich schwingenden Seelen ist so stark fühlbar, dass sie sie ausdrücken und leben wollen. Viele Menschen wurden vermutlich durch eine Gesellschaft geprägt, in der es selbstverständlich ist, dass man mit jemandem, den man liebt, eine Partnerschaft eingehen und seine Sexualität leben möchte. So ist es nicht verwunderlich, dass in der Zwillingsseele vielfach *der* Traumpartner gesehen wird – die Gefühle füreinander lassen schließlich genau das verheißen.

Ganz gravierend ist das Gefühlschaos dann, wenn wie oben schon beschrieben, große äußere Unterschiede zwischen den Liebenden bestehen. Im gemeinsamen Miteinander fühlt sich alles so stimmig und wundervoll an, ist aber in vielen Fällen nicht mit den Moralvorstellungen unserer Gesellschaft vereinbar, oder auch nicht mit den eigenen Prinzipien. Viele Betroffene berichten, dass sie aus diesen Gründen große Ängste entwickelten. Sie haben Angst davor, eine Liebesbeziehung mit dieser intensiven Nähe und den enormen Gefühlen einzugehen. Angst vor Ablehnung und Zurückweisung seitens des eigenen persönlichen Umfeldes, wie Familie, Freunde und Kollegen, sind ebenfalls bei vielen vorhanden. Die Angst nur einer Illusion aufzusitzen und sich in unrealistischen Träumen und Wunschgedanken zu verlieren ist ebenfalls keine Seltenheit.

Eine sehr häufige und schwierige Konstellation ist es, wenn sich einer von beiden, oder gar beide in einer schon bestehenden Ehe oder Partnerschaft befinden. Unter diesem Umstand leiden sehr viele Zwillingsseelenpaare. Viele brechen aus diesem Grund den Kontakt zueinander ab. Manche leugnen gar die Liebe zu ihrem Seelenzwilling, da sie fürchten daran zu zerbrechen. Wenn der Seelenzwilling seine Gefühle verneint, obwohl eine sehr starke empathische und auch telepathische Verbindung zwischen beiden vorherrscht, dann entsteht sehr viel Leid und Kummer. Wenn aber beide ihre Liebe annehmen und miteinander leben, dann kann die Beziehung zur Zwillingsseele eine sehr glückliche und erfüllte sein.

Eine Seele in zwei Körpern

So wie biologische eineiige Zwillinge über dieselbe genetische Substanz verfügen, so besitzen seelische Zwillinge eine identische Seelenstruktur. Kein Wunder also, wenn du dich zu dem Menschen, in dem diese mit dir so eng verbundene Seele lebt, extrem hingezogen fühlst. Es ist, als würden Zwillingsseelen sich selbst im anderen finden, fühlen, entdecken und lieben. Deshalb lieben sich Seelenzwillinge auch so sehr, mit all ihren guten, aber auch mit ihren schlechten Seiten. Fällt es dir vielleicht sogar leicht, dieselben Eigenschaften an deiner anderen Hälfte zu lieben, die dich an dir selbst stören? Was du an dir selbst gar nicht ausstehen kannst, findest du an deinem Seelenzwilling möglicherweise interessant, anziehend, verführerisch, süß, oder gar liebenswert.

„Liebe mich so, wie du dich selbst liebst!"

Bei belasteten Zwillingsseelenbeziehungen tritt die Selbstliebe meist stark in den Hintergrund. Verzeihst du deinem Seelenzwilling vieles, oder erfindest du unzählige Erklärungen und Rechtfertigungen für sein Verhalten dir gegenüber? Falls du diese Frage mit „Ja" beantworten kannst, empfehle ich dir diesen Aspekt sehr selbstkritisch zu betrachten. Denn hierbei entstehen starke Disharmonien und ein Ungleichgewicht, das sich negativ auf dich und deine Seelenbeziehung auswirken kann. Sich selbst zu lieben, zu schätzen und zu achten ist das A und O für eine glückliche und funktionierende Seelenliebe. Denn, wie soll dich dein Seelenverwandter aus ganzem Herzen, lieben, achten, schätzen und respektieren können, wenn du das selbst nicht tust? Auch in diesem Punkt hält dir deine Zwillingsseele den Spiegel vor.

Biologische Zwillinge werden zum selben Zeitpunkt gezeugt und knapp hintereinander in die physische Welt hineingeboren. Seelische Zwillinge sind exakt zum selben Zeitpunkt aus der allumfassenden Urquelle allen Seins hervorgegangen und inkarnieren in der Regel zu unterschiedlichen Zeitpunkten auf der Erde – häufig besteht deshalb ein mehr oder weniger großer Altersunterschied. Ob es sich bei eineiigen biologischen Zwillingen immer um Zwillingsseelen handelt, die gewählt haben auch biologisch extrem miteinander verwandt zu sein, kann ich nicht mit Sicherheit behaupten. Wahrscheinlich ist es meiner Ansicht nach schon. Um diese Theorie untermauern zu können fehlen mir die Erfahrungswerte.

Magnetwirkung der Zwillingsseelen

Zwillingsseelen verfügen über eine geradezu magnetische Wirkung aufeinander. Ist eine gewisse kritische Distanz erst überwunden, so ziehen sie sich wie zwei Magnete dermaßen stark an, dass sie regelrecht aneinanderkleben und sie sich nur noch unter großen Mühen trennen können. Um nicht unter dieser extremen Anziehung zu leiden, ist es für Zwillingsseelen, die keine enge Beziehung führen wollen oder können, hilfreich, wenn sie eine gewisse Distanz zueinander wahren. Nur durch die Distanz ist für die meisten eine Freundschaft möglich. Diejenigen Zwillingsseelenpaare, die keine Partnerschaft miteinander leben können, oder wollen, erleben ihre starke Magnetwirkung mit unterschiedlichen Gefühlen. Manchmal spielen mannigfaltige Ängste dabei eine große Rolle und sie sehen deshalb nur im totalen Kontaktabbruch eine Lösung aus ihrem Dilemma.

Die Anziehungskraft zwischen zwei Zwillingsseelen ist unvergleichlich groß. Alles Denken, Fühlen und Handeln bezieht sich nur noch auf diesen einen Menschen. Es werden keine Kosten und Mühen gescheut, sich sehen zu können. Betroffene berichteten immer wieder, dass sie selbst größte Entfernungen, den Verlust ihres Arbeitsplatzes, oder sogar ihres gesamten Freundeskreises in Kauf nehmen, nur um bei ihrem geliebten Seelenzwilling sein zu können. Sind Zwillingsseelen beisammen, fühlen sie sich vollständig und jede Trennung, sei sie auch nur von kurzer Dauer, wird als sehr schmerzhaft erlebt. *„Es ist als würde ein Teil von mir fortgenommen werden!"*, oder *„Seitdem ich wieder ohne ihn bin, weiß ich, dass nicht nur er mir fehlt, sondern auch ich selbst fehle mir. Ein Teil ist bei ihm – ist er!"*, oder *„Ich fühle mich so, als wäre ein Teil meines Herzens bei meiner Zwillingsseele geblieben!"* Solche oder sehr ähnliche Worte höre ich häufig von Menschen, die ihrer Zwillingsseele begegneten.

So erfüllend und schön es auf der einen Seite auch klingen mag, einen Menschen gefunden zu haben, zu dem eine solch starke Verbindung besteht – es stellt auf der anderen Seite eine sehr große Herausforderung dar. Zwillingsseelen neigen dazu, sich absolut aufeinander zu konzentrieren. Dabei lassen sie die Außenwelt im wahrsten Sinne des Wortes außen vor und blockieren sich gegenseitig in ihrer Entwicklung und in ihrem Leben. Für die eigene Persönlichkeit und ihr seelisches Gleichgewicht ist auch der Kontakt zu anderen Menschen sehr wichtig. Zwillingsseelen neigen dazu, sich selbst im anderen zu verlieren. Häufig ist der Wunsch nach Verschmelzung sehr ausgeprägt und von tiefer Sehnsucht erfüllt. Dies stellt eine regelrechte Gratwanderung dar, die seelische Zwillinge auf ihrem Weg zu sich selbst und zueinander bestehen müssen. Sich selbst sein, sich selbst treu bleiben, seine eigenen Vorstellungen zu verwirklichen und dennoch diese unglaublich innige, tiefe Liebe miteinander erfahren und leben zu können, erfordert ein enormes Maß an Mut und Bewusstsein. Deshalb forcieren Zwillingsseelen ihr gegenseitiges Wachstum auf äußerst nachhaltige Weise. Leider nicht nur in schönen und erfüllenden Momenten, sondern auch durch negative Ereignisse, Schmerz, Trennung und Kummer. Erkennt einer von beiden die gemeinsame Aufgabe und ändert sein Bewusstsein, so bewirkt er dadurch sehr viel für sich selbst und seinen Seelenzwilling.

Für die Seelen gibt es keine Trennung. Für unsere Seelen ist der gemeinsame Ursprung aus dem göttlichen Urlicht allgegenwärtig. Deshalb sehnen sich viele Zwillingsseelenpaare danach immer miteinander aufs äußerste vereint zu sein. Das funktioniert auf unserer Daseinsebene allerdings nicht in dem Maße, wie es sich die meisten ersehnen. Unsere Seelen verkörperten sich ja gerade deshalb in zwei verschiedenen Menschen, um eigene Erfahrungen zu machen. Auf der irdischen Ebene dauerhaft mit seiner anderen Hälfte zu verschmelzen ist unmöglich und auch gar nicht erstrebenswert.

Zwillingsseelen können sehr viel voneinander lernen. Dazu gehört unter anderem, sich gegenseitig sich selbst sein zu lassen. Mit dem Wissen umeinander sind sie nie wieder wirklich alleine. Auch wenn sie im Leben getrennt sind, im seelischen sind sie *eins*.

Telepathie und Empathie – wenn man die Gedanken und Gefühle des anderen kennt

Viele Menschen erleben von Zeit zu Zeit einen telepathischen und/oder empathischen Austausch mit ihren Mitmenschen. Vielleicht hast du es selbst schon einmal erlebt, dass du etwas dachtest und auf einmal spricht jemand anderes exakt diesen Gedanken aus. Oder du dachtest an eine geliebte Person und kurze Zeit später klingelte das Telefon und sie ist am Apparat. Oder, eine Freundin, die lange nichts von sich hören ließ, kommt dir plötzlich in den Sinn. Du rufst sie an und stellst überrascht fest, dass auch sie vor kurzem sehr intensiv an dich gedacht hat. Wir verstehen einander ohne Worte. Der Kontakt läuft nonverbal über unsere Körpersprache, aber auch über unsere feinstofflichen Sinne ab.

Die Empathie äußert sich ebenfalls entsprechend. Können wir spüren, was ein anderer Mensch empfindet, dann sind wir mitfühlend. Unsere feinen „inneren Antennen" lassen uns die Gefühle eines anderen Lebewesens wahrnehmen. Normalerweise wissen wir, dass es sich um die Gefühle des anderen handelt und nicht um unsere eigenen. Haben wir es aber mit einem sehr nahen Seelenverwandten zu tun, so verschwimmen hier die Grenzen schnell. Wir fühlen dessen Gefühle so deutlich, als wären es unsere eigenen. Eine Unterscheidung ist oft nicht mehr möglich.

Zwischen Zwillingsseelen sind Telepathie und Empathie in der Regel besonders stark ausgeprägt. Zu dem Menschen, mit dem wir so intensiv verbunden sind, verfügen wir über eine ganz besonders intensive feinstoffliche Verbindung. Unsere feinstofflichen Antennen registrieren jede kleine Veränderung im Energiefeld der geliebten Person und wir wissen intuitiv, was sie fühlt und was sie denkt. Der Ausspruch: *„Wir kennen uns in- und auswendig!"* bekommt bei Zwillingsseelen eine besondere Bedeutung.

Die Gefühle unseres Seelenverwandten lassen sich teilweise nicht mehr von unseren eigenen unterscheiden. So mag es zum Beispiel vorkommen, dass wir fröhlich und gut gelaunt sind, aber von einer Sekunde auf die andere plötzlich in eine sehr schlechte Stimmung geraten. Wenn wir später erfahren, dass unser Seelenzwilling zu diesem Zeitpunkt schlecht gelaunt war, wird es schnell deutlich, dass eine feinstoffliche Gefühlsübertragung stattgefunden hat. In solchen Fällen ist es wichtig, sich genügend abgrenzen zu können. Mitfühlend und hochsensibel zu sein, bedeutet nicht gleichzeitig mitleiden zu müssen. Viele Betroffene berichten, von den Gefühlen ihres Seelenzwillings regelrecht überflutet zu werden, ohne sich entsprechend schützen zu können. Eine liebevolle, heilvolle, energetische Trennung der negativen, belasteten feinstofflichen Verbindungen ist hier angesagt. Dadurch erhalten die positiven Verbindungen wieder mehr Energie. Die Beziehung wird danach freier und leichter erlebt werden. Näheres über die feinstofflichen Bänder und ihre Auswirkung findest du im Praxisteil dieses Buches.

Der feinstoffliche Kontakt ist bei den meisten am intensivsten, wenn kein realer Kontakt zum Seelenverwandten besteht. In diesem Fall kann der empathische und telepathische Austausch zu einer Zerreißprobe für den eigenen Verstand werden. Wenn die Zwillingsseele im Außen den Kontakt verweigert, aber auf den inneren Ebenen telepathisch und empathisch den Austausch sucht, entstehen sehr heftige innere Konflikte. Viele befürchten, sie würden vielleicht einfach nur einem Wunschdenken erlegen sein, oder sich alles nur einbilden. Diese große Gratwanderung zwischen Herz und Verstand überfordert die meisten Menschen.

Feinstoffliche Verbindungen

Zu jedem Menschen, mit dem wir auf intensivere Weise in Beziehung stehen, bauen wir feinstoffliche Verbindungen in Form von energetischen „Bändern" auf. Mit unserer Zwillingsseele entstehen vielfach energetische „Bänder" von besonders starker Ausprägung. Diese „Bänder" knüpfen bevorzugt in und an den Chakren an. Sie stellen regelrechte energetische Leitungen dar, durch die

Gedanken, Gefühle und Energien von dir zu deinem Seelenverwandten und von ihm zu dir fließen können. Der telepathische und empathische Austausch findet größtenteils direkt über diese Verbindungen statt. Telepathischer Kontakt kann sehr bereichernd sein, besonders dann, wenn Themen vorhanden sind, die nur schwer angesprochen werden können. Auf telepathischem oder empathischem Wege können diese Themen dessen ungeachtet miteinander bearbeitet werden. Meist findet die Telepathie wie ein Gespräch in Gedanken statt. Manchmal entsteht ein tiefes inneres Wissen, das nicht mit dem rationalen Verstand erklärt werden kann. Es hängt sehr davon ab, wie offen und bewusst sich der Betreffende darauf einlassen will und kann. Manchmal findet der telepathische Austausch auch nur subtil im Hintergrund unseres Bewusstseins statt. Viele von uns kennen das Phänomen, plötzlich zu wissen, was ein anderer Mensch denkt, oder fühlt. In den meisten Fällen bezeichnen wir es vermutlich als Zufall. Bei Zwillingsseelenpaaren ist die Telepathie und Empathie so stark ausgeprägt, dass ein reiner Zufall ausgeschlossen werden kann. Bei manchen Paaren geschieht der feinstoffliche Austausch nicht nur telepathisch, sondern auch über sehr realistische Träume.

Wenn der feinstoffliche Kontakt zur Belastung wird

Tauchen Probleme in der Beziehung zum Seelenzwilling auf, wird der feinstoffliche Kontakt manchmal zur Belastung. Vor allem dann, wenn kein realer Kontakt mehr besteht. Die Realität ist völlig konträr zur feinstofflichen Ebene, in der Gefühle, Gedanken und Energien gelebt werden. Im Außen herrscht völlige Funkstille, im Gegensatz zum Inneren, wo über die feinstofflichen „Bänder" weiterhin ein reger Austausch besteht. Es ist wichtig die verschiedenen Ebenen auseinanderhalten zu können, sonst sind Konflikte vorprogrammiert. Der Grat zwischen Wunschdenken und tatsächlichem feinstofflichem Kontakt kann außerdem sehr schmal werden und eine große Herausforderung an den eigenen Verstand darstellen. Betroffene zweifeln auch dann an ihrem Geisteszustand, wenn sie realisieren, dass es die Gedanken des anderen sind, die sie denken. Zumal sich die Gefühle und Gedanken wie die eigenen anfühlen können. Auch sexuelle Gefühle und Energien übertragen sich über die feinstofflichen, energetischen Verbindungen. Näheres hierzu im Kapitel Sexualität im Teil III des Buches.

Zwillingsseelen mit dualen Aspekten

Im Aurareading kommt es immer wieder mal vor, dass ich eindeutig Zwillingsseelen vor mir habe, die zu den typischen Zwillingsseelenattributen außerdem noch mehr oder weniger ausgeprägte duale Aspekte aufweisen. Bei diesen Zwillingsseelen ist nicht primär das Gemeinsame vorrangig, sondern es wirken in manchen Lebensbereichen gegensätzliche Sicht- und Lebensweisen. Meist handelt es sich dabei nicht um eigene Charaktereigenschaften, sondern um Prägungen von anderen Menschen und der Umgebung, in der sie aufgewachsen sind. Viele Menschen werden besonders durch ihr Elternhaus und durch langjährige Beziehungen zu dem, was sie heute sind. Das Problem dabei ist, dass wir von anderen Menschen nicht nur positive Dinge annehmen, sondern auch einiges, das uns überhaupt nicht entspricht. Ein Teil deiner Gewohnheiten, deiner Redensarten, Glaubenssätze und Überzeugungen, gehören nicht wirklich zu dir. Sie entsprechen dir nicht, wurden dir aber von den Menschen in deinem Leben so übermittelt, dass du sie jetzt als deine eigene Wahrheit ansiehst. Du bist also zu einem mehr oder weniger großen Teil gar nicht du selbst. Im Kontakt mit deiner Dual- oder deiner Zwillingsseele kommst du in die Lage, wieder du selbst zu werden. Wir werden von unseren lieben Seelenverwandten manchmal geradezu genötigt, genau hinzusehen und uns selbst zu erkennen. Wollen wir eine dauerhafte, glückliche Beziehung mit unseren Seelenverwandten leben, dann bleibt uns gar nichts anderes übrig als wieder wir selbst zu werden. *„Werde der, der du bist!"* ist ein geflügeltes Wort und es ist viel Wahres dran. Nur wenn du, du selbst bist, kannst du all deine wundervollen Talente und Begabungen leben. Nur wenn du wirklich authentisch du bist und alles abgelegt hast, was nicht zu dir gehört und was dir im Wege steht, wirst du mit dir selbst in einem dauerhaften Glückszustand sein können. Die Beziehung mit deinem Seelenverwandten wird jetzt ebenfalls von Glück, Erfüllung und Freude erfüllt sein. Die wenigsten unter uns sind wirklich sie selbst. Die Begegnung und die Auseinandersetzung mit unseren Seelenverwandten, insbesondere mit unserer Dual- und unserer Zwillingsseele, helfen uns dabei wieder wir selbst zu werden.

Zwillingsseelen können meist besser als Dualseelen damit umgehen, dass ihr geliebter Seelenverwandter nicht er selbst ist. Aber auch sie fühlen gegenseitig all die Aspekte, die nicht zu ihrer geliebten anderen „Hälfte" gehören. Zwillingsseelen fühlen und wissen, dass sie im Grunde ihres Wesens eins sind, auch wenn sie zeitweise konträre Verhaltensmuster und Prägungen verinnerlicht haben. Sie fühlen instinktiv, dass all das nicht wirklich zu ihnen gehört, sondern von außen an sie herangetragen, bzw. ihnen von anderen impliziert wurde. Zwillingsseelen machen sich diese nicht zu ihnen gehörenden

Dinge sehr deutlich und klar bewusst. Sie helfen sich gegenseitig wieder sich selbst zu werden, was jedoch manchmal ziemlich anstrengend für alle Beteiligten sein kann. Glaubenssätze, Prägungen, Muster, Annahmen und Lebenseinstellungen, die uns von unseren Eltern, Großeltern, Geschwistern, Lehrern, Freunden und unserem übrigen Umfeld aufgeprägt wurden, treten gerade durch unsere Zwillingsseele ans Tageslicht. Diese große Chance hilft uns bewusster zu werden und die Dinge zu erkennen, die nicht zu uns gehören. So können wir sie dann Stück für Stück transformieren und zu unserem wahren Wesen vordringen.

Haben Zwillingsseelen, die ausgeprägte duale Aspekte aufweisen, sich gegenseitig bei der Transformation all dieser von anderen Menschen übertragenen Glaubenssätze, Einstellungen etc. geholfen und sind sie wieder ganz sie selbst, dann erlangen sie einen nie da gewesenen, harmonischen Gleichklang miteinander.

Energetische Zwillinge

Es gibt reine energetische Zwillinge und es gibt Zwillingsseelen, die nicht nur seelische, sondern auch energetische Zwillinge sind. Meist entstehen energetische Zwillinge, wenn zwei Menschen viel Kontakt miteinander haben. Es kommt aber auch immer wieder einmal vor, dass sich zwei Menschen begegnen, deren Energiefelder von vornherein sehr gleich bis identisch sind.

So wie sich alte Ehepaare im Laufe vieler gemeinsamer Erdenjahre körperlich angleichen können, so gibt es das Phänomen, dass sich vertraute Menschen energetisch angleichen. Diese Menschen fühlen Ähnliches wie Zwillingsseelen. Bei ihnen ist jedoch nicht ihre Seele gleich, sondern ihre Energiekörper und ihre Chakren haben sich im Laufe ihres Miteinanders so stark aneinander angeglichen, dass sie sich energetisch wie ein Wesen fühlen und auch von hellsichtigen Personen so wahrgenommen werden können. Energetische Zwillinge können freilich auch Zwillingsseelen sein, müssen das aber nicht zwangsläufig.

Seelenzwillinge sind sich oft so ähnlich, dass sie auch gleichzeitig energetische Zwillinge sind. Und sind sie es nicht von Anfang an, so werden es die meisten, wenn sie längere Zeit näheren Kontakt zueinander haben. Eine Trennung ist für energetische Seelenzwillinge besonders schlimm und wird von den betroffenen Personen als Akt des Unmöglichen bezeichnet. Das kann man sich lebhaft vorstellen, wenn man bedenkt, dass nicht nur ihre Seelen eine Einheit bilden, sondern auch ihre Energiekörper. Um eine ungute energetische Symbiose zu vermeiden, ist es absolut wichtig, dass Seelenzwillinge immer wieder energetische Grenzen setzen. Wenn sie zum Beispiel gemeinsame

Energieübungen, wie die Chakrenverbindung praktizieren, dann sollten sie explizit auf die exakte Durchführung achten und solche oder ähnliche Praktiken nie ohne fachkundige Anleitung versuchen. Ein Workshop etc. ist hier angebracht, möchte man kein ungutes energetisches Durcheinander produzieren.

„Bei jeder Trennung von meiner Zwillingsseele fühle ich auf äußerst schmerzvolle Weise wie unsere Energiekörper wieder auseinandergezogen werden. Manchmal fühlt es sich sogar so an, als würden sie regelrecht auseinandergerissen werden. Die Gefühle, die ich dabei erlebe, sind so schlimm, dass ich sie nicht in Worte fassen kann. Es fühlt sich so an, als würde ich innerlich entzweigerissen werden."

Typische Herausforderungen in Zwillingsseelenbeziehungen

Wie bei Dualseelen, so gibt es auch bei Zwillingsseelenpaaren Herausforderungen, die typisch für sie sind. Da diese ebenfalls mehr oder weniger ineinander übergehen, habe ich sie zur deutlicheren Darstellung in einzelne Überschriften unterteilt.

Bitte beachte, dass diese Herausforderungen zwar viele Seelenzwillinge betreffen, es aber trotzdem ganz deutliche graduelle Unterschiede geben kann. Zwillingsseelen mit starken dualen Aspekten in ihrer Seelenmatrix werden sich sicherlich zum Teil bei den Herausforderungen der Dualseelen wiederfinden können. Für ein glückliches, harmonisches Miteinander gilt es für Zwillingsseelen ihre Herausforderungen zu erkennen, anzunehmen und möglichst gemeinsam zu lösen. Nicht alle Zwillingsseelenpaare erleben diese Herausforderungen in gleichem Maße. Manche werden sich in allen Punkten wiederfinden, während andere sich nur wenig davon angesprochen fühlen. Teilweise treten gewisse Punkte auch erst nach einer längeren Zeit des Miteinanders in Erscheinung. Ich habe schon Seelenpaare erlebt, die zunächst scheinbar keinerlei Herausforderungen hatten, bevor diese schließlich nach einiger Zeit auftraten.

Innerlich sich sehr gleich bis identisch fühlen – äußere Hindernisse überwinden

Seelenzwillinge haben die gleiche Seelenmatrix. Ihre Gedanken- und Gefühlswelt gleicht sich in sehr vielen Punkten und manchmal erscheint sie sogar identisch. So gleich sie in ihrem Inneren sind, so unterschiedlich sind sie teilweise in ihren äußeren Konstellationen. Zwillingsseelen können beispielsweise einer anderen Religion, Kultur, Rasse oder sozialem Umfeld angehören, oder ein großer Altersunterschied steht scheinbar zwischen ihnen. Die Herausforderung dabei betrifft die Menschen insofern, als dass sie dazu angeregt werden, ihre eigenen Prinzipien und Moralvorstellungen zu überdenken. Liebe kennt weder Grenzen, noch lässt sie sich von Äußerlichkeiten aufhalten. Liebe ist! Zwillingsseelen stellen schnell fest, wie ähnlich, ja identisch sie in ihrem Inneren sind. Das hilft ihnen enorm ihre äußeren Schwierigkeiten zu überwinden. Falls sich dritte Personen in ihre Zweisamkeit einmischen, dann sei ihnen geraten sich nicht beeinflussen zu lassen, sondern nur auf die eigene Empathie und auf ihr Herz zu hören. Konzentrieren sich Seelenzwillinge auf die Liebe, die sie füreinander empfinden, so können sie schnell alle äußeren Hindernisse überwinden, die ihnen im Wege stehen.

Sich im anderen verlieren

Zwillingsseelen neigen in der Regel mehr noch als Dualseelen dazu, sich selbst im anderen zu verlieren. Durch ihre Gleichheit und identische Seelenstruktur ziehen sie sich extrem an. Sie sehnen sich nach Verschmelzung, um mit der geliebten Seele *eins* zu werden und neigen zu sehr engen Beziehungen. Teilweise kleben sie regelrecht aneinander, sie wollen sich am liebsten nie mehr trennen und alles gemeinsam tun.
Durch dieses Verhalten blockieren sich Seelenzwillinge gegenseitig enorm. Schlimmstenfalls kommt es gar zu einer Stagnation in ihrem Leben und ihrer Beziehung. Es zählt nur noch der geliebte Mensch, alles andere rückt dabei in den Hintergrund, bzw. verliert komplett an Bedeutung. Dieser Zustand wird nicht lange bestehen bleiben können, denn unsere Seelen wollen sich ja erfahren und ihre Bestimmung leben. Dauert die Phase der Stagnation zu lange an, ist eine Trennung vorprogrammiert. Hier hat dann unser freier Wille nur noch ein sehr eingeschränktes Mitspracherecht. Die Evolution der Seelen steht über allem und eine Stagnation wird von unserer Seele nicht lange geduldet. Es sei denn, Ausnahmen bestätigen auch hier die Regel, es gehört zur Lebensaufgabe eines Menschen, sich selbst aus einer unguten symbiotischen Verbindung zu befreien.

Sich nur halb fühlen – Mangelempfinden bei Trennungen

Viele Menschen, die ihrer Zwillingsseele begegneten, fühlen sich mit ihr auf eine wundervolle sehr intensive Weise verbunden. Diese Intensität lässt sie sich miteinander eins fühlen. Die Aura zweier zusammengehöriger Seelenzwillinge erscheint viel größer und stärker, wenn sie zusammen sind. Und in der Tat können hellsichtige Personen wahrnehmen, wie die Energiefelder von Seelenzwillingen miteinander verschmelzen. Das ist auch der Grund, warum Zwillingsseelen häufig die Blicke anderer Menschen auf sich ziehen, wenn sie zusammen sind. Bei jeder Trennung vom Seelenzwilling trennt sich auch das gemeinsame Energiefeld wieder. Viele Menschen fühlen dadurch eine schreckliche innere Leere und Einsamkeit und entwickeln häufig das Gefühl nur halb beseelt zu sein. Es ist zwar wundervoll ein gemeinsames kraftvolles Energiefeld zu bilden, aber es ist absolut notwendig, dass jeder seinen eigenen Alltag und sein Leben führen kann, ohne Mangel zu leiden. Richten Zwillingsseelen ihren Fokus auf die Fülle, die sie miteinander leben, und nicht auf den Mangel, dann können sie von ihrem gemeinsamen Energiefeld profitieren, ohne bei einer Trennung zu leiden.

Mangelnde Selbstliebe

Sich selbst anzunehmen, zu sich selbst zu stehen und sich selbst lieben zu lernen ist für viele Menschen ein Lebensthema. Mangelnde Selbstliebe wirkt sich besonders in Zwillingsseelenverbindungen fatal aus. Dein seelischer Zwilling ist wie du. Er beinhaltet dieselbe Seelensubstanz und lebt dieselbe Seelenmatrix. Mache dir an diesem Punkt einmal bewusst, dass, indem du deine Zwillingsseele liebst, du dich im Grunde selbst liebst. Deine Zwillingsseele ist der identische Part deiner Seele, der nur in einem anderen Körper steckt. *„Ich bin du und du bist ich!"* Diesen Ausspruch höre ich von vielen Menschen, die ihrer Zwillingsseele begegnet sind. Mache dir nun weiter bewusst, dass du dich selbst im anderen liebst und umgekehrt. Du liebst deine Zwillingsseele nicht ohne Grund. Der Grund ist in eurer Seelenmatrix enthalten. Du kannst gar nicht anders, als deine Zwillingsseele zu lieben. Alles was du an deiner Zwillingsseele liebst, bist du auch selbst. Das Fatale darin ist – wenn du dich selbst nicht liebst – kannst du vermutlich die Liebe deiner Zwillingsseele nicht, oder nur bedingt, annehmen. Umgekehrt gilt das natürlich genauso. Deine Zwillingsseele wird deine Liebe nur in dem Maße annehmen können, wie sie sich selbst liebt. Somit dient dir deine Zwillingsseele damit, das lieben zu können, was du an dir selbst nicht lieben kannst. Auch wenn der Seelenursprung identisch ist, so ist die geliebte Person ein vollkommen anderer Mensch. Für Zwillingsseelen ist es deshalb enorm wichtig sich selbst lieben, achten und annehmen zu lernen.

Sich für den anderen aufgeben – opfern

Dieser Punkt hängt sehr stark mit der mangelnden Selbstliebe zusammen. Mangelnde Selbstliebe zeigt sich insbesondere nicht nur darin, die Liebe des andern nicht annehmen zu können, sondern auch darin, sich selbst für den anderen nach hinten zu stellen und im schlimmsten Fall, sich selbst zu verleugnen und aufgeben.

Frauen scheinen davon mehr betroffen zu sein als Männer. Ich habe aber auch schon mit Männern gearbeitet, die sich für ihren Seelenzwilling selbst aufgegeben haben. Vor lauter Liebe zum geliebten Seelenverwandten entwickeln manche Menschen eine so starke Empathie und ein so enormes Verständnis für ihn und seine Lebenssituation, dass sie die eigenen Interessen und vor allem die eigenen Gefühle immer mehr unterdrücken. Das kann solch extreme Formen annehmen, dass die Betroffenen es selbst schon gar nicht mehr merken, ob sie überhaupt noch etwas fühlen. Die Handlungen des oder der geliebten Person werden gerechtfertigt, erklärt und interpretiert. Für sich selbst und die eigene Lage haben die Menschen kaum noch einen Blick.

Vielleicht steckt der geliebte Mensch noch in einer anderen Partnerschaft fest, oder lebt in einer anderen Kultur, in einem fernen Land und kann sich nicht aus den dortigen gesellschaftlichen Strukturen befreien? Möglicherweise wird er von seinen Eltern und seinem Umfeld extrem beeinflusst, unter Druck gesetzt und ist den Schwierigkeiten, die ein großer kultureller oder altersbedingter Unterschied mit sich bringt, ausgesetzt.

In einem solchen Fall ist es wichtig zueinanderzustehen und seiner anderen „Hälfte" ein gesundes Verständnis entgegenzubringen. Trotz des großen Verständnisses solltest du aber auf gar keinen Fall so weit gehen, dir selbst nicht mehr treu zu sein. Eine gesunde Selbstliebe ist hier gefragt. Manchmal tust du deinem Seelenverwandten ganz und gar keinen Gefallen, wenn du dich, in der Hoffnung er würde sich irgendwann mal aus seinen „Gefängnissen" befreien, monate- oder gar jahrelang in eine Warteschleife begibst. Wenn sich im Außen keine Veränderung anbahnt, die Leiden bringende Situation also so bleibt, wie sie ist, dann ist kein Glück und keine Erfüllung in Sicht. Der Teil, der sich in der Warteposition befindet, leidet oft unglaubliche Seelenqual. Ich wundere mich immer wieder, dass der Wartende aus Angst den anderen zu verlieren, seine Gefühle, trotz allen Leidens nicht mitteilt. Es ist sehr wichtig, dass deine Zwillingsseele weiß, wie es dir dabei geht. Rede mit ihr darüber, wenn du kannst, und teile ihr mit, was in dir vorgeht. Dabei ist es freilich wichtig ihr keine Vorhaltungen zu machen, oder Schuld zu zuweisen. Wenn du rein bei dir bleibst und deinem Seelenverwandten mitteilst, wie es dir in der Situation geht und welche Gefühle du deswegen hast, dann ist das der richtige Weg. Eine Schuldzuweisung bringt gar nichts. Das ändert auch nichts an der Situation und macht alles nur noch schlimmer.

Eine Ausnahme stellen die Menschen dar, die sich ihre Situation ganz bewusst machen und sich ebenso bewusst dafür entscheiden. Wer sich bewusst dazu entscheidet auf seinen Seelenverwandten zu warten, der leidet auch nicht mehr unter dieser Tatsache. Wichtig dabei ist es jedoch, sich völlig frei und aus tiefster Seele in vollstem Bewusstsein dafür zu entscheiden und sich nichts vorzuspielen.

Wo?

Betty Paoli

(1814 - 1894)

Nicht einzeln formte Gott die Seelen,
Als er sie sandt' in's Erdenland;
Es gingen, hier sich zu vermählen,
Zwei gleiche stets aus seiner Hand.

Doch das Geschick in seinem Neide,
In seines Hasses Ironie,
Wirft oft den Ocean als Scheide
Und dunkle Schranke zwischen sie.

Dieß Schicksal denk' ich, ist das meine,
Drum breit' ich oft, von Schmerz durch-
            graut,
Die Arme sehnend aus und weine
Und rufe ungestüm und laut:

Du Wesen, das in gleichen Tagen
Ein gleicher Gotteshauch belebt,
Deß Pulse wie die meinen schlagen,
Deß Herz so wie das meine bebt!

Das gleiche Wünsche und Gebete
Wie ich entsendet himmelan,
O sage mir, wo ist die Stätte,
Wo ich dich endlich finden kann?

Lebst du an ferner Nordenküste,
Wo eisbedeckt die Ströme zieh'n!
Fliegst du in der arab'schen Wüste
Auf windesschnellem Roß dahin?

Neigst du am schönen Gangesstrande
Vor Lotosblumen still dein Haupt?
Steht an der Andes dunklem Rande
Dein Haus von frischem Grün umlaubt?

Weilst du vielleicht in meiner Nähe
Und schaust mit mir dasselbe Licht,
Und fühlst dasselbe bittre Wehe,
Das mein verzagend Herz umflicht?

Und suchst mich an jedweder Stelle,
So wie auch ich dich suchen muß,
Und schickest mir durch jede Welle
Durch jedes Lüftchen einen Gruß?

Und klagst wie ich: „was muß ich missen
Dich, meines Geist's erwählte Braut?
Soll sich mein Aug' im Tode schließen,
Eh' es im Leben dich geschaut?"

Fallbeispiele zu Zwillingsseelenbegegnungen

Katja und Cristiano

Katja träumte von einem langen Sandstrand und türkisfarbenem Wasser. In ihrem Traum ist es heiß und sehr hell. Vor ihr taucht ein Engel aus dem gleißenden Licht auf und ruft ihren Namen. Immer wieder ruft er nach ihr. Sie ist fasziniert von dieser Stimme und der prächtigen Lichtgestalt. Als sie auf den Engel zugeht, sieht sie in dessen wundervolle Augen und eine tiefe Liebe erfüllt sie. Dann verblasst der Engel und Katja erwacht. Der Traum geht ihr nicht mehr aus dem Kopf. Immer wieder muss sie daran denken.

Zwei Jahre später macht Katja Urlaub am Meer. Es ist mittags und sie sieht kaum etwas, so hell ist es. Katja hatte ihre Sonnenbrille im Hotelfoyer liegen lassen. Jemand kam auf sie zu und rief immerzu *„Hallo, Hallo!"*, während er wie wild winkte. Es war der junge Busfahrer vom Hotel, der ihr die vergessene Sonnenbrille brachte. Als Cristiano vor ihr stand und Katja in seine Augen blickte, erinnerte sie sich urplötzlich an ihren Traum. Der Engel aus dem Traum, er hatte dieselben Augen gehabt wie er. Auch seine Gegenwart fühlte sich auf eigenartige Weise himmlisch an. Aber wie konnte das sein? Cristiano ging es wohl ähnlich – er stotterte und brachte kaum ein vernünftiges Wort heraus.

Ab diesem Tag fährt Katja jeden Morgen mit dem Bus zum Strand und immer ist Cristiano der Fahrer. Seine Augen strahlen, wenn sie einsteigt. Sie sitzt direkt hinter dem Fahrersitz. Seine Augen sind wundervoll denkt sie. Eine nicht mit Worten zu beschreibende Faszination geht von ihnen aus. Immer wieder trafen sich ihre Blicke im Rückspiegel.

Als Katja eines späten Nachmittags als letzte ausstieg rief Cristiano ihr nach: *„Señorita, eine kleine Moment bitteschön!"* Sein Deutsch war normalerweise perfekt für einen Spanier. Aber in Katjas Nähe versagte sein kognitives Denken komplett. Katja seufzte innerlich. Mit einem Lächeln drehte sie sich um. Cristiano fragte sie, ob sie Lust hätte mit ihm am Abend in ein ganz typisches spanisches Restaurant zu gehen, eines in dem nur Einheimische verkehrten. Klar wollte Katja das. Und so verabredeten sie sich.

Der Abend war wundervoll für die beiden. Ab diesem Zeitpunkt verabredeten sie sich täglich. Sie brauchten nicht viele Worte um sich zu verstehen. Ein unendliches beiderseitiges Vertrauen war sofort vorhanden. Die nächsten zwei Wochen sollten die wundervollsten Wochen werden, die Katja jemals erlebt hatte. Da war ein unglaublich tiefes Gefühl, so ein großes Glück und das Empfinden nichts könnte jemals mehr schief gehen. In Cristianos Nähe war es, als würde der Himmel seine Schleusen öffnen und alles Glück auf die Erde niederregnen lassen. Doch leider kam der Tag des Abschieds nur allzu schnell herbei und Katja musste wieder abreisen. Am letzten Abend saßen sie eng umschlungen am Strand, fühlten die Salzluft auf ihrer Haut und den warmen Wind in ihren Haaren. Sie blickten sich in die Augen und alles um sie herum verschwand. Weder das Rauschen des Meeres, noch den Wind nahmen sie wahr. Auch alles andere um sie herum existierte für sie nicht mehr. Nur noch sie beide – waren da – zwei Seelen verbunden in ihrem unendlichen Sein. Jede Berührung, jedes Wort, jeder Blick brannte sich tief in ihnen ein. *„Ich werde dich immer in meinem Herzen bewahren!"* sagte Katja und konnte ihre Tränen nicht mehr zurückhalten. *„Du bist die Frau meines Lebens – ich will immer bei dir sein!"* sagte Cristiano und auch ihm traten die Tränen in die Augen. *„Faszinierend!"* dachte Katja, *„wenn er weint dann ist er noch viel schöner als sonst!"*

Katja und Cristiano bekamen die für Zwillingsseelen typischen Herausforderungen, die es zu meistern galt, sehr schnell präsentiert. Innerlich waren sie ein Herz und im wahrsten Sinne des Wortes eine Seele, aber äußerlich trennten sie die Umstände. Nicht nur, dass sie einer anderen Nationalität angehörten und eine große Entfernung zwischen ihnen lag – nein, auch noch ihr Umfeld war absolut gegen ihre Liebe. Sowohl Cristianos, wie auch Katjas Eltern befürchteten ihr Kind ins Ausland zu verlieren und äußerten massiv ihre Bedenken. Aber auch Katjas Freundeskreis und vor allem ihre „beste Freundin" sahen nur Negatives in ihrer Beziehung.

Bei Cristiano war es ähnlich. Seine Verwandten und Freunde wollten ihm Katja ausreden. Ohne sie persönlich kennengelernt zu haben, äußerten sie die wildesten Vermutungen über Katja. Sie wäre gewiss nicht treu und hätte ihn nur als Urlaubsflirt angesehen. Wer weiß, ob sie es überhaupt ehrlich mit ihm meinte. Eine deutsche Frau würde außerdem gar nicht zu ihm passen. Diese und weitere Vorurteile musste sich Cristiano anhören. In vielen einsamen Stunden voller Sehnsucht fragte er sich, ob sie nicht Recht hätten und es nicht besser wäre, Katja einfach zu vergessen. Die Entfernung und auch ihre andere Herkunft waren ja nun mal nicht zu leugnen. Aber dann schaute er sich wieder das Foto von Katja an, das er in seiner Brieftasche immer mit sich trug und sah ihr Lächeln und ihre wundervollen Augen. In diesen Momenten wusste er, dass es sich lohnte für ihre Liebe zu kämpfen und sie alle Hindernisse überwinden würden.

Es liegt auf der Hand, dass Katja und Cristiano noch viele Hürden überwinden mussten, um letztendlich glücklich zusammenleben zu können. Weil beide absolut zu sich selbst und ihrer Liebe standen, konnte das gelingen. Inzwischen leben sie hauptsächlich in Spanien. Katja lernte, dank Cristiano und ihrem großen Talent für Sprachen, schnell Spanisch und verlegte ihr selbstständiges Schaffen nach Spanien. Es wäre übertrieben zu behaupten sie würden von nun an sorgenfrei bis an ihr Lebensende zusammenleben. Die beiden werden gewiss weiterhin die eine oder andere Herausforderung zu meistern haben. Wenn sie auch in Zukunft zusammenhalten, werden sie es bestimmt schaffen und sich ihr Leben nach ihren Vorstellungen gestalten können.

Elena und Marc

Elena und Marc lernten sich durch eine scheinbar zufällige Begegnung kennen. Vom ersten Augenblick an waren sie fasziniert voneinander und vertrauten sich sofort. Marc fragte sich ebenso wie Elena, wie das sein konnte. Sie stellten fest, dass sie sehr oft dieselben Erfahrungen gemacht und ähnliche Situationen erlebt hatten. Ihre Expartner ähnelten sich und hatten sogar am gleichen Tag Geburtstag. Auch der Altersunterschied zu ihnen war exakt derselbe. Beide lebten diese Beziehung als Fernbeziehung und sogar der Trennungsgrund war identisch. Sie fürchteten es würde ihnen miteinander ebenso ergehen.

Marcs Kindheit war schwierig gewesen. Seine Angst vor tiefen Bindungen rührte aus dieser Zeit. Einerseits sehnte er sich unglaublich nach intensiver Nähe, aber andererseits konnte er diese nicht aushalten, wenn er sie bekam. Auch Elenas Kindheit war nicht einfach gewesen.

Elena bekam in sehr kurzer Zeit Zugang zu Marcs Gedanken- und Gefühlswelt. Noch nie erhielt ein Mensch einen so tiefen Einblick in seine Seele wie Elena. Normalerweise hätte er das niemals zulassen können – so sehr war er durch seine Kindheit geprägt. Das Vertrauen Elena gegenüber bestand seit ihrer ersten Begegnung und ließ ihn schnell das Negative seiner Vergangenheit vergessen. Beide fühlen das tiefe innere Band, das sie miteinander verbindet. *„Es ist aus einem ganz besonderen Stoff gewebt – es ist unzerreißbar und vor allem ist es uralt – so alt wie unsere Seelen!"* Das sagte Elena eines Tages, nachdem sie eine sehr intensive Zeit mit Marc erlebt hatte. *„Dieses Urvertrauen ist größer als alles andere, das ich jemals erlebt habe. Ich kann ihn nicht verletzen, denn wenn ich das tue, dann verletze ich mich selbst!"*

Der Zufall führte die beiden Seelenzwillinge nicht nur einmal zueinander. Sie trafen sich teilweise erschreckend oft, einfach so – und das, obwohl sie hunderte Kilometer voneinander entfernt lebten. Elena war beruflich sehr häufig in Florenz – in Marcs Heimatstadt. Dabei versuchte Elena ihm eine gewisse Zeit lang sogar aus dem Weg zu gehen. Aber sie traf ihn mit einer Präzision, die, wie sie meinte, nur ihre Seele ausgeklügelt haben konnte.

Nach einigem Hin und Her, wie das bei Zwillingsseelen öfters mal der Fall ist, konnten sie eines Abends besonders gut miteinander reden. Beiden wurde klar, dass ihre Angst vor der Tiefe ihrer Liebe genau diese zu verhindern versuchte. Die große Entfernung, die sie trennte, tat ihr Übriges. Elena war sich bewusst, dass sie es auf jeden Fall mit Marc versuchen wollte. Niemals würde sie sich verzeihen können dieser intensiven Liebe keine Chance gegeben zu haben. Marc litt in den Wochen, in denen Elena in Deutschland war, sehr unter dem Verlust und wagte es nicht, sich tiefer auf sie einzulassen. Aber auch er konnte sich ihrer Verbindung nicht entziehen. Und so trafen sie, scheinbar wie von Zauberhand gelenkt, immer rein zufällig aufeinander, wenn Elena wieder mal in der Stadt war.

Im Laufe der Zeit wurde auch Marc mutiger und erkannte, dass seine Angst vor Verlust seinem Glück gravierend im Wege stand. Er begann eine Therapie um seine Kindheit aufzuarbeiten und Elena schöpfte neue Hoffnung, dass sich dies positiv auf ihren Kontakt auswirken würde.

An dieser Stelle verlassen wir Marc und Elena. Ob es die beiden schaffen, ihre Hürden zu überwinden, kann ich an dieser Stelle nur vermuten. Sie gehen jedenfalls einen guten Weg. Elena lernt Geduld zu haben und lässt ihrem Seelenzwilling die Freiheit sich in seinem eigenen Tempo zu entwickeln. Marc lernt, sich für etwas das ihm zutiefst wichtig ist, einzusetzen. Außerdem erkennt er, dass er es wert ist, geliebt zu werden. Diese Liebe hilft ihm, etwas gegen seine inneren Blockaden zu unternehmen. Wenn die beiden so weitermachen, haben sie gute Chancen ihre Liebe miteinander zu leben.

Roland und Jan

Roland und Jan trafen sich das erste Mal seit ihrer Kindheit in einem Münchener Restaurant, als beide Anfang 30 waren, wieder. Sie waren im selben Krankenhaus geboren worden – nur ein paar Tage auseinander. Aufgewachsen waren sie sehr ländlich im oberbayrischen Pfaffenwinkel, mit den üblichen Problemen, die junge homosexuelle Männer alleine in der Provinz durchmachten. Darüber hinaus hatten sie mit ihren Eltern aktiv im Trachtenverein teilgenommen und waren auch darüber miteinander in Kontakt gekommen. Roland und Jan bemerkten schon sehr bald in jungen Jahren, dass sie anders waren, als andere Jungs. Sie lebten ein paar Kilometer auseinander und sahen sich regelmäßig bei den Trachtenumzügen, die ihre Vereine gemeinsam durchführten. Sehr lange kommunizierten sie nur über ihre Augen miteinander. Sie wussten irgendwie tief in ihrem Inneren, dass sie gleich waren, und fühlten sich sehr zueinander hingezogen.

Was Roland und Jan erlebten war doppelt bedeutsam für sie. Sie spürten ihre Andersartigkeit als jugendliche Homosexuelle und gleichzeitig fühlten sie noch dazu ihre seelische Verwandtschaft. Kein Wunder also, dass sie sich nicht mehr aus dem Kopf gingen. Sie träumten häufig voneinander und bauten im Laufe der Zeit eine gewisse telepathische und empathische Kommunikation auf.

Realer Kontakt bestand nur bei den Veranstaltungen im Trachtenverein. Dabei sprachen sie kaum ein Wort miteinander. Bei den Trachtenumzügen kamen sie sich ebenfalls kaum näher. Bis auf ein Mal. Da mussten sie direkt nebeneinander hergehen. Sie konnten sich nicht ansehen – weder vor noch nach dem Umzug. Zu heftig war das, was sie füreinander fühlten. *„Ich liebte ihn von der ersten Sekunde an"*, sagte Roland. *„Ich wusste schon mit 14 Jahren, dass es Liebe ist, was ich fühle! Aber diese Liebe durfte ja nicht sein. Er war ja ein Junge genau wie ich und ich dachte, dass ich abartig und pervers bin, weil ich einen Jungen liebe! Mittlerweile weiß ich, dass ich nicht nur meine Homosexualität entdeckt habe, ich habe auch meine Zwillingsseele gefunden. Manchmal frage ich mich, ob ich nur deshalb schwul bin, weil er auch männlich ist und weil wir zusammengehören. Und ich dachte auch, dass ich in ihm vielleicht nur meine Zwillingsseele sehe, weil wir ein ähnliches Schicksal haben. Aber wenn ich dann ganz genau in mein Herz hinein horche, dann weiß ich, dass er wahrhaftig meine Zwillingsseele ist. Denn ich habe inzwischen viele andere schwule Männer kennengelernt, die auch auf dem Land aufgewachsen waren. Einer davon war sogar in meiner Schule gewesen. Ich habe ihn jedoch all die Jahre über gar nie bemerkt. Das Wichtigste für mich ist zu wissen, dass ich damals nicht verrückt war und noch wichtiger ist, dass wir uns gefunden haben."*

Als Roland und Jan sich in einem Münchner Restaurant für Schwule „zufällig" wieder trafen, erkannten sie sich sofort wieder. Obwohl circa 15 Jahre zwischen ihrer jugendlichen Begegnung und heute vergangen waren, war es für sie so, als würde keine Zeit dazwischen existieren. *„Wir sprachen damals ja nicht miteinander!"* sagte Jan. *„Aber wenn wir uns heute unterhalten, so haben wir das Gefühl, schon immer miteinander geredet zu haben. Damals lief alles über die Augen ab. Wir sahen uns an und wussten, dass wir uns lieben und es geheim bleiben muss. Damals fanden wir keinen Weg zueinander. Es wäre auch gar nicht gegangen, dass wir uns unsere Liebe gezeigt hätten. Wir lebten in einer erzkatholischen und zutiefst konservativen Gegend. Später fand ich heraus, dass Roland auch einen Lieblingsbaum hatte. Auch sein Baum war eine Eiche. Ich kletterte viel auf meiner Eiche herum und erzählte ihr sogar von meinen Sorgen. Roland besaß ein kleines Baumhaus auf seiner Eiche – sogar mit Dach. Das Lokal, in dem wir uns wiederfanden, heißt „Deutsche Eiche" – ich finde das kann kein Zufall sein."*

Roland liebte schon als Jugendlicher Gedichte. Ganz besonders Liebesgedichte. Dabei dachte er immer an Jan. Er hielt seine Vorliebe für solche Gedichte geheim, denn er fürchtete, andere fänden es für einen Jungen unmännlich, sich für Liebesgedichte zu interessieren. In einer Buchhandlung entdeckte er einen Gedichtband mit wundervollen Liebesgedichten. Eines davon ließ sein Herz schneller schlagen. Es beschrieb genau das, was ihn mit Jan verband. Roland traute sich nicht das Buch zu kaufen, aus Angst, es könnte bei ihm entdeckt werden und peinliche Fragen aufwerfen. Er wollte das Gedicht schnell abschreiben, hatte aber keinen Stift dabei. Er verdrückte sich in den hintersten Winkel der Leseecke und riss heimlich die Seite mit dem Gedicht aus dem Buch. Lange Zeit plagte ihn deshalb sein Gewissen. Denn er war sich sicher, dass der Käufer des Buches bestimmt traurig darüber war, weil dieses wundervolle Gedicht fehlte. Er las es sehr häufig und konnte es schon nach kurzer Zeit auswendig.

Hier, auf der folgenden Seite dieses Buches, ist das Gedicht, das ich dir nicht vorenthalten möchte.

Im Nachhinein berichteten beide, sie hätten sich all die Jahre über gefragt, was denn aus dem anderen geworden war und wie es ihm wohl ginge. Einmal stellte sich Roland sogar vor, dass Jan ja durchaus verheiratet sein könnte. Er wurde ganz traurig bei dem Gedanken. Auch Jan machte sich entsprechende Gedanken und einmal war er sogar extra in Rolands Dorf gefahren, um nachzusehen ob er in seinem Elternhaus leben würde. Roland und Jan wurden ein Paar und sind das auch heute noch. Oft stellen sie sich die Frage, warum sie sich in ihrer Jugend unter diesen Umständen begegnet waren. Es war unsere Bestimmung, mutmaßen sie. Sie stellten fest, dass sie schon als Kinder sehr ähnliche Situationen erlebt hatten. Roland hatte einen großen Bezug zu seiner Großmutter. Er hing sehr an ihr.

Jans Bezugsperson war ebenso die Großmutter zu der er großes Vertrauen hatte. Beide unternahmen sie viel in der Natur und beide entdeckten sehr früh, dass sie sich zum eigenen Geschlecht hingezogen fühlten. Im Laufe der Zeit fanden sie noch viele kleine und größere Gemeinsamkeiten heraus.

Willst du dein Herz mir schenken

Willst du dein Herz mir schenken,
So fang es heimlich an,
Dass unser beider Denken
Niemand erraten kann.
Die Liebe muss bei beiden
Allzeit verschwiegen sein,
Drum schließ die größten Freuden
In deinem Herzen ein.
Behutsam sei und schweige
Und traue keiner Wand,
Lieb' innerlich und zeige
Dich außen unbekannt.
Kein' Argwohn musst du geben,
Verstellung nötig ist.
Genug, dass du, mein Leben,
Der Treu' versichert bist.
Begehre keine Blicke
Von meiner Liebe nicht,
Der Neid hat viele Stricke
Auf unser Tun gericht.
Du musst die Brust verschließen,
Halt deine Neigung ein.
Die Lust, die wir genießen,
Muss ein Geheimnis sein.
Zu frei sein, sich ergehen,
Hat oft Gefahr gebracht.
Man muss sich wohl verstehen,
Weil ein falsch Auge wacht.
Du musst den Spruch bedenken,
Den ich zuvor getan:
Willst du dein Herz mir schenken,
So fang es heimlich an.

Unbekannter Dichter

Persönliche Worte zur Zwillingsseele

Adrian – sie ist wie ich

Als ich mich mit ihr unterhielt, wusste ich nicht mehr, wie mir geschieht. Ich fühlte – sie ist wie ich. Sie ist das, was ich bin, nur eben als Frau! Ich habe das Gefühl, mich selbst in ihr zu sehen! Nie zuvor, weder bei einer Frau noch bei einem Mann, fühlte ich solch eine Übereinstimmung. Es gab Momente, in denen mich plötzlich solch ein starkes emotionales Verlangen überrollte, dass ich innehalten und tief durchatmen musste. Unglaublich, welch tiefe Gefühle ich mit ihr erlebte. Seit ich sie näher kennenlerne, vergeht kein Tag, wirklich kein einziger Tag, an dem ich nicht an sie denke. Und das geht jetzt genau seit zehn Monaten so. Sie ist ständig präsent, auch wenn ich mich kurzzeitig abgelenkt habe. Es ist so, als ob sie in mir drin ist. Ich kann sie förmlich fühlen und glaube manchmal wirklich verrückt zu sein. Denn wie kann ich jemanden fühlen der nicht da ist. Und warum fühle ich sie in mir drinnen?

Inzwischen lebe ich einfach damit. Die Sehnsucht kommt immer wieder hoch. Ich denke nach wie vor täglich an sie. Hätte ich sie nicht kennengelernt, würde ich sie nicht andauernd vermissen. Meine Frau sehe ich mit anderen Augen. Sie ist ein außergewöhnlicher Mensch und ich liebe sie auch, aber anders. Wenn ich sie anschaue, wird mir manchmal klar, dass sie niemals diese „Leere", dieses Fehlen von etwas, was ich nicht weiß, was es ist, ausfüllen kann. Es macht mich traurig, dass es so ist. Denn ich liebe sie auch und sie ist ein sehr wichtiger Mensch für mich.

Denise – unglaubliche seelische Nähe

Meine Freundinnen, denen ich über das Erlebte und Empfundene berichtete, meinten dazu: *„Du bist eben verliebt. Das wird sich schon wieder normalisieren."* Meine Standardantwort war dann: *„So ist das eben nicht. Das ist etwas ganz anderes. Das bewegt sich auf einer anderen Ebene und hat mit Seelenverwandtschaft zu tun, aber in einem ganz besonderen Ausmaß."* Ich war kurz vor dem Durchdrehen. Wie sollte ich anderen etwas erklären, was ich selbst nicht begreifen konnte. Diese Gefühle von unglaublicher Nähe auf seelischer Ebene sind nicht mit dem Verstand erfassbar. Ich bin jemandem begegnet, der weiß, wer ich bin und ich weiß auch, wer er ist. Er kann meine Gedanken lesen und ich seine Gefühle spüren. Ich blicke ihn an und denke ich sehe mich selbst. Das Gefühl, das dabei entsteht, ist von einer so großen Intensität – zu speziell, um es mit menschlichen Worten beschreiben zu können. Es ist wie in einen Spiegel zu sehen. Ihn zu lieben ist, als würde ich mich selbst lieben – was ich auch tue, so denke ich jedenfalls. Und dann besteht auch noch dieses

Paradoxon, dass etwas so Schönes so schrecklich sein kann. Es besteht keine Möglichkeit, mit diesem Mann zusammen zu sein. Aber genau das ist es, was ich mir so sehnlichst wünsche. Jetzt muss ich versuchen, mit dieser ewigen, quälenden Sehnsucht klarzukommen, dabei möchte ich doch nur auf den Grund seiner Seele abtauchen und dort verweilen. Denn genau da ist mein Zuhause. In ihm bin ich daheim. Das ist es, was ich ganz sicher seit dem ersten Augenblick an weiß.

Jenny – wir sind füreinander bestimmt

Als ich meine Zwillingsseele vor knapp zwei Jahren das erste Mal auf einer Urlaubsreise traf, veränderte dieser Moment mein gesamtes bisheriges Leben. Nie hätte ich damit gerechnet, ausgerechnet ihm in dieser Zeit zu begegnen. Dem Mann, nach dem ich mein ganzes Leben lang gesucht hatte.

Es mag sich verrückt anhören, aber seit ich denken kann, wusste ich: Es gibt einen Mann, der für mich bestimmt ist. Ich begegnete ihm durch eine Verkettung unzähliger „Zufälle". Völlig ohne mein Zutun und ganz anders, als ich mir das vorgestellt habe.

Als wir uns das erste Mal in die Augen sahen, war ich unfähig zu denken. Ich wurde von unglaublichen Gefühlen durchflutet und war total überwältigt. Ihm muss es ähnlich ergangen sein, denn in seinen Augen sah ich einerseits Verwirrung und gleichzeitig eine große Verwunderung. Erst am nächsten Abend realisierte ich, dass ich mich unsterblich in diesen Mann verliebt hatte. Es war aber mehr als bloße Verliebtheit – die tiefe Liebe, die uns verbindet, war vom ersten Augenblick an vorhanden. Ich bin schon immer ein sehr emotionaler und sensibler Mensch gewesen, aber diese Liebe übertrifft alles bisher Dagewesene bei Weitem. Es ist eine völlig neue Dimension der Liebe, die sich dort für mich auftat und mir den Boden unter den Füßen wegzog. Am letzten gemeinsamen Abend der Reise überwältigte mich ein unendliches Gefühl von Traurigkeit. Ich begann hemmungslos zu weinen, wollte nicht weg von diesem Mann, in dessen Gegenwart ich mich einfach „Zuhause" und „angekommen" fühlte. Seit unserer ersten Begegnung wusste ich: Er ist der Mann, von dem ich mein ganzes Leben lang wusste, dass es ihn gibt! Aber gleichzeitig wünschte ich mir, dass er es nicht ist. Warum jemand, der ein komplett anderes Leben führt als ich selbst? Warum jemand, der so unerreichbar scheint? Ich fand das alles furchtbar ungerecht! Als ich wieder Zuhause war, brauchte ich ein paar Wochen, um mich überhaupt wieder in meinem Leben zurechtzufinden, denn ich konnte nur noch an ihn denken. Dann lernte ich durch „Zufall" eine inzwischen sehr gute Freundin von mir kennen. Sie hatte eine ähnliche Geschichte erlebt. Der Austausch mit ihr war ein absoluter Segen für mich. Ich wusste nun, ich war nicht allein mit diesen unbeschreiblichen Gefühlen. Und vor allem wusste ich, dass ich nicht verrückt war. Gegenseitig bauten wir uns auf und unterstützten uns. Ich wusste, dass er nicht ohne Grund in mein Leben getreten ist. Wenn es jetzt noch nicht sein sollte, dann vielleicht in ein paar Jahren. Mir wurde auf einmal bewusst, dass es mir am Wichtigsten war, dass er glücklich ist.

Gemeinsam mit meiner Freundin stieß ich auf das Thema Seelenverwandtschaft, Dualseelen und Zwillingsseelen. Endlich gab es eine Erklärung für das, was uns passiert war. Und die Gewissheit, mit diesem Menschen, dieser Seele auf ewig verbunden zu sein, gab mir ungeheures Vertrauen und Stärke für meinen Weg. Denn diesen hatte ich endlich gefunden. Ich begann zu träumen und über diese Träume mit ihm zu kommunizieren. Im Laufe der Zeit begegnete ich vielen Menschen, die mich auf meinem Weg positiv unterstützten, oder auch gerade ihrer Dual- oder Zwillingsseele begegnet waren.

Gerade in jenen schweren Momenten, in denen sich mein Verstand einschaltete, mich Zweifel von innen und außen quälten und ich mich einfach unbeschreiblich einsam fühlte, bauten diese Menschen mich wieder auf und halfen mir dabei, an mich selbst und an diese Liebe zu glauben!

Durch verrückte Zufälle ergab es sich, dass ich dort, wo auch er arbeitete, einen Job angeboten bekam. Dem „Wiedersehen" mit meiner Zwillingsseele sah ich mit gemischten Gefühlen entgegen. So offen er auf alle zuging und so unkompliziert er Bekanntschaften schloss, so kompliziert gestaltete sich unser richtiges Kennenlernen. Zu Beginn kommunizierten wir fast ausschließlich über Blicke. Es war der Wahnsinn, ich sah ihm in die Augen und wusste, was er denkt und was er fühlt! Unsere ersten verbalen Kommunikationsversuche gingen allerdings eher unbeholfen und vorsichtig vonstatten. Wir näherten uns behutsam an. Ihn tagtäglich zu sehen und seine direkte Anwesenheit zu spüren, war für mich unbeschreiblich toll und lösten in mir wahnsinnige Energieschübe aus. Dennoch wurde ich auch mit meinen Schattenseiten konfrontiert. Ich wurde immer wieder an meine Grenzen getrieben, weinte nächtelang, zweifelte an mir, an ihm, an uns. Mein Seelenzwilling war für mich in der gesamten Zeit ein starker Spiegel. Ich konnte tagtäglich in ihm und seinem Verhalten sehen, was in mir vorging und wie sehr sich unsere „Launen" und Emotionen gegenseitig beeinflussten. War ich positiv und voller Zuversicht, strahlte auch er dies aus. Ich spürte immer, was in ihm vorging. Wann er sich öffnete für mich und wann er wieder „dichtmachte" und vor all dem weglief. Mal suchte er meine Nähe und wir gingen aufeinander zu, während wir uns ein paar Stunden später postwendend ignorierten. Und auch ich erlebte Momente, in denen ich seine Nähe nur schwer ertragen konnte.

Immer wieder liefen wir uns an den ungewöhnlichsten Orten und zu den kuriosesten Zeiten über den Weg. Besonders dann, wenn ich ihn eigentlich gerade mal nicht sehen wollte. Wir bekamen immer Möglichkeiten geschenkt, uns besser kennenzulernen. Und all das, was bis dato nur in meinem Kopf, in meinem Herzen war, wurde bestätigt! Auch, wenn unsere Leben äußerlich so verschieden sind, so gleich sind wir doch in unserem Inneren. Wir denken gleich, wir fühlen gleich, wir haben zur selben Zeit dieselben Bücher gelesen, wir mögen das gleiche Essen und wir haben in der Vergangenheit ähnliche Erfahrungen gemacht. Ganz oft kam es vor, dass er ein Wort suchte und ich es aussprach, oder dass er aussprach, was ich gerade dachte. Es war faszinierend und überwältigend zugleich. Durch seine Erzählungen und dem was er mir anvertraute, setzte sich das Puzzle immer mehr und mehr zusammen. Es bestätigte sich fast alles und er ist genau der Mensch, von dem ich immer wusste, dass er es ist. Auch er spürt und bemerkt, diese besondere Verbindung zwischen uns, obwohl sie ihm gleichzeitig große Angst macht. Denn jedes Mal, nachdem er sich mir ein Stück weit geöffnet hatte, war seine nächste Reaktion, „dichtmachen" und zurückziehen. Es war nicht einfach für mich, mich dadurch nicht verletzen zu lassen.

Die schwerste Zeit begann, als er eine Beziehung einging. Erst später verstand ich, dass er es unter anderem tat, um sich selbst zu schützen und sich nicht mit seinen Gefühlen für mich auseinandersetzen zu müssen. Ihn Tag für Tag mit einer anderen Frau zu sehen, brach mir fast das Herz. Besonders, weil sie das totale Gegenteil von mir ist. Ich sah in seinen Augen, dass er nicht wirklich glücklich mit ihr war, auch wenn er stets versuchte, mir und sich selbst etwas anderes einzureden. Aber selbst Außenstehende sahen die Beziehung der beiden als reine Zweckgemeinschaft. So schwer es mir auch fiel, ich lernte der Liebe und dem Schicksal zu vertrauen. Kurz vor Ende meines Vertrages schaffte ich es, ihm meine Gefühle zu offenbaren und reinen Tisch zu machen. Es war die größte Überwindung meines bisherigen Lebens, aber ich habe sie gemeistert. Ich weiß, dass er noch nicht so weit ist, die Liebe zu mir zuzulassen. Aber das ist auch okay. Gerade durch sein Verhalten nach meinem Geständnis und einiger besonderer Momente zwischen uns, hat er mir auf seine ihm mögliche Weise gezeigt, wie sehr er mich liebt und was wir für eine einzigartige Verbindung miteinander haben. Er ist ein wundervoller und einzigartiger Mann, der mir das Vertrauen in die Liebe und in mich selbst zurückgegeben hat. Es ist ein unbeschreibliches Gefühl, einem Menschen in die Augen zu schauen und einfach diese endlose, bedingungslose Liebe zu fühlen. Ich verstehe dadurch den Sinn meines Lebens und weiß, wo ich Zuhause bin. Den Weg seines Herzens zu gehen ist nicht immer leicht, weil viele Hindernisse und Prüfungen warten. Aber diese und die Zeichen, die uns umgeben, bestätigen immer wieder, dass man auf dem richtigen Weg ist. Ich bin sehr dankbar dafür, meiner Zwillingsseele so nah gekommen zu sein. Aber auch, wenn uns weltlich eine Freundschaft verbindet, so ist es doch immer noch ein Auf und Ab zwischen Nähe und Distanz. Ich weiß, dass wir füreinander bestimmt sind und ich werde diesen Traum NIEMALS aufgeben.

Kerstin – Energie auftanken

Ich lernte ihn unter geradezu mysteriösen Umständen kennen. Zuerst schrieben wir uns nur E-Mails. Das Vertrauen dabei war schon extrem, denn wir teilten uns Dinge mit, die wir noch nicht mal unseren Freunden anvertrauen würden. Irgendwann telefonierten wir das erste Mal miteinander. Auch hier war das Vertrauen unbeschreiblich groß. So groß, als würden wir uns schon seit Urzeiten kennen. Als wir uns das erste Mal sahen, war es um uns geschehen – es war, als hätten wir uns nach sehr langer Zeit endlich wieder gefunden. Er nahm meine Hand in seine und ich fühlte einen warmen, unglaublich vertrauten Strom zwischen uns hin und her fließen. Ich wusste plötzlich, dass wir uns schon von vielen Leben her kennen. Sind wir zusammen, dann geht es uns sehr gut. Körperlich, seelisch und geistig fühlen wir uns wie mit einer speziellen Energie aufgeladen. Diese Energie wird mehr, je länger wir uns sehen. Manchmal sagen wir scherzhaft wir müssten uns wieder auftanken, denn genauso fühlt es sich an. Sind wir jedoch getrennt, dann ist das sehr schmerzhaft. Wir fühlen nicht nur den eigenen Schmerz, sondern auch den des anderen. Das tut doppelt weh. Wenn wir dann wieder zusammen sind, dann ist der Schmerz sofort wie weggeblasen und uns geht es fantastisch. Sogar körperliche Beschwerden, wie ein hartnäckiger Husten nach einer Erkältung, oder Rückenschmerzen verschwinden, wenn wir zusammen sind. Es fühlt sich so an, als würden wir uns gegenseitig stärken. Gemeinsam erleben wir uns unverwundbar, ja sogar unsterblich.

Marco – Einssein

Wir legten unsere Hände ineinander – es war wie ein Gewitter das über uns kam. Erst langsam, dann immer stärker. Es fühlte sich an, als ob unsere Energien ineinanderfließen, miteinander verschmelzen möchten. Das Gefühl wurde stärker und stärker. Unsere Energien vereinigten sich – unsere Zellen vibrierten im gleichen Takt miteinander. Unsere Chakren schwangen gemeinsam. Es war, als würden sie eine unhörbare Melodie singen – ein Lied von Liebe und Verbundenheit und Einssein. Mein Herzchakra brannte wie eine glühende Sonne in meiner Brust – tagelang fühlte ich eine unglaubliche Verbundenheit mit meiner Zwillingsseele, aber auch mit allem anderen. Dann kam die Sehnsucht – unglaublich große Sehnsucht. Alles in mir schreit nach ihr. Leider ist sie kein Teil meines Lebens. Ich denke in jeder Sekunde nur an sie. Ich fühle sie in meinem Energiefeld und ich fühle dort auch den Schmerz und die Trauer. Ich habe mich zu einem Chakrenkurs angemeldet und hoffe dort zu lernen, wie ich besser mit diesen Energien umgehen kann.

Michaela – Aufhebung von Zeit und Raum

Wir hatten beide innerhalb kürzester Zeit das Gefühl getrennte siamesische Zwillinge zu sein. Es ist für uns unbegreiflich, dass wir gleich und doch anders sind. Wie zwei Seiten einer Medaille. Oft versuchen wir in den Augen des anderen die Antwort zu finden. Uns wurde schon bei unserer ersten Begegnung klar, dass wir uns sehr nacheinander sehnen und doch im Alltag niemals harmonieren würden. Unsere Anziehungskraft ist enorm. Wir finden uns an den unmöglichsten Orten, ohne uns gesucht zu haben. Wir treffen uns täglich mehrmals ohne Verabredung. Instinktiv gehen wir in die richtige Richtung – lassen uns leiten und finden uns wie von selbst. Es ist schon fast selbstverständlich, dass es so ist – so sein muss. Ich bin da und er ist auch umgehend da. Zeit und Raum scheinen aufgehoben zu sein, wenn wir zusammen sind. Es ist, als würde sich ein göttlicher Raum auftun. Körperliche Annäherung ist für uns selbstverständlich und ganz natürlich. Und doch halten wir eine Grenze ein, da uns klar ist, dass sich dieses wahnsinnige Sehnen nacheinander auch durch Sexualität nicht aufheben lässt. Nach drei Tagen ohne ihn kann ich nur noch weinen. Ihm geht es genauso. Nach einer weiteren Trennung fühle ich eine so immense Sehnsucht, die meinen Energiekörper zu verbrennen scheint. In den ersten Tagen nach unserem Kennenlernen sahen wir unsere positiven Eigenschaften im anderen widergespiegelt. In den Wochen nach unserer gemeinsamen Zeit wurden beidseitige Schattenseiten überdeutlich. Wie es mit uns weitergehen kann, wird sich zeigen. Ich hoffe, dass uns die Liebe einen Weg weisen wird, der uns zueinander bringt.

Andrea – getrennt und doch zusammen

Meine Zwillingsseele empfindet sehr ähnlich, fast schon identisch wie ich. Für mich sind diese sehr starken Empfindungen unendlich schön, aber auch immer wieder sehr verwirrend. Ich erlebe mit ihr tiefe Glücksmomente, aber auch sehr viel Schmerz und Leid. Ich habe häufig große Angst um meine Freundin – Angst ihr könnte etwas zustoßen. Diese Angst ist zwar irrational, aber ich kann sie nicht abstellen. Sie kommt immer wieder hoch. Die große Entfernung, die uns trennt, ist eine weitere Herausforderung für uns. Sie wohnt hunderte Kilometer von mir entfernt.

Wir begegneten uns vor knapp drei Jahren und haben seitdem täglich Kontakt über das Telefon und das Internet, aber weniger Möglichkeiten uns persönlich zu treffen. Jeder Abschied ist sehr schmerzhaft. Wenn wir uns sehen, was leider sehr selten vorkommt, dann kleben wir buchstäblich aneinander. Am Tag der Trennung halten wir uns ganz fest und können uns kaum loslassen. Es ist jedes Mal so, als würde man uns gewaltsam auseinanderreißen. Es fühlt sich sogar körperlich so an. Das ist ein ganz schreckliches Gefühl. Jedes Mal fahre ich mit einem großen, schweren und traurigen Herzen zurück nach Hause und fühle mich „unvollständig" und alleine und versinke jedes Mal in einem Meer aus Tränen. Wir haben sehr viele Gemeinsamkeiten – beruflich und privat. Sie arbeitet genau wie ich mit behinderten Kindern. Auch sie füllt ihr Beruf sehr aus. Es ist ihre Berufung – genau wie meine. Auch unsere Hobbys sind fast die gleichen. Beide sind wir auf der Suche nach neuen erfüllenden Wegen für uns – wir sind getrennt und doch zusammen.

Sarah – Gefühle jenseits aller Erklärungsversuche

Ich war unbewusst mein ganzes Leben lang auf der Suche nach einem bestimmten Menschen und ich wusste genau, wie es sich anfühlen würde, wenn ich ihn treffe. Und *so*, genau *so*, geschah es dann auch.

Ich habe vieles unternommen um diese Beziehung zu lösen, was ziemlich aussichtslos ist, weil es im Grunde nichts zu trennen gibt. Genauso wenig kann man sich von seiner Familie trennen. Ab und zu rede ich im Traum mit ihm. Manchmal habe ich plötzlich das Gefühl, als ob er neben mir steht. Diese starke energetische Verbindung lässt mich fühlen, als wenn er da wäre. Dabei habe ich ihn schon Monate nicht mehr gesehen. Dann ist wieder wochenlang Ruhe und ich fühle kaum was von ihm. Er war und ist meine große Liebe – aber mit Worten ist das schwer zu erklären, weil sie nicht dem Klischeemuster entspricht, das man mit dem Begriff „Große Liebe" verbindet. Wir konnten es uns nicht erklären und haben uns am Ende selbst für „verrückt" erklärt. Irgendwie habe ich ihn immer gespürt. Rational kann ich das nicht begründen. Wir haben uns im anderen wieder gefunden. Charakterlich sind wir uns auch ziemlich ähnlich. Sofort vertrauten wir einander, wobei wir sonst nicht so schnell Vertrauen schöpfen können. Dieses große Urvertrauen ineinander ist schon von Anfang an da gewesen. Ich fühlte mich bei ihm Zuhause. Mir war noch nie ein Mensch so nah wie er. Ich sah seine Ängste und fühlte, wie es ihm gerade ging. Auch seine Träume und Sehnsüchte waren mir bekannt. Ich weiß nicht, woher ich das alles wusste. Mir war es einfach auf unerklärliche Weise klar. Ich hatte Träume über ihn und uns, die sich innerhalb kurzer Zeit als wahr herausstellten. Wir gleichen uns sogar körperlich. Er hat zwar dunkle Haare und ich helle, aber ihre Struktur ist sehr ähnlich. Beide haben wir dieselben Wirbel und sehr feste und störrische Haare. Auch hat er dieselben Hände wie ich. Seine sind zwar dadurch, dass er ein Mann ist, ausgeprägter als meine – aber die Form unserer Finger und sogar die Hauptlinien in unseren Handflächen sind erstaunlich identisch.

David – ausgeprägte Telepathie

Ich kenne meine Zwillingsseele nun schon zwei Jahre lang. Zum ersten Mal sah ich ihn, als ich gerade im Fitnessstudio am Trainieren war. Als er hereinkam, saß ich mit dem Rücken zu ihm auf der Hantelbank. Ich fühlte, ohne ihn gesehen zu haben, eine unglaublich starke, aber auch vertraute Energie hinter mir. Von da an war etwas ganz Besonderes zwischen uns – wir konnten es nicht beschreiben. Auch er fühlte das. Wir sahen uns ab diesem Tag immer öfter im Fitnessstudio. Und es dauerte nicht lange, da trafen wir uns auch privat. Es war verrückt – ich konnte immer schon vorher fühlen, ob er zum Training kam oder nicht. Auch merkte ich, wie es ihm geht. Später hat er mir gesagt, dass es ihm genauso ergangen war.

Wir sind am gleichen Tag nur in einem anderen Jahr geboren und haben sehr vieles gemeinsam. Beide fühlten wir von Anfang an eine ganz spezielle Energie zwischen uns, die wir mit Worten nicht erklären konnten. Wir hielten es nie lange ohne einander aus. Einmal war er geschäftlich verreist. Diese Zeit kam uns wie eine gefühlte Ewigkeit vor – dabei waren es „nur" vier Wochen, in denen er in Dubai war. Ich fühlte ihn, obwohl er tausende von Kilometern von mir entfernt war. Ich wusste, wie es ihm ging und was er so dachte. In dieser Zeit konnten wir kaum telefonieren. Er war sehr gestresst und musste voll präsent sein. Ich denke das ist der Grund, warum wir einen so ausgeprägten telepathischen Kontakt entwickelten. Wir „unterhielten" uns in Gedanken. Wenn wir mal telefonieren oder uns eine E-Mail schreiben konnten, bestätigte sich unser Gefühl immer. Immer öfter ereigneten sich Dinge, die wie von etwas Höherem gesteuert waren. So erschien es uns jedenfalls. Eine ganz spezielle mystische Energie war vorhanden, wenn wir uns nah waren. Wir machten auch ganz oft dieselben Sachen zur selben Zeit, wir fühlten gleich, schrieben uns gleichzeitig Mails oder SMS und riefen uns auch ganz oft gleichzeitig an. So was habe ich noch niemals zuvor erlebt. Es ist wundervoll.

Jan – Chaos und Trennung – Liebe und Glück

Meine Zwillingsseele getroffen zu haben ist für mich das größte Glück meines Lebens – aber es ist auch wie ein Fluch. Zurzeit haben wir wieder Kontakt zueinander. Ich konnte diese ungewöhnliche Beziehung mit dieser großen magnetischen Anziehung bis heute nicht verstehen. Warum kommen wir nicht voneinander los – und warum können wir auch nicht richtig zusammenkommen?

Vor fast vier Jahren lernten wir uns kennen. Vom ersten Augenblick an waren wir voneinander fasziniert, wie wir es noch nie zuvor mit jemand anderem erlebt hatten. Leider erlebten und erleben wir ein ständiges Auf und Ab. Wir können nicht wirklich miteinander sein, uns aber auch nicht richtig trennen. Bei jeder versuchten Trennung wird die Intensität unserer Gefühle immer erbarmungsloser. Als wir uns vor ein paar Monaten nach einem unsinnigen Streit entzweit hatten, litt ich große Seelenqualen. Ein grausamer Schmerz durchfuhr mich, als würde mir jemand mit glühenden Händen in die Brust greifen und mein Herz rausreißen. Unerklärliche Zufälle führten uns immer wieder zusammen. Nach jeder Trennung und jeder schmerzhaften Erfahrung wurde ich vorsichtiger, was aber an der Intensität meiner Liebe nichts änderte. Es zählte dann nur noch die Liebe und die Gefühle füreinander und alles andere spielte keine Rolle mehr. Wir vergaßen sogar den Grund für die Trennung. Alles war wieder beim Alten und ging von vorne los. Freunde und Verwandte hielten mich für liebeskrank und sorgten sich um meinen Geisteszustand. Ich selbst zweifelte auch schon an meinem Verstand. Dann hörte ich von Seelenverwandten und insbesondere von Zwillingsseelen. Da ich ein sehr bodenständiger Mann bin und mit Esoterik nichts anfangen kann, schob ich dieses Thema sehr weit von mir weg. So etwas konnte ich mir einfach nicht vorstellen. Dann ließ mir meine Zwillingsseele einen kurzen aber sehr treffenden Text über Seelenverwandte zukommen und ich musste mir eingestehen, dass es exakt das war, was wir miteinander erlebten. Wir hatten einige Anzeichen, die ihrer Ansicht nach beweisen würden, dass wir Zwillingsseelen seien. Ich musste ihr zähneknirschend Recht geben. Es überforderte mich und vor allem meinen Verstand enorm. Ein paar der Indizien waren: ein starker telepathischer Kontakt, sehr große kaum zu ertragende Sehnsucht und dieses seltsame Gefühl, wenn wir uns in die Augen blickten. Außerdem sehen wir uns verflixt ähnlich. Sie hat dieselben hohen Wangenknochen wie ich. Auch ihre Augenform ist genau wie bei mir leicht mandelförmig. Beide haben wir einen ganz leichten kaukasischen Tatsch. Weder meine Eltern noch meine Geschwister haben diese Körpermerkmale – aber sie hat sie.

Wir spiegeln uns gegenseitig unsere Ängste aus der Vergangenheit wider – ja sogar aus vergangenen Leben. Beide leiden wir unter extremen Verlustängsten. Das Konstanteste in unserer Beziehung ist dieses ständige Auf und Ab. Aber auch unsere Liebe ist konstant. Egal was ist und was war – unsere Liebe ist unerschütterlich und stark. Sie wird sogar noch stärker durch all das Chaos und die Trennungen. Ich wünsche mir sehr, mit ihr zu leben und sogar eine Familie zu gründen. Wir beide wollen aber erst eine gewisse Stabilität in unsere Beziehung bringen, bevor wir gemeinsame Kinder in die Welt setzen. Anfänglich war das Wissen um unser Zwillingsseelensein eine große Belastung für mich. Aber inzwischen schätze ich dieses Wissen, denn es erklärt mir, warum alles so ist, wie es ist. Außerdem habe ich die Hoffnung, dass ich durch dieses Wissen anders und bewusster mit unseren Problemen umgehen kann, sodass wir sie lösen können.

Julia – enorme Anziehungskraft

Schon als Kind wusste ich, dass es ihn geben muss – ihn den *einen* ganz besonderen Menschen. Unbewusst war ich wohl schon mein ganzes Leben lang auf der Suche nach ihm gewesen. Tief in mir wusste ich, wie es sich anfühlt, wenn wir uns begegnen. Und ganz genauso passierte es dann auch. Ich traf ihn auf der Arbeit. Er fing in der Firma, in der ich schon lange arbeitete, in einer anderen Abteilung an. Obwohl sein Arbeitsbereich räumlich gesehen von meinem ein Stück entfernt war, liefen wir uns erstaunlich oft über den Weg. Als ich ihn das erste Mal gesehen hatte, da wusste ich es – er ist etwas ganz Besonderes für mich. Die enorme Anziehungskraft, die sofort vorhanden war, ließ in mir ein ganz eigenartiges Gefühl aufkommen. Es war so, als würde ich mich in seiner Nähe auflösen, als würden ich und er miteinander verschmelzen – eins werden. Immer, wenn er mir in die Augen blickte, fühlte ich ein grenzenloses Vertrauen und tiefes wortloses Verstehen. Es war, als würde er mir bis auf den Grund meiner Seele schauen können. Es war wunderschön, aber auch etwas unheimlich. Ich hörte schon von Seelenverwandtschaft und dachte, dass es durchaus so was sein muss. Es war eine Erklärung für die starke magische Anziehung, die ich noch nie zuvor in dem Ausmaß erlebt hatte. Vermutlich ging es ihm genauso.

Wir sahen uns ein- bis zweimal in der Woche, auf dem Flur, im Fahrstuhl, in der Tiefgarage oder in der Kantine. Jedes Mal fühlte ich mich wie im siebten Himmel. Ihn einfach nur zu sehen, seine Nähe zu wissen und seine wundervolle Stimme zu hören. Es war wirklich erstaunlich, wie oft wir uns „zufällig" über den Weg liefen. Dann zog seine Abteilung in ein benachbartes Gebäude um und wir sahen uns sehr viel seltener. Statt uns täglich zu begegnen, sahen wir uns nun nur noch zweimal im Monat. Dafür wurde die telepathische Verbindung viel stärker. So etwas hatte ich zuvor ebenfalls noch nie erlebt. Ich fühlte ihn, als wäre er ganz nah bei mir. Ich spürte was er tat und wo er sich gerade aufhielt. Dadurch ist es mir öfters gelungen ihn zu treffen. Ein paar Mal konnte ich mich mit ihm sogar telepathisch verabreden. Ich sagte ihm in Gedanken, an welchem Platz ich in der Kantine sitze und er kam prompt und setzte sich zu mir an den Tisch. Irgendwann wurde mir das Ganze sehr unheimlich und ich zweifelte an meinem Verstand. Sollte ich mir etwa alles nur einbilden? Ich fürchtete gar verrückt zu werden – oder noch schlimmer – schon zu sein. Immer wenn ich ihn sah, zog er mich immens stark an – auch sexuell wurde die Anziehung immer noch stärker. Das kannte ich nicht in dem Maße.

Jana – er ist ein Teil von mir

Plötzlich stand er vor mir. Ich spielte mit Freunden am Strand Frisbee und lief der Scheibe hinterher. Ich weiß nur noch, wie er mich angrinste – ich grinste zurück. In mir war sofort ein Gefühl von reiner Liebe und was noch verrückter war, von tiefem Vertrauen. Ohne den Blick voneinander zu lösen, gingen wir wie in Trance aufeinander zu. Wir sahen uns lange Zeit einfach nur an. Die Zeit schien stillzustehen. Es war, als hätte um uns herum alles aufgehört zu existieren. Nur noch wir waren hier – es gab nur noch uns. Er stand direkt vor mir mit seinen unglaublichen Augen. Irgendwas war mit ihnen – mit seinen Augen. Irgendwoher kannte ich sie und ich sah mich selbst in ihnen. Plötzlich war mir, als würde ein Film vor meinem geistigen Auge ablaufen und ich sah Szenen wie in einem Kino. Unzusammenhängende Szenen, die schnell wechselten. Und immer waren wir beide die Hauptpersonen in diesen Szenen. Wir beide, wie wir mal waren – immer wieder waren wir zusammen – Leben für Leben. Mir wurde plötzlich bewusst – er ist wie ich und ich bin wie er. Das Gefühl, das diese Erkenntnis begleitete, ist mit Worten nicht zu beschreiben. Es war großartig und so gigantisch, dass ich dachte auf der Stelle den Verstand zu verlieren. Wie aus weiter Ferne hörte ich meine Schwester nach mir rufen. Diese eine Woche in Medulin mit ihm – ich werde sie niemals vergessen und ihn auch nicht. Er ist ein Teil von mir, den ich immer in meinem Herzen tragen werde, bis in alle Ewigkeit. Und ich weiß, dass wir uns wiedersehen – in irgendeiner Zeit, an irgendeinem Ort, in irgendeiner Gestalt.

Zwillingsseelen

- Sind ewige Zwillinge füreinander.
- *Eins*, die *Zwei* sind. Der Ausdruck *einer* Seele in *zwei* Körpern.
- Sie sind ihre seelische Entsprechung.
- Sehnen sich nach Verschmelzung.
- Empfinden sehr ähnlich bis identisch.
- Starke Sehnsucht nacheinander, die häufig mit einem Gefühl des Mangels einhergeht.
- Haben oft das Gefühl, ohne den anderen nicht mehr leben zu können.
- Erleben Trennung mit großen seelischen Qualen, wollen am liebsten immer zusammen sein.
- Neigen zu sehr engen Beziehungen.
- Haben reichlich telepathischen und empathischen Kontakt.
- Besitzen teils extrem ausgeprägte feinstoffliche Verbindungen.
- Spiegeln sich ihre Sonnen- und ihre Schattenseiten sehr deutlich.

Teil III
Dualseelen und Zwillingsseelen

Gemeinsamkeiten, Unterschiede, Chancen, Entwicklungsprozesse und Herausforderungen

Die Liebe
Albert Möser
(1835 - 1900)

Die Liebe,
sie ist des Lebens
Tiefstes und Wahrstes.
Jegliches Rätsel der Welt
löset sich einzig in ihr.

Dualseelen und Zwillingsseelen: Ein paar Worte zuvor

Obwohl es durchaus große Unterschiede zwischen der Dual- und der Zwillingsseele gibt, so existieren ebenfalls bedeutende Ähnlichkeiten in Bezug auf Herausforderungen, Chancen und Entwicklungsprozesse, die sich mit diesen beiden speziellen seelischen Verbindungen ergeben. In den folgenden Seiten werde ich explizit auf ihre Gemeinsamkeiten eingehen, aber auch besondere Unterschiedlichkeiten erklären und in ausgewählten Fallbeispielen darstellen. In Bezug auf Herausforderungen und Entwicklungschancen im Leben gibt es Vergleichbarkeiten, aber auch Differenzen zwischen der Dual- und der Zwillingsseele.

Es kann für dich durchaus sehr hilfreich sein, dich in der einen oder anderen Darstellung wiederzuerkennen. Da jedoch jede Seelenverbindung absolut einzigartig ist, fühlst du dich vielleicht gar von mehreren Beschreibungen angesprochen, oder möglicherweise meinst du sogar, dass bei dir alles ganz anders ist. Das ist natürlich auch möglich und steht in keiner Weise im Widerspruch. Ich erlebe häufig, wie Menschen verzweifelt nach dem roten Faden suchen, der ihnen ihre Seelenverbindung erklären soll. Sie vergleichen dabei gern ihre eigene Geschichte mit der Geschichte anderer und schließen von deren Verlauf auf sich selbst. Selbstverständlich kann es viele Parallelen geben – ich empfehle allerdings, jede Seelenbeziehung als absolut einmalig und individuell zu betrachten. Denn, so sehr sich die Dual- und Zwillingsseelengeschichten auf der einen Seite oberflächlich betrachtet auch gleichen mögen, so verschieden können sie andererseits in ihrem Verlauf und ihren Thematiken sein. Es kann sich fatal auswirken, wenn du über die Geschichte eines anderen Menschen Rückschlüsse auf deine eigene Seelenbeziehung ziehst und vielleicht sogar Prognosen, über deren weiteren Verlauf stellst. Du und dein Seelenverwandter seid einmalige Individuen mit einzigartigen wundervollen Seelen. Zusammen ergebt ihr eine ganz besondere, spezielle Verbindung – und zwar sowohl auf der Seelenebene wie auch auf allen anderen Ebenen und selbstverständlich auch auf unserer hier gelebten menschlichen, irdischen Ebene. Eure gemeinsame Seelenmatrix ist absolut einmalig. Nie wieder wird es zwei Seelen geben, die genau dieselbe Matrix haben wie ihr. Das, was ihr erlebt und vor allem, *wie* ihr gewisse Situationen empfindet und wie ihr darauf reagiert, ist einzigartig. Ich empfehle dir deshalb, dich vor allem auf euch zu konzentrieren und dich nicht von Themen und Geschichten anderer verunsichern zu lassen. Darum bitte ich dich auch bei den von mir geschilderten Fallbeispielen. Auch, wenn du dich vermutlich in der einen oder anderen Geschichte wiederfinden wirst. Diese Geschichten sollen anschaulich die große Bandbreite seelischer Beziehungen und das Erleben der Betroffenen deutlich machen. Gerade die Beziehungen zwischen so engen Seelenverwandten wie zwischen Dual- und Zwillingsseelen können oberflächlich betrachtet sehr unterschiedlich sein, aber dennoch vom inneren Empfinden her sehr ähnlich wahrgenommen werden. Andererseits gibt es auch Fälle, die sich zunächst sehr ähneln. Betrachtet man diese dann aber genauer und geht in die Tiefe erkennt man deutliche Unterschiede.

Die Liebe ist das großartige Wunder, das uns sowohl mit unserer Zwillingsseele, wie auch mit unserer Dualseele verbindet. Die Liebe ist der Aspekt, der die Seelen immer wieder zueinander führt, über unzählige Leben hinweg. Die Liebe ist die Essenz von allem. Sie ist das, was wirklich zählt. Und so ist es nicht verwunderlich, dass alles, was mit Liebe zu tun hat, auch beide Seelenverbindungen betrifft. Manche Menschen fragen sich, was denn nun besser sei – seiner Dual- oder seiner Zwillingsseele zu begegnen? Diese Frage kann man nicht pauschal beantworten, wenn man bei einer Seelenliebe überhaupt von besser oder schlechter sprechen möchte. Wie die jeweilige Seelenverbindung erlebt wird, ist meiner Erfahrung nach sehr individuell. Manche Menschen finden ihr Glück mit ihrer Dualseele, andere wiederum mit ihrer Zwillingsseele. Manche Menschen treffen gar auf beide. Und es gibt selbstverständlich auch Menschen, die weder ihrer Dualseele noch ihrer Zwillingsseele begegnen, aber dennoch erfüllte Partnerschaften leben. Es gibt kein besser oder schlechter, es gibt nur spezielle Herausforderungen, und die eigenen, sowie die gemeinsam Lebensthemen, und noch ein paar individuelle Potenziale, die möglicherweise dazu führen, dass man im Leben mit der einen Seelenliebe einen harmonischeren und glücklicheren Kontakt hat als mit der anderen. Das Wichtigste jedoch, was über allem steht, ist immer die Liebe! Und die verbindet uns sowohl mit unserer Dual- wie auch mit unserer Zwillingsseele. Und letztendlich geht es ungeachtet aller Konstrukte um das Leben der Liebe. Die Liebe zu erleben und ihr Ausdruck zu verleihen ist der Grund, weshalb wir uns auf das große Abenteuer des Menschseins eingelassen haben.

Ist es nun entscheidend genau zu wissen, ob es sich bei dem geliebten Menschen um die Dual- oder um die Zwillingsseele handelt? Ich empfehle dir, dich nicht mit diesen Begriffen durcheinanderzubringen. Für manche Menschen ist es durchaus bedeutend das zu wissen, weil sie sich auf die entsprechenden Herausforderungen, die speziellen Chancen und Entwicklungsprozesse ganz bewusst einlassen wollen. Anderen Menschen aber ist es nicht wichtig, ob es sich bei ihrem Seelenverwandten um ihre Dual- oder um ihre Zwillingsseele handelt. Wenn du merkst, dass dich diese Frage von dir selbst entfernt und nervös macht, dann empfehle ich dir, dich im Moment nicht zu sehr darauf, sondern auf die Liebe zwischen dir und deinem Seelenverwandten zu konzentrieren. Die Antwort, um welche Seelenverbindung es sich bei dir handelt, wird dir sicher dann zuteil werden, wenn die Zeit dafür richtig ist. Denke daran, dass die Liebe zwischen dir und deinem Seelenverwandten das Wichtigste überhaupt ist.

Bilder im Aurareading zu Dualseelen und Zwillingsseelen

Im Aurareading werde ich häufig gefragt, welche Art der Seelenverwandtschaft zu dem geliebten Menschen besteht. Daraufhin erhalte ich von der Seele des Fragenden ein individuelles Bild, das seine Seelenbeziehung beschreibt. Bilder sagen oft mehr als viele Worte und so beschreibe ich die Bilder, die mir gezeigt werden, immer genau.

Bis zum Jahr 2008 war der Begriff Dualseele und Zwillingsseele ein und dasselbe für mich, denn ich kannte zu diesem Zeitpunkt nur meine Zwillingsseele. In den spärlichen Texten, die es damals in wenigen brauchbaren Büchern über Seelenverwandte gab, wurde der Begriff Dualseele als Synonym für Zwillingsseele verwendet. Da ich nur meine Zwillingsseele kannte, schien mir das logisch zu sein und ich übernahm die Begriffe ebenso als Synonyme. Es fiel mir damals noch nicht auf, dass die Bilder im Aurareading sehr wohl einen Unterschied deutlich machten. Feststellen konnte ich das erst, nachdem ich selbst meine Dualseele erkannt hatte und mir bewusst wurde, dass es einen Unterschied gibt. Oberflächlich betrachtet erscheint es, als wären Dual- und die Zwillingsseelen dasselbe, aber auf der Seelenebene stehen diese Seelen in gänzlich anderem Kontext zueinander. Im Nachhinein gesehen wurde mir vieles durch die Bilder im Aurareading bewusst. Mein Hohes Selbst gab mir hierzu ebenfalls einige sehr deutliche Hinweise und Erklärungen. Die Bilder lassen die Unterschiede auf sehr anschauliche Weise deutlich werden. Zum besseren Verständnis hier ein paar Beispiele:

Bilder im Aurareading zu Dualseelen

Die Eiche

Mir wurde eine stattliche Eiche gezeigt, von der zwei Eicheln auf den Boden gefallen waren. Beide keimten und wuchsen zu kleinen Eichen heran. Sie standen nicht weit voneinander entfernt und berührten, als sie größer wurden, sehr bald gegenseitig ihre Äste und Zweige. Auch ihr Laubwerk verflocht sich miteinander. Die beiden kleinen Bäumchen entwickelten sich ebenso wie ihr Mutterbaum zu zwei stattlichen Eichen. Ihre Äste und Zweige wurden größer und stärker und schon bald bildeten sie zusammen eine wunderschöne, prächtige Krone. Aus der Entfernung betrachtet wirkten sie wie ein einziger Baum. Kam man jedoch näher, dann erkannte man die beiden Stämme und sah, dass die wundervolle Krone durch das Laubwerk zweier Bäume gebildet wurde.

Die Galaxien

Für eine Klientin wurde mir das Universum gezeigt. Es hieß, sie und ihre Seelenliebe stammten ursprünglich aus ein und derselben Urquelle. Obwohl sie aus derselben Urquelle hervorgegangen waren, wählten sie jedoch unterschiedliche Wege. Ich sah zwei Galaxien, die alleine die Weiten des Alls durchwandern. Zu bestimmten Zeiten begegnen sie sich jedoch immer wieder, um sich erneut zu vereinen. Dann wurden mir die beiden durch das Universum reisenden Galaxien dargestellt. Die eine in bläulichem Schimmer und die andere in rötlichem Leuchten. Sie waren Spiralgalaxien

und die eine kam von links, die andere von rechts. Die erste drehte sich im Uhrzeigersinn und die zweite gegen den Uhrzeigersinn. Und so steuerten sie aufeinander zu, stießen zusammen und vereinten sich zu einer einzigen großen Galaxie. Diese Verschmelzung dauerte unvorstellbar viele Lichtjahre an, dann aber wurde deutlich, dass die beiden Galaxien sich gegenseitig durchwandert hatten. Sie tauschten einige Sonnensysteme und Sterne miteinander aus, bevor sie sich wieder trennten, um erneut, jede für sich, das Universum zu durchwandern. Sehr wohl in dem Bewusstsein sich abermals zu treffen und zu vereinen, wenn die Zeit dafür reif ist.

Der Himmel und das Meer

Zu meiner Dualseele wurde mir von meinem Hohen Selbst das Bild von Himmel und Meer gezeigt. Ich sei der Himmel und meine Dualseele das Meer. Es hieß, Himmel und Meer wären gegensätzlich. Damals fühlten wir unsere Gegensätzlichkeit auch sehr stark. Himmel und Meer sind getrennt – berühren sich aber am Horizont. Dort verschmelzen sie für das Auge des Betrachters scheinbar miteinander. An manchen Tagen kann man keine genaue Grenze mehr zwischen Himmel und Meer sehen. Das Blau des Himmels ist nicht vom Blau des Wassers zu unterscheiden.

Der Horizont ist unsere gemeinsame Schnittstelle. Dort existiert ein Feld, das große schöpferische Möglichkeiten in sich birgt. Der Horizont ist die Ebene in der wir unsere Dualität transformieren können.

Der Pilz und der Baum

Ein weiteres Bild zeigt ebenfalls sehr deutlich die Charakteristik von Dualseelen: Ein Pilz und ein Baum leben in einer Gemeinschaft miteinander. Beide könnten zwar auch alleine leben, aber zusammen genießen sie viele Vorteile.

Der Pilz schließt für den Baum verschiedene Stoffe auf, die dieser dadurch besser mit seinen Wurzeln aufnehmen kann; und der Baum liefert dem Pilz ebenfalls wertvolle Substanzen. Der Pilz und der Baum sind zwei sehr unterschiedliche Lebewesen, die aber trotz aller Verschiedenheiten gemeinsam leben können und denen es miteinander sogar besser geht als alleine. In meiner inneren Wahrnehmung entstand ein Baum, auf dessen Stamm und Wurzeln einige Pilze wuchsen. Dieses Bild strahlte Harmonie, Schutz und Sicherheit aus. Denn die Äste des Baumes bildeten eine Art Dach, das die Pilze vor zu viel Sonne und Regen schützte. Dieses Bild sagt aus, dass die Seelenverbindung der beiden Dualseelen, für die es gezeigt wurde, von Vertrauen und der Gewissheit sich gegenseitig bereichern zu können geprägt ist. *„Ja, ich weiß, dass wir uns gegenseitig bereichern und zu unserer Erfüllung bringen können. Einer alleine kann selbstverständlich leben, aber miteinander ist unser Leben viel reicher, erfüllter, glücklicher und voller Freude und Liebe."*

Das Meer und der Strand

Zu einem jungen Dualseelenpaar bekam ich im Aurareading ein sehr eindrucksvolles Bild gezeigt. Vor meinem inneren Auge nahmen ein Ozean und ein Sandstrand Gestalt an. Dann sah ich das Yin- und Yang-Symbol, wie es aus dem Meerwasser als Verkörperung für Yin und aus dem Sand als Darstellung für Yang gebildet wurde. Es hieß, das Meer und der Sand seien absolut verschieden, aber dennoch gehörten sie untrennbar zusammen. Da-

raufhin wurde mir gezeigt, dass der Sand genauso wie Wasser fließen kann. Eine Hand tauchte auf, die das Meerwasser schöpfte und das Wasser floss aus der Hand wieder zurück ins Meer. Dann sah ich dieselbe Hand den feinen Sand aufnehmen, auch er rann, wie das Wasser, aus der Hand. Verschieden und doch gleich, gleich und doch verschieden. Das war auch genau das, was die junge Frau fühlte. *„Unsere Gleichheit ist in manchen Bereichen erschreckend"*, sagte sie, *„aber wir sind auch wieder gänzlich verschieden."*

Sonne und Mond

Ein Klient fragte, wie er mit seiner Liebsten seelisch verbunden sei. Für ihn erhielt ich das Bild von Sonne und Mond. Ich sah die silberne Sichel des Mondes, die seine Dualseele darstellte und die goldene Sonne, die ihn darstellte. Als nächstes erhielt ich ein Bild, wie Sonne und Mond miteinander eine Einheit bilden.

Im Laufe des Gesprächs stellte sich heraus, dass die beiden durch ihre Gegensätzlichkeit immer wieder unter großen Verständigungsproblemen litten – so sehr lebten sie ihre Dualität. Im Aurareading erhielten sie jedoch wertvolle Hinweise, wie sie zusammen ihre innere Dualität überwinden und das Gemeinsame mehr leben können. Im Laufe ihres Miteinanders gelang es ihnen schließlich, immer mehr und mehr ihre innere Dualität zu transformieren. Sie glichen sich in den entscheidenden Punkten an, ohne sich selbst jedoch zu verlieren. Heute leben sie eine andere Art der Beziehung miteinander. Eine die für ihren aktuellen Entwicklungsstand optimal ist.

Die Bi-Metalle

Ein Klient fragte nach einem Bild für seine Seelenbeziehung. Mir wurden zwei unterschiedliche Metalle gezeigt, die zusammengefügt worden waren. Jedes Metall für sich alleine wies spezifische einzigartige Eigenschaften auf. Verband man beide miteinander, so konnten die vereinten Eigenschaften beider Metalle eine bestimmte Funktion erfüllen. Für meinen Klienten war dieses Bild sehr schlüssig, denn er empfand die Verbindung mit seinem Seelendual ganz genauso wie beschrieben.

Beide verfügen sie über ganz persönliche Talente, Fähigkeiten und Eigenschaften, die, wenn sie zusammenwirken, sich wunderbar ergänzen können. Nachdem sie ihre anfänglichen Gegensätzlichkeiten mit Bravour überwunden hatten, erschufen sie zusammen ein erfolgreiches, berufliches Projekt und erfüllten damit ihre gemeinsame Lebensaufgabe.

Bilder im Aurareading zu Zwillingsseelen

Die Eiche

Eine Klientin stellte im Aurareading die Frage, welche Art der Seelenverwandtschaft sie mit ihrem Geliebten verbindet. Ich erhielt durch die Aurareadingmethode Zugang zur Seelenebene und folgende Botschaft: Mir wurde eine stattliche Eiche gezeigt. Von dieser fiel eine einzelne Eichel auf den Boden. Diese keimte und der daraus wachsende Trieb teilte sich recht bald und entwickelte zwei Stämmchen. Die Basis der Eiche ist sehr kräftig und hat sich in zwei Stämme geteilt. Der Basisstamm weist eine leicht gezackte Linie auf, die wie eine Nahtstelle aussieht. Die Dualseeleneiche hat zwei Stämme und eine Krone und die Zwillingsseeleneiche einen Stamm mit zwei Kronen. Meine Klientin bestätigte mir, dass ihre Beziehung zu ihrem Seelenzwilling über ein gefestigtes Fundament verfügte. Im Leben jedoch gehen sie aus beruflichen Gründen teilweise getrennte Wege, kommen aber immer wieder zu bestimmten Zeiten zusammen, um sich ihre Liebe zeigen zu können. Beide haben ihre Berufung in einem Beruf, der es erforderlich macht immer wieder längere Zeit in einem anderen Land zu arbeiten. Teilweise sehen sie sich dadurch oft monatelang nicht. Ihr Ziel ist es zusammen in einem gemeinsamen Zuhause zu leben. Die beiden Stämme ihrer Zwillingsseeleneiche wachsen in der Mitte ihrer Krone zusammen, sodass die

Krone von der Ferne betrachtet wie ein Herz aussieht. Dieses Bild stellt einen Hinweis für ihr zukünftiges gemeinsames Leben dar, das sie zu gegebener Zeit sicherlich haben werden.

Die Lebkuchenmännchen

Von der Seele einer Klientin bekam ich folgendes Bild: Ich sah einen Bäcker, der einen Teig knetete. Er teilte den Teig in zwei gleich große Hälften und formte daraus je ein Lebkuchenmännchen. Er legte beide nebeneinander in einen Ofen, um sie zu backen. Als sie fertig waren, nahm er sie raus und legte das eine Lebkuchenmännchen auf das andere. Die beiden konnten sich jetzt, nachdem sie gebacken waren, zwar berühren, aber nicht mehr wie in ihrer Urform als Teigmasse, miteinander vermengen. Der Vorgang des Backens wurde mit der Verkörperung in der Materie gleichgesetzt. Im Körper ist jede Seele für sich alleine. Wir können uns zwar berühren, aber nicht dauerhaft miteinander verschmelzen. Die Verschmelzung die manche Menschen fühlen betrifft nicht ihre Seelen, sondern die Energiekörper, die sich ebenfalls wieder lösen müssen, um ihre Individualität zu wahren. Die Seelen an sich sind auf der Seelenebene nicht getrennt. Auf der irdischen Ebene fühlen wir uns getrennt, da jeder alleine in seinem Körper ist. Die Klientin, für die ich dieses Bild bekam, schilderte mir später ihren großen Kummer über diese Trennung. Sie sehnte sich so sehr nach der Verschmelzung mit ihrem Seelenzwilling und jede

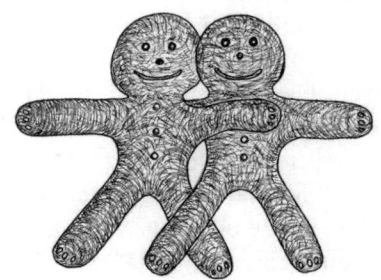

auch nur kurzfristige Trennung schmerzte sie außerordentlich. Von ihrem Hohen Selbst wurden mir später noch ein paar Ideen und Hinweise gegeben, durch die sie alles besser verstehen konnte. Im Laufe der kommenden Wochen konzentrierte sie sich immer mehr auf die Fülle in ihrer Seelenbeziehung und nicht mehr auf den Mangel über die scheinbare Trennung.

Die Tonfiguren

Eine Frau erhielt im Aurareading zu der Frage, welche Art der Seelenbeziehung zu ihrem Freund besteht, folgendes Bild: Mir wurden zwei Tonfiguren gezeigt. Die Figuren saßen auf dem Boden und lehnten Rücken an Rücken aneinander. Ihre Arme und Hände wiesen nach hinten und sie hielten sich gegenseitig fest an den Händen. Die Figuren sahen sich sehr ähnlich. Da sie Rücken an Rücken lehnten schauten sie in entgegengesetzte Richtungen. Das beschrieb die derzeitige Situation zwischen den beiden sehr anschaulich, denn in der Realität lebten sie gegensätzliche Sichtweisen. Dadurch

prallten sie in manchen Momenten extrem aneinander. Meine Verwunderung war groß, als meine Klientin, mir erzählte, dass sie genau solche Tonfiguren als Darstellung für sich und ihren Seelenzwilling gemacht hatte. Die Seele der Frau versuchte damals schon, ihr die Art ihrer Seelenverbindung zu beschreiben und hat es durch mich, im Aurareading, noch einmal getan.

Die Muschel

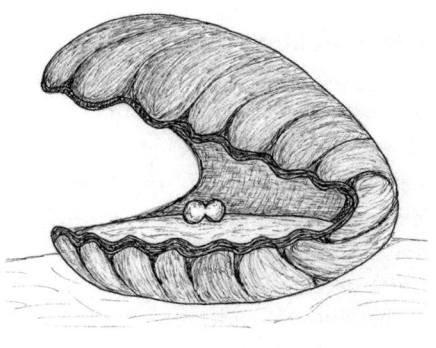

Eine Frau fragte, ob ihr Seelenfreund ihre Dual- oder ihre Zwillingsseele sei. Ich bekam eine wunderschöne, gleichmäßig geformte Muschel gezeigt, in der zwei Perlen lagen. Die Muschel selbst war der Geburtsort der beiden Perlen und gleichzeitig auch ihr Schutz. Beide Perlen schimmerten in einem zarten Rosaton.

Es hieß außerdem, dass die Muschel selbst schon ein Symbol für Zwillingsseelen sei, da sie aus zwei Teilen zweier untrennbar zusammengehöriger Hälften besteht. Die Perlen waren an einer Stelle miteinander verwachsen und wurden Zwillingsperlen genannt. Es stellte sich heraus, dass die beiden viel Schutz und Geborgenheit brauchten, um ihre zarte Liebe sich entwickeln zu lassen. Auch war es wichtig für sie, ihre Liebe vor anderen Blicken zu schützen, bis sie in sich selbst gefestigt waren. Deshalb auch der Vergleich mit der Muschel, die sich schützend um die beiden Perlen schließen konnte.

Der Berg

Als Symbol für ein Zwillingsseelenpaar wurde mir ein eindrucksvoller Berg gezeigt. Der Berg bestand aus zwei schön geformten Gipfeln, die auf einem riesigen Felsmassiv standen. Die Gipfel sahen sich recht ähnlich – beide waren unten breit und oben spitz zulaufend. Der Berg strahlte eine ganz besondere Präsenz aus. Es war erkennbar, dass die beiden Gipfel unabdingbar zusammengehörten. Auf den Gipfeln gab es jeweils ein Gipfelkreuz. Beide Kreuze sahen sich ebenfalls sehr ähnlich. Bei diesem Zwillingsseelenpaar spielt die gemeinschaftliche Basis eine große Rolle. Für sie ist es wichtig, ihr gemeinsames, seelisches Fundament zu erkennen und zu würdigen. Sie fühlen sich oft getrennt – wie die beiden Berggipfel es ja auch darstellen. Aber durch die Konzentration auf ihre gemeinsame, stabile Basis können sie ihr vereintes Potenzial und ihre Liebe wunderbar leben und zur Entfaltung bringen. Die beiden Gipfelkreuze stellten in ihrem Fall ein Symbol für ihr Hohes Selbst dar. Beide verfügen sie über einen sehr guten, natürlichen Zugang zu ihrem Hohen Selbst.

Die Apfelkerne

Für eine Klientin wurde mir ein Apfelgehäuse ge-
zeigt. In einer Kammer lagen zwei Apfelkerne, die
ähnlich wie siamesische Zwillinge miteinander
verwachsen waren. Im weiteren Verlauf dieser
Zwillingsseelenbeziehung kam heraus, dass beide
sogar ein vergangenes Leben als siamesische Zwillinge hatten. Im aktuellen Leben sehen sie sich
recht ähnlich und weisen sogar ein paar deutliche, gemeinsame, körperliche
Besonderheiten auf. Beide haben die gleiche Zahnfehlstellung, die gleichen
Grübchen und die gleiche körperliche Statur.

Die Bergkristalle

Für eine andere Klientin erhielt ich auf die Frage,
was für eine Art Seelenverbindung sie mit ihrem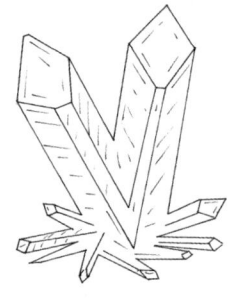
Freund hat, ein sehr beeindruckendes Bild. Ich wur-
de in eine Höhle geführt, die tief und verborgen in
einem mächtigen Gebirgsmassiv lag. Dort in der
Höhle wuchsen zwei wunderschöne Bergkristalle,
gemeinsam ganz dicht nebeneinander, aus dem Ge-
stein heraus. Sie lagen so nah beisammen, dass sich
die Kanten, an denen sie sich berührten, durch eine
feine Kristallstruktur miteinander verbunden hatten. Auf diese Weise zusam-
mengeschweißt, wirkten sie wie ein großer Kristall mit zwei Spitzen.
Bei diesem Zwillingsseelenpaar war die Reinheit ihrer Verbindung und die
gemeinsame Kraft und Stärke, das große gemeinsame Potenzial ihrer Beziehung. Zu der Zeit, als ich das Aurareading für sie machte, lebten sie ihre Liebe noch im Verborgenen (Symbol: die Höhle). Sie fürchteten Widerstand seitens von Eltern und Freunden. Sie stammen aus verschiedenen Kulturen und
außerdem besteht ein ziemlicher Altersunterschied zwischen ihnen. Weit unter der Erde im Verborgenen aber glühte und leuchtete ihre Liebe. Später, als
sie ihre Beziehung miteinander gefestigt hatten, war der Schritt ihr Umfeld
einzuweihen, keine große Herausforderung mehr. Wichtig war, dass sie sich
selbst und ihre außergewöhnliche Beziehung annehmen konnten. Als sie das
geschafft hatten, war es für ihre Familien auch nicht mehr schwer sie anzunehmen. Heute leben sie glücklich in einer sehr unkonventionellen Weise
miteinander.

Die erste Begegnung mit seiner Dual- oder Zwillingsseele

Bei der ersten Begegnung mit ihrer Dual- oder Zwillingsseele werden die meisten Menschen von extremen Gefühlen, nie gekannten Ausmaßes überrollt. Vergleicht man diese Empfindungen miteinander, stellt man fest, dass viele das Gleiche oder etwas Vergleichbares dabei empfunden haben. Freilich gibt es auch hier wieder graduelle Unterschiede und sehr individuelle Wahrnehmungen und dennoch kann man einen roten Faden erkennen, den die meisten Menschen mit ihrer Seelenliebe auf ähnliche Weise erleben.

Die folgende Zusammenstellung soll einen kleinen Überblick über die ersten Momente einer Seelenbegegnung und die damit verbundenen intensiven Gefühle verschaffen. Bedenke jedoch bitte, Gefühle und Gedanken sind sehr individuell. Wenn du dich im Folgenden wiederfindest, dann ist es sicher ein deutlicher Hinweis für dich, dass es sich bei deinem Herzensmenschen wirklich um deine Dual- oder Zwillingsseele handelt. Bedenke aber bitte auch, dass du selbstverständlich nicht alle Punkte erlebt haben musst, um dies als Beweis für eure Seelenverbindung zu betrachten.

Die Seele des anderen beim ersten Augenkontakt wiedererkennen

Die Augen spielen eine sehr große Rolle bei allen Seelenverbindungen – ganz besonders aber bei Dual- und Zwillingsseelenbegegnungen. Das ist auch kein Wunder, denn durch die Augen blicken wir tief in die Seele eines Menschen hinein. Treffen wir nun auf unsere Dual- oder Zwillingsseele, dann geschieht das Erkennen ganz besonders über den ersten Augenkontakt. Zwei Menschen begegnen sich zum ersten Mal, blicken sich in die Augen und erkennen ihre so innig vertraute Seele darin. Kein Wunder, dass so mancher an seinem Verstand zweifelt, aber in seinem Herzen fühlt: *„Ich kenne dich – obwohl ich dich gar nicht kenne!"* Die Seele deiner Dualseele und deiner Zwillingsseele ist dir ein vertrauter Gefährte. Seit Anbeginn eures Seins bist du mit dieser Seele bis aufs Tiefste verbunden. Den Menschen jedoch, in dem diese Seele steckt, den siehst du das erste Mal in deinem Leben. Diese Erkenntnis ist nicht leicht zu begreifen. Mit dem logischen Verstand ist dieses Phänomen nicht erklärbar. Wer aber mit seinem Herzen und seiner Spiritualität in Verbindung steht, der gelangt mit der Unendlichkeit seines Seins in Kontakt und ein tiefes inneres Verstehen entsteht.

In den Augen deines Seelenzwillings erkennst du den anderen Teil deines Selbst wieder. Manche Menschen berichten deshalb, sie hätten sich selbst in den Augen ihres Seelenverwandten gesehen. *„Es war, als wären seine Augen ein Spiegel. Ich habe mich selbst in ihnen gesehen und ich wusste ab diesem Zeitpunkt, er ist ich und ich bin er!"*

Blickst du deiner Dualseele in die Augen, so erkennst du die Seele deines ewigen Gefährten darin. Du erkennst, die Seele, die als deine gegensätzliche Entsprechung zu dir gehört in diesen Augen. Vermutlich üben die Augen deiner Dualseele eine ganz besondere Faszination auf dich aus. *„Ich sah in ihre Augen und wusste, sie gehört zu mir – nein sie gehört auf eine ganz bestimmte Weise mir – und ich gehöre ihr! Das Gefühl, das ich dabei hatte, kann ich mit Worten nicht beschreiben. Es ging mir durch und durch und flutete jede Zelle meines Körpers, meines ganzen Wesens."*

Das Gefühl der andere ist ein ganz besonderer Mensch

Wer auf seine Dual- oder Zwillingsseele trifft, spürt sehr schnell, dass der andere ein ganz besonderer Mensch ist. Diese Besonderheit entbehrt jeglicher Logik, denn rein oberflächlich betrachtet, ist an diesem Menschen nichts Außergewöhnliches zu erkennen. Tief in ihrem Inneren aber fühlen sich viele Seelenpaare auf eine unglaublich starke Weise zueinander hingezogen und spüren ihre besondere Ausstrahlung. *„Man sieht nur mit dem Herzen gut. Das Wesentliche ist für die Augen unsichtbar."* Dieser Ausspruch von Antoine de Saint-Exupéry trifft ganz besonders auf Seelenverbindungen zu. Die Verbindung zueinander besteht tief im Herzen. Seelenverwandte besitzen dieses tiefe innere Wissen, dass sie zusammengehören und der andere etwas ganz Besonders für sie ist. Sie wissen das, ohne es eigentlich wissen zu können. Der Verstand ist überfordert und versucht krampfhaft eine logische Lösung zu finden. Aber es gibt hier keine Logik. Die Lösung ist alleine in ihren Herzen zu finden. Denn dort stellt sich die Frage nach dem „warum" und „weshalb" niemals. Dort, in deinem Herzen findest du die Liebe, die reine und absolute Liebe. Eine Liebe, die nicht nach dem „Warum" fragt. Das Herz braucht keine Logik und keine Antworten, denn es stellt auch keine Fragen. In deinem Herzen bist du mit deiner Seele und mit deinem tiefsten Sein verbunden. Dort bist du in Kontakt mit deinem wahren Wesen. Mit den „Augen" des Herzens sehen Seelenverwandte einander als wundervolle göttliche Wesenheiten, als in ewiger Liebe verbundene Wesen – ganz egal was auf der irdischen Ebene ist. Ihre Seelen erkennen einander durch das Herz und ihre Liebe. Die Liebe wird unablässig über das Energiefeld, die Aura, ausgestrahlt. Diese Schwingung nehmen Liebende voneinander auf und erkennen sich wieder. *„Bei unserer ersten Begegnung und nachdem ich in ihre Augen geschaut hatte, wusste ich auf eigentümliche Weise, dass sie ein ganz besonderer Mensch für mich ist. Mir war klar, dass etwas ganz Bestimmtes und Wundervolles nur mit ihr zu tun hat."*

Das Gefühl, den einen Menschen gefunden zu haben, den man sein ganzes Leben lang unbewusst gesucht hat

Es gibt ihn, diesen einen ganz besonderen Menschen! Irgendwo da draußen ist er, aber wo nur. Dieses tiefe innere Wissen kennen viele Menschen, die ihrer Dual- und/oder Zwillingsseele begegnet sind. Meist wussten sie schon als Kind: *„Es gibt ihn, den einen bestimmten Menschen, der zu mir passt, der für mich bestimmt ist, der etwas ganz Besonderes ist und immer sein wird!"* Manche berichten darüber hinaus, dass sie immer nach diesem speziellen Menschen Ausschau gehalten hätten. Manche träumten gar von ihm.

Manche Menschen fühlen etwas tief in sich – eine gewisse Ahnung, dass das Leben für sie etwas bereithält, ohne dies jedoch näher definieren zu können. Sie empfinden von Zeit zu Zeit ein diffuses Gefühl der Vorahnung – einen Eindruck, der tief aus ihrer Seele kommt und sie erahnen lässt, dass das Leben ein ganz besonderes Ereignis für sie bereithält.

Wer dann auf seine Dual- oder Zwillingsseele getroffen ist, der weiß, dass es sich dabei um genau dieses Ereignis gehandelt hat. *„Ich weiß, dass ich ihn mein ganzes Leben lang gesucht habe – ohne ihn eigentlich gesucht zu haben!"* *„Ich fühlte sie schon einige Zeit, bevor sie in mein Leben trat – tief in mir wusste ich, dass sie irgendwo da draußen ist. Als ich ihr in die Augen blickte, da war mir klar, sie ist die Frau, auf die ich mein Leben lang gewartet habe."*

Das Gefühl (zuhause) angekommen zu sein

Das Gefühl beim anderen zuhause angekommen zu sein, ist schon fast einleuchtend, wenn man die vorhergehenden Punkte betrachtet. Wenn du auf den einen Menschen triffst, der etwas ganz Besonderes ist, auf den du womöglich dein ganzes bisheriges Leben lang gewartet hast und dessen Seele du durch einen Blick in seine Augen wiedererkennst, bei diesem Menschen wirst du dich bestimmt zuhause fühlen. *„Ich wusste, dass es ganz genauso sein muss – es gibt gar keine andere Möglichkeit als mit ihr zusammen zu sein!"* *„Sie gehört zu mir – ich bin bei ihr zuhause!"* *„Er ist meine Heimat – seine Seele ist mein zuhause – sein Herz ist bei mir und mein Herz bei ihm – für immer!"*

Das Gefühl diese Begegnung wird eine weitreichende Bedeutung für das eigene Leben haben

Auch dies ist ein Phänomen, über das viele Menschen berichten, die ihrer Seelenliebe begegnet sind. Ohne es sich mit dem logischen Verstand erklären zu können, fühlen viele tief in sich, dass diese Begegnung und dieser besondere Mensch eine weitreichende Bedeutung für sie hat.

Nicht ohne Grund triffst du auf eine Seele, mit der du so intensiv verbunden bist. Mit deiner Dual- und deiner Zwillingsseele verbinden dich nicht nur eine unglaublich tiefe und intensive Liebe, sondern auch tiefgreifende seelische Vereinbarungen, Lebensthemen, karmische Attribute, seelische Absprachen, und noch einiges an individuellen Lebensvereinbarungen. Eindrückliche vergangene Leben, in denen du mit deinem Seelenverwandten prägende Situationen erlebt hast, bewirken ebenfalls ein instinktives Gefühl, dass dieser Mensch eine ganz besondere Bedeutung für dich hat. Häufig spiegelt dir dein Seelenverwandter einen Teil deiner eigenen Familiengeschichte wider, oder kann dir helfen, persönliche Themen zu transformieren. Selbstverständlich spiegelst du ihm ebenso seine Thematiken wider, an denen auch er wachsen und reifen kann. All diese Merkmale lassen die Besonderheit dieser Begegnung wahrnehmen. *„Als ich realisierte, welche Gefühle ich für ihn habe, war mir klar, dass diese Begegnung mein ganzes restliches Leben beeinflussen würde!" „Ich begegnete ihr und wusste – SIE wird mein Leben auf den Kopf stellen – kein Stein wird mehr auf dem anderen bleiben!"*

Ein sehr großes Vertrauen vom ersten Moment an

Ab dem Moment der ersten Begegnung besteht bei vielen Dual- und Zwillingsseelenpaaren ein sehr großes Vertrauen ineinander. Manche berichten gar, dass dieses Vertrauen alles, aber auch wirklich alles, umfasst und es sogar größer ist, als zu engsten Familienangehörigen.

Vom ersten Augenblick an vertrauen sich viele Dual- oder Zwillingsseelen sehr persönliche Dinge an, leihen sich größere Geldsummen, oder überlassen sich wertvolle Gegenstände, wie das Auto oder die Wohnung.

Auf der weltlichen Ebene ist der andere Mensch ein Fremder, aber auf der Seelenebene ist er ein alter Vertrauter, sogar mehr noch – wir sind mit ihm in gewisser Weise EINS. Mit unserem Dual bilden wir eine Einheit und mit unserer Zwillingsseele besteht die Einheit durch den gemeinsamen Seelenursprung. Aus diesem Blickwinkel betrachtet ist die große Vertrautheit eine logische Konsequenz. Unterstrichen wird das Ganze noch durch gemeinsame vergangene Leben, in denen bereits ein tiefes Vertrauen aufgebaut werden konnte. Aber auch hier gibt es die berühmten Ausnahmen. Auch unter Dual- und Zwillingsseelen entstehen hin und wieder Situationen, durch die ihr Vertrauen ineinander erschüttert wird. War das in einem vergangenen Leben der Fall, dann schlägt sich dies auch im jetzigen Leben nieder. *„Ohne nachzudenken, überließ ich ihm mein Haus und mein Auto – ich wusste instinktiv, dass es völlig in Ordnung ist!" „Ich habe meiner Zwillingsseele eine sehr große Geldsumme geliehen, damit sie eine berufliche Ausbildung beginnen kann! Dabei kennen wir uns erst seit ein paar wenigen Wochen. Ich weiß vom Her-*

zen her, dass es die richtige Entscheidung war!" „Ich habe meiner Dualseele ihre Ausbildung bezahlt – ich weiß, was ich in sie investiere, das investiere ich auch in mich."

Ein tiefes gegenseitiges Verstehen und Verständnis

Wir verstehen unsere Dual- oder Zwillingsseele wie keinen anderen Menschen in unserem Leben. Über das Verstehen hinaus besteht zumeist ein tiefes gegenseitiges Verständnis, das von einer extremen Intensität geprägt ist. Durch die intensive Seelenverbindung erhalten wir Zugang zueinander, wie es niemand anderer vermag. Wenn Dual- und Zwillingsseelen sich mit dem Herzen begegnen, dann fühlen sie, wie es der andere meint. Der empathische Zugang zum Seelenverwandten bewirkt ein Verstehen und Verständnis, wie es noch nie in dieser Ausprägung erlebt wurde. Dualseelen haben manchmal gravierende Verständigungsprobleme und Missverständnisse, wenn sie rein über die gesprochenen Worte kommunizieren, ohne die Herzebene aktiviert zu haben. Dieses Problem verschwindet sofort, wenn sie sich auf ihre Gefühle, auf die Liebe konzentrieren und ihre Empathie einschalten. *„Wir verstanden uns ohne Worte!" „Ohne miteinander zu sprechen verstehen wir uns blind." „Bei Gesprächen erlebten wir leider häufig gravierende Missverständnisse, die wir uns nicht erklären konnten. Es schien so, als würden die Worte das Gefühl kaputtmachen. Wenn wir aber mit unseren Gefühlen verbunden sind, während wir miteinander reden, dann verstehen wir uns blendend." „Wir brauchen uns nur anzusehen und verstehen einander, ohne zu sprechen!"*
Eine gewisse Problematik kann dieses tiefe Verständnis für den anderen jedoch beinhalten. Bei allem Verstehen und allem Verständnis für den Seelenverwandten und seiner eventuellen Lebenssituation etc., sollte dieses Verständnis dort seine Grenzen haben, wo die eigenen Bedürfnisse beginnen. Du kannst dich durchaus in deinen Seelenverwandten hinein versetzen, aber du solltest dich selbst dabei nicht übergehen. Sehr wichtig ist es für eine Dual- und Zwillingsseelenbeziehung, zu sich selbst zu stehen und sich selbst treu zu sein. Über einen gewissen Zeitraum sind Kompromisse sicherlich völlig in Ordnung. Die eigenen Bedürfnisse können durchaus für eine gewisse Zeit zurückgestellt werden. Dies sollte jedoch sehr bewusst geschehen. Wichtig in solchen Fällen ist immer die Kommunikation mit seinem Seelenverwandten. Vieles was ausgesprochen werden kann verliert seine Gewichtigkeit. Es ist möglich einen gemeinsamen Weg zu gehen, ohne sich selbst zu verlieren und auch ohne zu große Kompromisse zu schließen. Der gemeinsame Weg sieht meist anders aus, als man denkt. Er ist erkennbar, wenn beide die ganz klare Absicht haben aus zwei Wegen einen zu machen – einen gemeinsamen.

„Meine Dualseele ist verheiratet, will sich aber scheiden lassen. Nur geht das nicht so schnell, da ihn vieles mit seiner Frau verbindet, was erst gelöst werden muss. Er möchte das behutsam machen und nichts zerstören. Ich habe sehr darunter gelitten und mich selbst dabei verlassen. Nun aber habe ich etwas Entscheidendes in mir geändert. Ich habe beschlossen, dass ich ihm ganz bewusst die Zeit geben möchte, die er braucht. Und weil ich das mit vollster Absicht so beschlossen habe, leide ich nun nicht mehr darunter. Vor meinem Entschluss ging es mir jeden Tag sehr, sehr schlecht damit – aber nun ist es so, wie es ist, völlig in Ordnung. Ich habe dafür nichts weiter getan, als meine Einstellung dazu geändert und ich bin froh darüber, dass ich es getan habe. Denn er spürt das auch und fühlt sich nicht mehr unter Druck gesetzt. Ich genieße das mit ihm, was wir miteinander haben und erfreue mich an meinem und an seinem Sein. Ich genieße den Jetzt-Moment, denn ich weiß, es ist alles gut so wie es ist.“

Ein tiefes inneres Wissen und Fühlen wie es dem anderen geht

Viele Menschen berichten, sie könnten sich gegenseitig bis auf den Grund ihrer Seele schauen und wüssten augenblicklich, was ihr Seelenverwandter denkt und fühlt. Manche behaupten sogar, keine Geheimnisse mehr vor dem anderen haben zu können. Die meisten Dual- und Zwillingsseelenpaare erleben dieses Phänomen nicht nur im direkten Kontakt miteinander, sondern teilweise sogar über sehr große Entfernungen hinweg. Manchmal liegen gar tausende von Kilometern zwischen den Liebenden und sie können sich immer noch gegenseitig fühlen.

Ich lerne immer wieder Menschen kennen, die ihre Dual- oder Zwillingsseele noch nie real gesehen haben, da sie sich über das Internet kennengelernt haben. Auch sie fühlen wie es dem geliebten Menschen geht.

Auch wenn der Seelenverwandte ein Prominenter ist, zu dem kein persönlicher Kontakt besteht, erleben sie dieses besondere Phänomen. Diese Menschen berichten, dass sie alleine durch eine Fotografie, oder durch eine Fernsehshow, einen intensiven telepathischen und/oder empathischen Kontakt zu ihrem Seelenverwandten herstellen können. Dabei wüssten sie sogar, wie es ihrem Seelenverwandten geht, und sie sind sich sicher gar dessen Gedanken zu kennen. Auch dieses Phänomen kann wieder mit der sehr tiefen Seelenbeziehung erklärt werden. Außerdem kommen in der Regel vergangene Leben und eine starke feinstoffliche Verbindung hinzu, die diese Erscheinung noch verstärken.

„Wir haben uns noch nie in die Augen gesehen, sondern „nur“ in einem Internetforum geschrieben. Aber trotzdem fühlen wir einander. Ich weiß zu jeder Zeit wie es ihm geht und was ihn bewegt. Auch er spürt das bei mir. Wir

wissen nicht wieso das so ist – wir wissen nur, dass es so ist. Anfänglich dach-
te ich, es wäre ein Hirngespinst, aber er bestätigte mir das, was ich fühlte, je-
des Mal. "

Vom ersten Augenblick an besteht eine tiefe Liebe, ohne die Phase der Verliebtheit erlebt zu haben

Viele Menschen, die auf ihre Dual- oder Zwillingsseele treffen, fühlen augenblicklich eine ungewöhnliche, tiefe Liebe zum anderen, ohne sich vorher in
ihn verliebt zu haben. Freilich kann es dennoch sein, dass sich früher oder
später ein Verliebtheitsgefühl dazu gesellt. Das geschieht auch bei den meisten Seelenpaaren. Normalerweise wird allerdings die Liebe als erstes gefühlt
und erkannt.
Der Grund hierfür ist, dass sich Dual- und Zwillingsseelen generell lieben.
Die Liebe ist das, was sie schon immer verbunden hat und auch immer verbinden wird. Die Liebe ist die Essenz ihrer Seelen. Sie ist unser eigentliches
Sein. Sie muss nicht erst entstehen, sondern sie ist schon immer da gewesen.
Viele sind sehr verwirrt, wenn sie begreifen, dass sie einen Menschen lieben,
den sie vielleicht gerade erst kennengelernt haben. Unser Verstand kann keine
logische Erklärung dafür finden. Die meisten Betroffenen sind von ihren eigenen Gefühlen überfordert und verwirrt. Vor allem dann, wenn der geliebte
Mensch gar nicht in ihr normales Schema passen will. *"Ich bin ein Mann und*
ich liebe einen anderen Mann. Diese Tatsache erschütterte mein gesamtes
Selbstbild. Ich fürchtete homosexuell zu sein. Dabei habe ich eine Frau, die
ich auch sehr liebe und zwei Kinder. Als ich realisierte, dass mich eine tiefe
Seelenverwandtschaft und Seelenliebe mit diesem Mann verbindet, konnte ich
immer besser damit umgehen. Ihm ging es genauso wie mir. "
"Meine Zwillingsseele liebte ich von dem Moment an, als ich ihr in die Augen
blickte. Zuerst war mir nicht klar was das für ein überwältigendes Gefühl ist,
das ich da erlebte. Dann aber wusste ich es unweigerlich – es war, es ist und
es wird immer Liebe sein!"

Eine unbeschreibliche innere Nähe zu fühlen

Unabhängig davon, ob die Dual- oder Zwillingsseele körperlich nah oder weit
entfernt ist, es besteht immer eine intensive seelische Verbundenheit zu dem
geliebten Wesen. Die meisten fühlen eine sehr intensive Nähe, wie sie sie mit
noch keinem anderen Menschen auf diese Art empfunden haben. Diese Nähe
besteht im Herzen der Liebenden. Auch dann, wenn der Seelenverwandte
räumlich weit entfernt ist, ist diese innere Nähe immerzu vorhanden.

„Mein Seelenverwandter ist mir näher als alle anderen Menschen in meinem Leben. Sogar näher als mein eigenes Kind!" „Wir sind uns so unglaublich nah, so nah, dass kein Atom mehr zwischen uns Platz hat! Diese Nähe besteht vor allem in unserem Inneren. Ich fühle sie ganz stark in meinem Herzbereich. Diese innere Nähe ist unberührt davon wie weit er körperlich von mir entfernt ist."

„Ich fühle meinen Seelenverwandten in mir drin. Auch wenn er körperlich nicht in meiner Nähe ist, spüre ich seine Anwesenheit. Anfänglich fand ich das etwas unheimlich – aber jetzt finde ich es nur noch wunderschön. Ich bin nie mehr alleine, weil er immer bei mir ist."

Eine extrem große Anziehung

Die tiefe seelische Verbindung und emotionale Nähe zu seinem Seelenverwandten geht häufig mit einer extremen körperlichen und emotionalen Anziehung einher. Wie von einem Magneten angezogen zu werden – so beschreiben viele Seelenpaare dieses Phänomen. *„Ich kann mich der Faszination, die von ihm ausgeht, nicht entziehen!"* oder *„Sie zieht mich dermaßen an, dass ich es körperlich fühlen kann. Es ist ein Ziehen und eine Hitze, die ich in mir spüre!"*

Auch erotisch fühlen sich viele Menschen zu ihrer Dual- oder Zwillingsseele hingezogen. Die Sexualität mit einem Menschen zu leben, zu dem eine so intensive Seelenverbindung und Nähe vorherrscht, ist ein sehr spirituelles Ereignis. Körper, Geist und Seele verbinden sich auf höchst erfüllende Weise miteinander. Die gelebte Sexualität mit einem so engen Seelenverwandten, wie es die Dual- und die Zwillingsseele ist, ist meiner Ansicht nach eine der intensivsten Erfahrungen, die auf dieser Ebene gemacht werden kann. Sie schließt alle anderen Ebenen mit ein – einschließlich der höchsten spirituellen Stufe, der Seelenebene. Die tiefe Liebe, die starke Anziehung, gepaart mit extremer Nähe und seelischer Verbundenheit lässt die Liebenden ihre körperliche Vereinigung als tiefe spirituelle und heilige Erfahrung wahrnehmen. In tiefer Liebe, körperlich und seelisch vereint, fühlen Seelenverwandte ihre eigene Großartigkeit. Diese wird durch den anderen erfahrbar, spürbar und lebbar. Auf wundervolle, erfüllende Weise realisieren viele seelenverwandte Menschen, dass sie eins sind, mit sich selbst, eins sind miteinander und darüber hinaus eins sind mit allem was ist.

„Wenn wir uns körperlich vereinigen, dann sind es nicht nur unsere Körper, die auf intime Weise zusammenkommen – nein, auch unsere Seelen, unser Geist und unsere Aura vereinen sich miteinander, wie in einem kosmischen, wundervollen, ekstatischen Tanz!"

„Die Sexualität mit meinem Seelenverwandten ist die absolute Erfüllung für mich. Wir fühlen, dass wir nicht nur zueinander gehören, sondern auch, dass wir uns gehören!"

„Wenn wir miteinander schlafen, dann fühle ich mit allen meinen Sinnen, dass wir wahrhaftig Eins sind. Das Einssein unserer Seelen drückt sich durch unsere Körperlichkeit aus – in der wir durch den Akt unserer Liebe ebenfalls EINS sind."

Eine teilweise unerträgliche Sehnsucht nach dem anderen

Die Sehnsucht nach ihrer Dual- oder Zwillingsseele ist bei den meisten Seelenpaaren sehr stark ausgeprägt. Sie kann sich teilweise sogar ins Unermessliche steigern und als sehr quälend empfunden werden. Vor allem dann, wenn kein realer Kontakt vorhanden ist. Besteht realer Kontakt zum Seelenverwandten, dann ist die Sehnsucht zwar beiderseits vorhanden, wird aber normalerweise nicht belastend erlebt. Durch die feinstofflichen Bänder können sehnsuchtsvolle Gefühle von einem Seelenverwandten zum anderen und wieder zurück übertragen werden. Werden diese Gefühle nun pingpongartig hin und her geschickt, können sie sich ins Unermessliche steigern und zu einer großen Qual für die Betroffenen werden.

„Mir ging es schlecht, weil ich mich so sehr nach ihm sehnte. Plötzlich fühlte ich seine Sehnsucht nach mir, die meine eigene Sehnsucht noch verstärkte. So ging das einige Zeit hin und her. Es war schrecklich! Diese Gefühle konnte ich kaum aushalten. Ich verzehrte mich regelrecht nach ihm. Erst nach einer mehrmaligen Trennung der entsprechenden feinstofflichen Bänder waren wir in der Lage, uns nicht mehr mit diesen negativen Gefühlen gegenseitig zu belasten!"

„In jeder Sekunde sehnte ich mich nach ihm. Ich konnte nur noch an ihn denken und wollte auch nur noch bei ihm sein. Die Zeit verging wie in Zeitlupe bis wir uns endlich wiedersehen konnten." *„In der Zeit, in der ich nicht bei ihm bin, habe ich das Gefühl gar nicht richtig zu leben. Ich existiere zwar, aber ich lebe nicht. Wenn ich bei ihm bin, dann ist die Welt wieder bunt und ich lebe richtig auf."*

Das Gefühl etwas Magisches, Mystisches geschieht

Die Magie, die zwischen zwei so engen Seelenverwandten wie zwischen der Dual- oder Zwillingsseele besteht, ist ebenfalls ein Faktor, den die meisten ganz bewusst wahrnehmen. Aber nicht nur im Inneren wird diese Magie gefühlt – sie macht sich auch im Außen durch seltsame Erlebnisse, eigenartige

Situationen, spezielle Zeichen oder andere wie durch Magie hervorgerufene Ereignisse bemerkbar.

„Mit meiner Dualseele passieren mir die unglaublichsten Dinge! Wenn ich es nicht selbst erlebt hätte, ich würde es nicht glauben. Es ist wundervoll, wie ein magischer Augenblick, der meinen Alltag mit leuchtenden Farben erhellt!"

„Immer, wenn ich mit meiner Zwillingsseele etwas unternehme, geraten wir in die sonderbarsten Situationen. Es ist eine ganz spezielle Mystik, die da zwischen uns ist und diese Dinge geschehen, um uns zu zeigen, dass unsere Verbindung ebenso mysteriös und besonders ist."

Die verschiedenen Ebenen der Seelenliebe

Der Kontakt zu unserem Seelenverwandten findet auf mehreren Ebenen gleichzeitig statt, die uns jedoch nicht immer bewusst sind. Für uns Menschen ist es wichtig alle Ebenen zu integrieren, um miteinander glücklich zu sein. Wird eine, oder mehrere dieser Ebenen vernachlässigt, oder überbetont, dann kommt es schnell zu einem Ungleichgewicht in der Beziehung zu unserem Seelenverwandten. Hält dieser Zustand länger an, leidet der Kontakt, oder bricht sogar ab. Die Ebenen der Seelenliebe hängen alle mehr oder weniger miteinander zusammen und greifen ineinander über. Jede für sich ist bedeutsam und wichtig. Aber auch die Interaktion der Ebenen untereinander muss im rechten Maße erfolgen. Am wichtigsten für unser menschliches Miteinander ist die erste Ebene, die reale Ebene – die Ebene unserer Handlungen. Unsere Seele verkörperte sich als Mensch in dieser Welt, um darin spezielle Erfahrungen zu machen. Funktioniert der Kontakt zum Seelenverwandten auf der realen Ebene nicht mehr richtig, entsteht bei den meisten Betroffenen ein großes Leid. Häufig verlagert sich der Kontakt nun ersatzweise auf die feinstofflichen Ebenen. Was dort anfänglich als bereichernd erscheint, kann sich im Laufe der Zeit zu einer Qual entwickeln. Die reale Ebene ist durch die Verlagerung auf die feinstofflichen Ebenen blockiert und kann nicht mehr, oder nur noch unzureichend gelebt werden. Beziehungen sollten ganzheitlich gelebt werden, damit alle Aspekte zur Erfüllung gelangen. Mit Körper, Seele und Geist auf allen Ebenen im rechten Maß gelebt entsteht Freude, Glück und Erfüllung. Sind mehrere Ebenen blockiert, dann ist der „Knoten" in den meisten Fällen in einer bestimmten Ebene angesiedelt. Löst man diesen, ist nicht nur die entsprechende Ebene wieder frei, sondern häufig auch alle anderen.

Die irdischen Ebenen

Die irdische Ebene ist die grobstofflichste Ebene, der dem irdischen Dasein zugeordneten Ebenen. Die feinstofflichen Ebenen sind zwar mit den physischen Sinnen nicht wahrnehmbar, aber dennoch sind sie stofflich, wenn auch „nur" feinstofflich. Ebenfalls steht die Traumebene mit unserem irdischen Erleben und Dasein in Kontakt, auch wenn wir durchaus visionäre Träume beziehen können.

Die reale Ebene – unsere Handlungsebene

Sie stellt für uns Menschen zunächst einmal die wichtigste Ebene dar. Wir sind spirituelle Wesen, die sich bewusst für ein Leben in einem menschlichen Körper entschieden haben, um darin Erfahrungen zu sammeln und Gefühle zu leben. In der realen Ebene begegnen wir uns von Mensch zu Mensch. Sie ist die Ebene, zu der wir automatisch durch unsere physischen Sinne Zugang erhalten. Viele glauben nur das, was sie mit ihren Augen sehen und mit ihren Ohren hören. Unsere Seele drückt sich durch unseren Körper aus. Er ist gewissermaßen das Instrument unserer Seele. Deshalb können wir auch in den Augen eines anderen Lebewesens dessen Seele erkennen. Viele Menschen berichten, wie sie die verwandte Seele ihrer Dual- oder Zwillingsseele erkannten als sie in deren Augen blickten. Unsere Seele drückt sich ebenfalls über unseren Körper aus. Bei Berührungen, wie beim Händchenhalten, fühlen wir den anderen nicht nur körperlich, sondern stellen über die physische Ebene einen Kontakt zu den feinstofflichen Ebenen und zur Seele her. Bei einer Umarmung fühlt es sich so an, als würden die beiden Herzen zu einem verschmelzen. Zwillingsseelen berichten, dass sie sich selbst im anderen wahrnehmen können. Sich gegenseitig zu berühren, ist wie sich selbst auf eine höchst wundersame und herrliche Weise zu berühren. Dualseelen erzählen, sie würden das Gegensätzliche in ihrem Gegenüber erfühlen. Diese Andersartigkeit lässt eine unglaublich starke Faszination entstehen, denn gerade ihre Gegensätzlichkeit macht den besonderen Reiz und die Anziehung bei Dualseelen aus. Hier lässt sich sehr gut erkennen, dass sowohl der Gleichklang der Zwillingsseelen, wie auch die Gegensätzlichkeit der Dualseelen, sehr intensiv erlebt werden und jede auf ihre Weise eine besondere Magie beinhaltet.

Wenn der Kontakt zu unserem Seelenverwandten auf der realen Ebene nicht mehr stattfindet, dann verlagert er sich bei den meisten Seelenpaaren auf die feinstofflichen Ebenen und auf die Traumebene.

Die feinstoffliche Ebene der Chakren

Über die Chakren nehmen wir nicht nur kosmische Energien, sondern auch Energien von anderen Lebewesen, insbesondere unserer Mitmenschen und ganz speziell von unseren Seelenverwandten auf. Viele Betroffene berichten sogar davon, dass sie ihren Seelenverwandten in einem bestimmten Chakra fühlen können. Das Solarplexus- und das Herzchakra sind davon am meisten betroffen. Das Wurzelchakra, sowie das Sakralchakra werden besonders bei starker sexueller Anziehung berührt. Eine Kursteilnehmerin berichtete ihre Zwillingsseele schon kurz vor einem zufälligen Treffen zu fühlen. *„Ich spüre sie immer, bevor sie mir dann zufällig über den Weg läuft.“* Andere bemerken die Energie ihres Seelenverwandten im entsprechenden Chakra kurz vor einem Telefonanruf. Diese Energie wird meistens als ein Vibrieren, Ziehen, Kribbeln und Brennen im entsprechenden Chakra oder in mehreren Chakren wahrgenommen. Manche Menschen berichten auch von Druck, Stechen, Hitze oder Kälte, wenn sich das Chakra aktiv mit den Energien des Seelenverwandten verbindet. Die Wahrnehmung dabei wird möglicherweise variieren. Das Gefühl beim Energiefluss kann stabil, in Wellen oder in Schüben auftretend, erlebt werden. Vielfältige Energien fließen von einem Seelenverwandten zum anderen und vermengen sich teilweise in den Chakren, bevor sie von da aus in die Energiekörper weitergeleitet werden. Häufig geschehen diese Verbindungen unbewusst – also automatisch. Es ist aber auch möglich die Chakren ganz bewusst mit denen des Seelenverwandten zu verbinden. Hierbei ist einiges zu beachten und ich empfehle dazu Näheres in dem Kapitel über die praktischen Methoden zu lesen.

Die sogenannten feinstofflichen Bänder sind energetische Verbindungen, die die eigenen Chakren, mit denen der Dual- oder Zwillingsseele verbinden. Im Aurareading werden mir diese Verbindungen als Schnüre, Bänder, Stränge, Ketten, Verwebungen, oder auch in vielfältiger anderer Gestalt dargestellt. Durch diese Bänder fließen Energien, Gedanken und Gefühle zwischen den Seelenverwandten hin und her. Ist ihre Beziehung in Harmonie und in Ordnung, so ist das Gefühl, das dabei entsteht, wunderschön und der feinstoffliche Kontakt wird als Bereicherung erlebt. Über die feinstofflichen Verbindungen können sich Seelenverwandte gegenseitig energetisch aufladen und in die höchsten Höhen katapultieren.

Ist die Beziehung jedoch belastet, so fließt nicht mehr nur reine positive Energie durch die Bänder, sondern leider auch sehr viel negative, belastende und/oder blockierende Energie. Die Beziehung wird als belastend, erdrückend, oder auch einfach negativ erlebt. Manchmal blockieren ungute Energien den gesunden, natürlichen Verlauf einer Seelenverbindung. Die Beteiligten leiden teilweise unter extremem Energiemangel und schlechten Gefühlen – manchmal sogar bis hin zu Depressionen. Viele der Betroffenen können es sich nicht erklären, was mit ihnen los ist – sie fühlen einfach Disharmonien und bringen ihren Energieverlust auch nicht in Zusammenhang mit ihrem Seelenverwandten.

Meist ist es den betroffenen Seelenpaaren gar nicht bewusst, dass sie sich gegenseitig Energien abziehen. Die Energie fließt in der Regel vom energetisch Stärkeren zum Schwächeren. Manchmal fühlen beide zwar, dass etwas mit ihnen geschieht, können es aber weder in Worte fassen, noch richtig einordnen. Manchmal gibt aber auch der Stärkere dem Schwächeren bereitwillig Energie ab und genießt es seinem Seelenverwandten auf diese Weise beistehen und unterstützen zu können. Wenn es sich dabei um einen kurzfristigen Zustand handelt, dann ist das völlig in Ordnung. Der Energieverlust hält sich dabei in Grenzen. Außerdem füllt sich unser Energiehaushalt beständig immer wieder auf. Leider beobachte ich in vielen Fällen, dass dieser Zustand längere Zeit beibehalten wird. Der schwächere Part gewöhnt sich an die zusätzliche Energieversorgung und der stärkere Part kann sich nicht mehr abgrenzen, oder rutscht sogar in eine energetische Co-Abhängigkeit hinein, welche sich auf vielfältige Weise negativ im Leben der Betroffenen bemerkbar macht. Eine Lösung wäre: beide verfügen wieder über ihre eigene Energiequelle und können sich entsprechend abgrenzen. Es gibt einige wundervolle, intakte Energiesysteme, wie zum Beispiel das Authentische Reiki, oder auch andere Arten der Energiearbeit, die uns auf einfache und vollkommen sichere Weise helfen können, unsere verlorenen Energien wieder aufzufüllen. Näheres hierzu beschreibe ich im Praxisteil.

Die Ebene der feinstofflichen Körper
(Astralkörper, Emotionalkörper, Mentalkörper)

Die Energien, die über die feinstofflichen Bänder in die Chakren gelangen, wirken sich nicht nur dort, sondern auch in den feinstofflichen Körpern aus. Über die Chakren werden die Energien in die Energiekörper überführt. Auch Gedanken und Gefühle sind Energieformen. Meist überträgt sich eine Mixtur aus Gedanken und Gefühlen von einem Seelenverwandten auf den anderen. Der Emotionalkörper spricht auf Gefühle an, der Mentalkörper auf Gedanken. Über den Ätherkörper und den Astralkörper kann Lebensenergie übertragen, aber auch abgezogen werden.

Die feinstofflichen Körper haben die Fähigkeit auch bei intensivem körperlichem Kontakt, wie bei der Sexualität, miteinander zu verschmelzen. Das erleben die meisten Menschen als überaus beglückend und bereichernd. Bei extremer körperlicher Nähe, verbunden mit energetischer Berührung tief in ihrem Inneren, fühlen seelenverwandte Menschen, im wahrsten Sinne des Wortes, den Himmel auf Erden. Durch die Körperlichkeit berühren sich ihre Seelen und lassen eine tiefe Empfindung innerer Erfüllung, die die eigene Göttlichkeit gewahr werden lässt, entstehen.

Belastungen und Blockaden in den feinstofflichen Körpern und den Chakren sind leider keine Seltenheit. Gerade in seelischen Beziehungen kann diese Ebene durch negative energetische Verbindungen ebenfalls sehr stark belastet werden. Die Ebene der feinstofflichen Körper und Chakren wirkt sich mitunter sehr auf unser körperliches Wohlbefinden aus. Du hast es vielleicht auch schon einmal erlebt, dass du einen Gedanken (Mentalkörper) dachtest, der ein bestimmtes Gefühl (Emotionalkörper) erzeugt hat. Und dieses Gefühl hat sich nicht nur durch deine Stimmung bemerkbar gemacht, sondern du hast es sogar in deinem Körper gespürt. Der berühmte Kloß im Hals, der Stein im Magen, der Herzschmerz bei Liebeskummer, der Schlag in die Magengrube, all das sind Aussagen, die verdeutlichen, wie sehr sich die feinstoffliche Ebene auf die grobstoffliche, körperliche Ebene auswirkt.

Die Ebene der Träume

Deine Seele „spricht" durch deine Gefühle und über innere Bilder mit dir. Die Bildersprache der Seele ist sehr bunt, intensiv und nicht mit dem logischen Verstand erklärbar. Die Seele beschreibt durch symbolhafte Bilder deine Lebenssituationen und bringt dich in Kontakt mit deinen Wünschen, Ängsten, Hoffnungen und all den Bereichen, die sich jenseits deines Wachbewusstseins befinden.

Durch deine Träume „spricht" deine Seele mit dir. Die Traumbilder beschreiben meist momentane Lebenssituationen. Sie können aber auch visionären Charakter besitzen, oder Lösungen für Probleme aufzeigen. Die Bilder können deutlich und klar sein, aber auch in verschlüsselter Form auftauchen. Sinnvoll ist es, sich mit seiner persönlichen Symbolik bzw. der eigenen Seele auseinanderzusetzen, um die eigenen Träume selbst immer besser verstehen zu lernen. Es gibt viele mehr oder weniger gute Traumdeutungsbücher auf dem Markt. Diese können dir durchaus eine grobe Richtlinie bieten. Ich empfehle dir genau in dich hineinzuhorchen, ob die Beschreibung des Buches wirklich deiner eigenen Wahrheit entspricht. Meine persönliche Meinung zur Traumdeutung ist, dass jede individuelle Seele auch eine sehr individuelle Symbolik hat.

Beispiel: Ein Mensch träumt von einem großen schwarzen Hund. Werden im Traum positive oder negative Gefühle zu der Symbolik „schwarzer Hund" gefühlt, ist es nicht schwer zu wissen welchen Grundkontext dieser Traum beinhaltet. Sind die Gefühle aber nicht eindeutig, dann empfehle ich, die eigene Einstellung zum Trauminhalt zu prüfen. In einem Traumdeutungsbuch stand für das Traumbild „großer schwarzer Hund" erklärt, der Hund würde verborgene Ängste des Menschen symbolisieren. Diese Deutung ist meiner Ansicht nach sehr oberflächlich. Besitzt der Träumer vielleicht eine tiefe Beziehung zu großen schwarzen Hunden, weil ihm vielleicht selbst einer gehört, oder er einmal einen besessen hat, dann wird der Traum für ihn sicher angenehm sein und vermutlich auch keine Ängste hervorrufen. Für einen Menschen jedoch, der Angst vor Hunden hat, mag der Traum sicherlich tiefe Ängste widerspiegeln. Für einen anderen Träumer, der großen schwarzen Hunden eher neutral gegenübersteht, ist es sinnvoll weitere Details des Traumes und der eventuell damit verbundenen Gefühle zu berücksichtigen. Des Weiteren kommt es selbstverständlich auf den übrigen Trauminhalt an.

Träume, in denen es um die Beziehung zum Seelenverwandten geht, sind meist ebenso wie die Seelenbeziehung selbst, von sehr großer Intensität geprägt. Vielfach stellen diese sehr intensiv wahrgenommenen Träume momentane Situationen dar, können aber auch die eigenen Wünsche, Hoffnungen und Sehnsüchte aufzeigen. Manchmal wird in ihnen ein Teil der gemeinsamen Zukunft mit dem Seelenpartner sichtbar. Träume helfen außerdem vergangene, oder aktuelle Situationen zu verarbeiten. Darüber hinaus kann es sogar vorkommen, im Traum Zugang zu einem vergangenen Leben zu erhalten.

Ich halte es für sehr sinnvoll und bereichernd auch andere Methoden zu erlernen, durch die du Zugang zu deiner eigenen inneren Symbolik und Bilderwelt erhältst. Es gibt einige verschiedene solcher Wege, die wundervoll funktionieren. In meinen Wahrnehmungskursen beispielsweise stelle ich hilfreiche Praktiken vor, mit deren Hilfe dieser Zugang auf leichte und spielerische Weise erlangt werden kann. Ebenso mag das Erlernen des luziden Träumens sehr wertvoll sein. Du wirst sicher die für dich am besten funktionierende Methode finden.

Carl Gustaf Jung befasste sich speziell mit der Traumdeutung und dem seelischen Symbolismus. Wer sich hierfür interessiert dem empfehle ich das Buch *„Der Mensch und seine Symbole"* von Carl Gustaf Jung.

Die spirituellen Ebenen einer Seelenbeziehung

Alle diese Ebenen stehen in ständiger Wechselbeziehung zu- und miteinander. Sie sind hier zwar separat aufgelistet – doch greifen sie ineinander über und beeinflussen sich gegenseitig.

Die Ebene der höheren, spirituellen Chakren

Wie oben geschildert, können über die sieben Hauptchakren Zugänge zu anderen Menschen und insbesondere zum Seelenverwandten bestehen. Neben diesen sieben Hauptchakren besitzt der Mensch noch unzählige Nebenchakren und außerdem weitere Chakren, die so hochschwingend sind, dass sie nicht mehr dem feinstofflichen Bereich zugeordnet werden können. Der feinstoffliche Bereich schwingt so hoch, dass er nicht mehr mit unseren physischen Sinnen wahrgenommen werden kann, aber dennoch ist er, wie der Name schon sagt, ein stofflicher Bereich. Die höheren spirituellen Chakren sind in Bereichen außerhalb der Stofflichkeit angesiedelt. Sie wirken in den seelischen Bereich hinein und stehen in direktem Kontakt zu den seelischen Ebenen. Die höheren Chakren, die eine besondere Bedeutung in Bezug auf unsere seelischen Verwandten haben sind:

Das Alter-Major-Chakra

Dieses Chakra befindet sich in der Mitte des Hinterkopfes am Haaransatz. Es ist der Sitz des höheren Willens und stellt ein Tor zu weiteren spirituellen Chakren dar. Durch dieses Chakra können wir Botschaften unserer Seele erhalten.

Das transpersonale Chakra

Das transpersonale Chakra befindet sich circa 40 cm über dem Kronenchakra. Es steht mit unserer Lebensaufgabe in direktem Zusammenhang. Es ist die Haupteintrittspforte für universale Energie und die Tür zu unseren seelischen Ebenen. Über dieses Chakra erhalten wir ebenfalls Botschaften unserer Seele, Zugang zur Akasha-Ebene und unserem Hohen Selbst, sowie zu all unseren Seelenverwandten und unseren vergangenen Leben.

Werden das Alter-Major-Chakra und der Transpersonale Punkt gleichzeitig aktiviert, dann bewirken sie zusammen mit dem 3. Auge eine unglaublich starke Verbindung und einen wundervollen Zugang zu den seelischen Ebenen. Die Aktivierung dieser Chakren birgt jedoch auch Risiken in sich. Diese Chakren sind sehr sensibel und sollten nur mittels einer guten Anleitung und sehr behutsam „geöffnet" werden.

Die seelische Ebene

Wenn wir Zugang zu unserer Seele und den seelischen Bereichen haben, dann befinden wir uns an den Orten, in denen unsere Seele zuhause ist. Dort wo unsere Seele wohnt, dort sind auch die Seelen unserer Seelenverwandten, insbesondere unserer Dual- und unserer Zwillingsseele. Wer in diese Bereiche vordringen kann, der wird feststellen, dass er nicht getrennt ist von seiner Seelenfamilie. Dort im seelischen Bereich sind wir alle eins und fühlen weder Kummer noch Schmerzen. Hier können wir die Liebe unserer geistigen Begleiter und unserer Seelenverwandten immerzu fühlen. Die seelische Ebene erreichen wir unter anderem durch die Praxis geeigneter Meditationen. Diese Meditationen bewirken, dass wir diese Bereiche aus eigener Kraft betreten

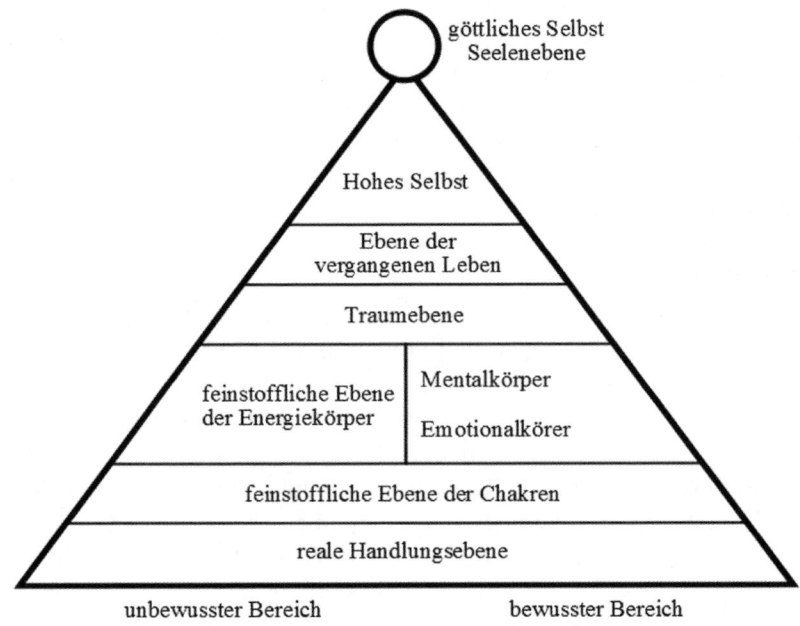

Die Ebene der vergangenen Leben

göttliches Selbst
Seelenebene

Hohes Selbst

Ebene der
vergangenen Leben

Traumebene

feinstoffliche Ebene
der Energiekörper

Mentalkörper

Emotionalkörer

feinstoffliche Ebene der Chakren

reale Handlungsebene

unbewusster Bereich   bewusster Bereich

können. Wer das alleine nicht schafft, kann sich durchaus auch Hilfe von außen suchen. Ein metaphysischer Geistheiler kann dich auch mit deiner eigenen Seele in Kontakt bringen und den Zugang für dich herstellen. Wichtig dabei ist, dass er dir darüber hinaus beibringt, wie du alleine dorthin gelangen kannst. Auch psychoaktive Substanzen können dir die Pforte zu diesen Bereichen öffnen. Davon rate ich dir jedoch strikt ab, denn dieser Zugang birgt auch sehr große Gefahren.

Vor allem bist du, um dorthin zu gelangen, immer von einer Substanz abhängig. Es ist wichtig alle unguten Abhängigkeiten zu vermeiden und entweder selbst diese Zugänge zu finden oder sie sich zeigen zu lassen. Ein seriöser Meister oder Geistheiler wird dir immer auch Wege zeigen können mit denen du alleine dorthin gelangen kannst.

Die Ebene der vergangenen Leben

Die Ebene der vergangenen Leben ist in dem rein spirituellen Teil unseres Energiefeldes enthalten. Über die höheren, spirituellen Chakren, über spezielle Meditationen, und spirituelle Methoden (Aurareading, Reiki, Rückführung, Hypnose etc.) können wir Zugang zu dieser Ebene erhalten.

Die Ebene der vergangenen Leben zu erforschen macht dann Sinn, wenn du dich mit karmischen Verstrickungen, Verletzungen und anderen belastenden Dingen aus früheren Leben auseinandersetzen und dich davon befreien willst. Gerade mit deinen engsten Seelenverwandten hast du sicherlich viele bedeutsame Leben verbracht. Einige davon waren vermutlich wundervoll, während andere voller Schmerz, Kummer, Trennung und Tränen gewesen sein mögen. An dieser Stelle empfehle ich dir das Buch *„Dualseelen – im Licht der Reinkarnation"*, von Shanya Ashram erschienen im Bohmeier Verlag. Dieses Buch beschreibt auf gut lesbare Weise die gemeinsamen Inkarnationen zweier Zwillingsseelen. Bei der Lektüre dieses Buches wird der Zusammenhang verschiedener, unterschiedlicher Inkarnationen bewusst. Näheres dazu im Literaturverzeichnis.

Vergangene Leben lassen sich zwar, von unserem aktuellen Leben aus betrachtet, in eine chronologische Reihenfolge bringen. Sie finden aber dennoch nicht chronologisch statt. Alle vergangenen und auch zukünftigen Leben existieren im JETZT. Stelle dir einen Kreis vor in dessen Mitte du stehst. Am Rand des Kreises befinden sich alle unsere Inkarnationen. Vom Mittelpunkt aus kannst du Zugang zu all deinen Leben erhalten. Deshalb sind Leben, die aus unserer Sicht schon sehr lange zurückliegen, wie beispielsweise ein Leben in der Steinzeit nicht weniger aktuell, als ein Leben, das du im vorigen Jahrhundert hattest. Alle diese Leben existieren völlig gleichwertig, gleichzeitig und aktuell im zeitlosen Raum. Alle unsere zukünftigen Leben bestehen jetzt schon als noch nicht gelebte Möglichkeiten. Sie sind ebenfalls in unserer Seelenmatrix angelegt und können sogar durch geeignete Methoden, wie beispielsweise dem Aurareading, eingesehen werden.

Der Umgang mit den verschiedenen Ebenen

Wenn wir in Bezug auf unseren Seelenverwandten alle diese Ebenen im rechten Maß in uns zulassen, wenn keine von ihnen unter- oder überbetont wird, dann können wir sie wundervoll nutzen und unsere Seelenbeziehung in Einklang mit diesen Ebenen bringen.

Beispielsweise teilt dir deine Intuition die Tatsache, die auf einer speziellen Ebene besteht, mit. Es kann also sein, dass du über die feinstofflichen Ebenen einen starken empathischen und/oder telepathischen Kontakt zu deinem Seelenverwandten hast. Auf der realen Handlungsebene sieht es aber ganz anders aus. Dort hast du keinerlei Kontakt zu deinem Seelenverwandten. Beide Ebenen existieren jedoch gleichzeitig nebeneinander – sind aber nicht deckungsgleich! Auf der einen Ebene besteht ein extrem stark wahrnehmbarer Kontakt, aber auf der realen Ebene überhaupt nicht. Nun kommt der Verstand ins Spiel und teilt dir mit, dass deine Wahrnehmung nicht der Realität entspricht. Und das ist ja auch völlig richtig, denn auf der realen Ebene hast du ja auch keinen Kontakt. ABER! Dein Gefühl, deine Intuition weiß ganz genau, dass es so ist! Der Verstand hingegen will Beweise. Es gibt aber auf der realen Handlungsebene keine Beweise. Die anderen Ebenen erkennt der Verstand nicht an, weil er sich nur in seiner Ebene bewegen kann. Spätestens hier beginnt für viele Betroffene ein großes Gefühlschaos. Einen Ausweg daraus können wir erreichen, wenn wir erkennen, dass alle diese Ebenen mit ihren Realitäten uns die Wahrheit, eben der speziellen Ebene, vermitteln. Wenn wir in Betracht ziehen, dass alle diese Ebenen parallel zueinander existieren, und dass das, was wir auf der einen Ebene wahrnehmen, die Realität eben dieser speziellen Ebene ist, dann erlangen wir ein tieferes Verständnis für all die mysteriösen Phänomene, die unsere Seelenbeziehung mit sich bringt.

Die seelische Ebene in Bezug zur irdischen (realen) Ebene

Auf der irdischen Ebene hat alles seine Zeit – seinen Anfang und sein Ende. Nichts ist für immer – alles befindet sich im stetigen Wandel von Entstehen und Vergehen. Seelisch gesehen gibt es kein Vergehen, kein Ende und auch keinen Anfang. Auf der Seelenebene existiert der allgegenwärtige, immerwährende Istzustand. Im unendlichen Sein der Seelenebene gibt es auch keine Trennung. Dort sind wir immerzu mit den uns verbundenen Seelen zusammen.

Manche Menschen erleben nur einen einzigen Tag mit ihrer Dual- oder Zwillingsseele. Anderen wird die Gnade zuteil einen Großteil ihres Lebens miteinander verbringen zu dürfen. Auch wenn es viele gemeinsame Jahre sind – die Trennung ist auch bei ihnen schon vorprogrammiert. Wo es einen Anfang gibt – gibt es auch ein Ende. Das Ende liegt schon im Anfang begründet. Einerlei wie lange ein Leben besteht – irgendwann gehen wir alle wieder in unsere seelische Heimat zurück. Und spätestens hier sind wir an dem Punkt angelangt, an dem wir von unserem geliebten Seelenverwandten getrennt werden. Als die, die wir jetzt sind, sind wir absolut einmalig füreinander. Auch, wenn wir schon viele gemeinsame Leben hatten – die Menschen, die wir in diesem Leben sind, sind wir nur jetzt. Wenn jemand sagt, man hat nur ein einziges Leben, dann stimmt das genauso, wie wenn jemand sagt, wir hätten viele Leben. Dieses jetzige Leben als der, oder die du jetzt bist, ist vollkommen einmalig. Wenn du stirbst, dann wird es dich so nie wieder geben. Du bist absolut einzigartig. Aber deine Seele besteht weiter und wird sich als ein anderer wieder verkörpern, so wie sie das schon unzählige Male getan hat. Genau wie du ist auch dein Seelenverwandter absolut einmalig und es wird auch ihn auf diese Weise kein zweites Mal mehr geben.

Nur im Irdischen findet Entwicklung statt

Auf der Seelenebene gibt es keinen linearen Zeitablauf. Auf der Seelenebene ist alles im Jetzt. Deshalb gibt es dort auch keine Entwicklung, keine Evolution wie im irdischen Bereich, der der linearen Zeit unterworfen ist. Der seelische Bereich ist der Bereich des Seins. Dort existieren statische Zustände, die sich nicht entwickeln, da sie nicht dem Werden und Vergehen des Irdischen unterworfen sind, sondern Seinszustände sind. Alles im seelischen Bereich befindet sich im Zustand des Seins. Diese Zustände entwickeln sich auf der Seelenebene nicht weiter – sie sind einfach – sie bestehen so, wie sie sind. Im Irdischen haben wir jedoch die Entwicklung durch den Ablauf der Zeit. Hier können wir die Gegenwart fühlen, den Jetzt-Moment, das Hier und Jetzt. Die lineare Zeit, die ein fester Bestandteil unserer Dualität ist, ist der Faktor, der uns hilft uns zu erfahren und zu entwickeln. Im ewigen Hier und Jetzt wird das auf der Erde erlebte in die Seinszustände integriert und ist somit allen Seelen zugänglich. Hier können die Seelen all das im Zustand des Seins sein, was sie in ihren Inkarnationen erlebt haben. Entwicklung braucht also den Faktor Zeit und deshalb inkarnieren unsere Seelen immer wieder.

Irdische Realität vs. Seelenebene

Wer auf seine Dual- oder Zwillingsseele getroffen ist, der spürt sehr schnell, dass diese Liebe und die innige Verbindung zu diesem Menschen nicht nur von dieser Welt sind. Die meisten stolpern irgendwann über das Thema Seelenverwandtschaft, und erfahren dabei ein Aha-Erlebnis nach dem anderen. Die Informationen über Seelenbeziehungen und die besondere Art ihrer Seelenliebe bestätigen diesen Menschen genau das, was sie fühlen. Endlich gibt es eine plausible Erklärung für all diese wunderbaren, heftigen und mit „normalen" Worten nicht zu erklärenden Gefühle. Eine Leserin meines ersten Buches teilte mir Folgendes mit: *„Ich war kurz davor, verrückt zu werden. All diese wahnsinnig heftigen Gefühle und diese enorme nicht erklärbare Anziehung, die mysteriösen Träume und besonderen Begebenheiten, all das gab mir ein Rätsel nach dem anderen auf. Ich dachte allen Ernstes, ich sei verrückt geworden. Als ich dann zufällig dein Buch über Dual- und Zwillingsseelen las, da wusste ich ganz sicher, dass es genau das ist, was mir geschehen ist. Ich wusste auch, dass ich nicht verrückt bin – aber mir war auch klar, dass ich dieses Thema nicht mehr loswerde."*
Die Menschen, die erkannt haben, dass es sich bei dieser wundersamen Begegnung um einen sehr innigen Seelenverwandten handelt, erfassen sehr schnell, dass diese Begegnung nicht nur irdischer Natur, sondern auch auf ganz anderen Ebenen angesiedelt ist. Diese Erkenntnis ist sehr wertvoll und

erklärt vieles. Befassen wir uns jedoch zu sehr mit den feinstofflichen und den seelischen Ebenen, dann besteht die Gefahr, dass wir unsere Seelenbeziehung nur noch über die feinstofflichen Ebenen, bzw. die Seelenebene betrachten und die ebenfalls wichtige irdische Ebene nicht mehr wichtig nehmen. Denn gerade wenn es im realen Leben Probleme mit dem geliebten Menschen gibt, oder gar eine Trennung vorliegt, verlagern viele ihre Konzentration rein auf die feinstofflichen Ebenen. Ich persönlich halte es für ungünstig sich ausschließlich auf die physische, sichtbare Welt zu beschränken, denn es gibt noch viel mehr zwischen Himmel und Erde, das sich nicht mit unseren physischen Sinnen erfahren lässt. Ich halte aber auch nichts davon, sich zu sehr auf die feinstofflichen Ebenen zu konzentrieren und das Irdische außen vor zu lassen. Auch das ist meiner Meinung nach viel zu einseitig. Wir sollten allen Ebenen ihren Platz im rechten Maße zugestehen und daran denken, dass wir letztlich hier in unserer realen irdischen Ebene leben, um unserer Seele die Entwicklung zu ermöglichen, die sie nur hier machen kann. Die irdische Ebene ist immens wichtig für die Evolution unserer Seele. Meditationen, Energiearbeit und Geistheilung sollten immer so durchgeführt werden, dass wir weiterhin mit unseren beiden Beinen geerdet auf dem Boden stehen. Wenn wir ganzheitlich denken, fühlen und handeln, werden wir zu größtem Glück, Zufriedenheit und Erfolg gelangen können – auch in Bezug auf unsere Seelenverbindung.

Viele Menschen neigen dazu, sich zu sehr in ihrer Seelenliebe zu verlieren und sich selbst aufzugeben. Wer auf seinen Seelenverwandten getroffen ist und sich mit der Thematik beschäftigt hat, der glaubt häufig, dass er mit seiner Dual- oder Zwillingsseele in Form einer Partnerschaft zusammenkommen müsse. Der Grund dafür sind teils einseitige, irreführende oder auch falsch verstandene Informationen. An diesem Punkt ist es sehr wichtig, die verschiedenen Ebenen unserer Seelenbeziehungen zu berücksichtigen. Ansonsten kann es uns geschehen, dass wir viele Jahre unseres Lebens in Hoffnung auf unseren Seelenverwandten mit vergeblichem Warten verbringen und dabei eventuell unser eigenes Leben und unsere Bestimmung versäumen.

Viele wünschen sich eine Partnerschaft so sehr, dass alles andere dabei in den Hintergrund rückt. Sie glauben der geliebte Mensch wäre ausschließlich für sie bestimmt und lassen dabei wichtige Aspekte, wie die persönliche Lebenserfüllung, ganz außer Acht. Wenn dann auch noch ein Hellseher, oder Kartenleger bestätigt, dass es sich bei dem betreffenden Menschen um die Dual- oder Zwillingsseele handelt, dann glauben sie, es müsse garantiert zu einer Partnerschaft kommen. Sie sind sich sicher, sie wären füreinander bestimmt, alles wäre von Gott gelenkt und von der sogenannten geistigen Welt geführt. Ich möchte hier niemandem den Mut, das Vertrauen und die Hoffnung auf den geliebten Menschen nehmen, ich möchte dir an dieser Stelle jedoch empfehlen, deine Seelenbeziehung mit realistischen Augen zu betrachten.

Viele Menschen erhalten leider nicht das zurück, was sie in die Beziehung, die Freundschaft oder den Kontakt zu ihrem Seelenverwandten investieren. Sie glauben, sie müssten der Seelenliebe willens, an sich arbeiten und all den Schmerz aushalten. Vielfach suchen sie Heil und Hilfe in gechannelten Botschaften und bei feinstofflichen Wesenheiten, rufen Engel an und suchen Hilfe in der Spiritualität. Manche glauben, sie müssten zuerst ihr inneres Kind heilen, ihre Schatten integrieren, etwas an sich selbst ändern, den anderen loslassen, oder bedingungslos lieben können. Wenn sie das letztendlich geschafft haben, würde die Dual- oder Zwillingsseele als Belohnung für die getane Arbeit ganz von selbst ins Leben kommen. Leider ist das ein Trugschluss. Ich kenne Menschen, die eine erfüllte und glückliche Partnerschaft mit ihrem Seelenverwandten haben und nichts davon getan haben. Sie haben weder ihr inneres Kind geheilt, noch ihre Schatten integriert, noch haben sie ihren Seelenverwandten losgelassen, noch können sie bedingungslos lieben, noch üben sie eine spirituelle Methode aus und meditieren auch nicht – und sie sind dennoch, oder gerade deshalb, mit ihrem Seelenverwandten zusammen. Ich denke nicht, dass es für die meisten Menschen zwingend notwendig ist, irgendetwas davon zu tun. Sicherlich ist es für dich persönlich wunderbar, wenn du deine Schatten integrierst und dich um dein verletztes inneres Kind kümmerst, aber um mit deinem Seelenverwandten zusammenzukommen, ist all das für die meisten Seelenpaare nicht zwangsläufig relevant. Ich kenne sehr viele Menschen, die jahrelang spirituell an sich arbeiteten nur zu dem Zweck ihrem Herzensmenschen nahe zu kommen. Und ich kenne leider nur sehr wenige, die danach wirklich in näheren Kontakt gekommen sind.
Spiritualität, Channelings, Engel und die Arbeit mit dem inneren Kind etc., sind in der Tat für viele Menschen eine große Hilfe und können auch eine große Bereicherung für den einzelnen darstellen. Ich möchte diese Methoden auf gar keinen Fall schmälern. Aber wie vieles andere auch, bergen auch sie eine andere Seite in sich. Alles kann missbräuchlich verwendet werden, bewusst oder aus Unwissenheit. Die eigene natürliche Spiritualität zu entwickeln und zu leben, stellt zweifelsohne eine sehr große Bereicherung für uns Menschen dar. Der Kontakt zu unserer persönlichen, inneren Stimme und unserer Seele ist wundervoll und kann uns helfen unseren Lebensweg zu erkennen und uns den Mut geben diesen auch zu beschreiten.
Wenn Spiritualität und spirituelle Methoden aber dafür verwendet werden, die Realität zu negieren, so sind diese Methoden eindeutig schädlich. Der Mensch glaubt das gewünschte Heil – nämlich seinen Seelenverwandten – zu bekom-

men, wenn er dieses oder jenes tut, oder an sich selbst entsprechend arbeitet. Viele tun dies nicht für sich selbst, sondern nur im Hinblick auf den Seelenverwandten. Spirituelle Entwicklung funktioniert sowieso nur dann, wenn wir sie um unser selbst willen fördern – alles andere bringt keine wahren Ergebnisse.

Ich will damit nicht sagen, dass es keinen Sinn macht an sich zu arbeiten. Es macht selbstverständlich immer Sinn sich selbst zu fördern und seine Persönlichkeit zu entwickeln. Wichtig ist es, all das wegen seiner selbst zu tun und nicht „nur" im Hinblick darauf als „Belohnung" seinen Seelenverwandten zu bekommen.

Schau dir deine Realität an und betrachte alles, was dir dein Seelenverwandter gibt. Gibt er dir die Dinge, die du brauchst? Oder verbiegst du dich etwa selbst, um ihn dazu zu bringen, dir das Gewünschte zu geben. Denkst du etwa: *„Na ja er ist halt noch nicht soweit"*, oder *„er wird mich schon noch erkennen?"* Aber er erkennt dich immer noch nicht! Investierst du Energie, Gefühle, Zeit, Gedanken, Hoffnung, Sehnsucht in den anderen, hast aber das Gefühl du bist ihm gleichgültig? Bist du dir wirklich sicher, dass er dich auch will? Fühlst du, dass er dich liebt, und lässt er dich das auch spüren? Steckt dein Seelenverwandter vielleicht in einer anderen Partnerschaft/Ehe und kann und will sich nicht von seiner Partnerin/Partner und Familie lösen? Es gibt viele Gründe dafür, warum dein Seelenverwandter nicht, oder noch nicht, bereit ist für dich. Das heißt selbstverständlich nicht, dass es niemals so sein wird. Manches braucht einfach seine Zeit. Aber du solltest dabei nicht auf der Strecke bleiben und in einer Warteposition versauern. Schau und fühle genau hin und betrachte einmal alle Tatsachen in deinem Leben und nimm sie an. Denn auch dann, wenn dein Herzensmensch wahrhaftig deine Dual- oder Zwillingsseele ist, so kann es sein, dass dich dieser Mensch trotz aller seelischen Verbundenheit ablehnt, oder nicht dazu bereit ist, den entscheidenden Schritt auf dich zuzugehen. Das zu erkennen tut unglaublich weh. Viele Menschen schauen an diesem Punkt gerne weg und reden sich vieles schön; in der Hoffnung, dass es doch eigentlich ganz anders ist. Viele glauben außerdem ihr Herzensmensch sei im Grunde noch zu blind sie zu erkennen, oder er kann aus Angst etc. nicht zu seiner Liebe stehen. All das kann natürlich der Fall sein! Aber egal, was seine Hintergründe sind, schau auf das, was jetzt ist und nicht auf das, was du dir erhoffst oder herbeisehnst. Interpretiere auch nichts, sondern schau dir an, was wirklich in deinem Leben ist. Dazu ist es manchmal nötig etwas Abstand zu bekommen.

Manche Menschen hoffen, sehnen und warten jahrelang, teilweise sogar jahrzehntelang, auf ihren Seelenverwandten, aber er kommt nie in ihr Leben. Dabei liegt sogar ihr eigenes Leben brach und sie sind auch nicht offen für einen anderen Menschen, mit dem sie glücklich und erfüllt leben könnten.

Wenn deine Realität so ist, dass du negative Gefühle durch eine bestimmte Situation hast, dann steht das was du *willst* im Gegensatz zu dem was *ist*. Deine Gefühle sind ganz eindeutige Anzeichen dafür, dass etwas nicht stimmt. Das etwas nicht stimmig ist. Die Tatsachen – stellen deine Welt dar. Sie sind für dich Realität. Wenn du damit nicht einverstanden bist, dass es so ist wie es eben ist, dann bekommst du schlechte Gefühle, wie Wut, Trotz, Trauer, Kummer. Die Realität ist nicht zu ändern. Wenn du zum Beispiel damit haderst, dass ein geliebter Mensch gestorben ist und du deshalb traurig bist, dann kannst du diese Tatsache nicht mehr verändern. Der geliebte Mensch ist tot und kommt nicht mehr zurück. Wenn du aber nun deine Einstellung dazu änderst und in Frieden damit bist, dann werden sich deine Gefühle wandeln und es wird dir wieder gut gehen. Dir geht es gut, obwohl die Situation ist, wie sie eben ist. Du bist in Frieden und nicht im Krieg mit der Realität. Denn diese Realität ist dein Leben. Und alles was in deinem Leben geschieht, ist gut so wie es ist – auch wenn du der Meinung bist, es sollte alles ganz anders sein. Solange du die Dinge nicht so annimmst wie sie sind, bist du im Widerspruch damit. Dieser Widerspruch verschafft dir diese negativen Gefühle. Erlangst du deinen Frieden damit, dann erlangst du ein ganz großes Heil und eine große innere Freiheit. Denn heil bedeutet im Einklang sein – einverstanden sein mit dem was ist. Interessanterweise kann sich sogar dann, wenn wir inneren Frieden mit einer Situation erlangt haben, ein enormes Entwicklungspotenzial freisetzen, was wiederum dazu führen wird, dass sich unser Leben auf eine höhere Oktave begibt und unsere Realität segensreich reformiert wird. Wir selbst haben das in der Hand, indem wir „Ja" sagen zu dem was ist und in Frieden damit sind.

Wenn die irdische Realität in so hochgradigem Gegensatz zur Seelenebene steht, wie zuvor beschrieben, dann ist dies selbstverständlich sehr schwer zu erfassen und damit umzugehen. Innerlich ist diese einmalige, intensive Seelenverbindung ganz eindeutig fühlbar, aber im Leben besteht kein oder nur ein schlechter Kontakt zum geliebten Menschen. Ich finde es wichtig seinen Seelenverwandten und dessen Entscheidung zu achten und anzuerkennen. Auch wenn das unglaublich hart ist und sehr weh tut. Wir tun uns selbst jedoch einen großen Gefallen damit. Wer seinen Seelenverwandten seinen eigenen Weg gehen lassen kann, der wird auch selbst wieder frei. Werde dir bewusst, dass du dich dadurch selbst befreien kannst. Das, was du für deinen Seelenverwandten tust, das tust du automatisch auch für dich.

Meine Erfahrung bei der Begleitung vieler Menschen in dieser Lage zeigte mir: wenn wir mit dem Interpretieren aufhören und unsere Realität annehmen, dann können wir auch loslassen. Wir werden wieder frei und offen und kommen in die Lage eventuell einer anderen Seelenliebe zu begegnen. Wenn unsere Seele Liebe leben will, dann können wir darauf vertrauen, dass irgendwo da draußen ein weiterer Seelenverwandter auf uns wartet. Wir können ihn aber nur dann treffen, wenn wir aufgeschlossen und innerlich frei sind. Manchmal passiert es, dass wir einen zweiten Seelenverwandten treffen, der uns über eine unglückliche Liebe hinweghilft. Nur wenn die Liebe gleichermaßen gelebt wird und wir die Liebe bekommen, die wir geben – funktioniert die Beziehung mit unserem Seelenverwandten dauerhaft glücklich.

Der heutige Tag

Betrachte diesen Tag, denn er ist das Leben;
Das Beste des Lebens.
In seinem kurzen Ablauf liegen alle Wirklichkeiten
Und die Wahrheit des Daseins –
Die Freude des Wachsens,
Die Größe des Handelns,
Die Herrlichkeit der Kraft.
Denn das Gestern ist nur eine Erinnerung
Und das Morgen nur eine Vision,
Aber heute gut gelebt,
Macht jedes Gestern zu einer Erinnerung des Glücks,
Und jedes Morgen zu einer Vision der Hoffnung.
Deshalb betrachte diesen Tag genau.

(Sanskrit-Hymnus)

Die Interpretation

Für viele Menschen ist es ganz normal, dass sie ständig interpretieren. In Bezug auf ihren Seelenverwandten interpretieren die meisten jedoch extrem. Die Wirklichkeit außer Acht lassend deuten sie jedes Wort, jede Geste und jede Regung ihres geliebten Seelenverwandten, in der Hoffnung etwas Positives daraus herauslesen zu können. Dabei lassen sie gerne die Wirklichkeit außer Acht und konzentrieren sich hauptsächlich auf ihre Interpretationen. Dabei ist es sehr wichtig, ein gutes Maß zwischen der Empathie und der Realität zu finden. Selbstverständlich kann es sein, dass dein geliebter Seelenverwandter dir etwas sagt, das im Gegensatz zu dem steht, was du von ihm fühlst. Die nonverbale Sprache über Gestik, Mimik, Körpersprache und über die feinstofflichen Kanäle ist selbstverständlich ebenso eine Tatsache, wie die gesprochenen Worte unseres Gegenübers. Doch leider bietet die Nonverbale-Ebene auch ein sehr großes Interpretationsfeld. Viele Menschen interpretieren alles, was ihr Seelenverwandter sagt, schreibt, oder macht über ihren eigenen Kontext. Es ist, als hätten sie eine getönte Brille auf, die sie alles in entsprechendem Licht, bzw. Kontext erscheinen lässt. Dabei sehen sie nicht, dass sie die Wirklichkeit durch ihre eigene Sichtweise entsprechend gefärbt haben und diese nicht mit der Realität übereinstimmen muss.

Ich empfehle dir im Zweifelsfalle eine kleine Übung. Wenn du dir nicht sicher bist, ob das, was du fühlst oder interpretierst, der Wahrheit entspricht, dann lass deine Interpretationen und das, was du fühlst, einmal ganz bewusst beiseite. Nun betrachte nur das, was auch ein Außenstehender sehen kann. Das, was wirklich ist, sind die Dinge, die man sehen und hören kann. Also alles Messbare. Alles, was ein neutraler Beobachter auch wahrnehmen könnte.

Es kann sehr entspannend sein, Situationen, die dich emotional auf unangenehme Weise berühren, auf diese Weise zu betrachten. Selbstverständlich sollst du deine empathischen Fähigkeiten nicht über Bord werfen. Sie leisten dir schließlich wertvolle Dienste. Doch manchmal handelt es sich nicht um Empathie, sondern um eine schlichte Interpretation, die alles andere als wahr sein kann. Diese Interpretationen einmal sein zu lassen, kann dir einen ganz anderen Blickwinkel und eine neue leichte Sichtweise ermöglichen. Versuche es doch einfach immer wieder mal in deinen alltäglichen Situationen. Du wirst sehen, welch überraschende Entdeckungen du dabei machen kannst. Außerdem kannst du sehr viel über dich und deine Art die Welt zu sehen erkennen. Es ist ein sehr spannendes Feld, das dich sehr viel lehren kann.

Mit den Energien im Fluss bleiben

Wer auf seine Dual- oder Zwillingsseele trifft, erlebt in der Regel einen starken Anstieg hoher Energien. Diese Energien beflügeln, geben Kraft und Schwung und halten die Verbindung zwischen den Seelenverwandten in Bewegung. Ebenso werden durch diese Energien, die zum größten Teil aus den seelischen Bereichen stammen, Erlebnisse und Situationen zwischen den Seelenverwandten auf schicksalhafte Weise gefügt, energetisiert und belebt.

Die Seelen arrangieren auf der Seelenebene vieles, was sich unserer bewussten Wahrnehmung entzieht. So werden scheinbar zufällige Treffen eingefädelt und auch Gelegenheiten zur Kontaktaufnahme eingerichtet. Teilweise geschehen Dinge, die schon fast an Magie grenzen – „nur" um uns unserer Dual- oder Zwillingsseele näher zu bringen.

Wer dann erfährt, dass es sich bei dem geliebten Menschen um seine Dual- oder Zwillingsseele handelt, der verspürt meist früher oder später den Impuls selbst etwas arrangieren zu wollen. Also ganz bewusst und aktiv in das Geschehen einzugreifen. Oder aber, dem anderen die eigenen Erkenntnisse über die besondere Seelenverbindung mitzuteilen. Das mag durchaus seinen Wert und seine Richtigkeit haben. Einige Dinge sollten dabei jedoch beachtet werden.

Die Energien der Seelenebene verfügen über eine gewisse eigene Intelligenz und wirken auf eine Weise, die sich unserem bewussten Verstand und unserer Kontrolle entziehen. Ein jeder, der schon einmal eine, wie durch Magie hervorgerufene Situation mit seiner Dual- oder Zwillingsseele erlebt hat, kann dies bestätigen. Wir vermögen nicht nachzuvollziehen, welche wundervolle Kräfte am Werk sind, die uns diese speziellen Ereignisse in unserem Leben kreieren. Solange du fühlst, du bist im Fluss, lasse es geschehen und greife nicht bewusst in das Arrangement deiner Seele ein. Alles hat seine Richtigkeit und es geschieht das zur rechten Zeit und am rechten Ort, was geschehen soll.

Freilich kann es auch passieren, dass die Energien aus der Seelenebene ins Stocken geraten, oder gar unterbrochen werden. Wir fühlen dann, dass es irgendwie nicht mehr so richtig fließt wie früher. Die Energie zwischen uns und unserer Dual- oder Zwillingsseele kann sich sogar richtiggehend tot anfühlen. Es entstehen auch keine zufälligen Begegnungen mehr und alles erscheint plötzlich kalt, leer und öde. Was kann hier geschehen sein?

Die Energien der Seelenebene können sich abschwächen, weil es nun an der Zeit ist, dass wir selbst aktiv werden sollen. Sie können aber auch durch uns und unser Verhalten stagnieren oder blockiert sein. Es gibt unzählige Gründe für Blockaden und Stagnationen dieser Energien. In solchen Fällen ist es ratsam mit großer Sorgfalt in diese Ebene einzugreifen, um die Blockaden zu lösen, bzw. von einer kompetenten und geschulten Person seines Vertrauens lösen zu lassen. Dies kann unter anderem geschehen im Rahmen eines Aurareadings, einer metaphysischen Heilbehandlung, einer speziellen Meditation, durch die Praxis mit dem authentischen Reiki oder eines anderen intakten Energiesystems. Aber auch durch ein klärendes Gespräch oder eine klare Entscheidung auf der realen Ebene.

Teilweise geschieht es auch, dass karmische Aspekte eines vergangenen Lebens aktiv werden und den Fluss im jetzigen Leben blockieren. Auch hier kann man natürlich helfend eingreifen.

Wenn du keine kompetente und geschulte Person deines Vertrauens hast, die dir helfen könnte, oder wenn du es vorziehst es selbst in die Hand zu nehmen, empfehle ich dir hierbei allerhöchste Sorgfalt. Die Seelenebene ist sehr sensibel und es ist ratsam genau zu wissen, was man machen kann, machen muss, oder was besser sein gelassen werden sollte. Im Zweifelsfalle warte erst mal ab, wenn du dir nicht sicher bist. Denn manchmal geraten die Energien auch von ganz alleine wieder in Bewegung.

Fallbeispiel: Verena und ihre Zwillingsseele Maximilian erlebten eine unglaublich starke, energiegeladene Zeit, die sie beide sehr beflügelte. Vor drei Monaten erst lernten sie sich kennen und wie von Zauberhand geführt, bekamen sie eine Gelegenheit nach der nächsten präsentiert, sich zu sehen. Für Verena waren diese Begegnungen wie durch Magie gelenkt. Und wie von Zauberhand erfüllt gestaltete sich auch ihr übriges Leben. Alles gelang ihr wie von selbst. Sie war in sämtlichen Lebensbereichen im Fluss. Sogar die Dinge, die sie lange vor sich hergeschoben hatte, erledigte sie in kürzester Zeit vollkommen leicht und mühelos.

Dass alles so wunderbar war, hatte zweifelsohne mit Maximilian und ihrer Liebe zu ihm zu tun. Diese Liebe gab ihr extrem große Energie und Kraft. Und diese geheimnisvolle Kraft schien auch den Kontakt zu ihm herzustellen. Schon öfters begegneten sie sich zu den ungewöhnlichsten Zeiten an den kuriosesten Orten.

Verena fühlte die große Anziehung, die von Maximilian ausging. Sie fühlte auch, dass sie ebenso auf ihn wirkte. Das meiste lief über einen regen Blickkontakt ab. Sie verstanden sich ohne große Worte und genossen es sehr, nicht viel miteinander reden zu müssen.

Als nächstes wurden ihnen Gelegenheiten geboten, die ihren Kontakt vertieften. Sie wurden regelrecht zusammengeführt. Verena liebte es morgens aufzustehen und die magische Energie des neuen Tages zu fühlen. Immer in dem Wissen, es könnte wieder etwas ganz Besonderes geschehen – was auch meistens der Fall war.

Der Kontakt zwischen Verena und ihrer Zwillingsseele Maximilian wurde intensiver und näher. Verena fühlte sich wie im siebten Himmel. Dann plötzlich kam der Tag der Wende. Sie spürte, dass sich etwas verändert hatte, wusste aber nicht was. Anfänglich hielt sie es für pure Einbildung und wischte diese Gedanken einfach fort. Dann aber konnte sie es nicht mehr übersehen. Maximilian war nirgends mehr zu sehen. So oft wie sie sich in den letzten Wochen begegnet waren, so trafen sie sich nun gar nicht mehr.

„Es fühlte sich plötzlich wie tot an", sagte Verena verzweifelt. *„Ich fühlte ihn zwar, aber er begegnete mir nicht mehr. Ich bin sogar schon absichtlich die Wege zu den Uhrzeiten gegangen, wo ich ihn eigentlich hätte treffen müssen. Aber ich traf ihn nicht. Es war wie verhext."*

Was war hier geschehen? Warum brach der Energiefluss zwischen Verena und Maximilian plötzlich ab? Die Antworten darauf erhältst du, wenn du ihre Begegnungen aus einem speziellen Blickwinkel heraus betrachtest:

Die beiden waren von ihren Seelen zusammengeführt worden. Aber irgendwann klinkte sich die Seelenebene immer mehr aus und überließ den beiden selbst die Regie. Ihnen waren immer wieder Situationen und Gelegenheiten erschaffen worden, in denen sie sich begegnen konnten. Aber nun war es an der Zeit, dass die beiden ihr Geschick selbst in die Hand nahmen. Sie sollten sich nun ganz bewusst kennenlernen und selbst ihren Kontakt gestalten. Ihre Begegnung von Mensch zu Mensch war von ihren Seelen sehr gut vorbereitet worden. Nun aber war es ihnen selbst überlassen, was sie daraus machen wollten. Sie waren dazu aufgefordert ihre Begegnungen selbst zu gestalten.

Verena war von Natur aus sehr spirituell und verfügte über einen guten Zugang zu ihrer inneren Stimme. Eines Tages, als sie sehr verzweifelt über die Situation war, meditierte sie unter ihrem Lieblingsbaum und bat ihr Hohes Selbst um eine Botschaft. In der darauffolgenden Nacht träumte sie von Maximilian. Sie saßen beide in einem Ruderboot. Da sie keine Ruder besaßen, konnten sie nichts tun und trieben mit dem Wind und den Wellen voneinander fort. Nebel kam auf und sie konnten sich immer schlechter sehen. *„Ruf mich an!"* rief Maximilian ihr zu. *„Ruf mich einfach an – ich will dich wiedersehen!"* Plötzlich entdeckte Verena die Ruder, die im Boot lagen. Sie hatte sie die ganze Zeit über nicht gesehen. Sie steckte sie in die Halterung und ruderte hinter Maximilian her. Dieser trieb aber immer schneller von ihr fort und rief durch den Nebel hindurch *„Ich will dich wiedersehen! Ruf mich an."* Dann wachte Verena auf und wusste, was zu tun war.

Noch am selben Tag nahm sie all ihren Mut zusammen und wählte Maximilians Nummer. Es war ein Leichtes sie zu erfahren – sie stand im Telefonbuch. Maximilians Freude war unbeschreiblich. Verena konnte fast seine strahlenden Augen vor sich sehen, als er freudig überrascht sagte: *„Hey, lass uns doch* *heute Abend am See spazieren gehen!"* Sie trafen sich in Nähe des Strandbades, wo sich auch ein Ruderbootverleih befand. Es war seine Idee ein Boot zu mieten. Verena war verblüfft. Ihr Traum wusste anscheinend schon vorher was passieren würde. Wie in Trance stieg sie in das Boot ein und setzte sich auf die Holzbank Maximilian gegenüber. Ihr Herz schwebte und als Maximilian sie mit seinen starken Armen in Richtung der Insel ruderte, wusste sie, dass es gut ist, sich auf seine innere Führung zu verlassen. Aber auch, dass es nötig ist, sein Geschick selbst in die Hand zu nehmen. Es war der Beginn einer wundervollen Zwillingsseelenbeziehung.

An dieser Geschichte können wir erkennen, dass wir selbst unser Leben und unser Geschick in die Hand nehmen sollten. Wir selbst sind diejenigen, die unser Schicksal lenken können. Vieles ist uns in die Hand gegeben. Wir haben die volle Verantwortung über das was wir tun und auch über das, was wir nicht tun. Wenn du fühlst, dass etwas in deinem Leben ins Stocken gerät, dann lass dich nicht treiben und warte nicht darauf, dass die geistige Welt, oder ein Engel etwas für dich tut. Nimm es selbst in deine Hände und du wirst sehen, dass du dein Leben wundervoll gestalten kannst.

Ein paar Worte zum Karma

Zu der Frage, ob es Karma zwischen Dual- und Zwillingsseelen gibt, sind sich die Theoretiker ziemlich uneins. Manche behaupten es gäbe kein Karma zwischen Dual- und Zwillingsseelen und wieder andere behaupten genau das Gegenteil.

Hier meine persönliche Einstellung und Erfahrung

Der Begriff Karma beschreibt die Tatsache von *„Ursache und Wirkung"*. Das bedeutet, wenn wir eine Ursache setzen, dann erhalten wir dadurch unweigerlich die Wirkung, die der gesetzten Ursache entspricht. Und dies wiederum bedeutet, dass es eine gewisse Art von Karma zwischen Dual- und Zwillingsseelen geben *muss*. Wir können gar nicht anders, als uns täglich neues Karma zu erschaffen. Die Aktionen unseres Lebens erzeugen ständig Karma im Sinne von Ursache und Wirkung. Wir sind laufend in Interaktionen mit anderen Menschen, setzen täglich Ursachen und erleben demnach die entsprechenden Wirkungen auf diese Ursachen. Natürlich gibt es positive und negative Ursachen und ebensolche Wirkungen. Das Karma ist nicht mit dem Schicksal zu verwechseln.

In der Esoterik versteht man unter dem Begriff Karma in der Regel etwas anderes. Unter dem Begriff Karma fasst man Situationen zusammen, in denen man jemandem etwas angetan hat und dadurch in dessen Schuld steht. Diese Schuld muss man in einem anderen Leben womöglich mühsam und auch leidvoll wieder ausgleichen. Natürlich gibt es nicht nur negatives, sondern auch positives Karma. Wenn wir Ursachen setzen, die positive Wirkungen nach sich ziehen, spricht man von positivem Karma.

Gibt es demnach auch Karma zwischen Dual- und Zwillingsseelen? Mein Verständnis von Karma sagt: *„Ja, das gibt es!"* Denn warum sollten Dual- und Zwillingsseelen davon unberührt bleiben? Es gibt ja keinen logischen Grund dafür. Ich glaube jedoch, dass die Seelen vor ihrer Inkarnation vereinbaren, welche Themen sie (wieder) miteinander erleben wollen. Sie knüpfen immer in gewisser Weise an ihr letztes gemeinsames Vorleben an. Die im Vorleben gesetzten Ursachen werden im aktuellen Leben in ihrer Wirkung zum Tragen kommen und somit auch ausagiert. Aus menschlicher Sicht betrachtet, erscheint es so, als wäre dies ein unausweichliches Schicksal. Wir fühlen uns fremdbestimmt, oder gefangen in Thematiken, von denen wir nicht wissen, dass deren Ursprung im Vorleben zu finden ist.

Ist Karmaauflösung sinnvoll? Diese Frage ist weder mit einem eindeutigen Ja, noch mit einem klaren Nein zu beantworten. Es gibt selbstverständlich karmische Aspekte, die man auflösen kann und wo dies auch empfehlenswert ist. Aber es gibt ebenso karmische Aspekte, die gelebt werden wollen. Wir werden die Themen, die uns unser Karma präsentiert solange immer wieder mit unserem Seelenverwandten durch entsprechende Situationen vorgeführt bekommen, bis wir sie aufgelöst haben. Die meisten denken hier an negative Situationen. Betrachten wir jedoch die Tatsache, dass nur die Lösung der Aufgabe negativ erlebt wird, und richten wir unseren Blick auf das, was danach kommt, dann erkennen wir das große Geschenk, das darin verborgen liegt.

Fallbeispiel

Jonas und Alexandra sind Dualseelen. Beide hegen, seit sie sich kennen, den großen Wunsch miteinander zu leben. Alleine die Vorstellung, ihr Leben miteinander zu teilen und ihre gemeinsame Zukunft zu gestalten, erzeugt in ihnen sehr intensive Gefühle, die sie auch körperlich stark fühlen. Ein bloßer Gedanke an ein gemeinsames Leben reicht aus, Gefühle von Glück, Erfüllung und Freude zu erzeugen. Zu diesen Gefühlen gesellten sich im Laufe der Zeit weitere Gefühle, wie eine tiefe Sehnsucht und ein heftiges, unbändiges Verlangen nacheinander. Mit dem logischen Verstand konnten sie sich dieses Phänomen nicht erklären.

Durch ein Aurareading erfuhren sie schließlich, dass sie schon im Vorleben miteinander leben und eine Familie gründen wollten, es aber wegen widriger Umstände nicht vermocht hatten. Sie versprachen sich gegenseitig nicht aufzugeben und an ihrem Traum festzuhalten. Auch im aktuellen Leben trennen sie derzeit ungünstige Umstände, die die Verwirklichung ihrer Träume verhindern.

Es stellte sich die Frage, ob das Karma in Form dieses Versprechens aufgelöst werden konnte und sollte. In dem Fall von Alexandra und Jonas entsprang dieser Wunsch aus tiefster Seele. Die einzige Instanz, die ein einmal gemachtes Versprechen auflösen kann, ist die eigene Seele. Nur wenn die Seele dazu bereit ist, kann man in einer Aurareadingsitzung oder in einer Rückführung, altes Karma lösen. Will die Seele dagegen das durchleben, was sie als Wirkung auf eine Ursache erfährt, dann können wir als Mensch nicht darin eingreifen. Mit keinem Mittel! Der Weg der Seele ist darüber immer erhaben!

Was sie aber durchaus lösen konnten, waren die Energien, die der Verwirklichung eines gemeinsamen Lebens im Wege standen. Aber auch das war ein Prozess, der nicht von heute auf morgen geschah. Sie wären beide überfordert gewesen, wenn die Erfüllung ihres Seelenplanes zu schnell vorangegangen wäre. Spezielle Seelenarbeit mithilfe der Metaphysik, des Auraclearings und -healings, sowie spezifische mediale Methoden halfen, dass alles zur rechten Zeit geschehen konnte. Sämtliche Hindernisse und Blockaden konnten transformiert werden.

Hier stellt sich dir vermutlich die Frage, ob du dich auf spirituelle Methoden, wie oben beschrieben, berufen solltest. Diese Entscheidung obliegt selbstverständlich alleine deinem persönlichen Empfinden. Spirituelle Methoden können uns wertvolle Dienste leisten und einen Prozess beschleunigen, abkürzen und erleichtern. Manche Menschen fragen an diesem Punkt, ob man denn einfach so in das Karma eingreifen dürfe. Hier kann ich sagen, dass wir nicht in das Karma an sich eingreifen können. Das macht die Geschichte von Alexandra und Jonas deutlich. Wir können mit spirituellen Methoden andere Ursachen setzen, die sich positiv auf die Wirkungen der vergangenen Ursachen auswirken. Wir können auch Schwüre, Gelübde, ungute Versprechungen, Eide etc. lösen, bzw. lösen lassen. Wir haben die Fähigkeiten und die Methoden erhalten um sie anzuwenden und nicht um die Verantwortung abzugeben. Wir sind schöpferische Wesenheiten und verfügen über die Macht unser Leben kreativ zu unserem höchsten Wohle zu gestalten. Selbstverständlich sollte mit diesen Methoden sorgfältig und verantwortungsvoll umgegangen werden. Ein Mensch, der sein Karma durchlebt, weil er die Wirkungen auf seine gesetzten Ursachen erfährt und nichts auflösen oder umgestalten lässt, der kommt selbstverständlich in seiner Entwicklung auch weiter. Es ist meiner Ansicht nach nicht zwangsläufig nötig spirituell in seine karmische Entwicklung einzugreifen – wobei es diese durchaus erheblich erleichtern kann.

Das Schicksal

Die meisten Menschen, die ihrer Dual- oder Zwillingsseele begegneten, beschreiben dieses Ereignis als schicksalhafte Begegnung. *„Es war wie vom Schicksal gefügt!" „Das Schicksal hat uns zusammengeführt!" „Wie von schicksalhafter Hand gelenkt lernten wir uns kennen!" „Ich fühle wir sind vom Schicksal zueinander geführt worden!" „Wenn es unser Schicksal ist, dann werden wir zusammenkommen!"* Solche und ähnliche Aussprüche höre ich immer wieder von Menschen, die ihrer Seelenliebe begegnet sind.

Was ist dran an diesen Worten? Gibt es wirklich ein Schicksal, das uns führt, lenkt und etwas ganz Spezielles für uns bereithält, oder gar unser Leben bestimmt? Ist es tatsächlich so, dass wir von der geistigen Welt, von Engeln, oder von feinstofflichen Wesen begleitet und geführt werden? Kommen wir mit unserem Seelenverwandten zusammen, oder auch nicht, wenn es das Schicksal so will? Ist eine Partnerschaft vorherbestimmt? Werden wir zusammengeführt, weil wir zusammengehören? Sind wir füreinander bestimmt? Diese und ähnliche Fragen tauchen immer wieder mit dem Thema Schicksal im Zusammenhang mit der Dual- und Zwillingsseele auf.

Auch beim Thema Schicksal gehen selbstverständlich die Meinungen sehr weit auseinander. Die einen glauben, ihr Schicksal wäre einfach vorherbestimmt und sie könnten nichts daran ändern. Andere meinen, ihr Schicksal sei zwar vorbestimmt, sie würden es jedoch beeinflussen können. Wieder andere vermuten, sie könnten alles selbst bestimmen. Es gibt niemanden, der die eine oder andere These mit Sicherheit beweisen könnte. Ich schildere meine persönliche Sichtweise und das, wie ich persönlich das Schicksal verstehe und erlebe.

Ich glaube, dass sich die Seele vor ihrer Inkarnation einen Plan zurechtgelegt hat, mit allem was sie erleben und erfahren will. Dieser Plan wird Seelenplan genannt. Darin sind auch die Begegnungen mit unseren Seelenverwandten enthalten. Das ist der Grund, warum viele Menschen die erste Begegnung mit ihrem Seelenverwandten als schicksalhaft erleben. Diese Begegnung ist von ihrer Seele gesteuert und vorgesehen. Aber alles andere, was danach kommt, obliegt meiner Meinung nach, zum größten Teil unserem freien Willen als Mensch. Wir können uns frei entscheiden, was wir tun oder lassen wollen. Niemand zwingt uns zu etwas – auch kein Schicksal. Wir können uns für, aber auch gegen unsere Dual- oder Zwillingsseele entscheiden. Für unseren Seelenverwandten gilt natürlich dasselbe. Wir können frei wählen, ob wir lieber in unserer alten Partnerschaft oder Ehe verbleiben wollen, oder uns für ein Leben mit unserem Seelenverwandten entscheiden. Sicher fallen solche Entscheidungen nicht immer leicht. Manchmal werden wir dabei durch „zufällige" Gegebenheiten in eine bestimmte Richtung geschubst. Aber dennoch hat weder das Schicksal noch ein geistiges Wesen unser Geschick in der Hand. Und niemand, außer wir selbst, können uns für oder gegen ein Leben mit unserer Dual- oder Zwillingsseele entschließen. Es gibt auch keine höhere Macht, die uns ohne unseren Willen mit unserem Seelenverwandten zusammenbringt. All das machen wir selbst – weil wir es so wollen. Wir alleine verfügen über die Entscheidungsmacht darüber. Und genau das ist es, was vielen Menschen so große Probleme bereitet. Manchen wäre es durchaus lieb, es gäbe eine höhere Macht, die alles arrangiert und sie ganz automatisch mit ihrem Seelenverwandten zusammenbringt. Das kann aber nicht funktionieren, denn wir selbst sind es ja, die unser Leben gestalten. Wir haben unseren freien Willen als Geschenk erhalten und besitzen die volle Verantwortung für das, was wir tun und auch für das, was wir nicht tun. *„Der freie Wille des Menschen ist sein größtes Geschenk, aber auch seine größte Herausforderung!"*

Manche sehen diesen Umstand auch als Prüfung für uns Menschen an. Denn die Seelen lieben sich ja sowieso. Aber wir Menschen, wir können uns für- oder gegeneinander entscheiden – sogar in einer Seelenliebe. Ganz fatal wird es, wenn beide in einer bestehenden Partnerschaft sind und keiner von beiden den ersten Schritt machen möchte. Dann blockiert die Beziehung zum Seelenverwandten in der Regel und ist, wenn sich nichts ändert, zum Scheitern verurteilt.

Fallbeispiel

Eva-Maria wünschte sich tief in ihrem Inneren eine erfüllte und glückliche Partnerschaft mit ihrer Zwillingsseele Tobias. Beide steckten sie noch mitten in ihrer alten Partnerschaft. Tobias betrieb eine Firma mit seiner Ehefrau und bei Eva-Maria waren es die Kinder und das gemeinsame Haus, die sie in ihrer Ehe festhielten. *„Wenn er sich von seiner Frau trennt, dann trenne ich mich auch von meinem Mann"*, dachte sie. Eva-Maria wünschte sich, Tobias würde eines Tages vor ihrer Tür stehen und sie einfach mit sich fortnehmen. Tobias seinerseits hatte große Skrupel wegen Eva-Marias Kinder. Nie wollte er Schuld daran sein, ihre Familie zerstört zu haben. Selbstverständlich gab es noch einige andere „Gründe" für seine Bedenken.

Eva-Maria war der festen Ansicht, ihre Seele oder das Schicksal müsse doch dafür sorgen, dass sie zusammenkämen. Denn schließlich wären sie ja Zwillingsseelen und so wie ihr erstes Zusammentreffen arrangiert worden war, so müsse doch auch alles andere eingerichtet werden. Dies aber war ein Trugschluss, denn kein anderer als Eva-Maria und Tobias selbst hatten es in der Hand, was sie nun miteinander anfangen wollten.

Beide warteten lange Zeit darauf, ob das Schicksal es nicht doch für sie fügen würde. Und ebenso warteten sie darauf, ob der jeweils andere den ersten

Schritt machen würde. Aber auch das geschah nicht. Eva-Maria sagte eines Tages: *„Ich würde ja meinen Mann verlassen, wenn ich mir ganz sicher sein könnte, dass Tobias dann auch seine Frau verlässt. Ich habe Angst meine Familie aufzugeben und dann ganz alleine dazustehen, sollte Tobias doch bei seiner Frau bleiben."*

Wenn es mit den beiden so weitergeht, dann ändert sich vermutlich niemals etwas an ihrer Situation. Es sei denn, einer der Ehepartner geht fort oder stirbt. Dieses Szenario ist jedoch recht unwahrscheinlich, denn ich glaube, dass wir uns ganz bewusst für unseren Seelenverwandten entscheiden sollen. Tun wir das nicht, aus Angst oder anderen Gründen, dann sollten wir uns deutlich machen, dass niemand anderer als wir selbst unser Leben bestimmen.

Karmische Aspekte fühlen sich manchmal wie vom Schicksal gelenkt an. Wenn wir Karma, wie zuvor beschrieben, aus einem vergangenen Leben mit unserem Seelenverwandten haben, dann empfinden wir das in Form eines gewissen inneren Dranges in uns. Das Karma will verwirklicht und gelebt werden. Dies kann sich sehr stark und wie vom Schicksal her gewollt anfühlen. Wir verspüren diesen inneren Drang in uns – etwas unbedingt leben, bzw. erleben zu wollen, wissen aber nicht, woher dieser stammt. Natürlich mag es auch noch andere Gründe geben, die einen solchen inneren Drang hervorrufen können. Liegt jedoch ein karmischer Aspekt aus einem anderen Leben vor, so kann es sein, dass es sich so anfühlt, als käme es nicht von uns selbst, sondern als wäre es wie von einer schicksalhaften Macht gelenkt. Wir erinnern uns in der Regel nicht mehr an unsere vergangenen Leben und haben von daher auch keinen bewussten Bezug dazu. Kein Wunder also, dass wir uns in gewisser Weise wie fremdbestimmt fühlen.

Gelebte Sexualität in Seelenverbindungen

Die körperliche Anziehung zwischen Dualseelen und Zwillingsseelen kann sehr groß und durch eine extreme, unbändige Intensität geprägt sein. Gelebte Sexualität zwischen Dualseelen und Zwillingsseelen ist wie ein ekstatisches Fest, voller inniger Liebe, starkem Verlangen, heißem Begehren, tiefer Hingabe und feuriger Ekstase – verbunden mit ihrer bedingungslosen Seelenliebe. Die Sehnsucht dem geliebten Menschen die tiefe Liebe nicht nur mit Worten zu sagen, sondern auch durch intime Berührungen fühlen zu lassen, ist ein sehr starker Wunsch vieler Dual- und Zwillingsseelenpaare. Für sie ist ihre gelebte Sexualität Ausdruck ihres Seins auf Erden. Unsere Seele drückt sich durch unseren physischen Körper aus, denn unser Körper ist der Tempel unserer Seele. Und so, wie wir in den Augen unseres geliebten Seelenverwandten dessen mit uns verwandte Seele erkennen, so fühlen wir diese ebenso durch körperliche Berührungen, insbesondere durch die Sexualität. Viele Menschen berichten, sie würden sich wie von einem Magneten angezogen fühlen, wenn sie in der Nähe ihres Seelenverwandten sind. Durch die körperliche Liebe können sie ihre allerhöchsten und intensivsten Gefühle miteinander teilen und ihre Liebe leb- und fühlbar füreinander machen.

Auch hier ist eine Verallgemeinerung nicht angebracht, denn es gibt durchaus Dual- und Zwillingsseelenverbindungen, für die eine gemeinsam gelebte Sexualität keine, oder nur eine untergeordnete Rolle spielt. Gehört der Seelenverwandte dem gleichen Geschlecht an und sind beide weder homosexuell, noch verspüren sie den Drang ihre Liebe körperlich zu leben, dann wird der körperliche Ausdruck ihrer Liebe in anderer Form gelebt. Die Liebe ist immer bestrebt sich ganzheitlich auszudrücken, also Körper, Geist und Seele einschließend.

Über ihre Seelen fließt die Liebe zwischen zwei Seelenverwandten sowieso immerzu. Dies geschieht ganz natürlich und automatisch. Auch der geistige Austausch wird in der Regel gelebt werden können. Viele Menschen stellen ganz verblüfft fest, dass sie einander lieben, ohne sich vorher wirklich kennengelernt zu haben. Die Seelenliebe ist einfach schon da. Sie war schon immer und wird auch immer sein. Liebe auf den ersten Blick ist bei Dual- und Zwillingsseelen sehr häufig.

Die Liebe unserer Seelen möchte sich also nicht nur seelisch und geistig, sondern auch körperlich ausdrücken. Das kann selbstverständlich in intimer, erotischer Weise geschehen, aber auch durch einfache Berührungen, wie sich an den Händen zu halten, oder bei einer Umarmung. Wollen beide ihre Sexualität nicht miteinander leben, so wird sich der körperliche Ausdruck ihrer Liebe auf einfache Berührungen und Umarmungen beschränken, die allerdings sehr intensiv gefühlt werden.

Eine Frau, die ihrer ebenfalls weiblichen Zwillingsseele im reiferen Alter begegnete, berichtete mir, dass sie die extrem starke körperliche Anziehung zunächst sehr verwirrte. Obwohl sie sich körperlich von ihrer Zwillingsseele angezogen fühlte, verspürte sie keine erotischen Gefühle. Aber alleine die Tatsache, dass sie sich körperlich von der anderen Frau angezogen fühlte, machte ihr so zu schaffen und sie befürchtete, lesbisch geworden zu sein. Erst im Laufe der Zeit erfuhr sie, dass die andere Frau ihr seelischer Zwilling ist. Es kristallisierte sich außerdem heraus, dass sich die körperliche Anziehung rein auf Umarmungen und sich bei den Händen zu fassen beschränkte. Diese Berührungen waren von einmaligen Gefühlen begleitet. *„Wenn wir uns in den Armen halten, dann ist es, als hätten wir ein gemeinsames riesengroßes Herz. Ich kann fühlen, wie sich unsere Energiefelder bei jeder Umarmung vereinen* *und unsere Herzchakren zu einem verschmelzen! Es ist wundervoll und ich weiß, dass wir zusammengehören. "*

Die meisten Menschen sehnen sich nach körperlicher Nähe, ganz besonders nach einer erfüllten Sexualität mit ihrem Seelenverwandten, doch trauen sich sehr viele nicht zu diesen Gefühlen zu stehen. Freilich kann es durchaus sein, dass anfänglich „nur" die oberen Chakren miteinander kommunizieren. Aber im Laufe der Zeit werden erotische Gefühle wach und diese drängen danach gelebt zu werden. Wegen gesellschaftlicher Moralvorstellungen, persönlicher Prinzipien etc., gestatten sich viele Menschen nicht zu ihren sinnlichen Gedanken, erotischen Gefühlen und ihren tiefsten Sehnsüchten zu stehen und verleugnen diese. Das ist sehr schade, denn unsere Sexualität ist ein sehr kraftvolles Mittel unserem ganzen Sein einen wundervollen Ausdruck auf Erden gemeinsam mit unserem geliebten Seelenverwandten zu geben.

Zwillingsseelen

„Gleiches zieht Gleiches an!" Zwillingsseelen fühlen sich durch ihre Gleichheit voneinander angezogen. Bei bloßen körperlichen Berührungen spüren sie sich selbst im anderen. Der geliebte Mensch fühlt sich bei jeder Berührung genauso an, wie sie sich selbst anfühlen.

Eine Frau sagte zu ihrer Zwillingsseele: *„Es ist wundervoll, wie du dich anfühlst! Du fühlst dich an, wie ich mich in mir selbst anfühle. Es ist wie eine Seele in zwei Körpern!"* Bei intimen Berührungen wird dieser Aspekt ganz besonders intensiv erlebt.

Viele Zwillingsseelenpaare berichten, wie sie miteinander energetisch verschmelzen. Nicht nur ihre physischen Körper vereinen sich, sondern auch ihre Energiekörper. Der sexuelle Akt wird ganzheitlich erlebt und bezieht sich nicht rein auf das Körperliche. Körper, Geist und Seele gelangen durch erfüllte Sexualität in einen Einheitszustand und das Gefühl von Einssein, wird auf allen Ebenen ganz intensiv gefühlt.

Dualseelen

„Gegensätze ziehen sich an!" Dualseelen fühlen sich gerade durch ihre Gegensätzlichkeit voneinander angezogen. Auch bei ihren Berührungen erleben sie diesen ganz speziellen Gegensatz, der ihre Verbindung ausmacht. Unser Dual fühlt sich ganz anders an, als wir uns selbst anfühlen. In dieser Verschiedenheit liegen der Reiz und die Anziehung zwischen Dualseelen. Dualseelen, die sich im Laufe ihrer Beziehung immer mehr annähern, gleichen sich auch innerlich an. Es gibt sogar Fälle in denen Dualseelen ihre Dualität transformiert und ihre inneren Gegensätze so ausgeglichen haben, dass sie

gemeinsam eine wundervolle, stabile Balance erreichten. Diese Gegebenheit bewirkt, dass sich das Dual auch im körperlichen Ausdruck nicht mehr so gegensätzlich anfühlt. Teilweise erreicht das Gefühl sogar denselben Gleichklang wie bei Zwillingsseelen. Jedoch nur, wenn beide Duale ihre innere Dualität dauerhaft ausbalanciert haben.

Dualseelen können selbstverständlich ebenso wie Zwillingsseelen ihre feinstofflichen, energetischen Körper miteinander verschmelzen und eine körperliche, geistige und seelische Einheit in ihrer Sexualität erleben.

„Ich fühle dich in deiner ganz besonderen und speziellen Art, wenn ich dich berühre. Wenn sich unsere Körper vereinen, spüre ich die Großartigkeit unseres gemeinsamen Wesens – wie es sich miteinander verbindet und eins wird! Wir sind dann ein gemeinsames wundervolles, himmlisches Mandala – Körper, Geist und Seele miteinander im göttlichen Einklang." Diese Empfindungen teilte ein Mann seiner Dualseele mit, die ihrerseits ebenso überwältigt war, von ihren tiefgreifenden und intensiven Gefühlen.

Chakren und feinstoffliche Körper

Bei körperlichem Kontakt und insbesondere bei sexuellem Körperkontakt verbinden sich unsere Chakren und die feinstofflichen Körper von ganz alleine mit denen unseres Seelenverwandten. Unsere Energiekörper und unsere Energiezentren „wissen" ganz genau, was sie tun. Sie verfügen gewissermaßen über eine eigene Intelligenz, die wir nicht durch unsere Unwissenheit stören sollten. Lassen wir unsere energetischen Körper und Chakren einfach gewähren, so erleben wir die Sexualität mit unserer Dual- oder Zwillingsseele normalerweise als ganzheitlichen und harmonischen und erfüllenden Akt.

Einen ganz besonderen Reiz bietet die bewusst hervorgerufene energetische Verschmelzung. Allerdings empfehle ich hier keine Experimente, ohne Anleitung oder Vorwissen zu versuchen. Denn wenn diese Verbindungen nicht sauber durchgeführt und/oder nicht wieder richtig getrennt werden, kann dies unter Umständen zu einem erheblichen Durcheinander im Energiesystem führen, was sich sehr ungünstig auswirken kann.

Besonderheiten bei der Sexualität zwischen Seelenverwandten

Was ist das Besondere an der Sexualität mit der Dual- oder Zwillingsseele? Was fühlen die Beteiligten anders als in einer „normalen" Beziehung, in der man ja auch ein erfülltes Sexualleben haben kann?

Selbstverständlich kann es auch bei Dual- und Zwillingsseelen Probleme mit der Sexualität geben. Meist liegen diese Probleme jedoch nicht an den beiden

Seelenverwandten, sondern gehen auf andere Thematiken, wie Missbrauch in der Kindheit, Gewalterlebnisse etc., zurück. Zwischen Dual- und Zwillingsseelen geschieht in der Regel nichts Negatives in Bezug auf ihre Sexualität. Aber bedenke bitte, auch hier gibt es, wie überall, die berühmten Ausnahmen von der Regel.

Wir wollen uns an dieser Stelle die Besonderheiten ansehen, die die meisten Menschen mit ihrer Dualseele und/oder Zwillingsseele erleben.

- Die Liebe fließt auf ganz spezielle Weise bei Berührungen von einem zum anderen und wird dabei immer intensiver und großartiger wahrgenommen.
- Alles, was geschieht, fühlt sich auf eigenartige und ganz besondere Weise absolut richtig an. Es ist, als sollte es ganz genau *so* sein.
- Das Gefühl, dass es nie anders war. Oder andersherum: Das Gefühl schon immer seine Sexualität mit seinem Seelenverwandten gelebt zu haben. Selbst beim „ersten Mal" mit der Dual- oder Zwillingsseele fühlt es sich wie das Normalste auf der Welt an – gleichzeitig aber ist es immer wieder neu und aufregend.
- Das Gefühl dabei heil zu werden. Durch den intimen Körperkontakt ist es möglich, dass seelische Traumen heilen. Aber auch geistige und körperliche Disharmonien können durch eine harmonische und glückliche Sexualität mit der Dual- oder Zwillingsseele, wieder ins Lot kommen. Dies geschieht über die Liebe, die durch die feinstoffliche Ebene der Chakren und der Energiekörper bis in den physischen Körper hineinfließt. Liebe ist die Energie mit der stärksten heilenden Wirkung überhaupt. Wird die Liebe beim sexuellen Akt durch intime körperliche Berührungen übertragen, vereint sie sich mit unserer sexuellen Energie und durchflutet uns mit ihrer wundervollen Schwingung, bis in die kleinste Zelle unseres Körpers.
- Die Sexualität und Körperlichkeit wird mit dem Seelenverwandten auf ganz neue und aufregende Weise erfahren.
- Die Sexualität zwischen Dualseelen und Zwillingsseelen lässt nie nach. Sie mag sich zwar im Laufe der Zeit wandeln, indem miteinander verschiedene Vorlieben kennengelernt und einiges ausprobiert werden kann.
- Alles Erotische wird in der Regel ohne Schamgefühle und ohne Hemmungen erlebt. Es gibt jedoch öfters mal Ausnahmen, wenn zum Beispiel einer von beiden Gewalt in seiner Sexualität erlebt hat. Hier kann aber der Seelenverwandte helfen, ein anderes Gefühl dafür zu bekommen.

Persönliche Worte zur Sexualität

Sandra – Sexualität als göttlicher Moment erlebt

Zum Thema Sexualität mit meiner Dualseele kann ich sagen, dass es für mich die absolute Erfüllung ist. Noch nie zuvor habe ich etwas vergleichbar Schönes erlebt. Diese heftigen Gefühle der Liebe und Verbundenheit wollen sich nicht nur auf der Seelenebene, sondern auch durch unsere Körper ausdrücken. Die Sexualität ist für mich der allerhöchste körperliche Ausdruck meiner Liebe. Hier kann ich geben und nehmen – hier fühle ich ganz besonders meine Lebendigkeit. Der Körper ist heilig und er ist der Tempel meiner Seele. Die Sexualität erlebe ich als göttlichen Moment – als Augenblick, in dem ich meine Liebe ausdrücken und zeigen kann. Oft verbinden sich unsere Chakren dabei selbstständig. Das ist sehr schön und die Energie, die dann fließt, unbeschreiblich intensiv. Manchmal verbinden wir auch ganz bewusst unsere Chakren miteinander. Durch die Chakrenverbindung kommt zum körperlichen Gefühl ganz stark das feinstoffliche Gefühl dazu. Das ist wie kleine oder auch zum Teil große Explosionen in unseren Chakren und der Energiekörper.

Angie – Eins im Fluss mit der Liebe

Als ich das erste Mal mit meiner Zwillingsseele Sexualität leben durfte, erlebte ich gigantische Gefühle nie gekannten Ausmaßes. Beide fühlten wir weder Hemmungen noch Bedenken, sondern waren wundervoll eins und im Fluss mit der Liebe, der Nähe und dieser immensen Anziehung. Dann diese große Vertrautheit, als wäre es schon immer so gewesen und absolut richtig und vollkommen. Alle unsere Gedanken und Gefühle dabei waren absolut positiv. Wir harmonierten auf eine Weise, die unglaublich perfekt und schön war. Ich fühlte sein Begehren, wie ich es noch nie zuvor erlebt hatte. Und auch ich begehre ihn auf eine ganz spezielle Art. Nicht nur seinen Körper begehre ich, sondern ihn, in seinem ganzen Sein. Wenn ich sage, dass ich ihn ganzheitlich begehre, so klingt das seltsam – aber genauso ist es. Ich will ihn mit allem, was er ist. Die Sexualität zwischen uns hatte sogar eine heilsame Wirkung auf mich und meine Seele. Er konnte mit seinen Berührungen, vieles, das in mir zerbrochen war, heil machen. Ich fühlte mich so lebendig, begehrt und wundervoll in meiner Weiblichkeit wie noch nie zuvor.

Alexa – Erfüllung pur

Die Sexualität mit meiner Dualseele ist das wundervollste und perfekteste, das ich jemals erlebt und gefühlt habe. Alleine ihre Nähe macht mich schon verrückt. Wenn ich sie berühre, dann geschieht das nicht nur körperlich, sondern geht so unglaublich tief. Es ist als wären alle Ebenen unseres Seins miteinander verbunden. Wenn wir uns gegenseitig an unseren empfindsamsten Stellen streicheln, uns dabei in die Augen sehen und uns zuflüstern, dass wir uns lieben und dass wir eins sind, dann hört alles andere um uns herum auf zu existieren. Da gibt es nur noch sie und nur noch mich. Fast unheimlich schon finde ich, dass ich fühlen kann was sie fühlt, wenn ich sie berühre. Ihr geht das ganz genauso. Auch sie fühlt das, was ich fühle, wenn sie mich berührt.

Sonja – eine extreme Erfahrung mit sexuellen Energien

Es traf mich aus heiterem Himmel, als wir bereits drei Monate keinen Kontakt mehr zueinander hatten. Eine sexuelle Erregung, wie ich sie noch nie zuvor gespürt hatte. Ich fühlte ein Pulsieren zwischen meinen Beinen und ein unglaubliches Ziehen in den unteren Chakren. Es folgte ein unwiderstehlicher Drang, mich selbst an meinen empfindsamsten Stellen zu berühren. Selbstbefriedigung ist kein Tabuthema für mich, aber so eine Sehnsucht danach mich selbst zu spüren habe ich noch nie zuvor gehabt. Ich versuchte meine Gedanken woanders hinzulenken, jedoch gelang es mir nicht. Zu groß war das Begehren mich selbst zu berühren. Und als ich mit meinen Händen zwischen meinen Beinen eintauchte, war es nicht mehr ich, die mich berührte. Nein, es war sie. Ich fühlte ihre Hand, nicht meine. Es war grotesk, wie sich das anfühlte. Ich konnte fühlen, wie ihre Energie meine Hand leitete und ich fühlte ihren Herzschlag in meinem Herzen. Ich spürte, wie das Adrenalin in mir hochpeitschte und ich hielt das Gefühl kaum aus, meine eigene Hand zwischen meinen Beinen zu spüren.

Wie von Sinnen berührte ich mich und ich hatte das Gefühl mein Körper löst sich auf und ich war nur noch das pure Sein. Sie war mir so nahe – nein nicht nahe. Sie war in mir. Ich fühlte sie in mir und sie berührte mich innerlich. Ja genau, das war es. Sie berührte mein Innerstes, die Essenz meiner Seele – ohne dass sie da war. Das Gefühl, als ich zum Höhepunkt kam, war mit nichts mir Bekanntem zu vergleichen. Es war wie Musik, wie feinste Kunst – ich fühlte mich getragen, geliebt und vollkommen. Alles in mir sang ein Lied von Liebe, von Glück und Erfüllung. Dieser Höhepunkt dauerte länger als ich es gewohnt war und war überwältigend intensiv. Ich weinte vor Glückseligkeit. Jedoch dauerte dieser vollkommene Zustand nach Abebben des Höhepunktes nicht mehr an. Auf das Gefühl der vollkommenen Liebe und Erfüllung folgte die absolute und unendliche Leere. Genauso wie ich es zuvor gefühlt hatte, dass sie mich in meinem Innersten berührt hatte, so fühlte ich jetzt eine Entfernung von mehreren Galaxien. Sie war mir so nah gewesen, wie noch nie ein Wesen zuvor und von einer Sekunde auf die andere war ich wieder alleine.

Einsamer als ich es mir jemals hätte vorstellen können. Schmerz und tiefe Trauer erfüllten mich und ich hatte das Bedürfnis mich wie ein Embryo zusammenzukrümmen und mich selbst ganz eng umschlungen festzuhalten. Ich hatte das Gefühl ich breche auseinander. Diese Leere war das schlimmste Gefühl was ich jemals gefühlt habe. Es war, als stünde ich alleine auf einem Eisberg. Rund um mich herum nur schwarzes Wasser und dunkle Nacht. Keine Wärme, kein Licht und keine Nähe waren mehr zu spüren. Nur die Unendlichkeit des Nichts.

Von diesem Tag an war sie mehrmals in der Woche bei mir. In der ersten Zeit genoss ich diese Gefühle sehr, denn die Wärme und Nähe wog mehr als die Einsamkeit hinterher. Jedoch wurde es mit jedem Mal intensiver. Mit jedem Mal spürte ich sie mehr und mit jedem Mal war auch die Einsamkeit danach noch stärker. Ich begann Angst zu bekommen vor dieser Einsamkeit und ich versuchte, das aufkommende Gefühl der Sehnsucht und Lust in mir zu unterdrücken. Aber es war so übermächtig und so stark, dass ich es nie länger als zwei Tage unterdrücken konnte. Es war wie ein Schluckauf, den man auch nicht aufhalten kann. Spätestens nach dieser Zeit schrie und brannte alles in mir nach dem Gefühl mich zu erlösen. Es war sogar so, dass ich nicht mehr duschen gehen konnte, ohne Lust zu empfinden. Sobald ich mich selbst berührte überrollte mich die Sehnsucht nach ihr und ich konnte diesem Gefühl nie lange standhalten.

Nach ungefähr zwei Monaten passierte dann etwas, was mich schier überforderte. Ich war es ja gewohnt, dass ich fühlen konnte, was sie fühlte. Das war schon so gewesen, als wir noch Kontakt hatten. An diesem Tag saß ich auf der Couch und las in einer Zeitschrift. Auf einmal spürte ich sie. Heiße Wellen überrollten mich und ich fühlte, wie sich mein Blick verklärte. Ich bekam eine Gänsehaut und fühlte vom Wurzelchakra ein Gefühl von unendlicher Lust aufsteigen. Es fühlte sich genauso an wie das, was ich fühlte, wenn ich mich selbst berührte. Nur berührte ich mich nicht, ich hatte auch nicht daran gedacht, sondern war mit meinen Gedanken ganz woanders gewesen. Ich fühlte, wie mein Gesicht sich leicht rötete und wie ich etwas schwerer atmete. Das konnte doch gar nicht sein, oder? Das dauerte ungefähr zehn Minuten und dann fühlte ich wie eine Welle, wie beim Orgasmus, durch meinen Körper schoss. Ich konnte das nicht glauben. So etwas gibt es doch gar nicht. Dennoch wusste ich, dass ich es mitgefühlt hatte, wie sie zum Höhepunkt gekommen war. Und ich konnte spüren, dass mein Körper ohne einen Gedanken an Sex und ohne jede Berührung sich in höchste sexuelle Erregung versetzt hatte.

Als ich das Gleiche nach drei Tagen erneut spürte, rannte ich wie von Sinnen zu meinem Auto und fuhr los. Ich wollte zu ihr fahren, nachschauen ob sie tatsächlich Zuhause war, so wie ich es fühlte. Sie wohnte vier Kilometer von mir entfernt und je näher ich mit dem Auto an ihr Haus kam, desto intensiver wurde das Gefühl zwischen meinen Beinen. Als ich dann an ihrem Haus vorbeifuhr, hatte ich das Gefühl, ich sitze nicht mehr in meinem Auto, sondern bin bei ihr und fühle, was sie fühlt. Ich sah ihr Auto vor der Tür stehen und Licht in ihrer Wohnung. Ich konnte nicht einfach wieder wegfahren. Ich war gefangen von dem Gefühl und fuhr eine Runde und dann erneut an ihrem Haus vorbei. Und mit jeder Sekunde stieg die Erregung in mir und mein Atem ging schneller und wurde schwer. Es waren wohl so drei oder vier Runden, die ich um ihr Haus fuhr. Dann musste ich an einem Feldweg anhalten, denn es überrollte mich ein so heftiger Orgasmus, dass ich nicht mehr weiterfahren konnte. Ich fühlte meine Hand zwischen meinen Beinen – oder war es ihre Hand zwischen meinen Beinen? Ich vermochte das nicht mehr auseinanderzuhalten. Was aber nach diesem Gefühl folgte, war das Gefühl der Leere. Genauso wie ich es immer nach diesen Höhepunkten fühlte. Meine Augen brannten und ich hatte das Gefühl zu weinen, obwohl ich es nicht tat. Ich fühlte ihre Tränen, ich fühlte ihre Gefühle.

Es hörte nicht mehr auf, im Gegenteil. Es wurde immer noch intensiver und näher. Ich war immer vollkommen von ihr erfüllt und hinterher genauso vollkommen alleine. Die Gefühle wurden stärker, die Höhepunkte länger und dann folgte die Zeit, als nach einem Höhepunkt keine Entspannung mehr folgte. Keine Entspannung – aber auch keine Leere. Diese Orgasmen waren so heftig und solange, dass ich Krämpfe in den Beinen bekam. Ich war dann das vollkommene Sein, es gab keinen Körper mehr, sondern ich hatte das Gefühl, mit ihr komplett verschmolzen zu sein. Ich fühlte nicht mehr sie, ich fühlte nicht mehr mich – ich fühlte alles. Es gab keine Grenze mehr zwischen ihrem Sein und meinem Sein. Es war ein einziges Sein. Und es hörte nicht mehr auf. Die Höhepunkte wurden nicht nur immer stärker, sondern nach dem Orgasmus war die Erregung sofort wieder auf höchster Stufe, sodass ich neun, zehn Orgasmen hintereinander bekam. Einer stärker als der andere und ich hatte keine Pause dazwischen. Manchmal war es so, dass ich fühlen konnte, wie auch sie sich in höchster Erregung befand. Ich fühlte, wie sich die Energie von meinem Wurzelchakra zu ihrem ausbreitete und dann zurückkam. Wie beim Tischtennis spielten wir uns die Gefühle zu und es steigerte sich bis ins Unermessliche. Das ging bis zur totalen Erschöpfung – es machte mir Angst, was ich da fühlte. Die Erregung überfiel mich zu den unmöglichsten Zeitpunkten. Wenn ich eine Kundin hatte, genauso, wie wenn ich mit meinem Hund spazieren ging. Ich hatte keinen Einfluss auf diese Gefühle und ich war ihnen vollkommen ausgeliefert.

Eifersucht und wo sie herkommt

Eifersucht zwischen Dualseelen- und Zwillingsseelenpaaren ist, ebenso wie die Sexualität, für viele Betroffene ein Tabuthema. Schnell gesellen sich zur Eifersucht nämlich noch vielerlei andere negative Gefühle hinzu. Scham und das Gefühl nicht eifersüchtig sein zu dürfen sind dabei am häufigsten. Ganz besonders voller Schamgefühle sind jene Menschen, die um ihre Seelenverbindung wissen und spirituell und energetisch arbeiten. Die meisten hegen den Anspruch an sich selbst, ihren geliebten Menschen rein und bedingungslos zu lieben. Sie fürchten Karma aufzubauen, oder ihrer Seelenverbindung zu schaden, wenn sie sich so „niederen Gefühlen" wie der Eifersucht, dem Besitzdenken oder gar beidem hingeben.

Selbstverständlich sind Gefühle wie Eifersucht etc., nicht sonderlich konstruktiv, sondern können uns selbst und auch unsere Seelenbeziehung enorm belasten. Diese Gefühle sind andererseits allerdings wertvolle Wegweiser, die uns sehr viel über uns selbst mitteilen können. Gefühle, wie Eifersucht, Neid, Missgunst etc., sind allesamt Gefühle, die einen Mangel anzeigen. Ein innerlich starker und selbstsicherer Mensch wird in der Regel nicht so sehr von Eifersucht beherrscht – wenn überhaupt. Fühlen wir Eifersucht, so ist dies immer ein Hinweis auf einen Mangel in uns selbst. In den meisten Fällen ist diese Eifersucht sogar unbegründet, oder bezieht sich auf Menschen oder Dinge im Leben unseres Seelenverwandten, auf die wir normalerweise nicht eifersüchtig reagieren würden.

Eine „normale" Eifersucht ist sicher mehr oder weniger in jeder Seelenverbindung normal. Die Seelenliebe ist jedoch durch ihre starke Intensität und wegen einiger spezifischer seelischer Attribute fast dazu prädestiniert, Eifersucht und Besitzdenken zu entwickeln. Wenn wir uns diese Themen bewusst machen, dann können wir destruktive Gefühle sehr leicht vermeiden und gelangen immer mehr in den Zustand ganzheitlicher Liebe. Sind wir rein in der Liebe, dann verschwinden auch alle destruktiven Gefühle wie die Eifersucht ganz von alleine.

Die speziellen Attribute, die häufig in Seelenverbindungen gefühlt werden

Das Gefühl untrennbar zusammenzugehören – sogar sich zu gehören entsteht schnell in einer Dualseelen- oder Zwillingsseelenbeziehung. Der geliebte Mensch wird so gesehen, dass dessen Seele ja untrennbar mit der eigenen Seele verbunden ist. Der andere gehört unweigerlich zu uns – bzw. unsere Seelen gehören zusammen. Achtung! Hier wird sehr schnell die Grenze zwischen romantischen Gefühlen und Besitzdenken überschritten. Der andere gehört uns nämlich gar nicht – er hat seinen absolut freien Willen. Und selbst, wenn unsere Seelen denselben Ursprung haben (Zwillingsseelen), oder einander von unserer Urquelle zugeteilt wurden (Dualseelen), so besteht dennoch kein Absolutheitsanspruch auf diese andere Seele und auch nicht auf den Menschen, in dem diese Seele wohnt.

Wir haben mit dem geliebten Wesen zwar eine spezielle seelische Konstellation, aber der Mensch ist absolut frei in seinem Denken, Fühlen und Handeln. Alles, was zwischen zwei Liebenden geschieht, geschieht aus Freiheit und Liebe! Denn nur, wenn Liebe in Freiheit gelebt wird, ist sie auch verbindend. Wird die Liebe dazu benutzt, den anderen an sich zu binden, dann wirkt dies wie eine Trennmauer zwischen den Liebenden.

„Er ist mein – er gehört (zu) mir."

Im Prinzip dasselbe, wie oben beschrieben. Das Gefühl, der andere Mensch würde zu einem gehören. Viele von Eifersucht betroffene Dual- und/oder Zwillingsseelen glauben, der geliebte Mensch müsse es doch ebenfalls erkennen, dass sie die einzig wahren Gefährten für ihn sind. Doch er ist so blind, dass er es nicht versteht. Der Mensch, in dem die so sehr geliebte und begehrte Seele steckt, kann durchaus andere Pläne für sein Leben haben. Diese müssen nicht mit den eigenen übereinstimmen. „Nur" weil wir seelisch verbunden sind, brauchen wir kein Leben miteinander zu teilen. Freilich ist das sehr schmerzlich für den anderen Part. Hier entsteht sehr schnell Mangel- und Verlustdenken. Wenn wir fühlen, wir bräuchten den anderen unbedingt, dann ist die Seelenebene nicht mehr frei. Der Aspekt des Brauchens wirkt sich nachteilig auf uns und unsere Seelenbeziehung aus. Abhilfe schafft die Entwicklung eines gesunden Selbstwertes und eine Aufhebung des Mangels.

„Sie ist meine Frau!" – „Er ist mein Mann!"

Wieder ein anderer Ausspruch für die Tatsache, dass man den geliebten Menschen als seinen ewigen Gefährten betrachtet. Eine Frau sagte einmal bei einer Dualseelenberatung: *„Ich weiß, dass er MEIN Mann ist – auch wenn wir im aktuellen Leben gar nichts miteinander zu tun haben. Ich weiß einfach, dass ich einen wahren Gefährten habe – und das ist er."*

„Ich habe von unserer Hochzeit geträumt. Es war so real und so intensiv, dass ich es kaum glauben konnte es nur geträumt zu haben. Ich weiß, dass wir zusammengehören wie Mann und Frau. Und ich weiß auch, dass wir eines Tages wirklich verheiratet sein werden."

An diesen Aussprüchen können wir erkennen, dass viele Menschen die Einmaligkeit des Wesens der anderen Seele fühlen können. Der geliebte Mensch ist für uns deshalb so einmalig, weil unsere Seele mit seiner Seele auf wundersame Art miteinander verbunden ist. Die Dualseele wird als der ewige Gefährte und die Zwillingsseele als der ewige Zwilling betrachtet. Wobei auch der Zwilling eine Gefährtenseele darstellt – die durch den seelischen Ursprung bedingt in einem anderen Kontext zu uns steht als die Dualseele. Einleuchtend, dass es für die Betroffenen sehr hart ist, wenn sie nicht mit ihrem ewigen Gefährten in einen Liebesbund eintreten können. Denn der ewige Gefährte sollte doch DER Mensch sein, mit dem wir unser Leben teilen sollen! Oder sollte es etwa anders sein? Sicherlich ist das, was wir in uns fühlen, richtig. Unser ewiger Gefährte oder unser ewiger Zwilling sind die Seelen, mit denen wir auf der Seelenebene am intensivsten verbunden sind. Wie aber zuvor schon ausgedrückt, können mehrere Faktoren eine Rolle spielen, warum wir keine Liebespartnerschaft mit ihnen haben. Einmal kann es sein, dass der geliebte Mensch eine spezielle Berufung lebt und beispielsweise Priester ist, oder einen anderen Beruf, oder Gegebenheit in seinem Leben hat, welche eine Liebesbeziehung mit uns unmöglich macht. Auch kann es sein, dass unser Seelenverwandter einem speziellen Lebensplan folgt, der ebenfalls kontra Liebesbeziehung ist. Ebenso kann auch eine andere aktuelle Lebenspartnerschaft eine Rolle für unsere Dual- oder Zwillingsseele spielen. Oftmals bestehen zu anderen Menschen karmische Verbindungen, die zuerst erlöst werden wollen, bevor die Partnerschaft mit der Dual- oder Zwillingsseele lebbar ist.

Eifersucht hat viele Gesichter

- Eifersucht auf die aktuelle Lebenspartnerin des Seelenverwandten mit dem Glauben, dass sie ihm nicht das geben kann, was er braucht, weil sie nicht die Dual- oder Zwillingsseele ist.
- Eifersucht auf einen anderen Seelenverwandten, der eine besondere Stellung im Leben unseres Herzensmenschen einnimmt.
- Eifersucht auf Personen aus vergangenen Leben, mit denen der andere zusammen war und die evtl. im aktuellen Leben immer noch eine große Rolle spielen.
- Eifersucht auf Hobbys etc., mit denen sich der Seelenverwandte intensiv beschäftigt.
- Eifersucht auf Freunde, Job, Haustiere etc.
- Eifersucht auf alles, was seine Aufmerksamkeit erhält.

Aspekte aus früheren Leben

Diese können ebenfalls eine sehr große Rolle im aktuellen Leben spielen. Sie sind breit gefächert und sehr individuell. Hier eine kleine Auswahl von Gegebenheiten, die sich in einem, oder mehreren vergangenen Leben zugetragen haben und sich negativ im aktuellen Leben auswirken und dadurch extreme Eifersucht und/oder Besitzdenken hervorrufen können. Solltest du unter Eifersuchtsgefühlen leiden, oder Mangeldenken in dir haben, dann macht es durchaus Sinn frühere Leben zu erkunden und deren Energien, die möglicherweise noch im aktuellen Leben aktiv sind, zu transformieren.

- Der Seelenverwandte war in einem früheren Leben einem anderen „versprochen" worden und musste diesen Menschen heiraten.
- Der Seelenverwandte gehörte einem klösterlichen Orden an, war Priester, oder hatte einen anderen Beruf, der die Liebe zu seiner Dual- oder Zwillingsseele verbot.
- Der Seelenverwandte hatte einen Beruf, der es ihm unmöglich machte eine „richtige" Partnerschaft zu führen. Beispielsweise war er Söldner oder Seefahrer und immer in der Welt unterwegs. Oder er war Trapper in Sibirien oder Alaska, der wochenlang in den Wäldern umherstreifte. Vielleicht war er auch ein Händler, der monatelang mit einer Karawane durch die Wüste zog, etc.
- Der Seelenverwandte gehörte einer anderen gesellschaftlichen Stellung an, die es ihm verbot, Kontakt zu seiner entsprechenden Dual- oder Zwillingsseele aufzunehmen, die nicht seiner gesellschaftlichen Stellung entsprach.
- Der Seelenverwandte war schon verheiratet und hatte bereits eine Familie gegründet, für die er sorgen musste.
- Der Seelenverwandte gehörte dem gleichen Geschlecht an und zu der Zeit und an dem Ort, an dem dieses Leben stattfand, war Homosexualität ausgeschlossen.

Eifersucht wegen persönlicher ungelöster Verhaltensmuster

Verschiedene Erfahrungen in unserer Vergangenheit können hinderliche Muster in uns bewirken, die sich gerade in Seelenverbindungen besonders drastisch auswirken können. Solche Muster können zum Beispiel sein:

Die Überzeugung verletzt werden zu können.
Die Überzeugung nicht zu genügen.
Die Überzeugung eine solche Liebe nicht verdient zu haben.
Die Überzeugung verlassen werden zu können.
Die Überzeugung nicht liebenswert zu sein, etc.

Alle diese Überzeugungen schaffen Ängste. Wer Angst hat versucht die Situation vor der er Angst hat zu vermeiden. Durch unsere Angst sind wir in Resonanz mit genau dem uns Angst machenden Thema. Laut dem Gesetz der Resonanz ziehen wir fatalerweise genau das an, was uns ängstigt und unsere Angst bestätigt sich.

Gerade so intensive Verbindungen, wie die zur Dual- oder Zwillingsseele, verlangen stabile Persönlichkeiten. Die meisten Menschen werden aber gerade durch die Thematiken dieser Begegnung schnell aus der Bahn geworfen und müssen sich ihre innere Stabilität erst wieder erarbeiten. Dabei ist es empfehlenswert alle Gedanken, die Mangel-, oder Minderwertigkeitsgefühle bewirken, abzustellen. Denn das Gesetz der Resonanz wirkt zwischen Dual- und Zwillingsseelen besonders stark. Wir stehen mit diesen Seelen in einer sehr starken seelischen Resonanz. Haben wir im Leben negative Resonanzthemen aktiviert, wie beispielsweise Eifersucht, Besitzdenken, mangelndes Selbstbewusstsein etc., so verstärken sich diese negativen Eigenschaften noch zusätzlich in Bezug auf unsere Seelenliebe. Abhilfe kann uns alles bringen das hilft Mangeldenken aufzugeben und in die eigene seelische *und* irdische Kraft zu gelangen.

Die gemeinsame Lebensaufgabe

Viele Menschen, die ihrer Dual- und/oder Zwillingsseele begegnet sind, berichten von einem ganz bestimmten und sicheren Gefühl, das sie die große Tragweite ihrer Seelenbeziehung erahnen lässt. Sie werden ihres gemeinsamen Ursprungs gewahr und erhalten dadurch Zugang zu ihrem enormen Potenzial und ihrer gemeinsamen Lebensaufgabe. Einige fühlen sich gar zu Großem berufen und glauben, dass sie mit ihrem Seelenverwandten die Welt zum Positiven verändern und anderen Menschen helfen können. Auch im Zusammenhang mit dem Zeitenwandel werden Dual- und Zwillingsseelenbeziehungen als große Hilfe betrachtet. Was ist dran an diesen Thesen? Sind Dual- und Zwillingsseelenbeziehungen wirklich so wichtig? Haben sie „Aufgaben" für die Menschheit und die Welt? Wenn ja, was ist dann mit den anderen Menschen, die ihre Dual- oder Zwillingsseelen nicht treffen werden? Bei einigen ist der geliebte Mensch schon verstorben und bei anderen ist er womöglich gar nicht inkarniert. Sind Dual- und Zwillingsseelenpaare nun wichtiger, oder privilegierter, als „normale" Paare? Gerne wollen die Betroffenen das glauben, denn sie fühlen die tiefe Liebe, die sie mit ihrem Seelenverwandten verbindet, wie eine heilige und unglaublich starke Kraft, die in ihnen wohnt. Sie glauben, der Menschheit mit der Kraft dieser Liebe helfen zu können.

Meiner Erfahrung nach ist es so, dass die gemeinsame Lebensaufgabe, mit der Dual- oder Zwillingsseele, höchst individuell zu betrachten ist. Die einen mögen durchaus Aufgaben globalen Ausmaßes haben, bei anderen geht es jedoch mehr darum, die eigene „kleine" Welt zu heilen und ein erfülltes Leben zu genießen. Beides ist wundervoll. Wenn jeder in seinem eigenen Umfeld Liebe, Harmonie und Glück erzeugt, dann können wir unsere Liebe in die ganze Welt tragen. Diese kann mit unserer Liebe zu einem glücklicheren und besseren Ort für alle Menschen werden. Wir tragen unseren Teil für eine bessere Welt ganz automatisch bei, indem wir einfach unsere Liebe leben und diese Liebe auf alle Lebewesen ausdehnen.

Nur dann, wenn beide Seelenverwandte ihr individuelles Potenzial zur Entfaltung bringen, wird sich ihre gemeinsame Lebensaufgabe vollständig entwickeln können. Dies kann in einer Freundschaft ebenso, wie in einer Partnerschaft, oder auch in einem anderen Verhältnis möglich sein. Die Seele begrenzt sich nicht auf nur eine Beziehungsform.

Stelle dir dein Potenzial wie eine bunte, runde Glasscheibe vor. Nun stelle dir außerdem vor, dein Seelenverwandter besitzt eine ebensolche bunte Glasscheibe, nur in einer anderen Farbe, die aber wunderbar zu deiner Farbe passt. Die Glasscheiben versinnbildlichen euer persönliches Potenzial hier auf Erden, das ihr zur Erfüllung bringen könnt. Die Erfüllung des gemeinsamen Potenzials ist eure Lebensaufgabe, der Grund warum ihr hierhergekommen seid. Nun lege, in deiner Vorstellung, die beiden Glasscheiben so übereinander, dass sie sich überschneiden. Kannst du die gemeinsame Schnittstelle vor deinem inneren Auge sehen? Hast du bemerkt, dass aus den zwei Farben eine neue Farbe entstanden ist? Diese neue Farbe besteht aus deiner Farbe und der Farbe deines Seelenverwandten. Eure gemeinsame Aufgabe besteht aus einer Kombination eurer individuellen Potenziale. Wenn man weiß, für was die Farben stehen, bekommt man einen Einblick in seine eigene und die gemeinsame Lebensaufgabe, falls diese einem nicht schon bewusst sind. Jeder bringt sein persönliches Potenzial mit, das mit dem seines Seelenverwandten zusammenpasst. Selbstverständlich korreliert meistens nicht alles komplett miteinander, sondern nur zum Teil. Ein Teil deiner persönlichen Lebensaufgaben wird mit denen deines Seelenverwandten zu einem wundervollen gemeinsamen Potential zusammenwirken können. Damit die gemeinsamen Aufgaben voll und ganz zum Ausdruck kommen können, ist es erforderlich, dass beide sich ihrer eigenen Potenziale und Lebensaufgaben bewusst sind und diese leben.

Nur wenn beide Seelenverwandte ihre eigene Lebensaufgabe erkannt und angenommen haben, kann die gemeinsame Aufgabe begonnen werden. Die gemeinsame Lebensaufgabe wird vermutlich auch mit der eigenen zu tun haben und diese weitere Facetten ermöglichen. Die eigene Lebensaufgabe kann also durch die gemeinsame Lebensaufgabe eine Erweiterung und Bereicherung erhalten.

Kommt es vor, dass Seelenverwandte ihre gemeinsame Lebensaufgabe nicht leben können? Ja, das gibt es selbstverständlich. Verschiedene Gründe können hierbei eine Rolle spielen. Ein häufiger Grund ist, dass entweder beide, oder einer von beiden erst einmal seine persönliche Lebensaufgabe zur Entfaltung bringen sollte. Die persönliche Lebensaufgabe hat immer Vorrang. Nur, wenn wir diese leben, sind wir bereit für die gemeinsame Lebensaufgabe, bzw. nur dann können wir unser gemeinsames Potenzial vollkommen zur Entfaltung bringen. Auch hier sehen wir, dass es notwendig ist, dass jeder Teil sich primär auf sich selbst konzentrieren muss, bevor er für seine Dual- oder Zwillingsseelenaufgabe bereit ist.

Deine Gaben beschreiben deine Lebensaufgabe

Immer wieder werde ich bei einem Aurareading oder einer metaphysischen Beratung nach der persönlichen Lebensaufgabe gefragt. Die meisten Menschen haben nicht nur eine einzige Lebensaufgabe, sondern viele. Jeder Lebensabschnitt beinhaltet besondere Aufgaben und Herausforderungen. Eine Aufgabe baut auf der vorherigen auf.

Leider stelle ich fest, dass viele Menschen gar keinen rechten Zugang zu ihrem Inneren und auch nicht zu ihrer eigenen Seele haben. Sie besitzen kein wirkliches Gespür, wohin es sie zieht, und sie erkennen auch ihre Lebensaufgaben nicht. Manche wissen noch nicht einmal, was sie interessiert und was ihre Passion, ihre Leidenschaft ist. Das ist sehr traurig, denn in unserer Passion liegt unsere Begabung. Und jedes Talent ist eine Gabe. Jede Gabe ist eine Aufgabe – eine Lebensaufgabe. An deinen Gaben (Talenten) erkennst du deine Lebensaufgabe(n).

„Wenn du deine Begabungen und Talente erkennst und diese mit denen deiner Dual- oder Zwillingsseele vereinen kannst – wirst du eure gemeinsame Lebensaufgabe erkennen."

Lebensaufgaben und Seelenthemen

Die persönlichen Lebensaufgaben korrelieren mit den eigenen Seelenthemen, bzw. den Seelenaufgaben. Wir Menschen haben nicht nur eine zentrale Aufgabe, sondern meist mehrere, die miteinander zu tun haben und ineinandergreifen. Die Herausforderungen, die dir das Leben bringt, sind die Erfahrungen, an denen deine Seele wachsen möchte. Dazu gehören nicht nur die freudigen Ereignisse, sondern auch Schicksalsschläge, Lebens- und Sinnkrisen und Krankheiten. All diese Erfahrungen verhelfen der Seele zum Wachstum. Auch die Begegnung mit der Dual- oder Zwillingsseele ist eine Lebensaufgabe. Diese Begegnung zu meistern und so zu leben, wie es für das seelische

Wachstum zum höchsten Wohle ist, ist für viele eine sehr große Herausforderung und kann durchaus sogar eine Lebenskrise darstellen.

Lebensaufgaben sind sehr vielschichtig. Sie können einfach, aber auch komplex sein. Das Wort Aufgabe ist im Grunde genommen nicht sehr glücklich gewählt, denn es hört sich an, als wäre das Leben eine Schule und als gäbe es am Ende der Lektionen einen Test zu bestehen. Deshalb sagen auch einige Esoteriker, „Lernaufgaben" zu unseren Lebensaufgaben. Ich glaube nicht, dass wir das Leben wie eine Schule ansehen und Aufgaben lösen müssen, um dann eine Prüfung zu bestehen, die uns eine Stufe weiter kommen lässt. Ich glaube eher, dass wir hier inkarniert sind, um die Fülle unserer Seele zum Ausdruck zu bringen. Alle die unendlichen Möglichkeiten unserer Seelen wollen sich im Lebendigen erfahren und erfüllen – jetzt und immer wieder. Ich glaube daher, dass unsere Seelen ganz bewusst das Prinzip von Ursache und Wirkung leben wollen, um sich selbst darin zum Ausdruck zu bringen und um die Evolution der Seelen zu bewirken.

Deshalb verstehe ich unter einer Lebensaufgabe nicht nur die Herausforderungen unseres Lebens, sondern auch all das, was wir uns im Leben erfüllen möchten, alles was uns erfüllt. Das kann sein, eine Familie zu gründen, die Welt kennenzulernen, sich in seinem Beruf zu verwirklichen, in einem Hobby aufgehen, etc.

Dualseelen

Dualseelen betrachten in der Regel ähnliche Situationen aus unterschiedlichen Perspektiven. Dabei lässt sich die Gegensätzlichkeit der Duale besonders gut erkennen. Beide Dualseelen befinden sich auf ein- und derselben Ebene, stehen jedoch auf unterschiedlichen Standpunkten. Selbstverständlich kann man diesen Aspekt nicht gänzlich auf alle Lebensbereiche umsetzen.

Übersetzen wir dieses Bild auf das Leben, so erkennen wir, wie sich Dualseelen helfen und unterstützen können. Der Spannungsbogen, der hier entsteht, lässt sehr viel Energie fließen und hilft ihnen ihre Lebensthemen zu erfüllen. Problematische persönliche Themen sind im Prinzip meist unterschiedlicher Natur. Denn nur so ist es möglich, sich gegenseitig zu unterstützen und die Heilung zu fördern.

Dualseelen verfügen über die Energie, sich wechselseitig bei ihrem Heilungsprozess zu unterstützen und zu helfen. Dabei wird es bestenfalls so sein, dass immer nur einer von beiden in einer Krise steckt während der andere stark im Leben steht. Würden sich beide gleichzeitig in einer Krise befinden, könnten sie sich kaum unterstützen.

Eine Partnerschaft zwischen Dualseelen funktioniert nur dann glücklich und beständig, wenn beide heil sind und mit beiden Beinen fest im Leben stehen.

Kleinere Krisen und Themen werden sicherlich immer mal vorkommen. Es geht jedoch darum, all die alten Traumen, Verletzungen, Leidensmuster und belastenden Themen zu heilen und die darin gefangene Energie zu befreien, damit sie wieder zur Verfügung steht. Ist dies bei beiden der Fall, können sie gemeinsam zu ihrer wahren Kraft und Energie aufblühen und ihre Erfüllung finden.

Dieser Aspekt äußert sich sehr vielfältig. Wie oben schon geschildert können alle möglichen Lebenskrisen, Lebensthemen etc., darin auftauchen. Die folgenden Beispiele sollen lediglich zum besseren Verständnis dienen. Ich habe mit Absicht sehr drastische Themen für die Beispiele gewählt, um das Thema deutlich zu machen. Die meisten Seelenpaare werden vermutlich weniger dramatische Themen haben, die sie aber dennoch sehr fordern können.

Beispiele zum Thema Sucht:

- Beide haben das Thema Sucht als Lebensthema. Ein Dualseelenteil ist alkoholkrank und der andere hilft ihm diese Sucht zu überwinden, hat aber früher selbst eine andere Suchthematik (Drogen-, Spiel-, Ess-, Kaufsucht, etc.) erlebt, die er aber schon überwunden hat.

- Einer erlebt das Thema Sucht als Betroffener, im Sinne von Abhängigkeit und der andere, ebenfalls als Betroffener, im Sinne von Co-Abhängigkeit.

- Der eine Dualseelenpartner befindet sich in der Position des Abhängigen und der andere in der Position des Helfenden bzw. Therapeuten. Bei dieser Konstellation ist eine Partnerschaft auf Augenhöhe kaum möglich. Vor allem solange beide noch in diesen Rollen stecken. Eine Partnerschaft zwischen Dualseelen kann nur dann glücklich gelebt werden, wenn beide sich auf Augenhöhe begegnen können und gleich stark sind.

Thema Abhängigkeit (kann mit dem Suchtthema korrelieren):

Beide Duale haben das Thema Abhängigkeit als Lebensthema. Auch hier sind beide Dualseelen in der Position des Abhängigen, die sie jedoch gegensätzlich erlebt haben.

- Ein Dual ist von seinem Lebenspartner finanziell abhängig, während der andere von seinem Lebenspartner emotional abhängig ist.

- Einer erlebt das Thema Abhängigkeit im Berufsleben, der andere im privaten Bereich, mit unterschiedlichen Menschen.

- Einer von beiden ist abhängig von einer Substanz (Drogen, Medikament), in Form einer Suchterkrankung. Der andere ist ebenso von einer chemischen Substanz (Medikament) abhängig, die er jedoch dringend braucht, um leben zu können.

Zwillingsseelen

Zwillingsseelen erleben unterschiedliche Lebensthemen, die den gleichen Grad an Herausforderungen beinhalten, aus demselben Blickwinkel. Seelische Zwillinge sind sich aufgrund ihrer seelischen Struktur sehr ähnlich und fühlen teilweise identisch. Ihre Gefühlswelt ist ebenfalls sehr ähnlich bis gleichartig.

Beispiele zum Thema Lebenskrise wie: Arbeitslosigkeit, Krankheit etc.
Zwillingsseelenpaar Nr. 1: Ein Seelenzwilling wird arbeitslos und reagiert niedergeschlagen und deprimiert darauf. Seine Zwillingsseele erleidet zu einem anderen Zeitpunkt ebenfalls einen Schicksalsschlag in Form einer schweren Krankheit. Sie reagiert auf die Krankheit ebenfalls mit Niedergeschlagenheit und Depressionen.

Zwillingsseelenpaar Nr. 2: Ein weiteres Zwillingsseelenpaar reagiert anders auf die gleichen Herausforderungen. Beide verfügen über eine starke Kämpfernatur. Der eine setzt alle Hebel in Bewegung um wieder Arbeit zu bekommen und unterdrückt seine Ängste. Dessen Seelenzwilling informiert sich intensiv über seine Erkrankung, unterdrückt ebenfalls seine Ängste, unterzieht sich diverser vielversprechender Therapien und zieht unterschiedliche Heilmethoden in Betracht.

Die Reaktion dieser beiden recht unterschiedlichen Zwillingsseelenpaare soll hier ganz ohne Wertung betrachtet werden. Das erstere Paar kann aufgrund früherer Erlebnisse und Konditionierungen, seitens ihres Umfeldes, (Eltern, Verwandte etc.) nicht anders reagieren. Wobei beide, wie es so oft der Fall ist, ein komplett unterschiedliches Umfeld in ihrer Kindheit hatten. Die eine Zwillingsseele stammte aus einem reichen und die andere aus einem sehr einfachen Elternhaus. Aber trotzdem entwickelten sie sehr ähnliche Charaktere und eine fast identische Gefühlswelt.

Zwillingsseelenpaar Nr. 2 wuchs ebenfalls sehr gegensätzlich auf. Die eine Hälfte verbrachte ihr halbes Leben auf dem Land, umgeben von sehr viel Natur. Der andere wuchs inmitten einer Großstadt auf. Beide lernten sie Ängste zu unterdrücken und die Flucht nach vorne anzutreten.

An diesen beiden Zwillingsseelenpaaren erkennt man recht gut das Schema, das hinter dieser seelischen Verbindung steckt. Aber Achtung! Diese Beispiele dienen nur dem besseren Verständnis dieser komplexen Thematik. Selbstverständlich ist diese auch wieder sehr individuell zu betrachten und darf auf gar keinen Fall verallgemeinert werden. Die Gefahr ist groß in Schubladen zu denken und seine Seelenbeziehung zu sehr zu analysieren. Deshalb bitte ich dich, dir deine eigene Seelenbeziehung intuitiv anzusehen und sie nicht zu sehr zu analysieren und zu kategorisieren. Betrachte sie mit deinem Herzen und bezieh deinen Verstand, im rechten Maße, mit ein. Schau und fühle hin, wie es bei dir und speziell bei euch ist. Das kann selbstverständlich, von dem in diesem Buch Beschriebenem, abweichen. Jede Seelenbeziehung ist einmalig, so wie ihr selbst auch einmalige Individuen seid.

Empathie und Telepathie – Segen und Fluch zugleich

Empathie und Telepathie sind beide Phänomene, die in verschieden starker Ausprägung bei den meisten Dual- und Zwillingsseelenpaaren vorkommen. Sie können wundervoll und bereichernd sein, aber leider auch zu einer großen Belastung werden. Sind Telepathie und Empathie in einem guten, gesunden Maß vorhanden, stellen sie einen Gewinn für die Beziehung zu unserem Seelenverwandten dar. Eine gute und heilvolle Balance zwischen Telepathie und Empathie ist ebenfalls von Vorteil.

Die Empathie

Empathisch zu sein, ist selbstverständlich kein Privileg von Dual- und Zwillingsseelen. Je sensibler ein Mensch ist, desto leichter fühlt er, was in einem anderen Lebewesen vorgeht. Hochsensible Menschen können sich manchmal nicht genügend von den Gefühlen anderer Menschen abgrenzen. Sie leiden entsprechend mit, oder werden von den Emotionen anderer geradezu überrollt. Die vielen negativen Energien, wie sie besonders stark in Menschenansammlungen vorkommen, empfinden Hochsensible als sehr belastend. Es scheint einen Zusammenhang zwischen hochsensiblen Menschen und dem Dual- und Zwillingsseelenphänomen zu geben. Hochsensible fühlen überdeutlich die Gefühle der anderen. Manche können sogar nicht mehr zwischen ihren eigenen und den Gefühlen ihres Seelenverwandten unterscheiden. Meiner Ansicht nach treffen Hochsensible aber auch nicht häufiger auf ihre Dual- oder Zwillingsseele, als andere Menschen – sie fühlen jedoch rascher die Besonderheit dieser einmaligen Verbindung, als ein wenig sensibler Mensch. Dies ist ohne Wertung zu sehen. Ein nicht auf diese Weise Sensibler kann durch die Begegnung mit seiner Dual- oder Zwillingsseele, genau diese Art der Sensibilität in sich entdecken, die er bislang noch nicht wahrgenommen hat. Ich glaube, dass wir im Grunde genommen alle hochsensible Wesen sind, aber je nach Prägung mehr oder weniger Zugang zu unserer feinfühligen Seite haben. Immer wieder höre ich von Betroffenen, dass sie durch die Liebe und den Kontakt zu ihrem Seelenverwandten, intuitiver, feinfühliger und viel sensibler geworden sind.

Unsere Dualseele oder unseren Seelenzwilling nehmen wir in der Regel noch viel intensiver wahr als andere Menschen; ja sogar intensiver als enge Familienangehörige. Einige Menschen sind davon sehr verwirrt, denn derartige Gefühle kannten sie nur aus der Beziehung zu ihren Kindern. Manche sprechen sogar davon, dass ihr Seelenverwandter diese in der Intensität noch um ein Vielfaches übertrifft. Gänzlich unheimlich wird es bei der Feststellung, dass diese starke Empathie nicht nur im persönlichen Kontakt, sondern auch dann vorhanden ist, wenn der Seelenverwandte gar nicht körperlich anwesend ist. Entfernungen spielen bei den meisten sowieso keine, oder kaum eine Rolle. Daran erkennen wir, dass in der feinstofflichen Welt, Raum und Zeit einen ganz anderen Einfluss haben, als in unserer grobstofflichen, materiellen Welt, die dem linearen Zeitfluss unterworfen ist.

„Sind das meine Gefühle, oder kommen sie von meinem Seelenverwandten?"

„Fühlt er sich jetzt gerade so, wie ich fühle, dass er sich gerade fühlt?"

„Warum fühle ich plötzlich, wenn es meinem Seelenverwandten schlecht geht?"

„Bilde ich mir das alles nur ein, oder fühle ich wirklich wie es ihm geht?"

„Ich weiß nicht mehr was meine oder seine Gefühle sind. Hoffentlich werde ich nicht verrückt?"

„Ich fühle eine plötzliche Traurigkeit in mir, die mir fremd ist – sie muss von meinem Dual stammen!"

„Auf einmal durchflutete mich ein großes und intensives Glücksgefühl – kurz darauf rief meine Zwillingsseele an!"

„Ich fühle immer wieder ganz unvermittelt so ein intensives Ziehen, Kribbeln und eine starke Wärme in meinem Sonnengeflecht. Diese wandert dann allmählich zu meinem Herzchakra und durchflutet mich mit intensiven Liebesgefühlen."

„Ich weiß plötzlich, wie es ihr geht – ob gut oder schlecht. Ich bekomme alles unmittelbar mit."

„Ich sehe die Welt teilweise mit seinen Augen, höre mit seinen Ohren und lache mit ihm, wenn er fröhlich ist. Aber ich fühle auch deutlich, wenn es ihm schlecht geht."

„Ich denke an meine Seelenverwandte und fühle plötzlich, wie eine warme Woge voller Liebe und leidenschaftlicher Energie von ihr zu mir schwappt."

Diese und ähnliche Aussprüche höre ich immer wieder von Menschen, die einen starken empathischen Kontakt zu ihrem Seelenverwandten haben. Manche fürchteten sogar verrückt geworden zu sein und zogen sogar schon ernsthaft einen Besuch bei einem Psychotherapeuten in Erwägung. Die meisten Menschen zweifeln, wenn sie starke empathische Momente mit ihrem Seelenverwandten erleben, an ihrem Verstand. Viele bekommen Angst und manch einer bricht sogar den Kontakt zu seiner Dual- oder Zwillingsseele ab, weil er von seiner starken Empathie überfordert ist.

Die Empathie läuft größtenteils über den feinstofflichen, energetischen Bereich unserer Chakren und Energiekörper und über das energetische zwischenmenschliche Interaktionsfeld ab. Dies erklärt auch, warum Entfernungen keine wesentliche Rolle spielen. Wir fühlen den anderen, egal wo dieser ist. Der feinstoffliche Bereich zwischen zwei Menschen ist erfüllt von energiegeladenen Feldern. Unsere energetischen Körper und unsere Chakren sind durch feinstoffliche „Bänder" miteinander verbunden. Über diesen energetischen Raum und durch die feinstofflichen Verbindungen fließt Energie zwischen zwei Menschen hin und her. Man sagt, dass 80 Prozent der Kommunikation nonverbal stattfindet. Dabei denkt man hauptsächlich an die Körpersprache. Aber auch dann, wenn der andere gar nicht da ist, findet eine Art Kommunikation über den feinstofflichen, energetischen Bereich statt. Unsere Energiefelder kommunizieren laufend miteinander. Auch wenn uns das nicht bewusst ist.

Wenn man in Bayern sagt, *„die Zwei sind miteinander verbandelt"*, dann meinen wir damit, dass zwei Menschen miteinander verbunden sind. Diese unsichtbaren Energiebänder sind wunderbare Leitungen für Gefühle und auch für Gedanken. Durch unseren Emotionalkörper senden wir Gefühle und durch unseren Mentalkörper Gedanken aus. Die „höheren" energetischen Körper, wie der Kausalkörper, beinhalten die Seelenverbindung und die „Seelenthemen" zwischen zwei Seelenverwandten.

So wie wir positive und aufbauende Gefühle senden und empfangen, so können wir ebenso negative und belastende Gefühle schicken und auch erhalten. Ist die Beziehung zwischen zwei Menschen locker und leicht, dann erleben wir die Empathie als Bereicherung und erhalten Kraft und Energie voneinander. Wir können uns gegenseitig in den siebten Himmel katapultieren. Ist die Beziehung zwischen zwei Menschen jedoch belastet, so entstehen negative Gefühle und Gedanken, die über die feinstoffliche Standleitung gesendet werden. Diese gegenseitige Belastung raubt Energien und schwächt unser feinstoffliches System, unseren Körper, unseren Geist und letztlich unsere Seele. In diesem Fall kann eine energetische Bändertrennung, die ich im Praxisteil des Buches vorstelle, wahre Wunder bewirken.

Fallbeispiele:
Sonja und ihre Zwillingsseele
Sonjas Zwillingsseele brach den Kontakt zu ihr abrupt und ohne ersichtlichen Grund ab. Auf feinstofflicher Ebene bestand jedoch weiterhin ein überaus intensiver, empathischer und telepathischer Austausch. Die feinstoffliche Ver-

bindung wurde immer stärker je weniger Kontakt in der Realität bestand. Anfänglich empfand Sonja die Feinstofflichkeit als Bereicherung – im Laufe der Zeit wurde die feinstoffliche Verbindung zu einer sehr ernsten Belastung. Intensive Energiearbeit, Trennungen der unguten Bänder, Klärung des energetischen, zwischenmenschlichen Interaktionsfeldes und feinstoffliche Heilarbeit bewirkte eine Heilung aller energetischen Ebenen. Sonja war wieder sie selbst.

Sonja über den feinstofflichen Kontakt zu ihrer Zwillingsseele:

„Die feinstoffliche Verbindung zu meiner Zwillingsseele war so stark geworden, dass ich teilweise das Gefühl hatte, nicht mehr ich selbst zu sein. Manchmal überkamen mich derartig heftige Liebesgefühle, dass ich vollkommen abwesend war und alles um mich herum nicht mehr wahrnahm. Dann war ich mit ihr EINS, dann fühlte ich die Essenz unserer Seele und diese Gefühle waren so unglaublich schön, dass es mir mit jedem Mal schwerer fiel, wieder in das Hier und Jetzt zurückzukehren. Mein Blick verklärte sich in solchen Momenten und ich wirkte auf andere so, als hätte ich Drogen genommen."

Die Telepathie

Genauso wie wir Gefühle übertragen, können wir auch Gedanken übertragen. Der Mentalkörper ist der feinstoffliche Sitz unserer Gedanken. Diese übertragen wir über die feinstofflichen Bänder bzw. die zwischenmenschlichen energetischen Felder auf unseren Seelenverwandten. Die Telepathie kann sehr schwach, aber auch sehr stark ausgeprägt sein. Ist der Kontakt zu unserem Seelenverwandten gut und positiv, so wird die Telepathie als Bereicherung angesehen – ist er jedoch belastet, so wird die Gedankenübertragung sehr schnell als Belastung erlebt.

Manchmal findet nur ein ganz leichter Gedankenfluss statt, während andere Dual- und Zwillingsseelenpaare regelrechte Unterhaltungen im Kopf führen. Achtung! Hier ist die Grenze zu Wahnvorstellungen recht dünn. Zu leicht kann man sich in dieser Ebene verlieren. Dann ist es schwierig echte Telepathie von wahnhaftem „Stimmenhören" zu unterscheiden. Deshalb empfehle ich, die Telepathie im Zweifelsfalle nicht zu forcieren.

Telepathie kann *bewusst* wie *unbewusst* stattfinden. Letzteres ist besonders ungut, da der Empfänger der Gedanken nicht weiß, dass es sich dabei um eine telepathische Gedankenübertragung handelt und diese Gedanken für seine eigenen hält.

Fallbeispiele:
Intensive Gedanken erzeugen feinstofflichen und realen Kontakt
Tinas Gedanken waren ständig bei ihrer Zwillingsseele Markus. Es passierte oft, dass er ihr, kurz nachdem sie intensiv an ihn gedacht hatte, eine SMS schickte oder sie anrief. Eines Tages versuchte Tina ganz bewusst Markus entsprechende Impulse zu schicken – was erstaunlich gut funktionierte. Als sie sicher war, dass es sich nicht mehr um reinen Zufall handeln konnte, weihte sie Markus ein. Sie versuchten, sich immer wieder gegenseitig spezielle Impulse per Gedankenkraft zu schicken. Auch hier war die Trefferquote sehr hoch. Durch die Methoden, die sie in einer speziellen mentalen Ausbildung zur Erzeugung starker Gedankenkräfte erlernten, gelang es ihnen einen noch besseren telepathischen Austausch zu erzeugen. Da sie ihn steuern konnten, erlebten sie ihren telepathischen Kontakt als große Bereicherung.

Realer Kontakt mit telepathischen und empathischen Momenten
Zwischen mir und meiner Dualseele kommt Telepathie in der Weise vor, als dass wir die Gedanken der anderen gegenseitig aussprechen. Beispielsweise denkt die eine etwas Bestimmtes; und noch bevor sie es sagt, spricht es die andere aus.

Meine Dualseele betrachtete eines Tages, während sie mit mir telefonierte, Fotos von gemeinsamen Erlebnissen auf ihrem Laptop. Plötzlich tauchte in mir die Erinnerung an diese gemeinsamen Tage auf und ich sagte: *„Weißt du noch, als wir im Wolfspark waren."* Ich hatte ihre Gedanken rasend schnell aufgenommen. Sehr leicht funktioniert der telepathische Kontakt, wenn Bilder in Form von Fotos, oder auch innere Bilder mitwirken.

Auch die Empathie äußert sich bei uns entsprechend. Wir fühlen uns über sehr große Entfernungen hinweg. Wenn wir telefonieren dann übertragen sich unsere Gefühle manchmal augenblicklich auf die andere. Wir können uns sehr schlecht etwas vormachen. Früher war es teilweise auch belastend, denn nicht immer wollten wir über unsere Gefühle sprechen. Jetzt haben wir diese Phase gut überwunden und können immer besser über unsere Gefühle reden.

Ein weiteres Phänomen unserer Empathie ist, dass wir sogar körperliche Empfindungen der anderen so fühlen können als wären es die eigenen. Dieses Phänomen beobachten wir vor allem bei direktem Kontakt. Über die Entfernung konnten wir es bis jetzt noch nicht sicher nachweisen.

Seelische und energetische Zwillinge
Elisabeth und Frank erlebten eine sehr intensive Zwillingsseelenbeziehung. Ständig standen sie in Kontakt miteinander über Telefon, SMS, Internet. Sehen konnten sie sich leider, aufgrund der großen Entfernung, nur alle paar Wochen über ein verlängertes Wochenende. Sie waren so süchtig nacheinan-

der, dass sie in der Zeit, in der sie gerade mal nicht telefonierten oder per Chat oder SMS in Kontakt standen, einen extrem ausgeprägten, feinstofflichen Kontakt entwickelten. Sie fühlten gegenseitig, wann sie wach waren, wann sie schliefen, ob sie gut oder schlecht gestimmt waren. Sie waren nicht nur seelische Zwillinge, sondern auch energetische Zwillinge geworden.

Im Fall von Elisabeth und Frank wurde die intensive, feinstoffliche Verbindung als Bereicherung erlebt. Beide fühlten sich wohl damit. Außerdem stellte sie keinen Ersatz für ihren realen Kontakt dar. Als sie nach ein paar Monaten zusammenzogen, wurde das Feinstoffliche zwischen ihnen immer weniger und schwächer und war letztlich nur noch auf die Zeit beschränkt in der sie beide arbeiten gingen.

Energetische Zwillinge können sich leider auch gegenseitig behindern und blockieren. Ist das der Fall, dann ist es angebracht, die verwobenen Energiefelder wieder zu trennen und zu ordnen. Eine temporäre Verschmelzung der Energiefelder kann wundervoll und eine große Bereicherung darstellen. Dauerhaft verschmolzen sollten sie meiner Ansicht nach nicht sein.

Belastende Telepathie und Empathie nach der Trennung
Diana und Patrick fühlten sich vom ersten Augenblick ihrer Begegnung an. Sie fühlten gegenseitig ihre Stimmungen und entwickelten im Laufe der Zeit zu der Empathie eine immer mehr werdenden Telepathie. Für beide war dieser Zustand eine große Bereicherung.

Diana und Patrick bekamen Probleme miteinander, durch die sie sich schließlich trennten. Ab da an erlebten sie die Telepathie und Empathie als große Belastung.

Diana über die Zeit nach der Trennung: *„Ich bekam alles von ihm mit. Ich wusste, wann es ihm gut geht und wann es ihm schlecht geht. Das Verrückte war, dass wir uns gegenseitig runterziehen konnten. Die Trauer und der Kummer über unsere Trennung verstärkten sich noch dadurch, dass wir uns gegenseitig negative Gefühle schickten. Ich bin froh, dass wir heute wieder ein Paar sind und keine solche ausgeprägte Telepathie und Empathie mehr haben. Unsere Empathie ist auf ein gesundes Maß reduziert und telepathisch senden wir uns nur noch Positives. Es war ein harter Weg bis dahin, aber er hat sich gelohnt."*

Synchronität und Synchronizität

Zwei weitere sehr häufige Phänomene zwischen Dual- und Zwillingsseelen sind die sogenannte Synchronität und die nicht damit zu verwechselnde Synchronizität. Fast alle Dual- und Zwillingsseelenpaare berichten von wiederholten Synchronitäten und Synchronizitäten im Zusammenhang mit ihrer Dual- und/oder Zwillingsseele.

Die Synchronität

Synchron bedeutet gleichzeitig. Bei der Synchronität stellt man fest, dass man in genau demselben Moment dasselbe getan, oder erlebt hat, wie seine Dual- oder Zwillingsseele. Manchmal ist es schwierig herauszufinden, ob eine Synchronität durch Telepathie oder energetischen Kontakt hervorgerufen wurde, oder ob sie durch das Zwillingsteilchenphänomen (siehe Glossar) erklärt werden kann. Meiner Erfahrung nach kommt beides immer wieder vor. Gerade in der Anfangsphase nach dem ersten Zusammentreffen tritt dieses Phänomen besonders stark auf.

Fallbeispiele

- **Rolf** ruft seine Zwillingsseele Sabina an. Bei beiden läuft im Hintergrund eine CD mit demselben Lied, exakt an derselben Liedstelle, sozusagen deckungsgleich. Sehr interessant ist, dass es sich dabei um zwei unterschiedliche CDs handelte, die beide „zufällig" dieselbe Version des Liedes beinhalteten.
- **Sarah** war gerade dabei, ihrer Dualseele Thomas eine SMS zu schreiben. Eine Sekunde bevor sie die SMS abschickte, kam von ihm eine mit fast demselben Text, den Sarah geschrieben hatte.
- **Alexas** Zwillingsseele berichtete, dass sie ihren Kleiderschrank aussortiert hatte. Genau wie Alexa am selben Tag, zur selben Stunde. Alexa verabscheut diese Tätigkeit, hatte aber an dem Tag einen unheimlichen Drang verspürt, ihren Schrank aufzuräumen.
- **Sophie** berichtete, sie hat sich beim Friseur ganz spontan für eine neue Frisur samt Haarfarbe entschieden. Drei Tage später sieht sie ihre Zwillingsseele, zu der sie derzeit keinen persönlichen Kontakt mehr hatte, mit ebenfalls dieser Frisur und Haarfarbe.
- **Fabian** war geschäftlich in Hamburg. Überraschenderweise hatte er an einem Nachmittag ein paar freie Stunden und beschloss eine Hafenrundfahrt zu machen. Er stieg in eine sehr volle Barkasse ein – ein einziger Platz war noch frei. Genau neben seiner Dualseele, die er schon seit drei Jahren nicht mehr gesehen hatte. Sie war ebenfalls zufällig in Hamburg – ihre Schwes-

ter besuchen, die kürzlich hierher gezogen war. Beide waren zutiefst überrascht und erschüttert sich so urplötzlich gegenüberzustehen, bzw. nebeneinanderzusitzen. Von der Hafenrundfahrt bekamen sie nicht viel mit, so vieles mussten sie sich erzählen. Sie verstanden sich so gut wie noch nie zuvor und schworen, sich niemals wieder aus den Augen verlieren zu wollen.

- **Charlotte** ruft ihre Zwillingsseele Monika an, und ohne, dass es nur ein einziges Mal klingelte, ist Monika am Apparat. Sie wollte zum exakt selben Zeitpunkt bei Charlotte anrufen und war ebenso verdutzt, wie diese, als sie sofort ihre Stimme hörte.

Die Synchronizität

Bei der Synchronizität geschehen ebenfalls zwei sehr ähnliche Dinge gleichzeitig, oder nahezu gleichzeitig. Eines passiert im Außen, das andere im Inneren eines Menschen, ohne dass es eine erkennbare gemeinsame Ursache gibt. Dabei ereignet sich die Situation im Inneren meist kurz bevor sich eine vergleichbare Situation im Außen ergibt. Derjenige, der eine Synchronizität erlebt, erkennt darin einen tieferen Sinn. Manche erleben Synchronizität wie Magie, anderen hingegen macht sie Angst, wieder andere sehen in ihr die Besonderheit ihrer Seelenliebe und fühlen diese dadurch bestätigt. Viele Betroffene berichten, dass sie die Synchronizität als Zeichen, oder Hinweis, aus der geistigen Welt betrachten. Die Ereignisse im Außen bestätigen das, was sie in ihrem Inneren fühlen, denken, erhoffen und ersehnen. Nachfolgend ein paar Beispiele, die dieses Phänomen verdeutlichen sollen.

Fallbeispiele

- **Bernhard** hatte schon einige Monate keinen Kontakt mehr zu seiner Dualseele Louisa. Vergangene Nacht träumte er von ihr und stieß an diesem Tag auf vieles, was ihn an sie erinnerte. Schon drei seiner heutigen Kundinnen hießen Louisa. Dann erwähnten zwei seiner Kollegen unabhängig voneinander, den Namen des Urlaubsortes, an dem sie sich kennengelernt hatten. Außerdem war ihm die ganze Zeit über so, als würde er ihre Präsenz fühlen. Nach Feierabend nahm er sich ein Herz und rief bei Louisa an. Bernhard zitterte fast vor Aufregung, als er ihre Nummer wählte, und fühlte, wie sein Herz einen kleinen Sprung machte, als er nach kurzem Klingeln Louisas Stimme hörte. Louisa schien nicht wirklich überrascht zu sein, ihn am anderen Ende der Leitung zu hören. Sie sagte, sie hätte in den letzten Tagen vermehrt an ihn gedacht, sich aber nicht getraut ihn anzurufen. Dabei wollte sie so gerne wieder Kontakt zu ihm und sie habe ihn sehr vermisst.

Hier erkennen wir sehr gut, wie Telepathie und Empathie eine Rolle spielen und Synchronizitäten hervorrufen können.

- **Markus** fuhr mit dem Auto und dachte gerade sehr intensiv an seine Dualseele Christian. Viele verschiedene Gefühle tauchten in ihm auf. Die unendliche Liebe für seinen Seelenverwandten, genauso wie der Kummer wegen der momentanen Trennung. Christian war beruflich für ein paar Wochen im Ausland. Als Markus sich gerade fragte, ob sich Christian wohl auch so sehr nach ihm sehnte, spielten sie im Radio „ihr" Lied. Am Abend, als er mit Christian telefonierte, bestätigte dieser, dass auch er an diesem Tag ganz besonders viel Sehnsucht gefühlt und ständig an Markus gedacht hatte. Christian hatte ebenfalls „zufällig" ihr Lied im Radio gehört.

- **Marie** beschäftigte sich intensiv mit ihrer Zwillingsseele Mario. Sie sah sich Fotos von vergangenen gemeinsamen Zeiten an, las die Briefe, die sie von ihm erhalten hatte und hörte Musik aus der Zeit mit ihm. Seit zwei Jahren war ihr Kontakt zu Mario abgebrochen. Es dauerte nicht lange, da wurde sie im Außen vermehrt mit Dingen konfrontiert, die sie verstärkt an Mario erinnerten. Ihr neuer Fitnesstrainer hieß Mario. Eine Bekannte von Marie bekam einen Terrier aus dem Tierheim, der Mario gerufen wurde. Ihr Neffe spielte Super-Mario auf seinem Gameboy. Im Radio spielten sie ständig „ihre" Lieder und selbst beim Friseur lag ein Magazin an ihrem Platz, dass ihr letztes gemeinsames Urlaubsziel als Titelthema zeigte. In diesem Urlaub waren sie noch ein Herz und eine Seele gewesen. Im Außen wurde sie also immer wieder stark an ihre Zwillingsseele erinnert. „*Ich dachte ich werde verrückt*" sagte Marie und äußerte auch ihre Angst, sich das alles nur einzubilden. Sie befürchtete einer Illusion und einem Wunschdenken verfallen zu sein. Zu gerne würde sie diese „Zeichen" als Hinweise auf ihre Seelenverbindung betrachten, wenn da nicht die Angst wäre einer Illusion aufzusitzen. Letztlich zeigte ihr die Realität, dass es sich nicht um ein Wunschdenken ihrerseits, sondern um das Phänomen der Synchronizität gehandelt hatte. Nicht lange nachdem die Synchronizitäten ihren Höhepunkt erreichten, stand Mario vor ihrer Tür. Das war der Beginn einer neuen intensiven Beziehung zwischen zwei Zwillingsseelen.

Sinn und Zweck einer Dualseelen- und Zwillingsseelenbegegnung

Auch bei so engen Seelenverwandten, wie bei der Dual- und der Zwillingsseele besteht natürlich die Eventualität, dass sie ihre Liebe nicht in dem für sie gewünschten Maße leben können. Manche Seelenpaare schaffen es nicht miteinander zur Erfüllung zu gelangen und laufen stattdessen voreinander weg. *„Warum ist das so, wenn wir doch zusammengehören?"* fragen sich die Betroffenen. Ich empfehle dir diesen Umstand nicht wertend oder pauschal negativ zu betrachten, falls es dich selbst betrifft. Wenn es der Fall ist, dass einer vor dem anderen wegläuft, dann stecken dabei immer individuelle Themen dahinter, an denen du wachsen kannst, wenn du dich ihnen stellst.

Warum kommen manche Seelenpaare nicht zusammen? Die Antwort darauf ist komplexer Art und kann nicht pauschal gegeben werden. Viele verschiedene, individuelle Faktoren können dabei eine Rolle spielen. Oberflächlich betrachtet gleichen sich die Geschichten von Dual- und Zwillingsseelenpaaren manchmal sehr. Schauen wir uns diese jedoch etwas genauer an, erkennen wir teilweise gravierende Unterschiede. Deshalb ist es meiner Ansicht nach sehr wichtig, die individuelle Thematik bis in die Tiefe hinein zu erfassen, um eine Prognose über den Verlauf und die Zukunft geben zu können.

Nicht nur diejenigen, die gerade erst auf ihren Seelenverwandten getroffen sind und erste Schwierigkeiten haben, sondern auch Dual- und Zwillingsseelenpaare, die schon lange zusammen sind können in eine Krise miteinander geraten. Zum Glück passiert das nicht allen im gleichen Ausmaß. Diejenigen die sich in einer Krise befinden und schlechten, schmerzhaften oder gar keinen Kontakt zueinander haben, fragen sich selbstverständlich nach dem „Warum". Weitere Fragen folgen, denn der, oder die Betroffenen suchen nach einer Lösung, die sie aus ihrer Krise führen kann.

„Warum passiert gerade mir das?"

„Was soll ich jetzt nur tun?"

„Was soll mir das sagen?"

„Was soll ich daraus lernen?"

„Wozu ist diese Liebe gut, wenn sie doch nur wehtut?"

„Gehören wir wirklich zusammen, oder bilde ich mir das alles nur ein?"

„Was kann ich für mich selbst tun? Was kann ich für meinen Seelenverwandten tun? Was kann ich für uns tun?"

„Was ist der tiefere Grund für mein Leiden?"

Die Antworten auf all diese Fragen sind für die einzelnen Seelenpaare sehr bedeutend. Denn sie haben immer etwas mit uns selbst zu tun und natürlich auch mit unserem Seelenverwandten. Viele Menschen, die ihrer Zwillings- oder Dualseele begegnet sind, stellen sich diese oder ähnliche Fragen. Die Antworten darauf sind so verschieden wie die Menschen, die sie gestellt haben. Kein Mensch ist wie der andere und kein Dual- oder Zwillingsseelenpaar ist gleich. Versuche dich und deine Seelenliebe nicht mit anderen Seelenpaaren zu vergleichen – auch wenn das noch so verlockend ist. Versuche die Antworten auf deine Fragen für dich selbst zu finden. Es gibt viele Wege, die dir helfen mögen, die richtigen Antworten zu finden. Die Antworten, die dich im Leben weiterbringen, sind die Wegweiser deiner Seele. Deshalb kann man auch sagen, dass gerade solche Situationen, die viele Fragen aufwerfen, diejenigen sind die uns am intensivsten reifen lassen. Es ist wichtig, dass wir nie aufhören Fragen zu stellen und nach Antworten zu suchen. Denn so lernen wir uns selbst kennen und werden uns auch selbst bewusst.

Mit den Antworten auf diese Fragen tauchen sicherlich weitere Fragen auf. Das ist ganz normal, denn wer nicht mehr fragt und nichts mehr wissen will, der ist innerlich tot. Die Suche nach dem „Wozu" hat Menschen in jeglicher Hinsicht zu großartigen Gedanken, Erkenntnissen und Entwicklungen verholfen. Wenn wir die Wissenschaft betrachten, können wir erkennen, dass nur die Forscher, die immer wieder fragten und sich auch trauten ihre eigenen Erkenntnisse zu hinterfragen, bzw. infrage zu stellen, wirklich weiter kamen und Phänomenales erreichten.

Beachte hierbei bitte auch dein Herz und dein Gefühl. Denn dein Herz kann dir viele Fragen durch ein tiefes, inneres Wissen, durch deine eigene in dir vorhandene Weisheit beantworten. Dein Herz stellt keine Fragen – es beinhaltet die Antworten auf deine Fragen.

„Zu deiner Dualseele/Zwillingsseele kommst du nur durch dich selbst!"
„Nichts geschieht zufällig!"
„Eine Krise ist deshalb eine Krise für dich, weil sie von negativen Gefühlen begleitet ist. Diese negativen Gefühle zeigen dir, dass etwas nicht stimmt, nicht stimmig ist für dich. Das was du willst, ist im Widerspruch mit dem was ist. Die Realität stimmt nicht für dich so wie sie ist. Die meisten Menschen versuchen nun ihre Realität zu verändern. Doch meistens funktioniert das nicht. Manchmal ist die Realität nicht durch uns veränderbar. Wenn wir einverstanden sind mit dem was ist, also mit unserer Realität im Frieden sind, dann stimmen wir dem was ist zu. Wir sind nicht mehr in Widerspruch damit. Wenn wir einverstanden sind, dann haben wir auch keine negativen Gefühle mehr. Diese hören automatisch auf, wenn eine Situation mit uns stimmig ist, wenn sie für uns stimmt. Wir geben der Situation unsere Stimme und sagen „Ja" dazu."

Gerade die Begegnung mit seiner Dual- oder Zwillingsseele ist ein ganz besonderes Ereignis im Leben. Das ist ganz deutlich spürbar, denn die starken Gefühle, die dabei erlebt werden, stammen aus dem tiefsten Inneren und werden durch die Dual- oder Zwillingsseele hervorgeholt.

„Wie innen so außen und wie außen so innen!" So lautet ein kosmisches Gesetz. Es ist das Prinzip der Entsprechungen. Das bedeutet: Es gibt für alles eine Entsprechung auf dieser Welt. Was im Großen ist, das ist auch im Kleinen und umgekehrt. Wir Menschen erleben unsere Außenwelt entsprechend unserer Innenwelt. Wer nur negativ denkt, der wird auch in seiner Umgebung nur Negatives entdecken. (Das berühmte Haar in der Suppe) Wer aufgeschlossen ist, wird Offenheit ernten und wer liebt, der kann auch geliebt werden. Deine Außenwelt, sprich auch dein Seelenverwandter, verhält sich immer so, wie es deinem Innenleben entspricht. Er ist in gewisser Weise ein Spiegel. Dual- und Zwillingsseelen sind sehr drastische und intensive Spiegel füreinander. Niemand sonst vermag in einer so großen Deutlichkeit zu spiegeln, wie diese beiden intensiven Seelenbeziehungen. Umso heftiger werden unter Umständen Situationen erlebt, die durch die Dual- oder Zwillingsseele auftreten. Jeder, der seiner Dual- oder Zwillingsseele begegnet ist, wird früher, oder später solche Situationen erleben. Diese können natürlich sehr positiv, aber auch sehr negativ wahrgenommen werden. Je nachdem was dir dein Innenleben widerspiegelt.

Was kannst du also tun?

Du kannst nach dem Gesetz der Entsprechung dein Innerstes klären. Erlangst du in dir selbst Harmonie, Freude und Frieden, so wirst du das Entsprechende auch im Außen anziehen. Wenn du deine inneren Einstellungen, deine Standpunkte und deine Meinungen über dich selbst, das Leben und deine Mitmenschen änderst, dann wirst du auch frei, um im Außen dem Entsprechenden für deine Änderung zu begegnen. Dein Seelenverwandter wird ebenfalls entsprechend darauf reagieren. Nicht du änderst deinen Seelenverwandten, sondern du änderst dich selbst.

Wie macht man das?

An sich selbst zu arbeiten ist oft ziemlich schwer. Aber es gibt überall um dich herum Hilfen und wundervolle, effektive Methoden, die dich auf deinem Weg begleiten und unterstützen können. Mir persönlich hat die spirituelle Arbeit sehr geholfen. Aber auch Gespräche mit meiner Dualseele, mit anderen Menschen und meinen spirituellen Lehrern haben mich weitergebracht. Ich verbinde meine Spiritualität mit bodenständigen und praktischen Dingen. Somit erlebe ich eine wohltuende Ganzheit in allem was ich tue. Auch die Natur hat mir Dinge gezeigt, die sehr wertvoll für mich waren. Im Praxisteil stelle ich ein paar der Methoden vor, mit denen ich erfolgreich für mich selbst und andere arbeite. Es gibt selbstverständlich darüber hinaus noch viele weitere Möglichkeiten, die dir dabei behilflich sein können. Du wirst sie sicher entdecken, wenn du dich danach umsiehst.

Die Wahl des Weges ist ganz individuell und hängt von den persönlichen Vorlieben ab. Kein Weg ist besser oder schlechter als der andere. Er ist nur anders. Wichtig ist, dass du deinen eigenen Weg findest. Manchmal können es auch viele Wege sein, die dich ans Ziel bringen können. Es gibt aber immer einen Weg! Und dein ganz persönlicher Weg, ist der Weg, der dich zu dir führt und er liegt bereits zu deinen Füßen! Dein Weg ist für dich gut und er funktioniert. Du erkennst einen guten heilvollen Weg an seiner Wirkung auf dich.

Eine kleine Geschichte zum kosmischen Gesetz der Entsprechung

Ein Hund verirrte sich in einem Tempel, der voller Spiegel war. Der Hund sah sich plötzlich tausend anderen Hunden gegenüberstehen. Er sträubte sein Fell und knurrte so fürchterlich er nur konnte. Da sträubten die anderen tausend Hunde ebenfalls ihr Fell und knurrten ihn ebenso fürchterlich an. Der Hund rannte voller Angst vor dieser Übermacht bösartiger Hunde mit eingezogenem Schwanz aus dem Tempel und lebte verbittert mit der Meinung, die Welt würde nur aus bösartigen Hunden bestehen, bis ans Ende seiner Tage.

Ein anderer Hund verirrte sich ebenfalls in den Tempel. Als er den tausend Hunden gegenüberstand, die alle sein Spiegelbild waren, wedelte er voller Freude mit dem Schwanz. Da wedelten auch alle anderen Hunde freudig mit dem Schwanz. Sie freuten sich genauso, wie er sich freute. Der Hund ging immer wieder in den Tempel mit den freundlichen Hunden und lebte in dem Bewusstsein, dass die Welt voller freundlicher Hunde ist, die ihn wedelnd begrüßen.

Den Seelenverwandten loslassen und unser Seelenplan

„Meinen Seelenverwandten loslassen! Geht das überhaupt?“
Die Antwort hierauf ist: *„Ja und Nein!“*
Genauso wenig wie wir unsere biologische Verwandtschaft ändern können, genauso wenig geht das mit unserer seelischen Verwandtschaft. Unsere Eltern bleiben unsere Eltern, ob wir sie nun als solche annehmen wollen, oder nicht. Ebenso verhält es sich mit unseren Seelenverwandten. Die Seelenverbindung zwischen Seelenverwandten ist untrennbar! So wie wir im Irdischen mit unse-

ren biologischen Verwandten ein Leben lang blutsverwandt bleiben, so sind wir mit unseren Seelenverwandten in der Ewigkeit verbunden. Vorsicht, bitte verwechsle die Seelenverbindung nicht mit der feinstofflichen Verbindung (energetische Bänder). Diese können zu allen Menschen, auch zu Nicht-Seelenverwandten geknüpft und auch wieder gelöst werden. Dein Seelenverwandter ist dein Seelenverwandter, einerlei was auf der physischen Ebene in diesem Leben gerade geschieht. Und er wird auch immer dein Seelenverwandter bleiben. Diese Tatsache ist nicht zu ändern.

Die Gegebenheit, dass wir mit unserer Dual- oder Zwillingsseele zutiefst seelenverwandt sind, lässt sich also nicht ändern. Diese Verbindung können wir nicht lösen. Die mit uns so eng verwandte Seele steckt aber nun in einem Menschen, mit dem wir heftigste Probleme haben können. Das Loslassen wird, gerade was Seelenverwandtschaft betrifft, immer wieder empfohlen. Wenn schon die Seelenverwandtschaft nicht loszulassen ist, soll und kann man dann überhaupt den Menschen loslassen?

Der Mensch, in dem die Seele steckt, die wir so sehr lieben, hat natürlich seinen eigenen freien Willen und eventuell Lebensthemen, die nicht unbedingt mit den unseren im Sinne einer Liebesbeziehung übereinstimmen müssen. Überhaupt kann man sagen, dass es nur dann zu einer glücklichen Liebesbeziehung zwischen zwei Seelenverwandten kommt, wenn beide diese aus ganzem Herzen wollen. Unseren geliebten Seelenverwandten sollten wir insofern loslassen können, als dass wir seinen freien Willen respektieren und auch seine Entscheidungen.

Was wir aber unbedingt loslassen sollten, sind die Erwartungen, die wir in unsere Seelenliebe setzen. Die Dualseele und auch die Zwillingsseele sind geradezu prädestiniert für diverse Wunschvorstellungen, wie zum Beispiel, miteinander zu verschmelzen, Einssein zu wollen, eine Liebesbeziehung, Partnerschaft, Ehe, Familie gründen, miteinander zu leben etc. Bei dieser immensen Nähe, der unbeschreiblichen Energie, dem großen Gleichklang der Seelenstruktur und der Magie derselben Seelenenergie, wünscht man sich mit seinem Dual oder seinem seelischen Zwilling ein harmonisches Leben bis zum physischen Tod (und darüber hinaus) zu führen. Ich behaupte nicht, dass das niemals möglich ist. Die Erfahrung hat jedoch gezeigt, dass dieser Wunsch für manche ein Wunsch bleibt, oder zumindest sehr viel Zeit bis zu seiner Verwirklichung vergehen kann.

Unsere Seele will ihren Seelenplan zur Erfüllung bringen. Bevor wir inkarnieren, planen wir, bzw. unsere Seele, unser Leben. In diesem Plan, auch Seelenplan genannt, sind manche Ereignisse von unserer Seele fix festgelegt worden, andere hingegen unterliegen unserem freien Willen und sind sehr variabel. Unser Seelenverwandter spielt in unserem Seelenplan selbstverständlich eine große Rolle. Ebenso haben natürlich auch noch andere Menschen, Ereignisse und Begebenheiten eine bestimmte Bedeutung, die wir auch nicht unterschätzen dürfen. Lassen wir nicht rechtzeitig eine gemachte Erfahrung ziehen und wenden uns dem nächsten Schritt in unserem Leben zu, so blockieren wir unsere Entwicklung und stagnieren schlimmstenfalls. Das kann auch ein Grund dafür sein, dass wir, obwohl wir unseren Seelenverwandten kennengelernt haben, keine dauerhafte Liebesbeziehung mit ihm führen können. Du, dein Seelenverwandter, oder auch ihr beide, müsst vermutlich noch Stationen in eurem Leben durchlaufen, die ihr besser ohne, als miteinander absolvieren könnt. Manche Seelen haben spezielle Aufträge in ihrer Planung stehen. Solche Aufträge sind zum Beispiel Berufungen. Mutter Teresa ist eine sehr bekannte Person, mit so einem Auftrag gewesen. Auch die Berufung als Priester, Arzt, Heiler oder Künstler tätig zu sein, kann einem solchen Seelenplan folgen. Es kann sich auch um eine spezielle Passion wie Extrembergsteigen, die Weltmeere umsegeln, Expeditionen durchführen, etwas Bestimmtes erforschen, oder als Entwicklungshelfer in einem fernen Land tätig zu sein handeln. Nicht immer ist eine Partnerschaft ausgeschlossen, wenn einer von beiden seine Bestimmung lebt. In den meisten dieser Fälle gestaltet sich der Kontakt allerdings recht schwierig. Derjenige, der keinen besonderen Ruf seiner Seele vernimmt, verzweifelt schnell daran und wird sich vermutlich stark mit seinem Ego auseinandersetzen müssen. Aber auch das gehört zum großen Entwicklungsfeld der Seele dazu.

Sperrt man sich gegen den Fluss des Lebens und hält krampfhaft an seiner Vorstellung fest, der Sinn der Begegnung mit seinem Seelenverwandten läge ausschließlich in einer Partnerschaft, so blockiert man seinen Lebensplan und letztlich auch ein erneutes Aufeinandertreffen.

Es ist sehr wichtig, das alles zu verstehen und auch zuzulassen. Sicherlich ist es für viele schwer diese Aspekte in der Realität umzusetzen, denn sie sind teilweise mit starken Verlustängsten verbunden. Diese Ängste können auch dann entstehen, wenn wir das tiefe innere Wissen bereits besitzen, dass wir unseren Seelenverwandten nicht verlieren können. Die Seele, die uns so eng vertraut ist, verlieren wir niemals, denn wir sind mit ihr bis auf unseren tiefsten, seelischen Urgrund verbunden. Wohl aber können wir den Menschen, in dem diese Seele steckt, sehr wohl aus den Augen, aber niemals aus dem Sinn und auch nicht aus dem Herzen verlieren.

Wenn wir an diesem Punkt stehen, ist das Loslassen für unser Seelenheil unerlässlich. Nicht die Seelenverbindung sollen wir loslassen, sondern all das, was wir uns erhoffen, ersehnen, vorstellen, meinen es müsste so oder so sein, alles was wir erwarten und uns herbeiwünschen. Diese Vorstellungen, wie es sein sollte, stehen uns im Wege und unterbinden, dass wir zu unserer seelischen Bestimmung zurückfinden und unseren Lebensweg gehen können. So schwer das auch erscheinen mag. Für manchen scheint es unmöglich zu sein. Ja, es ist schwer, aber es ist möglich! Je mehr du wieder in Kontakt zu dir selbst, zu deiner Bestimmung und zu deinem Lebensweg kommst, desto näher rückt der Zeitpunkt, der dir deinen inneren Frieden wiederbringt.

Die eigenen Erwartungen, Sehnsüchte, Hoffnungen, Wunschvorstellungen loszulassen, ist im Hinblick auf die Dual- und Zwillingsseele nicht leicht. Es gibt jedoch sehr viel Hilfreiches das helfen kann all diese Dinge so zu wandeln, dass das Leben wieder fließt und du mit deinem Seelenplan verbunden bist. Solange du stagnierst und an diesen Vorstellungen krampfhaft festhältst, solange bist du nicht im Fluss des Lebens, das so Vieles für dich bereithält.

Nicht im Lebensfluss zu sein bedeutet:
Auf der Stelle stehen; sich im Kreis drehen; nicht vorankommen; blockiert sein; sich selber im Weg stehen; stagnieren; stillstehen.

Im Fluss des Lebens zu sein bedeutet:
In der eigenen Mitte sein; sich zur rechten Zeit am rechten Ort befinden und das auch fühlen; die innere Gewissheit haben, dass die Dinge so wie sie sind, genau richtig sind; Vertrauen ins Lebens haben; fühlen, dass das Leben voller Wunder ist, die nur auf deine Entdeckung warten; spüren, dass du im Hier und Jetzt getragen bist vom Leben.

Wenn du dich in deinem Lebensfluss befindest, dann hast du das Vertrauen, dass die Instanz in dir, die du bist, nämlich deine eigene Seele, genau weiß, was im Moment das Richtige für dich ist. Du wirst geführt von dir selbst und deinen geistigen Begleitern. Auch wenn in der Realität nicht immer alles nach deinen Vorstellungen geschieht, so stellst du dein Leben und dessen Sinn nicht infrage, sondern gibst dich ihm hin, wendest dich dem Leben zu und schaust nach vorne. Das Leben wird nicht mehr zur Arena, in der du deine Kämpfe ausfechten musst. Dein Leben wird so zum Schauplatz deiner Seele, die in ihm ihre Erfüllung findet und zur Entfaltung gelangt. Du machst deine wertvollen Erfahrungen hier, bist im Einklang mit dir und weißt, dass alles einen Sinn macht, auch wenn du mit deinem menschlichen Verstand diesen Sinn nicht immer sofort erkennen kannst. Das ist wahre Hingabe. Hingabe ans Leben, Hingabe an dich selbst!

Das, was ist, annehmen
Bevor wir loslassen können, ist es zuvor notwendig, anzunehmen. Damit meine ich: nicht mit der Situation zu hadern und in einem Jammertal zu versin-

ken, sondern zuerst dich selbst anzunehmen mit all deinen unerfüllten Hoffnungen, Sehnsüchten, deiner großen Liebe, deinem Schmerz, deiner Trauer und deinem Kummer. Als zweiter Schritt ist es wichtig, die Situation als solches anzunehmen. Und nun nimm deinen Seelenverwandten mit all seinen guten und auch seinen negativen Seiten an. Sei einverstanden mit dem was IST. Nur, wenn wir etwas annehmen, können wir es auch loslassen, bzw. durch die Liebe verwandeln. Annehmen bedeutet aber nicht hinnehmen. Wer hinnimmt, ergibt sich seinem Schicksal, statt sein Geschick selbst in die Hände zu nehmen. Können wir wirklich das, was ist, annehmen, so ist es uns möglich die negativen Aspekte zu transformieren, Belastendes loszulassen und Bereicherndes zu erkennen. Die Begegnung mit unserer Dual- oder Zwillingsseele kann zu einem Desaster werden, oder auch das schönste Geschenk sein, das uns unser Leben gemacht hat. Es kommt auf uns selbst an, was wir daraus machen.

Loslassen wollen und die Fixierung auf die Dualseele/Zwillingsseele
Viele Menschen, die ihre Dual- oder Zwillingsseele getroffen haben, erleben eine extrem starke Fixierung auf diese Person. Wird die Liebe im gleichen Maße erwidert, so fühlt sich diese Fixierung wundervoll und erfüllend an. Wir denken viel an den anderen und der geliebte Mensch ist immer irgendwie präsent, auch wenn er nicht körperlich in der Nähe ist. Wir genießen die Energie, die entsteht, wenn die Liebe zwischen uns fließt, und blühen auf in der Nähe des, oder der, Geliebten. Sicherlich fühlen wir starke Sehnsucht, wenn er nicht bei uns ist. Es gelingt uns wahrscheinlich besser damit umzugehen, wenn sich unser Seelenverwandter genauso nach uns sehnt, wie wir nach ihm. Fließt die Liebe gleichermaßen zwischen zwei seelenverwandten Menschen, fühlen beide eine große Erfüllung miteinander.

Erwidert unser Seelenverwandter die Liebe nicht in derselben Weise, oder ist die Beziehung zu ihm aus anderen Gründen belastet, dann kann die Fixierung auf ihn zur unerträglichen Qual werden. Er ist energetisch IMMER präsent, aber körperlich unerreichbar. Jeder Gedanke an ihn ist zwar von großer Liebe, aber auch von unerfüllter Sehnsucht begleitet. Diese Sehnsucht kann extrem stark und quälend werden. Viele Menschen haben dann das Gefühl den geliebten Menschen dringend zu brauchen und ohne ihn kein Glück und keine Lebensfreude mehr empfinden zu können. Manche glauben gar ohne ihn keinen Sinn im Leben mehr zu haben und deshalb nicht mehr leben zu wollen. Dieses Dilemma kann sehr große Ausmaße annehmen. Die Betroffenen fühlen sich nicht mehr in der Lage ihr Leben zu leben. Bei manchen leidet der Beruf, bei anderen treten Freunde und Familie in den Hintergrund und wieder andere verwahrlosen gar, weil sie es in ihrem tiefen Schmerz nicht mehr schaffen auf sich selbst zu schauen. Bei manchen bricht sogar das ganze Leben zusammen und sie vermögen nicht mehr, ohne fremde Hilfe aus ihrer Negativspirale herauszukommen.

Die starke Fixierung selbst ist genau die Blockade, die transformiert werden muss, damit wieder eine Annäherung geschehen kann. Stehen wir uns durch eine starke Fixierung auf unseren Seelenverwandten selbst im Wege, so bewirkt diese Tatsache genau das Gegenteil dessen, was wir uns wünschen. Wir treten auf der Stelle und wünschen und sehnen uns vergebens. Bei manchen währt dieser Zustand monatelang, bei manchen sogar jahre- oder gar jahrzehntelang. Und irgendwann stellen wir dann vielleicht erschrocken fest, an unserem Leben vorbei gelebt zu haben. Das ist nicht der Sinn unseres Daseins. Wir persönlich sind die Hauptakteure in unserem Leben und dürfen uns nicht selbst auf die hinteren Plätze im Zuschauerraum begeben. Nehmen wir es also an – UNSER Leben!

Die Blockade selbst wird meist als Loslassen-wollen, oder als die Notwendigkeit loslassen zu müssen, gefühlt. Viele Menschen glauben, dass sie den anderen nicht loslassen können. Aber sie denken auch, dass sie ihn loslassen sollten. Sie können es jedoch nicht, weil sie ihn ja lieben und weil dieser Mensch in jedem ihrer Gedanken ist. Morgens wachen sie mit dem ersten Gedanken an den Geliebten auf und schlafen abends mit dem letzten Gedanken an ihn ein. Das viel propagierte Loslassen funktioniert nicht, oder nur unter großen Mühen, mit ständigen Rückschlägen. Und manch einer tut „so als ob" in der Hoffnung sich selbst zu überlisten. Dort wo unsere Gedanken sind, dort ist unsere Aufmerksamkeit und worauf wir unsere Aufmerksamkeit richten, dahin fließt unsere Energie. Ich traf in der Vergangenheit auf viele Menschen, die den größten Teil ihrer Energie in Gedanken an den Seelenverwandten, beziehungsweise in den negativen Kontakt zu ihm fließen ließen und sich dadurch von ihrem eigenen Leben entfernten. Das Fatale an der Sache ist, dass je mehr wir unsere Energie in eine Seelenverbindung fließen lassen, zu der wir keinen realen Kontakt mehr haben, desto stärker wird die Angelegenheit durch unsere Energie. Der schlechte Kontakt, oder auch der Nicht-Kontakt werden mehr. Ein geistiges Gesetz besagt: Dort wo unsere Aufmerksamkeit ist, dort fließt unsere Energie hin. Wenn wir nun keinen, oder nur schlechten Kontakt zu unserem Seelenverwandten haben und in Gedanken häufig in diesem Dilemma verhaftet sind, dann fließt unsere Energie genau dorthin – nämlich in den Nicht-Kontakt. Unsere Energie stärkt diesen immer mehr und mehr. Das ist ein vertrackter Teufelskreis, den wir unterbrechen sollten.

Wie so häufig ist auch hier der Schlüssel für die Lösung aus diesem Konflikt ganz woanders zu finden. Die Fixierung auf den Seelenverwandten bewirkt, dass wir uns immer mehr von uns selbst entfernen oder sogar schon entfernt haben. Unsere Konzentration liegt ganz beim anderen. Wir machen uns ständig Gedanken über unseren Seelenverwandten und über unser angespanntes Verhältnis zu ihm. Dieses Verhalten ist teilweise so stark automatisiert, dass wir meinen, wir würden von seinen Energien überschwemmt werden. Dabei merken wir gar nicht, dass sich ein Aspekt von uns selbst abgespalten hat und sich ständig um die/den Geliebte(n) dreht. Wenn wir uns nun wieder auf uns selbst besinnen, die Fixierung aufgeben und somit den anderen loslassen können, dann geschieht oft genau das, was wir uns vorher so sehr gewünscht haben. Unser Seelenverwandter kommt wie von Zauberhand geführt auf uns zu, bzw. die Beziehung entspannt sich, löst sich positiv und kann heilen. Die Fixierung ist gleichzeitig die Fessel, die uns auf ungute Weise an unseren Seelenverwandten bindet. Aber Fesseln verbinden nicht, sie trennen. Die Liebe fließt nicht mehr, sie stockt und fühlt sich nicht mehr gut und lebendig an. Traurige und hoffnungslose Gefühle stellen sich ein. An dieser Stelle möchte ich erwähnen, dass es selbstverständlich keine Garantie dafür gibt, dass dein Seelenverwandter tatsächlich wieder in dein Leben kommt, wenn du ihn erfolgreich „loslassen" kannst. Was dir jedoch garantiert ist, ist, dass du wieder mit dir selbst verbunden bist – und das ist sehr viel wert.

„Der Schlüssel liegt also darin, den Zugang zu sich selbst, zur eigenen Seele zu finden. Deine eigene Seele ist es doch, die mit deinem Seelenverwandten aufs Intensivste verbunden ist. Habe ich Zugang zu MIR, dann habe ich automatisch Zugang zu meiner anderen Hälfte! Wenn ich durch mich selbst hindurch zu meinem Seelenverwandten gehe, dann gehe ich den direkten Weg! Zu meiner Dual- oder Zwillingsseele komme ich nur durch mich selbst! Ich selbst bin das Tor und der Schlüssel gleichzeitig!"

Noch ein paar Worte zum Nachdenken über das Thema „Loslassen"
Das Wort „loslassen" besteht aus zwei Wörtern, nämlich aus „los" und aus „lassen". Setzen wir das Wort „Los" mit seinem Synonym für Schicksal gleich, dann kommen wir auf eine spezielle Bedeutung des Wortes „loslassen". „Loslassen" bedeutet in diesem Kontext, wir sollten unser Los (Schicksal) lassen. Bedeutet das, wir sollen uns unserem Schicksal ergeben? Nein! Denn „Loslassen" bedeutet nicht sich fatalistisch dem Schicksal zu ergeben. Sein Los zu lassen, besagt eher, sich einzulassen, sich dem Leben hinzugeben, dem Leben und seinem „Los". Denn unser „Los", unser „Schicksal", ist das, was unsere Seele uns schickt. Deshalb ist das „Geschick" eine andere Bezeichnung für „Schicksal". Unsere Seele schickt uns Gelegenheiten, durch die

wir uns entwickeln und wachsen können. Und sie schickt uns auch Situationen und Menschen, die wir brauchen, um unsere Lebensthemen anzunehmen und positiv zu transformieren. Wenn wir aus diesen Erkenntnissen heraus sagen, dass wir „Loslassen", also unser „Los" einfach geschehen lassen, dann erklären wir uns einverstanden mit der Lektion unseres Lebens.

Wenn wir unser Los lassen, dann kann es sich entfalten und entwickeln. Halten wir es aber zurück, dann begrenzen wir es, engen es ein. So findet weder Entfaltung noch Entwicklung statt. Ein Mensch, der sein Los lässt, wird bemerken, dass er wie von Zauberhand zu anderen Begebenheiten und/oder Menschen geführt wird, die Heilung, Entwicklung und Lösungen geben können. Dieser Mensch ist im Fluss, ist in Bewegung – er lässt zu, dass sein Los sich erfüllen und entwickeln kann. Er hadert nicht damit, sondern sagt „Ja" zu den Herausforderungen seines Lebens und „Ja" zu seinem Leben!

Wie kann man es erreichen, sein Los einfach zu lassen? Das geht natürlich nicht von heute auf morgen – es ist ein Prozess. Sinn macht es auf jeden Fall sich Hilfe und Unterstützung zu suchen. Diese Hilfe kann unterschiedlich aussehen. Es können Freunde sein und Gleichgesinnte, die das gleiche Los haben. Es kann sich auch um professionelle Hilfe handeln. Aber das Wichtigste ist deine innere Einstellung zu deinen Lebensthemen.

Selber kannst du natürlich auch vieles für dich tun. Wichtig ist es, aus der Opferrolle rauszukommen. Denn du bist kein Opfer der Umstände. Das, was dir widerfährt, dient deinem besten Wohle, auch wenn du es im Moment nicht erkennen kannst. Im Laufe der Zeit wird dir sicher vieles bewusst werden. Versuche nicht gegen dein Los, dein Schicksal zu arbeiten und auch nicht damit zu hadern. Versuche besser es zu akzeptieren und das, was deine Seele dir schickt, als Herausforderung zu betrachten. Selbstverständlich ist das nicht immer leicht. Aber du wirst sehen, je mehr du dich einverstanden erklärst, desto besser kannst du dein Schicksal annehmen und du wirst erkennen, dass du dein Leben selbst gestalten kannst. An diesem Punkt kehrt sich das Drama um. Hier kann sich das „Los" transformieren, oder durch vollkommenes Einverständnis in dein Leben einfügen, Bestandteil werden. Hier spricht man auch von Fügung. Die Redewendung: *„Sich seinem Schicksal zu fügen"* sagt es schon. Wer sich fügt, der lässt zu, dass sich die Dinge zusammenfügen. Er ist offen für das was kommen mag. Öffne dich deiner Bestimmung und alles wird sich fügen – von ganz alleine. Der Ausspruch *„Das Schicksal hat es so gefügt"* bedeutet einen guten Ausgang, einer schicksalhaften Begebenheit. Sich dem zu fügen, was einem seine Seele schickt, besagt auch einverstanden zu sein, mit dem Plan seiner Seele. Bedenke bitte, dass nicht alles, was auf den ersten Blick negativ aussieht, auch so sein muss. Und bedenke auch, dass das Schicksal sehr viele gute und positive Dinge für uns bereithält. Im Grunde genommen ist alles was uns widerfährt positiv. Auch wenn wir das in vielen Fällen erst im Nachhinein erkennen können. Wichtig ist es, sich innerlich entsprechend auszurichten. *„Gleiches zieht Gleiches an!"* ist keine esoterische Phrase, sondern ein kosmisches Gesetz.

> *„Nicht jede unglückliche Liebe ist eine Seelenverbindung.*
> *Nicht jede Seelenverbindung ist unglücklich. "*

Verschiedene Beziehungstypen zum Thema „Loslassen"
Zum Thema Seelenverwandtschaft und „Loslassen" hört man bisweilen, dass es immer einen Menschen gibt, der der- bzw. diejenige ist, welcher loslassen muss und der andere derjenige ist, der zu seinen Gefühlen stehen lernen soll. Hierzu kann ich aus meiner persönlichen Erfahrung berichten, dass es selbstverständlich solche Seelenbeziehungen gibt. Sie zeichnen sich gerade dadurch aus: Zwei Seelenverwandte begegnen sich und entflammen in tiefer Liebe füreinander. Dem einen Seelenverwandten wird das früher oder später zu viel. Er hat beispielsweise Angst vor dieser extremen Nähe. Daraufhin zieht er sich zurück. Der oder die Verlassene muss nun seinerseits damit zurechtkommen und sich im sogenannten Loslassen üben. Es bleibt ja auch gar nichts anderes übrig als den geliebten Menschen in Liebe ziehen zu lassen. Weiterhin heißt es, dass, wenn der Weggelaufene schließlich zu seinen Gefühlen stehen kann und sich traut seine große Liebe zu leben, dann kommt er zurück und die Seelenbeziehung kann gelebt werden. Solche Seelenbeziehungen gibt es selbstverständlich. Doch leider stellen sie absolut keine Regel dar. Es ist nicht gewiss, dass der Seelenverwandte zu einem zurückkommt, ungeachtet dessen, ob man ihn nun losgelassen hat, oder nicht.
Es gibt weiterhin viele unterschiedliche Meinungen darüber, wie sich der Verlassene verhalten sollte, damit der geliebte Mensch wieder ins Leben treten kann. Schafft man es beispielsweise, seine innere Einstellung entsprechend zu verändern, dann sollte der andere wiederkommen können. Insofern ist man immer selbst dafür verantwortlich, wenn es mit dem Seelenverwandten nicht funktioniert. Mir ist dieser Ansatz zu einseitig. Denn es gibt leider auch allzu oft diejenigen, bei denen der Mensch nie wieder ins Leben kommt. Nach der Trennung ist es vorbei und bleibt auch so. Ob nun der oder die Verlassene ihre Dual- oder Zwillingsseele loslässt oder auch nicht – es macht keinen Unterschied. Der „Weggelaufene" kommt nicht mehr zurück. Bei manchen mag es noch ein paar Mal pingpongartig hin und her gehen, aber letztlich bleibt die Trennung die Realität. Manche vermuten, es könne sich in so einem Falle nur um eine karmische Verbindung handeln. Das ist manchmal, aber nicht immer so. Auch bei Dualseelen und Zwillingsseelen kommt es immer wieder vor, dass es keinen gemeinsamen Weg im Leben gibt.

Ich persönlich habe viele Menschen kennengelernt, die eine solche Seelenbeziehung haben. Viele der Betroffenen waren der Ansicht es wäre das Normale in einer Seelenverbindung und würde eine besondere Lernaufgabe darstellen. Ich kann dazu sagen, dass es zum Glück nicht die Regel ist, dass einer wegläuft, damit der andere die Aufgabe des Loslassens hat. Freilich gibt es diejenigen, die diese Thematik haben. Aber es gibt auch die Menschen, die verlassen werden und für die es nicht angesagt ist loszulassen, sondern genau das Gegenteil zu tun. Denn für sie war das Loslassen genau das, was sie schon immer tun mussten. Es gibt auch noch jene, die hinterfragen sollten warum sie denken, der geliebte Seelenverwandte habe Angst vor Nähe. Oftmals spiegelt uns unser Herzensmensch lediglich die eigene oft unbewusste Angst vor Nähe wider. Diese Thematik ist so komplex, dass ich es fatal finde sie auf einen Punkt zu reduzieren.

Nicht jeder Seelenverwandte der wegläuft hat Angst vor Nähe und muss lernen zu seinen Gefühlen zu stehen. Und nicht jeder Verlassene hat die Aufgabe loszulassen. Für manche Menschen ist es auch angesagt auf den Menschen ihres Herzens zuzugehen und ihm zu zeigen wie sehr sie ihn lieben und wollen.

Deshalb empfehle ich dir an diesem Punkt genau zu hinterfragen, wie es für dich und deinen Seelenverwandten ist. Denn alle Informationen, die du lesen oder von anderen Menschen hören kannst, sind aus deren Erfahrungen entstanden. Sie können, müssen aber nicht mit dir und deiner Seelenliebe konform gehen. Fühle die Wahrheit in dir. Wenn du fühlst, dass das, was du liest oder hörst, sich gut, richtig und stimmig für dich anfühlt, dann stimmt es auch für dich. Finde deinen eigenen Weg, erkenne ihn und gehe ihn. Dein Weg macht dich frei und glücklich, denn er ist dein Weg! Er ist so einmalig und wundervoll wie du selbst und wie deine Seelenbeziehung.

Ich habe im Laufe der Zeit einige Menschen kennengelernt, die überhaupt kein Gefühl für sich und für das, was für sie stimmig ist, haben. Diese Menschen sind extrem beeinflussbar von anderen. Dieser Einfluss kann gut, aber auch schlecht sein. Falls du dich zu diesen Menschen zählst, empfehle ich dir erst mal Zugang zu dir selbst zu bekommen. Denn, wenn du nicht fühlst, dass eine Methode sich für dich gut und stimmig anfühlt, dann kann es sein, dass sie dir mehr schadet als einen Nutzen bringt.

Fallbeispiel zum Thema „Loslassen"

Meinen Seelenverwandten lernte ich auf meiner Arbeitsstelle kennen. Ich war schon länger in der Firma beschäftigt, als er eingestellt wurde. Schon als ich ihn zum ersten Mal sah, dachte ich *„Wow! Was für ein Typ!"* Es passierte, was wohl bei Dualseelen passieren musste – wir lernten uns näher kennen und verliebten uns augenblicklich ineinander. Ich wusste, dass er derjenige ist, auf den ich mein Leben lang gewartet habe. Und ich wusste, dass ich ihn will. Nie war mir etwas deutlicher als das. Es war so klar und so bestimmt, als wäre es eine feste Größe, oder als wäre unsere Begegnung schon seit Anbeginn der Zeit festgelegt worden.

Es kam so, wie es bei vielen Dualseelenpaaren passiert. Wir liebten uns eine Weile, dann zog er sich zurück und wies mich immer wieder mit fadenscheinigen Erklärungen ab. Irgendwann brach der Kontakt dann ganz ab. Er wurde in eine andere Abteilung versetzt und somit sehen wir uns in der Firma nur noch sehr selten. In diesen Augenblicken schaut er weg und tut so, als würde es mich gar nicht geben. Das tat mir anfänglich wahnsinnig weh. Jetzt ist es schon länger gut, so wie es ist.

Nachdem er sich zurückzog suchte ich Hilfe bei anderen. Einstimmig waren diese der Meinung ich sollte ihn loslassen, denn er könne nur auf diese Weise Zugang zu seinen Gefühlen bekommen. Er müsse sich seiner Gefühle bewusst werden und ich müsse ihn loslassen. Das wäre unsere Aufgabe und wenn wir das geschafft haben, können wir erst zusammenkommen. Ich wollte ihn nicht loslassen, denn ich liebe ihn ja. Wie soll ich einen Menschen loslassen, den ich von ganzem Herzen will. Die Argumente, die dann kamen waren mir zu abgehoben. Das war nicht meine Welt. Aber dennoch suchte ich in meiner Verzweiflung eine Hellseherin auf. Sie sagte, er wäre mein Dual. Und auch sie sagte, ich müsse ihn loslassen damit er kommen kann. Welch ein Paradox für mein Herz.

Ich habe ihn nie losgelassen, bis heute nicht, denn ich liebe ihn mit jeder Faser meines Herzens und mit meiner ganzen Seele. Was ich aber losgelassen habe, sind meine Wunschträume, meine überzogenen Erwartungen an ihn, an mich und an uns, den Standpunkt die Dualseele *muss* der Mann fürs Leben sein, meine Träume und auch meine Hoffnungen. Ja, auch die habe ich los-, oder besser gesagt, ich habe sie freigelassen. Ich klammere mich nicht mehr an die Vorstellung ER müsse es sein – ER *der* Mann für mein restliches Leben. Wie ich das geschafft habe, kann ich gar nicht so recht erklären. Ich habe einige Dinge getan, die mir dabei geholfen haben. Aber das Wichtigste überhaupt, das ich getan habe, war: ich habe „JA" zu mir selbst gesagt, „JA" zum glücklich sein und „JA" zu einer glücklichen und erfüllten Partnerschaft. Ja, eine Partnerschaft mit wem? Mit demjenigen, der zu mir passt im Leben. Es nutzt mir gar nichts mit meinem Dual so wundervoll seelenverwandt zu sein, wenn er mich im Leben überhaupt nicht will. Es war ein Weg voller Steine, Tränen und Kummer. Ich dachte ich schaffe es nie. Aber ich habe es geschafft. Ich habe es genau in dem Moment geschafft als ich mich von meinen Vorstellungen und Konstrukten, wie es sein sollte, ab- und zu mir hingewendet habe.

Das war der Knackpunkt für mich. Ich brauchte *ihn* gar nicht loslassen – ich brauchte nur mich selbst anzunehmen und mich mir selbst zuzuwenden. Ich habe mich angenommen – mit allem was ich bin, auch mit ihm in meinem Herzen. Seit geraumer Zeit ist da ein anderer Mann. Ihn liebe ich ebenfalls. Sehr sogar! Er scheint auch irgendwie seelenverwandt mit mir zu sein. Aber das ist nicht das Entscheidende für mich. Entscheidend ist, dass er mich auch so liebt, wie ich ihn liebe. Ich bin glücklich und ich weiß nun, dass es im Leben einen Partner geben kann, der einen ganz besonderen Platz in meinem Herzen hat. Mein Herz ist so groß, ich kann beide lieben. Ich weiß jetzt, was für mich der Spruch: *„Ich will DEN Mann fürs Leben!"* bedeutet. Mein Dual ist nicht der Mann, der mich im Leben begleitet. Er ist mein Seelenmann. Aber mein jetziger Partner, der ist der Mann, den ich im Leben habe. In diesem aktuellen Leben ist er hier bei mir! Und er macht mich glücklich. Ich habe verstanden, dass loslassen nicht gleich loslassen ist. Meine Dualseele habe ich nie losgelassen – er ist in meinem Herzen. Ich habe alle meine eigenen inneren Konstrukte losgelassen. Mein größtes Vorurteil über Dualseelen war die Vorstellung, meine Dualseele *müsse* mein Mann fürs Leben sein.

Schlüsselthemen in Dual- und Zwillingsseelenbeziehungen

Dual- und Zwillingsseelenbeziehungen werden in der Regel von sogenannten Schlüsselthemen geprägt. Schlüsselthemen sind die Themen, die unser Seelenverwandter immer wieder in uns berührt und hervorholt. Natürlich geschieht dies auch im umgekehrten Fall und wir selbst berühren diese Punkte ebenso in unserem Seelenverwandten. Es gibt positive Schlüsselthemen und negative. Wobei wir den positiven häufig keine große Beachtung schenken. Sie sind einfach nur schön und wir nehmen sie als Selbstverständlichkeit hin. Die negativen Schlüsselthemen jedoch, das sind genau DIE Themen, die uns an den Rand der Verzweiflung bringen und an der ganzen Zwillings- und Dualseelenthematik verzweifeln lassen können. Und es sind auch genau die Themen, die leider vielfach dafür verantwortlich sind, wenn die Beziehung zu unserem Seelenverwandten erschwert ist, oder gar eine Trennung vorliegt.

Was für Themen kommen als Schlüsselthemen vor?

Schlüsselthemen können alle individuellen Themen sein, die uns Probleme bereiten. Wie gesagt, es gibt auch positive Schlüsselthemen. Bei den negativen Schlüsselthemen liegt immer ein Bereich vor, der in uns selbst nicht ganz im Sinne von Heilsein ist. Unsere Dual- oder Zwillingsseele spielt uns diese

Themen immer wieder zu – und zwar solange, bis wir sie bearbeiten und sie in uns heilen konnten. Umgekehrt werden wir unseren Seelenverwandten ebenfalls mit entsprechenden Themen konfrontieren.

Je unangenehmer wir das Schlüsselthema empfinden, desto mehr liegt bei uns im Argen und will geheilt werden. Unser Seelenverwandter ist nicht für unser Heil verantwortlich. Das sind nur wir selbst. Er spiegelt uns lediglich unser Thema. Wenn ihre Beziehung funktioniert, dann unterstützen sich die meisten Dual- und Zwillingsseelenpaare sehr in ihrem gegenseitigen Heilungsprozess. Ist ihre Beziehung blockiert, so ist bei den meisten Paaren auch der Heilungsprozess blockiert. In seltenen Fällen wirkt dieser unter Umständen aber auch auf anderen Ebenen, die völlig unabhängig von unserer irdischen Ebene sind, sofern diese nicht von der Blockade betroffen sind.

Dualseelen bergen das Potenzial in sich, sich gegenseitig zu heilen, bzw. ihren Heilungsprozess zu unterstützen. Was sich so wundervoll anhört, kann für die Betroffenen eine richtige Knochenarbeit bedeuten. In der Liebe und vor allem in der Beziehung zu bleiben, wenn der Seelenverwandte ganz zielgerichtet all die schmerzlichen Themen hervorholt, stellt eine sehr große Herausforderung an beide dar. Der eine, den diese Themen betreffen, ist gefordert in der Beziehung zu bleiben und nicht wegzulaufen, während der andere die Tatsache aushalten muss, dass er der Auslöser für diese Themen ist. Häufig findet ein Wechselspiel statt. Mal ist der eine der Auslöser für ein Thema, dann wieder der andere. Meist geht das eine Weile hin und her. Sehr heftig ist es, wenn die gegenseitigen Themen miteinander korrelieren und beide gleichzeitig gegenseitige Themen auslösen. Hier ist das Potenzial der größten Heilungen, aber auch gleichzeitig die größte Gefahr für eine Trennung gegeben.

Zwillingsseelen unterstützen sich auf andere Weise als Dualseelen in Bezug auf ihre Schlüsselthemen. Da Zwillingsseelen sehr ähnlich, manchmal sogar identisch fühlen und handeln, verstehen sie einander sehr gut. Allein die Tatsache, dass der geliebte Mensch die eigenen Gefühle und Verhaltensweisen nachvollziehen kann, hilft sehr mit den Themen umzugehen.

Obwohl uns unsere Dual-, wie auch unsere Zwillingsseele bei unseren Themen unterstützen können, müssen wir sie dennoch selbst lösen und heilen. Das heißt Heilung in uns zulassen können und wollen.

Übung:

Nimm dir für folgende Übung etwas Zeit. Ziehe dich an einen ruhigen Ort zurück, an dem du dich wohlfühlst und nicht gestört werden kannst. Lege dir Papier und Stift zurecht. Nun denke einmal über deine Seelenbeziehung nach. Mache das aber nicht nur mit dem Verstand, sondern achte auch darauf, dass du mit deinem Herzen dabei bist.

Frage dich nun, welche Punkte dein Seelenverwandter in dir berührt. Fange dabei mit den schönen Erfahrungen an. Was berührt dein Seelenverwandter in dir, das positive Gefühle hervorruft? Schreib alles auf, was dir spontan einfällt. Hinterfrage dabei nichts, sondern schreibe einfach. Wenn du damit fertig bist, atme ein paar Mal tief ein und aus. Stehe vielleicht auch auf und recke und strecke dich, oder gehe etwas hin und her. Das ist wichtig, damit du Abstand bekommst. Denn nun sollst du dich auf alle die Punkte konzentrieren, die dein Seelenverwandter in dir berührt und schlechte Gefühle damit auslöst. Denke dabei an Gespräche, Streitereien, Situationen etc. Achte auch hier darauf, dass du nicht nur im Verstand bist. Schreibe ebenfalls alles nieder, was dir spontan in den Sinn kommt und analysiere es nicht. Schreibe alles so auf, wie es dir einfällt. Und ganz wichtig – achte auch hier immer wieder auf deine Gefühle.

Wenn du damit fertig bist, dann steh auf und mach etwas anderes. Geh spazieren, oder mache etwas, das deine Aufmerksamkeit erfordert, damit du Abstand zu dieser Übung bekommst. Denke am besten gar nicht mehr daran. Ein paar Stunden später, oder auch erst am nächsten Tag, nimmst du dir das Blatt mit deinen Notizen und liest es dir noch einmal durch. Sei nun ganz ehrlich mit dir und überlege, welche Punkte deine persönlichen (Schwach)Stellen sind. Diese haben nichts mit deinem Seelenverwandten zu tun. Sie sind deine persönlichen Punkte, die er nur aus dir hervorgeholt hat. Du kannst deinem Seelenverwandten danken, dass er dies für dich tut. Denn nur durch die große Liebe zwischen euch könnt ihr euch euren tiefsten Ängsten und wundesten Punkten stellen. Sei ganz ehrlich mit dir und du wirst dir deiner Schwachstellen immer bewusster. Nur wenn du dir ihrer bewusst bist, kannst du sie für immer heilen. In jeder unserer Schwächen sind enorme positive Potenziale enthalten. Deine Schwächen können zu deinen größten Stärken werden, wenn du sie verwandelt hast. Dein Seelenverwandter hilft dir dabei.

Erfahrungen und Entwicklungen bei Dual- und Zwillingsseelen

Dualseelen und Zwillingsseelen sind auf besondere Weise miteinander verbunden. Viele Erfahrungen, Themen und Entwicklungen durchleben sie gemeinsam – auch in den Zeiten, in denen sie keinen realen Kontakt zueinander haben. Erfahrungen und Entwicklungen sind immer sehr persönlich zu betrachten, aber dennoch gibt es ein gewisses Schema, in dem sich die individuellen Erfahrungen bewegen. Es bestehen dabei deutliche Unterschiede zwischen Dual- und Zwillingsseelenbeziehungen.

Machen Dualseelen und Zwillingsseelen immer gleiche Erfahrungen und Entwicklungen im Leben?

Im Einzelfall ist diese These nur schwer zu beantworten. Auch hier empfehle ich, nicht von der einen auf eine andere Seelenbeziehung zu schließen. Was für das eine Paar zutrifft, kann für ein anderes Seelenpaar vollkommen anders aussehen. Manche behaupten sogar, es wäre ein Beweis für eine Seelenverwandtschaft, wenn man gleiche Erfahrungen und Entwicklungsschritte macht und es würde sich nicht um eine enge Seelenverbindung handeln, wenn es nicht so ist. Nach meiner Erfahrung ist auch dieser Punkt sehr individuell zu betrachten. Die meisten wissen schließlich gar nicht welche Erfahrungen und Entwicklungen ihr Seelenverwandter gerade macht, oder schon gemacht hat. Und sie wissen auch nicht, auf welche Weise er diese erlebt hat. Häufig beobachte ich, dass einer von beiden heute Erfahrungen macht, die der andere schon vor vielen Jahren gemacht hat und umgekehrt. Das heißt, die Erfahrungen, die ich heute mache, muss mein Seelenverwandter nicht ebenfalls aktuell erleben. Es mag sein, dass er das, was du heute erfährst, schon längst durchlebt hat, oder aber irgendwann in der Zukunft durchleben wird. Das ist von großem Vorteil, da wir uns somit gegenseitig an unseren Erfahrungen teilhaben lassen können. Sowohl im realen Leben, aber auch auf feinstofflicher Basis. Unsere Seelen stehen sowieso in ständigem Austausch miteinander. Auch wenn uns das nicht bewusst ist.

Bei diesem Thema sind durchaus Unterschiede zwischen Dual- und Zwillingsseelenpaaren erkennbar. Nicht in allen, aber in den meisten Fällen werden die Gegensätzlichkeit der Dualpaare und die Gleichheit der Zwillingsseelenpaare deutlich. An dieser Stelle möchte ich noch einmal erwähnen, dass es durchaus ein gewisses Grundschema gibt, in dem sich die Individualität der Erfahrungen und Entwicklungen bewegt. Auch hier ist es sinnvoll, sich in erster Linie auf die eigene Seelenverbindung zu beziehen und nicht unbedingt von anderen auf sich selbst zu schließen.

Dualseelen

Dualseelen sind innerlich, was ihre Gefühls- und Gedankenwelt betrifft, nicht nur dual, sondern auch polar. Das heißt, sie stehen sich genau gegenüber und so wie heiß und kalt die beiden extremen Ausprägungen von Temperatur beschreiben, so stellen Dualseelen die gegensätzliche Ausprägung ihrer Seelenessenz und ihres Innenlebens dar. Sie erleben häufig ähnliche oder identische Lebenssituationen, auf die sie vollkommen gegensätzlich reagieren. Auf der anderen Seite machen sie aber auch entgegengesetzte Erfahrungen, die dieselbe Grundthematik haben und auf die sie sehr ähnlich oder gar identisch reagieren.

Dualseelen leben beides – Gegensätzliches *und* Identisches. Beides verbindet sie auf sehr eindrückliche Weise. Sie sind weder absolut gleich, noch total verschieden. Sie ergänzen und vervollständigen sich in ihrer Gegensätzlichkeit und in ihrer Gleichheit, wie keine andere Seele es auf diese Weise könnte. Dies bringt auf der einen Seite wunderschöne, harmonische Momente hervor, aber auch Situationen, in denen sie sich durch ihre Gegensätzlichkeit bedingt, überhaupt nicht einig sind. Und genau in solchen Situationen entsteht Reibung. Durch Reibung entsteht wiederum Wachstum. Wenn Dualseelen füreinander offen und miteinander in Kommunikation bleiben, dann schaffen sie es leichter als alle anderen seelischen Verbindungen, diese Hürden zu transformieren und zusammen in ihre gemeinsame Mitte zu gehen, in der sie ihre Potenziale leben können.

Fallbeispiel:
Gleiche Situation – gegensätzliche Reaktion
Petra und Christoph sind Dualseelen. Beide haben in jungen Jahren einen Elternteil verloren. Petra ist daran gewachsen und fand als erwachsene Frau ihre Berufung darin, trauernden Kindern zu helfen. Christoph litt noch immer sehr unter dem Verlust seiner Mutter, als er Petra kennenlernte. In ihrer Beziehung als Dualseelen gelang es Petra, ihm zu helfen. Das funktionierte aber erst dann, als Christoph soweit war und ihre Hilfe auch zulassen konnte.
Christoph war nach dem Tod seiner Mutter bei seiner Tante in Bayern groß geworden. Dort lernte er mit seinem gleichaltrigen Cousin das Klettern. Das Klettern half ihm, selbstbewusst zu werden und seinen Platz im Leben zu finden. Sehr bald kletterte er sogar Touren in oberen Schwierigkeitsgraden. Auch als Erwachsener spielt seine Kletterleidenschaft immer noch eine sehr große Rolle. Petra hingegen litt seit ihrer Kindheit unter extremer Höhenangst. Sie konnte noch nicht einmal auf einen Stuhl steigen ohne eine Panikattacke zu riskieren. Christoph führte sie ganz behutsam an das Klettern heran. Er zeigte

ihr alles mit großer Geduld und schaffte es, Petra von ihrer Höhenangst zu heilen, was selbst eine langjährige Therapie vorher nicht vermocht hatte.

Bei Petra und Christoph sieht man die für Dualseelen typische Gegensätzlichkeit sehr deutlich. Dadurch, dass sie ihre Problemthemen dort haben, wo der andere seine Stärken hat, können sie sich gegenseitig bei der Heilung helfen.

Dasselbe Thema in gegensätzlicher Situation – gleiche Reaktion

Timon und Babette erlebten eine für Dualseelen typische Reaktion auf dasselbe Thema in einer unterschiedlichen Situation.

Timons eigentliche Heimat ist Deutschland. Geboren wurde er aber in Kolumbien. Sein Vater lebte, beruflich bedingt, immer einige Zeit in einem anderen südamerikanischen Land, um dann wieder ein bis drei Jahre nach Deutschland zu kommen, bevor es wieder für ein paar Monate oder auch Jahre in die Fremde ging. Für Timon war es gewohnte Realität, nie irgendwo dauerhaft zu leben. Aber dennoch ließ er sich jedes Mal so stark auf einen anderen Ort ein, als würde er nie mehr fort müssen. Auch seine Freundschaften gestaltete er sehr intensiv. Obwohl er wusste, dass er seinen Freund früher oder später vermutlich für immer verlassen musste, öffnete er sich ihm komplett und schloss ihn fest in sein Herz. Sicher waren die Abschiede immer wieder sehr traurig und schmerzhaft, denn ihm war bewusst, dass sie sich vermutlich nie mehr wiedersehen würden. Aber jedes Mal aufs Neue konnte er einem anderen Jungen tiefe freundschaftliche Gefühle entgegenbringen.

Babette, Timons Dualseele, lebte seit ihrer Geburt auf dem Reiterhof ihrer Eltern, in der Lüneburger Heide. Sie war bis auf den einen oder anderen Schulausflug, nie weit von zuhause fort gewesen. Der Reiterhof ihrer Eltern bestand aus einer Ferienanlage mit Bungalows und einem Hauptgebäude, in dem die Kinder ohne ihre Eltern die Ferien verbringen konnten. Babette liebte es sehr, dass sie so viele Kinder als Spielkameraden hatte. Ebenso wie Timon schloss sie leicht intensive Freundschaften. Babette wusste, dass die Kameraden, die sie so sehr in ihr Herz schloss, nur während der Ferien auf dem Reiterhof waren und vielleicht nie mehr wiederkämen. Trotzdem war es ihr möglich, tiefe freundschaftliche Gefühle für sie zu entwickeln. Ein paar sah sie freilich immer wieder, denn sie durften ein bis zwei Mal im Jahr ihre Ferien dort verbringen. Andere jedoch waren für immer verschwunden. Babette fühlte tief in sich, dass es einen ganz bestimmten Menschen für sie gibt. Einen, den sie noch tiefer in ihr Herz blicken lassen würde als alle anderen. Und sie wusste auch ganz tief in ihrem Herzen, dass dieser eine bleiben würde.

Auch im Erwachsenenalter bedeuteten Timon und Babette Freundschaften sehr viel. Das Thema Freundschaft ist ein Schlüsselthema in ihrer Beziehung als Dualseelen zueinander. Nämlich, sich voll und ganz auf einen Freund ein-

zulassen, in dem Wissen ihn in absehbarer Zeit wieder zu verlieren. Bei Timon war es so, dass er derjenige war, der den Freund verlassen musste – bei Babette war es umgekehrt. Da war sie diejenige, die sich vollkommen auf die Freundschaft einlassen konnte, obwohl sie wusste, dass der Freund sie bald wieder verlassen musste.

Timon und Babette trafen sich als junge Erwachsene auf einer Pferdeauktion. Sie erkannten augenblicklich ihre besondere Verbindung füreinander. Ihr beidseitiges Interesse an demselben Pferd, einer kräftigen Friesenstute, war selbstverständlich auch kein Zufall. Bemerkenswerterweise haben, Timon wie auch Babette, sich ihre Fähigkeit auf diese Art Freundschaften zu schließen bewahrt. Aber füreinander konnten sie es nicht. Schnell fühlten beide eine immense Verlustangst. Solche Ängste waren ihnen fremd und sie fühlten sich davon vollständig überfordert. Obwohl es überhaupt keinen Grund dafür gab, fürchteten sie, sie könnten sich für immer aus den Augen verlieren. Sie fanden heraus, dass sie Dualseelen sind, und erhielten auch Zugang zu einem prägenden vergangenen Leben. Nun hatten sie endlich eine Ursache für diese Ängste und schafften es gemeinsam daran zu arbeiten. Außerdem konnten sie die Traumata der vergangenen Inkarnation heilen lassen.

Typisch für Dualseelenpaare ist, dass die Dinge, die mit anderen Menschen ganz leicht und wie selbstverständlich sind, miteinander häufig überhaupt nicht funktionieren. Bei Dualseelen scheint oft alles ganz anders als gewohnt zu sein. Unsere Dualseele kann so tiefliegende Muster und Themen in uns berühren, die uns selbst bis dato nicht bewusst waren.

Zwillingsseelen

Zwillingsseelen sind sich, was ihr Inneres angeht, sehr ähnlich, bis identisch. Ihre Gefühls- und Gedankenwelt ist dieselbe – so gegensätzlich ihre Lebensumstände zuweilen auch sein mögen. Beispielsweise findet man bei einigen Zwillingsseelenpaaren vollkommen konträre Lebenssituationen, Familienverhältnisse, gesellschaftliche und/oder kulturelle Hintergründe, Lebensthemen und Erfahrungen. Auf der anderen Seite jedoch fühlen und denken sie gleich, haben dieselben Interessen, Vorlieben, Visionen, Hoffnungen, Wünsche, Träume, Sehnsüchte etc. Sie wissen gegenseitig um ihre Empfindungen und auch ihre Gedankengänge sind ihnen vertraut.

Ebenso sind viele ihrer Reaktionen auf spezielle Situationen und Lebensumstände sehr gleich bis teilweise gar identisch. Ihre Gefühls- und Gedankenwelt, ihr Charakter und sogar häufig spezielle Körpermerkmale ähneln sich, oder sind gar erschreckend gleich. Es ist fast so, als wären sie Geschwister, oder gar Zwillinge, ohne miteinander verwandt zu sein. Viele Zwillingsseelen stellen früher oder später fest, dass sich ihre Vorlieben, Hobbys, Weltanschauungen, Einstellungen und Ansichten sehr gleichen. Sich im anderen auf diese intensive Weise wiederzufinden, gekoppelt mit einer überirdisch empfundenen Liebe, das erschreckt viele Menschen sehr. Manche Zwillingsseelen berichten von dieser phänomenalen inneren Gleichheit, die häufig im drastischen Gegensatz zu ihren äußeren Lebensumständen steht. *„Wie kann ein Mensch mir so gleich sein, wo er doch einen vollkommen anderen Background hat? Es ist unglaublich, wie ähnlich er mir ist; und das, wo er doch aus einer ganz anderen Kultur und aus völlig verschiedenen Lebensumständen herstammt"*, sagte eine Frau, die ihre Zwillingsseele kennengelernt hatte. *„Wir sind so gleich, aber doch so verschieden! Wenn ich seine Reaktionen mitbekomme, denke ich oft: Das könnte ich sein. Er fühlt und denkt wie ich, obwohl er eine komplett andere Herkunft und Lebensumstände hat."* Dies sind ebenfalls Worte einer Frau über ihre Zwillingsseele.

Fallbeispiel: Mario und Christina

Mario stammt aus einfachen sizilianischen Verhältnissen. Er wuchs in großer Freiheit auf und verbrachte schon als Kind viele Stunden alleine oder mit Freunden am und auf dem Meer.

Marios Zwillingsseele Christina wuchs wohlbehütet in ihrer gutbürgerlichen Familie, in einer mitteldeutschen Kleinstadt auf. Sie durfte als Kind nur ganz kontrolliert nach draußen und wurde von ihren Eltern mit dem Auto zu ihren Freundinnen und zum Musikunterricht gebracht.

Mario liebte schon als Kind klassische Musik und wollte Geige spielen lernen. Christina liebte genau dieselbe Musik wie er. Darüber lernten sie sich schließlich als junge Erwachsene kennen. Beide verschlug das Schicksal beruflich nach München und dort begegneten sie sich zum ersten Mal bei einem Klassikkonzert in der Münchner Philharmonie. „Zufällig" fügte es sich, dass sie nebeneinander saßen. Sie fühlten eine eigenartige Schwingung voneinander ausgehend, die wie elektrisierte Luft zwischen ihnen vibrierte.

Als sich Mario und Christina näher kennenlernten, stellten sie schnell fest, in welch völlig unterschiedlichen Lebenssituationen sie aufgewachsen waren. Christina überbehütet in einer gutbürgerlichen Familie und ohne große Freiheiten während ihrer Kinder- und Jugendzeit – Mario völlig konträr in einfachen, fast ärmlichen Verhältnissen, dafür aber mit einem großen Reichtum an persönlichen Freiheiten. In ihrem Inneren jedoch waren sie in so vielen Dingen gleich, ja fast identisch. Es war nicht nur die Musik, die sie verband, sondern auch ihr Interesse an Kunst und Kultur. Beide liebten Florenz, die Uffizien und die wunderbaren Kunstschätze dieser Stadt. Aber nicht nur ihre Vorlieben und Interessen teilten sie miteinander, sondern auch ihre Gefühlswelt glich sich auffallend. Deshalb konnten sie nichts voreinander verheimlichen. „Das könnte ich sein!" dachte sich Christina des Öfteren, wenn sie ihren Mario beobachtete. „Es ist unheimlich, er ist wie ein Zwilling von mir – er ist wie ich und ich bin wie er. Ich weiß genau, was in ihm vorgeht, denn mir würde es genauso gehen wie ihm in diesem Moment."

Fallbeispiel: Alexander und Maximilian

Alexander und Maximilian lernten sich im Urlaub auf einem Segeltörn kennen. Für das Meer und für Segelschiffe begeisterten sich beide schon seit ihrer frühen Kindheit. Alexander war in Kiel aufgewachsen. Sein Vater hatte ihn schon sehr früh mit zum Segeln genommen und ihm viel darüber beigebracht. Maximilian wuchs am Chiemsee in Bayern auf und besaß als Kind lediglich ein ferngesteuertes Modellsegelboot. Sehnsuchtsvoll beobachtete er die richtigen Segelschiffe und träumte vom Segeln auf dem Meer. Schon als Jugendlicher sparte er das Geld von seinen Ferienjobs, um sich einen Segelkurs leisten zu können. Sein Vater unterstützte ihn, indem er ihm den einen oder anderen Kurs bezuschusste. Innerhalb weniger Jahre waren alle wichtigen Kurse bestanden. Er war ein sehr talentierter Segler und Navigator geworden. Durch gute Beziehungen, dank seiner fabelhaften Segelkenntnisse und seines charmanten Wesens ergab es sich, dass er Skipper auf der „Blue Lady" werden konnte. Dieses Schiff war sein absoluter Traum. Skipper zu sein, war schon seit jeher sein Wunsch gewesen. So verbrachte Maximilian jedes Jahr etliche Wochen als Skipper in der Karibik. Und dort begegnete er auch Alexander.

Als er ihn an Bord kommen sah, fühlte er ein eigenartiges Ziehen in seinem Solarplexus, das er nicht einordnen konnte. Sehr schnell wurden sich die beiden vertraut. Obwohl Alexander fast 17 Jahre älter war als Maximilian, fühlten sie sich gemeinsam wie eine Einheit. Maximilian sagte eines Abends, als sie zusammen an Deck saßen und den Sternenhimmel bewunderten: *„Du bist für mich wie das Segel für ein Schiff. Beides gehört zusammen. Ein Schiff ist nichts ohne sein Segel und ein Segel ohne Schiff hat auch keinen Zweck. Wir gehören zusammen wie Schiff und Segel."*

Für Maximilian stellte der große Altersunterschied kein Problem dar, aber leider für Alexander. Dieser war zwar von seiner ganzen Erscheinung her sehr jung geblieben, fürchtete jedoch, er könnte für Maximilian zu alt sein oder gar für dessen Vater gehalten werden. Außerdem war Alexander immer noch nicht vor seiner Familie geoutet.

Trotz dieser vordergründigen Hindernisse konnte sich Alexander der Faszination und ungeheuren Anziehung, die von Maximilian ausging, nicht entziehen. Alles war unglaublich intensiv, wenn sie zusammen waren. In den kommenden Monaten wurde ihr Kontakt enger und festigte sich. Alexander erkannte schnell die innere Gleichheit, die sie trotz des großen Altersunterschiedes aufs Innigste verband. *„Du bist wie ich und ich bin wie du!"* sagte er eines Tages zu seinem Freund. *„Es ist wirklich verblüffend, wie ähnlich wir uns sind. Ich weiß genau, was du fühlst, wenn du mich anblickst!"*

Maximilian und Alexander brauchten beide eine gewisse Zeit, um mit der Situation umgehen zu können. Einerseits diese riesengroße innere Nähe und andererseits auch wieder die äußerlichen Unterschiede. Teilweise erlebte ihre Beziehung ein regelrechtes Auf und Ab, bzw. ein aufeinander zugehen und wieder auseinandergetrieben werden. Sie lernten im Laufe der Zeit sich nicht mehr auf die scheinbar trennenden Äußerlichkeiten zu konzentrieren, sondern auf all das, was sie verbindet, ihren Fokus zu legen. Nachdem sie ihre Sichtweise geändert hatten, konnten sie ihre Liebe viel leichter leben. Das Erstaunliche war, dass die scheinbar trennenden Dinge irgendwann überhaupt keine Rolle mehr spielten. Sie waren plötzlich bedeutungslos geworden.

Die kymische Hochzeit

Die weitverbreitete Theorie über die kymische Hochzeit beschreibt dieses Phänomen folgendermaßen: **Die kymische Hochzeit ist die Rückverschmelzung mit der Zwillingsseele. Die beiden getrennten *„Hälften"* vereinigen sich wieder zu einem Wesen. Was getrennt war, wird bei der kymischen Hochzeit wieder vereint.**

In meinem ersten Buch über Seelenverwandtschaft *„Das Geheimnis der Dualseelen, Seelengefährten und Seelengeschwister"* erklärte ich die Theorien über die Entstehung von Zwillingsseelen gründlich. Diese Theorien gehen davon aus, dass sich die Seele beim Eintritt in die Dualität in zwei Aspekte aufspaltet. Manche Theoretiker sagen, sie würde sich in ihren weiblichen und ihren männlichen Anteil aufspalten. Damit ist nicht das Geschlecht des physischen Körpers, sondern die Seelenausprägung gemeint. Erst bei der letzten Inkarnation, in der Dualität soll die Rückverschmelzung möglich sein und man wird wieder **eins** mit seinem Seelenzwilling. Diese Rückverschmelzung ist eine tiefe Sehnsucht in uns allen, die wir unsere Zwillingsseele gefunden haben. Müssen wir wirklich bis zu unserer letzten Inkarnation hier auf Erden warten? Gibt es die kymische Hochzeit überhaupt, wie die Theorien behaupten, oder steckt vielleicht etwas ganz anderes dahinter? Diese Fragen möchte ich hier, mit meinen eigenen Erlebnissen und Erfahrungen, versuchen zu beantworten.

Es ist schwierig zu beurteilen, ob, und wenn ja, welche dieser Theorien der Wahrheit entsprechen. Geht man davon aus, dass die Zwillingsseelen wirklich mal eine Seele waren und getrennt wurden, dann stellt sich natürlich die Frage, ob sie eines Tages wieder einmal vereint und miteinander verschmelzen werden. Diese Annahme entspringt dem Fühlen und Sehen vieler Menschen, die ihrer Zwillingsseele begegnet sind. Viele berichten davon, sie würden spüren, ja sogar auf eine eigenartige sichere Weise wissen, dass sie mit dem anderen im Grunde EINS sind. Ihre Sehnsucht ist der Wunsch nach eben genau diesem Einssein, das sie fühlen, wenn sie mit ihrer geliebten anderen „Hälfte" zusammen sind. Viele Menschen, die ihrer Zwillingsseele begegnet sind, erfahren irgendwo ganz tief in ihrem Inneren, dass sie eines Tages wieder eine einzige Seele sein werden und deshalb sehnen sie sich so sehr danach, wieder mit der geliebten Seele zu verschmelzen und diese Einheit zu bilden. Diese Sehnsucht empfinden die meisten der Betroffenen als sehr quälend und übermächtig. Der tiefe innere Wunsch, wieder eine Einheit mit der Zwillingsseele zu bilden, kann so übermächtig werden, dass er wehtut.

Was ist also dran, an all diesen Gefühlen und Empfindungen, an unseren Wünschen, Sehnsüchten und auch dem tiefen inneren Wissen und Glauben? Bilden wir uns dies etwa alles nur ein, oder steht tatsächlich ein höheres Konzept dahinter, das wir mit unserem linearen Verstand nicht erfassen können? Einen wissenschaftlichen Beweis kann man hier sicher schwerlich erbringen. Von daher sind wir auf das, was wir fühlen angewiesen und müssen lernen, Vertrauen in uns selbst und unsere innere Weisheit zu erlangen.

Meine Ansicht ist, dass diese Theorie nicht nur eine reine Einbildung ist, sondern ein tief in uns verankertes inneres Wissen beschreibt. Sehr viele Menschen fühlen völlig unabhängig voneinander dasselbe. Nicht nur in unserer Zeit, sondern, wie etliche Gedichte und Geschichten bestätigen, es gab das Zwillingsseelenphänomen schon seit jeher in unserer Welt. In der Literatur und in alten Schriften wird davon berichtet.

Letztlich glaube ich aber auch, dass dieses Sehnen nach dem Einssein nicht nur das Sehnen nach der Zwillingsseele betrifft, sondern im Grunde das Sehnen nach dem Einssein mit allen anderen Seelen ist. Ich glaube, dass wir irgendwann wieder dauerhaft in die Urquelle allen Seins zurückgehen werden und dort mit dem Urgrund unserer Existenz verbunden sind.

Eine andere Zwillingsseelentheorie als Vergleich

Eine Theorie, die mir noch gezeigt wurde, ist folgende: Zwillingsseelen machen auf Erden Erfahrungen. Die Seele wächst – sie kann sich im Jenseits nicht entwickeln. Im Jenseits ist alles statisch – hier gibt es nur Seinszustände. Nur in der Dualität findet die Entwicklung, die Evolution, der Seelen statt. Die Seele entwickelt sich solange, bis sie eine gewisse Sättigung an Entwicklung erlangt hat. Ist die maximale Sättigung erreicht, dann teilt sich die Seele in zwei vollkommen gleichwertige seelische Aspekte. Diese Seelenaspekte sind Zwillingsseelen. Diese beiden Seelen durchlaufen nun ebenfalls wieder die Evolution, indem sie im Leben Entwicklungsschritte vollziehen, die sie nach dem Ableben des physischen Körpers integrieren. Im Jenseits treten diese integrierten Entwicklungsschritte als Zustände auf. Das Ganze geht dann solange, bis wieder die maximale Sättigung und Evolutionsreife erlangt ist und die Seele sich abermals teilt. Diese Theorie geht von immer weiteren Aufteilungen aus und nicht von der Wiedervereinigung der Seelen.

Ich denke, den meisten Menschen ist diese Theorie nicht sehr sympathisch. Viele fühlen sich so sehr mit dem anderen verbunden, dass sie das Gefühl haben, ohne ihn nicht mehr leben zu wollen. Da stellt sich diese Theorie nicht besonders romantisch dar.

Ich persönlich glaube, dass die Seelen in ihrem Urgrunde nicht wirklich voneinander getrennt sind. Wir alle, also alle Seelen sind im Grunde eins. Nur ein Aspekt unserer Seele, eben derjenige, der inkarniert ist, erfährt die Trennung. Alle anderen Seelenaspekte sind noch in der Einheit miteinander verbunden – auch mit unserer Zwillingsseele und unseren anderen Seelenverwandten. Die Trennung, die wir als Mensch erleben, ist keine vollständige Trennung. Lediglich der Seelenaspekt, der sich in der Inkarnationsphase befindet, fühlt sich getrennt – ist es aber nicht wirklich. Er fühlt sich nicht nur von seiner Zwillingsseele, sondern auch von der Einheit mit allen anderen Seelen abgetrennt. Andererseits besteht dennoch die tiefe Verbindung, zu all den Anteilen, die sich immer noch in der Einheit befinden. Diese Verbindung ist den meisten jedoch nicht bewusst. Wären wir wirklich vollkommen getrennt, könnten wir auch keinen Schmerz darüber fühlen und hätten keine Sehnsucht nach Vereinigung. Die Sehnsucht nach Verschmelzung mit unserem Seelenzwilling, ist auch die Sehnsucht nach der Wiedervereinigung mit den anderen Seelen, aus unserer Seelenfamilie – dem „wieder nach Hause kommen". Viele spirituell ausgerichtete Menschen sind sehr alte Seelen und fühlen sich des Lebens müde. Sie sehnen sich danach, endlich wieder nach Hause zu kommen. Sie sehnen sich nach ihrer Seelenfamilie und nach der Einheit mit der Urquelle allen Seins.

Meiner Ansicht nach gibt es verschiedene Phänomene der Verschmelzung, bzw. Rückverschmelzung, die als kymische Hochzeit angesehen werden können. Diese können freilich nicht nur mit dem Seelenzwilling, sondern auch mit der Dualseele und ferner sogar mit Seelengefährten erlebt werden. Ich glaube, dass die wirkliche kymische Hochzeit, also die komplette und dauerhafte Rückverschmelzung mit der Zwillingsseele, erst dann geschieht, wenn sich beide nicht mehr in einem physischen Körper befinden und alle Seelenaspekte wieder miteinander vereint sind. Also, wenn die in Inkarnation befindliche Seele ihren Inkarnationszyklus beendet hat und sich dann wieder mit den im göttlichen verbliebenen Anteilen verbindet, erst dann ist auch die vollkommene Rückverschmelzung mit der Zwillingsseele möglich. Aber auch erst dann, wenn diese ebenfalls ihren Inkarnationszyklus beendet hat.

Menschen, die eine sogenannte kymische Hochzeit erlebten, berichten von sehr tiefen, intensiven Gefühlen. Sie erleben dieses besondere Ereignis wie etwas Göttliches, Heiliges, Mystisches oder Magisches, etwas das nicht von dieser Welt ist. *„Dieses Erlebnis hat mich nachhaltig geprägt – nie werde ich diese intensiven Gefühle vergessen!" „Es ist wie Magie und göttlich zugleich!" „Ich habe nie etwas Intensiveres erlebt!" „Niemals vermögen Worte das zu beschreiben, was ich gefühlt und erlebt habe, als ich mit meinem Liebsten, auf diese unglaublich intensive Art EINS wurde!" „Nun weiß ich nicht nur, dass wir eins sind, sondern ich fühle es auch ständig. Er ist immerzu in mir und ich bin immerzu in ihm." „Es war als hätte uns Gott persönlich miteinander vermählt. Ich glaube eigentlich gar nicht an religiöse Dinge, aber dieses Erlebnis war für mich absolut heilig."* Diese und ähnliche Aussagen hörte ich von Menschen, die eine sogenannte kymische Hochzeit erlebt haben.

Was geschieht also bei dem Phänomen, das wir als kymische Hochzeit wahrnehmen? Wenn unsere Seelen erst nach der Beendigung ihres derzeitigen Inkarnationszyklus wieder miteinander verschmelzen, was ist es dann, wovon viele berichten?

Es gibt verschiedene Phänomene, die sämtlich als Verschmelzung, bzw. Rückverschmelzung gefühlt werden. Die wirkliche kymische Hochzeit, also die dauerhafte und vollständige Seelenverschmelzung ist meiner Meinung nach nicht als Mensch erlebbar. Sie wird uns erst zuteil, wenn wir uns mit unserem vollständigen Sein wieder in der Seelenebene befinden, nachdem wir unseren Inkarnationszyklus abgeschlossen haben.

Hier die von mir beobachteten und erlebten Phänomene

1. Energetische, feinstoffliche Verschmelzung mit der Zwillingsseele oder einem anderen Seelenverwandten.
2. Rückverschmelzung mit einem eigenen abgespaltenen Seelenanteil.
3. Rückverschmelzung mit einem abgespaltenen und getauschten Seelenanteil, der bei der Zwillingsseele oder einem anderen Seelenverwandten war.
4. Verbindung mit der eigenen Seele, mit der eigenen Göttlichkeit und darüber hinaus mit seinem Seelenverwandten.

1. Die energetische Verschmelzung mit der Zwillingsseele

Die energetische Verschmelzung mit unserer Zwillingsseele können wir sehr intensiv empfinden. Selbstverständlich ist es ebenso möglich mit seiner Dualseele, oder einem anderen Seelenverwandten, energetisch zu verschmelzen. Hat man eine energetische Verschmelzung mit verschiedenen Personen erlebt, so stellt man fest, dass sie sich mit jedem anders anfühlt. Viele Menschen empfinden sie mit ihrer Zwillingsseele ganz besonders stark und intensiv. Die energetische Verschmelzung kann in unterschiedlich starken Ausprägungen vonstattengehen. Von teilweise und schwach bis vollständig und extrem intensiv, können unsere feinstofflichen Körper, mit denen unseres Seelenverwandten verschmelzen. Die dabei entstehenden Gefühle sind von einer phänomenalen Intensität, vor allem bei einer vollständigen Verschmelzung der Energiekörper und der Chakren. Die energetische Verschmelzung kann sich langsam im Laufe der Zeit, oder spontan und abrupt ereignen. Manchmal geschieht sie ohne eigenes Zutun, kann aber auch willentlich beeinflusst werden. Es gibt einige Praktiken, die helfen können, eine energetische Verschmelzung zu erreichen. Häufig erleben Zwillingsseelenpaare bei ihrer Sexualität eine mehr oder weniger starke energetische Verschmelzung, die einen oder mehrere feinstoffliche Körper betreffen kann. Je mehr feinstoffliche Körper miteinander verschmelzen, desto intensiver wird sie erlebt.

Bei Dualseelenpaaren fühlt sich die Verschmelzung etwas anders an, als mit der Zwillingsseele. Dualseelen erleben sie meist mehr als Integrierung der Energie ihres Duals in ihrem eigenen Energiefeld. Zwillingsseelen fühlen sich von der Energie des anderen aufgefüllt. Dessen Energie fühlt sich wie die eigene an. Es ist im Grunde kein Unterschied spürbar. Es fühlt sich an, als würde ein Teil, der verloren gegangen war, wieder zurückkehren und sich in unsere Energie einfügen.

Dualseelen jedoch empfinden teilweise die Gegensätzlichkeit, in der Energie ihres Duals, die sie durchflutet. Das kann sich sehr aufregend anfühlen. Es ist, als würden Energien in uns fließen, die unsere eigenen Energien auf wundervolle Weise vervollkommnen. Als würden sie das, was wir sind, durch ihre Anwesenheit erst zum vollen Erblühen, zur vollständigen Erfüllung bringen.

Es gibt keinerlei Wertung zwischen der Dual- und der Zwillingsseele. Bei beiden wird die Verschmelzung zwar anders, aber nicht weniger wundervoll gefühlt.

2. Die Rückverschmelzung mit einem eigenen abgespaltenen Seelenanteil

Durch traumatische Erlebnisse kommt es mitunter vor, dass die Seele Teile ihrer selbst abspaltet. Im Schamanismus spricht man von abgespaltenen, verlorenen Seelenanteilen. Auch schon in einem früheren Leben können uns Seelenanteile verloren gegangen sein. Manchmal wird ein Seelenanteil durch ein traumatisches Ereignis mit einem Seelenverwandten und insbesondere mit der Dual- oder Zwillingsseele abgespalten. Dies geschieht meist bei einer Trennung oder dem Tod des geliebten Seelenverwandten. Wurde der Seelenanteil in einem früheren Leben verloren, dann kann dieser im aktuellen Leben wieder zurückkommen. Wenn wir einen guten und bereichernden Kontakt zu unserem Seelenverwandten haben, ist es sehr wahrscheinlich, dass der verlorene Seelenanteil einfach dadurch wieder zurückkommt, integriert und geheilt werden kann. Wir fühlen uns durch den Kontakt mit unserem Seelenverwandten plötzlich wieder vollständig und ganz. Das kann, je nachdem wie groß der Seelenanteil war, durch sehr intensive Gefühle verbunden sein. Manche Menschen fühlen sich das erste Mal überhaupt erst richtig vollständig und berichten, ihnen wäre gar nicht bewusst gewesen, welch großer Teil ihrer Selbst ihnen gefehlt hatte. Da das Ereignis in Bezug auf ihren Seelenverwandten auftritt, glauben sie, sie wären mit diesem wieder zu einer seelischen Einheit verschmolzen – dabei ist es in Wirklichkeit ihre eigene Seele, die sich mit einem abgespaltenen Teil ihrer Selbst wieder vereint hat. Der Seelenverwandte kann jedoch großen Anteil daran haben und vieles vermag im Miteinander gegenseitig geheilt zu werden. Meist ist nämlich nicht nur einem von beiden, sondern beiden ein Seelenanteil abhandengekommen. Wenn beide eine sehr zeitnahe Rückverschmelzung mit einem verlorenen Seelenanteil erfahren, dann erleben sie gemeinsam einen großen Energiezuwachs. Zwillingsseelen fühlen sich sehr leicht gleich, ja nahezu identisch an. Bei der Rückkehr und Integration eines verlorenen Seelenanteils kann es sich so anfühlen, als wäre man mit seinem Seelzwilling plötzlich verschmolzen.

3. Die Rückverschmelzung mit einem abgespaltenen und getauschten Seelenanteil, der bei der Zwillingsseele oder einem anderen Seelenverwandten war

Dieses Phänomen ist dem unter Punkt 2 beschriebenen sehr ähnlich, aber dennoch ganz anders. Bei Punkt 2 beschreibe ich den Verlust eines Seelenanteiles, der durch ein traumatisches Ereignis hervorgerufen wurde. Dieser Seelenanteil befindet sich in der feinstofflichen Welt. In der Regel ist er in der vergangenen traumatischen Situation gefangen. Er wartet darauf aus dieser erlöst zu werden, um zu uns zurückkehren zu können. In zum Beispiel einem Aurareading, einer metaphysischen Geistheilung oder einem schamanischen Ritual kann man einen verlorenen Seelenanteil ganz gezielt zurückholen, integrieren und heilen.

Bei dem Phänomen bei Punkt 3 handelt es sich um einen Seelenverlust ganz besonderer Art. Durch traumatische Ereignisse können wir nicht nur einen

Seelenverlust, wie oben beschrieben, erleben, sondern gar einen Austausch von Seelenanteilen mit unserem Seelenverwandten. Dies geschieht ebenfalls bevorzugt durch ein Trauma; aber auch andere Umstände können dafür in Betracht kommen. Bei einem Seelenaustausch vertauschen wir Aspekte bzw. Teile unserer Seele mit Teilen der Seele unseres Seelenverwandten. Das heißt, wir haben nun Aspekte der Seele unseres Seelenverwandten bei uns und umgekehrt. Dieses Phänomen kann uns nicht nur, aber bevorzugt mit so engen Seelenverwandten wie mit der Zwillings- oder der Dualseele passieren.

Was passiert also bei einem Seelenteiltausch? Meistens liegt der Seelenteiltausch schon einige Leben zurück. Ein Klient hatte mit seiner Zwillingsseele einen Seelenteiltausch erlitten. Das Leben, in dem der Tausch geschah, war die siebte Inkarnation vor der aktuellen gewesen. Im aktuellen Leben hatte mein Klient ziemlich gravierende Probleme mit seiner Zwillingsseele, die scheinbar nicht zu lösen waren. Alles, was er bis dato versucht hatte, blieb ohne durchschlagenden Erfolg. In einem Aurareading wurde mir ein gemeinsames Leben mit seiner Zwillingsseele gezeigt, in dem sie in einer Schlacht zusammen Seite an Seite gekämpft hatten und gestorben waren. Sie waren nicht sofort tot gewesen, sondern hielten sich sterbend an den Händen, blickten sich in die Augen und versprachen sich, einander nie alleine zu lassen. Durch das Trauma des gewaltsamen Todes erlitten sie einen Seelenverlust. Durch das Versprechen einander nie alleine zu lassen, geschah der Austausch ihrer Seelenanteile. Jeder trug nun einen erheblichen Teil der Seele des anderen bei sich, bzw. die Seelenanteile verschmolzen jeweils mit der Seele des anderen. Somit erhielt der Begriff Zwillingsseele bei ihnen noch mal eine andere Bedeutung.

Während der Sitzung erhielt ich für meinen Klienten deutliche Anweisungen von seinem göttlichen Selbst und seiner geistigen Führung, wie der Seelenteilrücktausch zu vollziehen sei. Er müsse in Liebe vollbracht und mit großer Sorgfalt und Umsicht vorbereitet werden. Ein paar Wochen nach dieser Sitzung konnten dann die vertauschten Seelenanteile wieder zurückgetauscht und geheilt werden. Die Probleme, die mein Klient mit seiner Zwillingsseele hatte, verblassten im Laufe der darauffolgenden Monate, um schließlich gänzlich zu verschwinden. Das vergangene Leben, das erlittene Trauma, der Seelenteiltausch und das Versprechen sich nie mehr alleine zu lassen, hatten beide in ihrer Entwicklung sehr eingeschränkt und blockiert.

4. Die Verbindung mit der eigenen Seele und darüber hinaus mit unserer eigenen Göttlichkeit und unseren Seelenverwandten

Wer einmal die Verbindung zu seiner eigenen Seele in ihrer Vollkommenheit erfahren durfte, hat gleichzeitig die Verbindung zu seinem eigenen göttlichen

Seelenanteil, seinem göttlichen Selbst erlebt. Mit dem göttlichen Anteil unserer Seele meine ich den Aspekt, der sich nicht hier befindet. Es ist der in der göttlichen Einheit verbliebene Teil von uns. Wer seine eigene Seele erfahren hat, kann auch die Verbindung zu eben diesem göttlichen Teil erleben und erhält damit ebenfalls Kontakt zu seiner Urseele, seinem ursprünglichen Sein. Der Begriff „Samadhi" bezeichnet einen zeitweisen Zustand der Erleuchtung. Wir erleben die intensive Vereinigung mit unserer Seele wie eine Unio Mystika, eine kymische Hochzeit. Die Menschen, die in dieser Zeit einen intensiven Kontakt mit einem sehr nahestehenden Seelenverwandten, wie ihrer Dual- oder Zwillingsseele haben, meinen häufig sie wären mit der geliebten Seele wieder verschmolzen. In Wahrheit haben sie jedoch die Verbindung mit der eigenen Seele erlebt und darüber hinaus mit ihren Seelenverwandten erlebt. Denn, der in der göttlichen Einheit verbliebene Teil unserer Seele, ist dort natürlich mit der Zwillingsseele, aber auch mit allen anderen Seelen vereint. Dort sind und waren unsere Seelen seit jeher EINS. Nur der inkarnierte Teil erlebt die Illusion der Trennung.

Diese Bereiche sind diejenigen, mit denen ich persönliche Erfahrungen gemacht habe. Selbstverständlich hege ich keinen Anspruch auf Vollständigkeit. Sicherlich mag es noch mehr spirituelle Gründe für eine sogenannte kymische Hochzeit geben.

Die vielen Gesichter einer Seelenliebe

Viele Menschen glauben, ihre Dual- oder Zwillingsseele könne nur in Gestalt eines möglichen Liebhabers, einer möglichen Liebhaberin in Erscheinung treten. Sie ersehnen sich in ihrem Seelenverwandten ihren/ihre Traumpartner/in zu finden, den sie immer gesucht haben. Es gibt Dual- und Zwillingsseelenkombinationen in allen möglichen Variationen. Mann – Frau, Kind – Eltern, Bruder – Schwester, alt – jung etc. Meiner Erfahrung nach fühlen diejenigen, die ihrer Dual- und/oder Zwillingsseele in einer Konstellation begegnen, in der eine Partnerschaft möglich wäre, eine ganz spezielle, einmalige Anziehung, die diejenigen, die sich in einer anderen Konstellation befinden, so nicht fühlen. Die Anziehungskraft, Liebe und Verbundenheit zwischen Seelenverwandten, die sich als potenzielle Liebende begegnen, ist von einer ganz besonderen Art. Diese Anziehung ist unvergleichbar intensiv und absolut einmalig. Wie von einem starken Magneten fühlt man sich vom anderen angezogen. Auch die Liebe, die auf der partnerschaftlichen Ebene gefühlt wird, beinhaltet natürlich ganz andere Aspekte, als die Liebe zwischen Mutter und Kind und anderen Verwandten. Und auch die Verbundenheit ist eine ganz andere und fühlt sich auch entsprechend an. Sicherlich ist die Stärke der Gefühle zwischen potenziellen Liebenden unter Seelenverwandten vergleichbar mit denen anderer Verbindungen – sie ist lediglich auf einer anderen Ebene angesiedelt.

Wenn nun beispielsweise das eigene Kind die Dual- oder Zwillingsseele ist, tauchen ganz andere Faktoren und Themen im Leben auf. Selbstverständlich fühlt man bei einer Eltern-Kind-Konstellation ebenfalls eine ganz besondere Verbindung und auch eine spezielle Liebe zueinander. Eben diese einmalige Seelenliebe und Herzensverbindung, die nur mit einem sehr nahen Seelenverwandten gefühlt wird. Dadurch, dass diese Liebe und die Verbindung nicht partnerschaftlich orientiert, sondern auf einer ganz anderen Ebene angesiedelt sind, entsteht eine andere Dynamik und Qualität im Miteinander zwischen den verwandten Seelen.

Selbstverständlich gibt es auch zwischen Großeltern und Enkeln und zwischen Geschwistern Dual- und/oder Zwillingsseelenverbindungen. Auch in dieser Konstellation werden normalerweise keine partnerschaftlichen Aspekte gespürt. Ausnahmen sind inzestuöse Verbindungen, die ein sehr großes Tabuthema darstellen.

Ist man mit seiner Dual- und/oder Zwillingsseele biologisch verwandt, so fühlen die Seelenverwandten diese ganz besonders innige Liebe und tiefe Verbundenheit auf sehr eindrückliche Weise. Die Gefühle zwischen biologisch verwandten Seelenverwandten fühlen sich jedoch ganz anders an, als bei einer partnerschaftlichen Dual- oder Zwillingsseelenverbindung. Die Beteiligten erkennen deshalb in der Regel auch nicht, dass es sich bei dem verwandten Menschen um einen engen Seelenverwandten handelt. Wie oben schon erwähnt, stellen Inzestverbindungen ein sehr großes Tabu dar. Es ist reine Spekulation wie häufig es vorkommen mag, dass biologisch verwandte Dual- und Zwillingsseelen einen starken Drang verspüren ihrer Liebe durch Sexualität Ausdruck zu verleihen. Dieses Thema ist besonders heikel und darf auf keinen Fall als Rechtfertigung für einen Missbrauch benutzt werden.

Die meisten Menschen jedoch stoßen erst in Bezug auf einen Seelenverwandten, der als Partner oder Partnerin möglich wäre, auf das Thema Dual- und Zwillingsseele. Aus diesem Grunde glauben auch viele, die Dual- oder Zwillingsseele könne nur in der Mann-Frau-Kombination erscheinen. Das ist meiner Erfahrung nach eine sehr einseitige Sichtweise. Unsere Seelen leben nicht nur einen einseitigen Ausdruck ihrer Liebe – sie inkarnieren mit einer geliebten Seele in vielen unterschiedlichen Konstellationen. Trifft man auf seine Dual- oder Zwillingsseele in einem Menschen, mit dem eine Liebesbeziehung möglich wäre, so wird diese auch meist angestrebt. Trifft man als Liebende aufeinander, sind ganz andere Erfahrungen möglich, als in der Konstellation Eltern – Kind, Großeltern – Enkel. Zwischen Bruder und Schwester, oder auch zwischen gleichgeschlechtlichen Geschwistern, kann die Anziehung allerdings durchaus erotischer Natur sein, vor allem wenn sie Zwillinge sind. Durch unsere gesellschaftlichen Moralvorstellungen und die Tatsache, dass Nachkommen naher Verwandter erhebliche Erbschäden haben können, ist diese Verbindung für die Betroffenen natürlich besonders schwer zu leben.

Seelenverbindungen unter Liebenden gestalten sich häufig kompliziert, wenn

1. ein großer Altersunterschied besteht;
2. beide gleichgeschlechtlich sind;
3. der Seelenverwandte einer ganz anderen Gesellschaftsschicht angehört;
4. der Seelenverwandte einer völlig anderen Kultur angehört;
5. eine sehr enge Verwandtschaft wie zwischen Bruder und Schwester besteht.

Natürlich gibt es noch weitere Kombinationsmöglichkeiten, die zu großen Irritationen führen können. Solltest du mit deinem Seelenverwandten unter keine dieser hier genannten Gruppen fallen, dann kannst du vielleicht trotzdem den einen oder anderen Tipp aus einer dieser vorgestellten Verbindungen für dich umsetzen. Es sind selbstverständlich auch Kombinationen innerhalb dieser Gruppen möglich, was dann die Sache noch komplizierter macht. Zum Glück gibt es aber auch Seelenpaare, die kein Problem mit diesen Punkten haben und ihre Liebe unkompliziert leben können.

1. Seelenverbindungen mit einem großen Altersunterschied

Ein großer Altersunterschied kommt häufig bei Dual- sowie Zwillingsseelenverbindungen vor. Je größer er ist, desto mehr Probleme haben die Betroffenen damit. Aber nicht nur sie selbst, sondern auch ihr Umfeld, Freunde und Familie äußern ihre Bedenken und tragen nicht selten einen großen Beitrag zur Unstimmigkeit bei.

Für das betroffene Seelenpaar ist es wichtig, dass sie zu sich selbst und zu ihrer Liebe und zueinander stehen. Die Liebe kennt weder Grenzen, noch gesellschaftliche Normen und auch keinen Altersunterschied. Unsere Seelen sind ewig – für sie ist ein biologischer Altersunterschied unwichtig.

Sollte dein Seelenverwandter wesentlich älter, oder jünger sein als du, dann empfehle ich dir, vor allem auf dein Herz zu hören. Es ist nicht wichtig, was andere denken oder sagen. Wichtig ist, wie es für dich und deinen Seelenverwandten ist. Wenn ihr euch liebt, dann sind ein paar irdische Jahre ohne Bedeutung.

„Meine Seelenliebe ist 20 Jahre jünger als ich. Mit meinen 40 Jahren fühle ich mich eigentlich jung. Nicht wir haben das Problem mit unserem Altersunterschied, sondern unser Umfeld. Meine Eltern meinten, sie wolle mich nur

ausnutzen, weil ich beruflich gefestigt und auch finanziell abgesichert bin. Für ihre Freunde bin ich ein alter Mann und sie machen Witze darüber, die teilweise schon sehr unter die Gürtellinie gehen. Wir haben uns schließlich auf uns selbst konzentriert und niemanden mehr zwischen uns gelassen. Unsere Liebe ist das, was uns verbindet und es ist egal wie alt wir sind. Unsere Liebe ist das Einzige, das wirklich zählt. "

2. Seelenverbindungen unter Gleichgeschlechtlichen

Dieser Umstand stellt vermutlich eine extrem große Belastungsprobe für die betroffenen Menschen dar. Wer auf seine Dual- und/oder Zwillingsseele trifft, wird mit seiner immensen Liebe zu diesem Menschen konfrontiert. Diese Liebe ist so enorm, so grandios, so tief und so intensiv, dass schon Menschen unter „normalen" Bedingungen sehr verwirrt und überfordert davon sind. Trifft man nun auf einen Seelenverwandten mit dem gleichen Geschlecht und wird dieser überirdischen Liebe zu diesem Menschen gewahr, so ist die Verwirrung und Überforderung um ein Vielfaches größer als unter „normalen" Umständen. Wir können uns lebhaft vorstellen, welch ungeheure Herausforderung das für die Betroffenen ist. Der Hintergrund einer solchen Erfahrung kann sehr verschieden sein.

Es gibt Menschen, die im Grunde ihres Herzens homosexuell sind, aber nicht zu dieser Seite stehen können. Sie werden durch die Begegnung mit ihrem gleichgeschlechtlichen Seelenverwandten regelrecht mit der Nase darauf gestoßen. Viele befinden sich schon in der Mitte ihres Lebens und sind womöglich verheiratet und haben Kinder. Wenn ein Mensch plötzlich bemerkt dass er im Grunde seines Herzens homosexuell ist, dann kann er dadurch sehr leicht in eine große Lebenskrise stürzen. Viele trauen sich nicht, zu sich selbst zu stehen und das, was in ihnen ist, zu leben. Sie unterdrücken ihre Gefühle und Sehnsüchte und bleiben lieber in ihrer alten gesellschaftlichen Stellung, um nicht anzuecken. Sie haben Angst vor den Konsequenzen, die ein Outing nach sich ziehen kann. Auch hier gibt es wieder verschiedene Konstellationen zwischen den Seelenverwandten. Es kann sein, dass beide ihre homosexuelle Seite in sich verdrängt haben und diese nun mit Gewalt an die Oberfläche kommt. Es kann aber auch sein, dass einer von beiden schon lange diese Seite angenommen hat und nun mit seinem Seelenverwandten konfrontiert ist, der große Schwierigkeiten damit hat sich selbst seine Neigung einzugestehen. Hier ist es wichtig, dass Ersterer seinem Seelenverwandten hilft diesen Schritt zu wagen und zu sich selbst und auch zu seiner Liebe zu stehen. Es kann eine große Krise in einem Menschen hervorrufen, der sein Leben lang in einem gewissen Kontext gelebt hat und nun erkennt, dass er eigentlich etwas ganz anderes zum glücklich sein braucht. Ein Teil der Betroffenen wird den Schritt nicht wagen und im alten Leben verbleiben. Alle anderen, die dem Ruf ihres Herzens folgen, haben vielfach mit großem Widerstand seitens ihrer Eltern und ihrer Freunde zu kämpfen. Viele werden vielleicht einen Teil der Menschen verlieren, die ihnen wichtig waren. Es ist nicht leicht unter diesen Umständen zu sich selbst zu stehen – aber es ist notwendig, wenn man das leben möchte, was in einem steckt. Wer sich selbst nicht lebt, der läuft Gefahr, irgendwann seelisch und körperlich daran zu kranken.

„Noch nie hatte ich mich so stürmisch in eine verheiratete Frau und noch dazu zweifache Mutter verliebt. Heterofrauen waren für mich immer tabu gewesen. Doch als ich sie sah, da wusste ich – sie ist meine Frau! Ich liebte sie von der ersten Sekunde an mit jeder Faser meines gesamten Seins. Mir war klar, wie belastend, neu und beängstigend diese Situation für sie sein musste. Sie war schon 15 Jahre Ehefrau und Mutter gewesen, bevor wir uns trafen und nun war ihr Leben und alles, woran sie geglaubt hatte, infrage gestellt. Ich bin ihre große Liebe und sie musste viel Mut aufbringen zu mir, zu uns und vor allem zu sich selbst zu stehen. Sie hatte enorme Angst ihre Familie zu verlieren. Zum Glück war diese Angst unbegründet. Ich hoffe, dass ich ihr weiterhin helfen kann zu sich und zu ihrer Homosexualität zu stehen, die sie solange unterdrückt hat.“

Wer auf seine gleichgeschlechtliche Dual- und/oder Zwillingsseele trifft und nicht homosexuell ist, den stürzt dieser Umstand häufig in eine regelrechte Sinn- und Lebenskrise. Ein Heteromann beispielsweise, der plötzlich realisiert, dass er einen anderen Mann aus tiefster Seele liebt, erlebt in der Regel eine tiefe Krise.

„Ich bin ein verheirateter Mann und liebe einen anderen Mann. Ausgerechnet der Bruder meiner Frau ist der Mann, den ich aus ganzer Seele liebe. Als ich das begriff war ich wie paralysiert. Es war so: Leon war als junger Erwachsener nach Neuseeland ausgewandert und ich kannte ihn deshalb nur von Fotos. Immer wenn meine Frau mir Fotos von ihrem Bruder zeigte, fühlte ich eine ganz spezielle Sympathie für Leon. Ich dachte, das käme davon, weil meine Frau ihren Bruder sehr liebt und er ihr, laut ihren Erzählungen, sehr ähnlich ist. Rückblickend kann ich sagen, dass die Faszination, die von ihm ausging, schon reine Liebe war, die ich fühlte. Als wir uns 2006 an Weihnachten das erste Mal sahen, war ich wie geplättet. Es dauerte nur Minuten und mir wurde heiß und kalt zugleich. Ich wurde von sehr intensiven und äußerst heftigen Gefühlen durchflutet. Ich verspürte an dem Abend das dringende Bedürfnis ständig in seiner unmittelbaren Nähe zu sein. Mir blieb auch nicht verborgen, dass es ihm genauso erging. Als meine Frau und ich uns dann verabschiedeten und den Heimweg antraten, da wurde mir ganz schwer ums Herz. Zuhause zog ich mich ins Badezimmer zurück – ich musste etwas für mich alleine sein.

Ich konnte meine Tränen nicht mehr länger zurückhalten und ließ ihnen freien Lauf. Mir war so schwer ums Herz, weil ich nicht mehr bei ihm war. Ich reali-sierte, dass ich mich in den Bruder meiner Frau verliebt hatte – mehr noch, dass ich ihn aus tiefstem Herzen liebe. Sie spürte recht schnell, dass etwas nicht stimmte und ich konnte und wollte es ihr auch nicht mehr länger ver-heimlichen. Ich selbst dachte damals, ich wäre plötzlich schwul geworden. Obwohl ich normalerweise kein Problem mit Homosexuellen habe, schämte ich mich vor mir selbst und vor meiner Frau.
Glücklicherweise weihte meine Frau ihre beste Freundin und Vertraute in un-ser Problem ein. Diese brachte uns auf das Thema Seelenverwandtschaft. Ich verschlang einige Bücher zu dem Thema. Meine Frau las sie glücklicherweise auch – so konnte sie mich leichter verstehen. Mir fiel ein riesiger Stein vom Herzen als mir klar wurde, dass Leon meine Zwillingsseele sein musste. Wir haben uns seitdem viel mit dem Thema auseinandergesetzt. Zum Glück geht es mir und meiner Frau jetzt wieder gut miteinander. Ich habe nun die Erklä-rung für diese starke Liebe und Anziehung. Nächstes Jahr werde ich Leon mit meiner Frau in seiner Wahlheimat besuchen."

3. Seelenverbindungen unter Menschen, die einer anderen Gesellschafts-schicht angehören

Trifft man auf seinen Seelenverwandten und er ist ein Mensch, der einer hö-heren oder niedrigeren Gesellschaftsschicht angehört, so entstehen alle übli-chen Probleme, die auch in „normalen" Beziehungen in dieser Konstellation vorkommen. Es gibt sicherlich Dual- und Zwillingsseelenpaare, für die dieser Punkt überhaupt keine Rolle spielt. Aber es gibt auch Seelenpaare, die extrem darunter leiden. Auch hier ist es wichtig, nicht zu versuchen etwas zu sein, das man nicht ist und zu sich selbst zu stehen. Meist hat derjenige, der der niedri-geren Schicht angehört große Selbstwertprobleme. Der andere Part wird ver-mutlich versuchen seine Stellung herunterzuspielen und wird eventuell gar das eine oder andere verleugnen, das ihm wichtig ist, nur um seinen Seelen-verwandten nicht vor den Kopf zu stoßen.

„Mein Seelenverwandter fuhr mit mir auf meiner Yacht an der kroatischen Küste entlang bis ganz in den Süden nach Dubrovnik. Er lebte von Sozialhilfe in einem Miniapartment in einer Brennpunktsiedlung und wusste teilweise nicht, wie er sein Leben finanzieren sollte. Ich bin froh darüber, dass wir nun einen gemeinsamen Weg gefunden haben und er auch meine Hilfe annehmen konnte, ohne sich minderwertig zu fühlen. Wir hatten viele Diskussionen dar-über. Ich habe ihm gesagt, dass er der wichtigste Mensch in meinem Leben ist und dass das was mir gehört auch ihm gehört. Es gibt kein „Mein" und kein „Dein", sondern nur noch ein „Wir" und ein „Unser"."

4. Seelenverbindungen unter Menschen, die einer anderen Kultur angehören

Nicht nur ein großer Altersunterschied und eine andere Gesellschaftsschicht, sondern auch ein kultureller Unterschied kann trennend und belastend für eine Seelenliebe sein. Auch dieser Aspekt gehört zu einer häufigen Herausforderung, die Dual- und Zwillingsseelenpaare zu bewältigen haben. Ein kultureller Unterschied muss nicht immer bedeuten, dass die beiden Liebenden aus unterschiedlichen Ländern stammen, auch innerhalb eines Landes kann es unter Umständen sehr große Unterschiede geben. Stammt einer beispielsweise aus dem tiefsten Niederbayern und der andere von den ostfriesischen Inseln, dann können die Temperamente schon recht unterschiedlich sein. Auch gesellschaftliche Werte und die regionalen Einstellungen spielen eine Rolle. Wie bei den anderen Punkten stellt dieser Umstand weniger für die Betroffenen, sondern eher für deren Umfeld ein Problem dar. Die Liebenden fühlen sich aufs Innigste über ihre Liebe miteinander verbunden und sie scheren sich normalerweise nicht um äußerliche Gegebenheiten. Tief in sich wissen sie um ihre einmalige Verbundenheit und dass das, was sie in ihrem Inneren fühlen, viel wichtiger ist als sämtliche äußerlichen Umstände, wie Herkunft, Alter, Religion, etc. Häufig äußern Familienmitglieder und Freunde auch hier wieder massiv ihre Bedenken und können eventuell einen Keil zwischen die Liebenden schieben.

Sehr wichtig für jede Seelenliebe ist: So eng zusammenzustehen, dass nichts mehr zwischen euch Platz hat. Wenn ihr zu euch steht, dann seid ihr immun gegen alles was im Außen auf euch zukommt und euch trennen könnte.

„Es war Liebe auf den ersten Blick – als wir uns in Ägypten kennenlernten. Er leitete die Wüstentouren des Hotels. Als ich ihn zum ersten Mal sah, da wusste ich, dass er der Mann ist, der zu mir gehört. Ich wusste auch, dass er mein Leben verändern würde. Auch er fühlte augenblicklich diese unglaublich tiefe Verbundenheit zwischen uns. Seine Familie will ihn nicht gehen lassen. Er lebt in seiner Kultur in einem für meine Vorstellungen viel zu engen Rahmen. Er kann nicht für sich alleine entscheiden. Immer hängt seine komplette Familie mit dran. Dabei ist er noch so jung und möchte sich in der Welt erfahren und raus aus dem engen Gefüge seiner Gesellschaft. Ich sitze fast ohnmächtig in Deutschland und kann nicht mehr für ihn tun als ihn mit meinen Worten und energetisch zu unterstützen. Befreien muss er sich selbst. Das ist sehr schwer für ihn – aber ich hoffe, nein ich weiß, dass unsere Liebe so stark ist, dass sie ihm hilft, sich aktiv daraus zu befreien."

5. Seelenverbindungen unter Menschen, die sehr eng miteinander verwandt sind, wie Bruder und Schwester

Wenn Bruder und Schwester Dual- oder Zwillingsseelen füreinander sind und füreinander mehr als Geschwisterliebe empfinden, dann haben sie sehr große Herausforderungen und einen enormen gesellschaftlichen Druck auszuhalten. Auch die eigene Familie und ihr engeres Umfeld stehen der Tatsache, dass sie sich mehr als nur wie Bruder und Schwester lieben, fast immer äußerst negativ gegenüber. Nicht zu verdenken, dass sie vermutlich ihre Gefühle nicht zeigen und ihre Liebe im Geheimen leben. Selbstverständlich können auch gleichgeschlechtliche Geschwister Dual- oder Zwillingsseelen sein. Sie haben zwar den Vorteil, dass sie nicht wegen der Gefahr behinderte Kinder zu zeugen verurteilt werden, werden dafür aber vermutlich wegen ihrer Homosexualität abgelehnt.

Wie viele Seelenpaare Geschwister oder gar Zwillinge sind, die sich auch körperlich lieben, lässt sich nur erahnen. Ich glaube, dass es einige gibt, die aber nie in die Öffentlichkeit damit gehen und ihrer Liebe nur ganz versteckt Raum geben. Im Literaturverzeichnis am Ende des Buches empfehle ich ein E-Book zu diesem Thema mit dem Titel *„ Wir wollten doch die Engel"*.

„Ich liebe meine Zwillingsschwester über alles. Sie ist meine Frau und auch sie liebt mich. Wir gehören zueinander – wir gehören einander. Seit wir Teenager sind lieben wir uns wie Mann und Frau. Und seitdem haben wir auch unsere besondere Liebe vor anderen verheimlicht. Nie sollte jemand erfahren auf welche Weise wir uns lieben und wie wir uns unsere Liebe zeigen. Ich kann mir keine andere Frau vorstellen als meine Schwester. Vor einiger Zeit lasen wir etwas über Zwillingsseelen. Wir glauben, dass wir nicht nur biologische Zwillinge, sondern auch seelische Zwillinge sind. Unsere Liebe ist nicht nur von dieser Welt. Sie geht viel, viel tiefer und viel weiter. Ich habe das Gefühl als würden wir uns schon immer lieben – als hätte es nie etwas anderes gegeben als unsere Liebe füreinander."

Begegnung mit der Dual- und/oder Zwillingsseele während einer bereits bestehenden Partnerschaft

Trifft man auf seine Dual- oder Zwillingsseele und befindet sich bereits in einer Ehe oder Lebenspartnerschaft, bzw. der Seelenverwandte befindet sich in einer solchen, dann entstehen unweigerlich große Konflikte und nicht selten gerät die schon bestehende Partnerschaft in eine existenzielle Krise. Aber auch die beiden Seelenverwandten befinden sich in diesem Fall in einer sehr herausfordernden Situation, die es am besten gemeinsam zu meistern gilt.

Die tiefen Gefühle, die enorme Liebe, der absolute Gleichklang mit der verwandten Seele, stellen für die Liebenden alles andere komplett in den Schatten. Für viele Seelenpaare stellt sich nun die Frage: *„Was soll ich tun?"* *„Was wird aus meiner Ehe/Partnerschaft?"* *„Soll ich meine Partnerin/meinen Partner wegen meiner Seelenliebe verlassen?"* *„Wo gehöre ich wirklich hin?"* *„Bin ich für meinen Seelenverwandten bestimmt und soll, oder muss ich gar, dem Ruf meiner Seele folgen?"* *„Ist es meine Bestimmung mit meinem Seelenverwandten zusammenzukommen und muss ich deshalb meine Familie verlassen?"* *„Was kann ich tun, um die richtige Entscheidung für mich treffen zu können?"* *„Gibt es eine Lösung bei der alle gewinnen können?"*
In dieser Situation geraten die Betroffenen unweigerlich in eine richtige Zwickmühle. Diese chaotische Lebenssituation ist für viele nur mit Hilfe zu meistern. Die enormen seelischen Belastungen, die innere Zerrissenheit, extreme Zweifel, großer emotionaler Druck und eine Unmenge an Schuldgefühlen stürzen viele Menschen in eine bodenlose Verzweiflung, lähmen ihren Verstand, verursachen große Ratlosigkeit und ein Gefühl der Situation ohnmächtig ausgeliefert zu sein. Die Menschen fühlen sich hilflos, innerlich wie zerrissen und haben das Gefühl, egal wohin sie sich auch wenden, nur verlieren zu können. Sie fürchten sich vor einer Entscheidung und der daraus ihrer Meinung nach folgenden möglichen Konsequenz, entweder ihre Familie oder ihren Seelenverwandten für immer zu verlieren.

Verschiedene Konstellationsmöglichkeiten:
- Man selber ist verheiratet bzw. in einer Partnerschaft, der Seelenverwandte hingegen ist Single.
- Der Seelenverwandte ist verheiratet bzw. in einer Partnerschaft und man selber ist Single.
- Beide befinden sich in einer Ehe bzw. Partnerschaft.

Falls die Partnerschaft, in der man sich selbst oder der andere befindet, bereits an einem Tiefpunkt angelangt war, dann wird die Trennung durch das Zusammentreffen mit dem Seelenverwandten lediglich beschleunigt. Manchmal wird die bestehende Partnerschaft aufgerüttelt und kann reformiert werden und heilen. Eingefahrene Schemen, Muster und Rollen können mit dem Seelenverwandten erkannt und geändert werden. Wir kommen in Kontakt mit unserem wahren inneren Wesen und können nach und nach das leben, was uns entspricht.

Wenn beide in einer Ehe oder Partnerschaft stecken, dann ist die Ausgangsbasis zumindest gleichberechtigt und die gegenseitige Situation kann so besser akzeptiert werden. Die meisten Probleme treten dann auf, wenn einer von beiden Single ist und der andere sich in einer Beziehung befindet. Der ungebundene Teil gerät in eine unfreiwillige Warteposition und erlebt dabei meist eine große Hilflosigkeit und Ohnmacht. Derjenige, der sich in der Ehe, oder Partnerschaft befindet, fühlt sich durch die Situation unter einen enormen Druck gesetzt. Zu diesem Druck gesellen sich weiterhin andere negative Gefühle. Große Schuldgefühle, Zerrissenheit und Ängste sind dabei weit verbreitet.

Das Hauptproblem besteht darin, dass man seinen geliebten Seelenverwandten ganz für sich haben möchte; was absolut menschlich ist. Die Seele, die man so endlos liebt, die so einmalig, einzigartig für uns ist – mit dieser Seele will man am liebsten immer zusammen sein und sich niemals mehr trennen. Sie teilen zu müssen ist, als würde man entzweigerissen.

Hier ist nicht die große Liebe, sondern vor allem unser menschliches Wesen der größte Stolperstein. Die Liebe, wenn sie frei ist vom Wollen, wenn sie in sich selbst Vertrauen und Gewissheit birgt, dann IST die Liebe einfach nur die Liebe. Sie kann dann über all der enormen Sehnsucht stehen und sagen: *„Meine Geliebte, mein Geliebter, ich liebe dich aus ganzem Herzen, auch wenn wir uns niemals mehr wiedersehen! Ich liebe dich für immer, egal welchen Weg du für dich wählst, denn ich weiß, das einzige das für uns zählt unsere Liebe füreinander ist!"* Diese Liebe hat die Sehnsucht überwunden und das Wissen in der Art von Vertrauen erlangt, dass zwei Seelen, die eins sind, die absolut und ewig zusammengehören, nichts und niemand trennen kann. Auch wenn sie in dem einen oder anderen Leben getrennte Wege beschreiten, so werden sie ihre Wege immer wieder zusammenführen – möglicherweise in einem anderen Leben – zu einer anderen Zeit. Auf der Seelenebene sind sie sowieso immerzu miteinander verbunden.

Wichtig ist, meiner Ansicht nach, die Liebe zu unserem Seelenverwandten umfassend wahrzunehmen. Betrachten wir unsere Liebe zu unserem Seelenverwandten rein auf das Seelische bezogen und nehmen unsere irdische Ebene ganz raus, dann fehlt uns dieser Aspekt, nach dem wir Menschen uns so sehr sehnen. Freilich können wir uns rein auf die seelischen Aspekte konzentrieren und eine altruistische Liebe und platonische Liebe anstreben. Unser menschliches Wesen wird sich dennoch danach sehnen den geliebten Menschen bei sich zu haben und ihm nahe zu sein. Als Menschen sehnen wir uns danach nicht nur mit der Seele des oder der Geliebten verbunden zu sein, sondern sie/ihn mit allem zu lieben, was sie/ihn ausmacht und mit ihr/ihm durchs Leben zu gehen. Hier entsteht häufig ein innerer Konflikt, dem manche Menschen mit esoterischen Theorien entgegenzuwirken versuchen. Da heißt es dann, dass wir bedingungslos lieben lernen sollen und auch das Ego müsse überwunden werden. Bedingungslos lieben zu können wird als absolut erforderlich dargestellt. Selbstlos und platonisch zu lieben mag eine Kunst sein, doch leider bleibt unser Menschsein dabei auf der Strecke, weil die meisten

Menschen darunter verstehen sich selbst aufzugeben. Aber das ist auch kein guter Weg. Denn da, wo unsere Eigenliebe anfängt, da hört manchmal die Toleranz für das Verhalten des anderen auf. Insofern kann die Liebe nur dann bedingungslos sein, wenn wir uns *und* den anderen absolut bedingungslos so annehmen und lieben wie wir sind. In diesem Zustand gibt es auch keine Kompromisse mehr. Diese sind nicht mehr nötig. Diese Art der Liebe ist eine sehr hochentwickelte Liebe, die wir als „normale" Menschen zwar anstreben, aber vermutlich nicht leicht erreichen können. Was können wir also tun, um diesem Konflikt zu entrinnen? Manche Seelenpaare erleben einen Prozess, der durch viele Tränen und Kummer geht. Unsere innere Einstellung ist es, die uns Kummer macht und Leiden bringt. Es ist ganz normal und verständlich, das Wesen, das man so unendlich tief liebt, für immer und ewig an seiner Seite haben zu wollen. Die Liebe strebt schließlich danach, sich in der Realität, in der Körperlichkeit Ausdruck zu verleihen. Händchenhalten, Umarmungen, Küsse, etc. nach all dem sehnen sich unsere Körper und auch unsere Seelen. Durch unseren Körper drückt sich unsere Seele in dieser Welt aus. Durch unseren Körper werden Berührungen zwischen zwei Seelenverwandten zum göttlichen Geschenk. Ist körperlicher Kontakt nicht möglich, dann bleibt uns noch die feinstoffliche Ebene, in der wir unserer Liebe Ausdruck verleihen können. Ich möchte versuchen hierfür eine akzeptable Lösungsmöglichkeit zu erarbeiten. Wie kann man in einer solchen Situation trotzdem einen Teil seiner Sehnsüchte und der Liebe ausleben, auch wenn es in der Materie nicht möglich ist. Hierfür gibt es leider keine Patentlösung, die für alle gültig ist. Es ist wichtig, dass du deinen eigenen Weg findest, der dir guttut und in dem du dir selbst treu bleibst. Wenn es für dich gut ist, deine bedingungslose Liebe zu fördern und dein Ego zu überwinden, dann ist dieser Weg sicherlich der richtige für dich. Wenn es für dich aber ganz anders ist und du dich nach deinem Seelenverwandten als Menschen in Fleisch und Blut sehnst und ihn als den wichtigsten Menschen in deinem Leben an deiner Seite haben möchtest, wenn du keine bedingungslose Liebe leben und auch kein Ego überwinden möchtest, sondern einfach nur lieben und leben, dann ist eben dieser Weg für dich richtig. Es gibt kein Richtig und kein Falsch – es gibt nur verschiedene Wege. Wichtig ist es, den eigenen Weg zu finden und ihn zu gehen.

Paula: *„Ich tauschte mich viel mit anderen Menschen aus, die ihrer Dualseele begegnet waren und dasselbe Schicksal erlitten hatten wie ich. Auch sie kamen nicht an ihren Geliebten heran, weil dieser verheiratet war und seine Familie nicht aufgeben konnte, oder wollte. Diese Menschen arbeiteten sehr intensiv daran bedingungslos lieben zu können, um ihr Ego zu überwinden. Ich solle es doch auch versuchen – es würde mich befreien von meinen irdischen Begierden und Vorstellungen. Teilweise kam ich mir schon vor, wie bei* *einer Predigt. Ich wollte doch gar nicht bedingungslos lieben – ich wollte ihn – und zwar mit Haut und Haaren. Ich begehrte ihn und auch seinen Körper. Ich wollte ihn haben – mit allem, was er ist – vor allem ihn als Menschen wollte ich. Was habe ich davon mit ihm seelenverwandt zu sein, wenn er für mich unerreichbar ist. Ich will diese Liebe leben und als Mensch erfahren mit allen meinen Sinnen."*

Larissa: *„Mein Leiden ging lange Zeit auf und ab. Immer wieder Hoffnung und immer wieder Verzweiflung und eine große Trostlosigkeit. Ich wusste, dass ich nie an ihn herankommen würde. Ich sehnte mich so sehr danach ihn zu berühren, ihm nah zu sein, mit ihm zu leben und mit ihm alt zu werden. Doch er wollte, oder konnte sich nicht für mich freimachen. So blieb mir, um nicht daran zu zerbrechen, nichts anderes übrig, als mich darauf zu konzentrieren, dass wir seelenverwandt sind. Wenigstens da kann ihn mir keiner wegnehmen. Auf der Seelenebene ist er mein und wird das auch immer sein – auch, wenn wir das als Menschen nicht leben können. Es gelingt mir immer mehr, die reine Seelenliebe zu fühlen. Ich stelle meine irdischen Gefühle ganz bewusst zurück und konzentriere mich rein auf unsere Seelenverbindung. Ich habe mein Ego schon gut überwunden und auch mein Verlangen danach ihn haben zu wollen ist zurückgegangen. Ihn bedingungslos zu lieben, so wie er ist – auch mit der Entscheidung nicht bei mir sein zu wollen, tut mir sehr gut. Mit dieser Einstellung bin ich innerlich freier geworden und auch viel gelassener."*

Diese beiden unterschiedlichen Wege mit der Situation umzugehen sind beide richtig. Es kommt auf dich und deine innere Einstellung an. Der Weg des ersten Fallbeispiels ist genauso gut und richtig, wie der aus dem zweiten Beispiel. Lass dir von niemandem einreden, du müsstest etwas Bestimmtes tun. Manchmal ist es freilich sehr wertvoll sich für eine andere Sichtweise zu öffnen. Wirklich wichtig ist es, meiner Ansicht nach, einen guten Zugang zu sich selbst, zur eigenen inneren Stimme und zur eigenen Intuition zu haben. Wenn du diesen Zugang hast, dann kennst du auch deinen Weg und kannst zu ihm stehen.

In den Zeiten, in denen du negative Gefühle hast, weil dein Seelenverwandter kein Teil deines Lebens ist, hilft dir vielleicht folgende Sichtweise: *„Dein Seelenverwandter gehört sowieso zu dir. Wenn er eine Weile, oder auch ein ganzes Leben lang, mit einem anderen Menschen verbringt, dann nimmt dir diese Person deinen Seelenverwandten nicht weg, sondern gibt ihm vielleicht die Gelegenheit genau das zu erleben und zu erfahren weswegen er hier ist."* Es kann auch sein, dass deine Dual- oder Zwillingsseele noch karmische Angelegenheiten mit dieser Seele zu erledigen hat. Manchmal sind es aber auch ganz „normale" irdische Dinge, die zwei Menschen aneinander binden. Dies können gemeinsame Kinder, eine gemeinsame Firma, Projekte, Besitz, etc. sein. Es gibt unzählige Gründe für eine Partnerschaft – spirituelle Gründe ebenso wie auch irdische. Wobei die irdischen Gründe für unsere Seele eine ganz besondere Erfahrung darstellen. Deswegen ist sie hier – um sich im Irdischen zu erfahren. Insofern haben alle irdischen Gründe einen spirituellen Ursprung.

Das Glück von zwei Menschen sollte nicht auf dem Unglück eines anderen aufbauen. Eine Beziehung wird immer etwas überschattet sein, wenn eine Partnerschaft durch einen Dritten getrennt wurde. Man sollte eine bestehende Partnerschaft akzeptieren und sich nicht hineindrängen. Die beiden Partner sollten ihre Partnerschaft miteinander regeln. Alles andere bringt nur Kummer und Tränen auf allen Seiten. Stelle dir nur mal vor, dein Seelenverwandter kommt zu dir, weil du so vehement aufgetreten bist und ihn gedrängt hast, er aber gar nicht bereit war für eine Trennung von seiner Partnerin/Partner und deshalb innerlich auch nicht richtig zu dir stehen kann. Es liegt auf der Hand, dass eure Beziehung auf diese Weise niemals völlig frei und unbelastet beginnen kann. Die Energie dieses Anfangs schleppt ihr unter Umständen ewig in eurer Beziehung mit. Sicherlich kann man auch hier wieder energetische Auflösungsarbeit leisten. Besser ist es jedoch erst gar keine negativen Situationen und die damit verbundenen negativen Energien entstehen zu lassen. Sehr wichtig ist auch, auf sich selbst zu achten und so viel Eigenliebe zu besitzen, sich nicht ungewollt in eine ungute Warteposition drängen zu lassen. Unter diesen Umständen hilft man seinem geliebten Seelenverwandten auch nicht, sich aus seiner bestehenden Partnerschaft zu befreien. Manchmal ist hier eine temporäre Trennung für eine gewisse Zeit angesagt, bis beide ihr Leben für sich geregelt haben! Freilich auch auf die Gefahr hin, dass es dann trotzdem keinen gemeinsamen Weg miteinander gibt. Deshalb ist es extrem wichtig, sich selbst treu zu bleiben und Kompromisse ganz bewusst zu wählen. Es gibt selbstverständlich auch Menschen, die ganz bewusst in der Position des, oder der, heimlichen Geliebten sind und nicht darunter leiden, sondern eventuell selbst einen Vorteil daraus ziehen. Egal was für eine Position wir wählen – es ist wichtig, dass diese sich für uns gut und richtig anfühlt. Sicher kann sich das im Laufe der Zeit wandeln. Die bewusste Wahl einer Lebenssituation ist immer die richtige Wahl, wenn sie sich für uns gut, richtig und stimmig anfühlt.

Ist ein partnerschaftliches Zusammenkommen mit dem Seelenverwandten nicht möglich, weil er sich nicht aus seiner bestehenden Beziehung befreien kann, oder will, dann brechen viele Betroffene den Kontakt ab. Ein freundschaftlicher Kontakt scheint jenseits aller Möglichkeiten zu liegen. Viele können es sich beim besten Willen nicht vorstellen, den geliebten Menschen zu treffen, ohne all das tun zu dürfen, wonach ihre Seele schreit.

Zu diesem Punkt gibt es ganz unterschiedliche Meinungen. Manche plädieren dafür den geliebten Menschen in Liebe loszulassen und sich in bedingungsloser Liebe zu üben. Diese Einstellung ist wunderbar, aber in der Praxis für viele Menschen sehr schwer umzusetzen. Denn bei aller Liebe bleibt hier die Eigenliebe sehr häufig auf der Strecke. Wenn wir uns selbst dem anderen zuliebe verbiegen, ihm jegliche Freiheiten geben und dabei aber unsagbar leiden, dann entspricht dies auch nicht dem Prinzip der Liebe. Lieben wir uns selbst so wenig, dass wir freiwillig Leid und Kummer auf uns nehmen, dann stagniert unsere Seelenverbindung recht schnell. Will man eine so hochschwingende Liebe, wie die Seelenliebe, leben können, ist es die absolute Voraussetzung sich selbst ebenso so zu lieben wie den geliebten Menschen.

Lebt man in einer bestehenden Partnerschaft und trifft dann auf seine Seelenliebe, so ist es sehr wichtig, seinen eigenen Weg zu finden – für sich selbst – für seine Seelenliebe und für die bestehende Beziehung. Dieser Weg kann Trennung bedeuten, muss es aber nicht. Wichtig ist, sich selbst treu zu sein und immer im Sinne der Liebe zu handeln. Mit Liebe zum anderen, aber auch mit Liebe zu sich selbst. Verbiegen wir uns einem anderen Menschen zuliebe und versuchen es ihm Recht zu machen, so entfernen wir uns von uns selbst. Den eigenen Weg zu finden ist manchmal schwer. Haben wir ihn aber letztlich gefunden, braucht es eine Menge Mut ihn auch zu beschreiten. Eine liebevolle Hilfe kann dich dabei unterstützen deinen Weg zu finden und ihn zu gehen. Diese Hilfe können verständnisvolle Freunde sein, aber auch eine kompetente professionelle Hilfe kann sehr wertvoll sein.

Welche Herausforderungen stellen sich der Partnerin/dem Partner bei einer Seelenbegegnung?

Für die Partnerin, oder den Partner desjenigen, der auf seine Dual- oder Zwillingsseele getroffen ist, kommen sehr große Herausforderungen, aber auch Chancen der Bewusstwerdung und des eigenen Wachstums zu. Denn jede Krise birgt eine große Chance und ein enormes Wachstumspotenzial in sich.

Wenn der eigene Partner oder die Partnerin auf einen so engen Seelenverwandten wie die Dual- oder Zwillingsseele trifft, scheint das der Anfang vom Ende der aktuellen Partnerschaft zu sein. In vielen Fällen hat der aktuelle Lebenspartner vielleicht keinen großen Bezug zum Thema Seelenverwandtschaft, weil er oder sie, sich noch nie zuvor damit befasst hat und auch noch nicht auf einen eigenen Seelenverwandten vergleichbarer Intensität gestoßen ist. Wenn aber dem aktuellen Lebenspartner bewusst wird, was es bedeutet seiner Dual- oder Zwillingsseele zu begegnen, dann kann ihn das in eine sehr große Hilflosigkeit und Ohnmacht stürzen. Denn er begreift, dass da ein anderer Mensch in das Leben seines Partners, seiner Partnerin getreten ist, mit dem er nicht konkurrieren kann. Die Einmaligkeit dieser Seelenverbindung ist fühlbar und es erscheint wie eine unausweichliche Tatsache, dass die bestehende Partnerschaft hier zu Ende ist.

Wer sich also in einer bestehenden Ehe oder Partnerschaft befindet und seine Dual- oder Zwillingsseele gefunden hat, sollte große Umsicht und Einfühlungsvermögen sein(e) Partner/in gegenüber aufbringen. Soll man mit der Tür ins Haus fallen und von seiner Seelenliebe sprechen? Hier empfehle ich dir, sehr große Besonnenheit walten zu lassen. Fühle dich in deinen Partner/in hinein und finde heraus, ob und in welchem Umfang sie/er etwas mit dem Thema Seelenverwandtschaft anfangen kann und wie aufgeschlossen sie/er ist. Besteht eine Offenheit seitens deines Partners, dann kannst du dich ganz langsam vortasten. Ist dein(e) Partner/in nicht zugänglich für Seelenthemen, würde ich dir eher empfehlen sehr zurückhaltend mit dem Thema zu sein, denn dein(e) Partner/in wird deine Gefühle vermutlich nicht nachvollziehen können. Wenn dich das Thema selbst schon verunsichert, wie soll es dann dein(e) Partner/in verstehen können? Außerdem kann es sich für sie/ihn wie eine Legitimation fürs Fremdgehen anhören, wenn du sie/ihn mit dem Thema Seelenliebe und der Besonderheit und Einmaligkeit von Dual- und Zwillingsseelen überraschst.

„Meine Partnerin ist auf ihre Zwillingsseele getroffen. Nachdem sie mir berichtete, was diese Seelenverbindung bedeutet und welche Gefühle sie für diesen Menschen hat, hatte ich das Gefühl nun nichts mehr wert zu sein. Meine Liebe schien im Gegensatz zu dieser Seelenliebe völlig nichtig geworden zu sein. Es kam mir auch so vor, als wäre dieses ganze Seelenthema nur eine völlig abgefahrene Rechtfertigung dafür fremdgehen zu können, ganz so nach dem Motto, ich kann ja gar nicht anders, ich habe mir diese Liebe nicht ausgesucht, aber ich muss ihn einfach lieben, weil er mein Seelenverwandter ist. Das hat mich sehr wütend gemacht, aber auch sehr hilflos und ohnmächtig. Ich fürchte meine Frau nicht halten zu können, nur weil ich nicht auf diese Weise mit ihr seelenverwandt bin. Ich bin ein sehr toleranter Mensch, aber dieses Thema klingt wie eine ungeheuerliche esoterische Phrase für mich – ich fühle mich total veräppelt davon."

Wir haben eine Verantwortung für diejenigen, die uns lieben. Das macht die ganze Angelegenheit wahrlich nicht einfacher. Lügen und Ausflüchte haben nur kurzen Bestand und erschaffen wieder lästiges Karma, mit dessen Ausgleich wir uns beschäftigen müssen. Offenheit und Ehrlichkeit sind hier angesagt, auch wenn es schwerfällt und wir es nicht immer gleich schaffen ehrlich zu sein. Aber Ehrlichkeit bedeutet nicht den Partner überfordern zu müssen. Manchmal genügt es ihm klar zu machen, dass es da jemanden gibt, für den du ganz besonders fühlst. Schildere deine Gefühle, aber gib auch hier Acht nicht zu sehr von deiner Dual- oder Zwillingsseele zu schwärmen – denn das tut deinem/deiner Partner/in unnötig weh. Versuche deine Gefühle sachlich zu beschreiben, soweit das möglich ist. Sei ganz bei dir und übernimm Verantwortung für dein Handeln und deine Gefühle. Für einen Partner, der sich nie mit spirituellen Themen und auch nicht mit Seelenverwandtschaft befasst hat, klingt es vermutlich wie Hohn, wenn du deine Liebe zu einem anderen Menschen mit der Tatsache einer Seelenverwandtschaft begründest. Freilich musst du selbst für dich entscheiden was, wie und ob du deinem aktuellen Partner dieses Thema nahe bringst. Wichtig ist bei der ganzen Angelegenheit Verantwortung zu übernehmen und nicht die Seelenliebe als bequeme Rechtfertigung zu missbrauchen. Denn auch eine Seelenliebe rechtfertigt es nicht, seinen Lebenspartner zu hintergehen. Die Gespräche mit deinem Partner werden großes Einfühlungsvermögen benötigen. Wenn du deinen Empathiemodus aktiviert hast, dann wird dir das sicher gelingen. Scheue dich nicht evtl. professionelle Hilfe in Anspruch zu nehmen.

Die Rolle der, oder des Geliebten in einer Seelenbeziehung

Steckt der eine Teil einer Seelenverbindung noch in einer Ehe, oder einer anderen Partnerschaft, dann gerät derjenige, der frei ist, häufig in den Status der, oder des (heimlichen) Geliebten. Diese Komponente ist für alle sehr schmerzhaft und gestaltet sich teilweise extrem kompliziert. Leiden ist hierbei schon fast Programm und die Aussicht auf eine glückliche Beziehung erfordert von allen Beteiligten eine ganz besondere Bereitschaft an sich selbst zu arbeiten. Die eigenen Schatten zu erlösen, sich selbst treu zu sein, zum anderen zu stehen, sich für die Liebe entscheiden, bereit sein für einen Wandel und Mut zur Veränderung. All diese Themen sind mehr, oder weniger bei allen Seelenpaaren, die dieser Umstand betrifft aktuell.

Auch hier gibt es selbstverständlich ebenfalls keine Patentlösung. Das, was für den einen gut und richtig ist, kann für einen anderen völlig verkehrt sein. Manche Menschen bleiben bei dem „alten" Partner und ihrer Familie, für andere steht eine Trennung an und bei wieder anderen ist die Trennung von ihrem Seelenverwandten das Resultat, das sich aus diesem Umstand ergibt.

Entscheide deinen Weg bewusst und übernimm die volle Verantwortung dafür. Egal, ob du weiter die heimliche Geliebte bleibst, oder dich für eine Trennung von deinem Partner, oder auch von deinem Seelenverwandten entschließt – sei dir bewusst, dass DU und nur du alleine dies tust. Übernimm hierfür ganz bewusst die volle Verantwortung und gib keinem anderen Beteiligten die Schuld für deine Entscheidungen. Denn auch dann, wenn sie dich vielleicht drängen, oder auch emotional erpressen – letztlich bist doch du alleine der, oder diejenige, der/die zu den eigenen Handlungen stehen muss. Gib keinem anderen die Verantwortung für dein Verhalten, sondern sei dir bewusst, dass alles was du tust – *deine* Entscheidung ist.

Beispiele einiger Aussagen von Menschen, die ihre Verantwortung abgeben und Ausreden erfinden, warum sie nicht das tun können, was sie eigentlich möchten. Sicherlich bräuchten diese Menschen eine große Portion Mut um sich zu befreien. Was sie jedoch nicht tun, ist die Verantwortung für ihre Situation zu übernehmen.

„Mein Mann will mich nicht gehen lassen, er erpresst mich wegen der Kinder und dem Haus. Wenn es nach mir ginge, dann würde ich ihn sofort verlassen und mit meiner Dualseele leben. Aber so kann ich mich leider nicht aus meiner Situation befreien."

„Meine Frau ist krank. Ich würde ja so gerne mit meiner Dualseele leben, kann meine kranke Frau aber nicht verlassen. Ich habe mich bei der Eheschließung dafür entschieden auch in schlechten Zeiten für sie da zu sein. Wenn es aber rein nach mir ginge, dann würde ich viel lieber mit meiner Dualseele leben."

„Ich liebe meine Zwillingsseele über alles und nehme es dafür in Kauf, dass ich nur seine heimliche Geliebte bin. Diese Seelenliebe zu leben ist die Bestimmung meiner Seele und meine Aufgabe, der ich mich fügen muss. Auch wenn es mir unendlich weh tut, kann ich mich deshalb nicht aus dem Status der heimlichen Geliebten befreien."

Ich finde, dass es gerade für dieses Thema sehr wichtig ist nichts unbewusst zu tun. Egal für welchen Weg du dich entscheidest – treffe deine Entscheidung völlig bewusst. Wenn du dich in vollstem Bewusstsein für etwas entscheidest, dann stimmst du auch den aus dieser Entscheidung resultierenden Konsequenzen zu. Du hast dich völlig freiwillig und bewusst dafür entschieden. Solange du negative Gefühle hast, ist es empfehlenswert dich selbst zu hinterfragen, ob du die vorhandene Situation wirklich so möchtest. Falls nicht, so kannst du sie möglicherweise ändern. Wenn du dein Einverständnis für deine Entscheidung gibst und du dich in völligem Bewusstsein für eine Situation entscheidest, dann werden alle deine negativen Gefühle augenblicklich transformiert. Wenn du dich dennoch schlecht fühlst – dann überprüfe deine Entscheidung dahingehend, ob sie dir wirklich entspricht, oder ob du dir nur selbst etwas vorgemacht hast.

Seelenverwandte und Persönlichkeitsstörung

Eine ebenfalls große Herausforderung an die Verbindung mit einem so engen Seelenverwandten wie es die Dual- oder Zwillingsseele ist, stellt eine psychische Erkrankung dar. Insbesondere, wenn es sich um eine Persönlichkeitsstörung, wie um die Borderline-Persönlichkeitsstörung handelt.

Das Besondere einer Seelenliebe ist ja gerade die Tatsache, durch die Liebe mit dem Seelenverwandten zu sich selbst zu finden. Ein Mensch mit einer Persönlichkeitsstörung ist nicht wirklich er selbst. Durch frühkindliche Traumen erlitt seine Persönlichkeit eine Störung. Im liebevollen Kontakt mit seinem Seelenverwandten kann auch ein Mensch mit einer Persönlichkeitsstörung, wieder mehr in seine innere Mitte gelangen und zu sich selbst finden. Eine Therapie durch einen dafür ausgebildeten, kompetenten Therapeuten ist selbstverständlich eine notwendige Hilfe und auch in jedem Fall erforderlich. Solltest du, oder dein Seelenverwandter, von einer Persönlichkeitsstörung betroffen sein, so habe bitte nicht den Anspruch diese mit der Kraft eurer Liebe heilen zu wollen. Die Liebe und vor allem die Liebe zwischen so eng verwandten Seelen, wie der Dual- und/oder Zwillingsseele, besitzt zwar enormes heilendes Potenzial, darf aber niemals als Ersatz für eine medizinische Therapie oder eine Psychotherapie betrachtet werden. Unterstütze deinen geliebten Seelenverwandten mit deinem Verständnis und deiner Liebe. Das ist das Beste, was du für ihn tun kannst. Die Therapie der Persönlichkeitsstörung gehört dagegen unbedingt in die Hände einer fachkundigen Person.

Ein anderer Aspekt, den ich hier erwähnen möchte, ist, dass in einer Beziehung mit einem an Borderline-Erkrankten sehr starke Gefühle, wie sie in einer Seelenbeziehung auftauchen, gefühlt werden können, ohne dass es sich jedoch um eine wirkliche Seelenverwandtschaft handeln muss. Ein Borderliner braucht und sehnt sich nach extremer Nähe, die er aber nur bedingt lange aushält. Ein Borderliner vermittelt auch sehr schnell das Gefühl einer innigen Seelenverwandtschaft, ohne dass eine solche tatsächlich vorhanden sein muss. Es gibt zu den Persönlichkeitsstörungen sogenannte Komplementärstörungen. Das heißt, dass sich zum Beispiel Menschen die an Borderline erkrankt sind und Menschen mit einer narzisstischen Persönlichkeitsstörung anziehen. Der eine findet im anderen eine gewisse Ergänzung. Dieser Umstand kann sehr schnell mit einer Dualseelenschaft verwechselt werden, da Dualseelen sich auch gegenseitig ergänzen. Selbstverständlich haben Borderliner natürlich auch Seelenverwandte. Das eine schließt das andere nicht aus.

Eine von Borderline geprägte Beziehung zeichnet sich meist durch On/Off-Phasen aus. Mal wird extreme Nähe gelebt, dann wieder wird es dem Borderliner schnell zu viel und er muss sich abgrenzen, um sich selbst wieder fühlen zu können. Er beendet die Beziehung, bzw. stößt seinen Partner weg. Wenn sich Dual- und/oder Zwillingsseelenbeziehungen in einer komplizierten Phase befinden, dann erleben einige Betroffene durchaus Situationen, die an eine Borderline-Beziehung erinnern. Auch bei engen Seelenverwandten kommt es häufig zu On/Off-Phasen. Einem Teil wird diese unglaubliche Nähe und extreme Liebe zu viel und er nimmt Reißaus, aus Angst vor diesen heftigen Gefühlen. Es handelt sich bei ihm jedoch nicht um einen Menschen, der an der Borderline-Persönlichkeitsstörung erkrankt ist. An diesem Punkt ist große Sensibilität erforderlich. Du solltest dich davor hüten vorschnell selbst eine Diagnose zu stellen. Dein Seelenverwandter muss nicht zwangsläufig an einer Borderline-Persönlichkeitsstörung erkrankt sein, nur weil er Angst vor Nähe hat. Die Diagnose einer Persönlichkeitsstörung gehört ebenso wie die Therapie in fachkundige Hände.

Eine Beziehung mit einem Borderliner gestaltet sich aufgrund der speziellen Problematik, die seine Persönlichkeitsstörung mit sich bringt, häufig äußerst kompliziert. Die Beziehung zur Dual- und/oder Zwillingsseele alleine bringt ebenfalls sehr große Herausforderungen mit sich. Auch sie ist meist sehr kompliziert. Es liegt auf der Hand, dass die Kombination Seelenliebe und Borderline-Persönlichkeitsstörung eine sehr extreme Herausforderung darstellt. Die Betroffenen sind damit meist komplett überfordert und eine Partnerschaft, ohne kompetente Hilfe, kaum realisierbar. In diesem Falle empfehle ich dringend für den Borderliner, aber natürlich auch für dessen Partner/in, eine fachlich kompetente Hilfe und therapeutische Begleitung in Anspruch zu nehmen. Für den Partner des Borderliners ist es sehr wichtig, sowohl die spezielle Problematik dieser Persönlichkeitsstörung zu kennen, wie auch die der Seelenbeziehung. Für den Borderliner selbst stehen der Umgang und die Therapie seiner Persönlichkeitsstörung sicher im Vordergrund. Aber auch für ihn ist das Wissen um die speziellen Herausforderungen einer Seelenliebe sicher vorteilhaft. Ich empfehle an dieser Stelle, nicht laienhaft zu versuchen, die Dynamik einer von Borderline geprägten Seelenliebe mit esoterischen Sichtweisen zu erklären. Für den Erkrankten könnten esoterische Ansichten sogar eher schädlich wirken. Der an Borderline erkrankte Mensch neigt eventuell zu einer Mystifizierung seiner Beziehungen, was auch ein Symptom seiner Erkrankung sein kann und in der Medizin als magisches Denken bezeichnet wird. Nicht jeder Borderliner ist gleich. Die Symptomatik dieser Erkrankung ist recht vielschichtig und nicht alle Betroffenen haben dieselben Symptome. Bedenke bitte, dass der Borderline nicht so ist, weil er dir schaden will, sondern weil er nicht anders kann. Es handelt sich hierbei um eine ernsthafte psychische Erkrankung und nicht um eine boshafte Launenhaftigkeit des Betroffenen. Solltest du glauben selbst davon betroffen zu sein, sei es als Erkrankter, oder als Angehöriger, so empfehle ich dir entsprechende Literatur (Näheres im Literaturverzeichnis) zu dem Thema zu lesen und dir fachliche Hilfe zu suchen.

Bedingungslose Liebe – Liebe ohne Bedingungen

Über die bedingungslose Liebe ist schon sehr viel geschrieben und berichtet worden. Als bedingungslose Liebe bezeichnet man die reinste Form der Liebe. Sie gilt als die wahre Liebe und ist nicht nur unter Esoterikern *die* Form der Liebe schlechthin, welche man anstreben sollte. Gerade in Bezug auf die Dualseele und die Zwillingsseele wird von der speziellen Bedingungslosigkeit ihrer Liebe berichtet. Weiter wird behauptet, man müsse dahin gelangen den anderen wirklich absolut bedingungslos zu lieben, damit eine harmonische Beziehung möglich wird. Ferner wird in diesem Zusammenhang gerne erklärt, wer nicht bedingungslos liebt, würde automatisch eine glückliche Beziehung zur geliebten Seele verhindern. Die bedingungslose Liebe sei also die Voraussetzung für eine glückliche Seelenbeziehung.

Viele Menschen nehmen sich diesen Aspekt sehr zu Herzen und versuchen den anderen bedingungslos zu lieben. Was sich leider meist als einseitiges Unternehmen herausstellt. Einseitig deshalb, weil sie bei aller Liebe für den anderen, die Liebe zu sich selbst vergessen und weil der Seelenverwandte in der Regel seinerseits nichts mit bedingungsloser Liebe anfangen kann. Viele Menschen, die sich in bedingungsloser Liebe üben, nehmen sich selbst dabei nicht mehr wichtig und stellen den geliebten Seelenverwandten an die erste Stelle – sogar noch vor sich selbst. Sie glauben, sie müssten nur hart genug an sich arbeiten, damit die Beziehung funktioniert und übersehen dabei, dass sie in die falsche Richtung denken. Denn, das was wir uns selbst nicht angedeihen lassen, das kann uns der geliebte Mensch auch nicht geben. Wir können einen Menschen auch dann lieben, wenn er unsere Bedingungen nicht erfüllt. Es ist für uns Menschen jedoch wichtig, dass wir aneinander Bedingungen stellen, indem wir uns mitteilen, was wir voneinander brauchen. Nur wenn du bereit bist, deinem Seelenverwandten zu verraten, was du brauchst, was du dir erhoffst und ersehnst, gibst du ihm die faire Chance es dir aus freiem Herzen zu geben. Ist die Liebe frei, dann gibt er es dir nicht, weil du darum gebeten hast, sondern weil er dich damit glücklich machen kann. Selbstverständlich sollten wir uns unsere Bedingungen mitteilen, diese aber nicht erpressen, oder erzwingen wollen. Denn nur wenn unsere Bedingungen freiwillig erfüllt werden, erleben wir Erfüllung und Freude.

Der Weg zur wahren bedingungslosen Liebe führt dahin, Bedingungen zu stellen und den anderen auch dann zu lieben, wenn er unsere Bedingungen nicht erfüllt. Die bedingungslose Liebe ist an die Nicht-Erfüllung von Bedingungen geknüpft. Auch wenn unsere Bedingungen nicht erfüllt werden, ist es wichtig zu ihnen zu stehen.

„Bedingungslose Liebe bedeutet nicht, keine Bedingungen mehr zu stellen, sondern den geliebten Menschen auch dann zu lieben, wenn er uns unsere Bedingungen nicht erfüllen kann oder will."

Es ist sehr wichtig, dass wir selbst die erste Priorität für uns und unser Leben sind. Schaffen wir das nicht, geraten wir unweigerlich in große Schwierigkeiten. Wir haben uns damit selbst verlassen, sind uns untreu geworden und brauchen uns nicht zu wundern, wenn wir von anderen Menschen genauso behandelt werden, wie wir selbst mit uns umspringen. Hier wirkt das kosmische Gesetz der Anziehung. Wir ziehen das an, was wir verkörpern. Unsere Einstellungen, Glaubenssätze, etc. sind in unserem Energiefeld gespeichert. Wir strahlen das aus, was in uns ist und ziehen die Situationen und Menschen an, die in Resonanz mit unserer Ausstrahlung sind. Wollen wir die Dinge ändern, die wir anziehen, sollten wir unsere Ausstrahlung ändern. Unsere Ausstrahlung ändern wir, indem wir uns das ansehen, was in uns ist. Das ist leider manchmal recht schwierig, denn vieles liegt im Verborgenen unserer Seele, wurde verdrängt, ist verdeckt, oder durch Blockaden unzugänglich. Deshalb ist alles, was uns zu uns selbst bringen kann, so wertvoll für uns Menschen.

Wenn dein Seelenverwandter dich ignoriert, dich nicht wertschätzt, nicht respektiert, nicht achtet und nicht zu dir steht, dann betrachte deine Einstellung diesen Themen gegenüber zu dir selbst. Hinterfrage kritisch, ob du dir all das, was er dir nicht gibt, selbst geben kannst? Oder gibt es vielleicht eine Angelegenheit oder eine Tatsache in deinem Leben, wo du nicht zu dir stehst? Kannst du dich vielleicht nicht immer wertschätzen, oder respektieren? Hast du manchmal keine Achtung vor dir, ignorierst du vielleicht deine Talente oder Begabungen oder einen wesentlichen Teil deiner selbst? Ich empfehle dir, diese Fragen ganz ehrlich und selbstkritisch zu beantworten. Unsere inneren Defizite zeigen sich ebenso, wie unser innerer Reichtum, im Kontakt mit unseren Seelenverwandten. Sie spiegeln uns auf sehr deutliche Weise wider, was wir an uns selbst nicht wahrnehmen, verdrängt haben, oder nicht wahrhaben wollen. Freilich darf man auch diesen Punkt nicht verallgemeinert betrachten, denn es gibt durchaus auch noch andere Mechanismen, die in einer Seelenbeziehung zum Tragen kommen als das Spiegeln. Häufig bestehen sehr komplexe Mechanismen, die alle mehr, oder weniger ineinander übergreifen. Manchmal braucht es sehr viel Zeit und Durchhaltevermögen, möchte man alles verstehen. Dabei sollte man selbstverständlich nicht vergessen zu leben.

Meine ganz persönlichen Gedanken zur bedingungslosen Liebe
Auf der Seelenebene existiert eine Kraft, die die Essenz unseres Universums
ist – ja sogar die Essenz allen Seins. Diese Kraft ist die Liebe. Unsere Seelen
sind reine Liebe und wir alle sind in reiner bedingungsloser Liebe miteinander
verbunden. Das heißt, da wir alle reine Liebe sind, gibt es keine Trennung.
Alles ist Liebe und alles ist eins in der Liebe.
Nun leben wir aber als Menschen in einem physischen Körper. Und unsere
Dual- oder Zwillingsseele, sofern sie denn inkarniert sind, leben ebenfalls hier
in einem physischen Körper. Die Liebe, die wir uns gegenseitig als Menschen
geben können, ist von einer etwas anderen Natur, als die reine, freie und bedingungslose Liebe unserer Seelen. Wohlgemerkt, diese Liebe existiert schon
immer und wird auch immer existieren – jenseits von Zeit und Raum und von
physischen Bedingungen und Begrenzungen. Wir befinden uns aber mitten in
diesen physischen Bedingungen, weil wir hier verkörpert sind. Deshalb vermögen wir Menschen die bedingungslose Liebe nicht im Sinne der Seelen zu
leben. Hier in unserer Welt sind wir an Bedingungen geknüpft. Unsere physische Existenz alleine ist ja schon bedingt durch unseren physischen Körper.
Unser Körper begrenzt uns außerdem. Wir sind den Naturgesetzen wie zum
Beispiel der Schwerkraft unterworfen – aber auch anderen Dingen, die unser
Leben ausmachen, bzw. es erst möglich machen. Allein das Leben selbst ist
an unendlich viele Bedingungen geknüpft. Als Mensch benötigen wir, um le-
ben zu können, Nahrung, Luft zum Atmen, Kleidung, ein Dach über dem
Kopf und vieles mehr. In der Welt der Seelen ist die Liebe ein Zustand. Sie
IST einfach. Hier auf der Erde leben wir und erfahren die Liebe in unterschiedlicher Weise. Im Bereich der Seelen gibt es keine Unterscheidungen der
Liebe. Dort gibt es nur die eine Form der Liebe – die ursprüngliche, reine und
bedingungslose Liebe. Und weil die Liebe zwischen Menschen kein reiner
Zustand ist, sondern gelebtes Gefühl darstellt, gibt es auch die Abwesenheit
von Liebe. Die Abwesenheit von Liebe besteht immer dann, wenn keine Liebe gefühlt, bzw. gelebt wird.
Meine Dual- und/oder Zwillingsseele kann ich als Mensch lieben, wenn sie
bzw. er hier ebenfalls inkarniert ist. Das alleine stellt schon eine Bedingung
dar. Damit wir uns als Mensch ganzheitlich lieben können, benötigen wir einen Körper – auf Seelenebene lieben wir uns ja sowieso. Hier ist die Liebe ein
Zustand und es gibt dort nur die eine Form von Liebe – nämlich die bedingungslose. Nur hier in der Dualität können wir auch die Abwesenheit von
Liebe erfahren. Wir können lieben und wir können nicht lieben. Die Seelen
SIND Liebe – sie sind Liebe pur. Auf der Seelenebene ist die Liebe ein immerwährender Seinszustand.

Wir sind also alleine durch die Tatsache unserer physischen Existenz an Bedingungen geknüpft. Ist es dann verwunderlich, dass wir nicht wahrhaftig bedingungslos im Sinne der Seelen lieben können? Meiner Ansicht nach ist reine bedingungslose Liebe nicht an einen bestimmten Menschen oder einen Seelenverwandten gebunden. Ein Mensch, der wahrhaftig bedingungslos liebt, der liebt alles und er liebt jeden. Er befindet sich in dem Zustand der allumfassenden, göttlichen, bedingungslosen Liebe. Er kann dann gar nicht mehr anders als zu lieben, denn er selbst ist vollkommen zu Liebe geworden. Er ist die personifizierte Liebe! Vielleicht waren Jesus, Buddha und Mohammed solche Menschen? Ich glaube, dass der Mensch, der wahrhaftig bedingungslos zu lieben vermag, ein vollkommen Erleuchteter ist.

Ich vermute, dass die Menschen, die sich noch auf dem Weg ihrer Entwicklung befinden und den Evolutionsweg ihrer Seele beschreiten, nicht unbedingt bedingungslos lieben können sollten. Denn, wenn wir alles und jeden lieben, dann hätten wir ja auch in der Einheit verbleiben können. Warum dann überhaupt inkarnieren? Ich glaube, dass wir als Menschen das Geschenk der „freien Wahl" aus bestimmten Gründen erhalten haben. Nämlich, damit wir uns für die Liebe entscheiden können – aus freien Stücken lieben können – oder auch nicht. Und nicht, weil wir den anderen sowieso lieben. Das ist ja kein Kunststück, wenn man sich im Zustand bedingungsloser Liebe befindet. Dann kann man gar nicht anders als lieben, dann IST man Liebe. Hier auf der Erde können wir uns aber entscheiden, ob und wen wir lieben und ob und wie wir unserer Liebe Ausdruck verleihen wollen.

Das ist auch das Schwierige in Hinsicht auf unseren Seelenverwandten. Auf der einen Seite lieben wir ihn und fühlen auch die Bedingungslosigkeit dieser Seelenliebe, aber auf der anderen Seite kann die geliebte Seele auch in einem Menschen stecken, der uns seine Liebe nicht, oder nicht auf die gleiche Weise wiedergeben kann. Die Gründe hierfür sind so vielschichtig, wie es Menschen gibt. Einerseits fühlen wir die Essenz dieser tiefen Seelenliebe und auf der anderen Seite werden wir von genau dem geliebten Menschen abgelehnt. Das tiefe innere Wissen, dass wir bedingungslos zusammengehören, aber im Leben und als Menschen getrennt sind, ist sehr schwer anzunehmen.

Wir Menschen sollten uns der bedingungslosen Liebe unserer Seelen bewusst sein, auch wenn es uns selbst vermutlich nicht gelingen wird auf diese Weise bedingungslos zu lieben. Wir sollten die bedingungslose Liebe als natürlichen Zustand unseres Seins betrachten, der auch die Bedingtheit unserer physischen Welt mit einschließt. Diese Art der bedingungslosen Liebe ist dann nicht mehr auf nur diesen einen Menschen und diese eine Seele fokussiert, sondern umfasst unser gesamtes Sein und bezieht selbstverständlich auch die Eigenliebe mit ein.

Als Menschen hier auf Erden brauchen wir unseren Seelenverwandten ebenfalls in menschlicher Gestalt, wollen wir ihm unsere Liebe zeigen, sagen und
fühlen lassen. Um ganzheitlich zu lieben, braucht es nicht nur Seele und
Geist, sondern auch den Körper. Wir benötigen den körperlichen Ausdruck
unserer Liebe, indem wir uns in die Augen blicken, unsere Stimme hören, uns
berühren und körperlich nah sein können. Und zwar als menschliche Wesen
aus Fleisch und Blut! Deshalb haben sich unsere Seelen hier verkörpert. Sie
wollen ganzheitliche Erfahrungen der Liebe machen. Ganzheitlich im Sinne
von Körper, Geist und Seele. Wir brauchen hier also nicht „nur" die reine, bedingungslose Seelenliebe, sondern unsere Seelen wollen die Liebe als
menschliche Wesen erfahren. Als Menschen mit allen ihren Licht- und Schattenseiten und in ihrer Bedingtheit.

Die bedingungslose und die ganzheitliche Liebe
Ich mache für mich eine Unterscheidung zwischen der bedingungslosen Liebe
der Seelen und der ganzheitlichen Liebe, zu der wir als Menschen fähig sind.
Für mich bedeutet ganzheitliche Liebe, den andern in seinem Sein so zu lassen, wie er ist und ihn mit allem, was ihn ausmacht zu lieben. Aber gleichzeitig mich selbst auch so anzunehmen, wie ich bin und mich für das, was ich bin
zu lieben.
Wenn wir unseren Seelenverwandten ganzheitlich lieben, dann bedeutet das
nicht, dass wir uns selbst ihm zuliebe verbiegen müssen. Es bedeutet auch
nicht, dass ich alles gutheißen soll, was er denkt, sagt oder tut. Und es bedeutet auch nicht, für alle seine Taten und Worte eine Erklärung zu haben, oder
mir alles von ihm bzw. ihr gefallen zu lassen. Bei aller Liebe ist es äußerst
wichtig, bei sich selbst zu bleiben. Das ist gerade bei Seelenbeziehungen keine leichte Übung.
Sehr bedeutungsvoll ist die Balance zwischen Dual- und Zwillingsseelen. Die
Balance ist eine Bedingung für ein glückliches und bereicherndes Miteinander. Stellt sich einer von beiden an die zweite Stelle, dann entsteht ein Ungleichgewicht. Diese Disharmonie wirkt sich im Laufe der Zeit sehr nachteilig
auf den zwischenmenschlichen Kontakt aus. Deshalb ist es sehr wichtig, sein
Augenmerk in erster Linie auf sich selbst zu richten. Wir sollten uns in unserem eigenen Sein lieben können und nicht ausschließlich im anderen. Denn,
wenn wir uns selbst lieben, dann kann uns auch unser Seelenverwandter entsprechend lieben.
Denn stell dir nur mal vor, was du für eine Botschaft an deinen geliebten Seelenverwandten aussendest, wenn du dich selbst nicht liebst, nicht achtest,
nicht respektierst und wertschätzt. Du vermittelst ihm dadurch, dass er einen
Menschen vor sich hat, der es nicht wert ist, geliebt, geachtet, respektiert und

wertgeschätzt zu werden. Dein Seelenverwandter liebt dich aber zutiefst, und somit ist es eine Beleidigung an seine Liebe für dich, wenn du so über dich denkst. Wichtig ist es, Bedingungen an das menschliche Miteinander zu stellen und auch deinem Seelenverwandten zu sagen, was du brauchst, nach was du dich sehnst und wie du dir das Miteinander mit ihm vorstellst, welche deine tiefsten Wünsche sind und einfach schlicht, was du willst. Sagen wir das nicht, sondern hoffen darauf, dass der geliebte Seelenverwandte uns mit seiner Empathie alles von der Nasenspitze abliest, werden wir meist sehr enttäuscht werden. Außerdem braucht es dein Gegenüber genauso, wie du es auch brauchst, zu hören, dass du ihn liebst und willst. Ich treffe immer wieder auf Menschen, die mir sagen sie hätten ihrem Seelenverwandten schließlich schon einmal gesagt, dass sie ihn lieben. Teilweise lag das schon sehr lange zurück. Sicher müssen wir uns nicht ständig Liebesbeweise geben, aber es ist wichtig sich nicht zurückzunehmen, sondern einander die Liebe mit Worten und Taten zu zeigen. Warte nicht darauf, bis dein Seelenverwandter das macht, sondern gib von dir aus. Du wirst sehen, das, was du bereit bist zu geben, das wirst du auch selbst erhalten.

Seelenliebe

Die bedingungslose Liebe zwischen Seelenverwandten ist eine Liebe, die einfach da ist – ohne jedwede Bedingung. Sie ist eine feste Größe. Sie besteht ohne Wenn und Aber. Die Bedingungslosigkeit dieser Liebe existiert in ihrer Unausweichlichkeit. Diese Liebe IST – sie ist ewig, denn sie war schon immer und wird auch immer sein. Die bedingungslose Liebe füreinander ist die Essenz der Seelen. Sie ist das, was die Seelen ausmacht – sie ist das, was die Seelen sind. Die bedingungslose Liebe ist das Sein, das pure und reine Sein. Sie ist die substanzlose Ursubstanz, aus der alles, die gesamte Schöpfung, alles was war, alles was ist und alles was je sein wird, entspringt. Sie ist das Einzige, das wirklich zählt. Sie ist die göttliche Kraft – das Urlicht, das Alpha und das Omega zugleich. Sie IST!

Die Liebe, die wir uns als Menschen geben können, ist eine ganzheitliche Liebe. Sie ist eine Liebe, die unsere Seele, unseren Körper und unseren Geist mit einschließt.

Ganzheitliche Liebe ist:
- Den anderen so anzunehmen, wie er ist – ohne sich selbst zu verleugnen.
- Zum anderen zu stehen, auch wenn er etwas gesagt oder getan hat, das man selbst für nicht gut heißt. Nicht *ihn* zu verurteilen, sondern das, was er getan hat. Gleichzeitig sich selbst treu zu sein und zu sich selbst zu stehen.
- Den anderen zu lieben, egal was ist – sich selbst aber ebenso zu lieben.

- Die Liebe mit seinem ganzen zur Verfügung stehendem Sein auszudrücken. Mit Worten und mit Taten.
- Dem anderen seine Liebe fühlen zu lassen durch Berührungen, Gesten, Körpersprache, Stimme.
- Den anderen zu achten und zu respektieren – sich selbst aber ebenso zu achten und zu respektieren.
- Erkennen, dass es wichtig ist Bedingungen zu stellen und auch bereit sein die Bedingungen des anderen zu erfüllen. Wer bereit ist Bedingungen zu stellen, der ist auch bereit welche zu erfüllen.
- Faire Bedingungen an das Miteinander zu stellen. Nur den Bedingungen zustimmen, die du auch wirklich bereit bist zu erfüllen.
- Den anderen auch dann zu lieben, wenn er nicht bereit ist deine Bedingungen zu erfüllen.

Meine persönlichen Erkenntnisse zum Thema Liebe

Ende August bis Anfang September 2007 verbrachte ich eine Woche in Hamburg zum zweiten Teil meiner Reikilehrerausbildung, dem V-B-Grad. In diesem Seminar erlernten wir unter anderem die Einstimmungen in den IV. Grad. Der IV. Grad wirkt besonders auf unser Herzchakra, dem Sitz unserer Liebesfähigkeit, unserer Fähigkeit Liebe zu geben und zu empfangen. Ganzheitliche Liebe umfasst unsere menschliche Liebesfähigkeit in ihrer Bedingtheit ebenso, wie die bedingungslose Liebe unserer Seele. Bislang dachte ich immer, schon ein gutes Gefühl für ganzheitliche Liebe entwickelt zu haben. Jetzt nach dem Seminar ist mir klar geworden, dass all das, was ich vorher für ganzheitliche Liebe hielt, nur ein Bruchteil von dem darstellt, was ich in den Tagen bei dem Seminar erlebt habe und immer noch erlebe. Nun fühle ich weitere Aspekte ganzheitlicher Liebe in mir.

Bedingungslose Liebe ist eine Liebe, die von *allen* anderen Gefühlen losgelöst ist. Diese Liebe IST einfach! Was die meisten Menschen normalerweise unter Liebe verstehen ist ein Gefühl der Liebe, das durch viele andere zusätzliche Gefühle geprägt ist. Diese Gefühle sind zum Beispiel: Sehnsucht, Begehren, Verlangen, Verlustangst, Vermissen, immer mit dem anderen zusammen sein wollen, sich unvollständig fühlen ohne den anderen, etc. Sobald wir irgendein anderes Gefühl mit der Liebe verknüpfen als reine Liebe, ist die Liebe nicht mehr rein nur Liebe und somit auch nicht mehr bedingungslos. In unserem Menschsein befinden wir uns aber durchaus in einer Welt der Bedingungen und können deshalb nicht bedingungslos, sehr wohl aber ganzheitlich lieben.

Ganzheitlich zu lieben bedeutet, den anderen so zu lieben, wie er ist, aber auch sich selbst auf diese Weise zu lieben. Es bedeutet auch zu lieben, ohne den Anspruch auf Gegenliebe zu hegen. Wenn wir ganzheitlich lieben, dann kann der andere sein, tun und haben, was immer er will. Wir lieben ihn, egal was auf den äußeren Ebenen Wirklichkeit ist.

Viele Menschen wollen einen anderen nur dann lieben, wenn ihre Liebe auch erwidert wird. Ist das der Fall, dann entstehen schon die nächsten zusätzlichen Gefühle, die mit der Liebe an sich ebenfalls nichts zu tun haben. Diese können zum Beispiel: Sehnsucht, quälendes Begehren, der Wunsch nach einer Partnerschaft, aber auch Eifersucht, Verlustangst, Neid, etc. sein. Einen anderen Menschen zu lieben hat nichts damit zu tun, dass wir unsere Bedingungen für eine Partnerschaft erfüllt haben müssen. Wir können lieben und die Vorstellungen, die wir an ein Miteinander haben, loslassen. Wir lassen nicht die Liebe los, sondern unsere Vorstellungen darüber wie wir mit dem geliebten Menschen in Beziehung treten wollen. Dann wird die Liebe frei. Die Liebe an sich ist nicht an eine Bedingung gebunden – wohl aber die Form der Beziehung, die ihr wählt.

Freie Liebe lässt uns einen anderen Menschen lieben, ohne dass er uns ebenfalls lieben muss. Sie kennt zwar durchaus Begehren und Sehnsucht – stellt dies aber nicht als Bedingung. Selbst wenn der geliebte Mensch weit weg ist, so sind wir in Frieden mit der Situation. Wir lieben ihn auch dann, wenn er uns nicht liebt, auch wenn er nicht das ist, tut oder darstellt, was wir gerne hätten. Nicht, dass wir mit dieser Art von Liebe alles gutheißen müssen, was jemand anderer tut. Für die Liebe selbst ist es allerdings unerheblich.

„Wahrhaftig frei zu lieben bedeutet wirkliche Freiheit in seinen Gefühlen erlangt zu haben!"

In der Kindererziehung, aber auch in Partnerschaften ist der Liebesentzug ein beliebtes Druckmittel. *„Ich liebe dich, wenn du..."* wird, genauso subtil vermittelt, wie *„ich liebe dich nicht, wenn du nicht..."*. Kein Wunder, wenn ein Mensch, der in seiner Kindheit Entsprechendes erlebte, Schwierigkeiten damit hat Liebe anzunehmen.

Selbstverständlich ist es möglich eine positive Form der Sehnsucht und des Begehrens zu fühlen. Jedes Gefühl, das dich quält, zeigt dir auf, dass etwas in dir mit der Situation wie sie ist, unstimmig ist. Lasse die Liebe zu deinem Seelenverwandten zu, egal ob er deine Liebe nun erwidert, oder auch nicht. Die Essenz eurer Seelen ist ja die Liebe. Es wird dir immer mehr gelingen diese Liebe zuzulassen. Im Prinzip wird in der Liebe alles, was mit quälenden Gefühlen zu tun hat, bedeutungslos. Versuche nicht etwas erzwingen zu wollen, was momentan noch (nicht) ist. Wer im Fluss des Lebens und im Vertrauen ist, dass alles gut ist, so wie es ist, hört auf irgendetwas zu wollen, zu wünschen, etc. Das tiefe innere Wissen wird zur Weisheit. Im Fluss des Lebens wissen wir, dass alles so ist, wie es sein soll. Keine negativen Gefühle werden uns mehr zur Qual. Wir sind einverstanden und im Vertrauen. Es ist nicht leicht, diesen Zustand auf Dauer zu halten. Aber je mehr wir zu uns selbst, zum Leben und zur Liebe finden, desto leichter wird es uns fallen.

Dieser Ausspruch von Saint-Exupéry sagt einiges über freie Liebe aus:

„Wenn einer eine Blume liebt,
die es nur ein einziges Mal gibt
auf allen Millionen und Millionen Sternen,
dann genügt es ihm völlig,
dass er zu ihnen hinaufschaut, um glücklich zu sein.
Er sagte sich: Meine Blume ist da oben, irgendwo ...“

von Antoine de Saint-Exupéry aus „Der kleine Prinz"

Viele Menschen behaupten zwar, sie würden ihren Seelenverwandten in Freiheit lieben, tun dies aber nicht wirklich. Die freie Liebe ist überdeckt mit allerlei anderen Gefühlen, die mit freiem Lieben nichts zu tun haben.

Gerade weil wir unseren Seelenverwandten so intensiv lieben, und mit ihm das Gefühl haben, als wären wir zuhause angekommen, fühlen wir uns ohne ihn womöglich unvollständig, alleine, einsam, hilflos etc. Die ganze Palette all der Gefühle, die unseren eigenen Mangel beschreiben, kann durch unseren Seelenverwandten auftreten. Nur sind sie bei der Dual- und/oder Zwillingsseele meist um ein Vielfaches stärker, als bei einer „normalen" zwischenmenschlichen Beziehung. Wir denken, wir brauchen unseren Seelenverwandten.

Leider suchen viele ihr Heil in einer Partnerschaft und haben die Vorstellung, dass ein Partner ihnen all das geben kann, das sie selbst nicht haben, nicht leben, nicht verkörpern. Der Partner soll diesen Mangel ausgleichen. Deshalb verwechselt man oftmals Liebe mit Brauchen. Eine Partnerschaft, die auf die gegenseitige Kompensierung von Mangel aufbaut, wird nie auf Dauer glücklich bestehen können. Wenn die erste Verliebtheitsphase vorbei ist und aus der Verliebtheit Liebe wird, dann ist diese Liebe bei vielen Menschen an eine Menge von erzwungenen Bedingungen geknüpft. Ist dann der Partner nicht mehr gewillt, oder in der Lage uns unseren Mangel auszugleichen, dann erfüllt er nicht mehr unsere Bedingungen, die wir an die Liebe stellen. Eine Trennung wird somit nicht mehr allzu fern sein.

Auf Dauer wird nur die Partnerschaft glücklich und dauerhaft Bestand haben, in der beide für sich selbst und den anderen sorgen, sowie sich gleichzeitig das zu geben, was sie einander aus freien Stücken der Liebe geben können. Mal ist mehr, mal weniger Kapazität für den Partner frei. Wenn beide Partner es nicht als Mangel, oder Liebesverlust wahrnehmen, wenn der andere einmal nicht so viel geben kann, dann ist eine Partnerschaft eine Verbindung aus zwei gleichwertigen Partnern. Eine Partnerschaft ist eine Verbindung zwischen zwei gleich starken Partnern und nicht zwischen zwei Bedürftigen, die nichts geben, aber immer nur nehmen wollen.

Energien zwischen Seelenverwandten

Unsere Seele drückt sich nicht nur durch unseren physischen Körper, sondern auch durch unsere feinstofflichen Körper aus. Über unser Energiefeld, unsere Aura und unsere Chakren fließt sehr viel Energie zwischen uns und unserem Seelenverwandten.

Der Energiefluss zwischen den Chakren macht sich auf unterschiedliche Art bemerkbar. Wir können den anderen in nur einem einzigen Chakra fühlen, oder auch in mehreren, bzw. in allen Chakren. Meistens werden manche Chakren besonders stark und andere weniger stark gefühlt. Der Energiefluss kann dauerhaft vorhanden sein, oder auch in Wellen kommen und gehen. Bei manchen ist er in der Nacht stärker als am Tage, oder auch umgekehrt.

Den Energiefluss fühlt man in Form von Vibrieren, Kribbeln, Ziehen, Stechen, in Wellen oder auch als kontinuierlichen Zustand. Er kann als Wärme, Hitze oder auch Kälte wahrgenommen werden. Manchmal „springt" die Energie von einem Chakra zum nächsten. Sie kann aber auch in ihrer Intensität schwanken – von sanft und subtil, bis zu brennend und stark – als würde ein Strom fließen. Vielfach wird die Energie stärker, wenn wir an den anderen denken, oder wenn unser Seelenverwandter an uns denkt.

Zwillingsseelen leben die Energie der Trennung

Diese Energie ist entstanden, als sich ihre Seelen vor Äonen von Zeitaltern voneinander getrennt haben um in der Materie zu inkarnieren. Auf der Seelenebene sind Zwillingsseelen nach wie vor verbunden. Der Aspekt der Trennung wirkt sich auf die Seelenaspekte aus, die sich in der Inkarnation befinden. Er wirkt in unserer irdischen Ebene durch das Inkarnieren in zwei verschiedene Körper hinein. Diese Energie kann sich positiv, wie auch negativ auswirken. Der Aspekt der seelischen Trennung klingt für unser menschliches Verständnis negativ und traurig. Aber aus seelischer Sicht stellt die Trennung durchaus eine Bereicherung dar. Denn die eine Seele kann sich durch zwei Menschen ganz anders erfahren. Die Begegnung der Menschen, die die zwei Hälften ihrer gemeinsamen Seele in sich tragen, ist ein göttlicher Moment. Die Seele begegnet sich selbst im anderen. Sie kann sich im anderen erfahren, betrachten und erkennen.

Die Energie der Zwillingsseelen ist eine passive Energie!

Zwillingsseelen *sind!* Sie sind eins. Eins zu sein ist ihr Ursprung.

> *Das eine gelebt in zwei Formen des Seins*
> *ist geboren um sich zu finden im anderen*
> *immerzu – und ewig – schließt sich der Kreis*
> *der Leben um die Essenz ihrer Liebe.*

Anmerkung zur Energie der Zwillingsseelen:

Um an dieser Stelle Missverständnisse zu vermeiden, teile ich hier noch etwas Wichtiges zur Energie der Trennung bei Zwillingsseelen mit: Bitte betrachte die Energie der Trennung nicht negativ; weil du vielleicht im Augenblick von deiner Zwillingsseele getrennt bist. Bitte interpretiere auch nicht deine persönlichen Erlebnisse hinein, sondern betrachte ganz wertfrei das, was ist. Seelenzwillinge sind zwei Wesen einer Seele. Manchmal wird auch von Teilen einer Seele gesprochen. Ein Teil ist aber nicht das Ganze. Zwillingsseelen sind jedoch jede für sich vollständig. Sie haben denselben Seelenursprung. Menschen, die ihre Zwillingsseele verloren haben, betrachten den Aspekt der Trennung leicht als etwas Trauriges und Negatives und sehnen sich danach, in hoffentlich naher Zukunft, wieder mit ihrem Seelenzwilling eins zu werden. Sollte es dir auch so ergehen, dann mache dir bewusst, dass die Trennung der Seelen einen Grund hat. Für die Seelen ist es nicht traurig, da sie auf der Seelenebene gar nicht voneinander getrennt sind. Auf der irdischen Ebene, ja da besteht die Trennung. Sie ist notwendig für die Evolution unserer Seelen und des derzeitigen Inkarnationszyklus. Sehe die Trennung auf der irdischen Ebene als Chance und nicht als Fluch. Du wirst sehen, wie sehr sich plötzlich alles wandeln kann.

Dualseelen leben die Energie der Vereinigung

Dualseelen sind schon getrennt. Sie waren noch nie eins, wie im Sinne der Zwillingsseelen gewesen. Sie werden erst eins durch ihre Vereinigung. Bewusst und aktiv sich mit seiner gegensätzlichen Entsprechung zu einem *wir* zu vereinen macht die Energie der Dualseelen aus. Der schöpferische Moment dieser Vereinigung ist wie ein Feuer, das Elemente miteinander zu verschmelzen vermag. Wie die körperliche Vereinigung zwischen zwei Menschen, so ist auch die Vereinigung der dualen Seelen, der Seelen die sich gegenseitig entsprechen, ein bewusster und aktiver Akt ihrer gemeinsamen Schöpferkraft.

Die Energie der Dualseelen ist eine aktive Energie!

Dualseelen *werden!* Sie werden eins. Eins zu sein ist ihr gemeinsamer Schöpfungsakt.

Liebe vereinigt unser Licht – ein gemeinsames Sein
wird geboren im Bewusstsein unserer Liebe.
Geschaffen füreinander um uns zu lieben,
im Urlicht unseres Seins – im Licht unserer Schöpfung.

© Sandra Ruzischka, April 2012

Die Energie der Zwillingsseelen ist eine passive Energie. Die Energie der Dualseelen ist eine aktive Energie! Passiv und aktiv sind ebenfalls Dualpaare. Daran kann man sehr gut erkennen, dass Dualseelen und Zwillingsseelen in Bezug zueinander gesetzt ebenfalls ein Dualpaar ergeben. Zwillingsseelen *sind* und Dualseelen *werden!* Diese beiden Dualitäten nicht separiert, sondern zusammen betrachtet zeigen den Kreis der Schöpfung. Die Schöpfung die der Ursprung der Dualitäten ist!

Dualseelen begeben sich durch die Energie des Werdens in das gemeinsame Sein hinein und Zwillingsseelen erfahren durch die Energie ihres Seins die Kraft des gemeinsamen Werdens.

Dualseelen erschaffen sich ihre Welt und ihre Beziehung durch ihre aktive Energie des Werdens. Dadurch erkennen sie sich selbst und ihr wahres Sein. Sie bemerken ihr Einssein durch das Werden. Werden und Sein sind plötzlich ausgeglichen und in Harmonie miteinander.

Zwillingsseelen erkennen durch die Energie des Seins all das, was sie schon sind – was sie gemeinsam sind. Dadurch, dass sie ihre gemeinsame Essenz erkennen, kommen sie in den Zustand, der sie es auch erfahren lässt. Die Erfahrung ist das Werden, sie ist Entwicklung und sie ist Evolution. Zwillingsseelen erfahren Entwicklung und Erfahrung aus der passiven Energie ihres Seins heraus.

„Was hat das mit meiner Seelenbeziehung zu tun", magst du dich jetzt vielleicht fragen. Zwillingsseelen sollten den Zustand des SEINS anerkennen und Dualseelen den Zustand des WERDENS. Was auch immer das für deine persönliche Seelenbeziehung bedeuten mag. Lass dir Zeit, all das zu ergründen, was dich und deinen Seelenverwandten betrifft. Versuche nicht zu viel zu analysieren, sondern lege Wert auf das, was euch im Herzen verbindet – nämlich in erster Linie eure unsterbliche Liebe. Aber vielleicht entdeckst du ja im Laufe eures Miteinanders den Zustand an dem ihr einfach nur SEID, wo ihr euer DASEIN genießen könnt. Vielleicht gibt es aber auch noch Punkte, an denen ihr etwas dazu tun könnt, um euer gemeinsames Sein schöner zu gestalten. Dann überlege auf der anderen Seite, ob es vielleicht etwas gibt, das noch WERDEN kann, das noch im Entstehen inbegriffen ist. Was bedeutet der Begriff WERDEN für dich und deine Seelenliebe? Achte auch hier darauf, dass du nicht nur im Verstand bist, sondern immer dein Gefühl aktiviert hast.

Nun betrachte SEIN und WERDEN einmal im Kontext zueinander. Denn im Grunde bedingt das eine auch das andere. Etwas kann sein, – aber gleichzeitig ist es im Begriff sich zu ändern, zu wandeln, also zu werden. Unser Sein entwickelt sich – die Evolution der Seelen beinhaltet Sein und Werden zugleich. Unsere Seelen leben in uns Menschen durch unser Menschsein. Sie sind demnach in beiden Zuständen gleichzeitig – im SEIN *und* im WERDEN. In der jenseitigen Welt, der Heimat unserer Seelen, befindet sich „alles was ist" in einem ewigen Seinszustand. Hier ist alles statisch. Alles existiert im Zustand des Seins – es findet kein Werden statt. Das Werden, also die Veränderung, der Wandel und die Evolution finden im Irdischen statt. Nur wer lebt und stirbt, wer im Wandel ist, derjenige befindet sich im Ausdruck des Werdens.

Das ist das wahre Geheimnis der Dual- und der Zwillingsseelen. Nur durch die Energien des SEINS und des WERDENS verhelfen sie den Seelen zum Wachstum und sind die Dynamik für die Evolution der Seelen. Dualseelen und Zwillingsseelen sind diejenigen, die die Balance im Bereich des Seelischen bewirken, diejenigen, durch die die Seelen ihr Licht und ihre Liebe leben und sich damit und miteinander entwickeln können. Ohne Dualseelen und Zwillingsseelen wäre die Welt des Seelischen eine statische Welt geblieben. Eine Welt der Zustände und des reinen Seins. Durch die Absicht der Seelen nach evolutionären Ausdrücken erschufen sie aus sich heraus die Dualseelen und die Zwillingsseelen, die dem Ausdruck der Seelen nach SEIN und WERDEN entsprechen. Diese verkörpern sich in menschlicher Gestalt und interagieren miteinander auf entsprechende Weise, indem sie die Kraft ihrer Energie zur Entfaltung bringen; Zwillingsseelen ihre passive Energie der Trennung und des Seins und Dualseelen ihre aktive Energie der Vereinigung und des Werdens.

Die Liebe der Seelen ist der Zustand der Seelen,
der unser Menschsein mit dem reinen, göttlichen Sein vereint.

Erkenntnisse

Die meisten Menschen lernen und erkennen sehr vieles durch die Begegnung mit ihrer Dual- und/oder Zwillingsseele. Die wichtigsten Erkenntnisse, die sie im Laufe der Beziehung mit ihrer Seelenliebe machen sind: Selbstliebe, sich selbst erkennen und zu sich selbst stehen, den eigenen Weg finden, Vertrauen, Geduld, Überwinden von Ängsten, sich selbst zu achten, die eigenen Gefühle anzunehmen, die Liebe des anderen anzunehmen, Mut ihre Liebe zu leben.

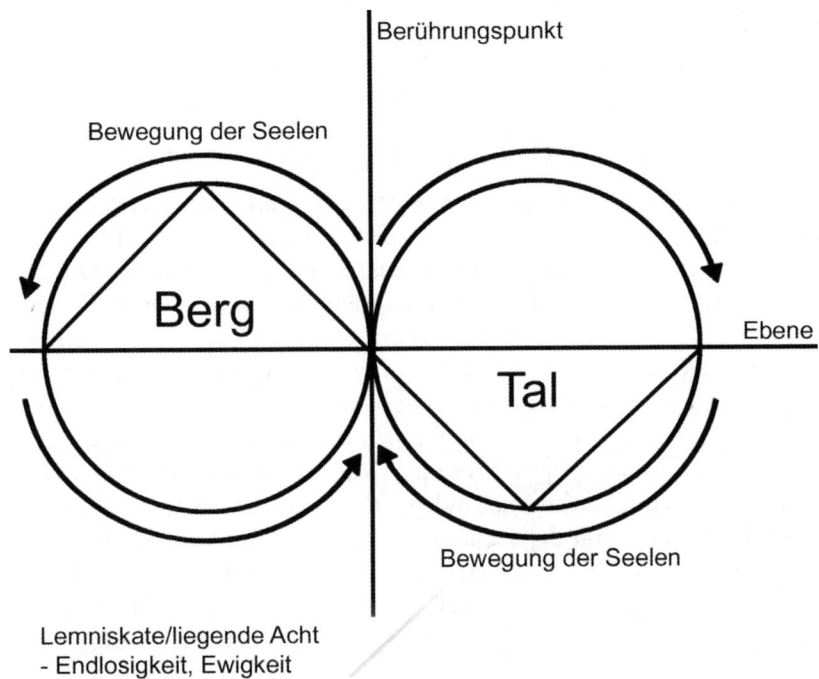

Berührungspunkt

Bewegung der Seelen

Berg

Tal

Ebene

Bewegung der Seelen

Lemniskate/liegende Acht
- Endlosigkeit, Ewigkeit
- Dynamik der Dualität - Entwicklung, Evolution
- Ein- und Ausatmen
- Leben und Tod

Abb.: Evolution der Seelen

Selbstliebe

Sich selbst zu lieben und anzunehmen, wie man ist, ist für viele Menschen, die ihrer Dual- oder Zwillingsseele begegnet sind, eine große Aufgabe. Diese ist meiner Meinung nach das A und O, wenn wir unsere Seelenverbindung glücklich leben wollen.

Nehmen wir uns selbst zu sehr zurück und stellen unseren Seelenverwandten an die erste Stelle, so gerät das sensible Gleichgewicht zwischen uns und unserem Seelenverwandten aus den Fugen. Gerade zwischen Dualseelen ist die harmonische Balance und die Transformation ihrer Dualitäten die Voraussetzung für eine glückliche und dauerhafte Beziehung. Zwillingsseelen können etwas besser mit einem etwaigen Ungleichgewicht umgehen, wenn es nicht zu lange andauert. Das Thema Selbstliebe ist auf andere Weise für Zwillingsseelen sehr wichtig. Denn unsere Zwillingsseele ist die andere „Hälfte" unserer Seele. Und so wie wir sie lieben, so sollten wir auch uns lieben. Denn deine Zwillingsseele ist nicht nur wie du, sondern sie IST der andere Aspekt deiner Seele. Liebst du dich selbst nicht in dem Maße, wie dich dein Seelenzwilling liebt, stellt das eine Missachtung für ihn und seine Gefühle dar.

Sich selbst erkennen und zu sich selbst stehen

Im Laufe der Zeit nach dem ersten Kennenlernen unseres Seelenverwandten (dabei ist es unerheblich ob wir Kontakt oder keinen Kontakt zu unserem Seelenverwandten haben) kommen wir immer mehr und mehr in Situationen, in denen es angesagt ist, zu sich selbst zu stehen. Keine andere Seelenliebe bringt uns so sehr zu uns selbst, wie unsere Dual- und unsere Zwillingsseele. Unsere Dualseele lehrt uns, uns selbst so zu sehen, wie wir sind. Dadurch, dass sie unsere gegensätzliche Entsprechung ist, können wir uns mehr denn je als den- oder diejenige erfahren, die wir wirklich sind. Wie bist du wirklich? Wer bist du im Grunde deines Wesens? Was macht dich aus? Durch deine Dualseele kannst du es erfahren, entdecken und durch sie kannst du es sein. Deine Zwillingsseele zeigt dir auf andere Weise wer und was du bist. Du bist sie und sie ist du. Durch eure Gleichheit erkennst du dich in ihr wieder. All das, was du an deiner Zwillingsseele liebst, bist du selbst. Entdecke dich durch deinen Spiegel im Außen, der dir deine eigene Schönheit zeigt.

Den eigenen Weg finden und ihn auch gehen

Manchmal kommen wir von unserem Weg ab und brauchen jemanden der ihn uns wieder weist. Unsere Dualseele und unsere Zwillingsseele können uns unseren Weg zeigen und uns helfen den Mut zu finden ihn auch wieder zu beschreiten. Viele von uns stecken in eingefahrenen Lebenssituationen fest, die nicht so ohne weiteres verlassen werden können. Oft erfordert es eine ungeheure Portion Mut sich aus einer eingefahrenen Ehe, einer blockierenden Arbeitsstelle oder einer anderen unguten Lebenssituation zu befreien. Wer, wenn nicht ein so enger Seelenverwandter wie unsere Dual- oder unsere Zwillingsseele, könnte uns dabei helfen? Manchmal brauchen wir einen so drastischen

Schubs in die richtige Richtung, dass unser Leben erst mal gehörig auf den Kopf gestellt werden muss, bevor es wieder in den Fluss kommt und in guten, neuen Bahnen verlaufen kann. Dieser Prozess ist meist mit Schmerzen und Loslassen, mit Tränen und Angst verbunden. Aber, wenn wir uns darauf einlassen und bewusste Entscheidungen treffen, sind wir kein Opfer unseres Schicksals mehr, sondern der/die Schöpfer/in unseres Lebens!

Vertrauen

Vertrauen ist nach der Selbstliebe die zweitwichtigste Eigenschaft, die wir erlangen können. Vertrauen zu fassen in sich selbst, in die Liebe, in den Seelenverwandten und in unser Leben erfordert Mut, Geduld und eine große Portion Durchhaltevermögen. Für manche ist sie leicht und für andere schwer zu erreichen. Vor allem das Vertrauen in sich selbst und in die eigene innere Stimme ist sehr wichtig.

Geduld

Die Gelegenheit sich in Geduld zu üben erleben viele Menschen im Zusammenhang mit ihrer Dual- oder Zwillingsseele auf sehr drastische Weise. Geduld ist eine Tugend, zu der nur sehr wenige Menschen von Natur aus fähig sind. Kein Wunder in unserer heutigen, schnelllebigen und hektischen Zeit. Mit unserem Seelenverwandten geraten wir rasch in eine Position, die große Geduld erfordert. Geduld an uns selbst, Geduld unserem Seelenverwandten gegenüber und Geduld an das Leben. Entwicklungen brauchen manchmal sehr viel Zeit. Unsere persönliche Entwicklung und die unseres Seelenverwandten gehen vielen von uns viel zu langsam voran. Aber es bleibt uns nichts anderes übrig als der Entwicklung Zeit zu geben und zu erkennen, dass genauso, wie ein Samen Zeit braucht sich zu einer wundervollen Pflanze zu entwickeln, genauso braucht auch unsere Seelenbeziehung Zeit sich zu entfalten und zu entwickeln.

Mut

Mut ist ebenfalls ein zentrales Thema in Dual- und Zwillingsseelenbeziehungen. Wir lernen in vielerlei Hinsicht Mut zu entwickeln. Mut zu uns selbst zu stehen, Mut die eigenen Gefühle anzunehmen, Mut die Liebe des anderen anzunehmen und Mut die Liebe zu leben. Wir werden mutiger unseren eigenen Weg gehen können. Wir besiegen unsere Ängste und sagen „Ja" zur Liebe, indem wir den Mut aufbringen zu uns selbst und unserem Seelenverwandten zu stehen und „Ja" zu sagen – egal was auch immer im Außen sein mag. Der Mut entsteht in unserem Inneren und wirkt im Außen. Mut bedeutet etwas zu tun oder zu sein, obwohl man Angst davor hat. Dabei wären wir schon beim nächsten Punkt – der Überwindung von Ängsten.

Überwindung von Ängsten

In den allermeisten Seelenverbindungen tauchen Ängste in einer Form auf, die uns unbekannt waren und von großer Intensität geprägt sind. Extrem starke Verlustängste, eine unbegründete Angst der andere könnte plötzlich sterben, Angst vor Ablehnung, Angst vor Nähe, Angst vor dieser großen Liebe, Angst vor der Zukunft, etc. können auftauchen. Hier gilt es den Ängsten ins Auge zu blicken, um sie transformieren zu können. Hier kommen die Eigenschaften Mut und Geduld ins Spiel. Wir werden uns mutig unseren Ängsten stellen und Geduld aufbringen sie zu transformieren. Unsere Seelenliebe bedeutet uns so viel, dass wir vieles überwinden können, was uns früher unmöglich erschien. Wir wachsen weit über uns selbst hinaus – springen über unsere Schatten und entwickeln uns durch uns selbst und durch unsere Seelenliebe auf wundervolle Weise weiter. Wichtig ist nur, dass wir all das zulassen und uns nicht dagegen sperren.

Die kosmischen Gesetze in Bezug auf unsere Dualseele und unsere Zwillingsseele

Die kosmischen Gesetze sind überall und jederzeit wirksam. Alles Leben ist ihnen unterstellt. Die gesamte Schöpfung baut auf ihnen auf und bestimmt unser Leben über Inkarnationen hinweg. Auch die Beziehungen zu unseren Seelenverwandten werden von ihnen bestimmt. Wer die kosmischen Gesetze für sich nutzen kann, indem er sie versteht und richtig anwendet, der besitzt großes Wissen um sehr kraft- und heilvolle Werkzeuge.

Im folgenden Text beschreibe ich die kosmischen Gesetze und ihre Wirksamkeit insbesondere auf unsere Dual- und Zwillingsseelenbeziehung. Sinnvoll ist es für jeden Menschen sich mit den kosmischen Gesetzen zu befassen und sie in sein Leben zu integrieren – nicht nur in Bezug auf seine Seelenverbindungen.

Gesetz 1: Der Geist

Alles wird vom unendlichen, göttlichen Schöpfergeist durchdrungen. Der Geist ist alles und herrscht in allem. Alles ist im Geist und alles ist Geist. Der Geist ist die Quelle und der Ursprung von allem was ist – also auch der Ursprung unseres Lebens, der Ursprung jeglicher Existenz. Der Geist ist mental. Unsere Gedanken erschaffen und ändern unsere Wirklichkeit. Durch gezieltes Fokussieren kreieren und manifestieren wir Realitäten in unserem Leben. Wer seine Wünsche auf die richtige Weise fokussieren kann, verändert seine eigene Welt zum Positiven, und vermag sie sogar neu zu erschaffen. Wir sind der Schöpfer, die Schöpferin unseres Lebens.

In Bezug auf unseren Seelenverwandten angewandt, können wir mit diesem kosmischen Gesetz unsere Situation zum Wohle aller wandeln. Wir verfügen über die volle Schöpfermacht – über unser Leben. Leider wissen das nur die wenigsten Menschen und verstehen nicht, wie sie dieses Gesetz richtig und zum höchsten Wohle aller anwenden können. Richtig verstanden und umgesetzt kann uns dieses Gesetz Welten öffnen und uns Glück, Erfolg, Liebe, Freude und Gesundheit in unser Leben bringen.

Gesetz 2: Ursache und Wirkung

Das kosmische Gesetz von Ursache und Wirkung beschreibt das Prinzip des Karmas. Wir können gar nicht anders als ständig Ursachen zu setzen, auf die wir eine entsprechende Wirkung erhalten. Manches wirkt sich schwach und manches wirkt sich stark aus. Scheinbar kleine Ursachen können große Wirkungen erzielen. Eine kleine Erschütterung kann eine große Lawine auslösen – in den Bergen ebenso wie im Leben. Auf jede Ursache folgt eine Wirkung und jeder Wirkung liegt eine Ursache zugrunde.

Betrachten wir dieses geistige Gesetz von Ursache und Wirkung im Zusammenhang mit unserem Seelenverwandten, können wir erkennen, wie wichtig es ist, auch über dieses Gesetz Bescheid zu wissen und es gut und heilbringend einzusetzen. Das, was wir aussenden, kommt zu uns zurück. Das Sprichwort: *„Wie man in den Wald hineinruft, so schallt es heraus!"* sagt aus, was damit gemeint ist. Leider setzen viele Menschen aus Unwissenheit Ursachen, mit deren Wirkungen sie später sehr zu kämpfen haben. Gerade in der Beziehung zur Dual- und/oder Zwillingsseele können auf entsprechende Ursachen sowohl positive, wie auch negative Wirkungen erfolgen. Seitdem ich mich mit der Philosophie der Metaphysik und der metaphysischen Geistheilung befasse, erkenne ich, wie enorm wichtig dieses geistige Gesetz, in Bezug auf unsere Seelenbeziehungen ist. Wie heilvoll es sein, aber auch wie negativ es sich bei falscher Anwendung auswirken kann.

Gesetz 3: Entsprechung oder Analogie

Wir erleben unsere Außenwelt entsprechend unserer Innenwelt. Abstrakter ausgedrückt heißt es: *„wie oben so unten, wie im Innen so im Außen, im Kleinen wie im Großen".* Die Außenwelt ist ein Spiegel unserer Innenwelt. Was wir am anderen kritisieren, bemängeln und verurteilen, das kritisieren, bemängeln und verurteilen wir auch an uns selbst. Leider ist dieser Mechanismus nicht immer sofort ersichtlich. Andere Menschen treten uns gegenüber so auf, wie es unserem Inneren entspricht. Sie zeigen uns, was wir selbst in uns tragen. Sowohl unsere Sonnenseite wie auch unsere Schattenseiten. Auch unser Leben ist ein Spiegel. Es gibt nichts in unserem Leben, das wir nicht durch unsere Absicht so gewollt haben. Unsere Absicht ist uns nicht immer bewusst.

Die Zwillingsseele und das Gesetz der Entsprechung

Unsere Zwillingsseele spiegelt uns in der Regel all die Eigenschaften und Charakterzüge wider, die wir selbst in uns ablehnen, oder nicht sehen wollen. Wenn deine Zwillingsseele nicht zu dir steht, dann betrachte dich selbst und frage dich, in welchen Bereichen deines Lebens du selbst nicht zu dir stehst.

Unsere Zwillingsseele macht uns die Themen/Schattenseiten unseres Selbst bewusst, die wir nicht sehen und wahrhaben wollen. Sie zeigt uns unsere negativen Eigenschaften auf und verhilft uns somit diese zu erkennen und daran zu arbeiten.

Selbstverständlich können wir durch unsere Zwillingsseele nicht nur all unsere negativen Eigenschaften wahrnehmen, sondern ebenso auch all unsere positiven Eigenschaften, unsere Stärken, unsere Talente und unser inneres Potenzial. Ebenso wie unsere Zwillingsseele uns spiegelt, so spiegeln auch wir unsere Zwillingsseele.

Unsere Zwillingsseele zeigt uns das, was wir sind, aber nicht sehen können.

Die Dualseele und das Gesetz der Entsprechung

Unsere Dualseele spiegelt uns unsere Gegensätzlichkeit wider. Teilweise in der Art, wie es bei der Zwillingsseele der Fall ist – nur noch mehr auf die Teile unserer Selbst bezogen, die uns noch unbewusst sind. Die Dualseele kann uns unsere Talente und Fähigkeiten ebenso zeigen, wie auch unsere Blockaden und Lebensthemen.

Diese sind jedoch weniger Charaktereigenschaften, sondern mehr die verdrängten Mechanismen und Muster, die uns auf unserem Lebensweg behindern. Unsere Dualseele kann uns bei der Entwicklung und Entfaltung unserer Gaben, Talente und unserer Lebensthemen helfen.

Unsere Dualseele zeigt uns das, was wir werden können

Das Gesetz der Entsprechung oder Analogie wirkt besonders durch die speziellen Energien, die der Dualseele und der Zwillingsseele zu Eigen sind. Dualseelen besitzen die Energie des *Werdens* und Zwillingsseelen die Energie des *Seins*. Deshalb zeigt uns unsere Zwillingsseele vermehrt die Eigenschaften und Themen auf, die wir *sind* und unsere Dualseele zeigt uns all das auf, das wir *werden* können.

Gesetz 4: Resonanz oder Anziehung

„Gleiches zieht Gleiches an!" „Wie du glaubst, so geschieht dir!" So wie Positives wiederum Positives anzieht, so zieht Negatives das Negative an. Wir ziehen das an, was wir ausstrahlen.

Deshalb ist es sehr wichtig, dass wir unsere Überzeugungen erkennen, um sie wandeln zu können. Meist sind uns unsere tiefsten Überzeugungen unbewusst. Sie wirken mehr noch als unsere Gedanken auf unser Leben ein. Deshalb wirkt positives Denken nur dann, wenn wir auch gleichzeitig unsere Überzeugungen, Glaubenssätze und Einstellungen zum Leben erkennen und verändern.

In der Beziehung zu unserem Seelenverwandten können wir wahrnehmen, dass dieses kosmische Gesetz auch hier zum Tragen kommt. Haben wir zum Beispiel Angst vor Ablehnung, oder davor verlassen zu werden, so ziehen wir genau das an, wovor wir Angst haben. Sehr häufig erleben wir sogar den Rückzug unseres Seelenverwandten und unsere Ängste haben sich erneut bestätigt. Wir können aus diesem Kreislauf ausbrechen, indem wir uns diese Mechanismen bewusst machen. Achten wir die kosmischen Gesetze, so finden wir die Ursache unserer Ängste und unserer inneren negativen Einstellungen. Somit können wir diese verändern. Auch wenn wir nicht unter tiefsitzenden Ängsten leiden, so sind wir doch in unserer heutigen Welt von Negativität geradezu umgeben. Im Außen sehen und hören wir viel Ungutes und Schlechtes. In den Nachrichten erfahren wir meist schreckliche Dinge, die in der Welt passieren. Von anderen Menschen hören wir, wie schlecht es ihnen geht und selbst denken wir vielleicht auch eher negativ –, meist ohne dass es uns bewusst ist. All die Negativität, die wir über unsere Augen und Ohren von außen aufnehmen, ist augenblicklich in unserem Energiefeld. Alles was in unserem Energiefeld ist, beeinflusst unsere Ausstrahlung. Das heißt, wir strahlen diese negativen Energien aus und ziehen uns dadurch Negatives an. Wer im Grunde seines Wesens ein optimistischer und positiv eingestellter Mensch ist, bei dem werden die negativen Energien von außen nicht lange bleiben. Wer aber innerlich negativ und pessimistisch gestimmt ist, der wird das Negative von außen nicht nur vermehrt anziehen, sondern es wird sich auch in dessen Energiesystem sehr heimisch fühlen. Ein Teufelskreis, aus dem man unbedingt ausbrechen sollte.

In Bezug auf unsere Seelenverbindung ist dieses kosmische Gesetz deshalb so wichtig, weil wir, wenn wir Negatives ausstrahlen, auch das Negative in unserem Seelenverwandten ansprechen. Bei Zwillingsseelen wirkt sich dieser Umstand besonders drastisch aus. Dualseelen sind davon ebenfalls, aber nicht so stark beeinflusst. Sie kompensieren es durch ihre Gegensätzlichkeit besser. Wir können dieses Gesetz für uns arbeiten lassen und mit einer positiven

Grundeinstellung entsprechend auf unsere Zwillingsseele einwirken. Gerade seelische Zwillinge stecken sich leicht mit ihrer jeweiligen Stimmung an. Dabei müssen sie noch nicht mal in direktem Kontakt miteinander stehen.

Gesetz 5: Harmonie oder Ausgleich
Leben ist dynamisch und ständig nach Ausgleich und Harmonie bestrebt. Verschiedene Wirkungen gleichen sich aus, um wieder in die Harmonie zu kommen. Geben und Nehmen sollen in Harmonie, also ausgeglichen sein. Geben und Nehmen sind eins. Was wir geben, werden wir erhalten. Sind wir großzügig – werden wir Großzügigkeit erfahren. Sind wir geizig, so werden wir Geiz erfahren. Dieses Gesetz wird meist so gedeutet, dass wir anderen gegenüber großzügig sein sollen, um selbst Großzügigkeit von anderen Menschen zu erfahren. Dieser Aspekt wirkt aber nur dann, wenn wir ebenfalls zu uns selbst großzügig sind. Das was wir uns selbst angedeihen lassen, das können wir auch von anderen erhalten. Wer es sich selbst nicht wert ist, materielle oder emotionale Fülle zu erhalten, der wird diese auch nicht von außen anziehen können, weder von anderen Menschen, noch vom Leben.
In Bezug auf unseren Seelenverwandten bedeutet dieses Gesetz: Alles was wir erhalten wollen, sollten wir auch geben können – und zwar in erster Linie uns selbst. Ist Geben und Nehmen unausgeglichen, so wird früher oder später ein Mangel entstehen. Besteht der Mangel längere Zeit, so ist Frustration die Folge davon. Die Beziehung zum Seelenverwandten leidet und gerät in Disharmonie. Sind wir in der Lage den Mangel zu erkennen und auszugleichen, so kann Harmonie entstehen und die Beziehung entspannt sich zusehends.
Gerade zwischen Dualseelen sind Harmonie und Ausgleich enorm wichtig. Zwillingsseelen brauchen zwar auch Harmonie und Ausgleich, sie sind jedoch nicht so extrem an der Transformation ihrer gemeinsamen Dualität interessiert. Bei Zwillingsseelen herrschen gelegentlich extreme Harmonie, oder auch extreme Disharmonie, während Dualseelen, ähnlich wie bei einem Pendel, schneller einen Ausgleich benötigen.

Gesetz 6: Rhythmus oder Schwingung
Alles im Leben ist in Bewegung, alles ist Rhythmus. Alles besitzt Gezeiten. Alles ist in Schwingung. Schwingung ist Bewegung. Alles im Leben bewegt sich – nichts ist starr und nichts ist fest. Der Rhythmus gleicht die Schwingung aus. So wie das Pendel nach rechts ausschlägt, so schlägt es auch nach links aus.
Dieses Gesetz können wir ebenfalls sehr gut für unsere Seelenbeziehung nutzen. Es kann uns helfen, Zeiten des Wandels zu verstehen und besser damit umzugehen. Es sagt aus, dass auf Zeiten der Einsamkeit auch wieder andere

Zeiten folgen. Alles ist in Veränderung. Nichts ist starr. Nichts ist für die Ewigkeit so, wie es jetzt ist. Alles ist dem Rhythmus des Wandels unterworfen. Genauso ist unsere Seelenbeziehung im Wandel. Sie ändert sich stetig, denn wir ändern uns. Sie kann sich zum Positiven, wie zum Negativen ändern. Wir können jedoch beeinflussen, in welche Richtung wir gehen – positiv oder negativ. Das Gesetz des Rhythmus und der Schwingung kann uns helfen unser Leben so zu gestalten, wie wir es wollen. Richtig angewandt kann es uns zu großem Glück, Erfolg und Zufriedenheit verhelfen.

Gesetz 7: Polarität und Geschlechtlichkeit

Alles was existiert besitzt Pole. Alles besteht aus einem Paar von Gegensätzen. Von ihrem Wesen her sind Gegensätze identisch. Sie spiegeln sich wechselseitig in der gegensätzlichen Ausprägung ihres Wesens.

Alles, was existiert, ist geschlechtlich – also männlich und weiblich zugleich. Die Seele besitzt ebenfalls in sich ihre Gegensätzlichkeit und ist männlich und weiblich zugleich.

Unsere Dualseele ist unsere gegensätzliche Entsprechung auf der Seelenebene. In Bezug aufeinander stellen Dualseelen jeweils ein Prinzip dar. Der eine ist rein Yin, während der andere rein Yang ist, oder umgekehrt. In sich selbst sind die Seelen selbstverständlich auch männlich und weiblich, also Yin und Yang gleichermaßen. Für eine perfekte seelische Harmonie ist es wichtig, männliche und weibliche Aspekte ausgeglichen zu haben. Sind wir in uns selbst uneins, dann ist es uns nicht möglich einen harmonischen Aspekt zu unserer Dualseele zu bilden. Eine harmonische Verbindung mit unserer Dualseele können wir nur dann leben, wenn beide Duale in sich selbst ausgeglichen sind, also ihr eigenes Yin und Yang in Balance haben.

Bei Zwillingsseelen wirkt sich dieser Aspekt nicht so folgenreich aus, wie bei Dualseelen. Doch auch sie brauchen Balance und Ausgeglichenheit. Innere Ausgeglichenheit ist natürlich generell wichtig ist für uns selbst und unsere Beziehungen.

Fazit: *Wer alle kosmischen Gesetze kennt und sie auch anwenden kann, der lebt in sämtlichen Lebensbereichen in Fülle. Mangel, Krankheit und Disharmonien sind ausgeschlossen, wenn man mit den kosmischen Gesetzen im Einklang lebt.*

Die Dualseele, die Zwillingsseele und der Tod

Einen geliebten Menschen durch den Tod zu verlieren ist sehr traurig. Der Tod der eigenen Dual- oder Zwillingsseele stellt für die Betroffenen ein äußerst traumatisches Ereignis dar, das aber auch ein sehr großes Reifungs- und Wachstumspotenzial mit sich bringt.

Nichts ist statisch! Alles ist einem stetigen Wandel unterworfen. So auch unser Leben und unsere Beziehungen. Alles hier in unserer Welt hat einen Anfang und ein Ende. Auch unser Leben ist begrenzt. Nach dessen Ende gehen wir wieder in unsere ewige Heimat zurück, um uns zu gegebener Zeit wieder neu zu verkörpern.

Wer seinen Seelenverwandten an den Tod verloren hat, der wird sich vermutlich mit dem Leben nach dem Tod und der Reinkarnationslehre beschäftigen. Unsere eigene Spiritualität kann uns helfen, die anderen Aspekte unseres Seins zu erkennen. Wir stellen fest, dass das, was wir hier auf der Erde sind, nicht unser ganzes Sein ausmacht. Unser wahres Wesen ist sehr viel mehr. Unser physischer Ausdruck auf Erden ist nur ein kleiner Teil unseres göttlichen, ewigen Wesens. Unsere Seele ist nicht nur in dieser weltlichen Ebene zuhause, sondern existiert gleichzeitig in vielen Ebenen bzw. Dimensionen. Diese Ebenen und Dimensionen entziehen sich unseren physischen Sinnen. Wer seine Spiritualität entwickelt und Zugang zu seiner eigenen Seele bekommt, der erhält nach und nach immer mehr Zugang zu den geistigen und seelischen Bereichen seiner Existenz.

Wer seinen physischen Körper verlassen hat, ist immer noch da, kann sich aber nicht mehr bemerkbar machen. In der Regel verlassen die Seelen Verstorbener unsere weltliche Ebene circa drei Tage nach der Beerdigung ihres physischen Körpers.

Ein Medium kann Kontakt zu einem Verstorbenen herstellen, wenn der Hinterbliebene das dringende Bedürfnis hat, noch etwas mitzuteilen. Wir sollten akzeptieren, dass der geliebte Mensch von uns gegangen ist und ihn gehen lassen, damit er leichter ins Licht gehen kann. Manchmal ist es aber gut und wichtig noch das eine, oder andere, das zu Lebzeiten nicht gesagt wurde, durch ein Medium mitzuteilen. Beide, der Verstorbene und der Hinterbliebene können dadurch besser in Frieden loslassen, in dem Bewusstsein sich eines Tages wieder zu begegnen.

Wer kein Medium konsultieren möchte, kann freilich auch selbst durch Gebete oder Meditationen Kontakt zum Verstorbenen aufnehmen.

Deine Dual- oder Zwillingsseele ist ein Teil von dir. Ihr seid aufs Intensivste miteinander verbunden. Auch wenn der Tod euch scheinbar zu trennen vermag, so sind eure Seelen immer miteinander in Kontakt. Wer Zugang zu seiner eigenen Seele hat, der hat über diese auch Kontakt zu der Seele seines Seelenverwandten. Wir können sehr viel Hilfe, Geborgenheit, Heilung und Liebe vom Seelischen her erhalten. Unsere Dual- oder Zwillingsseele steht uns aus der geistigen Welt bei und vermag uns zu beschützen. Wir können sogar mit ihr kommunizieren und sie auch um etwas bitten.

Den Tod und die Trauer zu verarbeiten ist ein schwieriger Prozess, der uns ganz enorm wachsen und reifen lässt. Wenn wir uns dabei psychologisch und spirituell begleiten lassen, durchschreiten wir diesen Prozess schneller und intensiver. Eine kompetente Trauerbegleitung ist vor allem dann sehr hilfreich, wenn wir mit unserer Trauer alleine sind, wenn wir durch den Tod des geliebten Menschen traumatisiert sind und wenn wir uns und unserer Seele etwas Gutes tun wollen.

Ewigkeit

Manfred Kyber
(1880 - 1933)
Immer wieder und wieder
steigst du hernieder
in der Erde wechselnden Schoß,
bis du gelernt im Licht zu lesen,
dass dein Leben und Sterben eins gewesen
und alle Zeiten zeitenlos.
Bis sich die mühsame Kette der Dinge
zum immer ruhenden Ringe
in dir sich reiht –
in deinem Willen ist Weltenwille,
Stille ist in dir – Stille –
und Ewigkeit.

Die nun folgende „Geschichte" stammt von einer Klientin, die mich an ihrer Zwillingsseelenbegegnung teilhaben ließ und die ich begleiten darf. Ich wünsche mir, dass ihre Worte denjenigen von euch helfen mögen, die sich vielleicht in einer ähnlichen Situation befinden.

Die Geschichte von Tanja und Roman – eine wahre Geschichte

Vor wenigen Wochen ist meine Zwillingsseele gestorben. Ursprünglich hatte ich vor, diese Zeilen mit der Hoffnung zu schreiben, dass ich Roman Sandras Buch zukommen lassen, er dies würde lesen können und wir wieder in Kontakt kommen würden. Jetzt ist es für mich wie die Erfüllung eines Versprechens. Ich weiß, Roman hätte es so gewollt und ich hoffe, ich kann anderen in ähnlichen Situationen dadurch ein wenig geben.

Als ich eben ganz „normale" Liebeslieder hörte, da wurde mir noch mal der große Unterschied bewusst zu allen anderen Beziehungen, die ich erlebt hatte. Es hat so wehgetan, wenn wir getrennt waren, es tut weh, es ist ein schier unerträglicher, ein nie zuvor gefühlter Schmerz, aber wir haben uns nie gegenseitig wehgetan. Es ist diese unwahrscheinlich tiefe Verbundenheit, die für mich nicht in Worte zu fassen ist. Das machte es uns unmöglich uns zu verletzen, auch wenn die Umstände, in denen wir waren, unsagbar schmerzlich waren. Ich kann unsere Begegnung, unseren Kontakt zueinander nur als „heilig" bezeichnen. Als wir mal gemeinsam versuchten unsere Verbundenheit zu beschreiben, fanden wir keine Worte außer, dass es etwas ganz Seltenes, etwas ganz Besonderes und sehr Kostbares ist. Roman sagte in dem Zusammenhang, dass er die Verantwortung spüren würde, diese Kostbarkeit so sorgsam und so behutsam wie irgend möglich zu behandeln, um sie nicht zu zerstören. Das haben wir immer eingehalten!

Wenn ich in Romans Augen schaute, dann schaute ich nicht wie bei anderen Menschen in seine Augen; ich blickte dahinter. Ich hatte Bilder, ich spürte was er fühlte und wenn er mir von Begebenheiten erzählte, die er erlebt hatte, dann hatte ich oft die dazu gehörigen Bilder von Orten, an denen ich noch nie gewesen war. Es fing damit an, dass ich immer, wenn Roman schräg hinter mir herging, das Bild bekam von uns beiden, hintereinander gekuschelt in einer Gebärmutter. Erst viel später erfuhr ich, dass Roman einen Zwillingsbruder hatte, der wenige Stunden nach seiner Geburt gestorben war und noch eine Weile später erfuhr ich, dass ich tatsächlich sein Zwillingsbruder gewesen war. Vor circa zwei Wochen erst hörte ich dann, dass das Haus, was mich immer als solches in seinem Ort angezogen hatte, auch tatsächlich unser damals gemeinsames Elternhaus war. Uns verband auch eine außergewöhnliche Telepathie egal auf welcher Distanz. Es geschah zum Beispiel, dass Roman zu einer bestimmten Uhrzeit an mich dachte und ich in dem Moment aus dem Schlaf hochschreckte mit dem Gefühl er stünde im Raum. Wenn ihm Schmerz widerfuhr, spürte ich das auch. Mir war klar, dass ich für ihn genauso ein offenes Buch war. Das war mir bewusst, als wir uns das erste Mal die Hand gaben und uns in die Augen schauten. Es war mir nie unangenehm „gläsern" für Roman zu sein, im Gegenteil. Es tat mir so unendlich gut, endlich in meiner Ganzheit gesehen, angenommen und geliebt zu werden. Ja, zusammen waren wir ganz – jeder für sich – und beide zusammen.

Wenn wir uns sahen und auch wenn ich an ihn dachte, dann schienen wir uns in einer anderen Zeit oder Zeitgeschwindigkeit zu befinden. Wir hielten uns an den Händen, schauten uns in die Augen, sprachen dabei kaum oder wenig und hatten uns gleichzeitig so viel gesagt. Die Zeit war nicht mehr greifbar. Wie soll ich das in Worte fassen? Wir hatten beide so gut wie kein Zeitgefühl mehr, wenn wir uns sahen. Es war nur noch ein SEIN. Um uns zu helfen und um nicht ständig andere Termine zu versäumen, mussten wir uns einen Wecker stellen.

Meinen Freunden fiel auf, dass sich mit mir etwas veränderte. Ich versuchte ihnen unsere tiefe Verbindung zu erklären. Wenn dann gesagt wurde: *„Ja, ich war auch schon mal so sehr verliebt"*, dann löste das einen tiefen Schmerz in mir aus und ich fühlte mich unverstanden. Ich war meiner Zwillingsseele begegnet. Wir waren wieder eins, wenn wir uns sahen. Ich hatte es mein Leben lang gewusst und 50 Jahre darauf gewartet, dass wir uns begegnen. Es war und ist ein unendlich tiefes, ganz ruhiges Glück, das nichts mit Sexualität zu tun hatte, auch wenn wir uns im Laufe der Zeit wünschten, uns körperlich näher zu kommen. Wir wollten uns ganz langsam annähern, jeden Schritt bewusst erleben. Alles andere hätte uns innerlich „gesprengt" und wäre in dieser Intensität nicht auszuhalten gewesen. Die Hand des anderen zu halten, uns in die Augen zu schauen und uns gegenseitig so intensiv wahrzunehmen, war weit erfüllender als jede körperliche Nähe, die ich bisher erlebt hatte.

Es war mir nicht von Anfang an bewusst, was geschah. Wenn wir uns sahen, dann war es für mich ganz natürlich und selbstverständlich wie wir miteinander umgingen. Auch, dass Roman dabei war mir mein Leben zu retten, war als wäre es vorherbestimmt. Zu dem Zeitpunkt hatte ich mich selber aufgegeben und wusste nicht mehr weiter. Er sagte mir später, ich hätte ihn doch gerufen. Erst wenn wir uns verabschiedeten, spürte ich, dass ich mit der anderen Welt nicht viel anfangen konnte. Sie war so banal, so oberflächlich geworden. Roman sagte mal, es wären nicht eine, sondern zwei bis drei Ebenen dazwischen. Je mehr mir das bewusst war, umso mehr bereitete ich mich auf unsere Begegnungen vor. Ich nahm mir den ganzen Tag nichts vor und begab mich schon vorher soweit ich konnte in unsere „heilige" Welt. Ich wusste von Anfang an, dass wir nicht viel Zeit miteinander haben würden, und zog mich fast ganz aus meinem Freundeskreis zurück. Ich wollte mich nicht von unserem ganz besonderen Erleben ablenken lassen.

Nur wenige Monate nach unserer ersten Begegnung stellten die Ärzte fest, dass Roman an einem Anfangsstadium von Krebs litt. Er ließ sich behandeln und kehrte an seinen Arbeitsplatz zurück. Das gab uns die Möglichkeit uns weiterhin regelmäßig zu sehen. Roman war schon sehr lange verheiratet, aber durch unsere Begegnung änderte sich so vieles für ihn. Er wusste jetzt, worauf er nicht mehr verzichten wollte und beschritt für sich ganz neue Wege. Das gab mir den Mut und die Hoffnung, dass er wieder ganz gesunden könnte. Mitten in diesem so positiven Weg kam die Nachricht, dass Roman sich einer ganz anderen schweren, lebensgefährlichen Operation unterziehen musste. Die letzten Wochen, in denen wir uns noch sahen, hatte ich glasklare Visionen, sah den Tumor, den sie bei der Operation entdecken würden und obwohl wir uns gegenseitig Mut machten, hatten wir beide dieselbe Angst. Ich wusste, wir würden uns nach der Operation nicht mehr wiedersehen. Ich konnte es ihm nicht sagen, konnte ihm den Mut nicht nehmen. Hatte er genauso empfunden? Es zerriss mich, zum ersten Mal nicht alles sagen zu können.

Es kam so, wie ich es gesehen hatte. Man entfernte bei der Operation den Tumor. Dass er gestreut hatte, wussten wir beide nicht bei unserem letzten Telefonat. Roman war ganz gedrückt. Ich fühlte, was er fühlte. Wir waren wortlos – der Schmerz war zu groß und wir waren ohnmächtig. Drei Wochen später bekam ich seinen Brief. Es war ein Abschied. Er umschrieb es, aber ich wusste glasklar, er wusste, dass er sterben würde. Die Gewissheit sprang mich mit einer solchen Klarheit an. Ich spürte seine Verzweiflung, seinen Schmerz nicht nach den Sternen – nicht nach mir – greifen zu dürfen. Er wusste genau um meinen Schmerz. Er wusste, dass er so groß war, dass ich nicht wusste, wie ich ohne ihn weiter leben sollte. Er wollte mir die Zeit geben, schon ein Stück des Weges weggegangen zu sein, bevor er ganz würde gehen müssen. Ich spürte seine Gefühle, ich wollte sterben, aber es ging nicht. Monate verbrachte ich in tiefsten, nie zuvor gespürten Schmerzen – ich weinte unendlich viele Tränen. Ich spürte, dass es ihm sehr schlecht ging. Roman brauchte Hilfe und ich brauchte Hilfe. Da „begegnete" mir Sandras Buch. Ich rief sie an. In den Aurareadings konnte ich in Kontakt mit Romans Seele sein. Erst da lernte ich mit der Situation besser umzugehen, lernte die Zusammenhänge von uns Zwillingsseelen zu verstehen und tat etwas für Roman und für mich.

Wir hatten noch einmal das Geschenk, uns auf der Straße zu begegnen. Roman war nicht alleine. Wir sprachen oberflächlich miteinander, aber hinter unseren Augen sahen wir alles. Ich habe in meinem Leben noch nie in so unendlich traurige Augen geschaut. Es war alles so, wie es immer war: das Wissen, das Sehen, die Gefühle, die Verbundenheit, ganz einfach die Liebe. Und sein letzter Blick, bevor er fuhr – voller Liebe – und voller Schmerz.

Ja, und das ist es, was ich mit Roman gelernt habe. Es ist eine ganz tiefe, allumfassende Liebe, zwei Seelen, die eins sind, aber in zwei Körpern auf der Welt sind. Es gibt keine Fragen von Eifersucht, Zorn oder Enttäuschung. Es gibt nur ein tiefes Wissen umeinander vom Herzen her. Und es ist für die Ewigkeit.

Wenn ich mich von der Trauer ein wenig lösen kann, nachdem ich sie durchlebt habe, dann spüre ich Roman ganz nahe, rede mit ihm, höre seine Antworten und weiß, was mein Weg ist; nämlich die Liebe zu verbreiten und anderen in ähnlichen Situationen zu helfen. Er schickt mir Zeichen, eindeutige Zeichen von ihm und begleitet mich auf meinem Weg.

Ich war auf seiner Beerdigung. Mir wurde da ein Platz gegeben in der übervollen Kirche in einer der ersten Reihen. Von meinem Platz aus schaute ich auf sein Foto auf seinem Sarg. Er lachte mich liebevoll an. Ich hatte dieses Foto von ihm an einem ganz glücklichen, gemeinsamen Tag gemacht und während der Messe hatte ich das Gefühl, mit ihm zu verschmelzen. Es war wie die Hochzeit, die wir nur auf der anderen Ebene erleben konnten. Das Foto war auch auf den Karten, die an alle verteilt wurden. Alle lächelten, als sie das schöne Foto sahen und keiner wusste, wen er anstrahlte. Und hinten auf der gefalteten Karte, da wo die meisten nicht hinschauen, ein Satz zur Liebe. Denselben Satz, den ich ihm in meinem letzten Brief geschrieben habe. Und dann noch ein Zitat aus einem Buch. Ich habe mir das Buch gekauft. Er wusste, ich würde es lesen. In dem Buch steht so viel zu uns und so viel, was mir hilft.

Ich weine viel, ich lache auch, ich fühle intensiv – es darf alles sein. Oft werde ich nachts, oder morgens weinend wach und weiß nicht, wie ich durch den Tag kommen soll und wenn ich mich abends schlafen lege, dann weiß ich oft nicht, wie ich vor lauter Tränen durch die Nacht kommen soll. Es hilft mir, mich mit Menschen zu umgeben, die die tiefe Ebene unserer Verbundenheit kennen oder verstehen. Es hilft mir, mich in mich zurückzuziehen und mir und meiner inneren Kraft zu vertrauen, dass ich heilen werde von dem Schmerz. Es hilft mir, meiner inneren Stimme, die zugleich auch Romans Stimme sein kann, zu vertrauen und mich führen zu lassen. Noch schwanke ich zwischen einem neuen Gefühl der „Ganzheit" und dem unendlichen Schmerz des Vermissens. Es hilft mir, meinen ganz neuen inneren Weg zu gehen und mich dabei nicht denen zu erklären, die das nicht nachvollziehen können, weil sie es nicht erlebt haben. Damit vermeide ich für mich Verletzungen, wie zum Beispiel die „guten Wünsche" oder „Ratschläge": ‚Es käme noch der Richtige' etc. Alleine die Vorstellung davon kommt einer Vergewaltigung gleich.

Ich wünsche mir eines Tages da hinzukommen, dass ich meinen Schmerz zu einem großen Teil in Glück verwandeln lerne, so wie es zu unserer inneren Hochzeit gehört. Ich wünsche mir, dass ich lerne, meinen Weg mit Freude in unserer tiefen, inneren Verbundenheit zu gehen so, wie Roman es mir gewünscht hat. Und ich wünsche mir, dass ich vertrauen lerne, dass wir uns wieder begegnen werden. Der Schmerz, Roman nicht mehr körperlich begegnen zu können, lässt mich zurzeit oft verzweifeln. Ich fühle mich gleichzeitig durch das Geschenk unserer Begegnung vollständig und gleichzeitig durch den Verlust so zerrissen.

Denen, die sich wünschen, ihrer Zwillingsseele zu begegnen, möchte ich sagen, dass Roman und ich nicht etwas Besonderes sind. Wir hatten das Geschenk uns zu begegnen und voneinander zu lernen. Das ist für mich die größte Herausforderung meines Lebens und Roman erging es wohl ebenso. Ich habe mit ihm die schönste Zeit meines Lebens erlebt und auch die schmerzvollste. Ich habe durch unsere einzigartige Nähe und Verbundenheit mehr gelernt als mit irgendjemand anderem, weil ich in dieser Tiefe nicht anders als absolut ehrlich mit ihm und mit mir sein konnte und kann. Aus dieser Tiefe heraus habe ich jetzt geschrieben. Ich habe dabei alles noch mal in mir durchlebt und es hat mir gut getan.

Roman hatte mir mal gesagt, ich solle ein Buch schreiben. Ist dies der Anfang?

Tanja nach einem Jahr intensiver spiritueller Wegbegleitung

Es ist jetzt circa ein Jahr vergangen, seitdem ich die vorherigen Zeilen geschrieben habe. In diesem Jahr hat sich vieles ereignet und viel getan. Ich habe unendlich viele Zeichen von Roman bekommen, dass er mich begleitet und da ist. Ich war lange Zeit noch skeptisch meinen Gefühlen gegenüber, dem gegenüber, was ich erlebte und auch was in den Aurareadings geschah. Es war ein langer, ein schmerzhafter aber auch glücklicher Weg dahin, dem zu vertrauen, was ich in mir spürte. Ich habe gelernt in meinem Schmerz Roman nicht mehr physisch erleben zu können, ihm nicht den Rücken zuzudrehen und mich einzuigeln, sondern mich zu ihm umzudrehen und ihm auch im tiefsten Schmerz meine Arme zu öffnen und all das anzunehmen, was ist und was er mir jetzt geben kann. Genau in dem Moment habe ich tief in mir seine Antworten und seine Botschaften hören und erkennen können. Ich habe mich der Liebe geöffnet, habe ihm nicht seinen Tod vorgeworfen, sondern erspüre ihn mit jeder Faser, die mir möglich ist und vor allem schenke ich ihm meine Liebe. Bedingungslose Liebe, ohne jedwede Angst. Und genau das ist es, was ich von ihm bekomme, so wie es nur zwischen Zwillingsseelen möglich ist.

Der Weg bis hierhin war nicht einfach, aber ich konnte nicht anders als ihn zu gehen. Ich habe auf manches verzichtet und dabei so viel gewonnen. Damit meine ich, dass ich nicht viel Geld habe, die regelmäßigen Aurareadings bei Sandra aber an erster Stelle stehen. Seit Kurzem habe ich auch eine Therapeutin gefunden, die um die Seelenebene weiß und die mir hilft beide Ebenen zu verbinden.

Ich bin beiden so dankbar für ihre Begleitung und ich bin so unendlich dankbar, dass Roman und ich uns begegnet sind. Gehen jedoch muss ich selbst meinen Weg.

Das einzige, was wir mitnehmen, wenn wir von dieser Erde gehen, ist unsere Seele. Heute habe ich fast keine Angst mehr vor dem Tod, weil Roman mir gezeigt hat, dass es eine „andere" Ebene gibt und unsere Verbindung bleibt. Ich weiß, dass er mich eines Tages in seine Arme schließen wird und bis dahin werde ich meinen Weg hier weitergehen in tiefer Verbindung mit ihm.

Tanja hat die große Herausforderung und den tiefgreifenden Entwicklungsprozess, der sich ihr durch den Tod ihrer geliebten Zwillingsseele Roman eröffnete, angenommen. Sie hat sich Hilfe und Unterstützung auf diesem Weg geholt und erkannt, dass sie nicht alleine ist. Denn Roman ist immer noch bei ihr – er lebt in ihrem Herzen weiter und sie kann ihn fühlen und mit ihm in Kontakt treten, auch wenn er nicht mehr körperlich hier ist. Tanja hat eine wundervolle, tiefgreifende Entwicklung erfahren und ich freue mich, dass ich sie dabei begleiten darf.

Wenn der Seelenverwandte gar nicht inkarniert ist

Nicht immer sind die Dualseele und die Zwillingsseele gleichzeitig mit uns inkarniert. Es kann sein, dass du in diesem aktuellen Leben auf beide Seelenverwandte triffst oder auch nur auf einen. Es gibt auch Leben in denen du weder auf deine Dual-, noch auf deine Zwillingsseele treffen wirst. Auch wenn du alleine inkarniert sein solltest, dann sei dir gewiss, dass deine Seelenverwandten dennoch existieren und auch in einem gewissen energetischen Kontakt zu dir stehen. Du kannst durch spezielle Meditationen in Verbindung mit ihnen treten und ihre Liebe fühlen. Manchmal fungieren unsere Dualseele und unsere Zwillingsseele auch als geistige Führer und helfen uns in unserer jeweiligen Inkarnation unserem Seelenplan zu folgen.

Fragen und Antworten zu Dual- und Zwillingsseelen

Viele Menschen, die ich im Laufe der Zeit kennenlernte, stellten in den Beratungen und den Aurareadings sehr ähnliche Fragen zu ihrer Seelenverbindung. Die wichtigsten und häufigsten Fragen und ihre Antworten habe ich hier für dich zusammengestellt. Vielleicht sind für dich auch einige Antworten auf deine persönlichen Fragen dabei.

Wie erkenne ich meine Dualseele oder meine Zwillingsseele?
Seine Dualseele oder seine Zwillingsseele erkennt man ausschließlich mit dem Herzen. Die Gefühle für sie sind jenseits von allem, was wir bislang als Liebe oder Verliebtheit bezeichneten. Die Gefühle für einen so engen Seelenverwandten gehen sehr viel tiefer, sie sind intensiver und von einer ganz speziellen Energie, die sich nicht mit Worten beschreiben lässt. Das große Ver-

trauen und die innige Verbundenheit, die schon sehr bald nach dem ersten Kennenlernen gefühlt werden, sind von einer extremen Intensität. Es ist als würden wir uns bereits ewig kennen. Diese noch nie zuvor erlebten Empfindungen schalten jeden rationalen Gedanken aus – reine Liebe durchflutet jede Faser unseres Seins. Wir fühlen die besondere Magie dieser Begegnung und wissen tief in uns, dass uns mit diesem Menschen etwas Einmaliges, etwas ganz Besonderes und noch nie Dagewesenes verbindet, das uns aber dennoch so eigenartig vertraut ist.

Wie unterscheidet sich eine „normale" Liebe von einer Seelenliebe?
Die „normale" Liebe unterscheidet sich zu der Liebe zwischen Dual- oder Zwillingsseelen vor allem darin, dass wir gar nicht anders können als unseren Seelenverwandten zu lieben. Wir fühlen eine reine und vollkommene Liebe, die größer ist als alles andere was wir jemals zuvor gefühlt haben. Unsere Zwillingsseele lieben wir so intensiv, weil sie der andere Teil unserer Seele ist. Ihre Seelenessenz ist mit der unsrigen identisch. Wir lieben unsere Dualseele so tief, weil sie unsere gegensätzliche seelische Entsprechung darstellt. Ohne unser Dual wären wir nicht das, was wir sind. Reine, tiefe Liebe verbindet uns mit unseren beiden engsten seelischen Verwandten.

Ich habe meine Seelenliebe gefunden, weiß aber nicht ob es sich dabei um meine Dual- oder um meine Zwillingsseele handelt. Mal denke ich, der geliebte Mensch ist meine Dualseele, dann aber wieder könnte er auch meine Zwillingsseele sein. Wie kann ich herausfinden, welche Art der Seelenverwandtschaft uns verbindet?
Meine Empfehlung zu deiner Frage ist: Verwirre dich nicht selbst mit den Begriffen Dualseele und Zwillingsseele. Es kommt nicht so sehr darauf an, ob der geliebte Mensch nun deine Dualseele, oder deine Zwillingsseele oder vielleicht auch „nur" ein karmischer Seelengefährte ist. (Auch mit einem karmischen Seelengefährten kann uns eine unglaublich starke und intensive Liebe verbinden.)
Mach dich also nicht nervös mit der Frage, welche Seelenverbindung ihr habt. Denn, das Wichtigste überhaupt ist die Liebe, die euch verbindet. Um ganz sicher zu wissen, ob es sich um deine Dualseele oder deine Zwillingsseele handelt, ist ein „Besuch" der Seelenebene angeraten. Die Seelen wissen ganz genau, wie sie zueinanderstehen. Wie erhält man nun Zugang zur Seelenebene? Man kann beispielsweise durch die Aurareadingmethode und über die höheren Chakren Kontakt mit der Seelenebene aufnehmen und darin „ersehen", welcher Art die Seelenverbindung ist. Die erste Frage im Aurareading wird meist nach der Art der Seelenverbindung gestellt. Du selbst kannst durch ge-

eignete Meditationen Zugang zu deiner eigenen Seele und darüber hinaus zu deinen Seelenverwandten erhalten. Dafür ist etwas Geduld, Übung und Selbstkritik von Vorteil. Denn hierbei ist die Gefahr der Selbsttäuschung recht groß. Manche behaupten, man könnte eine Seelenverbindung durch Kartenlegen oder im Horoskop erkennen. Ich kenne mich selbst zu wenig damit aus, um etwas wirklich Fundiertes darüber zu behaupten. Ich vermute, dass man mit Karten und einem Horoskop durchaus Tendenzen für eine Seelenverwandtschaft erkennen kann. Ich wage jedoch zu bezweifeln, dass man damit mit Gewissheit die Dualseele, die Zwillingsseele, oder einen karmischen Seelengefährten bestimmen kann. Droste Hülshoff schreibt in ihrem Gedicht an ihre Zwillingsseele Levin Schücking: *„Worüber alle Lippen freundlich scherzen, wir fühlen heil'ger es im eignen Herzen." Für mich sagt dieser Satz aus: Wenn man selbst im eigenen Herzen die Gewissheit über seine Seelenverbindung verspürt, dann ist es bedeutungslos, was andere Menschen behaupten. Du wirst die Antwort auf diese Frage sicher im Laufe der Zeit, in deinem Inneren fühlen. Und bis dahin konzentriere dich am besten auf die Liebe zu deinem Seelenverwandten und verwirre dich nicht mit Theorien oder Begriffen. Die Liebe und alles, was ihr füreinander fühlt, ist das, auf was es wirklich ankommt.*

Was geschieht, wenn man seiner Dualseele oder seiner Zwillingsseele begegnet?

Viele beschreiben es wie Magie, wenn sie ihrer Dual- oder Zwillingsseele zum ersten Mal in diesem Leben in die Augen blicken. Ein Gefühl wie „Zuhause angekommen", ein unverzügliches Erkennen und das tiefe, innere Wissen um die Liebe, die zwischen ihnen besteht. Nicht immer erkennt man einen Seelenverwandten sofort auf den ersten Blick. Jedoch wird es von der Mehrzahl derer so beschrieben, die ihrer Dual- oder Zwillingsseele begegnet sind. Unsere Seelen erkennen einander immer – sind sie doch auf der Seelenebene nie voneinander getrennt. Die Augen sind der Spiegel der Seele. Und in den Augen unseres Gegenübers erblicken wir seine Seele. *„Als ich ihm in die Augen blickte, dachte ich, ich könnte bis auf den Grund seiner Seele schauen!" „Als er mir in die Augen schaute, strömte augenblicklich eine enorm starke Liebesenergie von ihm zu mir!"* Gerade bei Zwillingsseelen ist das Erkennen der eigenen Seele im anderen Menschen manchmal wie ein Schock – der sich in positiven, aber auch in negativ erlebten Gefühlen äußern kann. Diese Gefühle können so übermächtig sein, dass wir zumindest für eine Weile weder rational denken, noch handeln können. So wie sich Zwillingsseelen von der Gleichheit ihrer Seelen magnetisch angezogen fühlen, so fühlen sich Dualseelen durch ihre Gegensätzlichkeit miteinander verbunden. Viele empfinden gar eine unglaublich starke erotische Anziehung, der sie sich nicht mehr entziehen können. Wie es auch bei dir und deinem Seelenverwandten sein mag – du, bzw. ihr werdet diesen Moment als ganz besonderen, großartigen Moment wahrnehmen.

Ist es das Schicksal von Dual- und Zwillingsseelen sich wieder trennen zu müssen?

Wenn man sich intensiver mit der Dual- und Zwillingsseelenthematik befasst, dann scheint es fast unweigerlich zu sein, dass sich die Liebenden im Irdischen immer wieder voneinander trennen müssen. Ist die Trennung wirklich das Los vieler Dual- und Zwillingsseelen? Müssen sie sich diesem Schicksal beugen? Oder gibt es auch noch einen anderen Weg?

Diese Fragen sind durchaus berechtigt, da viele Menschen eine Trennung von ihrem Seelenverwandten erfahren. Es gibt zwar durchaus Dual- und Zwillingsseelenpaare, die sich nie trennen, aber es gibt daneben jene Paare, die sich immer wieder trennen müssen, um sich wieder begegnen zu können. So wie es aussieht, scheinen jedoch die Paare mit der Trennungsthematik zu überwiegen. Ich möchte dir dazu meine Gedanken, meine persönlichen Erfahrungen und die Erkenntnisse aus meiner langjährigen Arbeit mit Dual- und Zwillingsseelenpaaren berichten.

Auf der Seelenebene existiert keine Trennung. Auf unserer irdischen Ebene aber schon. Das Leben im Irdischen, in der Materie, enthält *immer* den Wandel! Hier ist nichts starr und nichts ist statisch! Vor allem hat auf dieser Ebene nichts für die Ewigkeit Bestand! Es gibt Dual- und Zwillingsseelenpaare, die viele Jahre, oder auch Jahrzehnte glücklich zusammen sind. Aber auch die müssen sich spätestens dann trennen, wenn einer von beiden seinen Körper verlassen muss. Andere wiederum verleben ein paar schöne Wochen, manche ein paar Monate und wieder andere ein paar Jahre miteinander. Aber auch sie trennen sich irgendwann wieder. Die Gründe für eine Trennung sind so vielfältig, wie es Menschen gibt. Wenn es nicht der Tod oder ein anderer Schicksalsschlag ist, der uns von unserem geliebten Seelenverwandten trennt, dann mag es vielleicht an uns selbst liegen, oder auch an unserem Seelenverwandten, der die Trennung hervorruft. Man kann also erkennen, dass es immer wieder Trennungen gibt – geben muss. Für uns Menschen geht es darum wahrzunehmen, dass diese Trennungen eigentlich eine Illusion sind. Wir sind nicht wirklich von unserem Seelenverwandten getrennt. Das, was in der materiellen Ebene als getrennt wahrgenommen wird, ist auf der seelischen Ebene zusammen.

Wir können die Trennungen auf der irdischen Ebene also nicht verhindern. Häufig bestehen sie zum Glück nicht dauerhaft. Es ist sehr wertvoll sich Zugang zur eigenen Seele zu verschaffen und darüber hinaus auch zu unseren Seelenverwandten. Dann erkennen wir, dass wir im Grunde gar nicht getrennt sind. Das Interessante dabei ist: je mehr ich zu mir, zu meiner Seele Kontakt erhalte, desto besser kann sich plötzlich der Kontakt zur Dual- oder Zwillingsseele in der materiellen Wirklichkeit entwickeln.

Ist meine Dual- oder Zwillingsseele für mich einfach dadurch bestimmt, dass sie/er meine Dual- oder Zwillingsseele ist?
Viele Menschen glauben oder hoffen, dass der Mensch, in dem die ihnen auf so intensive Weise verwandte Seele steckt, für sie vorgesehen ist. Sie sind sich sicher, dass sie deshalb mit ihm im Sinne einer Partnerschaft zusammenkommen werden oder gar zusammenkommen müssen. Viele glauben auch ohne ihren Seelenverwandten nicht mehr leben zu können, bzw. leben zu wollen und sind sich sicher, dass auch ihr Seelenverwandter dies eines Tages verstehen müsse, dass auch er nicht mehr ohne sie leben möchte. Sie glauben ferner, er würde irgendwann aufwachen und alles genauso wahrnehmen wie sie selbst.
Auch hierbei bitte ich dich, die verschiedenen Ebenen zu realisieren. Auf der Seelenebene, ja auf dieser seid ihr aufs Tiefste miteinander verbunden. Aber auf der irdischen Ebene verfügt jeder über sein eigenes Leben und seinen freien Willen. Es kann also durchaus sein, dass du eure seelische Verbundenheit so sehr fühlen kannst, was dir glauben macht, es müsse im Irdischen ebenso sein. Im Irdischen jedoch gibt es unterschiedliche Wege. Manche treffen ihren Seelenverwandten „nur" um ihre tiefe Liebe zu erfahren – ohne jedoch mit ihm als Liebespaar zusammenzukommen. Wieder andere treffen ihren Seelenverwandten damit ihr festgefahrenes Leben, ihre blockierte Ehe, oder etwas anderes in ihrem Leben das nicht mehr im Fluss ist, eine neue Richtung erfahren kann. Wir Menschen suchen immer nach Gründen, warum etwas so oder so ist. Wichtig für uns ist, das zu erkennen, das wirklich ist und es anzunehmen.
Selbstverständlich kann es auch so sein, dass eine Partnerschaft für dich und deinen Seelenverwandten vorgesehen ist und ihr beide diese auch miteinander leben wollt.

Welchen Sinn machen das Zusammentreffen und die schmerzhafte Trennung von seiner Dual- oder Zwillingsseele?
Die Begegnung mit ihrer Dual- und/oder Zwillingsseele löst bei vielen Menschen einen tiefgreifenden, individuellen Reife- und Entwicklungsprozess aus. Wir haben die Chance unser Bewusstsein zu erweitern, unser Leben mit dem was uns wichtig ist zu erfüllen, unseren Reife- und Entwicklungsprozess er-

heblich zu beschleunigen, ganzheitliche Liebe zu erfahren, eingefahrene Lebensweisen zu verändern und letztlich der Mensch zu werden, der wir wirklich sind – indem wir unser wahres Sein erkennen.

Manche Menschen sind komplett von ihrem Seelenverwandten getrennt und haben keinerlei Kontakt zu diesem. Wieder andere leben weit voneinander entfernt und können sich nur selten sehen. Andere wiederum haben viel Kontakt zu ihrem/ihrer Liebsten und leiden schon unter einer kurzfristigen Trennung sehr. Meist werden Trennungen, egal ob sie nun dauerhaft oder nur kurzfristig sind, schmerzhaft empfunden. Wie sehr wir jedoch darunter leiden, hängt von uns selbst ab. Genauso wie ein körperlicher Schmerz, so weist uns seelischer Schmerz darauf hin, dass etwas nicht in Ordnung ist. Ein körperlicher Schmerz zeigt eine Verletzung oder Krankheit an. Ein seelischer Schmerz zeigt ebenso eine seelische Verletzung, einen seelischen Mangel oder eine seelische Schwäche an. Und genau darin liegt der Sinn dieser Begegnung – wir sollten uns genau ansehen, was uns dabei schmerzt und den Schmerz als Warnsignal betrachten. Der Schmerz weist uns immer auf die Dinge in uns selbst hin, die Heilung benötigen. Die Begegnung mit unserem Seelenverwandten kann uns somit sehr viel über uns selbst verraten und uns bei der Entwicklung und Reifung unserer eigenen Persönlichkeit und unserer Seele helfen.

Warum inkarnieren Dualseelen und Zwillingsseelen gemeinsam?
Der Hauptgrund, warum Dual- und Zwillingsseelen gemeinsam inkarnieren, besteht darin, dass sie ihre Liebe füreinander leben wollen. Leben im Sinne von Erleben! Im Seelischen ist die Liebe ja ein immerwährender Zustand. Die Liebe ist einfach! Sie ist das ewige Band, das zwei Seelenverwandte bis in alle Ewigkeit miteinander verbindet. In unserem irdischen Bereich ist es uns möglich alle Facetten der Liebe zu erleben. Hier hat Liebe viele Gesichter. Und hier können wir sogar die scheinbare Abwesenheit von Liebe erfahren und auch ihr Gegenteil, den Hass. Als Seelenverwandte wollen wir der Liebe zu unserem Dual, oder unserem seelischen Zwilling Ausdruck verleihen. Ausdruck vielfältigster Form – durch den Körper, durch unsere Taten und Worte und natürlich auch über unsere Seele.

Seelenverwandte inkarnieren auch dann gemeinsam, wenn sie noch spezielle karmische Aspekte miteinander zu erledigen haben. Häufig besteht die Aufgabe darin, das Karma zu transformieren, indem man es gemeinsam durchlebt und daraus wertvolle Erkenntnisse zieht, die wiederum die Evolution der Seelen begünstigt. Die Evolution der Seelen ist die Entwicklung der Seelen. Diese ist nur durch das Leben möglich. Durch unsere Lebenserfahrungen bewirken wir Erkenntnis und Weisheit.

Bemerken möchte ich an dieser Stelle noch, dass das Leben oder Erleben der Liebe nicht zwangsläufig ausschließlich in einer Liebespartnerschaft geschehen muss. Für Dualseelen und Zwillingsseelen ist es wichtig, dass sie ihrer Liebe zueinander gewahr werden. Welchen Ausdruck diese dann im Leben findet entsteht aus einer gemeinsamen Dynamik heraus.

Kann man beweisen, dass es Dualseelen und Zwillingsseelen wirklich gibt?
Nein, beweisen kann man es nicht – aber man kann es wissen! Einen wissenschaftlichen Beweis für Dualseelen, Zwillingsseelen und Seelenverwandtschaft kann kein Mensch erbringen. Noch nicht einmal die Existenz der Seele kann bewiesen werden. Aber wissen kannst du es dennoch! Denn es gibt ein tiefes, inneres Wissen, das keinen Beweis braucht. Dieses Wissen nennt sich Weisheit. Weisheit ist nicht den Philosophen oder irgendwelchen spirituellen Meistern vorbehalten. Ein jeder Mensch verfügt über die große Weisheit seiner eigenen Seele. Haben wir Zugang zur eigenen Seele, so wird aus Wissen Weisheit.

Warum fasziniert mich meine Zwillingsseele so sehr?
Seiner Zwillingsseele in die Augen zu sehen ist phänomenal. Jeder, der es erleben darf und durfte, wird den unvergleichlichen Zauber bestätigen können. In den Augen deiner Zwillingsseele erblickst du deine eigene wundervolle Seele. Du erkennst dich selbst im anderen. Du bist fasziniert von der Ausstrahlung des Menschen mit derselben Seelenessenz. Das, was du in deiner Zwillingsseele siehst und bewunderst, das bist auch du. Da wir aber in der Dualität leben, wirst du durch diesen Menschen deinen eigenen Schattenseiten begegnen. Deine Zwillingsseele zeigt dir alle deine Seiten und Facetten. Du schaust in sie hinein, wie in einen Spiegel und das, was deine Zwillingsseele im Außen repräsentiert, das bist du im Innen. Die Begegnung mit deiner Zwillingsseele ist die Begegnung mit dir selbst – mit deiner eigenen Seele.

Warum fasziniert mich meine Dualseele so sehr?
Deine Dualseele ist deine gegensätzliche Entsprechung. Sie ist komplett anders als du, aber auf eigenartige Weise ist sie dennoch wie du. Das, was du nicht bist, das ist deine Dualseele und das, was du bist, das ist das Potenzial, das deine Dualseele in sich trägt und das von dir erweckt werden kann. Umgekehrt ist das selbstverständlich ebenso. Der Gegensatz von all den Eigenschaften, Qualitäten und Potenzialen, der in deiner Dualseele steckt, ist so faszinierend und anziehend, weil all das auch in dir verborgen ist und durch dein Seelendual an die Oberfläche gelangen kann. Deine Dualseele hat die Fähigkeit dich zu inspirieren wie nie jemand zuvor und all die verborgenen Schätze

in dir zu aktivieren. Dieser Gegensatz zieht dich an, wie sich auch Magnete anziehen. Du fühlst instinktiv den großen seelischen Reichtum eurer Verbindung und die Magie und enorme Tiefe eurer besonderen Liebe.

Haben alle Dualseelenpaare dieselbe Lebensaufgabe miteinander? Ich habe gehört, dass Dualseelen eine ganz spezielle spirituelle Aufgabe für die Menschheit haben sollen?

Die Begegnung mit unserer Dualseele ist immer etwas ganz Besonderes und birgt große individuelle Chancen, Herausforderungen und Aufgaben in sich – die für jedes Dualseelenpaar ganz besonders und einmalig sind. Einmalig deshalb, weil jedes Paar für sich gesehen wiederum eine Einheit bildet und diese Einheit verfügt über äußerst individuelle Potenziale, die nicht mit anderen Dualseelenpaaren gleichgesetzt werden können. Hier erkennen wir, dass es durchaus sehr große Unterschiede zwischen den einzelnen Dualseelenpaaren gibt. So individuell wie wir selbst sind, so individuell und einmalig ist unsere Seelenverbindung mit unserer Dualseele. Und genauso einzigartig sind auch unsere gemeinsamen Potenziale. Dies gilt selbstverständlich auch für Zwillingsseelen.

Soll man seinem Seelenverwandten mitteilen, dass man ihn bzw. sie als seine Dual- oder Zwillingsseele betrachtet?

Diese Frage lässt sich ebenfalls nicht pauschal beantworten. Viele Menschen haben kaum oder gar keinen Zugang zu ihrer eigenen Spiritualität. Manchen macht sie sogar Angst. Einige lehnen alles was zum großen Bereich Spiritualität und Seelenverwandtschaft gehört kategorisch ab. Vermutlich ernten wir in einem solchen Fall keine positive Reaktion von unserem Seelenverwandten, sondern viel wahrscheinlicher stoßen wir auf Ablehnung und Unverständnis. Am besten ist es, sehr sensibel und achtsam mit seinem Seelenverwandten zu kommunizieren. Manche Menschen fühlen sich vereinnahmt bei der Behauptung sie seien die Dual- oder die Zwillingsseele. Manche betrachten diese Behauptung sogar als Druck- oder als Machtmittel. Andere wiederum möchten als Mensch und nicht als Seele geliebt werden. Für sie erscheint diese Liebe eher wie eine abgehobene Liebe, die nichts mit Leidenschaft, Erotik, Begehren und Sinnlichkeit zu tun hat. Freilich ist die Liebe zu einem Seelenverwandten viel mehr als „nur" auf erotischen Gefühlen aufgebaut – ist sie doch die reine und ursprüngliche Liebe unserer Seelen. Aber dennoch kann es beim anderen so ankommen, als würde er vor allem wegen seiner Seele geliebt werden. Und wenn der geliebte Mensch wenig mit dem Seelischen anfangen kann, weil er diesen Bereich eher in die Kategorie Religion steckt, dann wird er sich vermutlich sehr unwohl fühlen bei der Vorstellung es ginge „nur" um seine Seele. *„Ich bin ein Mensch und will auch als der, der ich bin, geliebt werden. Als mich meine Geliebte mit dem Begriff Dualseele konfrontierte, war ich entsetzt. Sie liebe mich, weil ich ihr Seelenverwandter sei – aber ich will als ihr Mann geliebt werden und nicht als Seele!"* Dies sagte ein Mann, der keinen Bezug zum Thema Seelenverwandtschaft hat. Für ihn ist das Irdische das Wesentliche. Er kann mit einer Theorie über Seelenverwandtschaft nichts anfangen. Es ist müßig und unsinnig ihn bekehren zu wollen. Vorteilhafter ist es, den anderen den ersten Schritt tun zu lassen und sich selbst zurückzuhalten. Für euer Miteinander und euer Leben ist eure Liebe füreinander das Wichtigste. Vielleicht hat dein Seelenverwandter ja auch eine andere Ausdrucksweise für das, was euch miteinander verbindet? Manche sagen: *„Wir sind ein Herz und eine Seele – wir sind nur zusammen wirklich vollständig – wir sind wie Zwillinge. Du bist meine andere Hälfte. Du bist alles für mich! Ich liebe dich mehr als alles andere auf dieser Welt. Du gehörst untrennbar zu mir und ich gehöre untrennbar zu dir. Du bist ALLEs für mich. Ich liebe dich mehr als mein Leben."* Auch wenn der geliebte Mensch die Seelenverbindung nicht wahrhaben kann, oder will, so weiß seine Seele ganz genau, welche Verbindung besteht. Letztlich zählt auch hier in erster Linie, die Liebe!

Warum fühle ich mich ohne meine Zwillingsseele so grenzenlos alleine?
Unsere Zwillingsseele vervollständigt uns auf seelischer Ebene. Sind wir ihr körperlich nah, erhalten wir einen unglaublichen Energiezuwachs. Körperlich, seelisch und geistig fühlen wir uns mit unserer Zwillingsseele auf eine wundervolle Weise ergänzt. Werden wir von unserer Zwillingsseele getrennt, dann fühlen wir uns plötzlich sehr alleine und einsam. Wer jedoch in sich selbst ruht und in seiner inneren Mitte ist, wird den Mangel nicht als solchen empfinden. Einige Menschen geraten nach der Trennung von ihrer Zwillingsseele in einen depressiven Zustand, oder sind energetisch ausgelaugt. Sie empfinden sich auf ungute Weise wieder ganz auf sich selbst zurückgeworfen. Die negativen Gefühle, die wir bei einer Trennung von der Zwillingsseele erleben, können uns den Weg zu uns selbst weisen. Wir sind aufgerufen, uns auf unser Inneres zu besinnen. Wenn wir in uns selbst ganz sind, dann erst sind wir wirklich reif uns mit unserer anderen Hälfte zu verbinden. Die Ganzheit erlangen wir durch Ausführung unserer Lebensaufgaben, durch seelische Entwicklung, durch das Leben unserer seelischen Potenziale und durch unsere eigene Spiritualität.

Warum fühle ich mich ohne meine Dualseele so unendlich alleine?
Die Dualseele komplettiert uns durch ihre Gegensätzlichkeit. Ähnlich wie bei der Zwillingsseele erfahren wir, wenn wir mit unserer Dualseele zusammen sind, einen enormen Energiezuwachs. Unsere Dualseele erweitert mit ihrem Energiefeld, ihrem Wesen und ihrer Präsenz unser eigenes Energiefeld. Bei einer Trennung, auch wenn sie nur von kurzer Dauer ist, „schrumpft" unser Energiefeld wieder auf seine normale Größe. Der energetische Höhenflug ist vorbei und wir sind wieder „nur" wir selbst. Ähnlich wie bei Zwillingsseelen ist es auch für Dualpaare notwendig, dass jeder für sich selbst in seiner eigenen inneren Mitte ruht. Für Dualseelen, wie auch für Zwillingsseelen, gibt es energetische und spirituelle Möglichkeiten, die wenn sie richtig eingesetzt werden, einen dauerhaften energetischen Kontakt herstellen können – auch wenn beide durch eine große körperliche Entfernung voneinander getrennt sind. Voraussetzung hierfür ist: Beide sollten spirituellen Methoden gegenüber aufgeschlossen sein und beide sollten diesen speziellen Kontakt zueinander wollen.

Ist es von der geistigen Welt und von meiner Seele her vorgesehen, dass wir zusammenkommen werden?
Diese Frage stellen sich sehr viele Menschen und auch im Aurareading wird immer wieder danach gefragt. Hierzu kann ich sagen, dass es selbstverständlich Dual- und Zwillingsseelenpaare gibt, für die eine Partnerschaft seitens ihrer Seele vorgesehen ist. Sie merken, dass alles was geschieht unweigerlich darauf zusteuert. Viele sehnen sich so sehr nach einer festen Partnerschaft mit ihrem Seelenverwandten, dass sie am liebsten eine Garantie dafür haben würden, dass alles auch genauso eintreten wird. Diese Garantie gibt es aber nicht, denn die Seele hält nicht stur an ihren Plänen fest. Manchmal geschehen Änderungen im Seelenplan um andere vorrangige Seelenaufgaben zu erfüllen, die mit dem Seelenverwandten blockiert wären. Bisweilen ist eine Partnerschaft durchaus vorgesehen und erfüllt sich auch entsprechend zum richtigen Zeitpunkt. Manchmal kommen wir aber auch von unserem Seelenweg ab und müssen ihn erst wieder finden. Teilweise beschreiten wir auch scheinbare Umwege auf unserem Lebensweg, bevor wir das leben können, was unsere Seele für uns vorgesehen hat. Scheinbar deshalb, weil jeder Weg richtig ist. Es gibt kein Richtig und kein Falsch – es gibt nur Erfahrungsmöglichkeiten. Jede Erfahrung ist wertvoll.

Ich glaube, dass das erste Treffen mit einem Seelenverwandten von unseren Seelen vorherbestimmt ist. Wie durch Magie verzaubert, beschreiben viele den Moment, als sie ihrer Seelenliebe das erste Mal gegenüber standen. Der Augenblick, in dem sich zwei Seelenverwandte erkennen, ist ein heiliger

Moment. Heilig durch die Liebe zweier ewiger Liebender, die in der irdischen Welt Erfüllung erfährt. Wir fühlen eine besondere, ja gar göttliche, Energie in der Begegnung mit unserem Seelenverwandten. Alles Weitere, also alles, was dann zwischen den beiden Menschen entsteht und wie sie ihre besondere Liebe leben wollen, wird dem freien Willen der Liebenden überlassen. Freilich werden sie dennoch von ihrer Seele weiterhin geführt und unterstützt. Die meisten erhalten in der ersten Zeit nach ihrem Kennenlernen besondere Gelegenheiten miteinander in Kontakt zu treten. Da wir Menschen die Schöpfer unseres eigenen Lebens sind, obliegt es uns selbst, ob wir diese Gelegenheiten auch nutzen wollen. Die Liebenden sollen sich aus absolut freien Stücken zueinander bekennen. Nicht immer ist es für sie leicht, zu ihrer Liebe zu stehen. Die Schranken und Blockaden im Innen und im Außen zu überwinden erfordert sehr viel Mut. Furcht vor Veränderung, Angst etwas Falsches zu tun und auch Angst vor Nähe sind nur ein paar der gängigsten Gründe dafür, wenn einer von beiden, oder gar beide voneinander Abstand nehmen. Niemand, kein Schicksal und auch keine höhere Macht werden in diesem Falle eingreifen und die Lebensumstände für uns so zurechtbiegen, dass plötzlich unsere Dual- oder Zwillingsseele an unserer Seite ist. Nein, wir Menschen selbst haben durch unseren freien Willen die Macht uns füreinander und die Liebe zu entscheiden – oder auch dagegen. Wir sollten die Verantwortung für uns und unser Leben selbst übernehmen und auch unsere Entscheidungen eigenmächtig treffen. Für viele Menschen ist genau das eine schier unüberwindbare Herausforderung. Vor allem Frauen, die häufig lange Jahre fremdbestimmt lebten, finden vielfach nicht den Mut den Weg ihrer Seele zu beschreiten. Und so verharren einige in ihrem alten Leben, trauen sich nicht ihrem Herzen zu folgen und hoffen, dass es das Schicksal schon für sie fügen wird. Zum Glück finden viele, denen es so ergeht oder ergangen ist, schließlich doch eines Tages zu sich selbst zurück. Sie fühlen deutlich den Ruf ihrer Seele und den Mut ihm zu folgen. *„Unsere Seele weist uns den Weg – aber gehen müssen wir ihn selbst!"*

Ich habe große Schwierigkeiten mit meinem Seelenverwandten und deswegen schon etliche Ratgeber zu dem Thema studiert. Außerdem habe ich auch schon diverse Beratungen hinter mir. Vom Verstand her weiß ich alles, kann es aber im Leben nicht umsetzen. Ich fühle mich richtig blockiert. Was kann ich tun, damit aus der Theorie Praxis wird?
Viele Menschen haben die gleichen Probleme wie du. Ratgeber und Beratungen sind sehr wertvoll und stellen gute Möglichkeiten dar, das Wissen über die Herausforderungen, Thematiken und auch Lösungswege zu erhalten. Aber wie jede Theorie bleibt auch diese rein hypothetisch, wenn sie nicht in die

Praxis umgesetzt werden kann. Gefühl und Verstand befinden sich häufig in einem deutlichen Widerspruch zueinander. Warum ist das so? Nun, diesem Umstand können verschiedene Ursachen zugrunde liegen. Bei manchen Menschen ist der Zugang zu den verschiedenen spirituellen Ebenen blockiert. Andere haben Angst auf ihr Herz und ihre Gefühle zu vertrauen. Wieder andere lassen sich zu sehr von der Meinung anderer Personen beeinflussen. Manche werden durch zu viel Theorie und durch entsprechende Ratschläge nur noch verwirrter. Anstatt auf ihr Herz zu hören versuchen sie mit ihrem Verstand alles zu regeln. Viele Menschen lesen einen Ratgeber nach dem anderen, wissen und verstehen dadurch vieles, können es aber nicht umsetzen, denn Wissen erzeugt nur Wissen – unsere Weisheit aber erlangen wir über unsere Seele. Je mehr wir darüber lesen und je mehr Worte wir hören, desto mehr sind wir im Kopf und desto weniger Zugang bekommen wir zu den Bereichen unserer Seele in denen sich Wissen in Weisheit verwandelt. Ich finde es gerade in diesem Bereich sehr wichtig eine ausgewogene Balance zu finden. Herz und Verstand müssen sich nicht widersprechen. Es ist möglich auf sein Herz zu hören, aber seinen Verstand dennoch eingeschaltet zu lassen.

Manchmal bestehen Blockaden, die die Zugänge zu den inneren Ebenen verhindern. Diese Blockaden können durch negative Gefühle, wie Wut, Angst, Trauer etc., hervorgerufen sein. Aber auch hinderliche Überzeugungen und Standpunkte können Blockaden in unserem Leben verursachen. Die höheren Chakren, insbesondere das 8. Chakra, der Transpersonale Punkt und das Alter-Major-Zentrum, können durch eine Blockade betroffen sein. Es gibt viele Ursachen die eine derartige Blockade bewirken können. Manchmal handelt es sich allerdings nicht um eine direkte Blockade, sondern um eine Energieverschiebung in den feinstofflichen Körpern. Außerdem können ferner Traumata aus vergangenen Leben, abgespaltene Seelenanteile etc., eine Rolle spielen. Worte und Theoretisches erzeugen Wissen. Wissen ist wichtig – aber Wissen ist nichts ohne Weisheit, denn unser Wissen und unsere Theorien wandeln sich im Laufe der Zeit. Das, was heute gilt, kann morgen schon wieder überholt sein. Die Heilung unseres gesamten Wesens erzeugt unsere Weisheit. Diese innere Weisheit ist der Schlüssel dafür, sein Wissen immer im Sinne der Liebe, des Lebens und aller Beteiligten anzuwenden. Eine reine Beratung ist wunderbar, füttert aber unter Umständen nur deinen Kopf mit Informationen. Du weißt plötzlich warum deine Situation so ist, wie sie ist, und was du eventuell dagegen unternehmen kannst. Aber du kannst das im Leben nicht umsetzen. Hier ist Integrität auf allen Ebenen erforderlich. Deshalb ist es für eine ganzheitliche Umsetzung des Theoretischen notwendig auch den feinstofflichen und den spirituellen Bereich zu heilen und zu integrieren.

Nach einer metaphysischen Beratung ist eine metaphysische Heilung angebracht um ganzheitlich zu arbeiten. In den Momenten in denen Stille herrscht und einfach „nur" heilende Kräfte einwirken – in diesen Momenten entsteht sehr viel Heilung auf allen Ebenen. *Für die Heilung bedarf es keiner Worte. Sie findet in Bereichen statt, die unserem logischen Denken und unserem Verstand verborgen sind.*

Ich war bei einem Medium, das mir sagte, der Mann, den ich so sehr liebe, sei meine Dualseele. Wir würden zusammengehören und eine ganz tiefe und intensive Verbindung haben. Aber in Wirklichkeit will er nichts von mir wissen und keinen Kontakt haben. Das, was das Medium mir sagte, bestätigte eigentlich genau das, was ich fühle. Aber nun bekomme ich Zweifel an der Aussage des Mediums und an meinen Gefühlen. Was ist denn nun richtig?

Auf deine Frage bezogen, so gibt es kein „richtig" und kein „falsch". Es gibt verschiedene Wahrnehmungen über das was ist. Deine Gefühle sind jedenfalls eine Tatsache. Was du fühlst, ist niemals unangemessen. Deine Gefühle zeigen dir das, was in dir ist. Das Medium hat mittels seiner hellsichtigen Fähigkeiten in die Seelenebene „schauen" können und dort deine Seelenverbindung zu deinem geliebten Seelenverwandten erkannt. Die Seelenebene ist eine von vielen Ebenen unserer Wirklichkeit. Dort seid ihr seelenverwandt, dort seid ihr Dualseelen und untrennbar auf diese Weise miteinander verbunden. Nun gibt es aber noch unsere irdische Ebene, auf der wir Menschen nicht nur unsere Seele haben, sondern auch mit weltlichen Ereignissen konfrontiert sind. Auf dieser Ebene kann es deshalb durchaus sein, dass deine Dualseele dich nicht auf dieselbe Weise wahrnimmt wie du ihn. Warum das so ist, kann viele verschiedene Gründe als Ursache haben. Tatsache ist, dass es so ist. Die verschiedenen Wirklichkeitsebenen existieren gleichzeitig und haben selbstverständlich in gewisser Weise Einfluss aufeinander. So kann es geschehen, dass dein Seelenverwandter eines Tages Zugang zu dieser Ebene erhält und eure Seelenverbindung realisiert. Es kann aber auch anders sein. Wichtig ist es für dich, auf dein Herz zu hören und deine Gefühle nicht in Zweifel zu ziehen.

Ein Heiler sagte mir, er könne durch ein Ritual bewirken, dass meine Dualseele nicht mehr meine Dualseele ist und ich davon frei werde. Ist das wirklich möglich?

Nein, das ist nicht möglich. Was Gott zusammengefügt hat, das kann der Mensch nicht trennen. Die Tatsache einer Seelenverwandtschaft kannst du ebenso wenig ändern, wie die Gegebenheit einer Blutsverwandtschaft. Was man aber sehr wohl trennen kann, sind ungute Verbindungen der energetischen Felder und negative energetische Bänder. Dies wird ein verantwortungsvoller Heiler nur zum allerhöchsten Wohle aller Beteiligten tun und sehr große Sorgfalt und Umsicht sowie Respekt dabei walten lassen.

Meine Dualseele ist vor mir davongelaufen. Ich habe gelesen das wäre das typische Dualseelenverhalten. Ist das wirklich so?

Ich traf viele Menschen, die dasselbe Schicksal erlebten wie du. Ich finde es trotzdem nicht richtig, eine Regel daraus zu machen. Denn es gibt auch sehr viele Menschen, deren Dualseele nicht davongelaufen ist. Warum ein Mensch die Nähe oder Liebe eines anderen nicht zulassen kann, oder will, kann viele ganz individuelle Gründe haben. Deshalb kann man keine Regel für Dual- oder Zwillingsseelen daraus erstellen.

Wichtig finde ich in dem Zusammenhang auch zu bemerken, dass nicht die Seelen davonlaufen, sondern die Menschen. Die Seelen haben auch niemals ein Problem miteinander. Wir Menschen haben diese Probleme. Und die Ursachen dieser Probleme sind sehr individuell.

Mein Seelenverwandter hat den Kontakt zu mir abgebrochen. Ich weiß aber, dass er mich liebt. Ich habe gehört meine Aufgabe sei es nun ihn loszulassen, während er lernen muss zu seinen Gefühlen zu stehen. Wie kann ich das verstehen?

Du hast in deiner Frage gleich zwei Aussagen. Ob das Loslassen für dich stimmig ist, wirst du fühlen, wenn du in dich hinein hörst. Willst du ihn wirklich loslassen, oder nur deine Erwartungen an ihn? Es ist für dich wichtig, das herauszubekommen. Denn, wenn wir einen Menschen innerlich gehen lassen, dann kann er nicht mehr in unser Leben kommen. Das ist das kosmische Gesetz der Anziehung. Und meiner Meinung nach ist es auch schier unmöglich jemanden loszulassen, den man in seinem Leben haben möchte. Was wir allerdings loslassen können, sind all die Erwartungen, die wir an den anderen haben. Aber auch hier ist es wichtig zu unterscheiden, welche unserer Erwartungen Bedingungen darstellen, die wir unbedingt für eine glückliche Partnerschaft oder Kontakt brauchen. Diese sollten wir nicht loslassen, weil wir uns sonst selbst verleugnen. Verleugnen wir uns selbst, dann stehen wir nicht zu uns und unseren Bedürfnissen, was wiederum eine Blockade zwischen uns und unserem Seelenverwandten erzeugt.

Ob dein Seelenverwandter nicht zu seinen Gefühlen stehen kann, mag reine Interpretation sein, falls du es nicht sicher weißt, dass es wirklich so ist. Selbstverständlich ist es sehr schwer damit umzugehen. Wenn er wirklich dein Seelenverwandter ist – warum merkt er das selbst nicht? Hierfür gibt es auch wieder viele verschiedene Gründe über die wir spekulieren können –

was uns jedoch meistens nichts bringt. Es bringt dich wesentlich weiter, wenn du dir klarmachst, was wirklich ist. Versuche nicht dir Erklärungen und Begründungen für sein Verhalten auszudenken. Auch sich selbst etwas schön zu reden hilft dir nicht weiter. Die Mitteilung, er müsse seine Gefühle klären, kann stimmen. Dieser Umstand kann dich aber auch monate- oder gar jahrelang in eine ungute Warteposition versetzen. Nimm das an, was JETZT ist – ob es sich eines Tages ändert, kannst du derzeit noch nicht ersehen. Schau nicht auf deinen Seelenverwandten mit dem Gefühl er solle nun endlich erkennen, was ihr füreinander seid, sondern schaue auf dich. Manchmal verbirgt sich eine glasklare Botschaft hinter dem Verhalten des geliebten Menschen. Frage dich: wo du dich selbst missachtest, wo du dich selber im Stich lässt und wo du dich und deine Bedürfnisse selbst ignorierst? Betrachte das, was dein Seelenverwandter tut einmal mit anderen Augen und schaue, wo im Leben du das Entsprechende selbst mit dir machst.

Meine beste Freundin hat mir den Rat gegeben, ich solle meinen Seelenverwandten etwas zappeln lassen, wenn er wieder auf mich zukommt. Er hat leider Angst vor Nähe und zieht sich deshalb immer wieder von mir zurück. Im Grunde widerspricht es mir, ihn auf Abstand zu halten. Eigentlich bin ich ihm gar nicht böse wegen seines Verhaltens. Soll ich auf den Rat meiner Freundin hören?

Im Grunde gibst du dir die Antwort schon selber durch die Art deiner Fragestellung. Du sagst es widerspricht dir ihn auf Abstand zu halten, weil du ihm nicht böse bist. Es ist sehr wichtig, dass du auf jeden Fall das tust, was für dich stimmig ist. Wenn es sich für dich schlecht anfühlt, ihn zappeln zu lassen, dann sagt dieses Gefühl eine Menge aus. Sei ganz du selbst und sei authentisch. Für jede Seelenliebe ist Authentizität in allen Bereichen sehr wichtig. Der Rat deiner Freundin mag für deine Freundin und ihre Seelenliebe stimmig sein. Für sie kann es durchaus Sinn machen sich nicht sofort wieder voll und ganz auf ihren Seelenverwandten einzulassen. Für dich kann es jedoch ganz anders sein. Es ist wichtig, dass du für dich selbst herausfindest was für dich gut und richtig ist. Das ist auch gar nicht so schwer. Es gibt sehr gute und effektive Meditationen mit deren Hilfe man Zugang zu seiner eigenen inneren Wahrheit erlangen kann. Aber oft ist es gar nicht nötig zu meditieren. Ich empfehle dir auf deine Gefühle zu achten und dich von deinem Herzen leiten zu lassen. Im Zweifelsfalle stelle dir selbst die Frage: *„Was würde die Liebe in dieser Situation tun?"* Du wirst sicher schnell herausfinden was dein Weg ist. Der Rat anderer Menschen kann durchaus sehr wertvoll sein, aber manchmal kann er uns auch völlig von uns selbst wegbringen. Deshalb finde ich es persönlich wichtig, jeden Rat eines anderen zu überprüfen, ob er für einen selber auch wirklich stimmig ist.

Ich habe ein großes Problem mit meiner Dualseele. Er läuft richtiggehend vor mir weg und mir geht es damit ziemlich schlecht. Ich habe seitdem unzählige Ratgeber zu dem Thema gelesen und Tipps und Ratschläge von vielen Menschen, auch von anderen Betroffenen erhalten. Zum Teil wird da sehr Unterschiedliches geraten. Ich habe alles versucht, aber nichts von alledem hat geholfen. Ich möchte gerne wissen was ich machen kann, damit er wieder in mein Leben kommt?

Die Tipps und Ratschläge zu dem Thema sind deshalb so unterschiedlich, weil jede Seelenverbindung einmalig ist. Das was wichtig ist, ist das Ergebnis. Wenn ein Mensch mit einer bestimmten Empfehlung einen Erfolg hat, dann war diese Empfehlung für ihn genau richtig. Dieselbe Empfehlung kann bei einem anderen Menschen nur wenig, oder sogar überhaupt nichts bewirken. Manchmal kann sie sogar Schaden anrichten. Deshalb gibt es auch so viele unterschiedliche Ratgeber, Sichtweisen und Empfehlungen darüber, wie man mit der Situation umgehen sollte. Es ist sehr wichtig, dass du dir anschaust, wie es bei euch ist und primär betrachtest, was die Situation mit dir persönlich zu tun hat. Ist es vielleicht gar deine eigene Angst vor Nähe, die dir dein Seelenverwandter zeigt? Oder ist es etwas anderes? Sei ehrlich zu dir selbst und lasse dir Zeit diese Fragen für dich persönlich zu beantworten. Sei dir auch bewusst, dass es keine zuverlässige Methode, oder Vorgehensweise gibt, die dir gewährleistet deinen Seelenverwandten wieder zurückzubekommen. Nichts und niemand kann dir das versprechen. Die Methode, die für dich die richtige ist, ist diejenige, die bewirkt dass es dir gutgeht und du in Frieden bist mit dem was ist. Auch, wenn dein Seelenverwandter kein Teil deines Lebens mehr sein sollte – es geht dir dennoch damit gut, weil du in Frieden bist. Und Frieden kann man nicht tun, man kann nur im Frieden sein. Das was dir dabei hilft in Frieden zu sein, mit dem was ist, das ist der richtige Weg für dich.

Eine Dualseelenexpertin hat mir gesagt wie sich Dualseelen im Gegensatz zu Zwillingsseelen spiegeln und mir noch ein paar andere Dualseelen-kriterien aufgezeigt. Einiges trifft auf mich zu hundert Prozent zu. Anderes aber überhaupt nicht. Meine Dualseele und ich spiegeln uns nicht auf diese Weise, wie sie das dargestellt hat. Jetzt bin ich total verunsichert. Ist er vielleicht gar nicht meine Dualseele oder hat die Expertin etwa Unrecht?

Das was die Seelenexpertin dir gesagt hat ist richtig, wenn man das Thema pauschal betrachtet. Wir Menschen möchten aber am liebsten für alles eine

Regel erstellen, damit wir uns leichter tun. Doch leider funktioniert das bei unserem Seelenthema nur sehr bedingt. Es gibt selbstverständlich einige Hauptkriterien, die viele Dual- und Zwillingsseelenpaare betreffen – aber es gibt auch ganz viele individuelle Nuancen und Abweichungen. Deshalb kann es durchaus sein, dass du dich zwar in einigen Punkten wiederfindest, aber in anderen überhaupt nicht. Lass dich dadurch nicht verunsichern. Ein Berater hat auch nur seinen persönlichen Erfahrungsschatz und evtl. auch noch den seiner Klienten, welchen er interpretiert. Seine Erkenntnisse können sehr wertvoll sein, sind aber niemals der Weisheit letzter Schluss. Deshalb ist es wichtig, dass du einen guten Zugang zu dir selbst und deiner eigenen inneren Stimme bekommst. Dann bist du nicht mehr abhängig von der Meinung anderer und kannst auch eine Beratung ganz anders aufnehmen. Sie stellt dann Empfehlungen und Sichtweisen dar, die du aufgreifen kannst, oder auch nicht. Eine autoritäre Beratung, in der dir vorgeschrieben wird, was du unbedingt tun musst, ist ohnehin mit größter Vorsicht zu betrachten.

Ich möchte einen Liebeszauber machen lassen, um meinen Seelenverwandten wieder für mich zu gewinnen. Kann ich ihn dadurch zurückbekommen?

Ein Liebeszauber, wenn er fachkundig durchgeführt wird, kann in der Tat bewirken, dass zwei Menschen wieder zusammenkommen. Ich empfehle ihn allerdings absolut nicht. Bedenke bitte, dass bei einem Liebeszauber zwei Menschen regelrecht zusammen gezwungen werden. Die Freiheit der Person ist damit völlig außer Kraft gesetzt. Nicht nur er wird gegen seinen Willen dazu gebracht mit dir zusammen sein zu wollen, sondern auch du wirst an ihn gekettet sein. Du erschaffst dir damit eine Menge Karma, das sich äußerst negativ auf deine Seelenliebe auswirken wird. Bedenke bitte auch, dass sich ein Zauber schneller bewirken, als wieder zurücknehmen lässt.

Wenn du Energetisch-Spirituelles für deine Seelenbeziehung tun möchtest, dann empfehle ich dir das authentische Reiki. Damit kannst du weder manipulieren, noch einen Schaden anrichten oder dir ein übles Karma erschaffen. Es kann dir helfen deine Beziehungen zu klären und einen Weg zu Glück, Freude und Erfüllung zu beschreiten. Weitere Methoden sind die Auraklärung, das Aurareading und -healing, sowie spezielle Meditationen.

Eine Freundin von mir hat denselben Seelenverwandten wie ich. Sind wir beide nun auch seelenverwandt?

Ja, ihr seid auch miteinander seelenverwandt. Unsere Seelen sind alle aus derselben Urquelle hervorgegangen. Im Grunde sind wir alle miteinander seelenverwandt. Die Dual- und die Zwillingsseele stellen durch ihre besondere Konstellation mit unserer Seele eine ganz spezielle, intime Verbindung dar.

Kann auch ein Tier meine Dual- oder Zwillingsseele sein?
Nein! Meiner Meinung nach haben Dual- und Zwillingsseelen immer einen annähernd gleichen seelischen Entwicklungsstand. Wir treffen wohl in unterschiedlichen menschlichen Rollen (Geschlecht, Kultur, Alter, Religion etc.) aufeinander, aber wir sind immer beide Menschen. Ich glaube deshalb nicht, dass ein so spezieller Seelenverwandter wie es die Dual- und die Zwillingsseele sind, in einer anderen Spezies inkarniert. Tierseelen können aber dennoch eine besondere Bedeutung für uns haben. Sie können selbstverständlich insofern Seelengefährten sein, als dass wir sie schon aus vergangenen Leben her kennen. Dein Hund kann in einem anderen Leben auch schon eine Rolle für dich gespielt haben. Ebenso kann es sein, dass die Seele deines toten Haustieres wieder einen Weg zu dir zurück sucht und erneut inkarniert um wieder *dein* Tier zu sein.

Ich habe gehört, dass die Zwillingsseele immer gleich- und die Dualseele immer gegengeschlechtlich ist. Stimmt das?
Nein, das stimmt nicht. Viele Menschen denken hier leider sehr kategorisch und glauben, dass Zwillinge immer gleich- und Duale immer gegengeschlechtlich sein müssen. Die Seele selbst ist weder rein männlich noch rein weiblich. Unsere Seele ist männlich und weiblich zugleich – sie ist androgyn. Unser Körper, in dem unsere Seele sich ausdrückt, ist rein männlich oder weiblich. (Von der Zwitterbildung mal abgesehen – welche für die Seele eine ganz besondere Herausforderung darstellt.) Wir alle inkarnierten schon mehrfach in beiden Geschlechtern. Manche Seelen bevorzugen jedoch ein Geschlecht über viele Leben hinweg, bevor sie dann Erfahrungen im anderen Geschlecht machen möchten.
Der Gedanke an transsexuelle oder auch intersexuelle Menschen erklärt uns das noch deutlicher: Beispielsweise fühlt sich ein Transsexueller in seinem Inneren als Frau, obwohl er einen männlichen Körper hat, oder als Mann, obwohl sie einen weiblichen Körper hat. Ein intersexueller Mensch hat von beiden Geschlechtern mehr oder weniger stark ausgeprägte körperliche Merkmale und auch sein Empfinden kann unterschiedlich sein. Es gibt zum Beispiel Intersexuelle, die sich mal als Frau, mal als Mann und mal als beides gleichzeitig fühlen.
Vermutlich kann eine Trans- und auch Intersexualität unter anderem durch Ereignisse vergangener Inkarnationen hervorgerufen sein (selbstverständlich gibt es auch noch andere Ursachen für Trans- oder Intersexualität). Eine See-

le, die durch viele männliche Leben geprägt wurde, im aktuellen Leben aber einen weiblichen Körper bewohnt, kann sich unter Umständen immer noch als Mann fühlen. Hier gibt es aber auch wieder verschiedenartige Varianten mit graduellen Unterschieden: Beispielsweise fühlt sich ein Mensch innerlich als Mann, besitzt jedoch einen weiblichen Körper und liebt Frauen. Er selbst empfindet sich heterosexuell. Die Gesellschaft würde ihn bzw. sie jedoch als lesbisch bezeichnen. Umgekehrt ist es selbstverständlich ebenso. Ein Mensch mit einem männlichen Körper fühlt sich innerlich als Frau und liebt auch Frauen. Äußerlich betrachtet, also rein auf den Körper reduziert, ist dieser Mensch heterosexuell – im Inneren jedoch ist er bzw. sie lesbisch. Hier kann man ganz deutlich sehen, dass es auf das innere Empfinden eines Menschen ankommt und nicht auf das Geschlecht seines physischen Körpers. Die Seele ist beides, also männlich und weiblich zugleich, kann sich aber, je nach Prägung vergangener Leben, einem Geschlecht besonders verbunden fühlen. Für die Seele ist es eine ganz besondere Herausforderung in einem „falschen" Körper zu wohnen und entgegen allen gesellschaftlichen Normen zu leben. Selbstverständlich kann Transsexualität auch großes Leid bedeuten. Die Sehnsucht nach dem „richtigen" Körper, der zum inneren Fühlen passt, ist unvergleichbar groß. Auch hier spielt das geistige Gesetz: „Innen wie Außen" – eine große Rolle. Wenn das Innere nicht zum Äußeren passt, besteht ein Ungleichgewicht. Deshalb ist es für transsexuelle Menschen außerordentlich wichtig, das Äußere ihrem Inneren anzugleichen und nicht umgekehrt. Denn das, was wir in unserem Inneren fühlen – das sind wir! Unser seelisches Empfinden ist eine statische Größe. Unser irdischer Ausdruck ist wandelbar, oder einfacher ausgedrückt: Unsere Seele bleibt immer sie selbst – unsere Leben und unsere biologischen Körper sind variabel. Deshalb gibt es zwischen Dual- und Zwillingsseelenpaaren auch die unterschiedlichsten Kombinationen.

Anmerkung: Das Bespiel der Trans- bzw. Intersexualität soll an dieser Stelle verdeutlichen, dass die Seele sich ihren Ausdruck auf Erden in verschiedenen Geschlechtern und Rollen aussucht. Es soll außerdem aufzeigen, dass man nicht stur davon ausgehen sollte, dass Duale immer gegen- und Seelenzwillinge immer gleichgeschlechtlich sein müssen. Die Darstellung trans- bzw. intersexueller Menschen soll hier lediglich einen kleinen Ausschnitt darstellen um seelische Zusammenhänge besser verständlich zu machen. Selbstverständlich gibt es hier die unterschiedlichsten Erscheinungsformen und es stellt für die betroffenen Menschen eine große Herausforderung dar. Sie sind gesellschaftlich noch viel weniger anerkannt und werden noch weniger wahrgenommen wie homosexuelle Menschen. Ich glaube und hoffe allerdings, dass sie bald von der Gesellschaft akzeptiert und respektiert werden und keine Ab-

sonderlichkeiten mehr darstellen, sondern dass ihr Sein als genauso normal angesehen wird, auch wenn es scheinbar anders ist.

Kann eine Partnerschaft mit der Zwillingsseele besser funktionieren, als mit der Dualseele, oder umgekehrt?

Manche Menschen haben durchaus die Erfahrung gemacht, dass sie durch den Gleichklang mit ihrer Zwillingsseele leichter und harmonischer eine Partnerschaft oder eine Freundschaft leben können, als mit ihrer Dualseele, die durch die starke Gegensätzlichkeit häufig eine extreme Herausforderung darstellt.

Aber auch hier bitte ich dich zu beachten, dass nicht rein die Art der Seelenverwandtschaft entscheidend ist für eine funktionierende Partnerschaft. Der Mensch, in dem die verwandte Seele steckt, sollte nicht nur im Hinblick seiner seelischen Verwandtschaft betrachtet werden, sondern ganzheitlich, mit allem was ihn ausmacht.

Manche Menschen erlitten in ihrer Vergangenheit tiefe seelische Traumen und Verletzungen, die es ihnen erschwert sich für eine Partnerschaft zu öffnen, bzw. sich auf einen Menschen tiefer einzulassen. Dabei ist es dann unerheblich, ob sie ihrer Dual- oder Zwillingsseele begegnen. Sie können weder mit dem einen noch mit dem anderen Seelenverwandten eine glückliche Partnerschaft führen. Zuerst ist es notwendig, das erlittene Trauma und die Verletzungen zu heilen. Es gibt freilich noch viele andere Gründe, die aus rein menschlicher Sicht, eine Partnerschaft zwischen verwandten Seelen (momentan) unmöglich machen. Wir treffen nicht umsonst auf einen so engen Seelenverwandten wie auf unsere Dual- oder Zwillingsseele. Die Begegnung mit unserer Dualseele oder unserer Zwillingsseele beinhaltet einen tiefgreifenden Transformierungsprozess, der sehr individuell ist. Höre auch hier auf dein Herz und wisse, dass du an deinem Seelenverwandten, sei er nun deine Dualseele oder deine Zwillingsseele, genau *den* Menschen in deinem Leben hast – weil er so ist wie du es brauchst. Ich habe bei mir selbst und auch bei anderen Menschen beobachten können, dass meine Dualseele plötzlich ihr Verhalten total veränderte – in dem Moment in dem *ich* dieses Verhalten nicht mehr brauchte. Umgekehrt läuft das natürlich genauso. Du hast also deine Dualseele oder deine Zwillingsseele in deinem Leben, weil sie dir exakt das gibt was du für deine Entwicklung benötigst. Manchmal beinhaltet diese Entwicklung nicht nur Freude, sondern auch Leid. Dieses Leid kann aber durch die große Tiefe dieser einmaligen Seelenliebe transformiert werden.

Wie unterscheidet sich eine „normale" Liebe von einer Seelenliebe?

Die Seelenliebe muss nicht erst entstehen. Sie war schon immer und wird auch immer sein. Diese Liebe IST – sie überdauert alles. Seinen Seelenverwandten wird man immer lieben. Diese Liebe ist nicht primär auf das Irdische bezogen, sondern hat ihren Ursprung im seelischen Sein. Sie ist die tiefste, reinste und göttlichste Art der Liebe. Diese Liebe ist in ihrem Ursprung absolut bedingungslos und kann von uns Menschen als ganzheitliche Liebe erfahren und gelebt werden.

Anmerkung: Selbstverständlich können wir auch einen Menschen mit dem wir nicht so eng seelenverwandt sind, wie mit unserer Dualseele oder unserer Zwillingsseele, sehr tief und intensiv lieben. Diese Liebe hat ihren Ursprung primär im Irdischen begründet. Beachtenswert ist jedoch, dass alle Seelen im Grunde denselben Ursprung im göttlichen Sein haben.

Kann es sein, dass die Liebe nur einseitig ist?

Eine wirklich komplett einseitige Seelenliebe gibt es nicht. Verwandte Seelen lieben einander ohne Wenn und Aber. Sie können gar nicht anders als sich zu lieben. Der Mensch kann jedoch sehr wohl entscheiden, ob er diese Liebe zulassen und fühlen will oder nicht. Meist liegt es nicht am *Wollen*, sondern daran, dass einer von beiden, oder gar beide diese starke Liebe nicht zulassen *können*. Die Gründe hierfür sind: Angst vor den sehr starken fast übermächtigen Gefühlen. Angst vor dieser großen Nähe. Angst vor der extremen Intensität. Angst vor der enormen sexuellen Anziehung. Angst vor den Konsequenzen bzgl. bereits bestehender Partnerschaft oder Ehe. Scheinbar unüberwindliche Hindernisse im Außen, wie verschiedene Kulturen, große Altersunterschiede, das gleiche Geschlecht, aber nicht homosexuell zu sein, etc. Die Gründe für das Leugnen oder nicht wahrhaben wollen dieser tiefen Liebe sind sehr vielfältig. In der Vielzahl der Fälle sind Ängste die Ursache dafür. Manchmal kommt es aber auch vor, dass sich einer von beiden dieser Liebe nicht bewusst wird. Die Liebe ist auf der Seelenebene natürlich vorhanden, aber der Mensch selbst hat keinen Zugang dazu und fühlt sie auch nicht in demselben Maße wie sein Seelenverwandter. Ich behaupte, dass es diesen Fall nicht sehr häufig gibt, aber es gibt ihn dennoch.

Soll ich auf meinen Seelenverwandten warten?

Diese Entscheidung kann dir leider niemand abnehmen. Es ist sehr individuell, wie hoch die Chancen für ein gemeinsames Leben stehen. Wichtig ist jedoch, dass du selbst zu dir stehst und das tust, was für dich richtig ist. Wenn du das Gefühl hast, dass du dich auf keinen anderen Menschen einlassen kannst, oder willst, weil deine Dual- oder Zwillingsseele diesen speziellen Platz in deinem Herzen besetzt hat, dann ist das für dich sicher so richtig. Wenn du eine glückliche Partnerschaft führen willst, dies aber mit deiner Dual- oder Zwillingsseele nicht möglich ist, dann kann es auch dein Weg sein, eine Partnerschaft mit jemand anderem zu führen. Diese Beziehung kann selbstverständlich auch sehr erfüllt und glücklich sein. Es kommt also ganz auf deine persönliche Einstellung an. Wenn du für dich festlegst, dass du nur noch mit deinem Seelenverwandten glücklich sein willst, dann wirst du das auch sein. Wenn du aber der Ansicht bist, dass es da draußen durchaus noch jemanden gibt, der wunderbar zu dir passt, dann wirst du auch genau diesen Menschen eines Tages treffen und in deinem Leben haben können. Wer nur rein auf seinen Seelenverwandten fixiert ist, der ist nicht offen für eine andere Liebe.

Lass dir von anderen Menschen nicht einreden, was du tun solltest. Du alleine sollst diese Entscheidung für dich treffen. Manche Menschen warten eine gewisse Zeit erfolglos auf ihren Seelenverwandten, um sich dann eines Tages wieder für eine neue Liebe zu öffnen. Manche warten unter Umständen ihr Leben lang vergebens auf den anderen. Sie entscheiden sich aber ganz bewusst dafür, keinem anderen Menschen mehr diesen ganz besonderen Platz in ihrem Herzen zu geben. Egal was du tust und wie du handelst, es ist wichtig, dass du dir dessen vollkommen bewusst bist.

Im Aurareading werde ich häufig gefragt, ob sich das Warten lohnen würde. Ich kann im Aurareading die vom jetzigen Zeitpunkt aus relevanteste Zukunft sehen und das größtmögliche Potenzial für eine Partnerschaft erkennen. ABER! Die Zukunft ist variabel. Sie ist zum Glück nicht in Stein gemeißelt. Deshalb werde ich diese Frage nicht mit einem eindeutigen „Ja“ oder „Nein“ beantworten können. Es mag sein, dass ein Seelenpaar ein sehr großes Potenzial für ein gemeinsames Leben hat, aber es dann doch nicht dazu kommt, weil sich die Zukunft aufgrund persönlicher Aktionen drastisch ändert. Es mag aber auch sein, dass ein Paar ein äußerst geringes Potenzial für eine Partnerschaft hat, aber dann letztlich doch glücklich zusammenfindet, weil es eine günstige Verkettung von bestimmten positiven Ereignissen gibt. Deshalb kann es durchaus sein, dass sich das Warten lohnt und dein Seelenverwandter irgendwann für dich bereit ist, um mit dir eine Partnerschaft zu führen. Auch hier ist es wichtig, dass du auf dein Herz hörst!

Ich bin in einer spirituellen Gruppe zum Thema Dual- und Zwillingsseelen. Kann mir diese Gruppe helfen? Ich habe eher den Eindruck, dass es mir seitdem schlechter als besser geht.

Ob dir deine Gruppe helfen kann und wie effektiv diese Hilfe wirklich ist, hängt von verschiedenen Faktoren ab. Erstens ist es wichtig, dass du weißt, was du dir von dieser Gruppe versprichst. Wenn du dir diese Frage selbst beantwortet hast, solltest du klären, ob du das von dieser Gruppe bekommen kannst. Achte auch auf die Gruppenleitung. Wie steht der Mensch, der diese

Gruppe leitet, zum Thema Dual- und Zwillingsseelen? Welche persönlichen Erfahrungen hat er bzw. sie. Kann er dir aufgrund seiner Erfahrungen wirklich weiterhelfen?

Wenn du den Eindruck hast, dass es dir seitdem du in der Gruppe bist schlechter geht, dann empfehle ich dir, diesem Eindruck mehr auf den Grund zu gehen. Schlechte Gefühle sind immer ein Hinweis dafür, dass etwas nicht in Ordnung ist. Es kann beispielsweise an dem in der Gruppe vorherrschenden Kontext liegen, der mit deinem nicht übereinstimmt.

Wie mache ich meinen Freunden klar, dass meine große Liebe mein Seelenverwandter ist? Meine Freunde und meine Familie verstehen mich nicht mehr, sie glauben ich wäre verrückt und einem Liebeswahn verfallen.

Deine Freunde und deine Familie können dich nicht verstehen, wenn sie selbst noch nie eine Seelenliebe erlebt haben. Diese unendlich starken Gefühle, die innere Gewissheit, dass der geliebte Mensch etwas ganz Besonderes ist, das eventuelle Wissen um vergangene Leben, die telepathischen und empathischen Phänomene, all das, was mit einer Seelenbegegnung einhergeht, kann ein Außenstehender niemals nachempfinden. Es sei denn, er hat Ähnliches selbst erlebt.

Du kannst deinen Freunden nicht mit Worten erklären, was in dir vorgeht. Worte reichen niemals aus, deine Seelenliebe zu beschreiben. Überlege dir, ob du es wirklich versuchen willst deine Freunde und deine Familie mit dem Thema Seelenverwandtschaft zu konfrontieren. Wenn sie nicht zumindest dafür aufgeschlossen sind, dann wirst du vermutlich nur Unverständnis ernten. Konzentriere dich lieber auf dich selbst, deinen Seelenverwandten und eventuell auf andere Menschen, die dieselbe Erfahrung gemacht haben und wissen, wovon du sprichst.

Wie kann ich die Liebe zu meinem Seelenverwandten mit meiner Ehe vereinbaren?

Die Liebe zur Dualseele ist ebenso wie die Liebe zur Zwillingsseele von ihrer Essenz her einmalig. Wir können natürlich auch mit Menschen, mit denen wir nicht seelenverwandt sind, tiefe Liebe erfahren und eine erfüllte Partnerschaft führen. Menschen versuchen die Liebe in Kategorien einzuteilen und in Qualitäten zu messen. Diese Sichtweise entspringt unserem Ego und hat nichts mit wahrer Liebe zu tun. Es kann auch sein, dass unser derzeitiger Partner für unsere Entwicklung bestens geeignet ist. Nicht alles können wir mit unserer Dual- oder Zwillingsseele erfahren und erleben. Für unsere Entwicklung sind auch andere Menschen notwendig.

Ob du allerdings in deiner bestehenden Partnerschaft bleiben, oder die Liebe zu deinem Seelenverwandten leben willst, kannst nur du selbst entscheiden. Viele scheuen sich allerdings aus Angst davor ihr gewohntes Leben zu verlassen. Sie klammern sich daran fest und hoffen, dass das Schicksal ihnen den Seelenverwandten anstelle des Ehepartners ins Leben zaubert. Das ist aber nicht der Fall. Wir selbst sind dazu aufgefordert unseren freien Willen zu leben. Und nur, wenn wir selbst unsere Umstände ändern, wird sich auch unser Leben ändern. Der freie Wille des Menschen ist sein größtes Geschenk, aber auch seine größte Herausforderung.

Die enorme emotionale und körperliche Anziehung, die die meisten Menschen mit einem Seelenverwandten erleben, stürzen diese nicht selten in ein großes Gefühlschaos. Ist die Seelenliebe mit der aktuellen Partnerschaft/Ehe vereinbar? Kann man beides gleichzeitig leben? Oder muss man sich für eines von beiden entscheiden. Es gibt viele unterschiedliche Modelle eine Partnerschaft zu leben. Deshalb muss jeder selbst für sich entscheiden, ob der eingeschlagene Weg für ihn vereinbar ist oder nicht. Wenn du dich jedoch total auf deinen Seelenverwandten einlassen willst, im Sinne einer Lebenspartnerschaft, dann sei dir bewusst, dass es für euer erfülltes Miteinander absolut wichtig ist, dass er deine Nummer Eins sein sollte. Umgekehrt gilt das natürlich auch. Man kann nur *einen* Weg gehen und nicht ständig zwischen zwei Wegen hin und her springen. Das funktioniert nicht. Eine Lebenspartnerschaft zwischen zwei Menschen kann nur dann wirklich gelingen, wenn sich beide absolut zu hundert Prozent aufeinander einlassen. Eine Freundschaft, oder Bekanntschaft, ist vermutlich schon mit einer bestehenden Ehe oder Partnerschaft vereinbar, aber eine Liebesbeziehung niemals. Das bringt auf allen Seiten nur Kummer und viele Tränen.

Kann ich jemals wieder eine normale Beziehung führen, oder werde ich alles an meinem Seelenverwandten messen?

Das kommt ganz auf deine eigene innere Einstellung an. Wenn du deine Beziehungen und die Menschen, mit denen du zusammen bist, mit den Augen der Liebe siehst und bemerkst, dass sie dir sehr viel geben und dich weiterbringen können, dann kann ich diese Frage mit einem deutlichen „Ja" beantworten. Sicher ist deine Dualseele oder deine Zwillingsseele ein ganz besonderer und einmaliger Mensch in deinem Leben. Jede Liebe ist einmalig. Aber die Liebe, die du fühlst, ist ja deine Liebe. Sie entspringt deinem Inneren. Und so wie du deine Zwillings- oder Dualseele auf sehr tiefe und besondere Weise liebst, so wirst du auch einen anderen Menschen auf sehr tiefe und besondere Weise lieben können. Jede Liebe fühlt sich anders an – ist einmalig. Beschränke deine Liebesfähigkeit nicht, sondern werde dir bewusst, dass in dir selbst diese besondere Liebe ist. Und erkenne, dass jeder Mensch und jede Liebe ihren einmaligen Wert und ihre Berechtigung haben. Denke nicht in Hierarchien sondern lebe deine Gefühle so, wie sie sind. Liebe lässt sich nicht in besser oder schlechter einteilen. Liebe ist!

Warum verletzen sich Dual- und Zwillingsseelen gegenseitig?

Gerade weil uns unser Seelenverwandter so viel bedeutet, sind wir dadurch auch viel verletzlicher und reagieren empfindlicher, als bei einem anderen Menschen. Außerdem halten sich Dual-, wie auch Zwillingsseelen gegenseitig die eigenen Schattenseiten vor. Das kann manchmal sehr extreme Formen annehmen. Wir reagieren verletzt, oder verletzen unsererseits unseren Seelenverwandten, weil wir den Nagel genau auf den Kopf getroffen haben. Im Grunde kann dich dein Seelenverwandter auch nicht wirklich verletzen. Wir sind verletzt, weil die Realität nicht so ist wie wir sie gerne hätten. Wenn dein Seelenverwandter sich nicht bei dir meldet und du bist deshalb verletzt, dann ist es deine Vorstellung von „was hätte sein sollen", die nicht mit dem „was ist" übereinstimmt.

Warum fühle ich mich ohne meinen Seelenverwandten so grenzenlos allein?

Nicht alle Menschen fühlen sich ohne ihren Seelenverwandten gleichermaßen alleine. Es hat immer etwas mit einem selbst zu tun, warum das so ist. Bei manchen können starke Verlustängste oder die generelle Angst vor dem Alleinsein eine Rolle spielen. Wer in sich selbst stabil und gefestigt ist, bei dem macht sich der Energieverlust ohne den Seelenverwandten nicht sonderlich, oder auch gar nicht bemerkbar.

Unsere Dualseele vervollständigt uns auf ihre Weise ebenso wie unsere Zwillingsseele. Sind wir unserem Seelenverwandten körperlich nah, erhalten wir einen unglaublichen Energiezuwachs auf allen Ebenen. Wir können mit unserem Seelenverwandten über uns selbst hinauswachsen. Gibt es Probleme, oder wurde der Kontakt gar abgebrochen, dann fühlen wir uns plötzlich sehr alleine und haben das Gefühl nur noch die Hälfte unserer Energie zu besitzen. Manche Menschen bekommen sogar Depressionen, oder kommen in ihrem Leben nicht mehr zurecht, wenn sie wieder ganz auf sich selbst zurückgeworfen sind. Wir sind aufgerufen uns auf uns selbst zu besinnen, um in uns wieder ganz zu werden. Haben wir unsere eigene Ganzheit erlangt, dann erst sind wir reif, uns mit unserem Seelenverwandten zurück zu verbinden. Nur dann, wenn beide wissen, wer sie sind und in ihrer inneren Mitte ruhen, können sie ihr gemeinsames Potenzial vollkommen zur Entfaltung bringen. Unsere eigene innere Vollständigkeit erlangen wir durch das Leben unserer Lebensaufgaben, durch unsere seelische Entwicklung, durch die Balance der persönlichen Yin- und Yang-Anteile und durch das Leben unserer individuellen seelischen Potenziale. Alle diese Punkte sind selbstverständlich Prozesse, die ein Leben lang andauern. Wichtig dabei ist vollkommen „Ja" zu sich selbst zu sagen – dadurch sagst du ebenfalls „Ja" zu deinem Seelenverwandten. Wenn du authentisch du selbst bist, dann erlebst du keinen Mangel durch eine lang- oder kurzfristige Trennung von deinem Seelenverwandten, sondern bist immerzu in einem Gefühl der Fülle.

Warum fehlt mir meine Zwillingsseele so sehr, wenn sie nicht bei mir ist?
Ein seelischer Zwilling ist wie ein anderer Teil deiner Seele. Wie biologische Zwillinge über dieselbe Erbsubstanz verfügen, so besitzen seelische Zwillinge dieselbe Seelensubstanz. Sie gleichen sich seelisch auf die Weise, wie biologische Zwillinge sich körperlich gleichen. Dieser Gleichklang ist sehr verbindend. Eine Seele, die aus demselben Stoff gemacht ist wie du – ist dir sehr nah und so vertraut, wie du dir selbst vertraut bist. Euer gemeinsamer seelischer Ursprung, eure identische Seelensubstanz, eure identische Schwingung und euer Gleichklang verbinden euch, bis in euer tiefstes Sein. Deshalb fühlen sich viele Zwillingsseelen bei einer Trennung auch so unglücklich. Es ist, als würde ihnen etwas ganz Essenzielles fehlen. Als wäre ein Teil ihrer Selbst weggegangen.

Wozu muss ich diese Erfahrung machen?
Die Frage nach dem „Wozu" stellen sich sehr viele Menschen, die ihrer Dual- oder Zwillingsseele begegnet sind. Vor allem dann, wenn sie unter der Begegnung bzw. unter der Trennung leiden. Die Begegnung mit unserer Seelenliebe soll uns helfen uns selbst zu erkennen und zu unserem wahren Sein zu gelangen. Kein anderer Mensch kann uns so sehr den Spiegel vorhalten wie unsere Dual- oder Zwillingsseele. Kein anderer kann uns so verletzen wie sie und niemand anderer fordert uns in so vielen Bereichen derart heraus, wie unsere beiden intimsten Seelenverwandten. Alle diese Punkte bringen uns unserer Entwicklung und unserem wahren Sein näher. Voraussetzung ist, dass wir die Herausforderung annehmen. Ich sagte in meinem ersten Buch: *„Zu unserer Dualseele/Zwillingsseele kommen wir nur durch uns selbst."* Bearbeiten wir die Themenbereiche, die uns die Begegnung mit unserem Seelenverwandten aufwirft, dann werden wir in uns vollständiger, wir erkennen uns selbst und werden ganz. Alle diese Erkenntnisse ebnen den Weg zu unserem Herzensmenschen. Wenn wir unsere Innenwelt heilen, indem wir erkennen, wer wir wirklich sind, dann heilen wir ebenso unser Außen und unsere Seelenbeziehungen.

Ein Engelmedium sagt mir schon seit Jahren, dass wir füreinander bestimmt sind und garantiert zusammenkommen werden. Bis jetzt ist aber nichts dergleichen geschehen. Warum ist das so?

Hier können verschiedene Gründe eine Rolle spielen. Es gibt leider viele sogenannte Engelmedien, die nicht wirklich Kontakt zu wahren Engelwesen haben, sondern lediglich mit erdgebundenen Seelen in Verbindung stehen, oder gar mit niederen Mächten zu tun haben. Es erklärt sich von selbst, dass aus einer niederen Quelle nur niedere Botschaften mit fraglichem Wahrheitsgehalt empfangen werden.

Nehmen wir aber an, dass es sich bei deinem Engelmedium um ein seriöses und kompetentes Engelmedium handelt. Aber trotzdem erfüllen sich die Verheißungen des Engels und der gechannelten Botschaften nicht. Auch dies kann wiederum verschiedene Ursachen haben, die in unserem menschlichen Daseinsbereich begründet liegen. Daran kann der Engel leider auch nichts ändern. Nur wir alleine vermögen diese Umstände zu ändern. Und genau das ist ein großes Problem. Leider suchen viele Menschen die Hilfe gänzlich in der geistigen Welt. Diese Hilfe wird auch manchmal gewährt – aber ganz sicher nicht immer. Wir selbst sind es, die unsere Absicht bekunden müssen, damit wir Heil und Segen von unserer geistigen Führung erhalten können. *„Hilf dir selbst dann hilft dir Gott!"* An diesem Spruch ist viel Wahres dran. Es ist sehr wichtig und wertvoll sich Hilfe auf der irdischen Ebene zu suchen und sich begleiten zu lassen. Auf uns alleine gestellt sind wir oft betriebsblind. In einer so emotional belastenden Angelegenheit, wie sie durch die Herausforderungen mit der Dual- und/oder Zwillingsseele auftreten, ist es ein Geschenk an sich selbst – kompetente Hilfe anzunehmen. Dies kann zum Beispiel eine spirituelle Wegbegleitung sein, eine mediale oder metaphysische Beratung, Geistheilung, oder auch eine gute psychologische Unterstützung, ein ganzheitliches Coaching oder auch eine notwendige und heilsame Psychotherapie.

Eine gechannelte Botschaft von einem guten Medium kann selbstverständlich sehr wohltuend sein, Hoffnung und Mut machen und unsere Seele tief berühren. Du selbst solltest fühlen, ob und in welchem Ausmaß dir gechannelte Botschaften helfen und guttun. Bist du mit deiner eigenen Seele in Kontakt, dann wirst du ganz deutlich spüren, welche Channelings richtig und aufbauend für dich sind. Vermutlich wirst du sie dann nicht mehr wirklich benötigen, denn du selbst bist schließlich in Kontakt mit deinem Inneren und weißt wohin du willst. Hier empfehle ich dir zu beachten, wie das Gechannelte auf dich wirkt. Bekommst du dadurch dauerhaft neue Hoffnung und Lebensmut, die dir helfen in deinem Leben voranzukommen? Oder folgt nach der Hoffnung wieder eine Phase des Zweifels und des Verzagens – auf die wieder eine Engelsbotschaft folgen muss? Dann sieh genau hin! Denn schnell wird man von

Channelings und Beratungen in gewisser Weise abhängig. Immer wieder braucht man die Hoffnung eines Engels oder eines Mediums. Achte darauf, dass der Inhalt des Channelings nicht komplett entgegen deiner Realität ist. Ansonsten wirst du schnell in einer Wunschwelt leben und den Bezug zur Realität immer mehr verlieren.

Wohin führt mich der Weg mit meinem Seelenverwandten und warum kann ich nicht mehr zurück?

Dieser Weg führt dich zu dir selbst. Sich selbst zu erkennen und die eigene Bestimmung zu leben ist das wichtigste Ziel einer jeden Seele, die sich in einem menschlichen Körper inkarniert hat. Wollen wir uns erkennen, brauchen wir einen anderen Menschen als Gegenüber, der uns spiegeln kann. Unsere Dual-, wie auch unsere Zwillingsseele können uns auf eine so besondere Weise spiegeln, wie kein anderer Mensch das vermag. Die Erfahrungen, die du auf diesem Weg machst, dienen sowohl deiner persönlichen Entwicklung wie auch der Entwicklung der Seelen, mit denen du diesen Weg beschreitest.

Wir glauben dass wir nicht mehr zurück können, weil wir einmal gemachte Erfahrungen und erlebte Gefühle, Gedanken und Situationen nicht mehr „entwissen" können. Selbst wenn wir unsere Gefühle verleugnen, werden wir eines Tages hinsehen müssen. Wir kommen nicht umhin uns selbst zu erkennen, denn das ist der Sinn und Zweck unserer Reise durchs Leben. Auch wenn wir eine gemachte Erfahrung nicht mehr „entwissen" können, so ist es uns doch möglich Gefühle und Erkenntnisse zu verdrängen und zu verleugnen. Es gibt insofern auch Menschen, die ihren Seelenverwandten getroffen haben und ihre Liebe zu ihm und die Verbindung nicht wahrhaben wollen und ihre Gefühle verdrängen. Für dich wäre es ein enormer Rückschritt, wenn du das, was du erfahren hast verleugnen würdest. Dein Weg führt immer nach vorne und es ist gut und wichtig das Erfahrene und die damit verbundenen Gefühle anzuerkennen und anzunehmen, denn sie sind ein Teil von dir.

Warum sollte ich mich nicht an meine Dual- oder Zwillingsseele klammern?

Wenn wir uns an unsere Dual- oder Zwillingsseele klammern, sollten wir hinterfragen, warum wir das tun. Klammern wir, weil wir Angst haben den geliebten Menschen zu verlieren? Oder gibt es andere Gründe, die uns an ihm festhalten lassen? Hinter dem Klammern steckt immer ein negatives Gefühl. Meist handelt es sich dabei um Angst. Angst vor Enttäuschung, Angst vor Verlust, Angst vor dem Zurückgewiesen werden, Angst vor dem Verlassen werden. Unseren Seelenverwandten können wir nicht verlieren. Auch wenn wir im Leben getrennte Wege gehen, so sind wir doch auf der Seelenebene immer mit ihm verbunden. Wenn wir zum Klammern neigen, sollten wir versuchen, die Ursachen dafür bei uns selbst zu erkennen und zu heilen. Nur so können wir unsere Liebe in Freiheit und im Vertrauen leben.

Ich habe keinen Kontakt zu meinem Seelenverwandten. Warum fällt es mir trotzdem so schwer, diesen Menschen loszulassen?
Mit der Seele dieses Menschen bist du aufs Tiefste verbunden. Euer Seelenurgrund ist derselbe. Vermutlich hattet ihr auch schon viele gemeinsame Leben mit allen Höhen und Tiefen. Die Liebe, die ihr füreinander fühlt, begleitet euch durch alle eure Leben hindurch und lässt euch immer wieder aufeinander treffen.
Wenn wir nun einen Menschen treffen, mit dem wir auf so tiefe, besondere und wunderbare Weise verbunden sind und die Liebe, die uns mit ihm verbindet so intensiv fühlen, wie noch nie etwas zuvor, dann sehnen wir uns selbstverständlich nach Kontakt und Nähe zu diesem Menschen. Es ist ganz normal und natürlich, dass wir einen Menschen, für den wir Derartiges empfinden, in unserem Leben haben wollen. Warum sollten wir ihn also loslassen?
Ich denke viele Menschen arbeiten daran ihren Wunsch, den anderen, den sie in ihrem Leben haben wollen, loszulassen. Denn der Mensch selbst ist ja gar nicht da – wie sollte ich jemanden, der nicht wirklich ein fester Bestandteil meines Lebens ist, loslassen – vor allem, wenn ich das gar nicht will? Es ist wichtig genau zu hinterfragen, was du loslassen möchtest? Bei den meisten Menschen sind es die negativen Gefühle, die sie mit der unerfüllten Sehnsucht und der nicht lebbaren Liebesbeziehung loslassen wollen.

Kann es wirklich möglich sein, dass ich die Gedanken und Gefühle eines anderen Menschen kenne?
Ja, es ist möglich die Gedanken und Gefühle eines anderen Menschen zu kennen. Auch wenn man kein Medium ist kann man das. Mit unseren Seelenverwandten verbindet uns aber noch viel mehr. Durch die Energiebänder, die meist an unseren Chakren ansetzen, besteht eine unglaublich starke empathische und telepathische Verbindung. Feinstoffliche Bänder sind energetische Dauerleitungen für Gedanken und Gefühle. Wir können unsere Gefühle nicht sehen, obwohl wir sie ganz deutlich wahrnehmen. Ebenso sehen wir unsere Gedanken nicht, wissen aber, dass sie existieren. Unter bestimmten Voraussetzungen können die Gedanken und Gefühle anderer auf uns übertragen werden. Im Kapitel über die feinstofflichen Verbindungen erkläre ich dieses Phänomen genau.

Ich erlebe mit meiner Dualseele ganz häufig Synchronitäten, die meiner Meinung nach durch das Zwillingsteilchenphänomen hervorgerufen wur-

den. **Ich bin etwas verwirrt, da ich dachte, dass dies nur bei Zwillings-seelen und nicht bei Dualseelen vorkommt. Ich bin mir sehr sicher, dass meine Dualseele auch mein Dual und nicht mein Seelenzwilling ist. Wie kann so etwas erklärt werden?**

Du bist mit deiner Dualseele sehr eng verbunden. So verschieden ihr auf der einen Seite auch seid, so sehr gleicht ihr euch auf der anderen Seite. Yin und Yang gehören genauso zusammen wie ihr auch. So wie Dualseelen ihre gegensätzliche Entsprechung sind, so sind Zwillingsseelen ihre gleichartige Entsprechung. Sich zu entsprechen, egal ob gegensätzlich oder gleichartig, verbindet zwei Seelen auf ganz besondere Weise. Durch diese enge Verbindung kommen selbstverständlich auch bei Dualseelen sehr häufig Synchronitäten vor.

Hören diese intensiven Gefühle irgendwann wieder auf?

Wenn es sich wirklich um deine Dualseele, oder deine Zwillingsseele handelt, dann wirst du diesen Menschen immer lieben. Die Intensität der Liebe wird auch nicht nachlassen, denn die Liebe zwischen Seelenverwandten ist eine Liebe, die schon immer war und auch immer sein wird. Du wirst dich sicher an die große Intensität dieser Liebe gewöhnen, sodass sie dich nicht belasten wird. Im Gegenteil, das Wunder der Liebe kann dich beflügeln und dir Energie und Schwung geben. Der Schmerz und die negativen Gefühle, die bei Trennungen oder Disharmonien immer sehr heftig und schlimm erlebt werden, können transformiert und aufgelöst werden. Die reine Liebe wird immer vorhanden sein.

Warum ist mir mein Seelenverwandter gefühlsmäßig so nah und an anderen Tagen wieder so weit entfernt?

Diese Frage kann man nicht pauschal beantworten. Viele Faktoren (seelischer Art) können hierbei eine Rolle spielen. Ein aktuelles Thema, oder Problem wird immer allerhöchste Priorität besitzen. Die Seelenthematik tritt dann schon mal in den Hintergrund. Ist das akute Problem gelöst, oder hat es sich abgeschwächt, so erscheint das Thema mit unserem Seelenverwandten wieder. Meist laufen solche Prozesse unbewusst ab.

Es kann aber auch an unserer Dual- oder Zwillingsseele liegen. Zieht sie sich innerlich von uns zurück, dann fühlen wir sie vermutlich nicht mehr so intensiv. Auch wenn der andere sehr beschäftigt ist, eigene Probleme hat oder durch irgendetwas sehr beansprucht ist, kann es sein, dass die feinstoffliche Verbindung nachlässt und kaum Energie durch die energetischen Bänder fließt. Wir fühlen ihn in so einem Falle nur noch ganz schwach, oder unter Umständen sogar gar nicht mehr.

Kann ich jemals wieder ein normales Leben führen?

Wie oben schon erwähnt, können wir nicht etwas wieder „entwissen". Alles was wir jemals erlebt haben gehört zu uns und ist Teil unserer Geschichte und unseres Energiefeldes. Sehr wohl können wir es jedoch verleugnen und verdrängen.

Es ist möglich dieses Wissen und das Erlebte auf positive Weise in unser Leben zu integrieren. Die Begegnung mit der Dual- oder Zwillingsseele bewirkt in der Regel die Chance auf ein neues Leben in vielerlei Hinsicht. Wir können fast nicht mehr anders als unsere Herausforderungen anzunehmen, unseren Weg und das, was wir wirklich sind, zu erkennen. Für viele Menschen bedeutet dies große Umwälzungen, Erneuerungen und profunde Erkenntnisse, neue Wege und Chancen in ihrem Leben.

Wir können sehr wohl ein „normales" Leben führen – jedoch bereichert, um all die Erfahrungen und die Liebe, die wir durch unsere Seelenbegegnung erfahren dürfen.

Was kann dabei helfen, wieder ein normales Leben zu führen?

Jede Seelenthematik und jeder Mensch sind individuell zu betrachten. So sehr sich die Geschichten auch oberflächlich gleichen mögen, so speziell sind sie doch in der Tiefe ihrer Verbindung. Deshalb ist es auch schwierig pauschale Empfehlungen zu geben, denn es könnte durchaus etwas Spezielles geben, das für dich wichtig wäre zu erkennen. Manchmal bestehen auch individuelle Blockaden, die, wenn sie gelöst sind, einen großen Entwicklungsschub in deinem Leben verursachen können. Ungeachtet dessen empfehle ich dir, deine eigene Spiritualität zu entwickeln und in deinen Alltag zu integrieren. Es gibt viel Heilvolles und Hilfreiches, das dir helfen kann dein Leben wieder in geregelte Bahnen zu lenken, wenn es durch deine Seelenbegegnung kräftig durcheinander geraten ist. Jede Krise ist eine Chance – eine Chance auf Heilung. Wenn du dich auf die Suche begibst, wirst du deinen Weg finden und auch auf die Menschen und Methoden stoßen, die dich dabei unterstützen können.

Warum zieht sich bei vielen Seelenverwandten einer vom anderen zurück?

Viele Gründe können zum Rückzug führen. Hier die wichtigsten Gründe, die einen Kontaktabbruch verursachen können:

- Wir sollen erkennen, wer wir wirklich sind. Manchmal ist dazu Abstand von seinem Seelenverwandten nötig.
- Einer kann die große Nähe nicht ertragen und bricht aus Angst vor seinen Gefühlen den Kontakt ab.

- Einer von beiden erfüllt derzeit eine andere Lebensaufgabe, die er weiterführen möchte und fühlt sich von seinem Seelenverwandten blockiert oder eingeengt. Diese Lebensaufgabe kann Lebensumstände, wie eigene Kinder, eine bestehende Partnerschaft oder Ehe, eine Berufung oder persönliche Interessen beinhalten.
- Es ist für dich wichtig auf eigenen Beinen zu stehen und du wirst wieder auf dich selbst zurückgeworfen.
- Dein Seelenverwandter hat dir in einer schwierigen Lebensphase geholfen (oder umgekehrt). Nun ist diese Phase vorbei und jeder geht wieder eigene Wege und erledigt eigene Lebensaufgaben. Eventuell gibt es später wieder eine Phase erneuter Begegnung.
- Du bist deiner Dual- oder Zwillingsseele wegen eines bestimmten Themas oder einer speziellen gemeinsamen Lebensaufgabe begegnet. Nachdem ihr das erledigt habt, trennten sich eure Wege wieder. Jeder von euch geht nun eigene Wege und kümmert sich um seine anderen Seelenthemen.
- Dein Seelenverwandter hat dich auf bestimmte Themen in deinem Leben aufmerksam gemacht. Er hielt dir den Spiegel vor und zeigte dir deine blinden Flecken und Schattenseiten. Es ist nun deine Aufgabe all das zu transformieren und zu bearbeiten. Dein Seelenverwandter kann dir dabei nicht helfen, denn er ist vermutlich mit seinen eigenen blinden Flecken beschäftigt. Manchmal ist an diesem Punkt eine Trennung, auch wenn sie nur vorübergehend ist, sehr heilsam. Viele Betroffene konzentrieren sich zu sehr auf ihren Seelenverwandten und haben dadurch keine Energie mehr für die eigenen Themen übrig.

Dies sind einige der häufigsten Gründe für eine Trennung. Für dich und deinen Seelenverwandten kann natürlich auch ein Grund vorhanden sein, der hier nicht aufgezählt ist. Manchmal spielen auch mehrere Faktoren eine Rolle. Beachte bitte bei allen diesen Punkten, dass die Trennung nicht auf Dauer sein muss.

Kann ich jemals eine Partnerschaft, eine Freundschaft oder zumindest einen guten Kontakt zu meinem Seelenverwandten herstellen?
Ja, das ist alles möglich! Es gibt Menschen, die es geschafft haben mit ihrer Dual- oder Zwillingsseele die Beziehung ihres Herzens zu leben. Das kann in Form einer Partnerschaft oder auch in einer Freundschaft sein.
Wir haben jeder für sich eigene, ganz persönliche Lebensthemen, die wir für uns alleine bearbeiten und lösen müssen. Während dieser Zeit ist eine Partnerschaft oder Freundschaft mit dem Seelenverwandten nicht unbedingt angezeigt. Es kann auch sein, dass diese Aufgaben Entwicklungsschritte beinhalten, die die Seelenverwandten erst in die Lage versetzen auf einer fruchtbaren

Ebene miteinander umzugehen. Diese Lebensthemen dienen sozusagen der Vorbereitung für die Seelenliebe.

Eines ist ganz sicher: Dual- und Zwillingsseelen begegnen sich immer wieder in ihren Inkarnationen. Immer wieder treffen sie auf die eine oder andere Weise zusammen. Es ist also auch für diese Inkarnation möglich, einen gemeinsamen Weg zu finden.

Der Kontakt zu meinem Seelenverwandten funktioniert nicht. Leider kommen wir nicht auf bereichernde Weise zusammen. Habe ich etwas falsch gemacht? Bin ich etwa schuld daran?

Wenn der Kontakt zwischen zwei Menschen nicht funktioniert, dann haben immer beide Beteiligten ihren Anteil daran. Außerdem gibt es auch keine Schuld im Sinne von schuldig sein, denn jeder reagiert so, wie er eben in der momentanen Situation reagieren kann. Es geht darum, an sich selbst zu arbeiten, um die eigenen Schattenseiten zu transformieren. Gegenseitige Vorwürfe und Schuldzuweisungen sind destruktiv und wirken sich hemmend auf eure Beziehung aus. Die Liebe zweier Seelenverwandter ist so groß und stark, dass sie uns die Energie gibt, diese Themen anzunehmen und wirklich daran zu arbeiten und zu reifen. Die Liebe befähigt uns über uns selbst hinauszuwachsen und über unseren eigenen Schatten und eventuell direkt in die Arme unseres geliebten Seelenverwandten zu springen.

Hat jeder eine Dualseele und eine Zwillingsseele?

Meiner Theorie nach hat jeder Mensch eine Dualseele und eine Zwillingsseele. Ich glaube auch, dass viele Menschen einem von beiden, oder gar beiden im Leben begegnen werden. Manchmal ist aber auch nur die Dualseele, oder nur die Zwillingsseele hier auf der Erde verkörpert.

Eine hellsichtige Person sagte mir, meine Dualseele und ich wären gar keine Dualseelen, sie würde das an unserer Energie fühlen, die ihrer Ansicht nach nicht dualseelentypisch sei. Ich selbst aber fühle im Grunde, dass er meine Dualseele ist, bin aber nun trotzdem sehr verunsichert und habe Bedenken, dass ich mir nur etwas einbilde und einer Illusion verhaftet bin. Was kann ich tun?

Die hellsichtige Person ist auch nur ein Mensch. Auch wenn jemand sehr medial ist, so unterliegt er selbstverständlich auch seinen persönlichen Erfahrungen und Vorstellungen. Die Botschaft aus der geistigen Welt, aus deiner höchsten Seelenebene wird sozusagen durch das Medium, das ja lediglich eine Übersetzerin dieser Botschaft ist, gefiltert. Es kommt immer darauf an wie gut das Medium sein eigenes Ego zurückzustellen vermag, damit die Botschaft rein und klar durchkommen kann. Bedenke bitte außerdem, dass jede

Dual- und auch jede Zwillingsseelenverbindung höchst einmalig ist. Und insofern ist auch deren Energiefeld einmalig. Es ist wahr, dass man als Medium diese starken Energien, die von eng verwandten Seelen ausgehen und deren starkes gemeinsames Energiefeld fühlen und wahrnehmen kann. Aber man kann nicht unbedingt sagen, dass es sich bei Paaren die (momentan) kein entsprechendes Energiefeld aufweisen nicht um Dual- oder um Zwillingsseelen handelt. Denn dieses Energiefeld kann ziemlichen Schwankungen unterworfen sein. Außerdem fühlen sich die Energiefelder von Seelenzwillingen ganz anders an, als die von Dualseelen. Wenn dein Medium beispielsweise „nur" mit den Energiefeldern von Zwillingsseelen vertraut ist, dann kann es sein, dass sie das von Dualseelen gar nicht wahrnimmt, weil sie es nicht kennt. Außerdem kann es sein, dass sich ein Dualseelenpaar in einer Phase befindet, in der beide sich schon so angenähert haben, dass momentan ihre Gegensätzlichkeit energetisch keine Rolle spielt. Dann wird sich dieses Paar unter Umständen auch nicht wie ein Dualpaar anfühlen können. Die Duale stehen in dieser Phase ihrer Entwicklung sehr nahe zusammen.

Das Wichtigste für dich ist, dass du selbst eure tiefe Seelenverbindung wahrnimmst. Du alleine steckst in dir drin und nur du alleine fühlst die Energie von deinem Dual in und bei dir. Und deshalb kannst auch nur du alleine wirklich fühlen und wissen, dass er dein Dual ist. Versuche die Antwort auf diese Frage in dir zu finden – denn das macht dich frei von der Meinung anderer. Dieses innere Wissen ist deine persönliche Weisheit. Diese wirst du finden, wenn du einen guten Zugang zu deinem inneren Wesen, deinem Hohen Selbst und deiner Seele hast.

Mein Seelenverwandter ist gestorben. Ich habe aber trotzdem das Gefühl er ist immer bei mir und passt auf mich auf. Kann das sein?

Ja, das kann sein. Wenn wir unseren Seelenverwandten kennenlernten und dieser verstirbt, dann kann er uns trotzdem sehr nah sein. Viele Menschen fühlen die Seele eines geliebten verstorbenen Menschen noch sehr lange nach dessen Tod. Auch wenn unsere Dual- oder Zwillingsseele momentan nicht verkörpert ist, können wir sie wahrnehmen. In vielen Fällen fungiert sie für uns als seelischer Begleiter, als geistiger Führer.

Was kann man tun, um die gemeinsame Entwicklung zu beschleunigen?

Das, was du für dich tust, das tust du automatisch auch für euch. Deine seelische Entwicklung wirkt sich immer auch auf dein Umfeld und somit ebenfalls auf deine Dual- und Zwillingsseele aus. Das Beste, was du tun kannst, ist deine seelische Reifung zu fördern und durch deine eigene Spiritualität zu wachsen. Viele Menschen glauben, dass sie sich ihren Seelenverwandten durch ihre voranschreitende seelische Entwicklung in ihr Leben ziehen werden. Doch bedenke bitte, dass es dafür keinerlei Garantie gibt. Es kann sein, dass dein Seelenverwandter zu dir kommt, aber es kann auch ebenso sein, dass er nicht kommt. Das, was du tust, solltest du in erster Linie für dich selbst tun. Alles andere ist eine wundervolle und logische Konsequenz daraus. Der Erfolg auf deine innere Entwicklung wird sich in der Weise einstellen wie es deiner seelischen Reife und Entwicklung entspricht.

Woher kommt diese unglaubliche Sehnsucht nach meinem Seelenverwandten?

Diese Sehnsucht kommt aus der Tiefe deines Menschseins. Vermutlich verbinden euch, außer eurer tiefen Liebe, auch noch einige intensive vergangene Leben miteinander. Die Sehnsucht, die du fühlst, ist die Sehnsucht nach deinem ewigen Gefährten oder deinem ewigen Zwilling in menschlicher Gestalt. Du bist mit seiner Seele in tiefer ewiger Liebe verbunden. Deine Sehnsucht entstammt deinem menschlichen Wesen, das sich getrennt fühlt von seinem ewigen Geliebten. Die Sehnsucht der Seelen ist eine Sehnsucht, die nicht schmerzt, sondern sie bewirkt, dass wir uns immer wieder in unseren Inkarnationen begegnen. Erleben wir als Menschen einen Mangel durch den Verlust des anderen, dann erleben wir unsere Sehnsucht als schmerzhaft.

Wie gehe ich mit dem riesengroßen Schmerz über die Trennung von meinem Seelenverwandten um?

Die Trennung von einem geliebten Menschen ist, wenn wir dadurch in einen Zustand des Mangels geraten, sehr schmerzhaft und stellt ein traumatisches Ereignis dar. Die Trennung von der Dual- oder Zwillingsseele wird von vielen Menschen um ein Vielfaches schlimmer erlebt. Das ist auch in Anbetracht der großen Intensität, der tiefen Liebe und der intensiven energetischen Verbindungen nicht verwunderlich. Du kannst den großen Schmerz am besten überwinden, wenn du die energetischen Verbindungen heilst, deine Seele unterstützt und dich mit ihr verbindest. Heilsam ist es ebenfalls, dich auf die Liebe und nicht auf den Verlust zu konzentrieren. Wichtig ist es außerdem das Trauma zu heilen, das unter Umständen durch eine schmerzhafte Trennung entstanden ist.

Kann man mit seiner Dual- oder Zwillingsseele verschmelzen?

Wir können mit unseren Energiekörpern miteinander verschmelzen. Es gibt einige spirituelle Methoden, die richtig angewandt, eine Verschmelzung hervorrufen können. Ich empfehle achtsam mit diesem sensiblen Bereich umzugehen und nur zusammen mit deinem Seelenverwandten damit zu experimentieren. Denn so beglückend eine „Verschmelzung" sein kann, so traurig, verlassen und leer können wir uns hinterher fühlen, wenn wir uns nicht gegenseitig auffangen und seelisch unterstützen.

Funktioniert eine Partnerschaft zwischen Dualseelen überhaupt?
Selbstverständlich kann eine Partnerschaft zwischen zwei Dualseelen funktionieren. Durch ihre Gegensätzlichkeit ist sie allerdings nicht immer einfach. Ihre Liebe kann beide dabei unterstützen alle inneren und äußeren Hindernisse zu überwinden. Wenn sich beide Duale ihrer tiefen Liebe füreinander öffnen und sie annehmen können, dann werden sie dadurch ihre Dualitäten überwinden und zu einem größeren Ganzen ihrer Selbst zusammenwachsen können. Die Partnerschaft zwischen Dualseelen findet nicht nur auf der körperlichen, irdischen Ebene statt, sondern schließt alle feinstofflichen und spirituellen Ebenen mit ein. Für uns Menschen sind diese jedoch meist verborgen, äußern sich aber in vielerlei Hinsicht in unserem Leben.

Funktioniert eine Partnerschaft zwischen Zwillingsseelen überhaupt?
Auch bei Zwillingsseelen kann selbstverständlich eine Partnerschaft funktionieren. Viele Menschen versteifen sich leider zu sehr auf eine Partnerschaft mit ihrer Zwillingsseele und blockieren damit alle anderen Formen zwischenmenschlicher Beziehung. Das ist sehr schade, da es immer wieder Zwillingsseelen gibt, die ihr gemeinsames Potenzial auch in einer tiefen, besonderen Freundschaft leben könnten. Dies gilt übrigens auch für Dualseelen. Auch diese müssen nicht zwangsläufig eine Partnerschaft miteinander führen, um das gemeinsame Potenzial zur Entfaltung zu bringen. Zwillingsseelen, wie auch Dualseelen, führen ihre Partnerschaft nicht nur in weltlichen Bereichen, sondern auch auf den feinstofflichen und seelischen Ebenen.

Wie ist das mit den seelischen Bereichen und Ebenen zu verstehen? Was kann ich tun, um sicherzugehen, dass ich mit meinem Seelenverwandten auch in diesen Ebenen agiere?
Wir können mit unseren physischen Sinnen nur einen kleinen Teil der großen unendlichen Wirklichkeit um uns herum wahrnehmen. Im Grunde genommen leben wir in einem riesigen Meer aus Energien, in einer Welt, in der es neben den greifbaren Gegenständen auch feinstoffliche Energien und Wesenheiten gibt. Die feinstoffliche Welt existiert direkt in unserer grobstofflichen Welt. Darüber hinaus existieren noch viele weitere Ebenen und Dimensionen, die dem seelisch/geistigen Bereich zugeordnet sind. Diese Ebenen und Dimensionen sind die Heimat unserer Seele. Dort ist unser wahres Zuhause. Von dort kommen wir – bevor wir uns auf der Erde verkörpern und dahin gehen wir zurück, wenn wir unseren physischen Körper eines Tages wieder verlassen. Ein Teil von uns befindet sich ständig in der seelischen Heimat – auch dann, wenn

wir gerade inkarniert sind. Und dieser Teil unserer Seele steht immerzu in Verbindung mit unseren Seelenverwandten. Egal, ob diese nun wie wir ein Erdenleben haben, oder gerade nicht inkarniert sind. Dort sind wir immer mit unseren Seelengeschwistern, mit unserer Dual- und unserer Zwillingsseele verbunden. In den seelischen Ebenen gibt es keine Trennung. Hier sind wir vereint. Die Seelenebene ist allzeit im Einklang mit unserem Sein. Dort sind wir in ständiger Harmonie miteinander verbunden. Wer also im Einklang mit seiner eigenen Seele ist und Kontakt zu dieser hat, der hat über diese Ebene den reinsten und direktesten Kontakt zu allen seinen Seelenverwandten.

Aber auch die feinstofflichen Ebenen, die in direktem Zusammenhang mit unserem irdischen Leben stehen, sind äußerst wichtig und spielen eine bedeutende Rolle für uns. Hier findet eine besondere Art der Verbindung zwischen uns und unseren Seelenverwandten statt. Die feinstoffliche Ebene kann jedoch im Gegensatz zur Seelenebene gestört und in Disharmonie sein. Für eine gut funktionierende Partnerschaft ist diese Ebene jedoch von großer Bedeutung.

Die Ebene der vergangenen Inkarnationen ist ebenfalls eine sehr wichtige Ebene. Auch von hier kann Belastendes, wie ungute Gelübde, Schwüre, Versprechungen, Eide, Flüche, Karma etc., in unser aktuelles Leben einwirken.

Um auf die entsprechenden seelisch-geistigen und feinstofflichen Ebenen Zugang zu erhalten, um in diesen Ebenen agieren und mit ihnen arbeiten zu können, ist es notwendig, sich mit geeigneten Methoden zu befassen. Diese sollten fachkundig vermittelt werden. Ich empfehle dir, an einem geeigneten Seminar oder Workshop teilzunehmen, damit dir diese Methoden wirklich zu deinem höchsten Wohle dienen. Aus Büchern können wir zwar einiges lernen und es gibt auch wunderbare und lehrreiche Literatur, aber sie können niemals eine Anleitung von einem spirituellen Lehrer oder einer erfahrenen Person ersetzen.

Kann ich meine Dual- und/oder Zwillingsseele wieder verlieren?

Nein, das kannst du nicht. Selbstverständlich mag es sein, dass du in der physischen Welt keinen Kontakt mehr zu deiner Dual- oder Zwillingsseele hast, weil dieser entweder abbrach oder sie verstorben ist. Auf der Seelenebene bleibt ihr jedoch immerzu aufs Tiefste miteinander verbunden. Verlieren kannst du sie deshalb nur auf der realen Ebene. Auf seelischer Ebene und auch auf den feinstofflichen Ebenen bleibt ihr verbunden. Das ist auch der Grund, warum man seinen Seelenverwandten auch dann fühlen kann, wenn man sich schon viele Jahre nicht mehr gesehen hat.

Kann man sich immer wieder in seinen Seelenverwandten verlieben?
Die Liebe zwischen Seelenverwandten besteht seit Anbeginn und wird niemals erlöschen. Diese Liebe ist wie eine immerwährende Glut ständig vorhanden. Diese Glut kann sich jederzeit wieder entzünden und zu einem lodernden Feuer werden. Wenn das geschieht, sprechen wir von Verliebtheit. Wir können uns also immer wieder in unseren Seelenverwandten verlieben. Immer wieder neu können wir liebenswerte Facetten an ihm/ihr entdecken, in die wir uns verlieben. Die Liebe selbst erleben wir eher als ein ruhiges, wenn auch sehr intensives und tiefgehendes Gefühl. Die lodernde Verliebtheit ist nicht von fortwährender Dauer, sondern wird sich im Laufe der Zeit wieder in die tiefe Seelenliebe integrieren, um sich eventuell erneut wieder zu entfachen.

Mein Seelenverwandter ist eigentlich gar nicht der Typ Mensch, der mich normalerweise anspricht. Ich liebe ihn aber trotzdem über alles und bin von seiner Ausstrahlung fasziniert. Ich wundere mich über mich selbst. Warum ist das so?
„Wir lieben nicht was wir schön finden, sondern wir finden schön, was wir lieben!" Du liebst deinen Seelenverwandten und deshalb findest du ihn schön, attraktiv und anziehend, auch wenn er nicht dem Typ Mensch entspricht, der dich normalerweise anspricht. Bei einem Seelenverwandten denken wir, dass wir ihn vor allem wegen seiner verwandten Seele lieben. Es ist jedoch so, dass auch das äußere Erscheinungsbild eines Menschen eine große Rolle spielt. Wobei wir nicht nur den physischen Körper betrachten sollten, sondern, wie du ja auch schon in deiner Frage formuliertest, die Ausstrahlung. Der feinstoffliche Bereich eines Menschen macht einen Großteil seiner Ausstrahlung aus. Und dieser Bereich wiegt oft viel mehr als das äußere Erscheinungsbild eines Menschen. Unser physischer Körper ist durch unsere Seele beseelt und unsere feinstofflichen Körper durchdringen unseren physischen Körper. Wenn wir also positive, aufbauende und kraftvolle Gefühle und Gedanken aussenden, dann ziehen wir auch Entsprechendes an. Dein Seelenverwandter zieht dich deshalb an, weil er wie du ist, weil er dieselbe Seelenstruktur wie du hat, wenn er deine Zwillingsseele ist, oder weil er dich als deine Dualseele durch seine Gegensätzlichkeit, die deiner Seele entspricht, vervollkommnet.

Kann man mehr als eine Zwillingsseele haben?
Wenn wir bedenken, dass es im Irdischen auch Drillinge, Vierlinge und Mehrlinge gibt, dann könnte es theoretisch durchaus sein, dass es auf der Seelenebene mehr als nur zwei Seelen gibt, die so intensiv miteinander verbunden sind.

Ich selbst kenne jedoch nur eine Zwillingsseele und habe auch noch nie jemanden getroffen, der mehr als einem Seelenzwilling begegnet ist.

Kann man mehr als eine Dualseele haben?

Meiner Theorie nach gibt es nur eine einzige Dualseele. Das Wort dual sagt schon aus, was damit gemeint ist. Der Begriff „dual" beschreibt „zwei". Es kann also auch nur eine einzige andere Seele geben, die dir dual gegenübersteht. Es gibt allerdings Theorien, die von mehr als einer Dualseele berichten. Vermutlich sehen diese Theorien die Dualseele und die Zwillingsseele als ein und dasselbe an. Ich persönlich kenne niemanden, der mehr als einer Dualseele begegnet ist.

Ist es hilfreich vergangene Leben aufzuarbeiten?

Im Normalfall verfügen wir über keine Erinnerungen an vergangene Leben. Meiner Ansicht nach ist es nicht zwangsläufig notwendig alle seine vergangenen Leben zu kennen und diese aufzuarbeiten und auch nicht sinnvoll. Es hat durchaus seine Gründe, warum wir uns nicht an frühere Inkarnationen erinnern können und sollten diese mit Achtung und Respekt betrachten. Dennoch kann es manchmal wertvoll sein, die eine oder andere vergangene Inkarnation zu durchleuchten, um das aktuelle Leben besser verstehen zu können. Was die Herausforderungen mit unseren lieben Seelenverwandten betrifft, ist es hilfreich, sich zumindest das entsprechende Schlüsselleben anzusehen. Dieses Leben kann uns die Umstände erklären, wie es zu der Situation kam, die wir in der heutigen Inkarnation haben. Sind ungelöste Schwüre, Gelübde, Eide, Flüche, Versprechen, oder auch karmische Begebenheiten etc. vorhanden, dann ist es selbstverständlich sehr wichtig, diese zu lösen und zu heilen. Siehe hierzu das Kapitel der spirituellen Ebenen und das Kapitel über das Aurareading im Praxisteil.

Ich habe gehört, viele Menschen würden Zeichen zu ihrer Seelenverbindung aus der geistigen Welt erhalten. Wie kann ich mir das vorstellen?

Zeichen werden meist durch Synchronizitäten gegeben. Zeichen können in sehr vielfältiger Form auftauchen. Ein Zeichen kann beispielsweise sein: Du hörst ein Lied im Radio, das du mit deinem Seelenverwandten in Verbindung bringst. Jemand ruft den Namen deines Seelenverwandten. Du erblickst etwas, das dich mit deinem Seelenverwandten verbindet oder an ihn erinnert. Manche Zeichen enthalten Botschaften, andere erinnern uns „nur" an unseren Seelenverwandten. Meistens fühlt man es sehr deutlich, wenn es sich um ein wirkliches Zeichen handelt. Gerade am Anfang einer Seelenbegegnung erhalten wir besonders viele Zeichen. Später reduzieren sie sich und treten nur noch zu besonderen Zeiten auf.

Woher weiß ich, dass es sich um ein echtes Zeichen und nicht um eine Wunschvorstellung handelt?

Sehr schnell verwechselt man selektive Wahrnehmung mit echten Zeichen und Hinweisen, die von unserer Seele und unseren geistigen Helfern herkommen. Siehst du Zeichen in Autonummernschildern, dann achte genau darauf dir nichts einzureden. Wenn wir es darauf anlegen, dann können wir in allem und jedem ein Zeichen entdecken. Manche Menschen suchen regelrecht nach Hinweisen im Außen und finden diese somit auch – auch wenn sie teilweise recht abwegig sind.

Ein echtes Zeichen kommt entweder ohne Ankündigung oder auf unsere Bitte hin. Wir können unsere geistigen Helfer um ein Zeichen bitten. Aber auch hier sei zu Vorsicht gemahnt. Wer um ein Zeichen bittet und dann krampfhaft im Außen sucht, der wird vermutlich „nur" über Buchstaben-Zahlenkombinationen in Autokennzeichen stolpern und ggf. ein echtes Zeichen ganz übersehen. Nach einer Bitte taucht das Zeichen unerwartet und mit einer absoluten Eindeutigkeit auf, dass es nicht zu übersehen und auch nicht anzuzweifeln ist. Ein echtes Zeichen erscheint plötzlich wie aus dem Nichts und beinhaltet eine ganz deutliche, unübersehbare Botschaft. Echte Zeichen erfüllen sich immer dann, wenn die Zeit dafür reif ist. Manchmal kann es bis dahin allerdings etwas dauern. Deshalb empfehle ich dir ein spirituelles Tagebuch zu führen, in welchem du alles notierst, was für dich von Wichtigkeit ist. Im Laufe der Zeit wirst du mit ziemlicher Sicherheit echte von falschen Zeichen leicht unterscheiden können. Echte Zeichen mit visionärem Charakter ziehen nämlich *immer* ein Ereignis oder eine Situation in der Realität nach sich, bzw. ihre Botschaft erfüllt sich eines Tages.

Worum geht es bei einer Seelenliebe? Geht es eher um die Beziehung oder um den spirituellen Weg?

Es geht um beides. Unsere Seele hat sich hier als menschliches Wesen verkörpert, um spirituelle Erfahrungen in der Materie zu machen. Viele esoterisch geprägte Menschen glauben, dass die materielle Welt der spirituellen Welt gegensätzlich gegenübersteht. Was im Prinzip ja auch so ist. Wenn man so will, dann sind die materielle Welt und die geistige Welt auch Duale. Wir existieren als spirituelle Wesen in einer materiellen Welt. Das Leben in einem physischen Körper in der Materie ist für unsere Seele eine sehr große spirituelle Erfahrung. Durch das Leben und Erleben all dessen, was uns ausmacht, durch die Liebe, die wir in die Welt bringen, entwickeln sich unsere Seelen und schreiten auf ihrem seelischen Evolutionsweg immer weiter voran. So ist auch die Verbindung zu unserer Seelenliebe zu betrachten. Wenn die weltliche Beziehung im Einklang mit unserem spirituellen Weg ist, wird die Verbindung zu unserem Seelenverwandten ganzheitlich und mit Fülle erlebt werden können. Demnach geht es bei einer Seelenliebe um beides. Es geht um die spirituelle Verbindung und das Erfahren der tiefen Seelenliebe in einer materiellen Welt, in der die Dualität vorherrschend ist. Es gilt darum beides in Einklang zu bringen. Wobei ich bitte zu beachten, dass eine Beziehung nicht auch eine Partnerschaft sein muss. In Beziehung treten kann ich auf vielerlei Weise mit einem geliebten Menschen.

Welche Fallstricke gibt es in einer Seelenbeziehung?

Es gibt bei Dual- und Zwillingsseelen ganz spezifische Herausforderungen. Diese Herausforderungen können positiv erlebt werden, leider aber auch negativ.

Die typischen Fallstricke sind, wie zuvor schon beschrieben, die extreme Spiegelwirkung von Seelenverwandten, die Gleichheit bei Zwillingsseelen und die Gegensätzlichkeit, die häufig von Dualseelen als sehr belastend erlebt wird. Dazu gesellen sich natürlich noch ganz persönliche Probleme und Herausforderungen, die aus der Kombination der beiden Menschen und ihrer individuellen Seelenbeziehung entstehen. Auch die tiefe Liebe, zwischen so eng verwandten Seelen, kann eine sehr große Herausforderung darstellen. Diese Liebe ist so intensiv und geht so unendlich tief, dass gerade diese Tiefe und Intensität auch große Angst machen können. Die vermeintlichen Fallstricke sind gleichzeitig unsere größten Chancen und stecken voller kraftvollem Entwicklungspotenzial für unsere Seelen. Wir können an ihnen verzweifeln, sie aber auch durch unsere Liebe transformieren, so dass sie sich in Positives umkehren.

Was kann ich gegen meine Angst und meine Zweifel tun?

Es ist wichtig deiner Angst zu begegnen und ihr nicht aus dem Weg zu gehen. Zweifel sind bis zu einem gewissen Grad ganz normal. Wichtig ist es, deine Angst und die Zweifel zu betrachten und sich ihnen zu stellen. Werden deine Ängste allerdings übermächtig groß und lähmen sie dich, dann solltest du dich nicht scheuen, und professionelle Hilfe in Anspruch nehmen. Manchmal braucht man auch nur einen kleinen Schubs in die richtige Richtung.

Wenn du mit deiner eigenen Seele in Kontakt stehst und deine innere Stimme hörst, dann bist du bestens gegen die immer wieder eintretenden Zweifel gewappnet. Deine innere Führung steht dir immer zur Seite. Bist du mit dir selbst im Reinen und mit dir verbunden, werden Angst, Zweifel und Hoffnungslosigkeit bald der Vergangenheit angehören.

Kann mein Seelenverwandter seine Lebensaufgaben bearbeiten, wenn ich mich um meine Lebensaufgaben kümmere?

Wenn du dich um deine Entwicklung kümmerst, dann hat das auch auf einer bestimmten Ebene Einfluss auf deinen Seelenverwandten. Alles ist mit allem verbunden und wirkt sich aufeinander aus. Wenn wir von der Zwillingsteilchentheorie ausgehen, dann wirkt sich alles, was wir tun, auch auf unsere Dual- und Zwillingsseele aus. Inwieweit sie sich um ihre eigenen Lebensthemen kümmern, hängt sicherlich noch von anderen Faktoren und insbesondere von ihrem freien Willen ab.

Außerdem, dies sei hier noch explizit erwähnt, können wir uns kaum eine Beurteilung anmaßen, wie unsere lieben Seelenverwandten mit ihren Lebensaufgaben zurechtkommen. Manch einer ist absolut davon überzeugt, dass nur er, bzw. sie, sich um ihr Seelenwohl kümmert und der Seelenverwandte sich noch in totaler Unbewusstheit befindet. Dies ist spiritueller Hochmut und hat nichts mit der Realität zu tun. Denn wir können uns nicht herausnehmen über das Voranschreiten einer anderen Seele zu urteilen. Es mag sein, dass ein Mensch nach außen hin einen sehr unspirituellen Eindruck macht, es aber im Grunde gar nicht ist. Und selbst wenn er ganz andere Ziele und Vorstellungen vom Leben hat, so ist das sein Weg – der für ihn richtig ist. Wir sollten uns deshalb hauptsächlich um uns selbst und unser eigenes Seelenwohl kümmern und unserem Seelenverwandten wünschen, dass er das, was für ihn am besten und heilvollsten ist, erleben und erreichen möge – was auch immer das für ihn sein kann.

Gibt es ein typisch männliches und ein typisch weibliches Verhalten in Seelenbeziehungen?

Oberflächlich betrachtet *ja* – aber genau hingeschaut *nein*! Frauen stehen dem ganzen spirituell/esoterischen Bereich scheinbar aufgeschlossener gegenüber als die meisten Männer. Selbstverständlich gibt es aber auch hochspirituelle Männer. Zum Aurareading, zu Beratungen und zu meinen Seminaren kommen zurzeit noch mehr Frauen als Männer. Wobei ich glaube, dass sich das im Laufe der kommenden Jahre stark ausgleichen wird. Die Männer, die ich im Laufe der Zeit kennenlernen durfte, haben oft viel mehr weibliche Anteile in sich, die sie auch zulassen als ihre Seelenverwandte. Es gibt sehr viele Männer, die äußerst sensibel und sehr mit dem Herzen verbunden sind. Diese leiden mindestens genauso heftig, wie ihre weiblichen Leidensgenossinnen. Oft wird den Dual- oder Zwillingsseelenmännern ja vorgeworfen, dass sie rein nur mit dem Verstand agieren, ihre Gefühle verdrängen, diese nicht wahrhaben wollen und davor weglaufen. Klar gibt es diese Männer – aber es gibt auch ebensolche Frauen. Die Männer, die diesen Aspekt mit ihrer Seelenfrau erleben, sind genauso verzweifelt wie eine Frau in entsprechender Lage.

Wie oft kommt es vor, dass gewisse Sachen vorherbestimmt sind und wie viel ist variabel?
Also es kommt in einer Seelenbeziehung immer beides vor. Zum einen Dinge, die vorherbestimmt sind und wieder andere, die variabel sind. Auch das ist individuell und darf nicht von einer Seelenverbindung auf eine andere geschlossen werden.
In den Aurareadings kann ich rückblickend erkennen, welche Themen schon vorhanden waren. Man könnte auch sagen, dass sie in gewisser Weise vorherbestimmt waren. Vieles ist zum Glück aber variabel. Wir selbst können uns entscheiden, welchen Weg wir gehen wollen und ob wir überhaupt einen neuen Weg beschreiten möchten. Viele Seelenbeziehungen scheitern daran, dass einer von beiden, oder gar beide Seelenverwandte, Angst vor Veränderungen haben und lieber im alten gewohnten Leben bleiben wollen. Dieses stellt zwar nicht das dar, was ihnen Fülle, Liebe, Glück und Freude macht, aber es ist zumindest das, was sie kennen. Veränderungen gehen immer mit einem gewissen Risiko einher. Wer nicht bereit ist ein Risiko einzugehen, der ist auch nicht für eine Veränderung bereit. Doch wir können nichts festhalten – alles ist im Wandel – alles ist im Fluss. Wer sich nicht mehr verändert, der ist schon tot – wie ein Gewässer auch umkippt und fault, wenn es keine Bewegung mehr erfährt.

Gibt es verschiedene Rollen zwischen Seelenverwandten untereinander und sind diese bei Dualseelen und Zwillingsseelen unterschiedlich?
Menschen möchten am liebsten alles in Kategorien einordnen, weil sie sich damit wohler fühlen und ihnen dies ein sicheres Gefühl gibt. Außerdem glauben viele es gäbe eine allgemeingültige Regel oder Lösung. Doch es ist beides nicht der Fall. Oberflächlich betrachtet gleichen sich sehr viele Dual- und Zwillingsseelenbeziehungen. Von daher scheint es nur allzu logisch zu sein, diese in einen gemeinsamen Kontext einzuordnen. Vielmals heißt es dann, einer von beiden müsse seine Gefühle klären und sein Pendant müsse loslassen lernen. Aber was dann? Meine Erfahrung ist, dass beide, auf diese Weise, keinerlei Annäherung mehr erfahren werden – in den meisten Fällen ist das das vorprogrammierte Ende. Die meisten Seelenbeziehungen sind jedoch viel komplexer. Vor allem sind sie eins – sie sind individuell. Was alle Seelenbeziehungen gemeinsam haben ist die tiefe Liebe, die sie füreinander empfinden. Alles was in Liebe geschieht ist zum Wohle beider Seelenverwandter.

Die wichtigsten Unterschiede zwischen Dual- und Zwillingsseelen auf einen Blick

Dualseelen	Zwillingsseelen
• Sind zwei, die ein großes Ganzes sind • Sind ewige Gefährten • Sind ihre gegensätzliche Entsprechung • Komplettieren sich zu einem größerem Ganzen ihrer Selbst • Ihre Gegensätzlichkeit beinhaltet ihre Gleichheit • Erfahren ihre gegenseitige Dualität • Leben die aktive Energie des Werdens • Brauchen immer wieder Distanz zur Nähe	• Eine Seele in zwei Körpern • Sind ewige Zwillinge • Bestehen aus derselben Seelensubstanz • Haben einen gemeinsamen seelischen Ursprung • Durch ihre Gleichheit erleben sie ihre Gegensätze • Erfahren ihren Gleichklang • Leben die passive Energie des Seins • Brauchen Nähe zur Distanz

Teil IV
Meine Seelenbegegnungen

Meine persönlichen Erlebnisse
mit meiner Dualseele, meiner Zwillingsseele und
anderen verwandten Seelen

Seele der Liebenden

Francisca Stoecklin
(1894 - 1931)

Einmal schon liebte ich dich
Und das Meer, das Meer.
Doch lichter waren damals
Die Seelen, ungetrübt
Von dunklen Taten.
Es sangen unsere Liebe
Strahlend die Sterne,
Und das Meer, das Meer.
Wie viel hundert Jahre
Sind seitdem vergangen,
Wie viel Leiden und Tode
Und Sterne. Wo blieben
Die Seelen so lange?
Wir halten uns schweigend
Die schauernden Hände.
Wir blicken uns tief
In die fragenden Augen.
Noch singen die Sterne
Und das Meer, das Meer.
Aber unfassbar ewig
Ist die Vergangenheit
Der menschlichen Seele

Meine Seelenbegegnungen

„Liebe hat nur einen Anfang!"

Sant Darshan Singh

Wenn mich jemand fragen würde, welches Ereignis meines bisherigen Lebens mich am eindrücklichsten geprägt hat, dann würde ich antworten; die Begegnung mit meiner Dualseele und meiner Zwillingsseele. Jede Seelenliebe für sich hat einen ganz speziellen Platz in meinem Herzen und berührt meine Seele in einer Weise, die vermutlich nur derjenige nachfühlen kann, der auch seiner Dual- oder Zwillingsseele, oder gar beiden begegnet ist. Manchmal werde ich gefragt, was denn nun besser sei, seiner Dual- oder seiner Zwillingsseele zu begegnen und welche von beiden Beziehungen denn eher lebbar wäre. Hier kann ich zweierlei Antworten geben. Einmal die Antwort, wie es für mich persönlich ist. Und als zweite Antwort, dass diese Frage nicht pauschal beantwortet werden kann. Ich begegnete Menschen, die mit ihrer Zwillingsseele so große Probleme hatten, dass die Beziehung nicht lebbar war. Ich begegnete Menschen, die mit ihrer Dualseele unüberwindbare Schwierigkeiten hatten und auch keine glückliche Beziehung führen konnten. Aber ich lernte ebenso Menschen kennen, die durchaus zumindest für eine gewisse Zeit mit ihrer großen Seelenliebe zusammen durchs Leben gingen. Manche lernten erst ihre Zwillingsseele kennen, während es bei anderen umgekehrt war. Und manche lernen gar beide Seelenverbindungen nahezu gleichzeitig kennen. Man kann also nicht pauschal sagen, die eine Seelenliebe wäre leichter und besser lebbar als die andere. So unterschiedlich, wie wir Menschen sind, so unterschiedlich sind auch unsere Seelenbeziehungen. Keine ist genau wie eine andere.

Wer mein erstes Buch zu diesem Thema gelesen hat, findet darin Teile meiner persönlichen Erlebnisse mit meiner Zwillingsseele, aber auch die Erlebnisse anderer, die ihrer Dualseele, und/oder ihrer Zwillingsseele begegnet waren. Mein erstes Buch handelt sozusagen über beide Seelenbeziehungen gleichermaßen. Da ich in diesem zweiten Buch die Unterschiede zwischen diesen beiden Seelenverbindungen deutlich mache, möchte ich auch einen kleinen Einblick in mein Leben mit meinen Seelenverwandten geben.

In den ersten 30 Jahren meines Lebens verliebte ich mich, wie es wohl vielen ergeht, hin und wieder in einen anderen Menschen. Mit manchen verband mich eine Freundschaft, mit anderen eine Partnerschaft. Die Gefühle waren immer unterschiedlich und auch immer intensiv, aber nie waren sie mit denen einer Seelenliebe zu vergleichen.

Als ich das erste Mal auf einen Seelenverwandten traf, da fühlte ich augenblicklich die extreme Intensität dieser ganz besonderen Liebe. Es war eine Liebe, wie ich sie noch nie zuvor erlebt hatte. Sie war von einer Tiefe, die ich nicht kannte – und das, obwohl ich zuvor schon einige Male sehr tief geliebt hatte. Außer dieser intensiven Liebe war noch etwas anderes, ganz Spezielles vorhanden – etwas, das sich nicht mit Worten beschreiben lässt – etwas, das man gefühlt haben muss, um es begreifen zu können. Dieses spezielle Gefühl ist das Gefühl, das man nur mit einem Seelenverwandten fühlt.

Im nachfolgenden Text schildere ich meine Seelenbegegnungen in chronologischer Reihenfolge:

Von Anfang an
Seit meiner Geburt stehe ich mit zwei anderen nicht menschlichen Seelen in allerengstem Kontakt. Diese Seelen sind Teil meines Energiefeldes, sie führen, schützen und begleiten mich. Sie können sich durch mich ausdrücken, sie sind Teil meines Wesens und meines Lebens. Sie wirken in und durch mich.

Vor 1995
In meiner Kinder- und Jugendzeit fühlte ich tief in mir, dass es da draußen einen ganz besonderen Menschen gibt, der mit mir auf spezielle Weise verbunden ist. Das Ganze äußerte sich eher als Gefühl, als dass ich es in Worte hätte fassen können.

Mit Anfang zwanzig nahm ich eine unbestimmte Sehnsucht und eine eigenartige Unruhe in mir wahr. Irgendetwas Elementares fehlte mir ganz eindeutig. Ich wusste nicht was es war, denn eigentlich hatte ich alles was ich brauchte, wie ein erfülltes Leben, Freunde, einen Hund und meinen damaligen Traumberuf.

1995 | Begegnung mit einem Seelenbruder
Ich war mit einer Bekannten auf Sri Lanka in Urlaub und lernte dort drei Tage vor meiner Abreise einen Inder, der in meinem Alter war, kennen. Wir kamen spontan ins Gespräch und unterhielten uns einen ganzen Tag und eine ganze Nacht lang über Gott und die Welt. Wir saßen dabei unter Palmen und lauschten dem Rauschen des Meeres. Bei diesen Gesprächen ging es nicht um den Inhalt, sondern nur darum zusammen zu sein. In seinen Augen sah ich ein Leuchten und diesen besonderen Ausdruck, den nur Seelenverwandte haben. Er kam mir auf eigenartige Weise bekannt vor. Noch nicht einmal zum Abschied berührten wir uns. Eine Umarmung war nicht nötig, denn unsere Seelen hatten sich über unsere Augen berührt. Immer, auch heute noch, wenn ich mir sein Gesicht in Erinnerung rufe, sehe ich seine Augen in einem strahlenden Blau – dabei hatte er in Wirklichkeit dunkelbraune Augen. Ich wusste

damals, dass wir uns in diesem Leben nie mehr wiedersehen würden und das war auch vollkommen richtig. Es wäre falsch gewesen Kontaktdaten auszutauschen. Diese in menschlichen Maßstäben wenigen Stunden waren für unsere Seelen genug. Mehr war diesmal nicht nötig und auch nicht vorgesehen. Wir erlebten in den wenigen Stunden eine enorme Zeitqualität, die nicht in irdischen Minuten messbar ist. Auf einer anderen Ebene waren wir jenseits von Zeit und Raum. Wenn ich an diese Begegnung zurückdenke, dann fühlt es sich so an, als würde sie in diesem Moment stattfinden. Ich denke noch ab und zu an ihn und weiß, dass er zu meiner Seelenfamilie gehört. Irgendwann und irgendwo werden wir uns bestimmt einmal wieder begegnen.

Anfang 1996 | Zwillingsseele: Ich fühle ihre Präsenz

Anfang 1996 fühlte ich die Präsenz meiner Zwillingsseele in meinem Leben, obwohl ich sie noch gar nicht kannte. Ich konnte diese Gefühle jedoch nicht in Worte fassen und wusste auch nicht, was da auf mich zukommen würde. Es war eine reine Gefühlssache. Erst Ende des Jahres sollten wir uns persönlich begegnen.

Ende 1996 | Zwillingsseele: Kennenlernen – der Anfang

Im Dezember 1996 begegnete ich meiner Zwillingsseele dann real. Nie geahnte Gefühle und die besondere Magie dieser Begegnung machten einen anderen Menschen aus mir. Ein Berg von Fragen türmte sich plötzlich vor mir auf: *„Was sind das für Gefühle? Wo kommen sie her? Warum sind diese Gefühle so intensiv? Was ist dieses spezielle Gefühl, das ich neben der starken Liebe fühle und das ich nicht einordnen kann?"*
In einer Meditation stellte ich meinem Hohen Selbst diese Fragen: *„Warum habe ich diese intensiven Gefühle? Wer ist dieser Mensch? Was hat das alles für eine Bedeutung?"* Mein Hohes Selbst sagte: *„Das ist, weil sie deine Zwillingsseele ist!"*
Ich war enttäuscht über den Begriff Zwillingsseele, da ich damals nichts damit anfangen konnte. Der Begriff sagte mir überhaupt nichts. Ich zog die Möglichkeit in Betracht, dass wir in einem vergangenen Leben einmal Zwillinge waren.
Ein paar Wochen nach der Meditation zu meinem Hohen Selbst geriet ich „zufällig" in die Esoterikabteilung eines Buchladens und entdeckte ein Buch über Seelen. Wenn es den Begriff Zwillingsseele überhaupt gibt, dann steht es vielleicht in diesem Buch dachte ich und las völlig überrascht im Inhaltsverzeichnis die Kapitelüberschrift „Seelische Zwillinge".
Schnell schlug ich das Kapitel auf und kam aus dem Staunen nicht mehr heraus. Alles, was ich las, beschrieb meine Erlebnisse und spiegelte meine Ge-

fühle exakt wider. Ich war wie in einem Schock und ohne das Buch zu kaufen, verließ ich den Laden – das musste ich erst mal setzen lassen.

1998 bis 2000 | Zwillingsseele: Partnerschaft

In der Beziehung mit meiner Zwillingsseele erlebte ich viele wundervolle, sehr intensive und innige gemeinsame Momente. Im Laufe der Partnerschaft mit meiner Zwillingsseele konkretisierte sich vieles für mich. Ich sammelte Erfahrungen, erlebte typische Zwillingsseelenphänomene, wie Telepathie, Empathie, diesen speziellen Gleichklang und das mysteriöse Gefühl des Einsseins. Auch im Außen passierten teilweise sehr seltsame Dinge, die schon fast an Magie grenzten. Wenn ich diese nicht selbst erlebt hätte – ich würde sie nicht glauben können. Im Mai 2000 trennten wir uns als Partnerinnen. Ich bin sehr dankbar dafür, diese Zeit mit meiner Zwillingsseele erlebt zu haben.

2000 bis 2004 | Zwillingsseele: Versuch einer Freundschaft nach der Trennung

Nach unserer Trennung als Lebenspartnerinnen versuchten wir eine Freundschaft zu führen. Die Liebe zwischen uns hörte nie auf. Eine Freundschaft war damals nicht möglich – eine Partnerschaft aber auch nicht mehr. Jeder, der etwas Ähnliches schon einmal selbst erlebt hat, weiß welch Kummer in so einer Situation entsteht.

2001 und 2002 | Begegnung mit einer Seelenschwester

Wir lernten uns Anfang Januar 2001 über eine inzwischen nicht mehr existente Internetseite kennen. Es gab dort ein einfaches Forum mit der damals üblichen Baumstruktur. Also so eine Art von Forum, wo in kürzester Zeit die Beiträge nach unten rutschen und dann schnell aus dem Blickfeld geraten. Ich postete die Frage, ob sich jemand mit Dualseelen auskennt. Damals gab es keine Webseiten darüber. Ich glaubte nicht wirklich, dass sich jemand melden würde. Aber doch – prompt erhielt ich eine Antwort. Erst viel später wurde mir bewusst, dass sie eine Seelenverwandte ist. Sehr schnell schrieben wir uns E-Mails und stellten fest, dass wir 1000 Kilometer voneinander entfernt lebten.

Anfang 2002 lernten wir uns schließlich persönlich kennen. Wir verstanden uns prima und unternahmen viel in den gemeinsamen Wochen. Bei Umarmungen oder einfachen Berührungen fühlte sie sich sehr ähnlich wie meine Zwillingsseele an. Erschreckend ähnlich – aber nicht identisch. Anfänglich verwirrte mich dieser Umstand ziemlich. Dann aber kristallisierte sich im Laufe der Zeit der Unterschied heraus. Es stellte sich letztlich heraus, dass sie eine Seelenschwester ist und wir uns auch von vergangenen Leben her kennen. Heute habe ich keinerlei Kontakt mehr zu ihr. Irgendwie haben wir uns aus den Augen verloren. Wenn ich heute an sie denke, frage ich mich, ob es ihr gut geht und hoffe es sehr.

2004 bis 2006 | Zwillingsseele: Trennung – wieder Kontakt
Zwischen April 2004 und Mai 2006 hatte ich keinerlei realen Kontakt zu meiner Zwillingsseele. Überhaupt keinen Kontakt zu haben, bedeutete einen nie gekannten Kummer zu fühlen. Nachdem ich mich selbst wieder aus dem tiefsten Loch, in das ich jemals gefallen war, herausbefördert hatte, wurde ich unglaublich kreativ. Ich erstellte eine eigene Webseite mit dem Schwerpunktthema Seelenverwandtschaft und erhielt schon bald große Resonanz von betroffenen Menschen. Nach vielen E-Mails und Austausch mit anderen schrieb ich all die Erkenntnisse auf, die mir dadurch zuteilwurden. Die Texte in meinem ersten Buch beziehen sich auf meine Dual- und Zwillingsseelenerkenntnisse in der Zeit bis 2004. Die Erstausgabe des Buches erschien im Jahr 2006. Im Jahr 2004 erlernte ich das Aurareading, das mir durch die Arbeit mit anderen noch mehr Einblicke in die gesamte Seelenthematik gab. Dann gab es 2006 wieder eine Annäherung mit meiner Zwillingsseele. Von da ab entstand langsam eine Freundschaft, die bis zum heutigen Tag besteht und sich auf sehr gute und entspannte Weise weiterentwickelt hat.

2008 bis heute
Im Jahr 2008 lernte ich meine Dualseele Sonja kennen und der Begriff „Seelenliebe" definierte sich neu für mich. Sonja selbst hatte durch die Problematik ihrer eigenen Zwillingsseelengeschichte mein 2006 veröffentlichtes Buch gelesen und ein Aurareading bei mir gebucht. Sie reiste dafür sogar die weite Strecke von 700 Kilometern nach München. Im Laufe des Jahres 2008 lernten wir uns besser kennen. Wir erhielten viele besondere Gelegenheiten uns zu sehen, miteinander zu kommunizieren und uns näher zu kommen. Unser Weg wurde geführt – das ist rückblickend klar ersichtlich.
Wir realisierten diese tiefe, unglaublich intensive Liebe zwischen uns. Als wir uns gegenseitig sagten, dass wir uns lieben, war es, als wäre eine gigantische Tür geöffnet worden, durch die unsere Liebe nun in unser Leben strömte. Unablässig und unaufhaltsam – immer mehr werdend.
Wir erkannten, dass zwischen uns etwas ganz Besonderes ist, das wir nicht einordnen konnten. Wie 10 Jahre zuvor stellte sich mir auch hier wieder die Frage, was ist das? Sonja war es schließlich, die eines Tages meinte, ob es nicht doch einen Unterschied zwischen Dual- und Zwillingsseelen gäbe. Im Laufe unseres Miteinanders kristallisierte sich daraufhin der Unterschied zwischen Dual- und Zwillingsseelen schnell heraus. Beide kannten wir ja unsere Zwillingsseelen und wussten, wie sich diese Energie anfühlt. Unabhängig

voneinander erfuhren wir, dass wir Dualseelen sind. Sonjas Hohes Selbst sagte: *„Ihr seid EINS"* und mein Hohes Selbst brachte einen Vergleich, wir wären völlig unterschiedlich wie der Himmel und das Meer. Aber am Horizont ist nicht zu erkennen, wo der Himmel anfängt und das Meer aufhört. Und genau dort wären wir EINS. In einer Meditation wurde mir von meinem Hohen Selbst gesagt: Dualseelen wären Zwei, die Eins sind und Zwillingsseelen Eins, die Zwei sind. Diese Aussage wurde uns in der Hinsicht auf unsere eigenen Zwillingsseelen und auf uns beide sehr deutlich. Es war erstaunlich viel, das auf einmal auf uns einstürmte. Einen Teil schrieben wir damals schon nieder. Im Laufe der Zeit wurde uns der Unterschied zwischen Dual- und Zwillingsseelen noch deutlicher. Gemeinsam mit Sonja erkundete ich dieses spannende Gebiet durch persönliche Erfahrungen in unserem Leben. Wir lebten und erlebten plötzlich all das miteinander, was zuvor reine Theorie war.

Die Ansichten über Dualseelen, die durch unser Miteinander und das Leben dieser einmaligen Verbindung entstanden sind, mögen vielleicht manchmal recht abstrakt erscheinen. Aus der Liebe lässt sich selbstverständlich keine Wissenschaft machen. Die Liebe selbst ist ein Mysterium für sich, das sich nur erleben lässt und nicht erforscht werden kann. Für manche unter euch mögen dennoch die seelischen Zusammenhänge interessant sein. Betrachten wir die einzelnen Konstellationen zwischen Dual- und Zwillingsseelen und ihre spezielle Dynamik, so können wir uns das eine oder andere, auch aus dieser Sicht erklären. Die Liebe selbst ist der Zustand, der uns mit unseren Seelenverwandten verbindet. Sie ist unser wahres Sein, in dem wir alle eins sind. Wenn wir die speziellen seelischen Zusammenhänge untereinander erkennen wollen, ist es wichtig genauer hinzusehen. Dualseelen erfahren eine andere Dynamik in ihrer Beziehung als Zwillingsseelen, was durch eine tiefere Betrachtungsweise ersichtlich wird.

In einem Aurareading erhielten wir folgende Aussagen

Auf die Frage hin, was wir füreinander sind, kam diese Antwort: *„Ihr bildet zusammen eine Kraft, die aus zwei verschiedenen Elementen besteht."* Als Bild bekam ich ein Gewitter gezeigt. Zusammen sind wir das Gewitter. Einzeln sind wir wie Blitz und Donner. Blitz und Donner machen das Gewitter aus, – so wie wir beide zusammen etwas anderes, Größeres sind. Das Gewitter sollte uns verdeutlichen, dass wir gemeinsam sehr große Kräfte und Potenziale haben.

Auf die Frage nach einer weiteren Erklärung kam: *„Ihr seid so, wie der Nord- und der Südpol zueinanderstehen! Der eine bedingt den anderen. Ohne Nord-*

pol kein Südpol und umgekehrt. " Außerdem wurde uns noch gesagt: „*Ihr seid eure gegensätzliche Entsprechung! Ihr seid Zwei, die Eins sind. "*

Auf die Frage, was unsere Zwillingsseelen für uns sind, wurde mir zuerst eine Gebärmutter mit zwei Babys und dann, auf die spezielle Frage zu mir und meiner Zwillingsseele, bekam ich eine Walnuss gezeigt. Sonja erhielt für ihre Zwillingsseele als Symbol eine Muschel. Die Walnuss und die Muschel bestehen jeweils aus zwei Hälften. Es hieß, Zwillingsseelen sind Eins, die Zwei sind.

Uns fielen so viele Dinge ins Auge, die schon fast unheimlich waren. Wir machten gleiche Erfahrungen, auf die wir aber völlig gegensätzlich reagierten. Wir erzählten uns einige Episoden und Erlebnisse aus unserer Kindheit und Jugend und waren total überrascht. Sehr viele Erlebnisse deckten sich – aber jede ging gänzlich gegensätzlich damit um.

Dann wiederum erlebten wir in jungen Jahren sehr konträre Lebensumstände. Sonja erfuhr eine große Sicherheit in ihrer Familie und ich erlebte Situationen großer existenzieller Unsicherheit und Bedrohung. Wir machten ähnliche Erfahrungen, auf die wir gegensätzlich reagierten und gegensätzliche Erfahrungen der gleichen Grundthematik, auf die wir gleich reagierten.

Wir halten uns teilweise extrem einen Spiegel vor. Das geschieht vor allem in den Situationen, in denen wir blinde Flecken haben, was unsere eigene Person betrifft. Anfänglich, als wir noch nicht damit umgehen konnten, war unsere Reaktion darauf, das Verhalten der anderen zu kritisieren. Heute erkennen wir schneller wo bei uns selbst etwas im Argen ist, das von der anderen lediglich gespiegelt wird. Teilweise gelingt es uns sogar, uns gegenseitig in der aktuellen Situation darauf aufmerksam zu machen. Manchmal ist es schon sehr anstrengend und schwer. Wir können nicht wegschauen und so bleibt uns nichts anderes übrig, als uns diesen Situationen und Herausforderungen zu stellen. Bis jetzt waren es überwiegend frühere traumatische Erlebnisse, die wir bearbeiteten, um wieder heil zu werden. Durch die jeweils andere ist das möglich. Wir wissen, dass wir gegenseitig unser Herz heilen können. Wir reden über die Dinge, über die wir nie mit anderen reden könnten. Zumindest nicht auf die Art und Weise wie wir das tun. Zusammen fühlen wir uns auf eine wundervolle Weise verbunden und können uns so annehmen, wie wir sind. Unser Ego spielt dabei eine relativ untergeordnete Rolle. Und wenn es doch einmal hervorbricht, dann finden wir nach einer gewissen Zeit zusammen eine Lösung.

Im Zusammensein mit unseren Zwillingsseelen haben wir erkannt, dass wir keine Spiegel füreinander sind, so wie unsere Zwillingsseelen. Unsere Zwillingsseelen sind unsere Spiegel. Bei uns als Dualseelen ist es so, dass wir uns gegenseitig einen Spiegel vorhalten, aber wir sind nicht der Spiegel.

Das Schöne ist, dass wir miteinander vieles überprüfen können, über das wir sonst nur spekulieren konnten. Wir haben eine andere Art von Telepathie miteinander im Gegensatz zu unseren Zwillingsseelen, dafür aber einen ausgeprägten empathischen Kontakt. Und das über die große Entfernung von 700 Kilometern hinweg. Wir können durch die andere unsere persönlichen Lebensthemen besser erkennen und uns gegenseitig dabei unterstützen und helfen auf unserem eigenen Weg zu gehen.

Das, was wir als Dualseelen miteinander erleben und teilen dürfen, ist zwar auf der einen Seite wundervoll, aber auf der anderen Seite eine unserer größten Herausforderungen überhaupt.

Die Liebe zwischen uns ist so groß, dass wir sie selbst nicht ermessen und auch nicht mit Worten beschreiben können. Wir sind beide froh, vor unserer Begegnung auf unsere Zwillingsseelen getroffen zu sein, durch die wir in gewisser Weise auf unsere Liebe vorbereitet wurden. Denn vielleicht hätten wir diese Gefühle sonst gar nicht annehmen können und wären davor geflohen?

Ganz wichtig ist noch zu sagen, dass es kein „Besser" oder „Schlechter" zwischen der Dualseele und der Zwillingsseele gibt, sondern dass es etwas vollkommen anderes ist! Es gibt KEINE Wertigkeit zwischen der Liebe! Die Liebe IST. Das Wesentliche, das uns mit unserer Dual- und unserer Zwillingsseele verbindet, ist die große Liebe!

Ich glaube, dass man etwas selbst erlebt haben muss, um es wirklich erfassen zu können. Als ich „nur" meine Zwillingsseele kannte, konnte ich nicht begreifen, was das Besondere an Dualseelen ist. So war es auch bei meinen Seelengefährten und Seelengeschwistern. Oberflächlich betrachtet kann man einen Seelengefährten leicht mit seinen Seelengeschwistern verwechseln. Hat man aber beide erlebt und kennengelernt, so weiß bzw. fühlt man einen Unterschied.

Inzwischen fühle ich den Unterschied sehr rasch und erlebe immer Neues und auch Bedeutsames mit meinen Seelenverwandten – aber besonders mit meiner Dualseele und meiner Zwillingsseele. Mit diesen habe ich zurzeit auch mehr Kontakt als zu meinen Seelengefährten und Seelengeschwistern. All diese Erlebnisse und Erfahrungen vervollständigen mein persönliches Bild immer mehr und komplettieren auch meine Theorien, die wie alle Theorien, nur durch die Praxis, durch das eigene Leben und Erleben bestätigt werden können.

Als ich 2008 meine Dualseele kennenlernte, war ich mit dem Thema Seelenverwandtschaft schon sehr vertraut. Genau zehn Jahre zuvor erlebte ich eine sehr intensive und ganz besondere Zeit mit meiner Zwillingsseele. Durch meine Zwillingsseele wusste ich, was einen erwartet und welche Gefühle auftauchen, wenn man einer tiefen Seelenliebe begegnet. Meine Dualseele weckte in mir sehr ähnliche, äußerst intensive Gefühle, Gedanken und dieses ganz spezielle Gefühl der intensiven, seelischen Verbundenheit, wie es nur zwischen so eng verwandten Seelen besteht. Es war so wie mit meiner Zwillingsseele, aber es war auch ganz anders. Es war neu und alt zugleich. Alt deshalb, weil ich wusste, welch unglaubliche Intensität in einer Seelenliebe verborgen ist. Neu, weil mit meiner Dualseele alles ganz anders ist, als mit meiner Zwillingsseele. In der Zeit mit meiner Zwillingsseele hätte ich mir niemals vorstellen können, dass es noch einen Menschen gibt, mit dem mich ähnlich intensive Gefühle verbinden. Das ist einmalig, dachte ich mir damals, sollte jedoch eines Besseren belehrt werden. Freilich ist jede Seelenliebe einzigartig und es gibt keinen zweiten Menschen, mit dessen Seele du exakt gleich verbunden bist. Aber es gibt dennoch andere Seelenverwandte, mit denen uns ebenso intensive Gefühle verbinden können. Die Dual- und die Zwillingsseele stellen meiner Ansicht nach die Seelenverbindungen dar, die sich durch besondere Intensität, aber auch durch ganz besondere Herausforderungen auszeichnen. Nichtsdestotrotz kann eine Seelenliebe zwischen Seelengeschwistern oder Seelengefährten auch sehr innig sein und intensiv wahrgenommen werden. Sie ist aber nicht durch die typischen Dual- oder Zwillingsseelenherausforderungen geprägt. Es scheint so, als würden gerade diese speziellen Herausforderungen der Grund für diese außergewöhnliche Intensität sein. Denn nicht nur die Liebe geht bis in die tiefsten Tiefen der Seelen, sondern auch die herausfordernden Aspekte des Seins verbinden Dual- und Zwillingsseelen bis aufs Äußerste.

2008 – Entdecken der Liebe

Als wir uns im Jahr 2008 unserer Liebe zueinander bewusst wurden und die tiefe, unglaublich heftige Intensität dahinter erkannten, da wussten wir beide, dass das der Beginn einer ganz besonderen gemeinsamen Zeit miteinander ist. Wir realisierten, dass die Liebe bereits die ganze Zeit über da war. Als wir es jedoch ausgesprochen hatten, was wir füreinander empfanden, löste das eine ganze Flut von äußerst intensiven Gefühlen aus. Das, was wir erlebten, fühlten wir beide gleichermaßen. Damals wussten wir noch nicht, dass wir Dualseelen sind.

Wir waren überwältigt von unseren Gefühlen und all dem, was mit uns geschah. Ich entschloss mich dazu mein Hohes Selbst zu befragen, ob und welche Verbindung wir zueinander haben. Ich erhielt im Laufe der Zeit einige sehr prägnante Symbole für uns, die bildhaft darstellen, wie wir zueinander stehen und welche Energien wir gemeinsam haben. Aus diesen Symbolen können wir auch ableiten, was uns hilft, wenn wir gemeinsame Herausforderungen zu bewältigen haben.

Meine Dualseele

Für meine Dualseele

In der Liebe geborgen im Urlicht des Seins.
Ich in dir – du in mir – wir im ewigen Eins.
Du aus mir heraus geboren – ich geboren aus dir.
Erwacht durch die Liebe im unendlichen Wir.

Hineingeboren in die Welt, von einem nun in zwei.
Die Liebe zu erfühlen macht uns're Seelen wieder frei.
Wir leben, um zu lieben und lieben, um zu sein.
Immer wieder hier auf Erden, immer wieder dein.

Ohne Suchen sich zu finden – im Erdenkleide gut versteckt.
Bist du wieder mir begegnet – haben wieder uns entdeckt.
Ein flüchtiger Blick, ein leises Wort – und du warst fort.
Ein neues Leben – komm lass uns lieben an einem anderen Ort.

Die Zeit mit dir – so hell wie die Sonne über dem Meer.
Die Welt wär' ohne dich so verlassen, einsam und so leer.
Wir leben, um uns zu lieben, und sind uns so vertraut.
Ich habe deine Seele durch deine Augen längst geschaut.

Im Leben geboren, in unserer Liebe hellem Licht,
gehörst du zu mir und zu dir, für immer, gehöre ich.
Allezeit und ewig im unendlichen Tanz des Seins,
schließt sich der Kreis und es öffnet sich der Schrein.

Im Schrein aus Gold liegt das Geheimnis verborgen.
Es bedeutet für uns, das Ende von Kummer und Sorgen.
Wir sind frei, wir sind Eins und leben, fühlen, lieben
uns in der Ewigkeit des zeitlosen Seins.

Du in mir und ich in dir – Eins im ewigen Wir.
Ich liebe dich für immer und ich gehöre nur dir.

Seelische Symbole zu meiner Dualseele

Unsere Seele spricht in einer bildhaften Symbolsprache zu uns. Die folgenden Symbole erhielt ich zwischen Ende 2008 und im Laufe des Jahres 2009 von meinem Hohen Selbst, die uns unseren gemeinsamen inneren Kern erklären sollten.

Himmel und Meer

Himmel und Meer sind gegensätzlich und eigentlich immer getrennt. Ganz weit draußen am Horizont, dort berühren sich Himmel und Meer, die Konturen verschwinden und für das Auge ist es nicht mehr ersichtlich, wo das eine anfängt und das andere aufhört. Die Verschmelzung von Himmel und Meer ist freilich nur eine Illusion für den Betrachter, denn diese beiden Gegensätzlichkeiten können niemals wirklich miteinander verschmelzen, denn sonst würden sie sich gegenseitig auslöschen. Und so bleibt jedes für sich vollkommen und eigenständig. Denn nur, wenn jeder sich selbst ist – kann es das Gemeinsame geben. Würden sie verschmelzen – verlören sie ihre Identität.

Gewitter

In einer anderen Meditation zum Hohen Selbst wurde mir ein Gewitter gezeigt. Blitz und Donner repräsentieren zwei eigenständige Kräfte, die gemeinsam das Gewitter ausmachen. Das Gewitter als Urkraft zeigt die Stärke von Dualseelen auf, die sie nur gemeinsam haben. Jede Seele für sich ist vollkommen eigenständig und auf ihre ureigenste Weise stark und kraftvoll. Jede Seele beinhaltet ihr eigenes wundervolles Spektrum. Gemeinsam entsteht zwischen Dualseelen eine als mysteriös wahrgenommene Kraft, die großes Schöpferpotenzial besitzt. Doch wie eben alles Duale vermag diese Kraft nicht nur zu erschaffen, sondern auch zu zerstören.

Pilz und Baum

Ein Pilz und ein Baum leben miteinander in einer Gemeinschaft. Jeder kann zwar gut für sich alleine leben, aber gemeinsam haben sie, indem sie sich gegenseitig helfen, viele Vorteile miteinander. Der Pilz liefert dem Baum wertvolle Nährstoffe, die dieser über seine Wurzeln aufnehmen kann. Die Wurzeln stehen als Symbol für Verankerung, Stabilität, angeschlossen sein an den Fluss des Lebens und die Basis. Der Baum schützt den Pilz und liefert ihm wertvolle Stoffe, die dieser umwandeln (transformieren) kann. Dieses Bild zeigt die Dynamik in Dualseelenbeziehungen recht deutlich. Jeder gibt etwas, (Nährstoffe, Blätter etc.) das die andere umwandeln, also transformieren kann. Dualseelen bringen einige Themen aus sich hervor, die gegenseitig gewandelt werden können, um eine Heilung zu bewirken.

Die Batterien

Ein anderes Mal wurde mir eine Batterie gezeigt, mit ihren zwei Polen – Plus und Minus. Jede Dualseele wäre wie eine Batterie, die in sich einen Plus- und einen Minuspol beinhaltet. Damit war das Yin und Yang in jedem Menschen persönlich gemeint. Gemeinsam geschaltet addiert sich die Kapazität der beiden Batterien, wenn man die Plus- und die Minuspole jeweils miteinander verbindet. Genauso ist es bei Dualseelen. Schließen sie ihre Kräfte zusammen, so erschaffen sie ein enormes Kraftfeld, das eine großartige Schöpferkraft beinhaltet. Viele Dualseelen fühlen diese gemeinsame Kraft in sich. Sie wissen, dass sie damit Fantastisches bewirken können. Doch das geht nur zu zweit. Solange nicht beide an einem Strang ziehen, bewirken sie nicht viel, im ungünstigsten Fall behindern sie sich sogar gegenseitig.

Die Pole

Von meinem Hohen Selbst wurde mir gesagt, wir wären nicht nur Dualseelen, sondern darüber hinaus auch noch Polarseelen. Polarseelen sind demnach Dualseelen, die sich polar gegenüberstehen. Nord- und Südpol existieren scheinbar völlig unabhängig voneinander. Sie würden alleine jedoch nicht bestehen können. Nur weil es den Nordpol gibt, kann es auch den Südpol geben und umgekehrt. Die Existenz des einen hängt von der Existenz des anderen ab. Zusammen ergeben sie ein kraftvolles Magnetfeld, das die Erde und ihre Bewohner vor der kosmischen Strahlung bewahrt. Polarseelen bilden ein ebensolches Kraftfeld, das einen Schutz bewirkt. Vielmehr habe ich bis jetzt nicht über Polarseelen herausgefunden. Die Polarität ist bei uns allerdings auch nicht ständig fühlbar. Sie erscheint in unterschiedlichen Intervallen. Manchmal bemerken wir sie ganz deutlich und dann scheint sie wieder überhaupt nicht mehr vorhanden zu sein. Interessant ist, dass wir uns in unseren Tierkreiszeichen auch direkt gegenüberstehen.

Ein vergangenes Leben mit meiner Dualseele

Bis jetzt kenne ich nur ein einziges vergangenes Leben mit meiner Dualseele. Dieses wurde mir dafür sehr detailliert gezeigt. Vermutlich haben wir aber auch noch andere gemeinsame Leben miteinander verlebt. Gezeigt wurde uns bis jetzt nur dieses eine Leben, das sehr prägend für uns war und uns mit seiner Grundthematik auch noch im aktuellen Leben beeinflusst. Ich nehme an, dass uns weitere Leben erst dann gezeigt werden, wenn wir die Thematik dieses vergangenen Lebens integriert haben. Es stellt gewissermaßen *das* Schlüsselleben für uns dar. Das, bzw. die Themen dieses Lebens sind nicht mittels spiritueller Methoden aufzulösen. Die Thematik dieses Lebens ist Teil unseres gemeinsamen Weges und unsere Seelen wollen diese Herausforderungen durchleben und sie somit zusammen verändern. Diese Herausforderungen sind nicht mit Karma zu verwechseln, obwohl sie oberflächlich betrachtet so wirken mögen. Karmische Aspekte, wie Versprechungen, Gelübde und Schwüre, haben wir bereits miteinander gelöst. Alles andere, was kein Karma ist, leben wir gemeinsam. Es gehört zu unserem gemeinsamen Weg diese Themen miteinander zu verändern. Doch lese nun selbst, wie das gemeint ist.

Mein vergangenes Leben mit meiner Dualseele

Wir wurden Mitte des 18. Jahrhunderts in Ostpreußen/Polen als zweieiige Zwillinge geboren und vor einem Waisenhaus, das zu einem Kloster gehörte, ausgesetzt. Vermutlich waren wir die Kinder einer Nonne, die uns heimlich geboren hatte. Man entdeckte uns in Lumpen eingewickelt vor dem Kloster und brachte uns in das Waisenhaus, wo wir unter schwierigen Bedingungen aufwuchsen. Im Waisenhaus war es kalt und feucht und es gab nur wenig zu essen. Ich war in diesem Leben ein Junge und hieß Peter. Sonja war ein Mädchen mit dem Namen Erika.

Erika war von Anfang an schwach und leicht kränklich. Peter entwickelte schnell das Talent zusätzlich etwas zu essen zu organisieren, indem er Nahrungsmittel stahl, oder sich durch sein charmantes Wesen von der Köchin weiteres Essen ergatterte. Er teilte immer mit seiner Schwester. Peter und Erika waren alles füreinander. Andere Menschen ließen sie nur soweit sie es mussten an sich heran. Sie liebten sich von Anfang an sehr.

Durch Peters Begabung lebten sie einigermaßen gut in dem Waisenhaus. Erika erholte sich langsam und wurde auch kräftiger. Während andere Kinder starben, oder schwach und kränklich blieben, wurde Peter immer stärker. Er half wo er konnte und arbeitete viel. Peter wusste, dass er groß, stark und geschickt sein muss, um später Arbeit zu bekommen. Im Alter von circa 14 Jahren plante Peter aus dem Waisenhaus wegzulaufen und versteckte in einem Keller eine kleine Überlebensausrüstung, wie warme Kleidung, Decken, ein Messer und eine Kerze, um ihre Reise abzusichern. Dann war es soweit und er wollte mit seiner Schwester in die Welt hinaus. Doch Erika bekam Angst vor dem Ungewissen draußen und wollte nicht mitgehen. Peter stand am Ausgang, brachte es jedoch nicht über das Herz seine geliebte Schwester zurückzulassen. Der Trennungsschmerz war einfach allzu übermächtig. Er ging zu ihr zurück und konnte sie schließlich doch überzeugen mit ihm mitzugehen. Er wusste, dass sie ohne ihn kaum Überlebenschancen hatte. Und so gingen sie gemeinsam ins Ungewisse.

Nach einiger Zeit des Umherirrens baten sie bei Bauernhöfen um Arbeit, Unterkunft und Essen. Meistens wollten die Bauersleute nur den Jungen als Arbeitskraft und nicht das Mädchen beschäftigen. *„Weiberleut' sind schon genug da"* – hieß es immer wieder. Niemals wäre Peter ohne seine Schwester irgendwo hingegangen. Immer sagte er: *„Nein, ich bleibe nicht ohne meine Schwester!"* Gemeinsam zogen sie weiter, bis sie nach langer Reise und vielen Zwischenstationen an einem Viehhof ankamen. Peter erhielt dort Arbeit, Erika jedoch war nur geduldet. Sie lebten in einem Bretterverschlag, der an den Stall angebaut war. Da nur Peter arbeitete, bekam auch nur er etwas zu essen, was er mit seiner Schwester teilte. Es reichte aber nicht für beide aus, um gesund und bei Kräften zu bleiben. Peter wurde immer schwächer und konnte seine Arbeit nicht mehr richtig verrichten. Somit mussten sie abermals weiterziehen. Daraufhin kamen sie zu einem Hof, der sie beide als Erntehelfer beschäftigte. Der Bauer und seine Frau lebten sehr gut und hatten zahlreiche Mägde und Knechte. Peter und Erika wollten auch eines Tages wie Mann und Frau zusammenleben. Bei dem nächsten Hof, auf dem sie unterkamen, war die Frau des Bauers gestorben. Auf dem Hof war ein großes Chaos ausgebrochen. Die Kinder waren halb verwahrlost und die Tiere ebenso. Peter und Erika erkannten für sich daraus, dass es nur zusammen ein gutes Leben geben konnte und sie wollten mehr als je zuvor zusammenleben.

Nach weiteren Irrwegen kamen sie zu einem herrschaftlichen Landgut, wo sie beide aufgenommen wurden. Peter bekam Arbeit in der Schmiede und im Stall und Erika in der Küche. Die Köchin mochte Erika und nahm sie unter ihre Fittiche. Da Männer und Frauen in getrennten Unterkünften untergebracht waren, konnten sich die Zwillinge nicht mehr so oft sehen. Sie nutzten jedoch jede freie Minute sich zu treffen und träumten davon „richtig zusammenzuleben". Sie liebten sich nicht mehr nur wie Bruder und Schwester, sondern sie liebten sich wie Mann und Frau. Inzwischen waren sie circa 16 Jahre alt.

Sie gaben ihrer Liebe Ausdruck, berührten und küssten sich und schliefen miteinander. Eines Tages wurde Erika schwanger. Die Köchin bemerkte das und sprach sie darauf an. Weil sie wussten, dass sie etwas Verbotenes getan hatten, bekamen Erika und Peter Angst und flüchteten von dem Anwesen. Ihr Weg führte sie schließlich in eine Stadt. Peter fand zum Glück auch dort bald eine Arbeit. Nach ein paar Monaten gebar Erika ein schwaches und krankes Kind, das bald nach seiner Geburt starb. Sie wussten, dass sie das Kind nie durchgebracht hätten. Aber Erika war dennoch so traurig, dass sie starke Depressionen bekam, die sie nie überwunden hat. Als Peter eines Tages von der Arbeit nach Hause kam, fand er seine geliebte Schwester im Todeskampf auf dem Boden liegend vor. Sie hatte sich mit rotem Fingerhut (Digitalis) vergiftet. Peter war so extrem schockiert, dass er sich im Affekt das Leben nahm. Ihre Verbundenheit war so groß und sie konnten ohne einander nicht leben und wollten das auch gar nicht. Sie starben gemeinsam und hielten sich dabei fest. Während sie hinüber ins Licht gingen, versprachen sich ihre Seelen für immer zusammenzubleiben.

Das Thema dieses Lebens war: ein gemeinsames Leben miteinander zu führen. Das war damals mit großen Schwierigkeiten verbunden, da wir zum einen noch sehr jung und zum anderen Zwillinge waren. Wir wussten, dass die körperliche Liebe unter Geschwistern verboten war. Alles in uns schrie jedoch danach unserer Liebe Ausdruck zu verleihen und wir konnten uns nicht vorstellen, warum es schlecht sein sollte. Wir ließen es uns auch nicht verbieten. Unser Bestreben in diesem Leben war, immer zusammen zu sein und wir versprachen uns, dass wir uns niemals alleine lassen wollten. Selbst in den Tod sind wir gemeinsam gegangen.

Die karmischen Aspekte, die wir auflösen konnten, haben wir auch aufgelöst. Wir haben uns in diesem vergangenen Leben ein paar Dinge versprochen, die uns im jetzigen Leben hinderlich im Weg standen. Nachdem wir sie aufgelöst hatten, entwickelte sich unser aktuelles Leben viel günstiger für uns weiter. Dennoch ist der Aspekt auf ein gemeinsames Leben sehr stark vorhanden. Wir wissen, dass wir das erreichen können, wenn die Zeit für uns reif ist. Anfänglich waren wir geneigt es erzwingen zu wollen, was aber zum Glück nicht funktionierte. Es schien so, als hätte es der Teil in uns verhindert, der weiß, dass es noch zu früh ist. Sonja erhielt einmal in einem Aurareading die Durchsage, dass es lange dauern würde bis sie vollkommen mit ihrer Dualseele zusammen ist – es würde deshalb so eine lange Vorbereitungszeit brauchen, weil es nicht mehr vorgesehen ist, dass sie noch einmal von ihrer Dualseele getrennt wird. Wir wissen, dass wir mit dem Fluss unseres Leben schwimmen müssen und nicht dagegen. Wir lernen dadurch Geduld, Vertrauen und Demut dem Werden und dem Sein gegenüber. Wir wissen, dass unser Wunsch eines Tages erfüllt werden wird.

Durchsagen von meinem Hohen Selbst

Eine Durchsage von meinem Hohen Selbst | 2009

Folgender Dialog fand 2009 zwischen mir und meinem Hohen Selbst statt. Wir hatten unendlich viele Fragen zu uns und zu den Unterschieden zwischen Dual- und Zwillingsseelen und darüber hinaus. Manches wurde uns im Miteinander klar, andere Antworten eröffneten sich mir über die Aurareadings und die Arbeit mit anderen Menschen und weitere Antworten erhielten wir über unser Hohes Selbst.

Anmerkung: Wenn ich „unser" Hohes Selbst schreibe, dann meine ich „mein" Hohes Selbst und das Hohe Selbst von Sonja. Dualseelen haben jede für sich ein eigenes Hohes Selbst.

Ich: Bitte erkläre mir den Unterschied zwischen Dual- und Zwillingsseelen.

Hohes Selbst: Dualseelen bilden eine Seele, Zwillingsseelen teilen sich eine Seele.

Ich: Wie kommt das, dass wir uns anfänglich so extrem gegensätzlich fühlten, jetzt aber immer mehr feststellen, dass die Gegensätzlichkeiten auch sehr viel Gemeinsamkeiten beinhalten. Die Intensität unserer Liebe wächst immer mehr –, sodass wir das Gefühl haben es manchmal nicht mehr aushalten zu können.

Hohes Selbst: Die Seele ist nichts Statisches – sie ist dynamisch. Die Seele verändert sich in ihren Inkarnationen. Sie macht Erfahrungen und wächst. Die Seele eines Menschen wächst durch die Erfahrungen und Erlebnisse, die sie in ihren verschiedenen Leben macht. In der Welt des Seelischen findet keine Entwicklung statt, denn dort wird all das Erlebte ins Sein integriert. Entwicklung findet immer im Leben statt.

Durch den ständigen Wandel und durch eure Entwicklung verändert sich auch eure Sichtweise bzw. eure Wahrnehmung aufeinander. Im Grunde genommen beinhalten zwei duale Seelen alle gemeinsamen Aufgaben, Potenziale und ihre gemeinsame Schöpfung in sich. Als Mensch könnt ihr jedoch immer nur einen kleinen Teil davon erleben und fühlen. Im Laufe der Zeit lernt ihr das, was ihr seid, immer besser kennen und es werden euch immer mehr Aspekte eures Seins eröffnet, von denen ihr nicht im Entferntesten glaubt, dass sie existieren.

Ich: Haben wir eine Aufgabe miteinander?

Hohes Selbst: Ja! Und zwar das, was ihr schon die ganze Zeit über tut: Eine Seele zu bilden. Als Menschen denkt ihr, eure Aufgabe bestünde darin, etwas Bestimmtes zu tun. Das ist nicht so. Eure menschlichen Aufgaben bestehen darin etwas zu tun, aber eure seelische Aufgabe besteht nicht darin etwas zu tun, sondern zu sein. Und das, was ihr seid, seid ihr ja bereits. Ihr stellt miteinander duale Seelen dar, die sich gegenseitig entsprechen, bedingen und zusammen ein größeres Ganzes bilden. Integriert und lebt euer Sein in eurem Leben. Das ist eure Aufgabe.

Ich: Uns wurde gesagt, wir wären auch noch Polarseelen. Was ist damit gemeint?

Hohes Selbst: Ihr steht euch nicht nur als Duale, sondern auch polar in Funktion zweier getrennter, aber mittels der Energie der Liebe miteinander verbundener Polarseelen gegenüber. Durch diese Spannung entsteht Raum, Zeit und das Weltengefüge, in dem sich spirituelle und materielle Ebenen miteinander verschränken und verbunden werden. Liebe ist der Stoff der dies alles durchwebt und verbindet.

Ich: Wie ist das mit der Liebe? Warum lieben sich Dualseelen so sehr?

Hohes Selbst: Die Seelen sind pure Liebe, sie sind aus Liebe gemacht. Liebe ist das, was die Seelen verbindet und das aus dem die Seelen bestehen.

Ich: Was bedeutet das für uns als Menschen?

Hohes Selbst: Wenn ihr rein in der Liebe seid, dann werdet ihr das pure Sein fühlen. Konzentriert euch auf die Liebe zueinander und die polaren und dualen Aspekte verschwinden. Denn sie sind nur Konstrukte dieser Welt. Euer Sein in Liebe ist das, was ihr wahrhaftig seid.

Ich: „Was ist der Unterschied zwischen Zwillingsseelen und Dualseelen?"

Hohes Selbst: „Dualseelen entstanden nicht wie Zwillingsseelen durch eine Teilung EINER Seele, sondern durch den göttlichen Geist, durch Gottes Willen, durch Gottes Wort. Jeder Seele wurde eine andere Seele als gegenüberliegende Ergänzung, als Pol gegeben. Die Seelen sind über die Liebe miteinander verbunden. Sie ist sozusagen der Leim, der die Dualseelen verbindet. Wie bei Polen besteht oft eine große Entfernung (diese kann auch im übertragenen Sinne sein) zwischen den dualen Seelen. Dualseelen sind notwendig, um das Gleichgewicht im Universum aufrechtzuerhalten und um ein Spannungsfeld zu bilden. Sie sind konträr und bestimmt füreinander da zu sein. Auch dienen sie der Entwicklung des großen Ganzen. Durch sie besteht die Möglichkeit die Reinform der Liebe, in die von der Liebe entferntesten Ecken des Universums und der Dimensionen zu bringen. Die Liebe soll alles durchweben, durchdringen und somit beseelen. Liebe in Reinform ist Gott. Gott ist überall mit seiner Liebe. Durch die Dualseelen wird diese Liebe jedoch fühlbar und lebbar."

Ich: „Wie ist das mit den Zwillingsseelen? Warum gibt es sie?"

Hohes Selbst: „Sie spielen eine große Rolle im System der Entwicklungsgeschichte des seelischen Universums. Durch die Teilung EINER Seele in ZWEI derselben Seelensubstanz angehörigen Seelen entstand eine Liebe, die auf Sehnsucht und dem Fehlen seines anderen Teiles beruht. Diese Liebe, die bewusst wird durch den Mangel, gewährleistet die Energie, dass das, was die Dualseelen in ihrem Schöpfungsfeld, ihrem Spannungsfeld an Möglichkeiten bereitstellen, einen Grund hat zur Vervollständigung und zur Verschmelzung zu gelangen. Nur durch erlebten Mangel kann Fülle und Vollständigkeit bewusst werden. Es geht hier um das bewusste Werden (der Seelen) um die Bewusstwerdung. Die Seelen werden sich selbst bewusst durch ihre Inkarnationen in der unendlichen Evolutionsgeschichte des Seelischen. Das geschieht am besten durch Separation und Leben, Erleben, Separation der Gefühlselemente. Trauer und Freude stellen in der seelischen Einheit eine Qualität ohne Separation dar. Trauer und Freude sind im Seelischen nicht unterscheidbar, da sie nicht separiert sind. Das heißt, es gibt den Seelenzustand nur als gleichzeitig bestehende Qualität. Trauer und Freude als Gegensätze erlebt die Seele nicht, solange diese Elemente im Einheitszustand sind. In der Separation der Dualität können die Seelenqualitäten getrennt voneinander erlebt, erkannt und bewusst werden. Hier wirken Dualseelen und Zwillingsseelen miteinander. Jede auf ihre besondere Weise. Denn genauso wie es Dualseelen geben muss, als zwei Wesen/Seelen, die EINS sind, so muss es Zwillingsseelen geben, als EIN Wesen, das nun ZWEI ist. Zwillingsseelen suchen sich durch die Liebe, um wieder zusammenzukommen, um wieder EINS *sein* zu können. Dualseelen suchen sich nicht, finden sich aber dann wieder, wenn für sie die Zeit gekommen ist, um zu erkennen, dass aus Zweien EINS *werden* kann, EINS im Brennpunkt der Liebe. In der Liebe sind sie EINS – Zwillingsseelen ebenso, wie Dualseelen. Der Unterschied in der Bedeutung liegt darin, dass Liebe vereinen soll, sowohl die beiden die EINES sind, wie das EINE, das zwei ist."

Ich: „Haben Dualseelen und Zwillingsseelen unterschiedliche Aufgaben?"
Hohes Selbst: „Ja und nein! Aufgaben sind sehr menschlich gedacht. Es geht darum zu erkennen, was durch die Liebe als göttliche Essenz und Urkraft in allen Ebenen des Seins bewirkt werden kann. Liebe vereint immer, weil Liebe in allem ist, was existiert. Abwesenheit von Liebe ist ein Zustand, den es im Prinzip so nicht gibt. Liebe ist überall vorhanden – nur wird sie im Leben nicht immer bemerkt, erlebt und gelebt. Das nennt ihr dann Abwesenheit von Liebe und gebt diesem Zustand eure menschlichen Bezeichnungen, wie: „Angst", „Hass", „Wut", „Gleichgültigkeit" etc. Aber bedenkt, Liebe ist im Grunde überall um euch herum. Auch wenn ihr entscheidet sie nicht sehen, fühlen, leben, erleben zu wollen, oder wenn ihr meint, ein anderer solle sie euch geben und ihr dann darunter leidet, wenn ihr sie nicht bekommt. Die Liebe ist trotzdem da. Immer! Und ihr allein könnt euch entscheiden sie zu fühlen, zu fühlen in euch – in eurem Herzen. Unabhängig von anderen, den Umständen etc. Euer Herz ist euer goldener, heiliger Schrein. Die Tür zu eurem Herzen öffnet sich, wenn ihr euch selbst, euer Ego, einen kleinen Schritt zur Seite treten lasst. In eurem Herzen ist Liebe in ihrer höchsten und reinsten Form! Ihr selbst seid das Tor und der Schlüssel zum Inneren des heiligen Schreins, in dem der ewige Quell eurer Liebe ist."

Ich: „Gibt es noch etwas Wichtiges zum Thema Dualseele, Zwillingsseele zu sagen?"

Hohes Selbst: „Gehe aus dem Schatten hinein in deine göttliche Weisheit und trete durch die Liebe deiner Dualseele und deiner Zwillingsseele ans Licht, um somit ganz bewusst und voller Absicht durch die Liebe dir deiner selbst bewusst zu werden/zu sein. Nur durch die (scheinbare) Abwesenheit von etwas könnt ihr erfahren, was dessen Essenz ist, indem ihr die Elemente in der Dualität erlebt. Erlebe also Liebe und göttliche Weisheit im Leben und integriere dies dadurch in dein Sein."

Meine Beziehung zu meiner Dualseele

Von Ende 2008 bis zum heutigen Tag befinden wir uns in einem ständigen Wandel. Wir lernen vieles miteinander, zeigen uns unsere Themen und unsere Schatten auf – aber auch unsere Gaben und Talente kommen miteinander zum Vorschein. Wir erleben unser jeweiliges Sein durch unser Miteinander. Wir ergänzen uns auf wundervolle Weise. Ich kann meiner Dualseele das geben, was sie nicht in sich selbst hat und sie gibt mir das, was mir fehlt – ohne jedoch vorher einen Mangel erlebt zu haben. Ihre Charakter- und Wesenszüge passen zu meinen und umgekehrt. Wir erleben unsere Gegensätzlichkeit auf unterschiedlichste Weise.

Ich könnte hier sehr vieles schreiben. Wenn ich heute etwas schreibe, dann hat es sich morgen vielleicht schon wieder überholt und einen ganz anderen Charakter angenommen. Unsere Beziehung ist von einer ständigen Dynamik geprägt. Deshalb möchte ich an dieser Stelle nur ein paar Dinge erwähnen, die ich mit meiner Dualseele erlebte und erlebe. Alles andere kommt vielleicht zu geeigneter Zeit an einer anderen Stelle.

Angst vor Nähe und vor der tiefen Liebe

Das kennen wir beide. Und beide können wir uns immer wieder für die Liebe öffnen und uns auch gegenseitig signalisieren, dass wir uns lieben; auch dann, wenn die andere sich zurückzieht. Ich finde es wichtig, gerade wenn meine Dualseele in einer Phase der Angst ist, dennoch offen zu bleiben und ihr beide Hände entgegen zu reichen. Ebenso brauche ich es ebenfalls unbedingt, dass Sonja für mich offen bleibt, wenn ich mich zurückziehe. Noch nie haben wir uns gegenseitig unseren Rückzug vorgeworfen. Wir wissen beide wie hochsensibel wir in mancherlei Hinsicht sind. Wir haben erkannt, dass wir uns in manchen Bereichen ähnlicher sind als uns lieb ist.

Nähe und Distanz

Uns trennen 700 Kilometer und so, wie es derzeit aussieht, wird sich das in absehbarer Zeit auch nicht ändern. Die Distanz hat ihre Vor- und ihre Nachteile. Wenn wir zusammen sind, dann erleben wir eine äußerst intensive Zeit miteinander und sind sehr eng zusammen. Die Zeit vergeht schnell und langsam zugleich. Wir erleben eine neue Weise der Zeitqualität. Darauf folgt dann wieder eine räumliche Trennung von mehreren Wochen. In dieser Zeit verarbeitet und integriert jede von uns die Themen, die im Miteinander an die Oberfläche kamen. Teilweise sind es sehr heftige Themen. Wir wissen, dass uns momentan dazu die Distanz guttut, damit jede ihre Themen für sich alleine verarbeiten kann. Wobei wir in der Zeit, in der wir uns nicht körperlich nah sein können, trotzdem viel Kontakt über das Telefon, SMS etc. haben. Der energetische Kontakt hat in dieser Zeit selbstverständlich auch eine ganz besondere Bedeutung. Wir fühlen uns über diese vielen Kilometer hinweg ständig und wissen auch, wie es der anderen gerade geht. Wir können uns das, was wir fühlen, gegenseitig bestätigen. Es kam noch kein einziges Mal vor, dass eine von uns etwas von der anderen gefühlt hat, das diese nicht bestätigen konnte.

Überwindung von Ängsten
Manchmal erleben wir Ängste, die nur mit uns selbst zu tun haben, aber durch unser Miteinander an die Oberfläche gespült werden. Das Schöne ist, dass wir uns diese Ängste immer nehmen und uns dabei sehr gut verstehen können. Wir stehen uns diesbezüglich in nichts nach. Auch in diesem Punkt erleben wir Gleichheit trotz unserer Gegensätzlichkeit.

Einander annehmen
Wir nehmen uns so an wie wir sind. Mit all unseren Ecken und Kanten – mit unseren Sonnen- und unseren Schattenseiten. Sich trotzdem zu lieben, auch wenn die andere das nicht tut, was man selbst bzw. das Ego gerne hätte, ist wundervoll und bringt uns emotionale Sicherheit.

Für die Liebe offen bleiben
Das Wichtigste überhaupt für uns ist, dass wir beide immer füreinander offen sind und das auch schon immer waren. Selbstverständlich erlebten wir in der Vergangenheit, wie sehr viele andere Dualseelenpaare auch, einige heftige Krisen miteinander. Sicher werden wir in unserer Zukunft die eine oder andere neue Herausforderung zu meistern haben. Der Grund warum es immer wieder weitergeht ist, dass wir füreinander offen und in der Liebe bleiben. Nur so ist es uns möglich sofort wieder anzuknüpfen. Wenn wir beide dicht machen würden, dann wäre unsere Beziehung sicher nicht sofort wieder von unserer Liebe belebt. Ich halte es für enorm wichtig, in einer Seelenbeziehung niemals sein Herz vor dem geliebten Menschen zu verschließen. Auch dann nicht, wenn der andere verschlossen ist. *Liebe braucht nichts außer Liebe!*

Höhen und Tiefen

Wie es vermutlich für viele Dualseelenverbindungen eine Normalität darstellt, so erleben auch wir unsere Höhen und Tiefen. Es hilft uns sehr, dass wir beide um unser Dualseelensein wissen und auch die speziellen Herausforderungen erkennen und daran arbeiten können. Jede für sich und beide zusammen. Ohne dieses Wissen und Anerkennen wäre unser Miteinander vermutlich eine noch größere Prüfung an uns selbst.

Manche Menschen neideten es uns, dass wir zusammen sind – sie wissen jedoch nicht, wie viel Arbeit in unserer Beziehung steckt. Wäre da nicht diese große Liebe, so würden wir garantiert nicht die Mühen auf uns nehmen, uns immer wieder für einen gemeinsamen Weg zu entscheiden. Unsere Gegensätzlichkeit ist teilweise recht schwierig in unser Leben zu integrieren und manchmal kommt es uns vor, als würden wir aus verschiedenen Kontinenten und Kulturen stammen und nicht nur aus unterschiedlichen Bundesländern.

Dann wieder stehen wir auf derselben Seite und die Gegensätzlichkeiten scheinen wie weggeblasen zu sein. Es ist interessant für uns zu erkennen, dass wir uns vieles selbst erschaffen. Wir haben beides – Gegensätzliches, wie auch Identisches. Je nachdem auf was wir uns fokussieren, das erfahren und erleben wir.

Ein eindeutiges Zeichen

Im Sommer 2010 gingen wir durch eine ziemliche Krise hindurch. Wir trugen jeder auf unsere eigene Weise dazu bei. Hinzu kamen zusätzlich eine Verkettung unglücklicher Umstände und das Einmischen einiger Personen. All das bewirkte, dass wir uns kurzzeitig entzweiten. Ich befand mich zu dieser Zeit auf einem Campingplatz auf der Halbinsel Istrien. Unsere Trennung traf mich zwar wie ein Schlag – aber trotzdem hatte ich die ganze Zeit über gefühlt, dass es so kommen würde. Aber als es dann definitiv so kam, war mir, als würde man mir das Herz rausreißen. All die furchtbaren Gefühle, die ich durch den Trennungsschmerz fühlte, waren von einer ungeheuren Heftigkeit – sie überrollten mich wie eine Lawine. Nein, nicht nur wie eine Lawine, es kam eine ganze Serie von Schmerzlawinen auf mich zugerollt – immer wieder.

Die ersten zwei Tage nach der Trennung waren erfüllt von Schmerz und Tränen – der Schmerz war übermächtig. Schließlich siegte, wie schon so oft, der Überlebenswille in mir – freilich der Schmerz war noch da und auch die Tränen, aber ich wurde langsam wieder ich selbst. Die Situation zwischen mir und Sonja sah äußerst schlecht und verfahren aus. Aber dennoch fasste ich den Mut und bat meine Geistführer um ein Zeichen. *„Bitte gebt mir ein eindeutiges und zweifelsfreies Zeichen!"* sagte ich zu ihnen – gleichzeitig dachte ich dabei *„du bist verrückt – was sollen sie dir **hier** schon für ein Zeichen geben können!"* Dazu muss ich sagen, dass ich mich auf einem kleinen Campingplatz befand, der auf einer Halbinsel ziemlich weit weg von der nächsten Ortschaft lag. Es war Nachsaison und kaum noch was los. Nur noch wenige Gäste verbrachten hier ihre Ferien. Um mich herum waren nur Meer, felsige Klippen, Strand, ein paar Zelte und nur noch sehr wenige Wohnmobile.

Mittags ging ich zum Essen in das kleine Campingplatzrestaurant; das mehr Schnellimbiss als Restaurant war. Ich setzte mich an einen der Plastiktische und bestellte etwas. Und das, obwohl ich überhaupt keinen Appetit hatte. Aber irgendwas musste ich ja mal zu mir nehmen. Meine Cola kam schnell und ich brütete vor mich hin. Es waren kaum andere Gäste in dem Restaurant und schnell war ich wieder meinen Gedanken und Gefühlen ausgeliefert. Die Kellnerin beendete unsanft mein Brüten, als sie mir mein Essen brachte. Ich wandte mich meinem Teller zu – mein Blickwinkel änderte sich und mein Blick fiel direkt auf das Zeichen,

um das ich gebeten hatte. Ich verschluckte mich fast, als mir bewusst wurde, dass ich nur drei Stunden nach meiner Bitte das Zeichen vor mir sah. Direkt neben dem Restaurant stand ein alter, ziemlich verwitterter Wohnwagen. Und vor dem Wohnwagen war ein uralter Sonnenschirm aufgespannt. Auf ihm prangte das Logo einer kroatischen Eismarke mit dem Schriftzug *„Sanson"*! *„Sanson"*, das war UNSER Kürzel. Sonja hatte damit angefangen die Dateien unserer gemeinsamen Fotos immer mit diesem Kürzel zu benennen – sanson-001.jpg, sanson-002.jpg, usw.

Du kannst dir sicher lebhaft vorstellen, wie perplex ich war, als ich nach nur drei Stunden, nachdem ich meine Bitte ausgesprochen hatte, ein so eindeutiges Zeichen erhielt. Mir war nun klar, dass wir wieder zusammenkommen würden. Mein Verstand schaltete sich zwischendurch immer wieder ein und kommentierte das Zeichen als hochgradigen Blödsinn; als selektive Wahrnehmung und als reinen Zufall, der gar nichts mit der Realität zu tun hatte. Ich ließ meinen Verstand ruhig plappern. Er meinte es ja nur gut. Mein Herz aber wusste ganz bestimmt, dass unsere Liebe immer noch lebendig war und alles wieder gut werden würde.

Letztlich wurde auch alles wieder gut – genauso wie es mir meine geistigen Helfer durch das Zeichen mitgeteilt hatten. Mein Herz wusste, dass die Botschaft richtig war und kein Grund zur Sorge bestand.

Die Dualität und die Gleichheit der Gegensätze

Die Dualität ist eines der Dinge, die uns zu schaffen machen. Wir sind in vielem nur allzu gegensätzlich – aber teilweise erkennen wir gerade in dieser Gegensätzlichkeit unsere Gleichheit. Das fühlt sich dann sehr paradox an. So paradox, dass selbst wir es nicht wirklich vollständig erfassen können. Die Gleichheit in der Gegensätzlichkeit – es ist so als würde man erkennen, dass oben und unten exakt dasselbe ist. Und auch links und rechts ist dasselbe. Ja, überhaupt ist alles Gegensätzliche gerade durch seine Gegensätzlichkeit dasselbe. Wir erleben und erfahren unsere Gleichheit in und durch unsere Gegensätzlichkeit.

Unsere Beziehung – Liebe und die Energie des Werdens

Die Beziehung zu meiner Dualseele Sonja wandelt sich immer wieder. Nie erleben wir zweimal dasselbe. Wir nehmen sehr deutlich die Energie des Werdens war. Nichts was wir je taten wiederholt sich auf die gleiche Weise. Bei jedem Treffen erfahren wir die gleichen Dinge in neuer Form. Unsere Beziehung bleibt immer spannend und neu. Auch verlieben wir uns immer wieder neu ineinander. Das Einzige, das sich nie verändert, ist unsere Liebe – die ist immer da. Wir fühlen jedoch, dass wir im Laufe der Zeit immer mehr von dieser Liebe zu fühlen imstande sind. Es fühlt sich an, als wäre da ein riesiges Universum voller Liebe – unendlich viel Liebe. Wir, in unserem menschlichen Sein, sind nur fähig einen kleinen Teil dieser immensen Liebe zu fühlen. Es würde uns sonst sprengen, wenn wir mehr davon fühlen würden, als wir derzeit dazu fähig sind. Aber im Laufe der Zeit werden wir mehr und immer mehr von der Liebe in uns aufnehmen, zulassen und auch leben können. Wir fühlen, dass diese Liebe das ganze Universum und die komplette Schöpfung beinhaltet. Dualseelenliebe ist die Schöpfung.

Unsere Dualflammenaktivierung

Im Jahr 2010 entwickelten wir die Methode der Dualflammenaktivierung (siehe Teil V des Buches). Mit diesem wundervollen spirituellen System war es uns persönlich immer mehr möglich unser eigenes Yin und Yang auszugleichen, auszubalancieren und zu stabilisieren. Wir kamen, jede für sich selbst, in die eigene Urkraft. Durch die Aktivierung unseres persönlichen Yin- und Yang-Gleichgewichtes erhielten wir die Befähigung die Dualflammenenergie-Aktivierung auch an andere Menschen weitergeben zu dürfen. Zuerst praktizierten wir nur mit Einzelpersonen. Die Energien, die übertragen werden, sind sehr hochschwingende Frequenzen, die eine sehr gute Erdung voraussetzen. Im Laufe der Zeit bekamen wir aber immer mehr Anfragen von Menschen, die Probleme sowohl mit ihrer Zwillingsseele, wie auch mit ihrer Dualseele hatten. Wir entschlossen uns deshalb dazu die Dualflammenenergieaktivierung in kleinen Gruppen anzubieten; was wir derzeit in sporadisch stattfindenden Workshops machen. Unsere Praxis mit diesen Energien und den Menschen, die zu uns kommen, macht uns sehr viel Freude und ist eine unserer gemeinsamen irdischen Aufgaben als Dualseelen.

Die Energie der Absicht und der Entscheidungen

Ein Prozess geriet in Gang, der uns Situationen und Gelegenheiten bot, die uns halfen und immer noch helfen, dass jede für sich sie selbst wird. Wir erkannten die absolute Notwendigkeit für uns als Dualseelen, dass wir erst dann „richtig" zusammen sein können, wenn wir in uns vollständig und vollkommen uns selbst bewusst geworden sind. Dieser Prozess ist noch nicht abgeschlossen, sondern lässt uns immer wieder neue Facetten unserer Selbst und unserer Partnerschaft erkennen. Diese Evolution, die wir durchlaufen, hat nichts mit Romantik zu tun. Teilweise sehen wir sie als echte Knochenarbeit an – dann wiederum erkennen wir, dass sie sich uns als Knochenjob offenbart, weil wir sie genauso sehen wollen. Wir beabsichtigen unseren persönlichen und gemeinschaftlichen Evolutionsprozess nicht mehr als Kraftakt zu betrachten – unser Blickwinkel ändert sich – und somit auch unsere Wahrnehmung.

Wir hatten die wundervolle Gelegenheit, an einem langen Wochenende eine besondere gemeinschaftliche Erfahrung zu machen. Diese Erfahrung brachte uns enorm weiter. Doch dann kamen auch schon wieder Themen auf, die einfach an der Zeit waren bearbeitet zu werden. Wir gerieten für kurze Zeit wieder in unseren alten Strudel, kamen aber glücklicherweise schnell dort raus. Uns wurde bewusst, dass wir die Schöpfer unseres Lebens und unserer Partnerschaft sind. Im Grunde wussten wir das zwar schon, aber wie so manches andere, konnten wir es nicht immer in unserem Leben umsetzen. Nun waren wir einen großen Schritt gemeinsam weitergekommen und haben nicht nur mit dem Verstand, sondern auch mit dem Herzen erkannt, dass wir selbst uns all das erschaffen, und dass wir selbst es sind, die es sich schwer gemacht haben. Es ist sehr interessant seinen Standpunkt zu ändern und neue Erfahrungen zuzulassen. Freilich geht man dabei ein gewisses Risiko ein. Wenn ich meinen Standpunkt ändere – kann es mir jedoch passieren, dass ich plötzlich glücklich und erfüllt bin. Probiere es einfach einmal selbst aus, wie herrlich befreiend es sein kann eine andere Position einzunehmen.

Wir sind gespannt was wir uns im Leben noch erschaffen werden. Je mehr wir uns selbst in die Energie des Werdens mit einbringen, erfahren wir, auf welch wundersame Weise wir unser gemeinsames Leben selbst gestalten können. Wir waren einige Zeit der Ansicht es würde sich schon alles ergeben und für uns arrangieren. Dabei missachteten wir unsere Schöpferenergie, die unser höchstes Gut als Dualseelen ist. Es schadet uns, wenn wir uns ohne Ziel und Steuer dem Fluss des Lebens übergeben und uns einfach treiben lassen. Wir können selbst bestimmen, wo wir gemeinsam hin wollen. Glasklare Absichten sind die Faktoren, die wir als Dualseelen brauchen, um unser gemeinsames Leben zu gestalten und zu steuern. Wir haben einige Zeit gebraucht, bis wir all das erkannten. Die Hürden und Hindernisse, die uns dabei im Weg waren – halfen uns zu erkennen, was notwendig ist und was wir brauchen. Das Interessante und das Schöne dabei ist, dass je mehr wir – wir selbst werden, desto mehr kommen wir auch in unsere gemeinsame Energie des Seins hinein. Wir erleben, dass uns der Prozess des Werdens zu unserem Sein bringt. Es ist ein ständiger Strom unserer seelischen Evolution, der uns inspiriert und uns vom Werden in unser Sein gelangen lässt. Den Prozess des Werdens können wir mit unserer kraftvollen Schöpferenergie selbstbestimmt beeinflussen. Wir sind erfüllt mit unserer Liebe und dankbar für unser Dasein.

In manchen schwierigen Zeiten wünschten wir uns so manches Mal keine Dualseelen füreinander zu sein, um diesen großen Herausforderungen, die unser Dualseelensein mit sich bringt, zu entfliehen. Aber ungeachtet dessen, wie schwierig es manchmal ist, als Dualseelen zusammen zu sein, wissen wir, dass wir die Erfüllung füreinander sind. Wir wollen diesen Weg gemeinsam gehen und unsere Gegensätze vereinen.

Sei und werde durch die Kraft der Liebe
Ein weiterer Tag mit dir auf der Erde,
erneuert unser Sei' und Werde.
Erschaffen für die Liebe, das Glück und das Leben
erreichen wir durch uns're Liebe das, wonach wir streben.
Wir schöpfen die Fülle nun aus uns ZWEI,
wir leben die Kraft der Liebe – sie macht uns stark und frei.
Frei uns zu lieben – frei um zu werden und frei um zu sein,
ich danke dir von Herzen und bin für immer dein.

Sandra Ruzischka, im Juni 2012

Interview mit Sonja

Wie bist du darauf gekommen, dass Sandra deine Dualseele ist?
Ich war zuvor meiner Zwillingsseele begegnet, von der ich annahm, dass sie meine Dualseele sei. Die „Symptome" einer Seelenbegegnung waren mir dadurch schon zwei Jahre lang bekannt und bei Sandra wiederholten sie sich. Gleich und doch vollkommen anders. Und das Faszinierende war, dass Sandra es ganz genauso empfand wie ich. Ungefähr zwei Monate dauerte es, bis ich mich traute, Sandra in einer E-Mail zu fragen, ob es nicht doch sein könne, dass es Dual- und Zwillingsseelen gibt. Denn während ich in den Augen meiner Zwillingsseele immer nur mich selbst gesehen hatte, so sah ich in den Augen von Sandra sie. Sie fühlte sich ganz anders an wie ich mich anfühlte. Meine Zwillingsseele hatte sich wie ich mich selbst angefühlt. Und in dem Moment, in dem wir uns beide unserer Gegensätzlichkeit bewusst geworden waren, öffnete sich das Tor und wir sahen, dass wir Zwei waren und trotzdem Eins, während unsere Zwillingsseelen Eins mit uns sind und wir dennoch Zwei sind.

Was hast du dabei gefühlt?
Interessanterweise gar nichts Besonderes. Es war eher ein innerliches Zustimmen: *„Ja, natürlich sind wir Dualseelen."* Als ich einige Monate zuvor realisiert hatte, was das mit meiner Zwillingsseele ist, da war ich schockiert und wollte das gar nicht wahrhaben. Bei Sandra hingegen war es ein vollkommenes Zustimmen mit dem was IST!

Warst du dir von Anfang an sicher, dass ihr Dualseelen seid?
Ja, es gab nie einen Zweifel. Ich bin in meinem ganzen Leben noch nie einem Menschen begegnet, der so anders und doch so gleich ist, wie ich selbst. Es ist phänomenal und nicht mit Worten zu beschreiben. Durch das, was ich NICHT bin konnte ich erst erkennen was ich bin. Erst durch den Gegensatz mit Sandra wurde ich mir nach und nach gewahr, wer ich wirklich bin – und eben auch, wer ich nicht bin.

Was hat sich dadurch zwischen dir und deiner Zwillingsseele verändert?
Im Außen hat sich nichts verändert. Wir haben seit mehreren Jahren keinerlei Kontakt zueinander.
Im Innen allerdings gab es eine Berg- und Talfahrt sondergleichen. Es wurden viele Dinge erst sichtbar durch meine Beziehung zu Sandra. Erst nach und nach konnten ganz viele – vor allem karmische – Verbindungen gelöst werden. Mir wurden vergangene Leben offenbart, in denen wir uns immer wieder sehr wehgetan hatten und die nicht selten in Mord und Totschlag endeten.

Schritt für Schritt konnten all jene unguten Verbindungen aufgelöst werden. Schließlich offenbarte sich, dass meine Zwillingsseele und ich in doppelter Hinsicht Zwillingsseelen waren. Denn in einem vergangenen Leben kam sie bei einem Unglück ums Leben und ich habe es gesehen. In diesem Moment haben sich unsere Seelenhälften noch einmal geteilt und ich bekam einen Teil ihrer Seele und sie einen von meiner Seele. Somit waren wir vollkommen aneinander gekettet. Sie war nicht ganz sie und ich war nicht ganz ich. In einem Aurareading wurden die Seelenteile wieder getauscht, so dass jede wieder ihren Teil der Seele zurückbekam. Das war ein sehr eindrucksvolles Ereignis, denn ich habe nach diesem Seelentausch einige faszinierende Dinge erlebt und fühle mich seitdem viel energievoller und vollkommener. Und heute ist es so, dass ich meine Zwillingsseele wirklich in vollkommener Liebe und absolutem Frieden loslassen konnte. Es ist gut so wie es ist. Es gibt keinen Schmerz mehr und auch keine Sehnsucht. Was geblieben ist, das ist die Liebe!

Welche Erfahrungen und Erlebnisse mit deiner Dualseele waren für dich die beeindruckendsten?

Wir haben uns an einem gemeinsam verbrachten Tag so viel und intensiv berührt, dass ich mich selbst kaum noch wahrgenommen habe. Egal wo ich mich berührt hatte, ich fühlte mich wie durch Watte während ich Sandra vollkommen klar fühlen konnte. Wir fassten uns dann bei den Handgelenken, so dass jede das Handgelenk der anderen umfasste und wir konnten in dem Moment nicht mehr fühlen welche Hand zu wem gehört. Als wir uns dann eine Weile nicht berührt hatten verging dieses Gefühl wieder von alleine.

Wenn wir zusammen sind, dann sind wir unzertrennlich. Wir waren 2010 auf einem Silbermondkonzert und Sandra wollte etwas zu trinken holen. Als sie nach 20 Minuten immer noch nicht wieder da war wurde ich unruhig und vermisste sie unglaublich. Auf einmal tauchte sie vor mir in der Menge auf – ohne Getränke. Auch ihr war die Zeit ohne mich viel zu lang und sie war schnell zu mir zurückgekehrt. Und dann gingen wir gemeinsam los etwas zu trinken zu holen. Oft „spielen" wir der anderen Szenen aus ihrem eigenen Lernfeld vor, ohne dass wir uns dessen in dem Moment bewusst sind. So halten wir uns gegenseitig einen Spiegel vor – übernehmen auf einmal die Rolle eines anderen Menschen, mit dem es ein ungelöstes Problem gibt. Das hat bei uns schon oft zu ziemlicher Verwirrung geführt und wir haben beide schon mehrmals gesagt, dass es sich dann anfühlt als wären wir Schauspieler und nicht wir selbst. Aber so lustig wie sich das anhört so tiefgründig ist es auf der anderen Seite. Wir zeigen uns so die Themen in unserem Leben auf, die wir uns selbst nicht anschauen wollen – weil es bequemer ist sie zu ignorieren. Das ist sehr anstrengend, vor allem weil wir das in dem Moment selbst auch gar nicht bewusst wahrnehmen, sondern immer erst hinterher. Damit haben wir uns schon so manche Nacht um die Ohren geschlagen und ich bin sehr froh, dass die Themen mit der Zeit weniger wurden!

Was mich schier umgehauen hat, war die Tatsache, dass mein Vater der Arbeitskollege von Sandras Großvater war. Zwischen uns liegen 700 km und ausgerechnet in meine Gegend war der Opa von Sandra gezogen und hat auch noch im gleichen Betrieb wie mein Vater gearbeitet. Die Firma hat circa 400 Mitarbeiter und die beiden haben in den 70er Jahren zusammen gearbeitet. Aber dennoch konnte sich mein Vater noch ganz genau an Sandras Opa erinnern und konnte Sandra Dinge über ihn erzählen, die sie selbst nicht wusste.

Was ist das Besondere an deiner Dualseele?
Das Besondere ist, dass sie so vollkommen anders ist als ich – und doch so unglaublich gleich. Ich habe noch nie einen so faszinierenden Menschen getroffen. Vor allem ist mit Sandra alles anders, als ich es mit anderen Menschen jemals erlebt habe. Noch nie hat mich ein Mensch so an meine Grenzen gebracht und noch nie wurde ich so sehr mit mir selbst konfrontiert.

Was ist das Besondere an eurer Beziehung?
Das Besondere ist, dass wir trotz der „Verletzungen", die wir uns immer wieder gegenseitig zufügen, uns nicht verletzt fühlen, sondern die Liebe zwischen uns immer gleich jede Verletzung heilt und wir somit die vielen unerlösten Themen in unserem Leben bearbeiten können. Immer in dem Bewusstsein, unendlich geliebt und angenommen zu werden, wie wir sind. Die Art, wie wir uns bedingungslos so annehmen, wie wir sind – ohne die andere verändern zu wollen, macht die Beziehung zu Sandra so besonders.

Wir kommen an unsere persönlichen Grenzen und erst durch diese Grenzen können wir uns selbst erkennen. Ich habe nie etwas Schöneres, aber auch noch nie etwas Schwierigeres als die Beziehung zu Sandra erlebt.

Welche Ziele, Pläne hast du für die Zukunft mit deiner Dualseele?
Für mich existiert die „Zukunft" nicht mehr in diesem Bewusstsein in dem ich vor meinen Seelenbegegnungen gelebt habe. Die Zukunft ist immer JETZT. Sie kommt nicht erst, sie ist immer schon da. Einen Plan brauchen wir für unsere Liebe nicht. Das Leben ist ein riesengroßes Spielfeld voller Möglichkeiten und mit und durch Sandra habe ich gelernt die Welt und mein Leben mit ganz anderen Augen zu sehen. Dahin wo man seinen Fokus richtet, das erschafft man sich. Erschafft man sich die Zukunft, die nicht da ist, dann kann sie auch nicht kommen. Erschafft man sich Pläne, dann kann man scheitern, wenn es anders kommt. Mit Sandra lebe ich die Liebe und die Liebe erschafft sich aus sich selbst heraus. Jeden Tag neu, jeden Tag anders.

Interview mit Sandra

Wie bist du darauf gekommen, dass Sonja deine Dualseele ist?

Darauf gekommen dass Sonja meine Dualseele ist, bin ich durch die enormen Gefühle, die auf einmal da waren. Ich realisierte, dass ich sie schon die ganze Zeit über geliebt hatte – mir dessen aber nicht bewusst war. Als wir ausgesprochen hatten, dass wir uns lieben, kam diese enorme Flut an Gefühlen auf. Mir war klar, dass es eine Seelenverbindung sein musste.

Sonja hat das schon sehr gut beschrieben. Als ich, oder besser gesagt, als wir erkannt hatten, dass wir Dualseelen füreinander sind, wurde mir vieles sehr viel klarer, das bislang nur blanke Theorie für mich war. Ich konnte meine Erkenntnisse über Seelenverwandtschaft enorm erweitern. Es war, als wäre das verlorene Puzzleteil aufgetaucht, welches das Bild vollständig und erst komplett verständlich macht. Plötzlich kristallisierte sich der deutliche Unterschied zwischen Dual- und Zwillingsseelen immer mehr heraus. Das ist bis heute so geblieben. Immer wieder erkenne ich neue Aspekte dieser beiden Seelenverwandtschaften.

Was hast du dabei gefühlt?

Diese Gefühle kann ich schlecht mit Worten beschreiben. Es war viel mehr als der berühmte Aha-Effekt. Es war ein plötzliches Wissen, das nicht nur im Verstand stattfand. Dieses Wissen berührte mein ganzes Sein. Ich wusste mit allem was ich bin, dass es wahr ist, dass es so ist. Eine enorme Menge an unterschiedlichsten Gefühlen brach über mich herein. Das stärkste und deutlichste von allen ist die unglaubliche Liebe, die so groß ist, dass ich es schier für unmöglich gehalten habe, dass ein menschliches Wesen überhaupt so eine Liebe zu fühlen imstande sein kann.

Warst du dir von Anfang an sicher, dass ihr Dualseelen seid?

Ja, absolut. Dieses innere Wissen ließ keinen Zweifel zu.

Was hat sich dadurch zwischen dir und deiner Zwillingsseele verändert?

Meine Zwillingsseele hat damals gespürt, dass es Sonja gibt, obwohl ich ihr nichts gesagt hatte. Und plötzlich wollte sie mich wieder. Für mich war es absolut klar, dass ich mit Sonja zusammen sein will. Es ist sehr grotesk. All die Jahre über hatte ich mir gewünscht, dass meine Zwillingsseele zu ihren Gefühlen steht – sie tat es jedoch nie. Erst als Sonja in meinem Leben war, konnte meine Zwillingsseele zu ihren Gefühlen stehen. Inzwischen habe ich eine schöne Freundschaft mit meiner Zwillingsseele. Die Liebe und Verbundenheit fühle ich nach wie vor, aber sie ist inzwischen auf einer anderen, einer freundschaftlichen Ebene angelangt. Wenn wir uns sehen verbringen wir eine schöne Zeit miteinander. Es ist gut so, wie es jetzt ist.

Welche Erfahrungen und Erlebnisse mit deiner Dualseele waren für dich die beeindruckendsten?
Wir hatten im Irdischen und in spiritueller Hinsicht einige besondere Erlebnisse. Wir fühlen uns sehr deutlich und kriegen unsere Stimmungen mit. Das Besondere dabei ist, dass wir um unser Dualseelensein wissen und beide das Wissen über die energetischen Bereiche besitzen. Wir können unsere Gefühle und Wahrnehmungen miteinander abgleichen und wissen, dass wir uns die energetischen Phänomene nicht einbilden. Wir bestätigen uns immer wieder das, was wir von einander wahrnehmen. Etwas ganz Besonderes ist für mich, dass wir uns immer wieder alles verzeihen können. Egal, wie sehr wir uns gegenseitig verletzt haben, wir können uns immer wieder füreinander öffnen. Meist geschehen diese Verletzungen aus Versehen und nicht aus Absicht. Aber auch das gab es schon. Im Grunde waren schon alle Dinge in dem Moment verziehen, als sie geschehen waren. Die Liebe ist einfach stärker.

Was ist das Besondere an deiner Dualseele?
Ich verliebe mich immer wieder neu in sie. Ich fühle die tiefe, unglaublich intensive Seelenliebe, aber ich liebe sie nicht nur auf der Seelenebene. Unsere Liebe ist so umfassend, dass wir sie nicht nur als Gefühl, sondern auch richtig körperlich fühlen können. Es fühlt sich so an, als würde die Liebe jede meiner Zellen durchfluten und dadurch auch Heilung möglich machen. An meiner Dualseele selbst ist ihr ganzes Sein etwas Besonderes für mich. Ihre Gegensätzlichkeit, aber auch ihre Gleichheit. Es ist für mich unglaublich faszinierend zu erkennen, wie anders sie doch ist. Und doch ist dieses anders sein, nur ein anderer Ausdruck meiner selbst und somit sind wir auch identisch.

Was ist das Besondere an eurer Beziehung?
Das Wichtigste ist die enorme Liebe, die wir füreinander empfinden. Wir leben derzeit 700 Kilometer voneinander entfernt. Aber dennoch ist mir Sonja näher, als jeder andere Mensch in meinem Leben jemals war. Wir ergänzen uns durch unsere Gegensätzlichkeit auf wundervolle Weise. Manchmal knallen wir auch sehr heftig aufeinander. Unsere Gegensätzlichkeit birgt sehr viel Entwicklungspotenzial in sich. Das ist teilweise extrem anstrengend. Manchmal meinten wir halb im Spaß und halb im Ernst, dass wenn unsere starke Liebe nicht wäre, wir schon längst voneinander weggelaufen wären. Ja, die Liebe ist das Besondere und das Wichtigste überhaupt, das uns verbindet. Durch sie können wir sowohl unsere Gegensätzlichkeit, aber auch die räumliche Entfernung überwinden.

Welche Ziele, Pläne hast du für die Zukunft mit deiner Dualseele?
Unsere Liebe weiter miteinander zu leben und gemeinsam unsere Zukunft zu gestalten.

Zitate von und über uns

„Die Essenz unserer Liebe wird erweckt, wenn wir unser Herz befreien von den in unseren Wünschen geborenen Vorstellungen und Erwartungen, die uns die Zukunft bescheren soll."

„Wir sind von unserem Schöpfer in Liebe und durch die Liebe für immer miteinander verbunden. Und zwar, weil die Liebe das Yin und Yang zusammenhält. Aus Liebe hat das Weiße etwas Schwarz in sich und das Schwarz etwas von dem Weißen. Liebe durchwebt die Polaritäten und die Dualität. Das ist unsere Aufgabe – wir bringen Liebe in die Dualität."

„Das Yin gehört dem Yang und umgekehrt. Sie gehören sich, weil sie sich gegenseitig entsprechen. So wie der Berg dem Tal gehört und das Tal dem Berg. Ohne die jeweils andere Entsprechung wäre der jeweilige Teil nicht existent."

„Wir existieren nur, weil es die andere gibt. Deshalb gehören wir uns. Wir sind gegenseitig der Grund unserer Existenz! Und der Urgrund ist unsere Liebe! ICH bin das, das DICH liebt und DU bist das, das MICH liebt! Die Liebe ist der Stoff, der uns zusammen EINS sein lässt. In der Liebe sind ALLE Gegensätze überwunden. Die Liebe transformiert alles, außer sich selbst!"

„Zwillingsseelen sind sich selbst! Sie sind SICH im ANDEREN. Es gibt keinen Unterschied in der Seele. Die Seele selbst ist EINS – EINS in zwei inkarnierten Körpern. Die Liebe bezieht sich auf die Eigenliebe, die es zu lernen gilt. Du liebst deine Zwillingsseele so, wie du dich eigentlich lieben solltest. Liebe dich ebenso wie deine Zwillingsseele, dann wirst du von dem Mangel des Getrenntseins befreit werden. Denn die Trennung ist lediglich eine Illusion. Deine Seele ist erfüllt von der Liebe zu deiner anderen Hälfte. Aber du bist ebenfalls die andere Hälfte, dieser unglaublich wundervollen, strahlenden Seele, die du so sehr liebst. Als Mensch meinst du ein Wesen außerhalb von dir betrachten zu müssen, um es lieben zu können! Aber DU bist es selbst das DU liebst! Liebe DICH wie du deine Zwillingsseele liebst, dann wird eure Seele ganz werden können."

„Dualseelen helfen sich gegenseitig dabei sich selbst lieben zu können und somit ganz in sich selbst und ganz mit ihrer Zwillingsseele werden zu können."

„Die Dualseelen heilen sich und ihre jeweilige Zwillingsseelen-Verbindung durch ihre Liebe. Die Dualseelen sind göttliche Vermählte. Sie waren es

schon immer. Wie das Yin und das Yang ALLES was IST beinhaltet, so beinhalten Dualseelen ALLES was ist – auch die Zwillingsseelen."

„Das Yin hat eine Zwillingsseele und das Yang hat eine Zwillingsseele. Aber die Zwillingsseele des Yin ist nicht die Zwillingsseele des Yang und umgekehrt. Denn das Yin hat sich ebenso wie das Yang in sich selbst geteilt, um die Erfahrung der Trennung und der Eigenliebe dadurch in der physischen Welt zu erhalten. Denn nur durch die Trennung kann die EINHEIT sich selbst erleben. Yin und Yang sind die Einheit des Urgrundes der Schöpfung. Diese Einheit braucht als gegensätzliche Entsprechung die Trennung und den Mangel, um sich selbst als Einheit erleben/erfahren zu können. Deshalb wird das Yin und Yang in Schwarz und Weiß dargestellt."

„Die heilige „Ehe" der Dualseelen besteht seit Anbeginn der Zeit. Zwillingsseelen vermählen sich nicht – sie sind bereits EINS. Dualseelen haben sich aus dem Grund vermählt, weil sie zwei sind, aber durch die Vermählung haben sie sich eine gemeinsame Schnittstelle erschaffen. Sie sind EINS in ihrer Liebe!"

„Die kymische Hochzeit ist nichts das geschieht. Bei der kymischen Hochzeit wird man gewahr, dass man bereits göttlich vermählt ist. Wir waren und sind schon EINS im göttlichen Bewusstsein!"

„Dualseelen sind zwei Wesen, die im göttlichen Bewusstsein EINS sind! Zwillingsseelen sind ein Wesen, das sich in zwei geistige Seinszustände geteilt hat, aber eine Seele bildet."

„Demjenigen, der seine Dualseele gefunden und wieder verloren hat, wird immer etwas fehlen!"

„Bevor es die Menschheit gab, gab es andere Formen, Ebenen, Dimensionen und Frequenzen in denen die Seelen ihre Erfahrungen sammelten. Darüber hinaus gab es auch schon vor dieser Inkarnationswelle andere Inkarnationswellen, in eben wie vordem beschriebenen anderen Ebenen, Dimensionen etc. Die Menschheit ist ein Ausdruck, den die Seelen in ihrer Reise durch Erfahrungen und Erlebnisse beschreiten."

„Wenn uns aber nun bewusst wird, dass all diese Ebenen mit ihren Realitäten uns die Wahrheit eben der speziellen Ebene vermitteln, dann können wir diese parallel zueinander in Betracht ziehen und brauchen weder die eine noch die andere in Frage stellen."

„Die Sehnsucht ist der Motor, der uns antreibt uns weiter zu entwickeln und Dinge an sich entdecken lässt, von denen wir sonst überhaupt keine Ahnung bekommen hätten. Die Sehnsucht schickt uns auf die Suche nach unserem Dual und lässt uns bei uns selbst ankommen. Der Kreis ist somit geschlossen!"

„Manche Dinge brauchen Zeit, um sich zu entwickeln. Die wirklich wichtigen Dinge im Leben brauchen oft noch mehr Zeit. Eben weil sie so wichtig sind geht man (die Seele) kein Risiko ein."

Meine Zwillingsseele

Habe dich gefunden
in den Weiten des Lebens.
Gefunden, um dich zu verlieren,
und wieder zu finden.
Wenn auch du sie bewahrst
die Flamme der Liebe,
tief in Deinem Herzen,
dann lebt unsere Liebe
weiter in allen Welten,
in denen wir leben.

© *Sandra Ruzischka*

„Liebe hat nur einen Anfang!" Sant Darshan Singh sagt in diesen fünf Worten exakt aus, wie die Liebe zwischen Seelenverwandten ist. Diese Liebe hat kein Ende. Genau genommen hat sie auch keinen Anfang, da die Liebe schon immer war. Für uns Menschen existiert aber dennoch der Augenblick, an dem wir die Liebe zwischen uns und unserem Seelenverwandten realisieren. Die erste Begegnung, der erste Augenblick als wir fühlten, dass es Liebe ist – dieser Augenblick ist für viele der Anfang eines neuen Lebens und der Beginn einer Liebesverbindung, die sie niemals mehr vergessen werden.

Auch ich werde niemals die Liebe zwischen mir und meiner Zwillingsseele vergessen. Diese Liebe ist einfach und sie wird auch immer sein. Freilich gibt es verschiedene Wege diese Liebe zu leben. Nicht immer ist es eine Liebesbeziehung, durch die diese spezielle Liebe lebbar ist. Manchmal wandelt sich der Ausdruck der Liebe auch von einer Partnerschaft in eine Freundschaft, so wie das bei mir und meiner Zwillingsseele der Fall ist.

Wer mein erstes Buch *„Das Geheimnis der Dualseelen, Seelengefährten und Seelengeschwister"*, das 2006 beim Bohmeier Verlag erschienen ist, gelesen hat, der weiß, welch schwierige Zeit ich mit meiner Zwillingsseele erlebte. Wer selbst schon einmal einen Kontaktabbruch mit seiner Zwillingsseele hatte, der kann nachempfinden, wie viel Trauer und Kummer damit verbunden sind. In den nun folgenden Zeilen werdet ihr erfahren, wie es mit uns weiterging und wie es aktuell zwischen uns ist. Mein erstes Buch über Seelenverwandte entstand in der Zeit, in der ich keinerlei Kontakt zu meiner Zwillingsseele hatte. Diese Zeit, so schwierig sie auch für mich war, brachte mir viele wertvolle Erkenntnisse zum Thema Seelenliebe, die ich nur im Abstand zu meiner Zwillingsseele erlangen konnte. Während unserer Beziehung waren andere Dinge aktuell gewesen. Durch den Abstand erkannte ich vieles und traf auf Menschen, die ich sonst vermutlich nie kennengelernt hätte. In dieser Zeit erfuhr ich eine sehr kreative Phase, wurde Reikilehrerin für den I. und II. Grad, befreite mich von einer unguten Arbeitsstelle und machte mich selbstständig. Meine innere Führung unterstützte diese Phase sehr hilfreich mit inspirierenden Eingebungen und Erkenntnissen. Ich erlernte außerdem die wundervolle Methode des Aurareadings und entwickelte diese für meine Bedürfnisse erheblich weiter. Ich wurde innerlich stärker und konnte dank der Aurareading-Methode und meiner Reikipraxis viel Positives für mich selbst tun. Die erste Krise war zwar überwunden, aber dennoch kamen bis 2005 immer wieder Phasen tiefster Trauer und Verzweiflung auf. Ich konnte einfach nicht fassen, dass meine Zwillingsseele nichts mehr mit mir zu tun haben wollte und zweifelte an der Liebe zwischen uns. Zweifel und Hoffnung, Vertrauen und Verzweiflung wechselten sich ab. Es verging kaum ein Tag, an dem ich nicht erwartungsvoll zum Briefkasten lief oder ans Telefon sprang, wenn es klingelte – einfach in der Hoffnung sie wäre es. Doch ich wurde immer enttäuscht.

Eines Tages überfielen mich wieder einmal eine tiefe Trauer und ein unsäglicher seelischer Schmerz. Wenn Gefühle töten könnten, dann sicher dieses Gefühl, dachte ich und war überzeugt, dass wenn es nur eine Nuance heftiger werden würde, dann würde es mich bestimmt töten. Irgendetwas in mir rebellierte plötzlich. *Das* konnte es doch nicht sein. Schließlich wollte SIE ja keinen Kontakt mehr mit mir – und ICH leide nun schon seit über einem Jahr. Mir wurde klar, dass ich die Wahl hatte – entweder eines Tages daran zu zerbrechen und verbittert mein Dasein zu fristen oder trotzdem Freude am Leben zu haben. Diese Erkenntnis ging sehr tief in mich – sie war nicht nur vom Verstand her, sondern ich fühlte sie mit meinem ganzen Sein. Und ich wollte definitiv weder zerbrechen noch verbittern. Und so entschloss ich mich dazu, trotz allem Freude und Spaß am Leben zu haben. Freilich würde meine Zwillingsseele immer einen besonderen Platz in meinem Herzen haben und ich würde sie vermissen, aber ich mochte nicht mehr leiden, nur weil sie keinen Kontakt mehr zu mir wollte. Eine gewisse Traurigkeit blieb mir natürlich schon, aber sie quälte mich nicht mehr. Nachdem ich mir selbst diese Absicht bekundet hatte, ging es mir von Tag zu Tag immer besser und ich genoss mein Leben mit anderen Menschen und erfreute mich an meinem Dasein.

Silvester 2005 auf 2006 verbrachte ich mit Bekannten in Innsbruck. Das Bergfeuerwerk und die Silvesterfeier dort sind einmalig schön. Am Neujahrstag wanderten wir durch den tief verschneiten märchenhaften Wald zur Wallfahrtskirche „Höttinger".

Vielen Menschen seien ihre tiefsten Herzenswünsche von Maria erfüllt worden, so hieß es. Gerade bei Studenten war die Kapelle sehr beliebt. Sie erbaten sich vor ihrem Examen Schutz und Hilfe von Maria. Und angeblich half Maria immer. Ich hatte ja nichts zu verlieren – und so setzte ich mich in die erste Bank und betrachtete das Marienbild. In der Kapelle war es fast so kalt wie draußen. Ich konnte meinen Atem sehen. Ich betete zu Maria und bat sie, mir meinen Herzenswunsch zu erfüllen. Ich wollte wieder Kontakt zu meiner Zwillingsseele haben. Danach ging ich mit den  anderen nach Innsbruck zurück, immer noch von der Energie dieses besonderen Ortes im Wald erfüllt. Damals glaubte ich nicht wirklich an die Erfüllung meines Wunsches. Dann ereignete sich jedoch eine für mich ganz wundervolle Synchronizität, die mir wieder einmal die besondere Magie zwischen zwei Seelenverwandten zeigte.

Die Synchronizität mit meiner Zwillingsseele
Es war das Jahr 2006. Seit zwei Jahren gab es schon keinerlei Kontakt mehr zu meiner Zwillingsseele. Es verging kaum ein Tag, an dem ich nicht auf einen Brief oder irgendeine andere Nachricht von ihr gehofft hatte. Doch leider immer vergebens. An diesem Tag im Mai 2006 wollte ich zum Bahnhof um eine Zugfahrkarte zu kaufen. Ich hatte das Haus gerade verlassen und ging die Straße entlang, als ich den Briefträger entdeckte, der auf der anderen Straßenseite circa zwanzig Hausnummern vor meinem Haus war. Ich wusste, dass er bis zu mir noch eine halbe Stunde brauchen würde. Ein sehr absurder Gedanke erfasste mich. „Was würde ich tun, wenn ich wüsste, dass der Briefträger einen Brief von meiner Zwillingsseele für mich dabei hätte? Würde ich dann trotzdem zum Bahnhof laufen, um die Fahrkarte zu kaufen, oder würde ich mich vor meine Haustüre setzen und auf den Briefträger warten, damit ich sofort den Brief lesen könnte?" Was für ein alberner Gedanke schalt mein Verstand. Selbstverständlich würde ich erst die Fahrkarte kaufen, denn zum einen könnte der Brief warten und zum anderen würde der Briefträger, wie sonst, auch keinen Brief bringen. Er würde außerdem *nie* mehr einen Brief von meiner Zwillingsseele bringen. Das, was mein Verstand sagte, schien vernünftig –

ich lief zum Bahnhof und kaufte das Zugticket. Auf dem Heimweg erfreute ich mich über die vielen Blumen, die schon überall wuchsen und das frische Grün an den Bäumen und trödelte dabei sogar etwas. Der Briefträger war schon wieder ganz in Vergessenheit geraten. Erst als ich vor meiner Haustür stand, kamen mir wieder meine Gedanken von vorhin in den Sinn. Ich hob die Klappe des Briefkastens hoch, um zu sehen ob überhaupt etwas drin lag, und traute meinen Augen nicht. Im Briefkasten lag ein Brief und ich konnte sehen, dass mein Name und meine Adresse handschriftlich auf den Umschlag geschrieben waren – und zwar in der Handschrift meiner Zwillingsseele. Ich war wie unter Schock. Mit zitternden Fingern sperrte ich den Briefkasten auf und nahm den Brief übervorsichtig raus. Mein Herz schlug mir bis zum Hals und ich musste sogar mit dem Fahrstuhl in den 2. Stock fahren – so weich und zittrig waren meine Beine. Ich war wie in einer Trance und brauchte eine geschlagene Stunde, bevor ich den Brief öffnen konnte. Meine Zwillingsseele schrieb mir in ein paar Zeilen, dass sie sich fragte, wie es mir ginge und sie gerne wieder Kontakt zu mir haben würde. Ich war außer mir vor Freude, konnte das Ganze aber kaum glauben. Das, was ich mir seit zwei Jahren über alle Maßen gewünscht hatte, war nun eingetreten.

Ein erstes „zufälliges" Treffen
Nachdem ich wieder Kontakt zu meiner Zwillingsseele hatte, telefonierten wir hin und wieder kurz. Unsere Annäherung ging ganz langsam voran. Keine von uns wagte es ein Treffen vorzuschlagen. Ich dachte eines Tages bei mir, wir würden wohl noch lange Zeit brauchen, bevor wir uns trauen ein Wiedersehen zu vereinbaren. Unsere Seelen hatten wohl andere Pläne, denn unser Wiedersehen sollte schneller stattfinden als gedacht. Ende Mai hatte ich den Brief von meiner Zwillingsseele erhalten, im Juni war ich zwei Wochen lang verreist und im Juli war ich „zufällig" aus beruflichen Gründen in ihrem Ort. Es war ein Dienstag und es war exakt zwölf Uhr mittags als ich durch die Fußgängerzone lief. Früher hatte ich mich, wenn ich in ihrem Ort war immer umgesehen, ob ich sie nicht zufällig irgendwo sah. Aber diesmal ging ich zielgerichtet meines Weges ohne nach links oder rechts zu blicken, denn ich dachte, sie arbeitet um diese Uhrzeit. Ich zuckte zusammen als ich eine Stimme – ihre Stimme – meinen Namen rufen hörte. Ich konnte es kaum glauben, als ich mich umdrehte – da stand meine Zwillingsseele, winkte und rief meinen Namen. Ich ging zu ihr hin und wir redeten miteinander. Es tat sehr gut ihr in die Augen zu blicken und in ihrer Nähe zu sein. Mir war klar, dass wir uns vermutlich so schnell nicht verabredet hätten und unsere Seelen unser Wiedersehen arrangiert haben. Seit diesem Tag war das Eis zwischen uns komplett gebrochen und wir trafen uns ab da öfter.

Symbole für meine Zwillingsseele

Meine Zwillingsseele formte vor Jahren eine Frauenskulptur aus Ton. Als die Figur schon fast fertig war, teilte sie sie spontan genau in der Mitte in zwei Hälften, um jede für sich noch weiter zu modellieren. Im Laufe der Arbeit sah die eine Hälfte meiner Zwillingsseele recht ähnlich und die andere Hälfte mir. Damals wussten wir noch nichts von Seelenverwandtschaften, geschweige denn von Zwillingsseelen.

Träume mit der Zwillingsseele

Es gibt verschiedene Arten von Träumen. Da sind die Träume, die uns das Alltagsgeschehen verarbeiten lassen. Dann gibt jene Art von Träumen, mit denen wir schwierige Phasen unseres Lebens verarbeiten, genauso wie Warnträume. Auch Träume, in denen wir auf etwas hingewiesen werden, haben wir von Zeit zu Zeit. Die Traumbotschaften dieser Träume sind meist verschlüsselt. Es gibt zwar ganz gute Traumdeutungsbücher, die ich aber nur als grobe Orientierung empfehlen kann. Ein jeder Mensch assoziiert etwas anderes bei bestimmten inneren Bildern. So kann ein tiefer Ozean für den einen Menschen in seiner bestimmten Lebensphase tiefe Liebe bedeuten. Für jemand anderen, der vielleicht gerade beruflich in der Klemme steckt, bedeutet der tiefe Ozean Gefahr und Angst den Boden unter den Füßen zu verlieren. Träume müssen immer sehr individuell betrachtet und gedeutet werden.

Ich möchte hier ein paar Träume mit meiner Zwillingsseele erwähnen, die mich besonders beeindruckten. Diese Träume hatten eine klare und unmissverständliche Sprache und Symbolik. Sie waren so eindeutig, dass ich sie anfänglich nicht als wahre Botschaften ernst nahm, sondern sie, je nach Kontext des Traumes, als Wunsch- oder Angsttraum abtat. Erst hinterher, manchmal ein paar wenige Tage, manchmal auch einige Monate später, wurde mir klar, dass die Träume genau das bedeuteten, was sie aussagten.

Deshalb empfehle ich dir, ein kleines Traumnotizbuch zu führen und dir deine Träume mit Datum und den dabei empfundenen Gefühlen kurz zu notieren.

Amrum

Dies war der wohl bemerkenswerteste Traum, den ich in dieser Hinsicht hatte. Meine Zwillingsseele war in Urlaub gefahren und ich wusste nicht wohin. Sie hatte es mir vorher nicht erzählt. Ich wusste nur, dass sie für zwei Wochen weg war. Ich war fest davon überzeugt, dass sie in der Toskana ist. Einige Dinge sprachen sehr dafür. Sie schickte mir kurz vor dem Urlaub eine Karte mit einem Toskana- Motiv. Außerdem liebt sie die Toskana und erzählte ebenfalls kurz vor ihrem Urlaub von den wunderbaren heißen Heilquellen dort. Also war ich mir sicher – sie ist in die Toskana gefahren. Als sie circa eine gute Woche fort war, träumte ich kurz vor dem Aufwachen, dass sie mir sagte: *„Ich bin auf Amrum!"* Im Aufwachen dachte ich, „Amrum, Amrum! Was für ein lustiger Name!" Weiter dachte ich, dass ich wieder mal einen total unsinnigen Traum geträumt hätte. Wie komme ich denn nur auf Amrum, wo sie doch in der Toskana ist und schüttelte den Kopf über meinen abstrusen Traum. Sehr bald nach ihrer Rückkehr rief mich meine Zwillingsseele an. Im Gespräch fragte ich sie, wo sie denn eigentlich gewesen wäre. *„Ich war auf Amrum!"* sagte sie. Ich war völlig perplex.

Sie beendet die Freundschaft

Ein paar Tage bevor meine Zwillingsseele mir die Freundschaft durch einen Brief kündigte, träumte ich davon. Ich träumte, sie würde mir die Freundschaft kündigen. Auch aus diesem Traum erwachte ich sehr schnell und dachte noch: *„Was für ein unsinniger Traum! Jetzt, wo wir uns beim letzten Treffen so gut wie schon lange nicht mehr verstanden haben, jetzt wäre das ja völliger Unsinn, die Freundschaft zu beenden."* Ja, so dachte ich. Für meine Zwillingsseele war es anders. Gerade weil wir uns so gut verstanden hatten, war es für sie sehr schwierig mit mir einen rein freundschaftlichen Kontakt zu pflegen. Sie sah deshalb nur in einem Kontaktabbruch einen Ausweg. Ein paar Tage nach dem Traum kam der besagte Brief und abermals wurde mir klar, dass ich wieder einen Wahrtraum geträumt hatte.

Sie ist fortgezogen

In den zwei Jahren, in denen ich keinen Kontakt zu meiner Zwillingsseele hatte und auch durch andere Menschen nichts von ihr hörte, träumte ich eines Nachts, dass ich vor ihrem Haus stand. Ich weiß noch, wie entsetzt ich war, weil ihr Name nicht mehr auf dem Klingelschild und auch nicht mehr auf dem Briefkasten stand. Stattdessen befand sich dort ein Schildchen mit einem ganz anderen Namen. In ihrem Garten entdeckte ich plötzlich einen mir fremden Mann. Da wusste ich, sie wohnt nicht mehr da. Im Traum wurde ich ziemlich traurig und fragte mich, wo sie denn nun sei.
Ich erwachte aus diesem Traum und tat ihn als Angsttraum ab. Einige Monate später, wir hatten inzwischen wieder Kontakt zueinander, erzählte sie mir, dass sie eigentlich nach Norddeutschland ziehen wollte, es aber aus bestimmten Gründen dann doch nicht getan hätte. Soweit ich das nachrecherchieren konnte, muss der Traum in jener Zeit gewesen sein.

Sie sieht die Seelenverbindung und will den Kontakt aufrechterhalten

Diesen Traum träumte ich vom 8. auf den 9. Mai 2007. Inzwischen hat sich seine Botschaft ebenfalls, wie die der anderen Träume, bewahrheitet. Im Traum sagte mir meine Zwillingsseele, dass sie den Kontakt zu mir nun aufrechterhalten will, weil sie nun sehen kann, dass wir auf der Seelenebene miteinander verbunden sind. Und sie findet es deswegen wichtig, dass wir auch realen Kontakt haben. Im Traum sagte ich dann etwas verletzt und beleidigt: *„Ach siehst du es nun auch!?"* Dann freute ich mich aber sehr darüber. Auch nach diesem Traum wachte ich ziemlich bald auf.

Das gemeinsame Energiefeld mit meiner Zwillingsseele ist für meine Dualseele fühlbar

Sonja und ich fühlen uns selbst über die große Entfernung von 700 Kilometern hinweg ständig. Auch wenn ich schlafe, kann Sonja mich fühlen – umgekehrt fühle ich sie natürlich auch. Nachts ist das Gefühl jedoch etwas ruhiger als tagsüber. Wenn wir uns räumlich annähern, dann verändert sich das Gefühl – es wird deutlicher. Wir können fühlen, wenn die Distanz zwischen uns schrumpft.

Sonja stellte eines Tages fest, dass sie mich nicht mehr fühlen konnte, als ich mit meiner Zwillingsseele zusammen war. Ich verbrachte ein paar Stunden mit meiner Zwillingsseele in einer Kunstausstellung. Warum mich Sonja in der Zeit nicht mehr fühlen konnte, weiß ich nicht. Sie fühlte sogar den Zeitpunkt, als ich mich von meiner Zwillingsseele wieder trennte. Denn plötzlich fühlte sie mich wieder. *„Es war total unheimlich! Du warst energetisch wie ausgelöscht!"* sagte Sonja. *„Dann auf einmal fühlte ich dich wieder – zuerst undeutlich, aber schon nach kurzer Zeit warst du wieder so „da" wie immer!"* Warum Sonja mich in der Zeit nicht mehr energetisch fühlen konnte, ist für uns nicht nachvollziehbar. Bei dem nächsten Treffen mit meiner Zwillingsseele war das nicht so – Sonja fühlte zwar, dass ich mit ihr zusammen war – aber mein Energiefeld war ganz deutlich für sie spürbar.

Ein weiteres Beispiel dieses Phänomens erlebten wir, als ich für längere Zeit bei Sonja war. Sonja hielt sich gerade in einem anderen Zimmer auf, als mich meine Zwillingsseele anrief. Sonja konnte also nicht wissen, dass ich mit ihr telefonierte – sie konnte es aber fühlen. Denn als ich nach dem Telefonat zu ihr ging, fragte sie mich, ob ich gerade mit meiner Zwillingsseele telefoniert hätte und sagte, sie hätte diese spezielle Energie gefühlt, die immer nur dann für sie fühlbar ist, wenn ich bei meiner Zwillingsseele bin.

Wer einmal eine Seelenliebe erlebt hat, der weiß, dass dieses Erlebnis das eigene Leben auf eine so eindrucksvolle und wundersame Weise prägt, wie kaum etwas anderes dies vermag. Mein Leben wäre nicht mein Leben ohne meine Zwillingsseele und meine Dualseele. All die Tränen, der Kummer und das Leid in den schweren Stunden der Trennungen wiegen niemals so viel, wie die Freude über die Liebe!

Die Liebe ist wie ein riesiger Ozean, oder sogar noch viel größer. Die Liebe für meine Dualseele fühlt sich unendlich an. Ich kann ganz deutlich spüren, dass ich bislang nur einen ganz kleinen Teil dieser Liebe fühlen kann, die vorhanden ist. Und sie wird immer noch mehr. Ich weiß, würde ich alles auf einmal fühlen, mein menschlicher Körper könnte es nicht aushalten. Dieses Universum an Liebe ist unendlich groß und es ist ewig. Manchmal kann ich plötzlich mehr Liebe als sonst fühlen – sie durchflutet dann jede Zelle und Faser meines Seins. Wie Wasser aus einem Wasserfall strömt die Liebe in mich und mein Leben, bringt meine Seele zum Leuchten und mein Herz zum Singen. Ohne diese Liebe wäre ich nicht die, die ich bin. Jeder Schmerz war es wert gefühlt zu werden – denn ich weiß jetzt, dass es im Grunde nur die Liebe gibt. Sie ist unser wahres Sein – alles andere ist lediglich ein Konstrukt unseres dualen Entwicklungsfeldes. Nur durch die Abwesenheit von Liebe können wir die Liebe als das erfahren, was sie wirklich ist – sie ist der Stoff, aus dem unsere Seelen gewebt sind. Jede Einzelne besteht aus Liebe. Die Liebe ist das Leben! Unser Leben ist das Geschenk unserer Seelen an unser Menschsein. In der materiellen Welt der Separation und der Trennung erfahren wir die Essenz unserer Seelen, indem wir eine uns so eng verwandte Seele so tief lieben! Wir erfahren die Begrenzung unseres menschlichen Seins und die Begrenzung unserer Liebesfähigkeit ebenso, wie die scheinbare Abwesenheit von Liebe. Schreiten wir jedoch voran auf unserem irdischen Weg, so erkennen wir im Laufe unseres Lebens, dass alles Liebe ist und Liebe ist auch in Allem. Auch da, wo sie scheinbar nicht ist. Denn die Liebe ist auch im Irdischen die Essenz allen Lebens – wir Menschen haben die Fähigkeit sie nicht wahrnehmen zu wollen – oder auch nicht wahrnehmen zu können. Verbinden wir uns aber mit unseren unsterblichen Seelen, so sind wir in der reinen Liebe! Denn Liebe IST!

Meine Zwillingsseele und meine Dualseele brachten und bringen mich teilweise sehr an meine Grenzen. Durch meine Dualseele lerne ich zurzeit unglaublich viel über mich selbst, das Leben und nicht zuletzt über die Dynamik in Dualseelenverbindungen. Durch meine Zwillingsseele lerne ich ganz anderes – aber auch hier entdecke ich immer wieder neue Facetten über das, was seelische Zwillinge sind.

Zusammenfassend kann ich sagen, dass kein anderes Ereignis mich so nachhaltig geprägt hat, wie die Begegnung mit meinen Seelenverwandten. So anstrengend mein Leben teilweise durch die Herausforderungen, gerade mit meiner Dualseele, ist, so herrlich ist auch das Gefühl der Verbundenheit und der tiefen Liebe, was uns alle Mühe, die wir miteinander erlebten und sicher auch noch erleben werden, vergessen lässt! Die Liebe ist das was zählt und in der Liebe wird alles andere bedeutungslos. Das ist vermutlich auch das Geheimnis solch einer tiefen Seelenverbindung – die Liebe ist der Stoff, der uns alles überwinden lässt! Die Liebe ist das, was uns verbindet – für immer!

Teil V
Praxisteil

**Hilfreiche Texte, Methoden und Meditationen
zur Hilfe und Selbsthilfe –
um die großen Herausforderungen
einer Dual- und Zwillingsseelenbegegnung
glücklich zu meistern.**

Mevlana Dschelaleddin Rumi

Deine Aufgabe
ist nicht,
nach Liebe zu suchen,
sondern nur,
alle Schranken
in dir selbst zu finden,
die du
dagegen
errichtet hast.

Ein paar Worte vorweg zum praktischen Teil

Die Begegnung mit ihrer Dual- oder Zwillingsseele stellt für viele Menschen nicht nur die Entdeckung ihrer großen Liebe, sondern zugleich eine der größten Herausforderungen ihres Lebens dar. Für die meisten dieser Menschen entwickelt sich diese intensive Seelenliebe zu ihrem zentralen Lebensthema und leider auch zu ihrem zentralen Leidensthema. Denn keine andere seelische Verbindung vermag uns derart intensiv zu inspirieren, zu prägen und herauszufordern wie unsere Dual- oder Zwillingsseele.

Im Laufe der vielen Jahre, in denen ich mich mit der spannenden Thematik der Seelenverwandtschaft beschäftigte, lernte ich sehr viele Menschen kennen, die von ihrer Seelenbegegnung überfordert waren. Sie suchten Hilfe und Rat bei mir in einem Aurareading, einer metaphysischen Geistheilung, metaphysischen Beratung oder in einem speziellen Seminar oder Workshop zu diesem Thema. So verschieden all diese Menschen und ihre Geschichten auch waren, so hatten sie alle eines gemeinsam – sie suchten nach einem Weg, um mit den Problemen und den Herausforderungen umzugehen, mit dem Ziel ihre große Liebe leben zu können. „Was ist der Sinn einer solch starken Liebe?" Diese Frage lässt sich leicht beantworten. Der Sinn der Liebe ist es zu lieben – und geliebt zu werden. Für Dual- und Zwillingsseelen liegt der Sinn ihrer Begegnung im Besonderen darin, sich zu lieben und ihre Liebe zu leben. Denn unser Leben ist die Sinnerfüllung unserer Seele. Im Leben drückt sich unsere Seele durch den physischen Leib in der Materie aus. Der Sinn seiner großen Liebe im Leben zu begegnen ist es, diese Liebe zu leben. Damit muss jedoch nicht zwangsläufig eine klassische Liebesbeziehung gemeint sein. Es muss für einige auch nicht unbedingt ein realer Kontakt vorhanden sein, um ihrer Liebe Ausdruck zu verleihen. Aus seelischer Sicht gibt es viele Möglichkeiten die Liebe zu leben.

In dem nun folgenden Praxisteil findest du, neben wegweisenden Texten, einige spirituelle Praktiken, die du selbst erlernen und anwenden kannst, außerdem andere spirituelle Methoden, die dir wertvolle Hilfestellungen geben können. Alle hier vorgestellten Methoden wende ich selbst erfolg- und heilbringend an. Selbstverständlich gibt es weitere wundervolle Methoden, die hier nicht erwähnt werden. Wichtig für dich ist, etwas zu finden, das zum einen heilvoll für dich persönlich ist und zum anderen dir entspricht, dir Spaß macht und du damit in Resonanz bist. Die besten Meditationen sind nutzlos, wenn du Mühe hast sie durchzuführen. Meditationen sind wundervolle spirituelle Werkzeuge; können ihre heilsame Wirkung aber nur dann entfalten, wenn du dich auf sie einlassen kannst und willst.

Die Meditationen, die ich hier beschreibe, sind für geübte und ungeübte Menschen gleichermaßen geeignet. Sie sind leicht durchführbar, aber dennoch effektiv wirksam. Vor allem sind sie ebenfalls harmlos in ihrer Anwendung – auch für ungeübte und eventuell nicht gut geerdete Praktizierende. Tiefer gehende Meditationen, die eine sehr gute Erdung voraussetzen, vermittle ich ausschließlich in speziellen Seminaren und Workshops zum Thema. Diese Meditationen sind viel komplexer, als die hier vorgestellten. Sie können mehr bewirken und bewegen. Sie sollen aber unbedingt angeleitet werden, um den bestmöglichen Effekt zu bewirken. Die hier vorgestellten Meditationen kannst du dir leicht merken oder auf Band sprechen, damit du sie nicht vom Buch ablesen musst, da du dabei zu sehr im Verstand wärst. Deine intuitive Wahrnehmung könnte sich sonst nicht richtig entfalten.

Neben der spirituellen Praxis finde ich es wichtig den Kontakt zum Leben nicht zu verlieren. Spiritualität ist nichts Abgehobenes oder Übersinnliches – sie ist im Grunde unser wahres Wesen. Es ist wichtig sie ganz natürlich im Alltag zu leben – ständig in dem Bewusstsein ein spirituelles Wesen zu sein. Deine Spiritualität – du selbst und dein Leben sind EINS. Du kannst mit beiden Beinen absolut fest auf dem Boden stehen und dennoch – oder gerade deshalb – mit deinem spirituellen Wesen verbunden sein.

Ich empfehle dir, dich für Hilfe von außen zu öffnen und das eine oder andere heilvolle Angebot einzuholen. Ich empfehle dir auch, eine oder mehrere Methoden oder Praktiken zu erlernen, die dir helfen, dich in deine innere Mitte zu bringen. Sie werden dir darüber hinaus einen guten Zugang zu deiner eigenen Seele und Spiritualität öffnen können.

Ein Aurareading beispielsweise kann Wege hinaus aus dem Dilemma oder tiefere Erkenntnisse über dich selbst, dein Leben und deine Beziehungen aufzeigen. Auch Seminare zum Thema Seelenliebe stellen mit den dort zu erlernenden Praktiken eine große Hilfestellung dar.

Die Voraussetzung ist jedoch: die dort erlangten Erkenntnisse umzusetzen und an sich selbst zu arbeiten. Nach einem Seminar sollte man, um wirkliche Fortschritte zu erzielen, die dort erlernten Meditationen und Übungen regelmäßig praktizieren. In meinen speziellen Seminaren zur Dual- und Zwillingsseelenthematik und den Reikiseminaren erhalten die Teilnehmer/innen hilfreiche Methoden und Praktiken, mit denen sie sich selbst helfen können. Wichtig ist jedoch die Bereitschaft eines jeden, das Erlernte auch anzuwenden, damit es seine heilvolle Wirkung entfalten kann.

Ich wünsche dir viel Erfolg und gutes Gelingen!

Wir sollten niemals versuchen,
dem Weg eines anderen zu folgen,
denn es ist sein Weg und nicht der unsrige.

Hast du erst deinen Weg gefunden,
brauchst du nichts weiter zu tun,
als die Hände in den Schoß zu legen
und dich von der Flutwelle zur Befreiung
tragen zu lassen.

Hast du ihn gefunden,
so entferne dich niemals wieder von ihm.
Dein Weg ist der beste für dich,
aber er ist nicht unbedingt der beste für andere.

Swami Vivekananda

ৡৡ

Den Zugang zur eigenen Spiritualität entdecken

Was könnte spiritueller sein, als den *einen* Menschen zu treffen, den Menschen, der den dir entsprechenden göttlichen Seelenteil in sich trägt, der mit dir aufs Intensivste seelenverwandt ist und in dem du die größte Liebe deines Lebens findest? Es gibt kaum eine spirituellere Erfahrung, die dich bis auf den Urgrund deiner Seele bewegt und Saiten deines Seins zum Klingen bringt, von denen du bis dahin noch nicht einmal wusstest, dass sie existieren.

Durch die Begegnung mit unserer Seelenliebe wird uns unsere eigene göttliche und spirituelle Natur in unserem Menschsein bewusst. Wir erfahren und erleben uns selbst auf eine nie geahnte Weise, die uns zutiefst berührt, erfüllt und inspiriert. Viele Menschen, die vor dieser Begegnung noch keinen Zugang zu ihrer Spiritualität hatten, erhoffen sich von dort Heil und Hilfe für sich selbst und ihre Seelenbeziehung zu erhalten. Doch allzu groß sind die Angebote, zu vielfältig die Methoden und Praktiken. Da wird alles Mögliche und Unmögliche angeboten und viel Heil und Segen versprochen. Spiritualität wird oft mit Esoterik gleichgesetzt. Esoterik heißt übersetzt Geheimwissenschaft. Heute beinhaltet die Esoterik ein Sammelsurium vielfältigster, spiritueller Lehren und Praktiken.

Wenn der Kontakt zum geliebten Seelenverwandten nicht mehr funktioniert, dann suchen also viele Betroffene ihr Heil in diversen esoterischen Methoden. Dort gibt es freilich viel Gutes und Hilfreiches, aber leider auch etliches, was uns im besten Fall nur Geld kostet und im schlimmsten Fall von unserem eigenen Weg und uns selbst abbringt. Wo hört Spiritualität auf und wo fängt esoterischer Humbug an? Diese Frage lässt sich nicht leicht beantworten. Was für den einen gut und hilfreich ist, kann für einen anderen schlecht sein, ihn belasten und blockieren. Für den einen mag zum Beispiel eine Rückführung wahre Wunder bewirken. Einen anderen Menschen belastet es unter Umständen ein früheres Leben noch einmal zu durchleben. Deshalb finde ich es so wichtig, den Zugang zu sich selbst und seiner eigenen inneren Stimme zu fördern. Hiermit wirst du fühlen können, was dir persönlich guttut und mit welchen Methoden du in Harmonie bist.

Bei den vielen spirituellen Angeboten, die es mittlerweile gibt, ist es nicht einfach gute, heilvolle und funktionierende Methoden für sich herauszufiltern. Im Nachfolgenden stelle ich dir ein paar hilfreiche, spirituelle Methoden vor, die sich bei mir selbst und auch bei anderen Menschen sehr bewährt haben. Freilich gibt es auch noch weitere wertvolle Methoden, die dir helfen können. Es ist wichtig, dass du die Methoden und Praktiken findest, mit denen du harmonisierst. Nicht alles ist für jeden gleichermaßen geeignet.

Wichtig ist, meiner Ansicht nach, die eigene Spiritualität zu leben und trotzdem, oder gerade deshalb, mit beiden Beinen fest auf der Erde zu stehen. Nichts kann sich störender auf eine Seelenliebe auswirken, als wenn sich einer von beiden zu sehr in feinstofflichen Ebenen versteigt und anstelle seines eigenen Herzens, nur noch auf Channelings feinstofflicher Wesenheiten, Karten etc. vertraut. Ein Channeling kann selbstverständlich gute und wertvolle Hinweise geben – dennoch ist es wichtig, dass wir den Bezug zum Leben nicht verlieren und auf das achten, was für uns wirklich wichtig ist. Es hilft dir wenig darauf zu vertrauen, dass eines Tages schon alles gut werden wird – sich in der Realität aber nichts dergleichen abzeichnet. Ich persönlich finde es außerdem wichtig, den Kontakt zur eigenen inneren Weisheit zu erlangen und zu stabilisieren, die eigene Seele zu fühlen und ihre leise Stimme wahrzunehmen. Spirituelle Methoden stellen wertvolle „Werkzeuge" dar, die uns dabei helfen können, unsere spirituelle Lebensaufgabe hier auf Erden zu meistern und unsere göttliche Liebe zu unserem geliebten Seelenverwandten zu leben. Für die Seele ist das Leben in der Dualität in einem irdischen Körper eine hochspirituelle Angelegenheit. Das Leben selbst ist es, worin und wodurch sich unsere Seelen verwirklichen wollen. Wir können uns den Himmel auf Erden erschaffen, wenn wir unsere Spiritualität als unseren wahren und natürlichen Ausdruck erkennen. Der Mensch ist ein ganzheitliches Wesen, bestehend aus Geist, Seele und Körper. Unser Geist und unsere Seele wollen in der physischen Welt ihren Ausdruck, Erfahrung und Erfüllung erlangen. Das Leben ist das, was unseren Seelen zutiefst entspricht. Ich persönlich bevorzuge deshalb jene spirituellen Methoden, die nicht in krassem Widerspruch zu unserem realen, irdischen Dasein stehen, sondern sich, im Gegenteil, mit diesem auf eine bereichernde Art verbinden. So können sich Spiritualität und physische Realität gegenseitig vervollkommnen und uns helfen unser Leben und unsere Seele in Einklang zu bringen. Wir erhalten dadurch Zugang zu unseren verborgenen Seelenkräften, die sich im Irdischen ausdrücken und uns das Leben erschaffen, das unserem wahren Wesen entspricht. Wir leben uns und werden nicht mehr gelebt.

Die Erdung: Wichtige Grundvoraussetzung für eine erfolgreiche spirituelle Praxis und heilvolle Meditationen

Ich widme der Erdung ein eigenes Kapitel, da sie eine Grundvoraussetzung für unsere spirituelle Praxis ist. Ohne ausreichende Erdung sind hochfrequente und hochschwingende Meditationen und/oder Praktiken nicht gefahrlos möglich. Wer ungenügend geerdet ist, läuft Gefahr abzudrehen und erhält keine klaren brauchbaren Botschaften. In meinen Seminaren und Einzelsitzungen lege ich großen Wert auf die Erdung der Teilnehmer/innen. Für manche Meditationen und spezielle Praktiken, wie die Einweihungen bei der Dualflammenaktivierung, die den Einzuweihenden in Kontakt mit extrem hochschwingenden, spirituellen Energien bringt, ist eine gute Erdung absolute Grundbedingung.

Aber nicht nur für deine spirituelle Praxis, sondern auch für deinen Alltag und den Kontakt mit deinem Seelenverwandten, wird dir eine gute Erdung wohltun. Stelle dir einen Baum vor – einen großen Baum, zum Beispiel eine große, alte, mächtige Eiche. Diese Eiche besitzt eine wundervolle, ausladende Krone. Und genauso groß und üppig wie die Krone des Baumes, ist auch sein Wurzelwerk im Erdreich. Forscher haben Bäume ausgegraben und festgestellt, dass das Wurzelwerk eines Baumes mindestens genauso groß ist wie seine Krone. Ein Baum mit zu wenig Wurzeln wird eines Tages von einem Sturm umgeworfen werden. So ergeht es auch uns Menschen. Wenn wir zu wenig geerdet sind, werfen uns die Stürme unseres Lebens sehr schnell aus der Bahn. Stehen wir jedoch, im übertragenen Sinne, mit beiden Beinen fest auf dem Boden, kann uns so schnell nichts umwerfen.

Unsere spirituelle Arbeit bringt uns im Laufe unserer Praxis immer mehr in höher schwingende Bereiche. Es ist somit ganz normal, wenn wir gelegentlich unsere Bodenhaftung etwas verlieren. Spirituelle Höhenflüge sind etwas Wunderbares, sollten aber nie ohne Erdung stattfinden. Deshalb müssen wir uns immer wieder erden, und zwar am besten vor und nach jeder Meditation. Wenn du die Erdung korrekt ausführst, dann kann dir nichts geschehen. Je besser du geerdet bist – auf der einen Seite – desto segensreicher kannst du dich – auf der anderen Seite – den Lichtebenen zuwenden und dich ihnen öffnen.

Erdungsübung vor einer Meditation

Am besten wirkt diese Übung, wenn du barfuß bist. Falls du leicht zu kalten Füßen neigst, kannst du auch Strümpfe, aus Wolle oder Baumwolle, anziehen. Kunstfasern sind zu vermeiden, sie könnten der Erdung entgegenwirken. Bevor du zu meditieren beginnst, setze dich entspannt an einen ruhigen Platz, an dem du dich sicher, wohl und geborgen fühlst. Achte unbedingt darauf, dass du mit beiden Füßen fest auf dem Boden stehst. Überkreuze bei der gesamten Meditation weder Arme noch Beine.

Atme nun ein paar Mal tief ein und wieder aus. Konzentriere dich auf deine Fußsohlen und stelle dir vor, dass sie wie magnetisch von der Erde angezogen werden. Nun stelle dir vor, wie starke Lichtwurzeln aus deinen Füßen wachsen bis tief in die Erde hinein. Lasse sie zunächst den Boden durchwachsen, auf dem deine Füße stehen. Stelle dir vor, wie sie immer weiter und weiter nach unten wachsen. Sie wachsen unglaublich schnell. So schnell, dass sie schon bald am Erdmittelpunkt angelangt sind. Und nun stelle dir vor, wie deine Lichtwurzeln die warme, nährende und wohltuende Energie der Erde aufnehmen und sie in dich einströmt. Du genießt die belebende Erdenergie und fühlst dich sicher, warm und geborgen. Du fühlst, wie wohltuende Lebenskraft aus dem Zentrum der Erde dich durchströmt und du bist vollkommen geschützt und geerdet.

Erdungsübung nach einer Meditation

Nach deiner Meditation kannst du dich, wie oben beschrieben, abermals deiner Lichtwurzeln bewusst werden. Dies ist vor allem dann anzuraten, wenn du denkst, du bräuchtest Kraft, Stärke, Schutz, Halt und Sicherheit. Manche Meditationen können teilweise ziemlich aufwühlen.

Falls du das Gefühl hast eigentlich noch recht gut geerdet zu sein, empfehle ich dir Wert darauf zu legen wieder vollständig ins Hier und Jetzt zurückzukommen. Steh nach der Meditation auf und klopfe oder streife deine Arme, Beine und deinen Rumpf etwas ab. Das bewusste Spüren deiner Körpergrenzen ist sehr wohltuend nach einer Meditation.

Weitere Methoden sich zu erden

Wer viel spirituell arbeitet, sollte immer auf eine gute Erdung achten. Am besten bindet man diese Methoden in seinen Alltag ein. Erden kann man sich zum Beispiel durch geeignete Nahrungsmittel. Generell kann man sagen, dass alles was unter der Erde wächst (Kartoffeln, Karotten, Rüben, Schwarzwurzeln etc.) sehr gut erdet. Fleisch, Schokolade, Alkohol, Kaffee, Fastfood etc. erden ebenfalls sehr gut, sollten aber der Gesundheit zuliebe nur in Maßen konsumiert werden. Das ist auch der Grund, warum Praktizierende einer Meditationslehre auf Fleisch und Genussmittel verzichten sollen. Diese erden unter Umständen so sehr, dass keine spirituelle Erfahrung mehr möglich ist. Wer zu gut geerdet ist, und deshalb nur mit Mühe in hochschwingendere Ebenen kommt, der sollte sich zwar trotzdem vor und nach seiner Meditation erden, aber auf so niedrig schwingende Lebensmittel, wie Fleisch, Eier und Schoko-

lade, verzichten. Auch empfehle ich in diesem Fall mit Genussmitteln, wie Kaffee, schwarzer Tee und Alkohol, sehr sparsam umzugehen und diese am besten eine gewisse Zeit überhaupt nicht zu konsumieren.
Weitere Aktivitäten, um sich zu erden, sind: Gartenarbeit, mit Ton modellieren, Sport, sich in der Natur bewegen, einen Baum umarmen, draußen barfuß gehen.

Meditationen

Meditationen helfen uns innere und äußere Ziele zu erreichen, vieles in unserem Leben zu bewegen, Blockaden zu lösen, Wege zu finden und in unsere eigene Kraft, Stärke und Fülle in persönlichen, privaten und beruflichen Bereichen zu gelangen. Für jeden nur erdenklichen Bereich werden Meditationen angewandt. Für unsere Dual- oder Zwillingsseelenthematik bieten sie uns ebenfalls wertvolle Unterstützung und Hilfen. Falls du noch keine Meditationserfahrungen hast, kann dir eventuell ein Kurs nützlich sein. Vielleicht hilft es dir aber auch, dich einfach dafür zu öffnen und einzulassen. Sollte dir das Meditieren anfänglich noch schwerfallen, so wirst du im Laufe der Zeit garantiert Fortschritte erzielen. Es gibt sehr schöne CDs mit wundervollen Meditationen. Was mich persönlich dabei etwas stört ist, dass diese CDs immer denselben Ablauf haben. Wenn du ohne Anleitung zurechtkommst, dann wird deine Meditation freier sein, wenn du sie selbst steuerst. Besser finde ich es, seine Meditation selbst anzuleiten und an den Augenblick anzupassen. Du wirst sicher herausfinden, inwieweit CDs für dich hilfreich und nützlich sind.

Vorbereitungen für die Meditation

Für den Erfolg einer Meditation wirkt sich eine gute Vorbereitung günstig aus. Du solltest dir dafür Zeit und Ruhe nehmen und dabei ungestört sein. Handy, Telefon und Türklingel schalte am besten aus. Wenn du mithilfe der Meditation ein spezielles Thema bearbeiten möchtest, ist es vorteilhaft, regelmäßig zur selben Stunde, oder zumindest Tageszeit, zu meditieren. Deine Seele wird sich daran gewöhnen und es fällt dir zunehmend leichter einen meditativen Zustand zu erreichen. Die Meditationen in diesem Buch eignen sich dafür, dass du sie dir auf Band sprichst und sie nicht ablesen musst. Du sollst dich voll und ganz auf die Meditation einlassen können.
Ich empfehle dir ein spirituelles Tagebuch zu führen, indem du deine Meditationserfahrungen und auch andere Erlebnisse hineinschreiben kannst. Wenn du meditierst, bist du in einem erweiterten Bewusstseinszustand. Du bist in dem sogenannten Alphazustand, der dem Moment zwischen Wachsein und Schlaf am nächsten kommt. In diesem Zustand ist alles klar und deutlich,

was wir darin erleben. Kommen wir aber wieder in den Betazustand, den Zustand unseres Wachbewusstseins, dann vergessen wir sehr schnell, was wir im Alphazustand erfahren haben. Deshalb ist es sinnvoll seine Meditationserlebnisse sofort nach der Meditation zu notieren.

Wichtig: Wenn du dich in deiner Meditation aktiv mit deinem Seelenverwandten und dessen Energiesystem verbindest, ist es sehr wichtig, dass du vorher um Erlaubnis fragst. Falls du keinen Kontakt zu deinem Seelenverwandten hast und es dir deshalb nicht möglich ist ihn persönlich zu fragen, so kannst du stattdessen mit seiner Seele Kontakt aufnehmen und sie um Erlaubnis bitten, dich mit ihr verbinden zu dürfen. Hierbei empfehle ich dir, sehr aufmerksam und selbstkritisch zu sein und nicht zu interpretieren. Denn nur allzu gerne vernehmen wir ein „Ja" weil wir uns nach der Verbindung sehnen. Im Zweifelsfalle solltest du dich besser nicht mit ihm/ihr feinstofflich verbinden.

In meinem ersten Buch stellte ich ein paar Meditationen vor, die leicht und einfach durchzuführen sind. In der Zwischenzeit entwickelte ich etliche fortgeschrittene Meditationen, die ich unter anderem in meinen Seminaren für Dualseelen, Zwillingsseelen und Seelenverwandte, mit meinen Teilnehmer/innen praktiziere. Manche dieser Meditationen verfügen über hochspirituelle Aspekte, die sehr in die Tiefe gehen und deshalb nur unter Anleitung erlernt werden sollten. Die richtige Praxis und eine gute Erdung sind für ihre heilvolle Anwendung absolut notwendig. Diese speziellen Meditationen wirst du deshalb hier nicht in Textform wiederfinden. Sie sind in der Lage „lebende" Energiefelder mit großer Power zu erzeugen.

Für die nachfolgenden Themen existieren spezielle Meditationen. Je nach den Bedürfnissen der Teilnehmer/innen wende ich sie in meinen Seminaren und Einzelberatungen an. Du kannst daran erkennen, dass es für viele Themen sinnvolle und hilfreiche Meditation gibt. Es ist sicher auch für dich persönlich etwas dabei.

Die eigene Ausstrahlung erhöhen
In dieser Meditation verbinden wir uns mit unserer eigenen Seele und „sonnen" uns in ihrem Licht. Regelmäßig angewandt werden wir uns selbst immer mehr bewusst, wir wissen, wer wir sind, und gehen unseren eigenen Weg.

Selbstliebe
Einen Weg zur Liebe zu sich selbst zu finden. Die Liebe fühlen zu können und immer wieder zu stärken.

Akasha-Meditation
Lies selbst in deinem Seelenbuch, erfahre deinen Seelennamen, deinen Seelenauftrag und deine Lebensaufgaben.

Abgrenzungs-Meditation
Lerne dich in einer Meditation auf liebevolle Weise deinen Seelenverwandten gegenüber abzugrenzen. Grenze dich gegen feinstoffliches Stalking und energetische, sexuelle Übergriffe, wie gegen energetischen Vampirismus ab.

Meditation zum Steuern energetischer Impulse
Transformiere negative Gefühle und Gedanken, die dein Seelenverwandter dir feinstofflich schickt, in positive und sende ihm diese.

Meditation zum Ändern der Vergangenheit
„Ändere" deine Vergangenheit energetisch und erschaffe dich und deine Zukunft neu.

Verbindungen zum Seelenverwandten herstellen
Verbinde dich auf liebevolle Weise mit deinem Seelenverwandten. In dieser Meditation kannst du dich nicht nur auf eine wundervolle Art mit deinem Seelenverwandten verbinden, sondern ihm auch etwas mitteilen.

Seelenverwandte kennenlernen
Wer gehört wirklich zu deinen Seelenverwandten? Lerne weitere Seelenverwandte kennen.

Die eigene Fülle leben
Komm in deine eigene Fülle und lebe diese in allen Bereichen deines Lebens.

Geistige Führer
Lerne deine geistigen Führer kennen und erfahre deinen Seelennamen.

Lasse deine Ängste los
Lasse deine Ängste los, die dich behindern und dir im Weg stehen.

Meditation zum Loslassen
Lasse deinen Seelenverwandten in Liebe los und transformiere dabei die Angst ihn zu verlieren. Erlange Vertrauen in dich und in euch.

Teil des Ganzen
Fühle und erlebe dich und deinen Seelenverwandten als Teil des Ganzen.
Diese und weitere Meditationen sind wundervolle Möglichkeiten, entweder für sich alleine angewandt oder in Kombination mit einer anderen Methode,

wie zum Beispiel dem authentischen Reiki. Regelmäßig praktiziert helfen sie uns, zum Schöpfer des eigenen Lebens zu werden. Unser Leben und unsere Beziehungen können sich reformieren, wenn wir an uns selbst arbeiten. Diese Arbeit sollte niemals als Mühe oder Last betrachtet werden, sondern spielerisch vollbracht werden. Im Prinzip geht es dabei lediglich darum, sich selbst zu erkennen und zu wissen, wer wir wirklich sind. Meditationen helfen uns auf einfache Weise unser Außen zu verändern, indem wir in unserem Inneren die entsprechenden Voraussetzungen dafür schaffen und die Blockaden, die uns daran behindern, beseitigen. Das Leben war nie als Kampf gedacht. Es geht auch anders! Du wirst es sicher selbst bemerken, wenn du dich auf die eine oder andere Methode einlässt.

Die nun folgenden Meditationen eigenen sich sowohl für Anfänger, wie auch für Fortgeschrittene. Sie sind leicht durchführbar und dabei dennoch sehr effektiv in ihrer heilvollen Wirkung. Ich empfehle dir, sie mindestens zwei Mal vorher durchzulesen, damit du sie nicht vom Blatt ablesen musst. Dabei wärst du zu sehr im Kopf und könntest dich nicht richtig auf die Meditation einlassen. Es ist sicher am besten, wenn du sie mit deiner eigenen Stimme gesprochen aufnimmst.

Meditation: Liebe und Vertrauen

Wenn der Kontakt mit dem geliebten Menschen schlecht ist, wenn es Probleme gibt, oder wir gar von ihm getrennt sind, dann leiden wir in der Regel sehr unter dieser Tatsache. Gefühle, wie Traurigkeit, Kummer, Sorgen, Verzweiflung, Selbstzweifel, Verbitterung, Wut etc., sind dann vermutlich bei den meisten Menschen in dieser Situation an der Tagesordnung. Viele Betroffene werden von negativen Gefühlen und Gedanken regelrecht beherrscht. Sie schaffen es nicht mehr ihren Alltag zu bewältigen und befinden sich in einer nicht mehr steuerbaren Negativspirale, aus der sie keinen Ausweg sehen. Das muss nicht dauerhaft so bleiben, denn wir wissen: Das, was in uns ist, strahlen wir aus und das ziehen wir auch, nach dem Gesetz der Resonanz, an. Also kein Wunder, wenn sich die negative Situation nicht mehr bessert, oder alles gar noch ärger wird.

Diese kleine Meditation wird dir helfen, wieder in die Energie von Liebe und Vertrauen zu kommen. Ich empfehle dir, sie möglichst täglich zu praktizieren. Du kannst diese Meditation überall machen. Generell ist es günstig deine Meditationen an einem ruhigen Ort, an dem du dich wohlfühlst, durchzuführen. Diese Meditation eignet sich auch sehr gut für den akuten Notfall.

Praktiziere vor dieser Meditation am besten die Meditation für die Erdung. Auch dann, wenn du denkst schon gut geerdet zu sein, empfehle ich sie dir, denn sie beinhaltet zusätzlich die Energie von Urvertrauen, Sicherheit, Geborgenheit und Wärme, die dir durch die Erdenergie gegeben wird.

Setze dich möglichst aufrecht mit geradem Rücken hin und lege deine Hände, mit den Handflächen nach oben, auf deine Oberschenkel. Atme ein paar Mal tief ein und aus. Lasse deinen Atem in deinem eigenen Rhythmus fließen. Fühle in deine Füße hinein und spüre ihre Verbindung mit dem Untergrund. Achte darauf, dass sie mit der ganzen Fußsohle fest auf dem Boden stehen.
Wenn du etwas zur Ruhe gekommen bist, lege beide Hände auf dein Herzchakra. Erspüre die Liebe, die in dir ist. Fühle in dein Herz hinein und komme in Kontakt mit der Liebe darin. Der Liebe zu deinem Seelenverwandten ebenso, wie auch der Liebe zu anderen Menschen, zu Tieren oder der Natur und auch zu dir selbst. Lass deine Liebe strömen und fühle, wie stark sie ist. Lasse sie aus deinem Herzen fließen, dich von ihr einhüllen und stelle dir vor, wie sie in den Raum, in dem du bist, einströmt und ihn schließlich ganz ausfüllt. Du bist nun vollständig in der Liebe. Sie ist in dir und um dich herum. Sie strömt unablässig aus deinem Herzen heraus wie aus einem Füllhorn. Deine Liebe ist unendlich. Fühle, wie du ganz von ihr eingehüllt bist, wie sie den Raum durchströmt und weiter nach außen fließt. Du bist die Quelle der Liebe. Du bist vollständig in sie eingehüllt – du bist ihr Ursprung – du bist Liebe! All dein Sein ist ausgefüllt mit der wundervollen Liebe, die unablässig aus dir heraussprudelt wie Wasser aus einer Quelle. Genieße dein Sein in deiner Liebe.

Praktiziere diese Meditation solange, bis du nur noch Liebe fühlst. Wenn du rein in der Liebe bist, dann hat kein negatives Gefühl mehr Platz. Die Liebe ist die höchste Schwingung im Universum. Sie transformiert jedes niedere Gefühl augenblicklich und vollständig. Sind wir rein in der Liebe, dann geht es uns gut und wir können vertrauen. Nichts erschüttert uns mehr. Wir fühlen und wissen, dass alles so wie es ist, gut ist.

Ich empfehle diese Meditation mindestens einmal am Tag zu praktizieren. Auch an den Tagen, an denen alles gut ist. Denn, je mehr wir in der Liebe sind, desto weniger werden wir erschüttert. Sind wir in der Liebe und strahlen diese aus, so ziehen wir Entsprechendes immer mehr und mehr an.

Meditation: Selbstliebe

Wenn wir uns selbst nicht lieben und achten, können wir nicht in unserer Fülle sein. Wir befinden uns in einem Mangelbewusstsein. *„Wir sind es uns selbst nicht wert!"* Diese Tatsache wirkt sich schädlich auf sämtliche Lebensbereiche aus. Gerade in Bezug auf unsere Seelenliebe stellt mangelnde Selbstliebe eine enorm große Blockade dar. Erwecke die Liebe zu dir selbst und du wirst nicht nur attraktiver für andere, sondern erlangst einen Zustand allumfassenden Glücks, Lebensfreude und Zufriedenheit. Wenn du dich selbst liebst, dann steigert sich automatisch dein Selbstbewusstsein und Selbstvertrauen. Dein Leben verändert sich gravierend, denn du wirst das anziehen, was du dir selbst wert bist.

Ich empfehle die Erdungsmeditation auch vor dieser Meditation zu machen. *Suche einen ruhigen Platz in deinem Zuhause auf. Optimal ist ein Platz, an dem sich ein Spiegel befindet. Je größer der Spiegel umso besser. Am besten ist es, wenn du dich ganz darin sehen kannst. Solltest du keinen so großen Spiegel besitzen, dann stelle einen Handspiegel vor dir auf den Tisch. Betrachte dich eine Weile in diesem Spiegel und sage dir: „Das bin ich!" Lenke ganz bewusst deine Aufmerksamkeit auf das, was du an dir magst und freue dich darüber. Nimm das an dir, was du nicht magst zwar wahr, aber urteile nicht darüber, sondern lege einfach wieder deinen Fokus auf all die Körperstellen, die du gerne an dir hast. Bewundere beispielsweise die Farbe und Form deiner Augen, oder wie wundervoll deine Hände gestaltet sind. Betrachte deine Haare oder die Form deines Gesichts. Alles, was dich stört, wie zum Beispiel die eine oder andere Falte, ergraute Haarsträhnen oder lichte Stellen, Speckröllchen am Bauch oder sonstiges, nimm es wahr, als zu dir gehörig – urteile aber nicht darüber. Es ist so, wie es ist. Und so wie du bist, bist du wundervoll. Konzentriere dich dann wieder auf alles an dir, was du magst. Wenn du das eine Weile getan hast, schließe deine Augen und lege deine Hände kurz auf dein Herzchakra und lasse sie dort ein paar Augenblicke lang liegen, bevor du sie mit den Handflächen nach oben auf deinen Oberschenkeln ablegst. Atme ein paar Mal tief ein und aus. Fühle deinen Atem in dich einströmen. Finde deinen eigenen Rhythmus und komme zur Ruhe. Achte auf deine Füße. Sie sollen fest mit den Sohlen auf dem Boden stehen und spüre kurz in sie hinein. Nun konzentriere dich auf dein Herzchakra, deinem Hauptenergiezentrum für Liebe und Mitgefühl. Fühle seine Wärme und sein liebevolles Strahlen. Stelle es dir in einem wundervollen leuchtenden rosafarbenen Licht vor. Du kannst es dir wie eine leuchtende rosafarbene Energiekugel vorstellen. Visualisiere, wie die rosafarbene Energie unablässig aus deinem Herzchakra hinausströmt und lenke sie mit jedem Atemzug in deinen Körper hinein. Konzentriere dich nun auf die Stellen deines Körpers, die du gerne magst, und stelle dir vor, wie das Licht diese Stellen nun noch strahlender und schöner macht. Mache das einige Minuten lang so. Nun lenke das rosafarbene Licht, das aus deinem Herzchakra strömt und die Essenz bedingungsloser Liebe ist, zu all den Körperstellen, denen du neutral gegenüberstehst. Mache auch das ein paar Minuten lang. Und nun, zum Schluss, lenke die Liebesenergie zu all den Stellen deines Körpers, die du nicht magst, und fühle, wie sie dort einströmt. Fühle, wie die Liebe ganz besonders diese Stel-*

len durchflutet. *Du bist liebenswert, so wie du bist. Dein inneres Licht, deine Ausstrahlung, deine Liebesfähigkeit machen dich zu einem wundervollen Wesen. Fühle es und erlaube dir es zu fühlen.*

Ich rate dir diese Meditation möglichst oft zu praktizieren. Die meisten Menschen fühlen sich bei den ersten Malen ziemlich eigenartig, oder finden keinen rechten Zugang zu ihrem strahlenden, wundervollen Wesen. Sollte das bei dir auch so sein, dann gib nicht auf und praktiziere diese einfache Meditation am besten täglich. Mache dir auch sonst immer wieder bewusst, dass du, so wie du bist, mit deiner Sonnenseite, aber auch mit deinen Schattenseiten ein wunderbarer Mensch bist. Im Laufe der Zeit wirst du das immer mehr fühlen. Deine Selbstzweifel und Ängste können von dir abfallen und deine Ausstrahlung wächst. Unterstützen kann uns dabei der I. Grad des authentischen Reiki. Wir kommen mit ihm immer mehr mit unserem wahren strahlenden Wesenskern in Berührung, wissen, wer wir sind, und steigern ganz automatisch unsere Ausstrahlung.

***Meditation*: Mit der Seele des Seelenverwandten in Kontakt treten**
Diese Meditation sollte vor jeder energetischen Kontaktaufnahme erfolgen. Es ist wichtig immer respektvoll mit dem anderen umzugehen und seiner Seele nichts aufzudrängen. Im Zweifelsfalle ist es sicher besser, keinen feinstofflichen Kontakt aufzunehmen, sondern lieber eine entsprechende andere Meditation für sich selbst zu machen. Der feinstoffliche Kontakt ist nur dann eine Bereicherung, wenn er freiwillig geschieht und die Energien frei und leicht fließen können.

Erde dich gut, bevor du beginnst. Setze dich in entspannter, meditativer Haltung auf deinen Meditationsplatz und lege deine Hände auf dein Herzchakra. Atme in deinem eigenen Tempo ganz bewusst. Du fühlst, wie du nach einiger Zeit immer ruhiger und entspannter wirst.
Stelle dir deinen Seelenverwandten vor deinem geistigen Auge vor und frage ihn, bzw. seine Seele, ob du in deiner Meditation Kontakt mit ihm und seinem Energiefeld aufnehmen darfst. Du wirst dann nach einiger Zeit in deinen Händen und deinem Herzchakra ein Kribbeln oder eine Wärme fühlen, die dir sagt, dass es in Ordnung ist. Vielleicht fühlst du auch „nur" eine Zustimmung oder fühlst in deinem Inneren, dass es dir gestattet ist Kontakt aufzunehmen. Sei offen für die Empfindungen, die dir die Seele deines Seelenverwandten schickt. Ein reines „Nein" wirst du meist entweder als unangenehmes Ziehen, als Kälte oder einfach als Gefühl der Ablehnung fühlen. Ist es wirklich der Fall, dass die Seele deines Seelenverwandten nicht möchte, dass du Kontakt aufnimmst, dann ist dies auf jeden Fall zu respektieren. Du kannst aber natürlich zu einem anderen Zeitpunkt erneut fragen.

Manchmal ist es nicht leicht, die Botschaften der Seele seines Seelenverwand-
ten richtig zu deuten. Falls du Probleme damit hast, dann empfehle ich dir
zunächst mit deinem eigenen Hohen Selbst, bzw. mit deiner eigenen Seele, in
Kontakt zu kommen, deine innere Wahrnehmung zu steigern und feinfühliger
für subtile Schwingungen zu werden. Hierbei wird dir tägliches Meditieren
eine große Hilfe sein können. Hierfür gibt es auch Kurse, in denen man lernen
kann mit der eigenen Seele und dem eigenen Inneren in Kontakt zu treten.
Weiterführende Informationen findest du auch am Ende des Buches.

Meditation: „Gespräch" mit einem Seelenverwandten

Für diese Meditation ist eine gute Erdung Voraussetzung. Du kannst mit dieser Meditation feinstofflichen Kontakt mit einer bestimmten Person, zum Beispiel mit deinem Seelenverwandten, aufnehmen. Hierfür ist es ebenfalls erforderlich vorher um Erlaubnis zu fragen. Nimm bitte, wie in der vorherigen
Meditation, mit der Seele deines Seelenverwandten Kontakt auf. Falls ein
Nein kommen sollte, so ist dies unbedingt zu respektieren. Bitte um ein Zeichen in Form eines Gefühls, wenn die Kontaktaufnahme mittels dieser Meditation in Ordnung ist. Du wirst ein eindeutiges Gefühl bekommen. Das kann
zum Beispiel eine starke Wärme in deinem Herzchakra sein oder ein Kribbeln
in deinen Handflächen. Manchmal ist es auch als warmes Pulsieren in der
Magengegend spürbar. Bitte nun außerdem darum, dass alles eurem höchsten
Wohle dient.

Entspanne dich und lasse alles Belastende, Negative los.
Konzentriere dich zunächst auf dein Herzchakra und stelle es dir in einem
leuchtenden Grün vor. Stelle dir vor, wie du dich mit deinem Bewusstsein
durch einen tiefen Atemzug in dein Herzchakra begibst. Beim Ausatmen stelle
dir vor, wie du dich in der Mitte deines Herzens niederlässt. Dein Bewusstsein
ruht nun in deinem Herzen. Herz und Verstand sind miteinander eins.
Lenke deine Aufmerksamkeit sanft zu deinem Kehlkopf und visualisiere dort
ein strahlendes blaues Licht. Stelle dir vor, wie aus diesem blauen Licht ein
blauer Lichtstrahl, wie ein Laserstrahl, austritt. Du kannst diesen Strahl nun
auf deinen Seelenverwandten richten und diesem telepathisch etwas mitteilen.
Wenn es derzeit irgendetwas Unausgesprochenes in deinem Leben gibt, hast
du nun die Gelegenheit all das, was du mitteilen möchtest, auf diesem Weg zu
sagen. Bitte um Liebe in deiner Kommunikation. Kommuniziere liebevoll und
klar auf telepathischem Wege. Sei dir bewusst, dass du deine Botschaft über
die Grenzen von Raum und Zeit hinaussendest.
Stelle dir die Worte, die du in deinem Inneren nun formulierst, als kleine,
blaue Lichtteilchen vor, die von deinem Kehlchakra ausgesendet werden und
über den blauen Lichtstrahl auf die Reise zu deinem Seelenverwandten gehen,

an den sie gerichtet sind. Schicke auf diese Weise all das, was du sonst nicht sagen kannst, in Liebe an den Empfänger deiner Nachricht. Lass dir hierfür ein paar Minuten lang Zeit.

Wenn du jetzt alles mitgeteilt hast, was dir auf dem Herzen lag, so verweile ein paar Augenblicke, um eine mögliche Antwort zu empfangen. Du kannst auch um eine Antwort bitten. Lass dir hierfür ein paar Minuten lang Zeit.

Nun bedanke und verabschiede dich bei dem Empfänger deiner Nachricht. Fahre den Laserstrahl wieder ein und trenne somit die Verbindung. Werde dir jetzt deiner Umgebung bewusst. Fühle Deine Finger und deine Zehen. Bewege dich ein wenig, dehne dich. Öffne deine Augen und kehre in den Raum zurück. Vielleicht möchtest du aufschreiben, was du in der Meditation erfahren hast? Du solltest es möglichst bald tun, solange die Eindrücke noch frisch sind. Wenn nötig erde dich noch einmal kurz, bevor du zu deinem Tagesgeschehen übergehst.

Meditation: **Die Liebe fließen lassen**

Bei dieser Übung geht es darum, die reine Liebe fließen zu lassen und absolut in der Liebe zu sein. Vor dieser Meditation ist eine gute Erdung ebenfalls anzuraten. Wer den IV. Grad des authentischen Reiki hat, kann sie, mit dem IV.-Grad-Symbol, außerdem noch zusätzlich unterstützen.

Bereite dich wie gewohnt vor und begib dich in einen meditativen Zustand. Dann visualisiere, dass deine Dual- oder Zwillingsseele dir gegenüber steht. Mit einem Arm umarmst du sie, mit der Hand des anderen Arms nimmst du ihre Hand in deine. Sie umarmt dich ebenfalls mit ihrem anderen Arm. Nun visualisiere, wie die Liebe aus deinem Herzchakra durch deinen Arm und deine Hand in ihre Hand und in den Arm deines Seelenverwandten hinein zu seinem Herzchakra und wieder zurück zu dir fließt. Der Strom der Liebe fließt hin und her zwischen euch. Es ist ein ständiges gegenseitiges Geben und Nehmen. Du gibst Liebe während du gleichzeitig Liebe empfängst. Es stellt sich nicht mehr die Frage, wer Sender und wer Empfänger ist. Ihr seid beide beides gleichzeitig. Geben und Nehmen sind EINS geworden. Genieße diese Übung solang du möchtest. Sie kann extrem intensiv werden!

Noch intensiver und wunderbarer ist diese Übung, wenn du sie mit deinem Seelenverwandten direkt machen kannst.

Meditation: **Im Garten der Liebe**

Diese Meditation empfehle ich dir ihrer Komplexität wegen aufzunehmen. Erde dich und nimm deine übliche Meditationshaltung ein. Komm zur Ruhe, indem du dich auf deinen Atem konzentrierst und ihn in deinem eigenen Rhythmus fließen lässt, so wie es sich für dich gut anfühlt.

Begib dich an einen Ort in deinem Inneren, an dem du dich wohlfühlst. Male dir den Ort in deiner Vorstellung aus. Wenn du an dem Ort angekommen bist, dann bitte darum einen Pfad gezeigt zu bekommen, der dich in den Garten der Liebe führen wird. Wenn du diesen Pfad wahrnimmst, dann betrete ihn und gehe ihn entlang. Es dauert nicht lange und du gelangst an ein großes schmiedeeisernes Tor. Auf dem Tor ist ein kunstvoll verziertes Schild. Du bemerkst, dass darauf etwas geschrieben steht. Du gehst näher an das Tor heran und erkennst deinen Namen und den Namen deines Seelenverwandten auf dem Schild. Als du es berührst schwingt das Tor leicht und lautlos zur Seite. Du siehst den wundervollen Garten der hinter dem Tor verborgen war. Der Pfad, auf dem du hierher gelangt bist, führt geradewegs in den Garten hinein. Du betrittst den Garten und gehst voller Staunen und freudiger Erwartung den Pfad entlang.

Am Wegesrand stehen duftende Rosen in Weiß, Rosa und Rot. Der Garten verströmt einen eigenartigen Zauber und du gehst, beschwingt vom Duft der Rosen, weiter. Du gelangst an einen Platz mit einem weißen Brunnen aus Marmor, neben dem eine Bank unter einem herrlichen Schatten spendenden Lindenbaum steht. Du fühlst, dass du eingeladen bist dich dort niederzulassen. Setze dich auf die Bank und genieße die wohltuende, zauberhafte Atmosphäre. Dies ist der Ort, an dem dir dein Seelenverwandter begegnen kann. Rufe ihn bei seinem Namen und bitte ihn zu dir zu kommen. Sei dir bewusst, dass dieser Ort nur euch gehört. Nur er und du könnt ihn betreten. Rufe in Gedanken seinen Namen und sage ihm, dass du an eurem Ort auf ihn wartest. Wenn dein Seelenverwandter kommen sollte, dann kannst du ihm alles sagen, was du ihm sagen willst. Du kannst auch einfach nur euer beider Dasein genießen, dass ihr beide da seid.

Falls er nicht kommen sollte, kannst du in der Energie eures gemeinsamen Ortes schwelgen und einfach da sein. Du kannst ihm jedoch auch eine Nachricht hinterlassen. Du bemerkst neben der Bank einen kleinen Tisch mit einem Schreibblock und einem Füllfederhalter. Damit kannst du ihm eine Nachricht schreiben. Wenn du das nächste Mal diese Meditation machst, kannst du sehen, ob dir dein Seelenverwandter auch eine Nachricht dagelassen hat.

Wenn du die Zeit mit deinem Seelenverwandten lange genug ausgekostet hast, begib dich langsam wieder ins Hier und Jetzt und komme in dein Tagesbewusstsein zurück.

Meditation: Transformation von Negativität

Diese Meditation eignet sich dafür alles Negative und Belastende, was zwischen dir und deinem Seelenverwandten besteht, zu transformieren und loszulassen.

Begib dich wieder, gut geerdet, in einen ruhigen und entspannten Meditationszustand. Achte auf deinen Atem und entspanne dich solange du es für richtig empfindest. Wenn du deine optimale Entspannungszone erreicht hast, dann stelle dir deinen inneren Ort vor. Dieser Ort wird so aussehen, wie du möchtest, dass er aussieht. Du kannst ihn dir nach deinem Belieben erschaffen. Wenn du an deinem inneren Ort angekommen bist, dann bitte um einen Pfad, der dich zum Tempel der Transformation bringen soll. Wenn du diesen Pfad siehst, gehe ihn entlang.

Nach einiger Zeit siehst du einen Hügel vor dir aufsteigen. Er ist nicht sehr groß und oben abgeflacht. Auf dem Hügel erkennst du schon die Umrisse eines Tempels. Du gehst zu dem Hügel hin und den in Serpentinen nach oben führenden Weg entlang. Es dauert nicht lange und du bist beim Tempel angelangt. Vor dessen Tor steht der Tempelwächter. Teile ihm mit, dass du hier bist, um deine alten Verletzungen, alles Belastende, Negative und Unnütze los- und transformieren zu lassen. Der Tempelwächter wird dir dabei helfen. Er geht mit dir in den Tempel hinein und führt dich an einen runden Platz. In der Mitte des Platzes befindet sich ein großes Mosaik, das einen Schmetterling darstellt. Auf jeden seiner Flügel sollst du all das legen, was du loswerden willst. Du stehst vor dem Mosaikschmetterling und legst alles, was du nicht mehr willst, auf seine Flügel. Allen Kummer, alle Trauer, alle anderen negativen Gefühle, enttäuschte Erwartungen, Bedenken, unerfüllte Sehnsüchte, Wut und einfach alles, was du mitgebracht hast und loswerden willst. Du bist erstaunt dass alles dort Platz hat.

Wenn du alles auf die Schmetterlingsflügel gelegt hast, sage laut oder in Gedanken, dass du all diesen Dingen dafür dankst, dass sie für dich da waren. Denn sie haben dir alle etwas gegeben und dich wertvolle Erfahrungen machen lassen. Aber nun willst und brauchst du sie nicht mehr. Sie dürfen nun gehen. Bitte nun darum, dass alles transformiert werden möge, was du auf die Schmetterlingsflügel gelegt hast. Du bist erstaunt, denn du siehst, wie all diese Dinge plötzlich die Farbe der einzelnen Mosaiksteinchen der Schmetterlingsflügel annehmen. Es ist so, als würde alles, was du darauf gelegt hast, selbst zu einem Mosaik, zu DEM Mosaik werden. Und so ist es auch. Plötzlich ist alles fort und die Schmetterlingsflügel strahlen und leuchten in einem herrlichen Licht. Schöner und farbiger als zuvor.

Bedanke dich bei dem Mosaikschmetterling und beim Tempelwächter und bitte ihn, dich wieder nach draußen auf deinen Pfad zu bringen. Dort angelangt gehst du zu deinem inneren Ort und kommst von da aus wieder ins Hier und Jetzt und in dein Tagesbewusstsein zurück.

Den eigenen Gefühlen vertrauen lernen

Viele Menschen, die ihrer Dual- oder Zwillingsseele begegnet sind, vertrauen ihren Gefühlen nicht oder fürchten gar verrückt geworden zu sein. Woran liegt das, dass wir unseren Gefühlen plötzlich kein Vertrauen mehr entgegenbringen? Normalerweise denken wir zuerst etwas und erhalten dann das entsprechende Gefühl postwendend. Das Gefühl passt dabei zu hundert Prozent zu dem gedachten Gedanken. Manchmal haben wir den Gedanken noch nicht einmal zu Ende gedacht und das Gefühl ist schon da. Die Gefühle, die deinen Gedanken folgen, sind immer für dich persönlich richtig und vollkommen angemessen. Auch, wenn andere Menschen vielleicht behaupten, sie wären nicht richtig, oder gar übertrieben und der Situation unangemessen. Freilich mag es sein, dass diese Menschen in der jeweiligen Situation anders als du reagieren würden. Deine Gefühle sind für dich angemessen und immer richtig. Nur du alleine kannst deine Gefühle ändern. Dazu ist es notwendig, dir deiner Gedanken bewusst zu werden und diese so zu ändern, dass die entsprechenden Gefühle darauf folgen können.

Stell dir einmal vor, du hörst im Radio ein Lied, das dich traurig macht, weil es dich vielleicht an eine schöne gemeinsame Zeit mit deinem Seelenverwandten erinnert, die Zeit aber leider Vergangenheit ist. Vermutlich wirst du nun negative, traurige Gefühle bekommen. Hörst du jedoch ein Lied im Radio, mit dem du etwas Positives in Verbindung bringst, wird das sicherlich aufbauende und schöne Gefühle zur Folge haben.

Du siehst also, dass es größtenteils so ist, dass der Gedanke VOR dem Gefühl erscheint und das Gefühl dem Gedanken nachfolgt. In Verbindung mit einem so engen Seelenverwandten, wie mit unserer Dualseele oder unserer Zwillingsseele, geschieht es vermehrt, dass wir zuerst ein Gefühl haben und dann erst folgt der Gedanke. Die Reihenfolge ist also umgekehrt als gewohnt. Bemerke: Der erste Gedanke, der auf das Gefühl folgt, ist immer richtig. Wir, bzw. unser Verstand, ist diese Reihenfolge nicht gewohnt und reagiert äußerst sensibel darauf. Unser Verstand will schließlich die Kontrolle über unser Denken, Fühlen und Handeln besitzen. Die Kontrolle darüber bringt Sicherheit und innere Stabilität. Im Grunde ist das auch eine wichtige und gute Eigenschaft. In unserem speziellen Fall allerdings ist das eher hinderlich. Denn der Verstand ist davon überfordert, wenn zuerst das Gefühl da ist, ohne dass vorher der entsprechende Gedanke gedacht wurde. Für unseren Verstand bedeutet das einen Kontrollverlust. Denn normalerweise kontrolliert er ja unsere Gefühle. Diese Kontrolle läuft für unser Wachbewusstsein unbewusst ab. Wir haben das Gefühl, unsere Gefühle entstünden einfach so. Aber dem ist nicht so, sie sind in der Regel eine Folge unserer Gedanken.

Mit unserem Seelenverwandten geschieht es häufig, dass das Gefühl zuerst da ist und der entsprechende Gedanke, der das Gefühl beschreibt, augenblicklich auf das Gefühl folgt. Manchmal sind diese Gedanken auch von inneren Bildern begleitet. Und nun schaltet sich unser Verstand ein und sagt uns, dass wir verrückt sind. Ja, wir sind auch verrückt – unsere innere Wahrnehmung folgt nicht mehr den normalen Regeln. Verrückt ist aber nicht gleich verkehrt. Nur weil die Reihenfolge umgekehrt ist, bedeutet das noch lange nicht, dass unsere Wahrnehmung nicht stimmt. Sie stimmt immer zu hundert Prozent. Zumindest der erste Gedanke auf ein Gefühl ist immer richtig. Freilich können wir uns in Folge dessen alles Mögliche und Unmögliche zusammenreimen. Der erste Gedanke ist derjenige, der zählt.

Wir können uns diesen Umstand bewusst machen. Dann wird es auch für unseren Verstand ganz normal werden, dass es zuweilen vorkommt, dass zuerst ein Gefühl da ist und dann der diesem Gefühl entsprechende Gedanke folgt. Was kannst du also tun um Gefühle und Gedanken, alias Herz und Verstand, in Einklang zu bringen? Ich empfehle dir, dir zunächst bewusst zu werden was geschieht und anzuerkennen, dass das Gefühl durchaus zuerst da sein kann. Das bewusste Erleben seiner Gefühle und Gedanken bewirken eine gute Balance zwischen Herz und Verstand. Es gibt auch eine kleine Übung dafür.

Übung: **Gefühl und Verstand in Einklang bringen**
Erde dich und nehme deine gewohnte Meditationshaltung ein. Beobachte deinen Atem solange ganz bewusst, bis du zur Ruhe gekommen bist. Nun spüre in dich hinein. Gibt es da ein Gefühl, das einfach so da ist? Vielleicht hast du es nur noch nicht bemerkt. Spüre in dich hinein, ob du etwas entdeckst, das du fühlst. Manchmal können wir an diesem Punkt durchaus deutliche und starke Gefühle wahrnehmen. Manchmal sind es aber auch nur schwache, undeutliche und diffuse Gefühle. Egal welcher Art das Gefühl ist, das du fühlst – fühle es einfach ohne es zu bewerten. Denke auch nicht darüber nach, was für ein Gefühl es ist, sondern fühle es einfach und lass es zu. Gewöhne dich daran einfach zu fühlen – ohne zu denken. Wenn innere Bilder kommen, dann nimm sie wahr und registriere ihren Inhalt – ohne sie zu bewerten. Fühle einfach dein Gefühl und nimm wahr was kommt. Wenn nun Gedanken auftauchen sollten, so nimm sie einfach wahr und lasse sie ziehen. Konzentriere dich primär auf das Gefühl. Vielleicht ändert es sich im Laufe der Übung? Sollte es unangenehm werden und es für dich stimmig sein, es ändern zu wollen, dann denke einen Gedanken, der ein positiveres Gefühl bei dir erzeugt. Denke an etwas, das dir Freude macht und stelle dir vor, das zu tun. Achte darauf, wie sich dein Gefühl nun ändert. Sei dir bewusst, dass du deine Gefühle jederzeit mit deinen Gedanken beeinflussen kannst. Aber nun gehe wieder rein in das

Gefühl zurück. Sei dir bewusst, dass Gefühle existieren können, ohne dass es vorher einen Gedanken gab. Konzentriere dich nun wieder eine Weile rein auf dein Fühlen und messe deinen auftretenden Gedanken keine Bedeutung zu. Dein Fokus liegt rein auf deinem Gefühl.

Zu dieser Meditation kannst du deine Hände auf die Stellen deines Körpers legen, wo du das entsprechende Gefühl verspürst. Du wirst bemerken wie die Übung dadurch verstärkt wird.

Fallbeispiel: Julia ist ihrer Zwillingsseele begegnet. Seit dieser Begegnung ist sie mit ihren Gefühlen und den darauf folgenden Gedanken überfordert. Sie hat sogar manchmal das Gefühl verrückt zu werden. Eines Tages saß sie an ihrem Arbeitsplatz in eine hoch komplizierte Tätigkeit vertieft, da entstand urplötzlich eine ganze Flut von Gefühlen in ihr. Ihr erster Gedanke war ihre Zwillingsseele. Sie sah ihn vor ihrem inneren Auge direkt vor sich. Die Gefühle, die sie hatte, wurden von starken körperlichen Empfindungen begleitet. In ihren Chakren pochte, pulsierte und brannte es. Für Julia kamen diese Gefühle aus heiterem Himmel und völlig ohne Vorwarnung. Sie brachte sie zwar sofort mit ihrem Seelenverwandten in Verbindung, misstraute aber ihrer eigenen Wahrnehmung und fürchtete Wahnvorstellungen zu haben. In Wirklichkeit war es jedoch so, dass sie über die feinstofflichen Bänder sehr viel von ihrer Zwillingsseele fühlen konnte. Diese Gefühle kamen wie aus dem Nichts direkt in ihre Chakren eingeschossen.

Nicht nur über die feinstofflichen Verbindungen kann dieses Phänomen auftauchen. Über das gemeinsame energetische Feld, über die Seelenmatrix, über die energetischen Frequenzfelder und über viele andere Gegebenheiten sind wir mit unserem Seelenverwandten so sehr verbunden, dass diese Gefühle einfach in uns erzeugt werden, ohne dass ihnen ein Gedanke vorausgeht.

Das Gesetz der Anziehung

„Gleiches zieht Gleiches an." Das Gesetz der Anziehung entspricht dem Gesetz der Resonanz. Wir ziehen das an, was wir ausstrahlen. Dieses kosmische und auch metaphysische Gesetz kann uns Glück, Gesundheit, Erfolg und Liebe ins Leben bringen, aber leider auch das Gegenteil.

Wir ziehen laut dem Gesetz der Anziehung nämlich nicht nur das an, was uns entspricht, bzw. was in uns ist, sondern wir ziehen auch all das an, was zu uns gehört, bzw. was uns gehört. Unser Seelenverwandter gehört zu uns, wie auch ein biologisch Verwandter zu uns gehört. Deshalb ziehen sich Seelenverwandte auch unweigerlich außerordentlich an. Der seelische Bereich seelenverwandter Menschen steht immer miteinander in Resonanz. Der menschliche Bereich kann jedoch durchaus in Widerspruch stehen. In sehr drastischem Widerspruch sogar. Seelenverwandte begegnen sich, wenn die Zeit für sie reif ist. Wir ziehen unseren Seelenverwandten unweigerlich an, wenn unser Energiefeld die entsprechenden Signale aussendet. Wir und auch unser Seelenverwandter müssen eine entsprechende Reife im Leben erlangt haben, damit wir einander begegnen können. Ist dieser Zustand erreicht, werden wir unweigerlich zueinanderfinden.

Haben wir unseren Seelenverwandten getroffen und stehen in Kontakt mit ihm, so erleben wir früher oder später die enorme Spiegelwirkung, die Seelenbeziehungen auszeichnet. Jeder Mensch spiegelt uns als Gegenüber das wider, was in uns selbst ist. Sogar in flüchtigen Begegnungen lässt sich dieses Phänomen erkennen. Da uns unsere Seelenverwandten und insbesondere unsere Dual- und auch unsere Zwillingsseele auf äußerst prekäre Art spiegeln, erfahren wir mit ihnen ein unglaubliches Entwicklungspotenzial. Wir haben unsere Dual- oder Zwillingsseele ja gerade deshalb angezogen, weil sie aus seelischer Sicht zu uns gehört und weil wir durch die Interaktion unserer Energiefelder entsprechend in Resonanz sind. Und nun spiegeln wir uns gegenseitig all die Themen wider, die unerlöst auf unserem seelischen Dachboden auf ihre Entdeckung gewartet haben. All unsere Schattenthemen und alles, was in uns nicht heil, nicht ganz und nicht integriert ist, wird unser Seelenverwandter mit erstaunlicher Präzision ans Tageslicht befördern. Aber wie auf einem Dachboden nicht nur Gerümpel liegt, sondern auch wertvolle Schätze entdeckt werden können, so wird der Spiegel unseres geliebten Herzensmenschen auch unsere inneren Schätze und Reichtümer hervorheben. Eigentlich hinkt der Vergleich mit dem Spiegel etwas dem wirklichen Geschehnis hinterher. Denn ein richtiger Spiegel spiegelt ja nur das, was da ist. Also alles, was vor dem Spiegel steht, wird im Spiegel abgebildet – allerdings seitenverkehrt. Unser Seelenverwandter stellt einen andersartigen, absolut speziellen und einmaligen Spiegel dar. Denn er spiegelt nicht nur das, was offensichtlich vorhanden, bewusst ist, sondern er zeigt uns auch alles, was im Verborgenen liegt. Das wäre im Vergleich mit dem richtigen Spiegel in etwa so: Der Spiegel der Seelenverwandten spiegelt alle Gegenstände, die sich ihm gegenüber befinden – aber nicht nur das! Er spiegelt auch alles wider, was sich IN diesen Gegenständen befindet. Blickt man selbst in diesen besonderen Spiegel, so macht dieser alles sichtbar, was normalerweise unsichtbar ist. Also all unsere Gedanken und Gefühle, all unser Sehnen und Trachten, unsere intimsten Wünsche, Hoffnungen und Sehnsüchte, einfach alles, was in uns ist. Dieser spezielle Spiegel durchdringt die Oberfläche, blickt tief in uns hinein und hinter unsere Fassade, die wir uns zum Schutz angelegt haben. Aber nicht nur das geschieht mit unserem Seelenverwandten als Spiegel. Wir selbst sind für ihn ebenso ein Spiegel. Auch wir vermögen all das, was in ihm verborgen ist, ins Bewusstsein zu bringen. Die große Chance dabei ist, dass wir mit unserem Seelenverwandten unsere verborgenen Talente, Begabungen, inneren Ressourcen und Potenziale erkennen und leben lernen können. Wir werden außerdem unsere Schattenthemen und unerlösten Traumata verstehen lernen. Dieses tiefe Verständnis und unser erweitertes Bewusstsein helfen uns, sie zu transformieren und zu heilen.

Wir ziehen also das an, was uns zutiefst entspricht und was in uns ist. Was hat das mit der Spiegelwirkung zu tun? Nun, alles was in uns, bzw. in unserem Seelenverwandten ist, gelangt durch das Gesetz der Anziehung in unser Bewusstsein. Wir sind mit unserem Seelenverwandten in Resonanz und ziehen ihn deshalb so extrem an, weil er Attribute in sich trägt, die ebenfalls mit uns in Resonanz sind, bzw. mit uns etwas zu tun haben. All die Dinge, die wir gespiegelt bekommen und die wir dem anderen spiegeln, sind auch mit uns selbst in einer gewissen Resonanz. Wir können nichts spiegeln, was nicht auch in uns selbst vorhanden ist. Unsere Zwillingsseele, als unsere seelische Entsprechung, spiegelt uns auf ganz besondere Weise, wie auch unsere Dualseele als unser seelischer Gegensatz uns desgleichen auf höchst einmalige Weise zu spiegeln vermag. Umgekehrt ist das selbstverständlich ebenso.

„Wir ziehen an, was wir ausstrahlen – wir strahlen aus, was wir anziehen!" Dieses kosmische Gesetz bedeutet, dass wir genau das erhalten, was in uns selbst ist. Und ebenso reagiert auch unser Gegenüber auf unsere Ausstrahlung. Je nachdem mit welchen Erwartungen, Prägungen, Mustern und inneren Einstellungen wir unserem Seelenverwandten gegenübertreten, werden wir auf ihn wirken. Die Wirkung, die wir in ihm erzeugen löst eine Gegenwirkung – also eine Reaktion seinerseits aus. Damit sind nicht nur konkrete Worte oder Taten gemeint, sondern auch alles, was uns unbewusst ist und was wir unbewusst aussenden. Unsere innere Einstellung und Haltung, unsere Glaubenssät-

ze und Erwartungen spiegeln sich im anderen, weil wir sie entsprechend aussenden. Kein Wunder also, dass wir auch sehr unschöne Dinge durch den anderen gezeigt bekommen können.

Die Lösung liegt nicht darin seinen Seelenverwandten zu ändern, bzw. ihm seinen Mangel und seine Defizite und unerlösten Themen aufzuzeigen, sondern all das bei sich selbst zu erkennen. Ein Konflikt mit einem Seelenverwandten hat immer sehr viel mit uns selbst zu tun. Erkennen wir dies und ändern es bei uns, dann senden wir andere Botschaften aus und können demnach Neues anziehen. Wer dieses kosmische Gesetz versteht und damit umgehen kann, der kann sich nahezu alles im Leben manifestieren. Wir brauchen im Grunde „nur" unsere innere Einstellung zu ändern, um dann das Entsprechende auszustrahlen, um demnach wiederum das anziehen zu können, was unserer inneren Einstellung entspricht. So einfach, wie sich das anhört, so schwierig ist es, seine innere Einstellung zu verändern. Wir können sie nämlich nur dann ändern, wenn sie uns bewusst ist. Leider agieren wir zu einem sehr hohen Prozentsatz völlig aus unserem Unbewussten heraus.

Das Feld des Unbewussten ist unglaublich groß. Wir sind uns vieler Dinge, die in unserer Vergangenheit geschehen sind, nicht mehr bewusst. Seelische Erschütterungen aus diesem und aus vergangenen Leben, können mit unserem Seelenverwandten ebenso an die Oberfläche kommen, wie auch Themen, die unsere Kindheit betreffen. *„Wie innen so außen – bzw. wie außen so innen!"* Wer häufig ungute Situationen und Begegnungen anzieht, weil seine Seele durch Belastungen von diesem, oder einem anderen Leben geprägt ist, sollte versuchen seine Seele zu heilen. Die Seele kann wunderbar durch beispielsweise die metaphysische Geistheilung geheilt und von alten Verletzungen befreit werden. Je reiner und unbelasteter unsere Seele ist, desto glücklicher wird unser Leben sein. *„Wenn ihr nicht werdet wie die Kinder, so könnt ihr nicht eingehen in das Himmelreich!"* Dieser Bibelspruch sagt aus, dass wir das Paradies auf Erden erleben können, wenn unsere Seele rein und unbelastet wie die eines Kindes ist. Unsere Seele ist der Schlüssel.

Die Trennung von seiner Dual- oder Zwillingsseele

Die Trennung von seiner Dual- oder Zwillingsseele ist mit extrem schlimmen Gefühlen verbunden. Die Liebe und die Verbundenheit sind so enorm, dass wir in eine sehr tiefe Krise geraten, wenn wir von dem geliebten Menschen wieder getrennt werden. Dabei ist es egal, ob wir schon eine Partnerschaft, eine Freundschaft, oder in einem anderen Kontakt zu ihm standen. Manche Menschen kennen ihren Seelenverwandten gar nicht persönlich, sondern „nur" über das Internet oder über ein anderes Medium, wie zum Beispiel Film oder Fernsehen. Sie hatten keinerlei persönlichen Kontakt mit ihm, leiden aber trotzdem sehr unter dem Getrenntsein. Es gibt drei verschiedene Formen die Trennung von seiner Dual- oder Zwillingsseele zu erleben. Die Herausforderungen und die Probleme damit umzugehen, sind ebenfalls verschieden.

Die Trennung von der Dual- oder Zwillingsseele aus einer Partnerschaft heraus

In einer Liebesbeziehung mit seiner Dual- oder Zwillingsseele entstehen unglaublich innige und intensive Momente. Die enorme Nähe und Verbundenheit sind nicht nur seelisch zu fühlen, sondern schließen unser ganzes Sein mit ein. Die gelebte Sexualität mit unserem Seelenverwandten ist äußerst intensiv und innig. Die körperliche Leidenschaft, das Begehren und Verlangen sind nicht nur rein auf die Körperlichkeit und die unteren Chakren bezogen, sondern stellen unser gesamtes Sein einschließend eine hoch spirituelle Erfahrung dar. Aber auch alles andere, das wir mit unserem Seelenverwandten teilen, ist von einer ganz besonderen Energie geprägt. In jeder Begegnung wirkt ein Zauber, der uns dieses außergewöhnliche Band zu unserem Seelenverwandten gewahr werden lässt. Dieses energetische Kraftfeld, das unsere Ganzheit von Körper, Geist und Seele mit einbezieht, entsteht durch die besondere Art unserer seelischen Verbundenheit. Dabei ist es unerheblich, ob es sich bei deinem Seelenverwandten um deine Dualseele oder deine Zwillingsseele handelt. Das enorme energetische Kraftfeld entsteht bei beiden Seelenverbindungen, auf seine ganz spezielle Art.

Nun ist es so, dass bei einer Trennung nicht nur der „normale" Trennungsschmerz vorhanden ist, sondern auch der enorme Schmerz, wenn die Chakren und die Energiekörper sich wieder voneinander lösen. Auch wenn vielleicht eine räumliche Distanz zwischen uns und unserem Seelenverwandten vorhanden ist, weil wir in weit auseinanderliegenden Orten wohnen, so besteht das gemeinsame Energiefeld trotzdem. Freilich nicht so stark, wie in den Momenten, in denen wir körperlich zusammen sind – aber es besteht.

Eine Trennung von der Dual- oder Zwillingsseele beinhaltet extremste Seelenqual. Der Mensch, mit dem unsere Seele so intensiv verbunden ist, fehlt uns, wie uns noch nie jemand zuvor gefehlt hat. Alles in uns schreit nach seiner Liebe und seiner Nähe. Die Trennung von seinem Seelenverwandten ist nicht nur wegen der Art der Seelenverbindung so schmerzhaft, sondern auch wegen der energetischen und feinstofflichen Verbindungen, die durch den körperlichen Kontakt auf besonders intensive Weise entstanden sind. Besonders ausgeprägt sind diese, wenn man seine Sexualität mit seinem Seelenverwandten gelebt hat.

In diesem Fall ist es wichtig, sich hierfür Hilfe zu suchen, die auch auf der energetischen Ebene wirken kann. Denn die Trennung kann sogar körperliche Entzugssymptome hervorrufen. Diese können sich wie ein Entzug von etwas anderem bemerkbar machen. Manche Menschen bekommen sogar dieselben Entzugssymptome wie ein Nikotinabhängiger, der sich das Rauchen abgewöhnt. Durch spezielle Energiearbeit können diese Symptome verringert werden – übrigens auch bei der Entwöhnung von, zum Beispiel, Nikotin.

Die Trennung von der Dual- oder Zwillingsseele, ohne jemals persönlichen Kontakt gehabt zu haben

Es gibt immer wieder Menschen, die keinen persönlichen Kontakt mit ihrem Seelenverwandten hatten. Sie kennen ihn vielleicht sogar „nur" über das Internet. Manche von ihnen haben schon mit ihrem Seelenverwandten telefoniert, aber in der Regel kennen sie sich vor allem über Geschriebenes, wie Forenbeiträge, oder E-Mails. Auch auf diesem Wege ist eine Seelenverwandtschaft fühlbar. Wer seine Dual- oder Zwillingsseele trifft, fühlt dies in der Regel auch dann, wenn er dem anderen noch nie real in die Augen geschaut hat. Auch hier baut sich ein gewisses gemeinsames Energiefeld auf, das jedoch von anderer Art ist, als das Energiefeld von Seelenverwandten, die sich persönlich kennen. Es gibt in dieser Konstellation natürlich auch alle anderen Phänomene einer Seelenverwandtschaft, wie Empathie und Telepathie. Eine Trennung in diesem Fall ist für die Betroffenen ebenso schmerzhaft, wie für jene, die eine Partnerschaft, Freundschaft oder einen anderen realen Kontakt hatten. Für die Betroffenen ist diese Art der Seelenverwandtschaft oft besonders hart, denn sie ernten seitens ihres Umfeldes meistens keinerlei Verständnis. Außerdem ist die Sehnsucht unvergleichbar groß, sich real in die Augen blicken zu können, sich zu berühren und einfach einander nah zu sein, das ist ein ganz natürlicher Wunsch.

Die Trennung von seinem Seelenverwandten, wenn nie ein realer Kontakt bestanden hat

Vielleicht fragst du dich jetzt, wie man sich von einem Seelenverwandten trennen kann, wenn man gar keinen realen Kontakt zu ihm hatte. Nun, die Trennung hierbei ist anderer Art.

Manche Menschen kennen ihre Dualseele oder ihre Zwillingsseele nur über die Distanz. Das Kennen ist hier meistens auch einseitig. Der Seelenverwandte ist möglicherweise ein Prominenter oder eine andere Person, zu der kein realer Kontakt besteht und vermutlich auch nicht so ohne weiteres zu bewerkstelligen ist. Wer plötzlich realisiert, dass ein unerreichbarer Mensch seine Dual- oder Zwillingsseele ist, macht die unterschiedlichsten Erfahrungen.

Manchen macht es nie etwas aus, dass der geliebte Mensch in weiter Ferne ist, aber andere werden sich eines Tages der Trennung auf sehr schmerzhafte Weise bewusst. Sie spüren auf der einen Seite diese extreme seelische Verbundenheit und fühlen den geliebten Menschen wie durch Magie als Teil ihres Lebens – zu ihnen gehörig – auch wenn er körperlich nicht da ist. Dann aber kommt der Tag, an dem sie verstehen, dass sie zwar seelisch bis aufs Tiefste miteinander verbunden sind, aber irdisch vermutlich nie die Chance bekommen werden, dem oder der Geliebten nahe zu sein. Diese Erkenntnis kann äußerst schmerzhaft sein und tiefe seelische Abgründe eröffnen. Gerade dann, wenn wir keinen körperlichen Kontakt zu einem Seelenverwandten haben, nimmt die feinstoffliche Ebene in der Regel einen sehr hohen Stellenwert ein. Die Beziehung wird dann auf dieser Ebene „gelebt", wenn der „richtige" Kontakt nicht möglich ist. Meine Erfahrung ist die: *je geringer der reale Kontakt, desto mehr der feinstoffliche Kontakt.*

Meiner Ansicht nach ist es für diese Menschen extrem wichtig, sich nicht zu sehr auf die irdische Ebene zu konzentrieren, sondern mehr auf die reine Seelenverbindung. Denn dort herrscht ja die Fülle – dort sind sie mit ihrem Seelenverwandten verbunden. Im Irdischen fühlen sie den Mangel – es besteht keinerlei Kontakt und meist auch wenig Chancen diesen zu bekommen. Energie folgt der Aufmerksamkeit. Lenken wir unsere Aufmerksamkeit auf den Mangel, so geben wir Energie da hinein und er wird stärker. Lenken wir aber unsere Energie auf die Fülle, so fließt unsere Energie da hinein und wir vermehren unsere Fülle. Dieses „alte Energiegesetz" gilt für alle unsere Seelenbeziehungen. Wir haben immer beides – egal mit wem – Mangel und Fülle. Wollen wir uns auf den Mangel oder die Fülle konzentrieren? Nur wir alleine haben Einfluss darauf von welcher Seite wir das Leben betrachten wollen. Die berühmte Frage nach dem halb vollen oder halb leeren Glas gilt auch hier.

Wichtig ist an dieser Stelle zu erwähnen, dass es sehr bedeutend ist, sich auf die feinstofflichen Ebenen zu konzentrieren, ohne sich in diesen zu verlieren. Alles hat seine zwei Seiten. Wenn der Kontakt zum Seelenverwandten „nur" auf feinstofflicher, energetischer Ebene gelebt werden kann und keine Aussicht auf realen Kontakt besteht, dann verlieren sich manche in dieser Ebene. Die Realität und reale Kontakte, wie Freunde und Familie, können immer mehr an Bedeutung und Wichtigkeit verlieren. Die Betroffenen leben nicht mehr ihr Leben, sondern träumen in der Welt des Feinstofflichen mit ihrem Seelenverwandten. Deshalb empfehle ich dir, dich immer wieder genauestens zu überprüfen, ob du nicht Gefahr läufst weltfremd zu werden.

Was kann man in der akuten Trennungsphase für sich tun?

Alles, was bei einem „normalen" Liebeskummer hilft, kann uns auch bei der Trennung von unserem Seelenverwandten helfen. Leider aber nur ganz begrenzt. Denn die tiefe Seelenliebe lässt nicht einfach im Laufe der Zeit nach. Verliebtheit lässt früher oder später immer nach und verschwindet irgendwann ganz. Eine Seelenliebe aber bleibt! Diese Tatsache lässt das Ego an einer Trennung verzweifeln. Viele Menschen mühen sich in unendlichen Versuchen den anderen endlich loslassen zu können, jedoch immer wieder erfolglos. Die Liebe schmerzt niemals, denn sie ist die höchste Schwingung, die es gibt – das, was wehtut, entspringt alles unserem Ego.

Die Liebe zwischen Dualseelen und Zwillingsseelen ist eine ewige Konstante. Sie ist einfach und lässt sich durch nichts und niemanden ändern. Was man jedoch ändern kann, ist das Leid und den Kummer, den wir in uns tragen. Diese negativen Gefühle können wir sicher loslassen und transformieren. Das ist ein Prozess, der freilich nicht von heute auf morgen vonstattengeht, sondern sich durchaus eine Weile hinziehen kann. In diesem Prozess können wir vieles erfahren – über uns selbst – über unseren Seelenverwandten und über das Leben an sich.

Jeder geht anders mit seiner Trauer und seinem Kummer um. Vielleicht hast du schon etwas für dich gefunden, was dir dabei hilft? Ich schlage dir vor, einmal die folgenden Punkte auszuprobieren. Vielleicht ist etwas dabei, das dir helfen kann deine negativen Gefühle zu transformieren und wieder Vertrauen ins Leben und in dich selbst zurückzubekommen.

Eine kleine Übung bei Kummer in der Trennungsphase

Konzentriere dich auf die reine Seelenverbindung zu deinem Seelenverwandten mit dem Bewusstsein, dass die Liebe zwischen euch immer vorhanden ist. Mache dir bewusst, dass nichts und niemand eure seelische Verbundenheit ändern kann. Über die Liebe seid ihr untrennbar miteinander verbunden. Auch wenn im Irdischen (momentan) kein Kontakt besteht, so seid ihr auf der Seelenebene immer zusammen. Versuche deine Seelenbeziehung rein mit den Augen der Liebe zu betrachten.

Lasse deine Gefühle zu und weine, tobe und schreie, wenn es dir danach ist. Diese heftigen Gefühle suchen sich einen Weg nach draußen. Deshalb sind sie auch so schlimm – sie wollen und müssen raus. Wenn du sie nicht auslebst, sondern unterdrückst, dann können sie dir früher oder später erheblichen Schaden zufügen. Dein Körper wird eventuell sogar diese Gefühle in Form einer Krankheit für dich ausleben, wenn du deine Trauer und deinen Kummer abkapselst. Eine Klientin von mir sagte: *„Ich habe ganze Ozeane geweint – hinterher war ich so leer wie eine Wüste. Ich habe mich komplett ausgeweint* *und nichts zurückgelassen. Das hat mir geholfen. Jetzt geht es mir wieder gut, weil ich es geschafft habe meinen Seelenverwandten seinen Weg gehen zu lassen – trotzdem weiß ich, dass ich mit ihm in ewiger Liebe für immer verbunden bin. Auch wenn wir uns in diesem Leben vielleicht nicht mehr wiedersehen werden!"*

Kraft, Hilfe, Inspiration aus der Natur

In der lebendigen Natur geschieht nichts,
was nicht in der Verbindung mit dem Ganzen steht.
Johann Wolfgang von Goethe

Die Natur stellt eine große Energiequelle für uns Menschen dar. Ein Aufenthalt in der Natur kann uns helfen, unsere Emotionen zu transformieren. Sie vermag sogar unsere Tränen zu trocknen und uns Sicherheit und Geborgenheit übermitteln. Wir sind natürliche Geschöpfe, die leider in unserer heutigen technisierten Welt vielfach entfernt von unserer wahren Urkraft sind. Die Natur entspricht unserem tiefsten, inneren Wesen. Der Mensch ist ein ganzheitliches, natürliches Geschöpf, das seinen biologischen Ursprung in der Natur und seinen seelischen, geistigen Ursprung im göttlichen Sein hat. Die Natur ist die Schöpfung des göttlichen Seins. Ein Aufenthalt in der Natur kann uns Kraft, Energie, Inspiration, Trost und vieles mehr geben.

Wenn wir den Aufenthalt in der Natur mit unseren wertvollen, spirituellen Praktiken verbinden, dann kann sich dies außerordentlich heilsam auf unseren Körper, auf unseren Geist und auch auf unsere Seele auswirken. Die Natur ist die Quelle allen Lebens. Sie ist beseelt und voller universaler Lebensenergie. Außerdem hält sie uns besondere Plätze mit außergewöhnlichen Orten der Kraft parat. An diesen sogenannten Kraftorten können wir noch mehr Energie tanken als sonst. Diese Energie wird uns und unserem gesamten Energiesystem augenblicklich zur Verfügung stehen. Du hast vermutlich schon selbst einmal gesagt, oder jemanden sagen gehört: *„Ich hatte einen so wunderbaren Tag in der Natur, am Meer, in den Bergen etc. – ich konnte mich so richtig auftanken und meine Seele baumeln lassen."* Mit diesem Ausspruch sagen wir exakt das aus, was auch geschieht, wenn wir in der Natur sind.

Besonders kraftvolle Orte befinden sich in der Nähe oder direkt bei großen stattlichen Bäumen. Besonders Linden, Buchen, Eichen, Kastanien und der Bergahorn eignen sich dafür sehr. Ich hatte mit meiner Zwillingsseele einen hochenergetischen Kraftort bei einer stattlichen solitär stehenden Fichte. Diese Fichte war für mich einmalig, kraftvoll und wunderschön. Sie hatte sehr dicke Äste und einen so dicken Stamm, dass sich ein Mann dahinter verstecken konnte.

Auch Orte am Wasser können eine starke Kraftwirkung haben. Das Meer, ein natürlicher See oder ein Fluss sind gleichermaßen geeignet. Je natürlicher das Gewässer und seine Umgebung sind, desto mehr Energie findest du in der Regel dort vor. Ein Platz an einem Baggersee, ein Speichersee, ein Kanal oder ein begradigter Fluss sind garantiert nicht so kraftvoll, wie ein anderer Ort an einem Gebirgssee, an einem naturbelassenen Bächlein oder Fluss, womöglich noch dazu eingebettet in einer wundervollen Landschaft mit großen Bäumen, oder umrahmt von natürlichen Wiesen.

Ich habe in der Gegend, in der ich wohne, einige wundervolle Kraftorte für mich persönlich entdeckt. Manche davon befinden sich in den Bayrischen Alpen und im Voralpengebiet. Sie sind teilweise abgeschieden von der Zivilisation inmitten unberührter Natur. Diese Orte sind beseelt und von einer sehr schönen, kräftigen Energie durchströmt. Ich fühle mich, wenn ich dort bin, absolut wohl und eingebettet, geborgen und beschützt inmitten von Wiesen, Felsen, Alpenblumen, dem Himmel über mir und der scheinbar grenzenlosen Weite, wie man sie nur auf einem Berggipfel erleben kann. Selbst am Meer konnte ich diese Weite nicht erfahren, wie ich sie in den Alpen erlebt habe.

An und um Heilquellen ist die Energie besonders hoch. Ich fahre öfters mit dem Fahrrad zu einer Heilquelle südlich von München. Das Wasser dieser Quelle hat eine sehr hohe Schwingung, wie auch die gesamte Umgebung der Quelle. Wer hellsichtig oder hellfühlig ist, der kann die zahlreichen Naturwesen an diesem Kraftort wahrnehmen.

Wenn du ländlich oder am Stadtrand wohnst, dann hast du sicher keine Probleme damit einen persönlichen Kraftort in der Natur zu finden. Wenn du aber inmitten einer Großstadt lebst und diese selten verlassen kannst, dann wirst du dich sicher etwas umsehen müssen, um einen Kraftort zu finden, der dir entspricht. Aber auch dort ist es möglich, so einen Ort zu finden. Je natürlicher und je unbebauter ein Ort ist, desto energiereicher ist er in der Regel. Aber du wirst auch in der Stadt wundervolle Orte finden, an denen du Kraft und Energie tanken kannst. Viele Städte besitzen wundervolle Parkanlagen. Auch dort findest du kraftvolle Bäume, unter denen es sich gut verweilen und meditieren lässt. Vielleicht durchfließt ein Fluss deine Stadt, an dessen Ufer du ein ruhiges Plätzchen findest. Ein Fluss eignet sich sehr gut, wenn wir etwas loslassen wollen. Du kannst deine Trauer, deinen Kummer etc. dem Wasser übergeben. Vielleicht findest du außerhalb deiner Stadt einen oder sogar mehrere Kraftorte. Sei erfinderisch und probiere verschiedene Örtlichkeiten aus. Du wirst sicher feststellen, dass es unterschiedliche Plätze gibt. Manche eignen sich sehr um Energie zu tanken, andere sind wiederum besser geeignet negative Gefühle loszulassen und wieder andere sind einfach nur entspannend.

Ich persönlich verknüpfe gerne meine Wanderungen und Aufenthalte in der Natur mit meiner spirituellen Praxis. Teilweise führe ich eine kleine metaphysische Heilmeditation an meinem Kraftort durch. Diese entfaltet in dieser wundervollen Energie sehr rasch ihre heilbringende Wirkung. Oder, ich praktiziere mit dem authentischen Reiki, indem ich Einstimmungen mache oder mit den Symbolen für mich arbeite.

Ich liebe es, mich durch die Schönheit der Natur zu bewegen und gehe am liebsten auf kleinen Pfaden zu den Orten, an die man nur mit seinen eigenen Füßen und aus eigener Kraft gelangen kann. Oft komme ich an artesische Quellen, aus denen herrliches klares Wasser direkt aus dem Herzen des Berges strömt. Diese Quellen sind von großer heilender Wirkung auf Körper, Geist und Seele. Sie sind beseelt von den unterschiedlichsten Naturwesen.

Die Natur mit ihrer wundervollen Schwingung kann also sehr große heilende Wirkung auf uns haben. Der Aufenthalt in ihr kostet uns nichts – wir müssen nur offenen Herzens in ihr Wesen eindringen und uns ihrer Energie, Kraft und Inspiration hingeben. Die Natur kann uns nicht nur heilen, sondern uns auch vieles lehren, das kein Mensch so vermag wie sie. Unsere kosmischen Gesetze kommen auf völlig ursprüngliche Weise in ihr zum Tragen. Ein Tag in der Natur kann uns mehr bedeuten als viele schlaue Bücher zusammen – die ja „nur" theoretisches Wissen beinhalten. Die Natur erzeugt das Leben und das Leben ist die Ausdrucksform unserer Seelen.

Der innere Kraftort

Wer aus persönlichen Gründen nicht in die Natur gehen kann oder möchte, der kann auch einen inneren Kraftort finden. Dieser innere Kraftort wird ebenfalls sehr heilvoll sein. Du erschaffst dir deinen inneren Kraftort mithilfe der folgenden kleinen Meditation.

Setze dich an einen dir angenehmen Ort nieder, an dem du ungestört bist und dich sicher fühlst. Atme ein paarmal tief ein und wieder aus und komme langsam zur Ruhe. Atme in deinem eigenen Rhythmus weiter und stelle dir vor, wie du mit jedem Atemzug mehr und mehr entspannst.

Nun male dir deinen inneren Kraftort nach deinem Belieben aus. Du kannst dir alles vorstellen was dir guttut und stimmig erscheint. Es kann ein Ort in der Natur genauso sein, wie ein Ort in einem Gebäude. Du kannst jedes Mal denselben Kraftort aufsuchen oder ihn dir immer wieder neu erschaffen. Sei dir bewusst, dass nichts und niemand diesen Ort betreten kann, den du nicht extra dazu eingeladen hast. Du bist an diesem Ort absolut sicher und geschützt.

Deinen inneren Kraftort kannst du jederzeit sehr schnell erreichen. Das ist der große Vorteil zu einem realen Kraftort.

„Wenn ich nach einem stressigen Arbeitstag nachhause komme und mich an meinen inneren Kraftort begebe – fühle ich mich bald wieder frisch und erholt. Anfangs fiel es mir schwer abzuschalten, aber inzwischen erreiche ich dies in meinem inneren Ort sehr schnell. Es ist meist ein tropischer Wasserfall in einem Dschungel mit vielen Pflanzen und Vogelstimmen. Ich kann das Wasser richtiggehend rauschen hören. Ich fühle mich nach der Meditation belebt und voller neuem Schwung – so als wäre ich wirklich für diese Zeit dort gewesen.“

„Nachdem ich einen großen Streit mit meinem Seelenverwandten hatte und alleine zuhause den Tränen nah war, begab ich mich an meinen inneren Kraftort. Es ist eine Anhöhe mit einer Bank unter einer Buche. Ich hörte fast den Wind in den Blättern rascheln und fühlte wie ich immer ruhiger und gelassener wurde. Ich saß einfach nur da und fühlte nichts mehr. Alles war ruhig in mir geworden und ich stellte fest, dass ich mich einfach nur tierisch aufgeregt hatte. Mein innerer Ort hilft mir immer wieder mich zu beruhigen. Ich bin froh, dass ich ihn jederzeit aufsuchen kann, denn in die „richtige“ Natur komme ich kaum.“

Selbstliebe

Die Selbstliebe ist eines der Schlüsselthemen, das von größter Bedeutung für eine glückliche und funktionierende Seelenliebe ist. *„Liebe deinen Nächsten wie dich selbst!“* An diesem Ausspruch ist viel Wahres dran. Denn, wenn wir uns selbst nicht lieben, sind wir auch nicht wirklich offen für die Liebe, die uns ein anderer Mensch entgegenbringt. Und: *„So wie wir uns selbst lieben, so können wir auch geliebt werden!“* Das Gesetz der Anziehung wirkt auch hinsichtlich der Selbstliebe.

Nur das, was in uns ist, können wir auch ausstrahlen. Sind wir voller Selbstzweifel, Disharmonien oder gar voller Selbsthass, so strahlen wir all das aus. Kein Wunder also, wenn andere Menschen diese Eigenschaften an uns wahrnehmen und wir diese anziehen. Interessant ist es in diesem Zusammenhang die Menschen in seiner Umgebung zu beobachten. Wir nehmen genau die Eigenschaften an anderen wahr, die wir selbst haben. Regst du dich beispielsweise über jemanden sehr auf, dann ist es sicher interessant für dich, in dich zu gehen und zu überlegen, ob du nicht selbst auch etwas Vergleichbares getan hast.

Unsere Dual- oder Zwillingsseele liebt uns im Prinzip so wie wir sind. Auf der Seelenebene sind wir derart mit unseren Seelenverwandten verbunden, dass wir uns einfach lieben – wir können gar nicht anders als uns zu lieben. *Die Liebe der Seelen zueinander steht über allem!* Auf der menschlichen Ebene sieht das aber bisweilen ganz anders aus. Denn bei allem seelischem Gleichklang und aller seelischen Verbundenheit sind wir einfach auch „nur" Menschen. Und als Mensch können wir zuweilen nicht aus unserer Haut heraus. Deshalb ist es für uns wichtig, die verschiedenen Ebenen der Seelenliebe zu erkennen. Die Seelen lieben sich sowieso – über alle Zeiten und Räume hinweg – immer und ewig. Sie haben sich schon immer geliebt und werden sich auch immer lieben. Als Mensch kann ich mich durchaus für oder gegen die Liebe entscheiden. Ich kann, zum Beispiel aus Angst davor verletzt zu werden, entscheiden die Liebe nicht zu fühlen. Meist sind uns solche Mechanismen gar nicht bewusst.

Lieben wir uns selbst nicht, so wird das unsere Dual- oder Zwillingsseele sehr deutlich fühlen. An verschiedenen Stellen wies ich schon darauf hin, dass jede Seelenliebe anders ist. So individuell wie eine jede Seele, so individuell sind die Verbindungen der Seelen untereinander. Es gibt keine zwei Verbindungen, die absolut identisch sind. Deshalb gibt es auch unterschiedliche Wege, wie wir durch unsere Seelenliebe lernen können, uns selbst anzunehmen und zu lieben. Es ist sehr wichtig, die Selbstliebe individuell zu betrachten, wenn wir einen guten, harmonischen und glücklichen Kontakt zu unseren Seelenverwandten anstreben.

Jemand, der sich selbst nicht liebt, kann die Liebe eines anderen nicht wirklich annehmen. Ganz besonders schwer fällt es dann, die tiefe und intensive Liebe, die uns unser Seelenverwandter entgegenbringt anzunehmen. Schlechte Erfahrungen aus der Vergangenheit, eine Kindheit, in der Leistung statt Liebe zählte oder auch andere Situationen, durch die die eigene Liebesfähigkeit nicht entsprechend entwickelt werden konnte, sind vielfach dafür verantwortlich, wenn ein Mensch Probleme hat um sich selbst so zu lieben und anzunehmen wie er ist.

Unsere Seelenbeziehung ist blockiert, oder stagniert vielleicht sogar, wenn die Liebe nicht fließen kann. Die Liebe fließt nur dann richtig, wenn Geben und Nehmen im Einklang miteinander sind. Auf Dualseelen, die besonders durch ihre Gegensätzlichkeit voneinander angezogen werden, wirkt sich eine Disharmonie im Geben und Nehmen ganz besonders negativ aus. Dualseelen brauchen die Ausgeglichenheit der Gegensätze, um eine glückliche Beziehung miteinander führen zu können. Ist die Ausgeglichenheit gestört, so leidet ihre Beziehung sehr schnell.

Bei Zwillingsseelen wirkt sich eine Disharmonie im Liebesfluss zwar auch irgendwann negativ aus, aber es dauert meist länger als bei Dualseelen, bis dieser Effekt deutlich wird. Zwillingsseelenbeziehungen leiden eher daran, wenn einer von beiden einen Mangel an Selbstliebe an den Tag legt. Dualseelen wiederum haben hiermit meist weniger Probleme. Größtenteils gelingt es Dualseelen einander so zu lieben, dass sie sich ihren gegenseitigen Wert ganz deutlich zeigen und fühlen lassen können. Sie verfügen über die Fähigkeit sich gegenseitig aufzubauen und zu stärken.

Schafft man es solange in der Liebe zu bleiben und den Menschen seines Herzens einfach weiter zu lieben, bis dieser die Liebe annehmen kann, wird sehr viel innere Heilung geschehen. Wenn dagegen beide dazu neigen, sich selbst nicht zu lieben und womöglich auch noch ein Ungleichgewicht im Liebesfluss besteht, dann ist die Beziehung leider schon von Anfang an sehr belastet.

Wie kann man einen besseren Selbstwert erhalten und sich selbst lieben lernen? Erst einmal ist es wichtig herauszufinden, warum wir uns selbst nicht lieben, achten und wertschätzen. Welche Glaubenssätze, Überzeugungen und hinderliche Standpunkte sind vorhanden? Was mag ich an mir und was lehne ich an mir ab? Wichtig ist es weiter, dahinter zu blicken und herauszufinden, was der Liebe zu sich selbst im Wege steht. Also, was genau die Blockaden sind, die dazu führen, dass wir uns selbst nicht annehmen können. Hat man dies geschafft, ist es nur noch eine Frage der Zeit diese Blockaden aufzulösen, bzw. das, was sie verursacht haben, zu heilen. Es gibt auch hierfür einige gute und heilvolle Methoden, die dies vermögen. Vielleicht findest du hier in diesem Buch eine, die dich anspricht? Vielleicht stolperst du aber auch „zufällig" anderswo über die Methode, die dir weiterhilft. Wenn du dich dafür öffnest, wirst du sicher fündig werden, wenn die Zeit für dich reif ist.

Energetische Kontakte und Übergriffe

Der Austausch von feinstofflichen Energien, Gedanken und Gefühlen ist zwischen eng verbundenen Wesen ein ganz normaler Vorgang. Wir können auf diesem Wege einem anderen Menschen Mut, Kraft, Stärke und natürlich ganz besonders unsere Liebe übermitteln. Leider ist es jedoch ebenso möglich bewusst, wie auch unbewusst, negative Energien, Gedanken und Gefühle zu übertragen. Die feinstofflichen Verbindungen sind nach beiden Seiten hin offen. Das bedeutet, dass zum einen feinstoffliche Energien übertragen, aber auch ebenso abgezogen werden können. Was in die eine Richtung funktioniert, wirkt auch in die andere Richtung. Dieser Aspekt beinhaltet ebenfalls wieder zwei Seiten. Wir können positive Energien von einem anderen Menschen erhalten, oder auch negative. Wir können Energien (positive wie negative) übertragen bekommen, aber es können uns genauso Energien (positive wie negative) abgezogen werden. Wenn uns Lebensenergie abgezogen wird, dann erleiden wir einen Mangel, welcher sich, wenn er länger bestehen bleibt, äußerst negativ auswirken kann. In der metaphysischen Geistheilung und bei der Auraenergiearbeit machen wir uns diesen Aspekt gezielt zunutze, um negative, belastende und blockierende Energien abzuziehen und frische, aufbauende und heilsame Energien stattdessen einfließen zu lassen.

Im nachfolgenden Text gehe ich auf die häufigsten energetischen Belastungen ein, die betroffene Menschen, nicht nur in Seelenbeziehungen, erleiden. Um uns vor energetischen Übergriffen schützen zu können, müssen wir erst einmal begreifen, was dabei überhaupt mit uns geschieht.

Energetische Übergriffe werden sowohl bewusst, als auch unbewusst, und willkürlich gesteuert. Wobei ich persönlich der Überzeugung bin, dass den wenigsten bewusst ist, welche Auswirkungen ihre energetische Präsenz auf einen anderen Menschen haben kann.

Energetisches Stalking ist ein Phänomen, gegen das man sich nur äußerst schlecht zur Wehr setzen kann, denn es ist praktisch nicht beweisbar. Auch energetische, sexuelle Übergriffe sind nur mit speziellen Methoden in den Griff zu bekommen. Nachfolgend beschreibe ich einige der häufigsten energetischen Phänomene, die zwar nicht ausschließlich, aber besonders ausgeprägt in Dual- und Zwillingsseelenbeziehungen auftreten.

Astralreisen

Astralreisen sind eher selten zu beobachten – aber sie kommen vor. Die Menschen, die astral von ihrem Seelenverwandten besucht werden, erleben in der Regel eine ziemliche Krise, denn keiner glaubt ihnen. Was sie schildern scheint in den Bereich eines Fantasiefilms zu gehören. Es ist außerdem nicht leicht zu beurteilen, ob ein Astralphänomen oder ein energetisches Stalking vorliegt.

Bei einer Astralreise verlässt einer der beiden Seelenverwandten seinen physischen Körper mit seinem Astralleib. Dabei kann er größere Strecken in kürzester Zeit zurücklegen und andere Menschen „besuchen". Die Astralreise kann in vollem Bewusstsein durchgeführt werden oder auch völlig unbewusst, zum Beispiel im Schlaf, geschehen. Ich gehe davon aus, dass die wenigsten Menschen Kenntnisse über die Methodik der Astralreisen besitzen und sie völlig unbewusst mit ihrem Astralleib auf Reisen gehen, wenn sie schlafen.

Wer schon einmal von seinem Seelenverwandten in astraler Form „besucht" wurde, der weiß, wie enorm die Präsenz des anderen fühlbar ist. Denn er ist zwar nicht in physischer Form vorhanden, aber dafür feinstofflich und energetisch ganz und gar.

Den geliebten Menschen astral wahrzunehmen kann wundervoll sein, aber unter Umständen auch Angst machen. Je nachdem welchen realen Kontakt wir derzeit mit ihm haben.

Ich gehe davon aus, dass wir alle unseren Seelenverwandten von Zeit zu Zeit auf unseren nächtlichen Astralreisen besuchen; oder uns mit ihm in der Astralwelt „treffen". Für Seelenverwandte, die weit auseinander wohnen, kann es durchaus bereichernd sein sich astral zu treffen. Die Voraussetzung hierfür ist allerdings, dass beide ganz bewusst astral reisen können.

Energetischer Vampirismus

Als energetischen Vampirismus bezeichnet man das Phänomen, wenn ein Mensch einem anderen Menschen Lebensenergie abzieht. Meist bemerkt dieser nicht, was vor sich geht. Selbstverständlich ist energetischer Vampirismus kein Privileg von Seelenverwandten. Energievampire finden wir überall. Und sogar wir selbst sind nicht davor gefeit, auch ab und an mal ein Energievampir zu sein.

Setzen wir Energie mit Aufmerksamkeit gleich, dann verstehen wir recht schnell, was damit gemeint ist. Dadurch, dass wir einem Menschen Aufmerksamkeit schenken, geben wir ihm Energie – unsere Lebensenergie. Leider haben viele Menschen verlernt sich selbst mit Energie zu versorgen und ziehen deshalb Energie von anderen Menschen ab. Wer sich gegen einen Energievampir nicht genügend abgrenzen kann, wird schnell zum energetischen Co-Abhängigen. Reiki oder eine andere Art der Energiearbeit kann uns auf einfache und schnelle Weise helfen uns selbst wieder mit wichtiger Lebensenergie aufzuladen und gar nicht erst in die Versuchung zu kommen, selbst zu einem Energieräuber zu werden. In dem Buch und dem gleichnamigen Film *„Die Prophezeiungen der Celestine"* wird sehr anschaulich beschrieben, wie Energien von einem Menschen zum anderen fließen und wie sie durch unterschiedliche Vorgänge geraubt werden können. Ich lege dieses Buch jedem Menschen ans Herz, der sich etwas tiefer mit der Materie befassen möchte.

Energievampirismus ist demnach keine Ausnahme. Neben dem klassischen Energievampirismus gibt es außerdem das freiwillige Geben von Energie. In zwischenmenschlichen Beziehungen geschieht es häufig, dass einer dem anderen aus freien Stücken Energie gibt. Bei Dual- und Zwillingsseelen habe ich dieses Phänomen besonders ausgeprägt erlebt. Auch Menschen mit dem sogenannten Helfersyndrom geben sehr gerne Energie an andere ab. Dual- und Zwillingsseelen verfügen über mehrere spezielle Verbindungen. Sie sind über ihr Seelenband, das Feld der gemeinsamen vergangenen Leben, über eine spezielle Herzensverbindung und natürlich auch über die „normalen" feinstofflichen Bänder miteinander verbunden. Unser Seelenverwandter liegt uns sehr am Herzen und das Abgrenzen fällt uns ihm gegenüber meist viel schwerer, als bei anderen Menschen. In der Regel werden wir unserem Seelenverwandten einiges mehr zugestehen und wir werden vermutlich über manches, was uns normalerweise stören würde, leicht hinweg schauen. Gerade im energetischen Bereich fällt es daher sehr schwer, den geliebten Menschen zurückzuweisen, wenn er Energie benötigt. Die meisten Menschen ziehen uns nicht aus Boshaftigkeit oder aus anderen niederen Gründen Energie ab. Sie saugen an unserer Lebensenergie, weil sie selbst einen so großen Mangel daran haben und nicht wissen, wie sie diesen wieder auffüllen können. Ein Mangel an Lebensenergie kann zum Beispiel in schwierigen Lebenssituationen, wie Scheidung, Krankheit, berufliche Krisen entstehen. Wir sind natürlich für unseren geliebten Herzensmenschen gerne in einer kritischen Lage da und wollen ihm helfen und ihn unterstützen, wo wir nur können. Im Prinzip ist ja auch gar nichts dagegen einzuwenden, wenn wir unserem Seelenverwandten energetisch zur Seite stehen. Bedenklich wird es erst dann, wenn wir ihn auch nach Beendigung seiner Krise weiterhin mit Energie versorgen. Unser Seelenverwandter wird von uns energetisch abhängig und wir werden zum Co-Abhängigen. Ich brauche sicher nicht extra zu erwähnen, wie blockierend sich eine energetische Abhängigkeit gerade in einer Seelenbeziehung auswirken kann.

Energieverlust durch direkten Kontakt

Energie kann uns auf verschiedene Weise abgezogen werden. Hauptsächlich passiert das im direkten Kontakt mit einem anderen Menschen. Auf dieser Ebene können wir uns am leichtesten abgrenzen und am schnellsten diesen Mechanismus durchschauen. Im direkten Kontakt wird uns die Energie hauptsächlich durch einen (inszenierten) Streit und durch (andauerndes) Jammern geraubt. Aber auch endlose (fruchtlose) Gespräche über eine bestehende Krise, oder unnötige Nörgeleien können sehr viel Energie rauben.

Ein Streit mit unserem Seelenverwandten nimmt uns viel mehr mit, als mit einem anderen Menschen. Bei jedem anderen, auch bei nahen Verwandten, können wir uns in der Regel viel besser abgrenzen, als bei unserer Dual- oder Zwillingsseele. Ein Streit kann uns sehr viel Energie kosten, er kann uns auslaugen und er kann uns auch extrem schwächen. Streitgespräche, vor allem wenn sie grundlos inszeniert wurden, bewirken einen extremen Energieabfall. Wir können sogar krank werden, wenn wir uns häufig in Streitsituationen mit unserem Seelenverwandten befinden.

Wird uns Aufmerksamkeit und damit Energie abgezogen, dann bemerken wir dies rasch durch eine plötzlich auftretende starke Müdigkeit, welche das häufigste Symptom darstellt. Aber auch andere Symptome, wie Kopfschmerzen, Magenbeschwerden, Verspannungen, allgemeines Unwohlsein etc. können sich einstellen.

Energieverlust ohne direkten Kontakt
Noch fataler wirkt sich energetischer Vampirismus jedoch aus, wenn dieser nicht in direktem Zusammenhang mit einer realen Situation gebracht werden kann. Über die feinstofflichen Verbindungen können uns Energien abgezogen werden und wir werden scheinbar grundlos müde, schlecht gelaunt, reizbar oder unlustig und manchmal sogar krank. Durch die feinstofflichen Bänder sind wir mit unserem Seelenverwandten immer verbunden. Auch wenn wir körperlich nicht in seiner Nähe sind, fließen feinstoffliche Energien, wie Gedanken und Gefühle, zwischen uns und unserer Dual- oder Zwillingsseele hin und her. Wir kriegen also unter Umständen gar nicht mit, warum wir plötzlich einen Energieabfall erleiden, negative Gefühle und/oder Gedanken haben. Selbstverständlich können wir natürlich ebenso einen Energieschub und fröhliche, aufbauende Gefühle und Gedanken von unserem Seelenverwandten erhalten. Wichtig für uns ist es, diesen Mechanismus zu erkennen, um ggf. entgegenwirken zu können.

Sexuelle energetische Kontakte und Übergriffe
Sexuelle Energien von unserem Seelenverwandten werden meist nachts übertragen, mitunter aber auch tagsüber. Diese spezielle Form der Energieübertragung wird von den betroffenen Menschen sehr unterschiedlich erlebt. Für die einen stellt sie einen „Beweis" ihrer Seelenverbindung dar oder wird einfach nur als schön und bereichernd empfunden. Für die anderen entwickeln sich sexuelle feinstoffliche Kontakte sehr schnell zu einer äußerst großen Belastung. Manche sprechen von energetischer, sexueller Belästigung verschieden großen Ausmaßes bis hin zur energetischen Vergewaltigung. Die Betroffenen leiden nicht nur unter dem energetischen, sexuellen Kontakt, sondern entwickeln in der Regel extreme Ängste und befürchten verrückt geworden zu sein. *Achtung! Dieser Punkt ist sehr sensibel zu betrachten, denn es gibt durchaus wahnhafte Zustände, bei denen die Betroffenen das Gefühl haben von einem nicht körperlich vorhandenen Wesen sexuell belästigt zu werden.*
Der feinstoffliche, sexuelle Kontakt zwischen Seelenverwandten, die miteinander eine Liebesbeziehung führen, ist ein ganz normales Phänomen, das in der Regel von den Beteiligten als wunderschön und bereichernd wahrgenommen wird. Der feinstoffliche, sexuelle Kontakt kann von sehr zarten erotischen Empfindungen, bis hin zu extrem starken und intensiv wahrgenommen sexuellen Gefühlen schwanken. Nicht alle Dual- und Zwillingsseelenpaare erleben dieses Phänomen in der gleichen Intensität und auf dieselbe Weise. Diejenigen, die sich häufig treffen und ihre Sexualität erfüllend miteinander leben können, werden in der Regel weniger intensive feinstoffliche sexuelle Gefühle über die Entfernung miteinander teilen, als diejenigen, die sich nur sehr selten

sehen und ihre Sexualität eventuell gar nicht miteinander leben können. Auch hier beobachte ich, dass es zu einer Verschiebung der Ebenen kommt, wenn die reale Ebene nicht, oder nur unbefriedigend gelebt werden kann. Dual- und Zwillingsseelenpaare, die erfüllten und regelmäßigen Sex miteinander haben, berichten, dass zwischen ihnen die feinstoffliche Ebene wenig, oder sogar überhaupt keine Rolle spielt. Außer in den Zeiten, in denen sie sich seltener sehen.

Es scheint also für die meisten Seelenverwandten von Bedeutung zu sein, ob und wie sie ihre Sexualität in der Realität leben können. Diejenigen, die ihre Sexualität nicht miteinander leben, aber das Bedürfnis danach verspüren, berichten von teilweise extremsten, feinstofflichen, sexuellen Energien, die vom anderen kommen und natürlich auch von ihnen selbst ausgehen. Über die feinstofflichen Bänder regen sich diese Energien gegenseitig immer mehr und mehr an – manchmal gar bis in schwindelerregende Höhen. Teilweise haben sich die Betroffenen noch nie real gesehen, sondern „nur" über das Internet oder per Telefon kontaktiert. Sie fühlen aber dennoch, oder auch gerade deshalb, die starke verbindende sexuelle Kraft zwischen ihnen. Freilich schreit alles in den Betroffenen danach, diese starke Energie nicht nur feinstofflich, sondern auch real zu erleben. Die Sexualität ist ein sehr starkes, verbindendes Energiefeld zwischen Seelenverwandten. Sie verbindet das Irdische mit dem Göttlichen. Die Seele drückt ihre Liebe in der Materie über den körperlichen Kontakt aus. Darin gelangt die Liebe zu ihrer körperlichen Erfüllung und wir erleben im wahrsten Sinne des Wortes den Himmel auf Erden. Denn gelebte Sexualität zwischen Seelenverwandten ist der göttliche Ausdruck ihrer Liebe durch ihren physischen Körper. Sie kann transformierend und gar heilend wirken. Seelenverwandte, die eine reale erfüllte Sexualität miteinander haben, können durch gezielte und bewusste feinstoffliche Praktiken ihre Sexualität zu einem göttlichen Ausdruck ihres Selbst werden lassen. Es gibt einige wundervolle Methoden, die Seelenpaare miteinander praktizieren können.

Die Menschen, die keinen realen Kontakt zu ihrem Seelenverwandten haben, aber einen feinstofflichen, sexuellen Austausch erleben, nehmen diesen recht unterschiedlich wahr. Für die einen ist es wahres Glück und die Möglichkeit ihre Sexualität mit dem anderen in einer gewissen Weise zu „leben". Für die anderen stellt es eine sehr große Belastung dar. Und für wieder andere ist es zuerst wundervoll, entwickelt sich aber negativ und wird letztlich als Qual erlebt. Für Menschen, die kaum eine Möglichkeit haben, jemals an ihren Seelenverwandten heranzukommen, weil dieser eine prominente Persönlichkeit ist, oder aus anderen Gründen nicht Bestandteil des eigenen Lebens sein kann, stellt die feinstoffliche Variante zumindest vorübergehend einen guten Kompromiss dar. Kein Wunder, dass viele dieses Phänomen als Bereicherung wahrnehmen und den feinstofflichen Kontakt mit Hilfe von speziellen, spirituellen Methoden gar noch fördern. Leider erweist sich dieser Umstand irgendwann als Sackgasse und mündet in Frustration, oder gar in Depressionen. Selbstverständlich gibt es auch Menschen, für die der feinstoffliche Kontakt dauerhaft wundervoll und bereichernd ist. Der Mehrheit der betroffenen Personen jedoch, die ich kennenlernte, reichte es irgendwann nicht mehr, den anderen „nur" feinstofflich und energetisch zu berühren. War der feinstoffliche Sex am Anfang doch so aufregend und abenteuerlich, so quälend entwickelte er sich im Laufe der Zeit. Denn es fehlte etwas sehr Entscheidendes – und zwar der Mensch, für den diese starke Liebe empfunden wird. Diese Liebe will sich auf allen Ebenen ausdrücken. Sex mit einem feinstofflichen Wesen zu haben, das man nicht wirklich sehen und anfassen kann, ist auf Dauer einseitig und frustrierend. Wir sind spirituelle Wesen, die eine körperliche Erfahrung machen. Ganzheitlichkeit bedeutet: die Einheit von Geist, Seele UND Körper. Fehlt eines dieser Drei, dann besteht keine Ganzheit, sondern ein Mangel. Es fehlt uns etwas ganz Wesentliches, wenn unser Körper immer außen vor bleibt. Der Körper ist DAS Ausdruckselement unseres Geistes und unserer Seele. Ohne ihn können wir keine ganzheitliche Erfahrung erleben. Natürlich muss jeder Mensch für sich selbst entscheiden, inwieweit er die feinstoffliche Ebene, insbesondere die feinstoffliche Sexualität, zulassen und leben möchte. Ich empfehle dir sehr achtsam damit zu sein und immer wieder ganz genau hinzufühlen was dir guttut und wo du dir vielleicht selbst etwas vormachst. Wenn du es als Bereicherung erlebst, ist es wunderbar. Kommst du aber eines Tages an den Punkt, an dem du dich nach dem feinstofflichen Kontakt frustriert fühlst, oder traurig bist, sowie dich alleine und einsam fühlst, dann solltest du sehr gut auf dich aufpassen. Wenn aus der Bereicherung höchste Seelenqual wird, ist es schon zu spät die feinstofflichen Energien schnell zu stoppen. In diesem Stadium benötigt man in der Regel Hilfe von einer kompetenten, spirituell arbeitenden Person, um wieder ganz zurück zu sich selbst zu kommen.

Sexuelle energetische Kontakte werden manchmal mit der eigenen aufsteigenden Kundalini-Energie verwechselt. Sie können mit dieser aber auch in Wechselwirkung stehen. Die Kundalini ist eine Energie, die unsere sexuelle Energie stimuliert und den Eindruck eines feinstofflichen, sexuellen Kontaktes erwecken kann. Es ist also nicht immer nur der Seelenverwandte, der uns nachts mit seinen unausgelebten, sexuellen Energien heimsucht, sondern unsere eigene Energie ist es, die unser Sexualchakra stimuliert und in ihm Bilder unserer bewussten und unbewussten Fantasien weckt. Hegen wir bewusst oder unbewusst den Wunsch nach Sexualität mit unserem Seelenverwandten, dann werden genau diese Bilder in den entsprechenden Chakren erzeugt und aktiviert. Sie gelangen in unser Bewusstsein, oder werden als innere Bilder im Traum oder als erotische Fantasie wahrgenommen. Die Menschen, die ihren Wunsch nach Sex mit dem Seelenverwandten sich selbst gegenüber nicht eingestehen, denken dann, wenn sie diese Bilder sehen, sie kämen vom anderen. Dabei sind sie aus ihrem eigenen Unbewussten aufgestiegen – angeregt durch ihre Kundalini. Eine sexuell wirkende Kundalini kann in besonders extremen Fällen sogar handfeste Wahnvorstellungen auslösen. Die Betroffenen glauben jedoch fest an einen spirituellen, sexuellen Kontakt mit dem Seelenverwandten – so real fühlt sich dieser Wahn an. Da die Psychologie leider in unseren westlichen Breiten keinen Bezug zur feinstofflichen Welt und zur Kundalini und ihren Auswirkungen hat, werden diese Menschen als psychotisch eingestuft. Freilich gibt es auch noch andere Gründe für eine wahnhaft erlebte feinstoffliche Sexualität, als die Kundalini, die selbstverständlich auch absolut pathologisch sein mögen. Wichtig ist es die Ursachen herauszufinden, um die Symptomatik heilen zu können. Würden Geistheiler und Mediziner mehr zusammenarbeiten, wäre das sicher für beide eine Bereicherung und für die Patienten ein großer Segen. Ich bin mir sicher, dass dies auch in Deutschland und seinen Nachbarländern in absehbarer Zeit geschehen wird. In Großbritannien ist die Zusammenarbeit zwischen Geistheilern in Kliniken und mit Medizinern schon lange üblich.

Energetischer Dauerkontakt und energetisches Stalking

Beim energetischen Dauerkontakt und auch beim energetischen Stalking fühlt man den anderen mehr oder weniger ständig in Form seiner feinstofflichen Präsenz. Der energetische Kontakt kann durch Telepathie, oder empathische Momente verschieden stark ausgeprägt sein. Die Betroffenen haben das Gefühl, ihr Seelenverwandter ist immerzu gegenwärtig, obwohl er gar nicht da ist. Energetischer Dauerkontakt und/oder Stalking geschieht tagsüber wie auch nachts.

So wie bei der energetischen Sexualität wird der unablässige, energetische Kontakt meist nur anfänglich als Bereicherung wahrgenommen. Bleibt der Kontakt dauerhaft ausschließlich auf der energetischen Ebene bestehen, so ist dies für die Betroffenen sehr frustrierend und belastend. Wir wollen ja den geliebten Menschen in Fleisch und Blut vor uns haben und nicht nur mit seinen Energien kommunizieren.

Energetisches Stalking wird, ebenso wie die energetischen sexuellen Übergriffe, als großes Problem erlebt. Es geht manchmal mit Astralbesuchen einher. Leider entwickelt es sich gelegentlich auch aus einem positiven energetischen Kontakt heraus. Die Betroffenen nehmen die Energie des anderen mehr oder weniger ständig wahr. Sie fühlen sich davon belästigt und bedrängt, können jedoch nichts dagegen unternehmen. Energetisches Stalking kann so stark werden, dass es sich wie eine Besetzung auswirkt. Wir sind in diesem Fall nicht von der Seele eines Verstorbenen besessen, sondern von den Energien eines Lebenden besetzt. Diese wieder aus unseren Energiekörpern zu lösen ist kein leichtes Unternehmen, sondern kann je nach Dauer und Intensität einige Mühen spiritueller Arbeit kosten. Auch hier empfehle ich dir, dich nicht zu scheuen, kompetente Hilfe in Anspruch zu nehmen. Denn alleine und ohne entsprechendes Hintergrundwissen ist eine dauerhafte Abgrenzung meiner Erfahrung nach kaum zu realisieren.

Übertragung von Energieformen
Energieformen, wie Gedanken, Gefühle, innere Bilder etc., können über die feinstofflichen Verbindungen und/oder die feinstofflichen Felder von einem Menschen auf den anderen übertragen werden. Bei Dual- und bei Zwillingsseelen ist dies ein sehr häufiger Vorgang. Auch dieser kann sowohl positiv wie auch negativ erlebt werden.

Übertragung körperlicher Symptome
Ebenso wie Energien, Gedanken und Gefühle können wir, wenn wir in Resonanz damit sind, auch körperliche Symptome, wie zum Beispiel Schnupfen, Kopfschmerzen, Husten und sogar Nebenwirkungen von Medikamenten vom anderen über die Energiefelder empfangen. Auch dieses Phänomen kann unterschiedlich stark ausgeprägt sein. Zum Glück werden meist keine „richtigen" Krankheiten übertragen, sondern nur die feinstoffliche Ausprägung der Krankheit vom eigenen Energiefeld aufgenommen und dann somatisiert. Es kann sehr lästig sein, alles vom anderen zu empfangen. Wenn jemand beispielsweise einen Schnupfen hat, kann sich die Symptomatik auf seinen Seelenverwandten übertragen. Dieser „leidet" dann unter vermehrtem Niesen, laufender Nase etc. ohne krank zu sein. Diese Symptome verschwinden zum Glück in der Regel rasch wieder. Erfreulicherweise ist die Übertragung körperlicher Symptome sehr selten. Sie tritt vor allem bei symbiotisch gelebten Seelenbeziehungen auf, die auf der feinstofflichen Ebene wie siamesische Zwillinge miteinander verbunden sind. Die Energiefelder von energetischen Zwillingen sind zu einem einzigen Energiefeld verschmolzen. Es handelt sich zwar um zwei Wesen, die in verschiedenen physischen Körpern stecken – energetisch sind sie jedoch eins. Dieser Zustand ist auf Dauer sehr ungesund, auch wenn er von den Betroffenen zuerst einmal als pure Glückseligkeit betrachtet wird. Bald tauchen bei den meisten Betroffenen ernsthafte Probleme auf. Sie sind durch diese ungute Verbindung immer weniger sie selbst. Gerade

Seelenverwandte brauchen es, sich als Gegenüber zu begegnen. Für Zwillingsseelen stellt die dauerhafte energetische Verschmelzung eine sehr große Verlockung dar, aber gerade auf sie wirkt sie sich äußerst negativ aus. Denn nicht ohne Grund haben sich Zwillingsseelen in zwei Seelen geteilt. Einer davon ist, dass sie sich selbst im anderen begegnen wollen. Und das geht nur, wenn sie sich als separate Wesen gegenüberstehen können. Wenn sie sich als zwei, die eins sind, begegnen und aufeinander einlassen können. Sie sind seelisch eins, sollten jedoch im Leben keine dauerhafte Verschmelzung ihres Energiekörpers anstreben. Spirituell und menschlich sehr hoch entwickelte Zwillingsseelenpaare können eventuell eine dauerhafte Verschmelzung leben. Sie tun das aber in der Regel nicht, da sie durch ihre hohe Entwicklung ganz andere Ziele haben. Ich empfehle dir deshalb, solltest du eine energetische Verschmelzung mit deinem Seelenzwilling erleben, sehr achtsam damit umzugehen. Auch hier ist der Grat recht schmal. Nur allzu rasch kannst du davon überfordert sein.

Dualseelen neigen nicht so sehr wie Zwillingsseelen zu einer energetischen Verschmelzung. Erleben können sie diese freilich auch miteinander. Im Gegensatz zu Zwillingsseelen haben Dualseelen meistens keine Probleme ihre Energiefelder wieder voneinander zu lösen und fühlen auch keinen Schmerz dabei. Seelenzwillinge fühlen sich sehr häufig nach dem Lösen voneinander schrecklich einsam und alleine. Dieser Schmerz kann so große Dimensionen annehmen, dass sie sich innerlich wie entzweigerissen fühlen.

Die energetische Abgrenzung
Solltest du eines der oben genannten Phänomene selbst erleben und es als Belastung erleben, dann empfehle ich dir dich energetisch abzugrenzen. Es gibt verschiedene Methoden der energetischen Abgrenzung. Mit dem authentischen Reiki besteht die Möglichkeit sich mittels des Schutzsymbols zu schützen und abzugrenzen. Auch andere Energiesysteme kennen Symbole oder Praktiken mit deren Hilfe ein guter energetischer Schutz aufgebaut werden kann. Wenn du kein Reiki oder etwas anderes praktizierst, dann kannst du dir auch von einer geschulten Person negative Energien aus deinem Energiesystem entfernen lassen, ggf. von ihr eine Form des Schutzes erlernen.
Du kannst selbstverständlich auch selbst für einen energetischen Schutz sorgen. Die nachfolgende Meditation bewirkt einen guten energetischen Schutz wenn sie regelmäßig durchgeführt wird. Ich empfehle dir, sie am Morgen gleich nach dem Aufstehen zu machen. Sie wird dir einen starken Schutz über den Tag hinweg geben können. Solltest du unter nächtlichen energetischen Übergriffen leiden, dann empfehle ich dir, sie am Abend bevor du zu Bett gehst noch einmal zu wiederholen.

Beginne indem du dich erdest. Erde dich mit einer eigenen Methode oder mit der Erdungsmeditation, die ich im Kapitel über die Erdung beschrieben habe. Gut geerdet kommen wir generell viel besser durch unseren Tag. Nun mache ein paar tiefe Atemzüge und atme dann in deinem eigenen Rhythmus ganz entspannt weiter. Beobachte deinen Atem und sage dir, dass du mit jedem Atemzug entspannter wirst aber dennoch hellwach bist. Bitte nun deine geistigen Helfer um einen energetischen Schutz für dich. Bitte darum, dass dieser Schutz alles Negative von dir fernhalten möge – positive Energien dich aber erreichen sollen. Bitte sie darum, dir diesen Schutz ab sofort für den gesamten Tag zu geben. Eventuell wirst du fühlen wie dir ein energetischer Schutzumhang umgelegt wird. Wenn du innere Bilder sehen kannst, dann wirst du den Schutz auch sehen können. Bleibe solange in der Meditation wie du das Gefühl hast, dass es erforderlich ist. In der Regel reichen jedoch ein paar Minuten vollkommen aus.

Wenn du diese Meditation regelmäßig praktizierst, dann wirst du deinen Schutz immer deutlicher fühlen können. Wenn du tagsüber das Bedürfnis hast, den Schutz auffrischen oder erneuern zu lassen, dann kannst du deine geistigen Helfer jederzeit darum bitten es zu tun. Du brauchst dazu noch nicht einmal einen meditativen Zustand aufzusuchen.

Selbstsuggestionen

Eine Selbstsuggestion ist eine bewusst gesetzte, positive Beeinflussung, die wir uns selbst durch unsere eigene Gedankenkraft übermitteln. Mithilfe der Selbstsuggestion ist es möglich, alte begrenzende Muster und Glaubenssätze neu zu programmieren und uns selbst zu einer positiveren Persönlichkeit hin zu entwickeln.

Hier ein paar Beispiele hilfreicher Selbstsuggestionen unterstützend zu verschiedenen Themenbereichen der Liebe und Seelenpartnerschaft.

Trennungsprozess
- „Liebe ist frei!“
- „Ich liebe und bin glücklich!“
- „Frei von Erwartungen und Begrenzungen lasse ich meine Liebe fließen!“
- „Die Liebe in mir ist mein Schlüssel zum Glück!“
- „Liebe transformiert alles!“
- „Die Liebe in meinem Herzen heilt meine Wunden und erstrahlt in meinem Bewusstsein!“
- „Ich liebe – lache und bin glücklich!“
- „Freiheit und Liebe sind eins!“

Selbstliebe
- „Ich liebe mich so, wie ich bin!"
- „Ich liebe mich selbst bedingungslos!"
- „Ich achte mich, respektiere mich, erkenne mich und sehe mich mit dem Herzen und den Augen der Liebe!"
- „Meine Liebesfähigkeit ist unendlich groß – ich liebe mich selbst über alles!"
- „Ich bin der wichtigste Mensch in meinem Leben!"
- „Ich bin wundervoll, liebenswert und erstrahle voller Liebe!"

Liebe annehmen und geben
- „Ich bin bereit Liebe zu geben und zu empfangen!"
- „Liebe ist mein wahres Sein!"
- „Ich liebe es, Liebe zu geben und zu empfangen!"
- „Mein Herz ist im Fluss der Liebe, indem ich bereit bin, Liebe zu empfangen und zu geben!"
- „Ich gebe die Liebe aus vollem Herzen!"
- „Ich verschenke die Liebe, die aus meinem Herzen strömt an die, die ich liebe – um Platz zu schaffen für deren Liebe für mich!"
- „Das wahre Wesen von Liebe ist: zu fließen, sich zu ergießen und in die Herzen aller Liebenden zu strömen!"
- „Liebe ist grenzenlos – sie ist die Fülle meines Herzens und das Wesen meiner Seele!"

Dies sind nur ein paar Beispiele für positive Selbstsuggestionen. Ich persönlich wende Selbstsuggestionen bevorzugt in Kombination mit speziellen, heilvollen Meditationen, der metaphysischen Geistheilung, der Organetik und dem authentischen Reiki an. Die Erfahrung zeigt immer wieder, dass Suggestionen nur dann ihre heilvolle Wirkung vollkommen entfalten können, wenn der Anwender diese auch annehmen und verinnerlichen kann. Nur allzu schnell haben wir das Gefühl uns selbst etwas vorzumachen, wenn wir uns positive Suggestionen vorsagen, aber deren Aussage überhaupt nicht fühlen können. Wenn jemand sich ständig „ich liebe mich so, wie ich bin!" vorbetet, insgeheim aber eine sehr schlechte Meinung von sich hat, dann besteht kein gefühlsmäßiger Bezug zu dieser Suggestion. Auf diese Weise wird sie nicht ihre volle Wirksamkeit entfalten können. Indem wir Suggestionen mit speziellen Meditationen, Praktiken, und/oder dem authentischen Reiki verbinden, werden wir einen optimalen Effekt erfahren können.
Ich empfehle dir, dir hin und wieder Gedanken über deine Gedanken zu machen. Also, deine eigenen Denkvorgänge zu überprüfen, um dir deiner Glaubenssätze bewusst zu werden. Sich auf diese Weise selbst kennenzulernen ist

enorm wichtig. Selbstverständlich sollten wir das nicht nur im Hinblick auf unsere Seelenbeziehung tun, sondern in erster Linie für uns selbst. Wir selbst sollten uns so viel wert sein erkennen zu wollen, was wir denken und wie wir denken. Denn nur auf diese Weise können wir unsere eingefahrenen Denkmuster und Blockaden auflösen und ein freier, wirklich selbstbestimmter Mensch werden. Wie viel von deinem Denken stammt wirklich von dir selbst? Wie viele Glaubenssätze hast du von anderen übernommen? Die meisten Glaubenssätze stammen aus unserem Elternhaus. Aber auch unser übriges Umfeld wie unsere Geschwister, Lehrer, Freunde beeinflussen uns oftmals viel mehr als uns bewusst ist. Wenn zum Beispiel jemand bei mir anruft und mich fragt, wie teuer denn eine Sitzung sei, dann spricht aus dieser Aussage sofort die Botschaft, dass der Fragende erwartet, dass es teuer ist. Viele Menschen wissen gar nicht, welche Botschaften sie mit ihren Worten aussenden. Wenn jemand meint, eine Sitzung wäre teuer, dann ist die zweite Frage, ob er sich diese Sitzung wert ist – also ob er sich selbst so viel Wert zugesteht, dass er diesen Preis für sich ausgeben möchte. Hier sind wir schon wieder beim Thema Selbstwert angelangt. Ich behaupte mal, dass der Selbstwert bei vielen Menschen sehr mangelhaft entwickelt ist. Viele von uns wurden in ihrer Kindheit geradezu angehalten ihr eigenes Licht unter den Scheffel zu stellen und sich selbst klein zu machen. Aber wer, wenn nicht DU, spielt die Hauptrolle in DEINEM Leben? Du selbst solltest der wichtigste Mensch für dich in deinem Leben sein. Du solltest dir all das wert sein, was für dich gut, wichtig und heilvoll ist. Ob das nun gute, gesunde Lebensmittel sind – für deinen Körper, eine wohltuende Heilanwendung oder ein wundervoller Urlaub für deine Seele – eine aufbauende Lektüre, ein heilvolles Seminar oder ein konstruktives Gespräch für deinen Geist. Vieles kann dir helfen ein besseres und glücklicheres Leben zu führen. Die Frage ist, bist du dir das wert? Bist du es dir wert Zeit und Geld in dich selbst zu investieren? Und stelle dir auch einmal die Frage, ob du es dir wert bist, Liebe zu empfangen. Denn auch dies gehört zu unserem Selbstwert. Wer sich vieles andere nicht wert ist, der fühlt sich auch nicht wert, so sehr geliebt zu werden. Die Liebe unserer Dual- und unserer Zwillingsseele ist so gigantisch groß – sie ist so umfassend und so tief, dass sie vielen von uns Angst macht. Ein Teil der Angst ist, sich selbst nicht als liebenswert zu betrachten. Nur wer sich selbst einen ganz besonderen Wert zugesteht, der kann auch diese unendlich große Liebe seines Seelenverwandten zulassen.

„Die Liebe, die wir füreinander fühlen ist ein großer Reichtum.
Auch wenn wir nicht viel besitzen – alleine unsere Liebe macht uns reich."

Vom Umgang mit der Sehnsucht

Wer seine Dual- oder Zwillingsseele gefunden, aber wieder verloren hat, gerät unweigerlich in einen Strudel heftigster negativer Gefühle. Trauer, Kummer, Depressionen, starke Sehnsucht, Seelenschmerzen etc. werden schnell zu ständigen Begleitern. Diese schlimmen Gefühle können so übermächtig werden, dass der Alltag nicht mehr bewältigt werden kann und negative Gefühle das Leben beherrschen. Das Familienleben, die Arbeit, Freundschaften und natürlich ganz besonders die Betroffenen selbst leiden extrem unter dieser Situation. Gibt es etwas, das helfen kann? Was hilft bei starker Sehnsucht, tiefer Trauer und nagendem Kummer? Immer wiederkehrende negative Gefühle und Stimmungslagen sorgen nicht nur dafür, dass die Lebensfreude und damit auch die Lebensqualität sinken. Sie bewirken auch eine entsprechend schlechte Ausstrahlung. Das, was wir aussenden, das ziehen wir an. Das metaphysische Gesetz *„Gleiches zieht Gleiches an"* wirkt hier sehr offensichtlich. Fühlen wir ständig negative Gefühle, so strahlen wir diese Negativität aus und ziehen letztlich wieder entsprechend Negatives in unser Leben. Ein Teufelskreis, aus dem es keinen Ausweg zu geben scheint, wenn wir einmal darin verfangen sind. Aber es gibt immer eine Lösung! Für jedes Problem gibt es eine Lösung und für jede Krise gibt es eine Wende hin zu glücklicheren Zeiten.

Die negativen Gefühle, die wir bei einer Trennung von unserem geliebten Seelenverwandten verspüren, sind dabei mindestens ebenso intensiv, stark und dauerhaft, wie all die wundervollen und schönen Gefühle, die wir zuvor mit ihm erlebten. Wo viel Licht ist, da ist meistens auch ebenso viel Schatten. Die Betroffenen erleben einen extrem tiefen Schmerz, der mit nichts vergleichbar ist.

Negative Gefühle sind immer ein Zeichen dafür, dass etwas nicht in Ordnung ist. Körperliche Schmerzen zeigen uns, dass unser Körper krank, oder verletzt ist und Aufmerksamkeit und Heilung benötigt. Und ebenso zeigt uns unsere Seele, dass sie Hilfe braucht, wenn wir unter Seelenqualen leiden. So wie man körperliche Schmerzen durch ein Schmerzmittel betäuben kann, so können wir unsere seelischen Schmerzen ebenso betäuben, indem wir den Verdrängungsmechanismus einschalten. Dabei bekämpfen wir aber lediglich die Symptome, deren Ursache aber immer noch vorhanden ist. Und genauso, wie es bei körperlichen Beschwerden notwendig ist, die Ursache zu heilen, damit eine dauerhafte Genesung gewährleistet ist, so ist es bei seelischen Schmerzen ebenfalls unbedingt erforderlich, die Ursachen zu finden und diese zu heilen. Die Ursachen haben nicht nur primär etwas mit unserem Seelenverwandten zu tun. Manchmal stammen sie auch aus unserer Kindheit, unserer Jugendzeit, oder gar aus einem früheren Leben. Ein spezielles Lied im Radio, das wir mit unserem Seelenverwandten verbinden, kann genügen, um Trauer, Kummer und andere sehr negative Gefühle hervorzurufen. Solchen Situationen zu entfliehen ist schwierig. Wir werden immer wieder mit Dingen konfrontiert werden, die uns an unseren Seelenverwandten erinnern. Diese negativen Gefühle sind also nicht vermeidbar. Wir können aber lernen mit ihnen umzugehen. Und wir können sie sogar in positive Gefühle verwandeln. Die Transformation negativer Gefühle in positive gelingt uns dann, wenn wir unsere Themen heilen können. Schaffen wir das, werden wir in unserem Denken, Fühlen und Handeln frei. Durch diese Freiheit schwinden alle Blockaden, die der Erfüllung unserer Liebe im Wege stehen.

Die Heilung unserer Seele und unserer Seelenthemen bewirkt eine Überwindung unseres Kummers. Was können wir nun konkret dafür tun? Die Heilung dauert in der Regel etwas. Aber bis dahin brauchen wir nicht ständig zu leiden. Es gibt einige sehr gute Methoden, die uns die Zeit bis dahin erleichtern können.

Ich empfehle dir, etwas für dich zu finden, das dir im akuten Fall helfen kann, aus der Negativspirale wieder rauszukommen. Ebenso ist es sinnvoll vorzubeugen. Die meisten Menschen fühlen eine Art Dauerschmerz, mit mehr oder weniger starken akuten Episoden, in denen der Schmerz in Wellen oder Etappen kommt. Dauerhaft in Frieden und ohne negative Gefühle trotz Trennung, ist nur derjenige, der seine Wunden und seine Seele geheilt hat. Auch dieser Zustand ist glücklicherweise erreichbar!

Vorbeugend und in akuten Situationen können uns helfen: das authentische Reiki (dabei ganz besonders I.- und II.-Grad-Methode), spezielle Meditationen, der Kontakt zu unserer eigenen Seele, unserem Hohen Selbst und weitere individuelle spirituelle Methoden und Maßnahmen.

Mein absoluter Favorit ist das authentische Reiki. Es wirkt sofort und immer, ist zu jeder Zeit an jedem Ort anwendbar, ist leicht erlernbar, gleicht aus, harmonisiert und kann uns aus unserer Negativspirale herausholen.

Akute Maßnahmen

Wenn man eine der oben genannten Techniken beherrscht, dann ist es sinnvoll diese im akuten Fall auch sofort anzuwenden. Bei Reiki hat man die Erste Hilfe buchstäblich in seinen Händen und somit immer dabei. Spezielle Meditationen sind auch eine wundervolle Hilfe. Aber sie sind nicht zu jeder Zeit durchführbar. Ist man gerade mit dem Auto unterwegs, oder inmitten von Menschen, dann eignet sich das Meditieren nicht. Meist „überfallen" uns die negativen Gefühle zu den unpassendsten Zeitpunkten. Der Kontakt zum Hohen Selbst zum Beispiel kann immer hergestellt werden. Wenn man darin geübt ist, kann man sich sogar mit jemandem unterhalten und gleichzeitig auf einer anderen Ebene in direktem Kontakt mit seinem Hohen Selbst stehen. Wenn es die Umstände erlauben, ist es optimal, sich für eine gewisse Zeit aus dem Geschehen auszuklinken. Bei der Arbeit ist es vielleicht möglich eine kurze Pause einzulegen und sich an einen ruhigen Ort zurückziehen. Manchmal ist sogar die Toilette ein guter Zufluchtsort. Sitzt man im Auto, dann ist es ratsam auf den nächsten Parkplatz zu fahren. Wichtig ist es, die Gefühle ernst zu nehmen und ihnen Beachtung zu schenken. Wischt man sie fort, weil sie lästig sind, dann kommen sie bei der nächsten Gelegenheit nur umso stärker zum Vorschein. Manche negativen Gefühle sind auch so heftig, dass sie selbst unter großen Mühen nicht unterdrückt werden können.

Nicht jeder hat einen Reikigrad, oder die Ambitionen spezielle Meditationen zu erlernen. Es ist wichtig, dass du etwas für dich findest, was für dich persönlich stimmig ist. Ich empfehle dir offen für neue Wege zu sein. Im folgenden Text findest du eine praktische Übung, die von jedem völlig einfach durchzuführen ist. Trotz, oder auch gerade wegen, ihrer Einfachheit ist sie sehr effektiv und wirksam.

Eine kleine praktische Übung zur Transformation negativer Gefühle und Gedanken

„Lege deine Hände auf die Stelle deines Körpers, an der du den Schmerz, die Trauer, die Sehnsucht oder den Kummer fühlst. Atme tief ein und aus. Stelle Dir ein leuchtendes, helles und göttliches Licht vor, das durch dein Kronenchakra in deinen Kopf strömt, die Halswirbelsäule hinunter in dein Herzzentrum und von dort durch deine Arme direkt in deine Hände. Von dort aus fließt es in deinen Körper – direkt in die Stelle mit dem negativen Gefühl. Du wirst bemerken, dass das negative Gefühl nach einiger Zeit schwächer wird und sich letztlich auflöst. Halte diese Visualisierung solange aufrecht, wie du kannst, oder das Bedürfnis dazu hast. Bitte darum, dass du dieses Licht von der allerhöchsten, göttlichen Quelle bekommst. "

Lasse dabei alle Gefühle zu, die du fühlst! Lasse der Trauer und deinen Tränen freien Lauf. Halte nichts zurück, sondern erlaube dem heilsamen Licht, alles Negative zu transformieren. Diese Übung ist so effektiv wie einfach. Sie kann sogar nur wenige Minuten benötigen. Seminarteilnehmer berichteten, dass sie schon nach ganz kurzer Zeit eine gravierende Erleichterung verspürten. Diese Übung kann, je nach Belieben und Bedarf, länger ausgedehnt und mit anderen Methoden kombiniert werden. Wunderbar wirkt sie in Verbindung mit dem authentischen Reiki, oder wenn du dich mit deinem Hohen

Selbst und deinen geistigen Begleitern verbunden hast. Du kannst nach einiger Zeit, wenn das Licht genügend durch dich geströmt ist, dazu singen. Singen ist sehr heilsam. Versuche es ruhig einmal. Du kannst das singen, was dir Spaß macht. Die Praxis hat gezeigt, dass den meisten Menschen fröhliche oder sogar zum Teil auch etwas unsinnige Lieder, wie Faschingslieder oder Seemannslieder gut taten. Auch fröhliche Musik von einer CD kann dabei wahre Wunder bewirken.

Es gibt auch wundervolle Klangschalen, die die Fähigkeit der Transformation besitzen. Ich verwende gerne die Klänge einer bestimmten Klangschale, um negative Gefühle und/oder Blockaden zu lösen und zu transformieren.

Das Aurareading

Im Jahr 2004 erlernte ich das Aurareading. In den darauffolgenden Jahren bis heute entwickelte ich den Zugang zu den feinstofflichen Ebenen für meine Bedürfnisse und die meiner Klienten/Klientinnen im Laufe meiner Praxis wesentlich weiter. Das Aurareading eignet sich wunderbar zur Klärung, Transformation und Bewusstmachung von Themen im Allgemeinen und im Besonderen.

Das Aurareading oder auch Auralesen ist eine sehr effiziente Methode der hellsichtigen, energetischen Wahrnehmung. Durch das Aurareading erhalte ich Zugang zu allen feinstofflichen, energetischen Bereichen, die für den Hilfesuchenden relevant sind und den entsprechenden Lebensthemen und Lebensfragen. Das Aurareading kann Hilfe, Unterstützung und vor allem Klarheit bringen. Im Aurareading werden Situationen, Ereignisse, Lebensumstände, aber auch andere Menschen, mit denen der Fragende in Beziehung steht, durch die „Augen der Seele" gesehen. Neu gewonnene Erkenntnisse und Einsichten erweitern unsere Sichtweise und unser Bewusstsein. Das ermöglicht uns wiederum besser mit der jeweiligen Situation und unserem Seelenverwandten umzugehen. Du kannst deinen eigenen Weg erkennen und kommst somit in die Lage deine Lebensaufgaben zu erfüllen. Außerdem ist es möglich durch das Aurareading wundervolle reinigende, heilende, stärkende und aufbauende Energien einfließen zu lassen, die auch Blockaden etc. lösen und transformieren können.

Die Aura ist das energetische, feinstoffliche Feld des Menschen. Sie ist wie ein riesiger Datenspeicher und enthält alle Informationen über unser aktuelles und unsere vergangenen Leben. Die Aura durchdringt unseren physischen und unsere feinstofflichen Körper. In ihr befinden sich außerdem unsere feinstofflichen Energiezentren – auch Chakren genannt. Über die Chakren bestehen Zugänge zu sämtlichen energetischen Ebenen des Menschen, bis hin zu den spirituellen Lichtebenen und dessen Seelenebene. Die Chakren sind nicht nur unsere Hauptenergiezentren, sondern auch Portale zu unseren höheren Schwingungs- und Seinsebenen. Hier erhalten wir Kontakt zur eigenen Seele, unseren Seelenverwandten, unseren Geistführern und unserem Hohen Selbst, sowie darüber hinaus zu anderen geistigen Wesen, wie zum Beispiel zu aufgestiegenen Meistern.

Über die Aura kann ich zu der Gesamtheit des Menschen, inklusive seiner vergangenen und zukünftigen Leben, Zugang erhalten. Wenn ich von meinen Klienten gefragt werde, was sie denn im Aurareading alles fragen können, dann sage ich, *„es gibt nichts, was Sie nicht fragen können!"* Die am häufigsten gestellten Fragen stammen meistens aus den klassischen Bereichen: persönliche Entwicklung, Familie, Partnerschaft, Seelenverwandtschaft, Beruf, Gesundheit. Alle Informationen zu diesen Themen befinden sich im Energiefeld des Fragenden. Für ein lösungsorientiertes Aurareading ist eine umfassende Hintergrundinformation unerlässlich. Das Aurareading überfordert niemals. Es werden nur die Informationen durchgegeben, die der Fragende verarbeiten kann. Die Botschaften erscheinen durch bildhafte Form, die durch Gefühls- und mentale Aspekte vervollkommnet werden, und stammen direkt aus der Seele des Fragenden.

Kann man bei einem Aurareading in die Zukunft schauen?

Bei einem Aurareading kann man die zum jetzigen Zeitpunkt wahrscheinlichste Zukunft erkennen. Unsere Zukunft ist zum größten Teil nicht fix festgelegt. Unsere Seele hat sich vor ihrer Inkarnation ihren Seelenplan erstellt, der jedoch nicht starr in Stein gemeißelt ist, sondern durch eine flexible Dynamik einiges an Freiheiten lässt. Durch unseren freien Willen bedingt, besitzen wir einen gewissen nicht zu unterschätzenden Handlungsspielraum. Beim Aurareading wird die Zukunft energetisch betrachtet als Potenzial dargestellt. Unsere Zukunft enthält alle unsere möglichen Potenziale. Diese Potenziale können stark oder auch schwach ausgeprägt sein. Je nachdem welchen Weg ein Mensch einschlägt, wird sich seine Zukunft verändern. Ein Aurareading vermag Auskunft darüber zu geben, wie man ein gewünschtes Ereignis, das als schwaches Potenzial vorhanden ist, stärken kann. Selbstverständlich kann man auch erfragen, wie ein starkes Potenzial, das unerwünscht ist, geschwächt oder gar vermieden werden kann. Im Vergleich mit dem Wahrsagen stellt das Aurareading für mich eine wesentlich feinere, exaktere Informationsquelle dar, denn sie stellt direkt mit der Seele des Menschen eine Verbindung her. Außerdem werden dabei keinerlei Hilfsmittel wie Karten etc. benötigt.

Ich sehe im Aurareading das Leben eines Menschen wie eine Landkarte vor mir liegen. Wenn jemand beispielsweise wissen möchte, wie es beruflich weitergehen kann, welche Möglichkeiten und Chancen bestehen, so kann ich den zukünftigen Weg wie auf einer Landkarte erkennen. Ich sehe den aktuellen Standpunkt und das Ziel, das der Fragende anstrebt, wie zum Beispiel eine berufliche Veränderung oder seine Berufung endlich ausüben zu können etc. Nun kann ich erkennen, welche Hindernisse und Herausforderungen zwischen dem aktuellen Standpunkt und dem Ziel vorhanden sind. Auch sinnvolle Umwege oder auch Sackgassen lassen sich auf diese Weise erfassen. Stell dir vor, du hast eine Wanderkarte vor dir liegen. Du siehst deinen Ausgangspunkt und dein Ziel. Vermutlich werden mehrere Wege zum Ziel führen. Manche Wege sind vielleicht sehr mühselig, weil sie sehr steil und steinig sind. Ein Weg ist möglicherweise länger und stellt einen Umweg dar. Aber bei näherer Betrachtung erkennst du, dass er viel bequemer zu gehen ist und du auf ihm trotz seiner Länge, viel schneller und sicherer vorankommst. Manche Wege gehen über Berge hinweg, andere durch Tunnel hindurch, wieder andere stellen eine Sackgasse dar, oder es gibt vielleicht auch mal die eine oder andere Abkürzung. Im Aurareading kann man – auf alle Lebensbereiche bezogen – die Landkarte deines Lebens darstellen lassen und sehen, welche Wege, auf welche Weise und in welche Richtung sie führen.

Energetische Potenziale – Chancen auf unserem Lebensweg

In der sogenannten geistigen Welt existieren alle unsere Potenziale im Jetzt. Unsere Vergangenheit und auch unsere vergangenen Leben sind gelebtes, ausgelebtes Potenzial. Unsere Zukunft beinhaltet alle möglichen Potenziale, die aus unseren vergangenen Potenzialen resultieren und durch die Gegenwart in Aktion treten können. Wie zuvor schon beschrieben, werden mir die Lebenspotenziale des fragenden Menschen wie auf einer Landkarte dargestellt. Es gibt dort den momentanen Standpunkt, von dem aus verschiedene mögliche Wege weiter in die Zukunft führen. Von „oben" betrachtet lässt sich mit der Landkartendarstellung wunderbar erkennen, von wo der Mensch herkam (Vergangenheit und vergangene Leben) und auch wohin sein Weg ihn hinführen wird. Meist sind mehrere Möglichkeiten vorhanden, wie wir auf unserem Lebensweg weitergehen können. Je nachdem für welche Abzweigung, also Möglichkeit, wir uns entscheiden, verändern wir unseren Kurs und damit auch unsere Zukunft. Manchmal führen uns scheinbare Umwege zu wertvollen Begegnungen oder besonderen Situationen.

Aktivierung unserer Energiefelder

Im Aurareading besteht die Möglichkeit die energetischen Felder unserer Potenziale zu aktivieren, oder, wenn sie schon aktiv sind, zu energetisieren. Das heißt, wir lassen hier direkt Energien in die entsprechenden Potenzialformen einfließen. Damit ist es uns möglich, den angestrebten Zustand schneller und leichter zu erreichen. Im Aurareading wirken wir also direkt auf unsere Lebensmatrix ein, die wir durch gezielte Aktivierung zur Erfüllung bringen können. Wir sind schöpferische, kreative Wesenheiten, die dazu aufgerufen sind, ihr Geschick selbst zu lenken und ihr Leben schöpferisch zu gestalten. Liebe, Glück, Freude und Erfüllung sind unser Geburtsrecht. Wir sollten es uns nehmen, indem wir unser Leben selbst gestalten, uns selbst leben und nicht mehr leben lassen, uns weder von unseren eigenen Glaubenssätzen behindern, noch von anderen Menschen beherrschen und bestimmen lassen.

Die Aktivierung der energetischen Felder ist eine wundervolle, schöpferische Möglichkeit sich zu seiner Bestimmung, seiner Lebensaufgabe hinzuwenden, diese durch die eingebrachten Energien schneller, bestimmter und erfüllender zu leben und somit sich selbst zur Erfüllung zu bringen. Unsere Aura besteht aus vielen verschiedenen Schichten, die sich zwar durchdringen und in ständiger gegenseitiger Interaktion stehen, aber dennoch ganz speziell angesprochen und energetisiert werden können. Ebenso ist es möglich für Manifestationen in unserer Zukunft Energien zur Verfügung zu stellen, oder auch ganz bestimmte Lebensbereiche direkt anzusprechen, zu energetisieren und zu aktivieren. Diese Methode hat nichts mit Reiki oder einer anderen Energiearbeit zu tun – sie wirkt direkt und ausschließlich durch das Aurareading.

Die Aurainformation

Die Aktivierung der Energiefelder habe ich Aurainformation genannt. Dieser Begriff beschreibt sehr anschaulich, was bei der Aurainformation geschieht. Unsere Aura ist nicht nur unser feinstoffliches Energiefeld, sondern stellt auch einen gewaltigen Informationsspeicher dar. In ihr ist alles gespeichert. Frühere Leben ebenso wie unsere Potenziale. Wir können die Aura speziell informieren, um unsere Potenziale besser leben zu können, wie auch um gewünschte Lebensumstände zu erschaffen. Die Aurainformation empfiehlt sich, um etwas im Leben erschaffen, manifestieren zu können und als hilfreiche Unterstützung die Energie, die zur Manifestation notwendig ist, auch zu halten. Beispielsweise um besser abnehmen zu können, das Rauchen aufzugeben, beruflich erfolgreich zu werden, sich seinen Kinderwunsch zu erfüllen, eine glückliche Partnerschaft zu leben, bzw. den Partner zu finden, der zu einem passt.

Bei der Aurainformation werden spezielle Lichtimpulse, wie kleine Programme in der jeweiligen Auraschicht gesetzt und gestartet. Dies hilft uns, unser Leben zu gestalten und unsere Träume Realität werden zu lassen. Diese kleinen energetischen Programme entfalten ihre kreativen, schöpferischen Kräfte direkt in der Auraschicht, die für die Manifestation des gewünschten Ereignisses zuständig ist.

Die Akasha-Chronik

Die Akasha-Chronik ist der unendliche, kosmische Informationsspeicher der Menschheit und darüber hinaus der gesamten Schöpfung. In ihm ist alles, was jemals war, das was ist und was jemals sein wird gespeichert. Wer Zugang zur Akasha-Chronik hat, der kann Informationen über alle vergangenen, gegenwärtigen und zukünftigen Ereignisse, Menschen und deren Potenziale erhalten. Es gibt verschiedene Methoden die Akasha-Chronik zu „lesen". Es ist beispielsweise möglich, mit der Aurareading-Methode, der II.-Grad-Technik des authentischen Reiki und speziellen Meditationen, Zugang zu ihr zu erhalten und ihre Informationen „auszulesen". Ich persönlich bevorzuge hierfür das spezielle Aurareading über die oberen Chakren, da sie den direktesten und klarsten Zugang zur Akasha-Chronik gewährleisten.

Zugang zu den feinstofflichen, energetischen Ebenen

Die feinstoffliche Ebene der Chakren

Hier können wir die Chakren, ihre Arbeitsweise, ihre Energie und ihre eventuell vorhandenen Verletzungen einsehen und heilend auf sie einwirken. Häufig sind die Chakren belastet. Wer schon einmal Liebeskummer hatte, der weiß, wie sehr der Herzbereich schmerzen kann. Hierbei ist das Herzchakra verletzt worden. Bei einer abrupten Trennung zerreißen die feinstofflichen Bänder gewaltsam, was Schmerzen in unserem Energiesystem verursacht. Auch unsere Nebenchakren können davon in Mitleidenschaft gezogen werden, was sich auf unser gesamtes Energiesystem und natürlich auch auf unseren Körper und unser Allgemeinbefinden sehr negativ auswirken kann.
Im Aurareading ist es möglich nicht nur die Verletzungen der Chakren zu erkennen, sondern durch spezielle Energien diese wieder zu harmonisieren, auszugleichen und zu energetisieren und zu heilen. Ein gut funktionierendes Chakrensystem ist außerordentlich wichtig.

Die Ebene der feinstofflichen Körper

Die Ebene der feinstofflichen Körper kann, ebenso wie die Chakrenebene, mittels des Aurareadings eingesehen und positiv beeinflusst werden. Vor allem der Emotionalkörper und der Mentalkörper können besonders von Störungen betroffen sein. Eine leidvolle Seelenbeziehung wirkt sich in der Regel sehr negativ auf unser gesamtes Energiesystem aus, aber ganz besonders sind unsere feinstofflichen Körper davon beeinträchtigt. Die Störungen sind sehr mannigfaltig und individuell. Der Emotionalkörper und der Mentalkörper schwingen auf harmonische Weise miteinander. Ist einer davon gestört, so wirkt sich das auf den anderen ebenfalls negativ aus. Manchmal ist einer von beiden viel zu groß und aufgebläht, oder auch zu klein und wie zusammengepresst. Die feinstofflichen Körper durchdringen sich gegenseitig und passen normalerweise wunderbar ineinander. Bei Störungen kommt es mitunter vor, dass sie gegeneinander verschoben und manchmal sogar verkantet sind. Mithilfe des Auraclearings und Aurahealings, das man während eines Readings machen kann, lassen sich die feinstofflichen Körper wunderbar neu ausrichten, harmonisieren und stabilisieren. Die Energie kann nun wieder frei fließen, um unser energetisches System optimal zu versorgen.

Die Traumebene
Im Aurareading können einzelne und spezielle Träume betrachtet und Traumbotschaften entschlüsselt werden. Ist die Ebene der Träume belastet, dann werden wir vermehrt von Albträumen heimgesucht. Im Aurareading kann man klärend und harmonisierend auf diese Ebene einwirken.

Zugang zu den verschiedenen spirituell-geistigen Ebenen
Im Aurareading kann man nicht nur Zugang zu den feinstofflichen, energetischen Ebenen des Menschen erhalten, sondern auch zu den höheren spirituell-geistigen Ebenen, die für unser Seelenthema besonders interessant sind.

Die Ebene der höheren spirituellen Chakren
Im Aurareading erhält man nicht nur Zugang zu den sieben Hauptchakren des Menschen, sondern auch zu dessen höheren spirituellen Chakren. Diese stellen den Zugang direkt zur Seelenebene des Menschen dar, beinhalten darüber hinaus außerdem noch verschiedene spirituelle Aspekte, wie zum Beispiel, die Lebensaufgabe, den Sitz unseres Hohen Selbst usw. Auch die höheren spirituellen Chakren können durch Traumen etc. in Mitleidenschaft gezogen worden sein. Ist das der Fall, ist es uns unmöglich unsere Lebensaufgabe zu erkennen, geschweige denn sie zu erfüllen. Auch der Zugang und der Kontakt zu unserem Hohen Selbst, unserer eigenen Seele und unserer inneren Stimme können blockiert sein. Ein Auraclearing, Aurahealing und noch ein paar andere Heilmethoden können während eines Aurareadings angewandt werden, um diese Ebene zu harmonieren und zu heilen. Nach und nach wird dem Fragenden sein persönlicher Zugang zu seiner eigenen Seele, zu seiner Lebensaufgabe

und allen anderen Aspekten dieser Ebene eröffnet werden können. Der hilfesuchende Mensch vermag nun wieder seine innere Stimme zu hören, seine Lebensaufgabe zu erkennen und den Mut haben diese zu erfüllen.

Die Seelenebene
Hier haben wir direkten Kontakt zu unserer Seele und darüber hinaus zu unseren Seelengeschwistern, unserer Dual- und unserer Zwillingsseele. Diese Ebene steht in direktem Kontakt mit der Ebene der vergangenen Leben. Wobei aus dem Blickwinkel der Seelenebene Zugang zu allen Leben gleichzeitig besteht. Hier existiert keine lineare Zeit. Die Seelenebene ist die Ebene, in der es statische Zustände gibt und in der keine Evolution stattfindet. Die Evolution geschieht nur hier im Irdischen, bzw. in der Materie – sei diese nun fein- oder auch grobstofflich. Die Seele braucht für ihre Evolution einen stofflichen Körper. Die Seelenebene ist im Aurareading einsehbar.

Vergangene Leben im Aurareading
Der Blick in eine vergangene Inkarnation macht nur dann richtig Sinn, wenn sie mit der Thematik des aktuellen Lebens in Beziehung steht. Manche unserer Lebensthemen ziehen sich wie ein roter Faden quer durch unsere Inkarnationen. Im Aurareading ist es möglich belastende Energien, die in vergangenen Leben ihren Ursprung haben und negativ im aktuellen Leben wirken, zu entfernen. Ebenso ist es möglich Schwüre, Gelübde, karmische Verstrickungen, Eide, Flüche und dergleichen ausfindig zu machen und diese dann gegebenenfalls zu neutralisieren.

Manche meiner Klienten/Klientinnen fragen aus reiner Neugierde nach, ob sie zum Beispiel schon mal im Mittelalter, im alten Ägypten oder dergleichen gelebt hätten. Hierzu wird mir meist kein vergangenes Leben gezeigt. Es hat ja seine Gründe, warum wir uns nicht an alles erinnern können. Würde dem Fragenden ein schreckliches Ereignis aus einem vergangenen Leben mitgeteilt, mit dem er nicht umgehen kann, dann könnte sich das äußerst nachteilig auswirken. Der Vorteil des Aurareadings zur klassischen Reinkarnationstherapie ist, dass nicht der Betroffene selbst das frühere Leben wieder mit allen Gefühlen und Bildern durchleben muss, sondern, dass ich es für ihn sehe und ihm nur das berichte, was er auch verarbeiten kann. Die Gefahr einer Retraumatisierung durch eine Reinkarnationserfahrung ist immer gegeben und kann durch das Aurareading vermieden werden. Es gibt jedoch durchaus Fälle, in denen es effektiver sein mag, selbst das vergangene Leben mit all den dazu gehörigen Gefühlen wieder zu durchleben. Hier kommt es ganz auf den Einzelfall an.

Fallbeispiele: Der blockierte Lebensweg

Eine Klientin kam zum Aurareading mit der Frage, warum ihr Lebensweg blockiert ist. Unter anderem beschäftigte sie die Thematik, weshalb sie beruflich nicht das erreichen konnte, wonach sie sich so sehr sehnte. Sie besaß ein großes musikalisches Talent, schaffte es aber nicht, dieses Talent erfolgreich in ihr Leben zu integrieren. Ich konnte augenblicklich fühlen, dass die Musik ihr Leben ist. Ihr Musikstudium fiel ihr sehr leicht und sie ging absolut darin auf. Leider aber führte dieser Weg nach dem Studium für sie nicht mehr weiter. Sie haderte damit, dass ihre Studienfreundin eine erfolgreiche Musikerin geworden war, sie selbst aber nicht. Einerseits wusste sie um ihr großartiges Talent, dachte aber dennoch sie wäre nicht gut genug.

Ich verband mich mit ihrer Seele und erhielt spontan Zugang zu einem vergangenen Leben. Es war das Schlüsselleben zu diesem Thema. In dieser Inkarnation lebte sie ebenfalls als Frau in einem Land und zu einer Zeit, in der es Frauen nicht erlaubt war Lesen und Schreiben zu erlernen. Ihr großes musikalisches Talent, das sie auch im damaligen Leben hatte, durfte sie ebenfalls weder ausleben noch fördern. Sie litt sehr unter dieser Situation und verleugnete ihr Talent, um nicht daran zu zerbrechen.

In dem vergangenen Leben war es ihr unmöglich, ihre Situation zu ändern. Die Umstände dieser Zeitepoche vereitelten, dass sie ihr Talent und ihre Erfüllung als Musikerin leben konnte. Im aktuellen Leben blockierte sie sich selbst durch die unbewusste Programmierung aus dem anderen Leben. Es war notwendig für sie, sich selbst neu zu „programmieren".

Im Zuge dieses Aurareadings erhielt die Frau ein Auraclearing und ein Aurahealing von mir, um die blockierenden Energien des vergangenen Lebens zu entfernen. Außerdem sollte sie eine energetische Übung zur Klärung ihrer hinderlichen Glaubenssätze und Gedankenmuster durchführen. Sie kam in den kommenden Wochen regelmäßig zur metaphysischen Geistheilung und entwickelte dadurch viel mehr Selbstvertrauen und eine ganz kräftige und positive Ausstrahlung. Letztlich überwand sie ihr altes „Programm", sie lebte ihr Talent und wurde nach und nach immer erfolgreicher und glücklicher.

Das Auraclearing und das Aurahealing

Beim *Auraclearing* verschaffe ich mir einen gezielten Überblick über das Chakrensystem, die feinstofflichen Körper, die allgemeine Energielage und die feinstofflichen und spirituellen Ebenen. Vor allem durch mentale oder emotionale Prozesse, wie Kummer, Sorgen, negative Gedanken und dergleichen, sind unsere Chakren in ihrer Aktivität belastet. Das bedeutet, dass sie entweder zu wenig oder manchmal auch zu viel Energie produzieren und somit ein Ungleichgewicht in unserem Energiesystem hervorrufen.

Auch unsere diversen feinstofflichen Körper, vor allem der Emotionalkörper und auch der Mentalkörper, weisen bei Belastungen häufig Energiedefizite oder auch -überschüsse auf. Teilweise ist eine neue Kalibrierung der feinstofflichen Körper nötig. Auch energetische Blockaden und andere feinstoffliche Störfaktoren kann man beim Auraclearing erkennen und durch systematische Energiearbeit klären und harmonisieren. Manchmal sind die Auswirkungen auf das energetische Allgemeinbefinden enorm, wenn unsere Energiekörper wieder in ihre ursprüngliche Ordnung gebracht wurden. Nach der Klärung und Reinigung der Aura ist ein sogenanntes Aurahealing angebracht, um die neu gewonnene Harmonie zu stärken und zu stabilisieren.

Als *Aurahealing* bezeichne ich die gezielte Energiezufuhr des gesamten Energiefeldes, einschließlich sämtlicher feinstofflicher Körper und Chakren. Beim Aurahealing lasse ich universale, kosmische Energien in das feinstoffliche System einfließen, um das Energielevel spezieller Bereiche, sowie des gesamten Energiesystems zu erhöhen. Die Frequenz unseres feinstofflichen Systems steigt ebenso an, wie unsere Schwingung. Ruhe, innerer Frieden und Wohlbefinden können sich wieder einstellen.

Das Auraclearing und Aurahealing kann unterstützend während eines Aurareadings gemacht werden. Es kann aber auch separat angewandt werden und ist auch am Telefon mittels energetischer Fernkontaktaufnahme möglich.

Die Fragestellung im Aurareading

„Wer fragt, der erhält eine Antwort." Im Aurareading kann prinzipiell alles gefragt werden. Die Antworten darauf fallen unterschiedlich und ganz individuell aus. Sie werden immer so gegeben, wie sie den größten Nutzen für den Fragenden darstellen. Jeder, der seiner Dual- oder Zwillingsseele begegnet ist, hat meist sehr viele Fragen. Die Instanz in uns, die alle Antworten auf unsere Fragen weiß, ist unser Hohes Selbst bzw. unsere Seele. Der Mensch, der zu mir zu einem Aurareading oder einer Beratung kommt, wurde von seiner Seele zu mir geführt. Nichts geschieht rein zufällig. Der Mensch, der zu mir kommt, empfängt seine Antworten in einem Aurareading, einer Beratung oder einer metaphysischen Geistheilung. Manche Fragen werden sofort vollständig beantwortet. Andere Fragen benötigen jedoch komplexere Antworten. Keine Frage wird rein zufällig gestellt. Alles, was ein Mensch fragt, ist wichtig für ihn. Wird die Frage in einem Aurareading gestellt, so ist sie wie ein Samenkorn, das auf den Grund der Seele des Fragenden fällt. Sie beginnt dort zu keimen und die Seele des Fragenden wird ihm die richtigen Antworten zur richtigen Zeit zukommen lassen. Im Aurareading wird ein erster Teilaspekt beantwortet werden. Dieser Aspekt ist zu dem aktuellen Zeitpunkt alles, was der Fragende wissen muss, er stellt jedoch meist noch nicht die gesamte Ant-

wort dar. Diese wird dem Fragenden im Laufe der Zeit in vielerlei Form zuteilwerden können. Im Aurareading stelle ich der Seele des Hilfesuchenden die Frage und erhalte die zum jetzigen Zeitpunkt beste Antwort. Dann lasse ich die Frage frei, sodass sie in der Seele des Menschen auf heilvolle Weise keimen kann. Der Fragende kann nun weitere Facetten der Antwort in der kommenden Zeit erhalten. Ein Aurareading wirkt immer noch einige Zeit nach.

Impulse im Aurareading

Es besteht im Aurareading mittels einer bestimmten heilvollen Methode die Möglichkeit der Seele ganz spezielle Impulse für Dinge, die wir erreichen wollen, zu setzen. Das können Gesundheit, Erfolg, Liebe, Glück, ein neuer Job, Kinder, Familie etc. sein. Durch diese Impulse ist es möglich der Seele eine Aufgabe zu geben, die sie uns im Leben manifestieren wird. Wenn wir im Dialog mit unserer Seele sind, dann haben wir in ihr einen wundervollen, starken Verbündeten auf unserem Lebensweg. Unsere Seele möchte schließlich ihre Potenziale leben und zur Erfüllung gelangen. Unser Lebensweg, unsere Lebensaufgabe sind das, was unsere Seele in ihrer Evolution voranschreiten lässt. Hier im Irdischen findet ein enorm großes Entwicklungspotenzial statt. Unsere Seele hilft uns, zu unserer bestmöglichen Form und darüber hinaus zu wachsen. Wer Kontakt zu seiner wundervollen Seele hat, der verfügt auch über eine starke, charismatische Ausstrahlung. Er wird geführt und fühlt, dass er zur rechten Zeit am rechten Ort ist.

Das Aurareading zur Klärung zwischenmenschlicher Beziehungen

Das Aurareading ermöglicht uns Klarheit in unseren Beziehungen zu erhalten und diese auf verschiedene Weise zu harmonisieren. Wir erkennen die tieferen Zusammenhänge und haben dadurch die Chance uns aus falschen Vorstellungen, karmischen Verstrickungen und negativen energetischen Verbindungen zu befreien. Durch unsere neu gewonnenen Erkenntnisse und Einsichten erhalten wir ein erweitertes Bewusstsein, das uns ermöglicht besser mit der Situation und den Menschen in unserem Leben umzugehen. Wir erkennen unseren eigenen Weg und trauen uns ihn zu gehen. So ist es uns möglich, unsere Lebensaufgaben leichter zu erfüllen. Außerdem ist es möglich über die Klärung bzw. die Lösung negativer feinstofflicher Bänder, der Seelenrückholung und der Arbeit mit den feinstofflichen und spirituellen Ebenen bestimmte Beziehungen, insbesondere Seelenverbindungen, zu klären und zu harmonisieren.

Das Aurareading zur Klärung von Beziehungen in der Praxis

Bei einem Aurareading kann ich über die Aura meines Klienten hinausgehend Kontakt zu den ihm nahestehenden Personen aufnehmen. Um mit ihnen, bzw. deren Seele kommunizieren zu können, bereite ich mich mittels einer speziellen spirituellen Methode vor und erhalte dadurch Zugang in besondere innere Bereiche. Dann lade ich die Seele des Betreffenden ein, die in der Regel sehr gerne erscheint. Die meisten Menschen verstecken sich, aus Angst vor negativen Erfahrungen, hinter der einen oder anderen Maske. Im Aurareading erlaubt uns die Seele einen Blick hinter diese Maske zu werfen, um Klarheit und Verständnis zu erhalten. Den anderen ohne seine Maske zu sehen, ist eine große Bereicherung – wir sehen nun vieles so wie es wirklich ist, ohne die inszenierte Fassade. Jetzt ist es uns möglich ganz anders auf die Menschen zuzugehen und ihnen dadurch die Chance zu geben, sich ebenfalls natürlicher und authentischer zu verhalten.

Ich lade die Seele des Menschen ein und bitte sie zu mir, in einen speziell dafür geschaffenen spirituellen Raum, zu kommen. Die meisten erscheinen sehr gerne, um sich mitzuteilen. Wir können sie nun etwas fragen oder ihnen etwas ausrichten. Sehr schön finde ich ebenfalls die Tatsache, dass man dem anderen, bzw. seiner Seele etwas sagen kann, was einem auf dem Herzen liegt. Oft habe ich Liebe übermittelt, Worte des Dankes oder auch eine Bitte um Verzeihung etc. Dies alles kommt beim anderen bzw. dessen Seele an. Es kommt öfter mal vor, dass sich der Mensch bald nach einem Aurareading meldet. Er selbst bekommt von dem Aurareading in der Regel nichts mit. Aber da wir ja mit seiner Seele in Kontakt sind und kommunizieren, gelangt manchmal das eine oder andere, wenn es für ihn stimmig ist, in sein Bewusstsein. Dann und wann besteht der Wunsch seitens meiner Klienten, dem geliebten Seelenverwandten doch etwas heilsame Energie zukommen zu lassen, weil dieser gerade in einer schwierigen Lebenssituation steckt. Hierbei frage ich seine Seele, ob sie diese Energie auch möchte. Bei einem „Nein" schicke ich natürlich nichts. Wobei dies äußerst selten der Fall ist. Wenn ich von der Seele ein eindeutiges „Ja" vernehme, dann übermittle ich die Energie als Energiepaket, aus dem sich der Menschen, so wie er es braucht, bedienen kann. Du kannst es dir in etwa so vorstellen: es ist, als würdest du deinem Seelenverwandten einen Teller mit Essen hinstellen. Er kann nun selbst entscheiden, ob und wie viel er davon zu sich nehmen möchte. Dem anderen wird nichts übergestülpt und auch nichts aufgedrängt. Es ist sehr wichtig darauf zu achten, immer respektvoll und achtsam mit der Übertragung von Energien umzugehen. Gerade der feinstoffliche Bereich ist ein Gebiet, in dem leider auch sehr viel Ungutes geschehen kann. Ein seriöser Heiler oder Energietherapeut wird immer auf eine vollkommen achtsame und respektvolle Weise für ALLE Beteiligten arbeiten. Niemals darf einem Menschen durch die feinstoffliche Arbeit etwas aufgezwungen oder aufgedrängt werden. Zum Glück sind hier in der Regel sehr gute Schutzmechanismen wirksam, die uns vor vielem bewahren. Es ist sehr wichtig, nicht selbst aus Unwissenheit oder Leichtsinn etwas zu versuchen. Allzu schnell kann man, wenn man nicht kompetent ausgebildet ist, vieles falsch machen. Deshalb empfehle ich an dieser Stelle eine kompetente Person dafür zu beauftragen oder sich selbst entsprechend zu schulen.

Fallbeispiel: Verschmelzung mit dem Zwilling

Silvia verschmilzt im Mutterleib mit ihrem körperlichen und seelischen Zwilling
Silvia erlebte, seit ihrer ersten richtigen Beziehung zu einem Mann, immer wieder sehr starke Verlustängste. Eine dauerhaft glückliche Partnerschaft zu führen, war ihr zu ihrem großen Leidwesen nicht möglich. Deshalb lebte sie schon viele Jahre alleine.

„Ich will endlich etwas ändern!" dachte Silvia und entschloss sich dazu etwas zu unternehmen und medial „nachschauen" zu lassen, in der Hoffnung, ein paar ihrer dringlichsten Fragen zu ihrer Partnerschaftsproblematik klären zu können. Unter anderem erwähnte sie, ihr sei schon vor Jahren mitgeteilt worden, ihre Zwillingsseele habe mit ihr im Mutterleib für eine gewisse Zeit gelebt, sei dann aber gestorben. Im Aurareading stellte ich den Zugang zu dieser Situation her und konnte dieses Ereignis bestätigen. Darüber hinaus wurden mir die Hintergründe gezeigt.

Als Silvias Seele sich zu ihrer jetzigen Inkarnation entschieden hatte, wurde sie von ihrer Zwillingsseele eine Weile in Form ihres biologischen Zwillings, während ihrer Entwicklung im Mutterleib, begleitet. Sie brauchte in dieser ersten Phase, aufgrund schlimmer Erlebnisse während ihrer vorherigen Inkarnation, Unterstützung. Nach einer gewissen Zeit fühlte Silvias Seele sich sicher genug und ihre Zwillingsseele konnte sie wieder verlassen, um ihre eigenen Aufgaben angehen zu können. So hatten sie es vereinbart. Silvias Körper resorbierte den kleineren Körper ihres Zwillings und verschmolz sozusagen mit ihm. Das ist auch der Grund, warum sie sich immer wieder nach einem Partner sehnt, mit dem sie verschmelzen kann. Sie hatte lange Jahre immer nur den Mangel in ihrem Leben gesehen und gänzlich den Blick für die Menschen und Dinge verloren, an denen sie Freude hatte.

Danach bekam ich ein weiteres Bild präsentiert, das ich ihr schilderte. In dem Bild betrat sie einen Zug, um auf eine lange Reise zu gehen. Ihre beste Freundin fuhr die ersten Stationen mit ihr mit, damit sie sich an die Situation gewöhnen konnte. Dann musste die Freundin aussteigen. Für Silvia war das nun kein Problem mehr, da sie sich nun auch alleine sicher fühlte.

Durch das Aurareading erkannte Silvia die größeren Zusammenhänge. Außerdem wurde ihr dadurch bewusst, dass sie ihren Fokus nicht mehr auf ihren Mangel zu richten brauchte, sondern auf das, was sie hat, bzw. hatte. Ein Teil von ihr beklagte immer noch den Verlust ihres seelischen Zwillings und nicht das Geschenk, das er ihr mit seiner, wenn auch nur kurzen Begleitphase, gemacht hatte. Nun war sie in der Lage sich darüber zu freuen und dankbar zu sein, dass ihre Zwillingsseele sie in einer sehr wichtigen Phase begleitet hatte. Eine Aussage des Aurareadings war, dass sie genauso wie sie ihren Zwilling in sich aufgenommen hatte, sie in sich selbst all das suchen und finden konnte, was sie im Außen bei Männern suchte. Sie schaffte es schnell, all ihre negativen Muster loszulassen und sie ins Positive zu transformieren. Später lernte sie ihren jetzigen Partner kennen, mit dem sie auch heute noch glücklich zusammen ist und eine erfüllte und gleichberechtigte Partnerschaft lebt. Sie erfährt eine sehr intensive Nähe mit ihm, hat aber nicht mehr das Bedürfnis nach absoluter Verschmelzung. Sie ist in sich selbst ganz und heil geworden und konnte somit den entsprechenden Seelengefährten als Partner anziehen.

Die Seelenrückholung

Durch traumatische Ereignisse kommt es vor, dass Teile unserer Seele abgespalten werden und „verloren" gehen. Der Schamanismus kennt Methoden solche abgespaltenen und verloren gegangenen Seelenanteile wieder zurückzuführen und zu reintegrieren. Ich habe 2010 eine schamanische Grundausbildung durchlaufen und wende diese und auch andere Methoden während eines Aurareadings an. Es geschieht öfters, dass ich im Aurareading von der geistigen Führung eines Klienten auf verlorene Seelenanteile hingewiesen werde. Diese sind entweder im aktuellen Leben oder auch in einem früheren Leben verloren gegangen, nun aber bereit wieder zurückzukommen um reintegriert zu werden. Die Seelenrückholung ist eine sehr wichtige und heilvolle Methode.

Der Seelenverlust und die Seelenrückholung

Es gibt verschiedene Situationen, die einen Seelenverlust bewirken können. Ein traumatisches Ereignis, wie ein Unfall, ein Todesfall, eine plötzliche Trennung, Krieg, schwere Krankheiten und andere Lebenskrisen, kann einen Seelenverlust bewirken. Diese Situation kann in einem vergangenen Leben oder im aktuellen Leben stattgefunden haben. Durch die Situation wird die Seele so traumatisiert, dass sie einen Teil von sich abspaltet. Manche Seelenanteile sind sehr groß – prozentual gesehen können sie teilweise gar fünfzig Prozent oder auch mehr ausmachen. Dieser Seelenanteil ist nun in der schrecklichen Situation gefangen und verhaftet. Er hat keinen direkten Bezug mehr zu uns. In gewisser Weise ist er verloren. Durch die Rückholung des Seelenanteils wird gleichzeitig ein Prozess entstehen, der die Heilung des damals entstandenen Traumas unterstützt. Wenn ein verlorener Seelenanteil reintegriert wurde, erfährt der betroffene Mensch in der Regel einen enormen Energiezuwachs. Alle Energien und ein enormes Potenzial, das im verlorenen Seelenanteil gebunden ist, stehen nun wieder voll zur Verfügung.

Fallbeispiel: Eine Klientin hatte durch die Trennung von ihrer Dualseele einen Seelenverlust erlitten. Die Trennung und die ganze Situation waren äußerst schwierig und extrem verfahren. Alles sah ganz danach aus, dass sie nie wieder Kontakt zu ihrer Dualseele haben würde. Sie war in einer ganz bestimmten Situation der Trennung so sehr traumatisiert worden, dass sie einen Teil ihrer Seele verlor. Dieser war immer noch in der damaligen Situation gefangen. Immer wieder durchlebte sie diese Situation und sah Szenen daraus vor ihrem inneren Auge. Diese Szenen waren so hyperreal, dass sie an ihrem Verstand zweifelte. Außerdem belasteten sie die schrecklichen Gefühle, die sie damals erlebt hatte und die sie immer wieder in den Momenten der Flashbacks durchlebte. Das Wiedererleben der schrecklichen Situation kam von ihrem abgespaltenen Seelenanteil, der diese Bilder und Gefühle in ihr Wachbewusstsein „funkte". Es war der Hilferuf des abgespaltenen Seelenanteils. Er war in der vergangenen Situation wie eingefroren und konnte von alleine nicht mehr zurück. Im Aurareading wurde mir durch die geistigen Helfer der Frau dieser Aspekt gezeigt und wir schafften es, den verlorenen Seelenanteil zurückzubringen und zu reintegrieren. In den darauffolgenden Wochen sollte meine Klientin täglich eine bestimmte Meditation machen, um ihren zurückgewonnenen Seelenanteil gänzlich wieder zu integrieren. Denn nur allzu leicht kann ein Seelenanteil wieder abhandenkommen, wenn man sich nicht entsprechend um ihn kümmert. Er braucht seine Zeit um sich wieder heimisch zu fühlen und bleiben zu können.

Der Seelentausch

Einen Sonderfall bei der Seelenrückholung stellt der Seelentausch dar.

Der Seelentausch: Bei einem Seelentausch geschieht es, dass durch eine schreckliche, traumatische Situation, in der sich zwei Seelenverwandte gleichzeitig befinden, von beiden Seelenanteile abgespalten werden. Diese gehen jedoch nicht auf klassische Weise verloren, bzw. verhaften nicht in der traumatischen Situation, sondern werden getauscht. Das heißt, dass die durch die traumatische Erschütterung abgespaltenen Seelenanteile vom einen zum anderen wandern und sich in dessen Seele integrieren. Ich habe dieses Phänomen vor allem bei Zwillingsseelen beobachtet, bin mir jedoch ziemlich sicher, dass es auch bei anderen Seelenverbindungen vorkommt. Ein Seelenrücktausch ist unbedingt notwendig, wenn man wieder ganz und sich selbst sein möchte. Zwillingsseelenverbindungen sind durch einen Seelentausch sehr belastet. Häufig ist dabei der reale Kontakt blockiert.

Fallbeispiel: Ein Klient hatte eine seit Jahren sehr belastete Zwillingsseelenverbindung, die auf Macht und Abhängigkeit basierte. Er selbst arbeitete schon lange Zeit intensiv mit spezieller Energiearbeit daran. Er hatte auch schon die eine oder andere heilvolle Hilfe in Anspruch genommen. Der Aspekt Macht und Abhängigkeit war jedoch nie vollkommen verschwunden. In einem Aurareading wurde mir ein vergangenes Leben der beiden Zwillingsseelen gezeigt. In diesem Leben waren sie Brüder gewesen und dienten ihrem Herrn als Soldaten. In einer großen Schlacht kämpften sie Seite an Seite, bevor sie gemeinsam unter den Klingen ihres Feindes fielen. Sterbend fassten sie sich bei den Händen und blickten sich tief in die Augen bis auf den Grund ihrer Seelen. Sie versprachen sich, sich nie alleine zu lassen, sondern beieinander zu bleiben – für immer. Durch das Trauma ihres gewaltsamen Todes spalteten sich große Teile ihrer Seelen ab. Durch den tiefen Blick in ihre Augen und durch das Versprechen für immer zusammenzubleiben, wurden diese Teile letztlich getauscht. Die getauschten Seelenteile machten circa fünfzig Prozent der Seele aus. Hier ist gut nachvollziehbar, welch einen enormen Einfluss dieser Seelenverlust und -tausch auf das Leben meines Klienten hatte. Der Rücktausch brauchte eine längere Vorbereitung. Mein Klient musste einige Zeit täglich ein bestimmtes Ritual mit einer speziellen Meditation durchführen, bevor die Seelenanteile zurückgetauscht werden konnten.

Effekte, die sich nach einer Seelenrückholung einstellen können

Die meisten Menschen erleben nach einer Seelenrückholung mindestens eine der folgenden Auswirkungen. Durch den zurückerhaltenen Seelenanteil entsteht ein enormer Zuwachs an Vital- und Lebensenergie. Die Lebensfreude steigt und wir fühlen uns ganz, rund und vollständig. Unsere Ausstrahlung kann sich gravierend erhöhen. Viele Menschen berichten, sie wären nun viel charismatischer als vorher. Ihre Mitmenschen nehmen sie deutlicher und positiver wahr. Was auch kein Wunder ist, denn die zurückerhaltenen Seelenanteile beinhalten sehr viele Aspekte, Energien und wundervolle Eigenschaften unseres persönlichen Wesens. Bekommen wir sie zurück, erhalten wir Zugang zu unserem inneren Reichtum, strahlen mehr aus und werden somit auch charismatischer.

„Die Rückholung abgespaltener und verloren gegangener Seelenanteile stellt für mich eine der wundervollsten und effektivsten Methoden überhaupt dar. Wenn die Zeit für die Rückkehr eines bestimmten verlorenen Seelenaspektes reif ist, so wird sich dieser bemerkbar machen. Wenn wir seine Botschaft vernehmen – können wir ihn heilen und uns einen Schritt weiter auf unsere sogenannte Erleuchtung im Sinne von Bewusst-, Heil- und Ganzwerden hinbewegen."

Die metaphysische Geistheilung

Die metaphysische Geistheilung ist eine hohe und äußerst effektive geistige Heilweise. Der metaphysische Geistheiler arbeitet mit sehr hohen spirituellen Energien und geistigen Kräften, im Einklang mit der allumfassenden Urquelle allen Seins und wirkt damit heilbringend und ganzheitlich auf Körper, Geist und Seele ein.

Seitdem ich die metaphysische Geistheilung praktiziere, erschloss sich mir ein noch breiteres Feld der spirituellen Wahrnehmung und der heilvollen Praxis für mich selbst und meine Klienten. Die meisten Menschen, die Probleme mit ihrer Seelenliebe haben, profitierten nicht nur in dieser Hinsicht von der metaphysischen Geistheilung, sondern konnten darüber hinaus viel Heil, Segen und Erfolg auch in anderen Lebensbereichen erfahren.

Es gibt immer Gründe, warum wir unsere Liebe nicht leben können. Die meisten davon liegen in uns selbst verwurzelt. Lösen wir die Knoten in unserem Inneren, so werden wir frei von Blockaden, alten Mustern und behindernden und einschränkenden Auswirkungen früherer Erfahrungen und Prägungen. Vieles liegt in unserer Vergangenheit zugrunde.

Durch und mithilfe hoher spiritueller Energien wirkt der metaphysische Geistheiler auf Körper, Geist und Seele ein. Die metaphysische Geistheilung setzt da an, wo herkömmliche Medizin und Therapien aufhören. Die metaphysische Geistheilung stellt daher eine wertvolle Ergänzung zur Schulmedizin dar, man könnte auch sagen, dass sie sie vervollständigt. Keinesfalls darf sie jedoch als Ersatz für eine medizinische Therapie betrachtet werden. Die moderne Medizin mit ihren Errungenschaften ist ein Segen für die Menschheit. Sie ist zwar sehr fortschrittlich, hat aber ihre Grenzen. Hier kommt die Metaphysik ins Spiel. Sie vermag jenseits der Grenzen zu wirken und die medizinische Therapie zu ergänzen.

Sind wir im Einklang mit uns selbst, unserer Seele und unserem inneren Sein, dann sind auch unsere Lebensumstände und unser Körper im Einklang mit uns. Wir erfreuen uns unserer strahlenden Gesundheit, fühlen Harmonie, Glück, Freude und Zufriedenheit. Wir leben unsere Erfüllung in unseren Beziehungen und im Beruf und erfüllen unsere Lebensaufgaben mit Leichtigkeit. Sind wir im Gegensatz dazu nicht im Einklang mit uns, dann wirkt sich dieser Zustand je nach Schwere seiner Ausprägung, negativ auf alle Lebensbereiche aus. Unsere Beziehungen leiden und sind vielleicht sogar blockiert, beruflich wissen wir nicht, was uns entspricht und unsere Arbeitsstellen füllen uns nicht aus. Oder wir leiden gar jeden Tag aufs Neue und leben bestenfalls nur noch am Wochenende oder im Urlaub wirklich. Letztlich kranken unser Körper, unser Geist und unsere Seele.

Warum sind wir nicht im Einklang mit uns selbst? Wo liegen die Ursachen begraben? Die Antwort auf diese Frage ist komplexer Natur. Sie lässt sich nicht in einem Satz beantworten. Die Ursachen sind sehr individuell und liegen teilweise in Bereichen verborgen, die uns mit unserem normalen Wachbewusstsein nicht zugänglich sind. Der uns unbewusste Bereich unseres Seins ist der Teil von uns, in dem viele dieser Ursachen verborgen sind. Diese liegen teilweise in unserer Kindheit und in früheren Erlebnissen und Erfahrungen zugrunde. Teilweise auch in vergangenen Leben.

Klassische Formen der Psychotherapie helfen diese unbewussten Elemente zu erkennen und stellen somit eine große Unterstützung für den Hilfesuchenden dar. Auch hier vermag die metaphysische Geistheilung ergänzend dort anzusetzen, wo die klassische Psychotherapie an ihre Grenzen stößt. Beide Methoden vermögen gemeinsam noch größeres Heil und Segen für die Menschen zu bringen.

Alles ist Schwingung – alles hat eine Frequenz

Alles hat seine eigene Frequenz. Jedes Organ, jedes Thema, jeder Mensch, jedes Tier – einfach alles. Durch spezielle energetische Methoden, die metaphysische Geistheilung und ebenso in einem Aurareading, kann man gestörte Frequenzen entstören und harmonisieren. Störungen können sein: Überlagerungen, schwache Frequenzen, disharmonische Frequenzen, überlagerte Frequenzen. Befindet sich die Frequenz wieder in ihrer normalen natürlichen Ordnung und Schwingung, kann sie dazu verwendet werden Heilenergien in ein Thema oder in ein spezielles Organ einfließen zu lassen.

Du kannst dir das so vorstellen: Nehmen wir mal an, jemand hat ein belastendes Lebensthema. Das Thema ist einfach da und der Mensch sieht keine Möglichkeit dieses Thema verändern zu können. Das Thema stellt somit eine enorme Störfrequenz für den Betroffenen dar. Unterschiedliche Themen stören auf unterschiedliche Weise. Die Beeinträchtigungen, die wir erfahren, können unser gesamtes Sein betreffen. Sie können körperlich, geistig und auch seelisch sein. Meist ist mehr als nur ein Bereich betroffen. Die Frequenz des Themas wirkt störend auf unser gesamtes System ein und wird unser Befinden je nach Ausprägung entweder nur leicht bis hin zu sehr drastischen Auswirkungen beeinflussen. Spielen wir nun Heilfrequenzen in das Thema ein, so können wir es positiv verändern und sogar heilen. Die metaphysische Geistheilung ist hierfür die am besten geeignete Methode, die ich persönlich kennengelernt habe und praktiziere.

Feinstoffliche Bänder, deren Entstehung, Auswirkungen und Bedeutung

Die feinstoffliche Welt ist für unsere physischen Augen unsichtbar. Hellsichtige Menschen nehmen sie dennoch mittels ihrer wachen feinstofflichen Sinne wahr. Es gibt verschiedene Methoden mit deren Hilfe, die feinstofflichen Sinne geschult werden können. Durch die aktivierte, feinstoffliche Sinneswahrnehmung ist es möglich, Zugang zu dieser geheimnisvollen verborgenen Welt zu erhalten. Im Prinzip verfügt jeder Mensch über diese feinen Sinne, die die normale Wahrnehmung erheblich erweitern. Leider sind sie bei den meisten mehr oder weniger stark verkümmert. Mit gezieltem und kontinuierlichem Training können diese Sinne wieder erweckt, geschult und geschärft werden. Die feinstoffliche Welt ist eine energetische Welt. Wie unsere materielle Welt schwingt sie in verschiedenen Frequenzen. Aus dem Physikunterricht wissen wir, dass selbst feste Materie, wie Stahl oder Stein, aus Atomen besteht, die nicht wirklich fest miteinander verbunden sind, sondern in einem Abstand zueinander stehen. Je größer dieser Abstand, desto feiner die Schwingung, je näher der Abstand, desto langsamer, dichter die Schwingung. Im Grunde besteht alles um uns herum „nur" aus Schwingung und aus Informationen. Unsere Augen sehen nur Schwingungen bis zu einer gewissen Frequenz. Alles was darüber hinausgeht ist für sie unsichtbar. Auch mit unseren Ohren können wir nur begrenzt akustische Schwingungen wahrnehmen. Tiefere und höhere Töne können wir nicht mehr hören. Menschen hören Schwingungen zwischen 20 und 20.000 Hertz. Die Schwingungen, die die Töne verursachen können wir nicht sehen. Das Magnetfeld der Erde können wir ebenfalls nicht sehen, aber wir wissen, dass es dieses gibt. Wir besitzen Messgeräte, die es nachweisen. Manche Tiere, wie zum Beispiel Zugvögel, Wale und Meeresschildkröten, nehmen das Magnetfeld mit einem speziellen Organ wahr und können sich auf ihren langen Reisen daran orientieren. Unsere Gedanken und Gefühle sehen wir ebenso wenig wie das Magnetfeld der Erde. Wir wissen dennoch zweifelsohne, dass unsere Gedanken und Gefühle existieren. Genauso verhält es sich mit der übrigen feinstofflichen, unsichtbaren Welt um uns herum. Viele Menschen können diese feinstoffliche Welt wahrnehmen, ohne dass es ihnen bewusst ist.

Beispielsweise nehmen viele die Schwingung der Gefühle anderer Menschen wahr. Ist es dir schon einmal passiert, dass du dich in der Nähe einer gewissen Person sehr unwohl fühltest und warst dir nicht bewusst warum? Es kann sein, dass du deren negative Gefühle oder Gedanken nicht nur wahrgenommen, sondern auch aufgenommen hast. Stelle dir vor, du betrittst das volle Wartezimmer deines Zahnarztes. Was kannst du fühlen? Sicher viele Ängste und die Beklommenheit der Wartenden. Selbstverständlich kannst du auch positive Schwingungen von anderen aufnehmen und dich nach einem Gespräch mit einem anderen Menschen sehr wohl und gut fühlen. Teilweise ist noch nicht einmal eine Unterhaltung notwendig. Alleine die Anwesenheit einer sehr positiv gestimmten Person kann eine Energieerhöhung deinerseits bewirken. Du siehst also, dass auch du feinstoffliche Energien wahrnehmen kannst. Im Grunde kann das jeder, doch leider haben viele verlernt auf subtile Schwingungen zu achten.

Die feinstoffliche unsichtbare Welt um uns herum ist gigantisch groß. Im Grunde leben wir in einem riesigen Ozean aus Energien und Informationen. Diese Energien schwingen in unterschiedlichen Frequenzen, Abstufungen, Quantitäten und Qualitäten. Es gibt also auch hier höher und niedriger schwingende Energien. Die Energien sind teilweise auf verschiedenen Ebenen angesiedelt, welche ineinander übergehen, bzw. miteinander verbunden, verschränkt sind. Auch befinden sich unsere Gedanken und Gefühle auf unterschiedlichen Ebenen, haben jedoch wechselseitig Einfluss aufeinander. Das bedeutet, dass man eine Ebene mit Hilfe einer anderen beeinflussen kann. Und zwar zum Positiven, wie auch zum Negativen. Im Aurareading oder in der Bioenergetik kann man zum Beispiel eine Ebene über eine andere Ebene klären, falls man auf die zu klärende Ebene nicht direkt Zugriff bekommt, weil sie vielleicht komplett blockiert ist. Gründe für Blockaden und deren Auswirkungen gibt es unendlich viele. Diese können unter anderem aus vergangenen Leben, aber natürlich auch aus dem aktuellen Leben stammen. Meist sind sie uns nicht bewusst, sind aber in unserem Energiefeld gespeichert.

Der Mensch besitzt ein feinstoffliches Energiesystem, das unter anderem aus den Chakren und der Aura besteht. Dieses Energiesystem ist sehr komplex und wird in Büchern fast immer nur vereinfacht dargestellt. Uns genügt hier ebenfalls diese vereinfachte Darstellung.

Unsere Aura besteht aus verschiedenen feinstofflichen Energiekörpern. Der Mentalkörper (Sitz unserer Gedanken) und der Emotionalkörper (Sitz unserer Gefühle) sind sehr wichtige energetische Körper. Darüber hinaus gibt es noch weitere feinstoffliche Körper, wie den Ätherkörper und den Astralkörper und noch einige mehr. Uns interessieren vor allem der Mentalkörper und der Emotionalkörper. Diese Körper sind nicht wie die Schichten einer Zwiebel, feinsäuberlich voneinander getrennt, sondern sie durchdringen einander.

Unsere Chakren sind unsere Energiezentren. Sie nehmen universale Lebensenergie auf, transformieren diese auf unsere Schwingung hinab und führen sie unseren feinstofflichen Körpern zu, von wo aus sie durch die Meridiane (energetische Bahnen) in den grobstofflichen Körper weitergeleitet und verteilt werden. Unsere Chakren stellen also Tore zur feinstofflichen Welt dar. Durch sie sind wir jederzeit mit dieser verbunden.

Durch unsere Gedanken und Gefühle fließt Energie über das Beziehungsfeld von uns zu anderen Menschen. Selbstverständlich bekommen wir auch von anderen deren Gedanken und Gefühle mit. Der zwischenmenschliche Raum ist ein energetisches Feld – das ich Beziehungsfeld nenne. Hier finden alle nonverbalen, feinstofflichen, energetischen Interaktionen zwischen zwei Menschen statt. Im Laufe der Beziehung zu einer bestimmten Person können regelrechte Bahnen, Bänder, Verbindungen entstehen, die ähnlich wie eine Datenverbindung zwischen zwei PCs funktionieren. Diese Energien und Bänder werden von hellsichtigen Menschen wahrgenommen – selber kannst du sie vielleicht fühlen. Wir können die Liebe eines anderen Menschen wahrnehmen. Wir fühlen sie aber nicht nur im direkten Kontakt, sondern auch über teils große Entfernung hinweg. Alleine der Gedanke an die geliebte Person reicht schon aus und wir fühlen die Liebe. Denken wir an jemanden in Liebe, so verbinden sich auf feinstofflicher Ebene unser Mentalkörper und der Emotionalkörper mit dem Mental- und Emotionalkörper der anderen Person. Feinstoffliche Energie fließt von uns zu dem geliebten Menschen. Was wir dann fühlen ist Liebe, Zuneigung, Geborgenheit, Wärme. Manchmal spüren wir sogar, wie die Energie fließt und in unsere Chakren einströmt. Je länger und öfter Energien zwischen uns und der anderen Person hin und her fließen, desto stärker wird unser feinstoffliches Band gewebt. Auch zu Tieren können wir übrigens solche Bänder entwickeln. Diese feinstofflichen Bänder sind im Grunde ganz normal, unvermeidbar in zwischenmenschlichen Beziehungen und auch wundervoll. Telepathische Kontakte kommen unter anderen ebenfalls durch diese feinstofflichen Bänder zustande. Über die feinstofflichen Bänder können uns aber auch Energien gestohlen werden, wie es beim Energievampirismus der Fall ist.

Durch diese Bänder sind wir also mit anderen Menschen verbunden. Diese Verbindungen können vielerlei Bedeutungen und Auswirkungen auf unser Leben haben. Manchmal sind sie nur ganz lose und locker, dann wieder sehr fest und kräftig. Trennen sich zwei Menschen im gegenseitigen Einvernehmen, dann schmerzt die Trennung meist gar nicht oder nur wenig. Die Trennung der Bänder erfolgte in diesem Fall allmählich. Vermutlich haben sich die Menschen schon länger mehr und mehr voneinander entfernt. Die feinstofflichen Bänder verbinden nicht nur Liebende, sondern auch Eltern und ihre Kinder, Freunde, Menschen und ihre geliebten Haustiere etc. miteinander. Wenn eine solche Beziehung plötzlich beendet wird, weil einer stirbt oder sich unerwartet trennt, dann zerreißen die feinstofflichen Bänder gewaltsam. Nicht nur die reale, sondern auch die feinstoffliche Verbindung zwischen den beiden Menschen endet abrupt. Manche Frauen, die ihre Männer im Krieg verloren hatten, fühlten über die feinstofflichen Verbindungen exakt wann ihr Mann gefallen war. Viele berichteten, sie wussten auf einmal, dass ihr Mann in genau diesem Augenblick gestorben war. Später bestätigten die Kameraden des Gefallenen den Tag und auch die Uhrzeit. Mütter besitzen zu ihren Kindern ebenfalls eine sehr starke Verbindung und fühlen intuitiv, wenn es diesen nicht gut geht.

Die zerrissenen Bänder hinterlassen Wunden, Risse und Verletzungen in unserem Energie- und in unserem Chakrensystem. Diese Wunden fühlen wir als feinstofflichen Schmerz in unserem Emotionalkörper und den betroffenen Chakren. Jeder, der schon mal an Liebeskummer litt, einen geliebten Menschen oder ein Haustier durch den Tod verlor, der weiß, wovon ich spreche. Der seelische Schmerz ist auch im Körper ganz deutlich spürbar. Unsere feinstofflichen Körper durchdringen sich nicht nur gegenseitig, sondern auch unseren physischen Körper. Sie bilden eine Einheit mit ihm. Somit stehen alle unsere grob- und feinstofflichen Körper in gegenseitiger Wechselwirkung zu- und miteinander und beeinflussen sich gegenseitig.

Mit unseren Seelenverwandten besteht eine sehr spezielle Seelenverbindung. Die feinstofflichen Bänder sind in der Regel gerade zwischen Dual- und Zwillingsseelen besonders stark ausgeprägt. Der Kontakt und die Kommunikation über die feinstofflichen Verbindungen stellen einen ganz natürlichen Bestandteil zwischenmenschlicher Beziehungen dar. Leider können diese Verbindungen auch gestört sein und sich negativ auswirken.

Die feinstofflichen Bänder dienen uns nicht nur zur Übermittlung unserer Gefühle und Gedanken, sondern können auch missbraucht werden. Dieser Missbrauch entsteht nicht unbedingt aus so niederen Beweggründen wie Machtgier oder Ähnlichem. Meist entwickelt er sich durch persönliches Unvermögen und aus einem gewissen Mangel heraus.

Zum Beispiel: Mangel an Vertrauen, Mangel an Selbstwertgefühl, Eifersucht, Verlustängste und dergleichen mehr. Wenn dies der Fall ist, lassen wir unbewusst entsprechende Energien, die durch die dazugehörigen Gefühle produziert werden in die feinstofflichen Verbindungen einfließen. Die uns verbindenden Bänder werden durch diese Energien geprägt. Je länger diese Prägung besteht, desto negativer wirkt sie sich auf die Beteiligten aus. Es liegt auf der Hand, dass uns solche Bänder in unserer Entwicklung hemmen und weder dienlich noch förderlich sind. Sie machen uns selbst und den anderen unfrei. Wir sind auf ungute Weise aneinander gebunden, ja gar aneinander gekettet. Das hat nichts mit ganzheitlicher Liebe und unserer Seelenverbindung (diese ist immer rein und auf purer Seelenliebe aufgebaut) zu tun, sondern mit unserem Mangelbewusstsein und unseren tiefsten Ängsten. Auf Dauer schaden diese Bänder unserer Beziehung zu unserem Seelengefährten mehr als sie nutzen. Es ist also von Vorteil diese wieder zu lösen, bzw. die negativen Energien daraus zu entfernen.

Die Lösung negativer, feinstofflicher Bänder

Feinstoffliche Bänder, die sich über lange Zeit hinweg aufgerichtet haben, sind in der Regel nicht in kurzer Zeit wieder zu lösen. Zumindest nicht ohne negative Folgen, wie man es beim plötzlichen Zerreißen der Bänder durch den Verlust eines geliebten Menschen hat. Auch negative Bänder müssen behutsam und in Liebe gelöst werden. Es gibt verschiedene Wege dies zu tun. Ich wende eine Methode unter anderem im Aurareading an, um solche Bänder zu lösen, bzw. diese zu wandeln. Meist sind mehrere Sitzungen vonnöten um alles wieder in Ordnung zu bringen. Unter Umständen gibt es aber auch noch zu anderen Menschen negative, belastete Verbindungen, wie zum Beispiel zu den Eltern, Geschwistern, früheren Sexualpartnern und Expartner/innen. Lösen wir die unguten Verbindungen, dann kann die Energie, die uns mit dem anderen verbindet, wieder rein durch die positiven Verbindungen fließen. Das Verhältnis zwischen den betroffenen Menschen wird besser und ist wieder unbelastet. Parallel zur Bändertrennung sollte die Ursache gesucht und bearbeitet werden. Also der Grund, weshalb ungute Bänder überhaupt erst entstanden sind. Liegt zum Beispiel ein Mangel an Energie, Selbstwert oder Verlustängste vor, dann sollten diese Themen bearbeitet und geheilt werden. Wenn die Ursache nicht erkannt und geheilt wird, richten sich die negativen Verbindungen in der Regel nach einiger Zeit wieder auf. Viele Menschen erleben nach dem Lösen der negativen Verbindungen ein intensives Gefühl von Freiheit, Leichtigkeit, Lebensfreude und Glückseligkeit. Sie fühlen sich selbst wieder und erlangen dadurch neue Lebenskraft und Lebensmut. Das sind die besten Voraussetzungen dafür, nicht wieder in die alten Fahrwasser zu geraten. In der Regel wird die Liebe zum Seelenverwandten nach einer Bändertrennung noch intensiver gefühlt – aber ohne belastende Gefühle, wie Eifersucht, quälende Sehnsucht, überzogene Erwartungen. Die Liebe wird frei und fließt wundervoll durch die Seelenverbindung.

An dieser Stelle möchte ich davor warnen, gewaltsame Bändertrennungen durchführen zu lassen. Denn das ist nicht im Sinne der Liebe! Bei Methoden, die nur nach dem Prinzip *„Schnipp-schnapp und im Nu' sind alle Bänder weg"* arbeiten, sind mit größtem Argwohn zu betrachten. Auch, wenn jemand beispielsweise angeblich mit Erzengel Michael arbeitet, ist es wichtig, seinen eigenen gesunden Menschenverstand einzuschalten. Ein Engel wird immer im Sinne der Liebe agieren. Das Schwert von Erzengel Michael ist ein menschliches Konstrukt. Auch hat der Engel keinen Laserstrahl oder sonstige Gerätschaften. Auch nicht im übertragenen Sinne. Ein Engel hat es nicht nötig, wie ein Kreuzritter Schwerter schwingend, feinstoffliche Bänder gewaltsam zu trennen. Ein Schwert hat immer mit Gewalt zu tun! Auch ist es nicht in allen Fällen gut und auch nicht nötig die Bänder zu durchtrennen, sondern lediglich die Energien, die darin wirksam sind zu wandeln. Es gibt sehr wohl unzählige nieder schwingende Wesenheiten, die sich gerne als Engel ausgeben und auf die manche Medien hereinfallen. Wenn du die Bänder zu deinem Seelenverwandten getrennt haben möchtest, dann achte genau darauf, dass du dies nur von einer Person deines Vertrauens machen lässt, die rein mit positiven, hochschwingenden Heil- und Engelwesen, bzw. deiner eigenen geistigen Führung zusammenarbeitet.

Die feinstoffliche Verbindung zu unseren Seelenverwandten kann, muss jedoch nicht zwangsläufig, eine ungute sein. Feinstoffliche Bänder sind ganz normal und zum Glück nicht immer negativ belastet. Wir besitzen sie mehr oder weniger zu allen Menschen, mit denen wir intensiver zu tun haben. Bei den meisten Beziehungen haben wir es mit einer Mischform der feinstofflichen Bänder zu tun. Also, nur sehr selten gibt es zwischen zwei Menschen nur gute oder nur schlechte Bänder. Meistens ist beides vorhanden. Überwiegen die positiven Verbindungen, dann fallen die negativen nicht sonderlich ins Gewicht. Es können aber auch die negativen Bänder überwiegen.

Du kannst dir das auch so vorstellen: Zwischen zwei Menschen fließt durch die feinstofflichen Bänder immer eine gewisse Menge an Energie hin und her. Sind nun vor allem positive Bänder vorhanden, so fließt die Energie vermehrt durch die positiven Bänder. Je mehr negative Bänder da sind, desto mehr Energie fließt durch diese. Es kann also sein, dass nicht mehr 100 Prozent der Energien durch die positiven Verbindungen, sondern auch ein beträchtlicher Prozentsatz durch die negativen Bänder fließt. Je mehr negative Bänder vorhanden sind, desto mehr Energie fließt auch durch diese. Ist nun ein Großteil der Energie in den negativ belasteten feinstofflichen Bändern, so leuchtet es ein, dass der Kontakt zu diesem Menschen nicht wirklich erfüllend und positiv sein kann. Löst oder transformiert man nun die negativen Bänder, zum Beispiel in einem Aurareading, kann wieder die gesamte Energie durch die positiven Bänder fließen und der Kontakt wird für beide Beteiligten harmonischer, entspannter und bereichernder.

Beispiele für ungünstige Auswirkungen der feinstofflichen Verbindungen

Zu allen Menschen, die eine Rolle in unserem Leben spielen, entstehen feinstoffliche Verbindungen. Je mehr wir miteinander zu tun haben, desto stärker und intensiver bilden sich diese Verbindungen aus.

Folgende zwischenmenschliche Beziehungen neigen vermehrt zu feinstofflichen Verbindungen, die negativ geprägt sein können:

- Seelenbeziehungen neigen in der Regel sehr zu feinstofflichen Bändern. Negativ werden die Bänder meist erst dann erlebt, wenn es zu gravierenden Unstimmigkeiten und/oder Trennungen zwischen den Seelenverwandten kommt.
- Kinder, die sich nicht von ihren Eltern abnabeln können, bzw. Eltern, die ihre Kinder nicht loslassen können. Eltern, die ihre Kinder in ihrem Weiterkommen blockieren. Selten auch mal umgekehrt.
- Expartner, die uns (oder wir sie) nicht loslassen können.
- Zu enge Partnerschaften, einer kann nicht ohne den anderen (Symbiose).
- Ungute, einengende Verbindungen zu Lehrern, Vorgesetzten, Gurus, Sekten, Organisationen etc.
- Zwischen Sexualpartnern entstehen immer feinstoffliche Bänder. Vor allem in den beiden unteren Chakren. Wer wechselnde Sexualpartner hat, der sollte diese Bänder immer wieder lösen, bzw. lösen lassen.

Die feinstofflichen Verbindungen positiv nutzen

Wir können selbstverständlich die feinstofflichen Bänder, die uns mit unserem Seelenverwandten verbinden, auch auf positive Weise nutzen.

Alles hat seine zwei Seiten – so auch die feinstofflichen Bänder, die uns mit unserem Seelenverwandten verbinden. Vorangehend habe ich geschildert, wie sich die feinstofflichen Verbindungen auf negative Weise in unseren Seelenbeziehungen auswirken können und welchen Nutzen eine gute, auf Liebe basierende Trennung, bzw. Transformation dieser Bänder haben kann.

Haben wir die negativen Bänder getrennt, so sind immer noch genug positive feinstoffliche „Verbindungsschnüre" vorhanden, die wir ganz gezielt kräftigen und stärken können. Die auf Liebe und guten Gefühlen basierenden Verbindungen sind unser größtes, feinstoffliches Potenzial im Miteinander mit unserem Seelenverwandten. Sie können uns darin unterstützen, dass die Energien auf gute, aufbauende und heilvolle Weise fließen und wirken können. Es gibt verschiedene Methoden, wie wir mit den feinstofflichen Verbindungen „arbeiten" können. Es würde den Rahmen dieses Buches sprengen sie ausführlich zu beschreiben. Wer ernsthaftes Interesse an praktischen Methoden hat, dem empfehle ich generell einen Workshop, oder ein Seminar zu besuchen. Denn all diese wundervollen Methoden können nur dann ihre volle heilbringende Wirkung entfalten, wenn sie richtig angewandt werden. Die Praxis lernt man am besten auch in der Praxis und nicht theoretisch aus einem Buch. Ich warne an dieser Stelle vor Experimenten. Nur allzu schnell hast du ungute Verbindungen aufgebaut anstelle der positiven. Falls du nur den kleinsten Zweifel hast, lass lieber die Finger von allem was du „nur" in einem Buch gelesen hast. Ich empfehle dir es nur dann anzuwenden, wenn du dir wirklich sicher bist die Theorie auch in die Praxis umsetzen zu können.

Das energetische zwischenmenschliche Interaktionsfeld

Außer den energetischen Bändern besteht zwischen zwei Menschen ein energetisches Feld, das ich das zwischenmenschliche Interaktionsfeld nenne. Auch dieses Feld kann durch ungute Energien belastet sein. Manchmal ist es sogar noch viel mehr als die feinstofflichen Bänder belastet. Wenn es gravierende zwischenmenschliche Probleme gibt, dann sollten nicht nur die unguten feinstofflichen Bänder gelöst, sondern auch das zwischenmenschliche Interaktionsfeld geklärt werden. Werden nur die feinstofflichen Bänder getrennt und das Interaktionsfeld vergessen, dann besteht die Gefahr, dass die negativen Energien aus dem Interaktionsfeld über die Chakren aufgenommen werden und somit wieder ins Energiesystem der Betroffenen gelangen.

Energiesysteme und ihre Wirkung

Es gibt unzählige unterschiedliche Arten und Methoden, durch deren Anwendung wir uns mit feinstofflichen Energien versorgen und an lebensnotwendige Lebensenergie gelangen können. Selbstverständlich nehmen wir diese essenziellen Energien auf ganz natürliche Weise über unser Energiefeld und vor allem über unsere Chakren, die ja unsere Hauptenergiezentren darstellen, auf. Leider verlieren wir in unserer heutigen stressigen Zeit große Mengen an

Energien, oder bekommen sie von anderen Menschen abgezogen. Ein über längere Zeit bestehender Energieverlust bewirkt immer Unwohlsein, Müdigkeit, Erschöpfung und früher oder später sogar Krankheit. Deshalb ist es für uns sehr wichtig, mit unseren feinstofflichen Energien zu haushalten. Außerdem sollten wir uns Quellen erschließen, durch die wir wieder ausreichend Energie auftanken können. Eine sehr effiziente Art, sich selbst und andere auf einfache und sichere Weise mit universaler Licht- bzw. Lebensenergie zu versorgen, ist das authentische Reiki. Außer dem authentischen Reiki gibt es noch viele andere Reikisysteme. Neben den zahlreichen Reikisystemen existieren außerdem vielfältige weitere Methoden, mit denen Energien aktiviert werden können.

Unter diesen Methoden und Praktiken gibt es sehr gute und heilvolle Systeme, aber auch ebenso unwirksame oder gar gefährliche. Im folgenden Text gebe ich einen kleinen Überblick darüber, wie heilvolle und ungefährliche Energiesysteme von anderen unterschieden werden können. Denn gerade für den interessierten Laien ist diese Vielzahl an Methoden ziemlich verwirrend. Sehr schnell kann man sich in ein System einweihen lassen, das im besten Fall nichts bewirkt, aber im schlechtesten Fall gar negative Auswirkungen auf uns und unser Leben hat.

Das authentische Reiki ist ein völlig intaktes System zur Aktivierung von ausschließlich universaler Lebensenergie. Es wirkt auf heilvolle Weise, ist von jedem leicht erlernbar und stellt ein völlig sicheres Energiesystem dar. Es gibt selbstverständlich auch noch andere Reikisysteme, die ebenso heilvoll, leicht und sicher sind. Da der Begriff Reiki nicht geschützt ist, kann jeder ein beliebiges Energiesystem „Reiki" nennen. Auch der Begriff „Usui-Reiki" ist nicht geschützt und so kann es geschehen, dass man sich aus Unwissenheit in ein Energiesystem einweihen lässt, das nicht reine universale Lebensenergie aktiviert, sondern eine Energie, die vermutlich sehr polar wirkt. Dabei ist es jedoch ganz leicht, die Spreu vom Weizen zu trennen. Es gibt ein paar „Regeln", die uns bei der Unterscheidung helfen.

Zuerst einmal muss man wissen, was Reiki überhaupt bedeutet. Das Wort Reiki setzt sich aus zwei Silben zusammen – aus „Rei", was „universal", „allumfassend" bedeutet und aus „Ki", was Lebensenergie besagt. Diese beiden Silben drücken exakt das aus, was Reiki ist. Das ursprüngliche, reine Reiki ist ein Energiesystem, das ausschließlich universale Lebensenergie aktiviert. Diese Energie ist überall, denn sie ist die Energie, die das Leben ausmacht. Jedes Lebewesen und auch unsere Lebensmittel werden von dieser Energie durchdrungen. Ohne Lebensenergie ist kein Leben möglich. Universale Lebensenergie war schon früheren Kulturen bekannt. Die Inder sagen zu ihr „Prana", die Chinesen „Chi" und die Japaner nennen sie „Ki", in Polynesien sagt man „Mana" dazu und bei uns im Westen bezeichnen wir sie als „Lebensenergie", oder einfach als Leben. Ein Energiesystem zur Aktivierung von universaler Energie, wie es zum Beispiel das authentische Reiki darstellt – aktiviert **ausschließlich** universale Lebensenergie. Wir können diese Energie ganz leicht auf uns, auf andere Menschen, Tiere und Pflanzen übertragen. Ab dem zweiten Grad geht das auch mit Hilfe von drei kosmischen Symbolen über die Ferne und sogar in andere Zeiten (Zukunft, Vergangenheit). Und jetzt kommen wir auch schon zum größten Kriterium für ein intaktes System zur Aktivierung von ausschließlich universaler Lebensenergie. Damit kannst du völlig leicht intakte Systeme von anderen unterscheiden:

Universale Lebensenergie ist immer unschädlich. Sie kann nie zu viel sein, überfordert niemals und bringt den Empfänger immer ganzheitlich in Harmonie und in Kontakt mit seinen wahren Bedürfnissen. Es gibt keinerlei Einschränkungen in der Anwendung von universaler Lebensenergie.

Das ist auch ganz logisch, denn universale Lebensenergie ist ja die Energie, die das Leben darstellt und alles Lebendige am Leben erhält und aufbaut. Diese Energie durchströmt uns und lässt uns lebendig sein. Es gibt kein Übermaß, kein Zuviel an Leben! Lebensenergie kann niemals schaden und niemals zu viel sein. Jeder hat schon mal einen Menschen, ein Tier oder eine Pflanze strotzend vor Lebensenergie und Lebenslust erlebt. Ein Wesen, das in absoluter Fülle Lebensenergie zur Verfügung hat, ist nicht nur strahlend gesund, sondern auch wunderschön in seinem gesamten Sein. Eine große Fülle an Lebensenergie kann also gar nicht schaden, oder sogar zu viel sein. Ein Mangel an Lebensenergie schadet aber durchaus. Vor allem wenn er länger bestehen bleibt. Die Folgen davon sind Krankheit und im schlimmsten Fall der physische Tod.

Das ist auch der wichtigste Punkt, wie ein intaktes Energie- oder Reikisystem von einem anderen unterschieden werden kann.

„Sobald es irgendeine Einschränkung in der Anwendung gibt – kann es sich nicht um reine, universale Lebensenergie handeln!"

Einschränkungen können zum Beispiel sein, dass alte Menschen und Kinder oder auch Kranke nur halb so lang behandeln werden dürfen wie andere Personen. Dabei brauchen doch gerade diese Personengruppen besonders viel an essenzieller Lebensenergie. Manche Systeme verbieten Menschen mit Herzschrittmachern zu behandeln und bei wieder anderen darf man die Hände nicht direkt auf die Wirbelsäule auflegen. Auch das ist sehr schade, denn gerade unsere Wirbelsäule ist häufig belastet und benötigt besonders viel Lebensenergie. Eine weitere Einschränkung ist, wenn eine gewisse Zeit nach der Einstimmung, auch Einweihung genannt, kein Kaffee oder kein schwarzer

Tee getrunken und auch kein Alkohol konsumiert werden darf. Einschränkungen sind auch, wenn vor oder nach der Reikianwendung etwas Bestimmtes getan werden muss, wie zum Beispiel die Aura ausstreichen, beten oder um die Energie bitten. Freilich kann man das alles tun – es sollte jedoch für eine erfolgreiche Reikibehandlung nicht zwingend notwendig sein. Denn, wer einmal korrekt von einem kompetenten Reikilehrer eingestimmt wurde, bei dem fließt Reiki ganz von alleine. Es ist nichts weiter nötig als seine Hände aufzulegen – die Energie fließt automatisch dahin, wo sie gebraucht wird.

Die Energie, die das authentische Reiki oder ein anderes intaktes Reikisystem aktiviert ist eine non-polare Energie. Das heißt, dass diese Energie nicht den Gegebenheiten der Polarität unterworfen ist. Dies bedeutet wiederum – man kann mit dieser Energie nichts falsch machen, sie wird niemals zu viel sein oder gar Schaden anrichten. Auch ist es unmöglich mit ihr zu manipulieren oder etwas zu beeinflussen, das nicht im Sinne des Lebens, also schädlich ist. Sobald es irgendeine Art der Einschränkung in der Anwendung gibt, kann es sich also nicht mehr um eine non-polare Energie handeln, sondern um eine andere Energie, die polar wirkt.

Beispiele für polar wirkende Energien sind: Energien, die durch Runen aktiviert werden. Energien, die durch magische Rituale oder andere magische Praktiken aktiviert werden. Die Magie arbeitet mit vielerlei Methoden. Runen, Rituale, Spiegeltechniken etc. sind bei magischen Praktiken an der Tagesordnung. Je nachdem welches Ziel man mit der Magie verfolgt, wird sie als weiße oder als schwarze Magie benannt. Weiße Magie bezeichnet eine magische Handlung, die etwas zum Wohle eines anderen erschafft. Als schwarze Magie benennt man eine magische Handlung, die einem anderen Schaden zufügen soll. Mit Magie kann man Gutes tun und sogar heilen. Sie ist also nicht schlecht. Der Mensch macht die Magie schwarz oder weiß, denn er entscheidet wie und zu welchem Zwecke er sie anwendet.

Mit Runen kann man ebenso heilen oder auch schaden wie mit Magie. Die Runenmagie ist ein spezieller Teilbereich der Magie. Aber auch mit anderen polar wirkenden Energiesystemen ist es möglich Gutes und Heilvolles zu vollbringen, aber eben auch Böses und Schädliches. Leider ist es so, dass man nicht nur aus boshafter Absicht etwas Negatives bewirken kann, sondern auch aus Unwissenheit, weil man nicht exakt arbeitet, oder nicht genügend konzentriert ist. Mit dem authentischen Reiki oder einem anderen intakten Energiesystem zur Aktivierung von ausschließlich universaler Lebensenergie muss man weder etwas Besonderes glauben, noch sich speziell konzentrieren und ist auch keinerlei Einschränkungen unterworfen. Weder bewusst, noch aus Unwissenheit ist es möglich, mit einem intakten System zu schaden. Diese

Systeme sind absolut sicher, dabei aber hochwirksam. Das macht ihre Anwendung so entspannend und segensreich.

Wenn du also mit Reiki, oder einem anderen Energiesystem arbeiten willst, das rein universale Lebensenergie aktiviert und nicht weißt, ob das System, das du dir ausgesucht hast, dieses Kriterium erfüllt, dann kannst du das ganz einfach prüfen. Frage bei dem Lehrer, der dieses System vermittelt, nach, ob es irgendeine Einschränkung gibt. Falls das der Fall ist, dann wird dieses System vermutlich nicht mit reiner universaler Lebensenergie, sondern mit einer polar wirkenden Energie arbeiten. Gibt es keinerlei Einschränkungen, dann kannst du diesem System vermutlich vertrauen.

Das authentische Reiki zur Klärung von Seelenverbindungen

Das authentische Reiki ist ein 7-stufiges Reikisystem. Das bedeutet, das authentische Reiki beinhaltet 7 Stufen oder Grade. Analog zu jedem Hauptchakra des Menschen steht ein Grad. Selbstverständlich wird bei jedem Grad unser gesamtes Energiesystem und alle unsere Chakren aktiviert und harmonisiert. Dennoch wird das Chakra, für das der jeweilige Grad steht, ganz besonders aktiviert und harmonisiert. Wir werden somit in die Lage versetzt, die Eigenschaften des jeweiligen Chakras im positiven Sinne auszubilden. Selbstverständlich kann man auch ohne Reiki an seinen Chakren arbeiten und dessen Eigenschaften in sich entwickeln. Mit Reiki haben wir jedoch eine wunderbare und äußerst kraftvolle Unterstützung, auf die wir jederzeit zugreifen können.

Jeder Grad des authentischen Reiki ist in sich selbst vollkommen abgeschlossen. Das heißt, man muss nicht alle sieben Grade absolvieren, um kompetent und heilvoll damit arbeiten zu können. Den meisten Menschen genügt der I. Grad vollkommen. Dieser ist der wichtigste Grad, denn er stellt die Verbindung, den Kanal zwischen dir und universaler Lebensenergie her. Selbstverständlich ist jeder Mensch von Natur aus in Kontakt mit universaler Lebensenergie. Ohne den Zugang zu universaler Lebensenergie könnten wir gar nicht leben. Die vier Einstimmungen beim ersten Grad reinigen und erweitern unseren Kanal, durch den wir universale Lebensenergie beziehen. Unsere Kapazität, universale Lebensenergie aufzunehmen und durch unsere Hände weiterzugeben, steigt dadurch enorm und dauerhaft an.

Das authentische Reiki ist eine wundervolle Methode, die jedem Menschen eine wertvolle Hilfe und Unterstützung ist. Manche praktizieren Reiki um etwas für ihre Gesundheit zu unternehmen. Für andere stellt Reiki eine spirituelle Methode zur Bewusstwerdung dar, während wieder andere Reiki machen, weil sie beruflich mit bedürftigen Menschen zu tun haben, wie das zum Beispiel bei Krankenschwestern oder Altenpfleger/innen der Fall ist. Dann gibt es noch jene, die Reiki praktizieren, um etwas für sich persönlich und ihren Lebensweg zu tun. Die Gründe, warum jemand Reiki ausüben möchte, sind so vielfältig wie es Menschen gibt. Meiner Ansicht nach ist Reiki für jeden eine wundervolle Methode, um sich selbst und andere Lebewesen mit universaler Lebensenergie zu versorgen. Es gibt ganze Bücher über die vielfältigen Anwendungsmöglichkeiten des authentischen Reiki und anderer Reikisysteme. Im folgenden Text gehe ich besonders auf die Anwendung des authentischen Reiki in Bezug auf unsere Seelenverbindungen ein. Ich gebe mitunter spezielle Reikiseminare, in denen ich praktische Anwendungsbeispiele für Seelenbeziehungen vermittle. Wir haben immer viel Spaß und Freude in diesen Seminaren.

Der I. Grad

Der I. Grad steht für das Wurzelchakra (Muladhara-Chakra). Seine Farbe ist Rot. Beim I. Grad wird man durch insgesamt vier Einstimmungen, die man von einem kompetenten Reikilehrer erhält, selbst zum Kanal für universale Lebensenergie. Mit dem I. Grad kann man auf einfache und völlig sichere Weise universale Lebensenergie auf sich selbst, andere Menschen, Tiere und Pflanzen übertragen. Es werden Selbstheilungsprozesse auf allen Ebenen (die Energie wirkt immer ganzheitlich) angeregt, Harmonie gefördert, Energiedefizite ausgeglichen, die innere Wahrnehmung und das Bewusstsein erweitert und von innen heraus positive Qualitäten, wie Lebensfreude, Frieden, Vertrauen, Mitgefühl und Liebe, gestärkt.

Die Qualitäten des Wurzelchakras sind: Geerdet sein, Urvertrauen, mit beiden Beinen im Leben stehen, in seiner inneren Mitte sein, sich dem Fluss des Lebens hingeben. Ist die Verbindung zum Wurzelchakra gestört, so kann sich dies durch Lebensängste, Zukunftsängste, oder ungeerdet sein äußern.

Der I. Grad bei Konflikten mit einem Seelenverwandten, insbesondere der Dual- und der Zwillingsseele

Der I. Grad bringt uns persönlich in Kontakt mit universaler Lebensenergie. Durch die 12-Positionen-Behandlung harmonisieren und transformieren wir ganz speziell Blockaden in unseren Energiekörpern, gleichen Energiedefizite aus, lösen Energiestauungen und bringen unsere Chakren wieder ins Lot. Universale Lebensenergie wirkt ganzheitlich – sie stärkt also unser gesamtes System, nämlich Körper, Geist und Seele.

Gerade in sehr intensiven Beziehungen, wie sie mit der Dualseele, der Zwillingsseele oder einem anderen Seelenverwandten bestehen, aber auch zu uns nahestehenden Menschen, reagieren wir unter Umständen sehr sensibel und auch verletzlich. Je mehr uns ein Mensch bedeutet, desto stärker kann er uns treffen und verletzen. Umgekehrt haben wir selbstverständlich die gleiche „Macht" über den anderen und sind dazu aufgerufen, im Sinne eines höheren Bewusstseins und der Liebe zu handeln. Missverständnisse zwischen zwei sehr nahestehenden Menschen führen zur Auslösung negativer Gefühle und zu Verletzungen. Diese negativen Gefühle fühlen wir auch körperlich. Zum Beispiel als Kloß im Hals, als Stich im Herzen, als Hieb in den Magen, als Verkrampfung im Bereich des Solarplexus etc. Unterschiedliche Gefühle machen sich in verschiedenen Körperregionen bemerkbar. Meistens handelt es sich um einen wahren Gefühlscocktail und wir fühlen an mehreren Stellen unseres Körpers die negativen Auswirkungen dieser Gefühle. Im Energiefeld nimmt eine hellsichtige Person diese Auswirkungen als Störstellen in Form von Energieblockaden, Energiestörungen, Energiestauungen, Energiedefizite wahr. Häufig bleiben diese Störungen für längere Zeit bestehen. Auch wenn das entsprechende Gefühl schon länger nicht mehr, oder nur noch in geringer Intensität, gefühlt wurde. Mit dem authentischen Reiki und der Kapazität des I. Grades kann wunderbar und auf völlig einfache und harmlose Weise das persönliche Energiefeld von solchen Blockaden und Störstellen befreit werden, was sich wiederum sehr positiv auf unsere Beziehungen auswirkt. Auf diese Weise können wir eine Verletzung durch unseren Seelenverwandten und die daraus entstandene Blockade oder Störung lokalisieren, harmonisieren, transformieren und schließlich heil werden. Dadurch ist es uns möglich, ganz anders auf unseren Seelenverwandten zuzugehen. Auch er wird daraufhin positiver und lockerer auf uns reagieren können. Die Arbeit an uns selbst bringt unser Bewusstsein auf eine höhere Ebene. Das Außen ist lediglich ein Spiegel unseres Inneren und wir wandeln unsere Umwelt und unsere Beziehungen, wenn wir unsere Innenwelt positiv verändern.

Selbstverständlich können wir auch anderen Menschen mit einer Reikianwendung helfen ihre energetischen Blockaden zu harmonisieren. Mit dem I. Grad ist es bereits möglich, auf einfache Weise Energie über die Ferne zu senden. Die Fernreiki-Technik des II. Grades ist zwar um einiges effektiver und kraftvoller, aber auch mit dem I. Grad funktioniert Fernreiki. Für die energetische Verbindung mit einem Seelenverwandten gibt es auch hier schon wundervolle Möglichkeiten.

Der II. Grad

Der II. Grad steht für das Sakralchakra (Svadhisthana-Chakra). Seine Farbe ist Orange. Teilnehmer des II. Grades erhalten eine Einstimmung, die ihre Kapazität mit universaler Lebensenergie zu arbeiten und ihre persönliche Ausstrahlung in etwa verdoppelt.

Das Sakralchakra ist unser Zentrum für Kreativität, Sinnlichkeit, Sexualität, Fortpflanzung und schöpferische Lebensenergie. Das Sakralchakra repräsentiert unsere weiblichen Energien und die Verbindung zu unserem Unterbewusstsein. Ein gut ausgeprägtes Sakralchakra bewirkt, dass wir eine ausgesprochene Lebensfreude aufweisen und unser Leben genießen können und eine erfüllte Sexualität leben. Die schöpferische Energie des Sakralchakras hilft uns, unserer Kreativität Ausdruck zu verleihen. Damit ist Kreativität aller Art gemeint. Gleichgültig, ob es sich nun um künstlerische Darstellungen, wie dichten, musizieren, schreiben, modellieren oder malen, handelt, oder um kreativen Selbstausdruck in Form von Tanzen, Singen usw.

Der II. Grad bei Konflikten mit einem Seelenverwandten, insbesondere der Dual- und der Zwillingsseele

Der II. Grad hilft uns, unsere Beziehungen besonders auf seelischer Ebene heilsam zu klären. Wir lernen drei von insgesamt sieben kosmischen Symbolen kennen, mit deren Hilfe Energie über Zeit und Raum hinweg ausgerichtet werden kann (Fernreiki). Das bedeutet, wir können universale Lebensenergie zu Menschen schicken, die sich an anderen Orten befinden und energetischen Kontakt zu ihnen aufnehmen. Ebenso ist es möglich universale Energie in Situationen und auf Ereignisse in der Vergangenheit und sogar der Zukunft zu schicken. Diese wundervolle Methode ermöglicht vieles zu klären, zu begreifen und letztlich gar heil werden zu lassen. In Bezug auf die Problematik mit unseren Seelenverwandten können wir mittels Fernreiki vergangene Situationen für uns selbst, aber auch für unseren Seelenverwandten klären und heilen. Zukünftige Treffen oder Gespräche werden dabei von uns bereits im Vorfeld mit universaler Energie versorgt und somit wunderbar vorbereitet ohne sie zu manipulieren. Das was entsteht, das entsteht aus der Dynamik der beiden Liebenden heraus. Mit Reiki bringen wir hochschwingende Lebensenergie in diese Dynamik mit hinein, was sich positiv im Sinne des Lebens auswirkt.

Besonders schön ist es, seinem Seelenverwandten Energie zu schicken. Wir helfen ihm dadurch seine Situation klarer zu sehen und einen guten Weg für sich selbst zu finden. Wir stellen ihm durch Fernreiki universale Lebensenergie zur Verfügung, die er für sich so nutzen kann, wie es für ihn vorteilhaft ist. Manipulieren können wir auf keinen Fall mit dem authentischen Reiki. Sehr schön ist es unserem Seelenverwandten durch Fernreiki, trotz einer etwaigen räumlichen Entfernung, nah zu sein. Zeit und Raum sind beim Fernreiki aufgehoben und wir schaffen Räume, in denen Begegnung möglich ist.

Die *drei Symbole* des II. Grades sind außerdem kraftvolle Helfer für unseren spirituellen Weg. Das *erste* Symbol hilft bei Transformationen, wenn Wege versperrt sind und bei Blockaden in sämtlichen Lebensbereichen. Das *zweite* Symbol wirkt besonders stark und klärend auf der mentalen Ebene und ist außerdem ein sehr starkes Schutzsymbol. Das *dritte* Symbol ist wichtig und kraftvoll bei der Erhöhung von Schwingung für uns und für andere Menschen.

Der III. Grad

Beim III. Grad wird besonders unser Solarplexuschakra (Manipura-Chakra) aktiviert. Das Solarplexuschakra steht für Willensstärke, Selbstvertrauen, Selbstbewusstsein, Durchsetzungskraft. Dem Solarplexuschakra ist die Farbe Gelb zugeordnet.

Ein gut ausgebildetes Solarplexuschakra bewirkt, dass wir uns im Leben auf gute Weise durchsetzen können. Wir wissen was wir wollen und erlangen Vertrauen in uns selbst und unsere Fähigkeiten. Das Solarplexuschakra ist wie eine kleine Minisonne, von der Wärme, Energie und Lebenskraft in unser gesamtes Chakrensystem einströmt.

Der III. Grad bei Konflikten mit einem Seelenverwandten, insbesondere der Dual- und der Zwillingsseele

Mit dem III. Grad wird man zum Mitschöpfer von universaler Lebensenergie. Durch eine sehr kraftvolle Einstimmung wird uns die volle Kapazität des III. Grades übermittelt. Unsere Fähigkeit universale Lebensenergie zu kanalisieren und unsere Ausstrahlung vervierfachen sich. Wir lernen ein weiteres kraftvolles Symbol und dessen Anwendung kennen. Im III. Grad erlernen wir sogenannte Einstimmungsprozesse. Mithilfe der Einstimmungen bringen wir auf einfache, aber dennoch sehr kraftvolle Weise, ganz gezielt Lebensenergie in unsere Themenbereiche ein. Mit der sogenannten Lichtdusche helfen wir uns selbst und auch anderen Menschen aus einem Tief heraus. In Bezug auf Seelenpartnerschaften kann uns der III. Grad mithilfe der Einstimmungen unterstützen, indem wir uns selbst, unseren Seelenpartner und unsere Seelenverbindung mit Lebensenergie versorgen. Mehr Licht strömt in all diese Bereiche, wir können unser Leben gestalten und werden im wahrsten Sinne des Wortes zu Lichtarbeitern. Für mich persönlich bedeutete besonders der III. Grad einen Quantensprung in meiner persönlichen und spirituellen Entwicklung. Insgesamt lernen wir im III. Grad *vier Einstimmungsprozesse* anzuwenden. Das sind: eine Kurzeinstimmung, eine verstärkende Einstimmung in den I. Grad. Eine verstärkende Einstimmung in den II. Grad und eine Lichtdusche, welche ich persönlich wunderbar effektiv finde.

Der IV. Grad

Beim IV. Grad begeben wir uns auf wunderschöne Weise in die wohltuende Energie bedingungsloser Liebe. Unser Herzchakra (Anahata-Chakra), dem die Farbe Grün zugeordnet ist, wird harmonisiert und erstrahlt durch die Energie bedingungsloser Liebe zu unglaublicher Schönheit. Unser Herzchakra ist ein sehr wichtiges Chakra. Es liegt genau in der Mitte unserer insgesamt 7 Hauptchakren und verbindet die unteren (mehr dem physischen Leben zugeordneten) mit den oberen (dem spirituellen Sein zugeordneten) Chakren. Der IV. Grad des authentischen Reiki beinhaltet eine Einstimmung, durch die unser Herzchakra eine Öffnung bekommt und immer mehr seinen vorhandenen Schutzpanzer, der durch Verletzungen und schlechte Erfahrungen entstanden ist, abbauen kann. Wir werden uns der Kraft bedingungsloser Liebe zu uns selbst (Selbstliebe) und unseren Mitmenschen mehr und mehr bewusst und denken, fühlen und handeln im Einklang mit der Liebe. Beim IV. Grad erlernen wir ein weiteres äußerst kraftvolles Symbol. Das SKSK-Symbol wirkt auf wundervolle, sanfte, aber dennoch starke Weise auf unser Herzchakra. Sein Wirkungsbereich ist sehr vielfältig. Es eröffnen sich uns nie geahnte Möglichkeiten für uns selbst und andere, harmonisierend und heilvoll auf den feinstofflichen Herzensbereich einzuwirken.

Der IV. Grad bei Konflikten mit einem Seelenverwandten, insbesondere der Dual- und der Zwillingsseele

Die Kapazität und die Fähigkeiten, die im IV. Grad des authentischen Reiki vermittelt werden, können uns eine wertvolle Hilfe und Unterstützung für unsere Beziehungen sein. Gerade mit dem Seelenverwandten, sei es ein Seelenpartner, die Dual- oder die Zwillingsseele, stoßen wir häufig radikal an unsere Grenzen und werden mit aller Wucht mit unseren ungelösten Themen und Lebensaufgaben konfrontiert. Wir werden geradezu herausgefordert diese zu lösen. Wer dabei in der Liebe bleiben kann, dem gelingen diese Herausforderungen fast spielend. Nur leider ist es eine der schwersten Aufgaben für uns Menschen, uns ständig im Bewusstsein bedingungsloser Liebe aufzuhalten. Und zwar der bedingungslosen Liebe zum geliebten Menschen UND zu uns selbst. Den anderen und gleichzeitig sich selbst wirklich bedingungslos zu lieben und anzunehmen bedeutet keine faulen Kompromisse mehr einzugehen, sondern wahrhaftig den Weg des Herzens zu beschreiten. Dieser Weg ist immer vollkommen in der Liebe. Er folgt der Liebe und handelt im Sinne der Liebe. Auf diesem Weg können wir uns nicht mehr verletzen, da wir rein aus Liebe handeln. Wir tun nichts mehr, was entgegen der Liebe steht.

Freilich ist das ein Prozess, der sich erst entwickeln muss. Vielleicht reicht auch ein Leben dafür nicht aus. Sinnvoll ist es jedenfalls, damit zu beginnen.

Der IV. Grad des authentischen Reiki, mit seinen zahlreichen Übungen und dem gezielten Einsatz des „Herz-Symbols", kann uns in diesem Prozess kraftvoll und auf leichte und wunderschöne Weise unterstützen. Fast spielerisch gelangen wir in die Energie bedingungsloser Liebe und schöpfen aus den Tiefen unserer Seele die Essenz, die uns ausmacht – das, was wir in Wahrheit sind – reine, pure Liebe. Immer mehr und mehr integrieren wir dieses Bewusstsein in unser Leben. Es erreicht langsam aber sicher alle unsere Lebensbereiche. Ob es persönliche, private, berufliche Situationen oder Menschen sind, mit denen wir zu tun haben, immer mehr wird die Liebe in unserem gesamten Leben wirken. Wir werden zunächst ganzheitliche Liebe fühlen und geben können und uns immer mehr zu ihrer höheren Form, der bedingungslosen Liebe hin entwickeln.

Der V. Grad

Der V. Grad des authentischen Reiki harmonisiert ganz besonders unser Kehlchakra (Vishuddha-Chakra). Hellsichtige Menschen nehmen es in einem strahlenden Himmelblau wahr. Dieses sehr wichtige Hauptenergiezentrum steht für Ausdruck, Offenheit, Geradlinigkeit, Aufrichtigkeit und Wahrheit. Ein gut entwickeltes Kehlzentrum unterstützt uns in unserer Ausdrucksstärke. Beim V. Grad des authentischen Reiki erhält man eine Einstimmung und erlernt ein weiteres sehr kraftvolles Symbol. Das SF-Symbol hilft uns unsere Ausdrucksweise und -stärke zu entwickeln und zu festigen. Mit dem V. Grad erlernen wir eine verstärkende Einstimmung in den IV. Grad, mit der wir uns selbst immer wieder auf völlig einfache und effektive Weise in die wundervolle Energie bedingungsloser Liebe versetzen können. Mit dem V. Grad verbinden sich Herz- und Halszentrum miteinander. Wir werden uns der Macht unserer Worte bewusster und setzen diese immer weniger als Waffe ein.
Das kraftvolle Symbol des V. Grades hilft uns bei der Direkt- und bei der Fernbehandlung. Es unterstützt uns außerdem dabei unsere Kundalinienergie auf absolut harmlose Weise zu entwickeln.

Der V. Grad bei Konflikten mit einem Seelenverwandten, insbesondere der Dual- und der Zwillingsseele

Der V. Grad lässt uns die Kommunikation mit unserem Seelenverwandten im Sinne der Liebe gestalten. Unser Herz- und unser Ausdruckszentrum, das Kehlchakra, werden mit dem V. Grad harmonisiert und miteinander auf wohltuende Weise verbunden. Etwaige Blockaden verschwinden und es fällt uns immer leichter uns klar, deutlich und vor allem liebevoll auszudrücken. Missverständnisse, wie sie gerade zwischen Dualseelen vorkommen, werden weniger und verschwinden im Laufe der Zeit ganz. *„Wir lieben uns zwar, aber* *wir verstehen uns nicht!" „Wir sprechen zwei verschiedene Sprachen!" „Wir sind wie Hund und Katze, die sich nicht verstehen können!"* Solche und sehr ähnliche Aussprüche höre ich oft von frustrierten Dualseelenpaaren. Mit der Anwendung der V. Grad-Methode und dem bewussten Einsatz des Symbols schaffen wir es immer mehr die Differenzen zwischen uns und unserem Seelenverwandten zu beseitigen und das, was wirklich zwischen uns ist, nämlich unsere reine, bedingungslose Liebe anzunehmen und zu leben.

Der VI. Grad

Der VI. Grad des authentischen Reiki harmonisiert und aktiviert unser Stirnchakra (Ajna-Chakra) oder auch 3. Auge-Chakra genannt. Es ist das Hauptenergiezentrum unserer feinstofflichen Sinne. Hellsehen, Hellfühlen und Hellhören werden auf völlig einfache und nachhaltige Weise gefördert. Menschen, die diese Sinne schon gut entwickelt haben, können sie noch mehr verfeinern und optimaler nutzen. Unsere intuitiven Fähigkeiten steigern sich enorm. Beim VI. Grad gibt es zwar kein weiteres Symbol, aber dafür einige wunderbare Praktiken, die uns bei der Entwicklung unseres 3. Auges wertvolle Dienste leisten.

Der VI. Grad bei Konflikten mit einem Seelenverwandten, insbesondere der Dual- und der Zwillingsseele

Der VI. Grad kann uns wertvolle Dienste für unsere feinstoffliche, telepathische Kommunikation mit unserem Seelenverwandten leisten. Er hilft uns, zwischen eingebildeter und echter Telepathie zu unterscheiden. Unsere feinstoffliche Wahrnehmung wird intensiver, klarer und deutlicher. Wir wissen immer mehr, welches unsere eigenen Gefühle sind und was von unserem Seelenverwandten stammt. Auch ist es uns auf diese Weise möglich, uns immer besser abzugrenzen. Wir nehmen die Gefühle unseres Seelenverwandten nicht mehr ungefiltert auf. Der andere muss sie nun selbst fühlen und sich damit auseinandersetzen. Auf diese Weise wird er lernen sich selbst besser wahrzunehmen und kennenzulernen.

Wir kommen mit dem VI. Grad immer mehr in Kontakt mit unserem eigenen Hohen Selbst, empfangen seine Botschaften klarer und nehmen unsere innere Stimme deutlicher wahr. Vor allem aber fangen wir an immer mehr auf sie zu hören. Der VI. Grad lässt uns die feinstoffliche Welt um uns herum bewusster wahrnehmen. Wir fühlen deutlich, was andere nur vage erahnen können. Die verstärkende Einstimmung in den V. Grad, die man beim VI. Grad lernt, hilft uns dabei unser Kehlzentrum noch besser zu entwickeln, was für unsere reale und telepathische Kommunikation sehr wertvoll ist.

Der VII. Grad

Beim VII. Grad wird durch drei Einstimmungen unser Kronenchakra (Sahas-rara-Chakra), der Sitz für göttliches Bewusstsein, harmonisiert und aktiviert. Durch unser Kronenchakra erhalten wir Einblicke in die Grenzenlosigkeit des absoluten Gefühls von Einssein mit allem, was ist. Wir fühlen uns nicht mehr getrennt, sondern erleben uns im Einklang mit dem Kosmos. Wir spüren unse-re Individualität mehr denn je, indem wir uns nicht nur als Teil des Ganzen fühlen, sondern feststellen, dass wir das Ganze ebenso sind, wie wir alle als Teile des Ganzen bestehen. Alles ist Eins – Eins ist in Allem.
Beim VII. Grad des authentischen Reiki lernen wir das letzte der insgesamt sieben kosmischen Symbole kennen. Auch bekommen wir eine verstärkende Einstimmung in den VI. Grad und eine verstärkende Einstimmung in den VII. Grad gezeigt. Das Symbol harmonisiert unser Kronenchakra, bringt uns in das Bewusstsein universaler, göttlicher Weisheit und in Kontakt mit unserer eige-nen unsterblichen Seele. Die zwei neuen verstärkenden Einstimmungen ver-helfen uns zu einer dauerhaften Kapazitätserweiterung, die wir uns immer dann, wenn wir das Bedürfnis dazu haben, selbst geben können.

Der VII. Grad bei Konflikten mit einem Seelenverwandten, insbesondere der Dual- und der Zwillingsseele

Der VII. Grad des authentischen Reiki stellt eine wundervolle Unterstützung für unsere Seelenbeziehungen dar. Indem wir immer mehr in kosmisches Be-wusstsein hineinwachsen und uns selbst und unseren Platz im Universum er-kennen, werden wir uns nicht nur uns selbst bewusst, sondern erlangen immer mehr ein umfassenderes Bewusstsein, das alles was ist, mit einschließt. Wir fühlen und erkennen unsere eigene Lebensaufgabe und unsere gemeinsame Aufgabe mit unserem Seelenverwandten.
Mir persönlich hat der VII. Grad gerade in Hinblick auf meine Seelenverbin-dungen sehr viel Einsichten vermittelt.

Die Lehrerstufen des authentischen Reiki

Das authentische Reiki beinhaltet drei Lehrerstufen. Wer sich berufen fühlt diese wundervolle Methode zu erlernen, um sie an andere Menschen weiter-zugeben, hat die Möglichkeit in drei Schritten zum Lehrer des gesamten Sys-tems zu werden.

III-B-Grad

Beim III-B-Grad erlernt man Seminare für den I. und II. Grad durchzuführen, die Einstimmungsprozesse für diese beiden Grade und die entsprechenden Symbole weiterzugeben.

V-B-Grad

Beim V-B-Grad erlernt man Seminare für den III. und IV. Grad zu geben und sämtliche dazu gehörenden Einstimmungsprozesse. Ebenfalls kann man mit dem V-B-Grad Lehrer in den III-B-Grad ausbilden.

VII-B-Grad

Beim VII-B-Grad hat man das gesamte System inne. Man kann Lehrer aller Stufen, selbstverständlich einschließlich des VII-B-Grades ausbilden und Seminare aller Grade geben, kennt alle Symbole und deren Anwendung sowie sämtliche Einstimmungsprozesse.

Über die Chakren die seelischen Beziehungen heilen

Unsere Chakren stellen Tore zu höheren Bewusstseinsebenen dar. Über unsere Chakren kommunizieren unsere feinstofflichen Energiekörper mit den spirituellen Ebenen. Durch diese wiederum stehen wir in Kontakt mit unseren Seelenverwandten (wie auch zu anderen, uns nahestehenden Menschen). Ist die Beziehung zu einem geliebten Menschen negativ belastet, wirkt sich dies häufig in unserem Energiesystem – bevorzugt in unserem Chakrensystem – aus. Wir heilen unsere Chakren, wenn wir unsere Beziehungen heilen, aber wir haben auch die Möglichkeit unsere Beziehungen über unsere Chakren zu heilen. Wenn du selbst heil und in Ordnung bist, dann spiegelt dir der Kosmos deine innere Ordnung im Außen wider. Du ziehst exakt die Menschen und Situationen in dein Leben, die dir entsprechen. Betrachte dein aktuelles Leben, denn es ist der Spiegel deines Inneren. Niemand anderer spiegelt uns unsere inneren Themen so sehr, wie unsere geliebten Seelenverwandten.

Wie wirkt sich unser Chakrensystem auf unser Leben und unsere Seelenbeziehungen aus?

Der Mensch besitzt sieben Hauptchakren oder Hauptenergiezentren. Jedes Chakra steht mit speziellen Lebensbereichen und Themen in Beziehung. Ebenso ist jedes Chakra mit einer bestimmten spirituellen Ebene verbunden. Unsere Lebensthemen wiederum stehen in Beziehung zu unseren Chakren und auch mit den Ebenen. Die Ebenen sind ebenfalls miteinander verbunden und stehen in Verbindung mit weiteren Ebenen, feinstofflichen Interaktionsfeldern und Dimensionen. Wir befinden uns in einem riesengroßen Meer aus Energien, feinstofflichen Energiefeldern und energetischen Informationen. Wir sind mit allem verbunden und eingebettet in die energetische Welt um uns herum. Diese Bereiche sind so komplex und großartig, dass sie mit dem „normalen" Verstand nicht erfassbar sind.

Über die Chakren äußern sich unsere Emotionen. Jeder kennt das Gefühl, wenn sich einem der Hals zuzieht, wenn das Herz schwer wird oder auch die berühmten Schmetterlinge im Bauch. Wir machen uns normalerweise keine Gedanken darüber, warum wir manche Gefühle in bestimmten Körperbereichen wahrnehmen. Unser Körper steht mit unserem Energiekörper und den Chakren in ständiger Verbindung und Wechselwirkung. Unsere Gefühle entstehen in unserem Emotionalkörper. Wir fühlen sie hauptsächlich im Körper durch unsere Chakren und sie wirken auch dort auf unsere feinstofflichen Bereiche ein. Über die Chakren und die feinstofflichen Verbindungen stehen wir nicht nur mit unseren eigenen Gefühlen, sondern auch mit den Gefühlen anderer Menschen bzw. Seelen in Kontakt.

Es gibt viele verschiedene energetische Methoden um Zugang zu unseren feinstofflichen Körpern zu erhalten und diese wieder in ein harmonisches Gleichgewicht zu versetzen. Unser Energiekörper ist relativ komplex und besteht aus verschiedenen ineinandergreifenden Systemen, wie das Chakrensystem mit seinen sieben Hauptchakren (Energiezentren) und der Aura, welche unsere feinstofflichen Körper (Mentalkörper, Emotionalkörper) enthält.

Unser feinstoffliches System ist ein Universum für sich. Um all die Vorgänge und Komponenten genau zu erklären, könnte man ein ganzes Buch damit füllen. Deshalb beschränke ich mich hier auf das Wesentliche, das deinem besseren Verständnis dienen wird.

Die sieben Hauptchakren des Menschen und ihre Bedeutung

Der Mensch besitzt sieben Hauptchakren (Energiezentren), die entlang seiner Wirbelsäule verlaufen und eine Menge an Nebenchakren. Uns interessieren vor allem die Hauptchakren. Über unsere Chakren nehmen wir feinstoffliche Lebensenergie (Prana) auf. Diese Energie wird von unseren Chakren aufgenommen, transformiert und unserem System zugänglich gemacht. Über die Meridiane wird die Lebensenergie in unsere feinstofflichen Körper, aber auch in unseren grobstofflichen Körper gelenkt.

Jedes unserer sieben Hauptchakren spielt eine große Rolle in Bezug auf unsere zwischenmenschlichen Beziehungen. Bei besonders emotionalen Begegnungen, wie das bei unseren Seelenbeziehungen der Fall ist, durchströmen positive, wie auch negativ empfundene Energien in unser Energie- und Chakrensystem. Gerade in der Beziehung zu unseren engsten Seelenverwandten, wie zu unserer Dualseele und unserer Zwillingsseele, fließen enorme Energiemengen durch unser System. Diese sind für die meisten Menschen in besonderem Maße wahrnehmbar. Diese Energien können als wundervolle Bereicherung für das eigene Leben gefühlt werden. Wenn wir unseren Seelenverwandten in unserem Energiesystem spüren, kann das den Himmel auf Erden bedeuten, aber leider auch zu einer erheblichen Belastung mutieren. Dieselben Energien die uns aufbauen, beleben und unterstützen, können sich genauso als Bremsklotz und Blockade entwickeln.

Es gibt spezielle, meditative Übungen sich mit den Chakren seines Seelenverwandten zu verbinden. In meinem ersten Buch stelle ich eine solche Meditation bereits vor. Es existieren darüber hinaus weitere Meditationen und Methoden, die nicht so harmlos sind. Für ihre Anwendung braucht es ein hohes Maß an Verantwortungsbewusstsein.

Deshalb gebe ich diese nur persönlich und/oder in meinen Seminaren weiter. Ich weise an dieser Stelle ganz speziell darauf hin, dass es für das eigene Seelenheil und die eigene Gesundheit sehr wichtig ist, feinstoffliche Verbindungen wieder zu lösen. Wenn man sich mit den Chakren eines anderen Menschen bewusst verbindet, besteht die Gefahr diesen Menschen ständig in seinem Energiefeld zu spüren. Das kann die vollständige Blockade des eigenen Lebens zur Folge haben. So verlockend eine dauerhafte Verbindung auch zu sein scheint, – sie birgt eine ernste Gefahr und große Risiken in sich. Ein gewissenhafter und verantwortungsvoller Umgang mit allen Methoden, die uns mit dem anderen verbinden und in energetischen Kontakt bringen, ist deshalb angesagt.

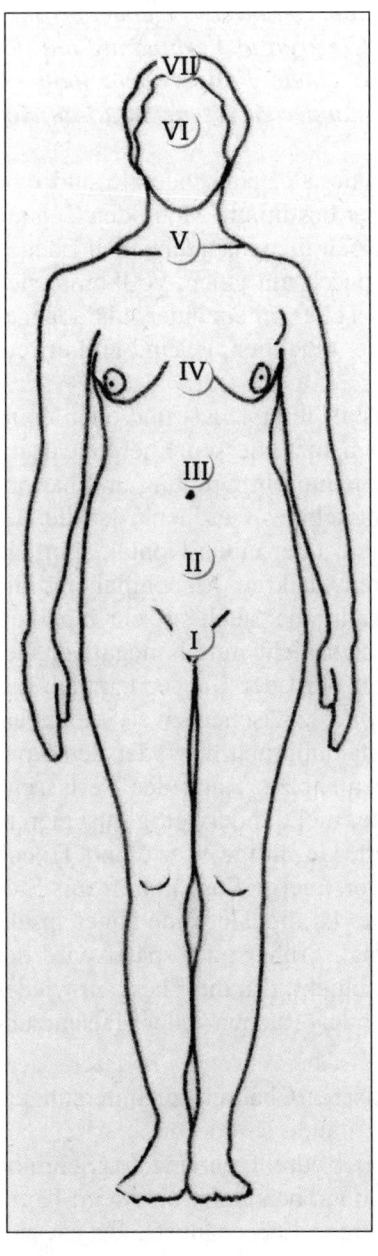

VII Kronenchakra
Höheres (göttliches) Bewusstsein

VI Stirnchakra
Innere Wahrnehmung, Intuition

V Kehlchakra
Kommunikation, Austausch,
Ausdruck

IV Herzchakra
Liebe (bedingungslose),
Mitgefühl, Beziehung

III Solarplexuschakra
Willensstärke, Selbstbewusstsein,
innere Stärke

II Sakralchakra
Sexualität, Kreativität,
persönlicher Selbstausdruck

I Wurzelchakra
Lebenskraft, Lebenswille,
Urvertrauen, Erdung, innere
Stabilität

Anmerkung: Manchmal verbinden sich die Chakren zweier Liebender auch ganz von alleine. Vor allem bei den unteren Chakren in Verbindung mit der Sexualität kommt das sehr häufig vor. In so einem Fall braucht man sie selbstverständlich nicht bewusst wieder voneinander zu lösen. Sie lösen sich zu gegebener Zeit ganz von selbst.

Jedem Chakra sind eine spirituelle, eine emotionale, eine mentale und eine körperliche Ebene zugeordnet. Wir können über bestimmte Methoden Zugang zu unseren Chakren erhalten und dort ganz gezielt die entsprechenden Ebenen ansprechen, harmonisieren und heilen. Ein Mensch mit einem vollkommenen und intakten Chakrensystem, in dem alle Teile miteinander als Ganzes schwingen und arbeiten, ist völlig in Harmonie, glücklich, gesund und erfreut sich einer wundervollen Ausstrahlung.

Viele Menschen, die ihrer Seelenliebe in Gestalt ihrer Dual- und/oder Zwillingsseele begegneten, fühlen diesen Menschen bzw. dessen Energien in ihrem Chakren- oder Energiesystem. Ist die Beziehung in Ordnung und harmonisch, so empfinden wir die Energien als wunderbares Geschenk. Ist die Beziehung nicht in Ordnung und gibt es gar Streit, oder einen Kontaktabbruch, so fühlen wir dies besonders negativ in unseren Chakren. Manchmal sind die Auswirkungen nur subtiler Art. Ein Chakra kann aber auch so sehr blockiert sein, dass es einen Energiestau erleidet, der sich nicht mittels negativer Gefühle bemerkbar macht. In einem solchen Fall wird der Körper letztlich das Thema übernehmen und krank werden. *Beispiel:* Zwischen zwei Seelenverwandten kommt es zu einem plötzlichen Kontaktabbruch. Der, der den Kontakt abbricht, lässt keinerlei Kommunikation mehr zu. Kann der Verlassene nun all das, was er gerne noch mitgeteilt hätte, nicht anderweitig ausagieren, läuft er Gefahr, dass sein Halschakra blockiert. Unzählige Worte und Tränen stecken wie ein Kloß im Kehl-Chakra fest. Der Energiefluss kommt ins Stocken und schließlich fließt kaum noch Energie. Ist die Blockade abgekapselt, dann fühlt der Betroffene sie noch nicht einmal. Früher oder später wird der Körper erkranken, falls nicht vorher etwas geschieht, das die Energien wieder in ihre Ordnung und in Fluss bringt. Eine Mandel- Rachen- oder Halsentzündung könnte beispielsweise die Folge sein.

Um unsere Beziehung durch die Heilung unserer Chakren zu unterstützen, gehen wir wie folgt vor:

Überlege was der Grund für eure Probleme oder eure Trennung ist. Schreibe dir am besten alle Punkte genau auf. Diese können beispielsweise sein: Kommunikationsprobleme, Ausdrucksschwierigkeiten, Lebensängste, Angst vor Nähe, Wut, blockierte Sexualität, nicht wissen was man will oder tun soll, Zweifel und Selbstzweifel, ungute Kritik und auch Selbstkritik, sich abgetrennt fühlen, sich alleine und unvollständig fühlen usw.

Lokalisiere das Thema bzw. die Themen in einem oder mehreren Chakren, gib entweder Reiki drauf, oder praktiziere eine Meditation zur Reinigung, Stärkung und Harmonisierung der Chakren.

Falls du Probleme hast deine Themen zu lokalisieren oder dir die Selbstbehandlung nicht zutraust, empfehle ich dir hierfür eine gute Energietherapeutin/einen Energietherapeuten aufzusuchen oder auch einen metaphysischen Geistheiler. Manchmal ist man selbst auch aufgrund der tiefen Emotionen zu sehr befangen und sollte sich deshalb besser in fachkundige Hände begeben. Chakrenarbeit ist sehr vielschichtig. Wer das authentische Reiki oder ein anderes intaktes Energiesystem erlernt hat, der kann selbstverständlich selbst sehr viel für sich bewirken. Ich empfehle dir eine tägliche Ganzanwendung und zusätzlich die entsprechenden Chakren besonders zu behandeln.

Solltest du keinen Reikigrad und auch keinen Energietherapeuten haben und sofort etwas für deine Chakren tun wollen, dann praktiziere nachfolgende Meditation eine Weile täglich. Meine Empfehlung geht dahin, sie 1-mal am Tag zu einer bestimmten Uhrzeit mindestens eine Woche lang durchzuführen. Danach beobachte dich und deine bzw. eure Themen, wie sie sich verändern oder schon verändert haben.

Bevor du beginnst, erde dich mit der Erdungsmeditation und mache dir deine bzw. eure Themen bewusst. Empfehlenswert ist es sie aufzuschreiben.

Meditation zur Klärung der Chakren und des Energiekörpers

Setze dich an einen ruhigen Ort, an dem du dich absolut wohlfühlst. Lege den Zettel mit deinen Themen vor dich hin. Nun schließe deine Augen und atme ein paar Mal tief ein und wieder aus. Fühle deine Füße, wie sie parallel zueinander fest auf dem Boden stehen. Du fühlst deine Verbindung zur Erde und zur Erdenergie. Bitte nun um das helle, strahlende Licht deiner Heilung, das von deiner höchsten Seelenebene zu dir gesandt wird. Dieses Licht wird dich komplett umhüllen. Atme ruhig weiter, während du in dem Licht verweilst, und sei dir bewusst, dass es über die gesamte Dauer deiner Meditation bei dir ist.

Während du nun in deinem eigenen Tempo ruhig ein und wieder ausatmest, nimmst du das erste Thema auf deinem Zettel. Fühle genau in dich hinein, wo im Körper du eine Reaktion auf dieses Thema fühlst. Vermutlich wirst du in einem bestimmten Chakra Schmerz, einen unangenehmen Druck oder ein anderes unangenehmes Gefühl bemerken. Es kann auch sein, dass du es an einer Körperstelle fühlst, an dem kein Hauptchakra sitzt. Es gibt unzählige Nebenchakren und es kann durchaus vorkommen, dass auch diese beeinträchtigt sind. Wo auch immer du dieses ungute Gefühl hast, dort lege deine Hände auf. Lege sie einfach intuitiv so auf die entsprechende Körperstelle, so wie es sich stimmig und gut anfühlt. Falls du das Gefühl an mehreren Stellen lokalisieren kannst, dann lege deine Hände auf die Stelle, an der es am stärksten ist. Nun bitte darum, dass das heilende Licht über dein Kronenchakra in dich einströmt und über deine Hände hinaus in genau das entsprechende Chakra, in die Stelle hinein. Fühle, wie das heilende Licht seine „Arbeit" tut und die Blockade auflöst. Wenn du dir sicher bist, dass das Licht alles aufgelöst hat, was aufzulösen war, dann kannst du dir das nächste Thema auf deiner Liste vornehmen. Ich empfehle allerdings nicht mehr als drei Themen pro Sitzung zu machen. Du solltest dich und dein Energiesystem nicht überfordern. Außerdem lösen sich häufig andere Blockaden von selbst, wenn die Blockaden in den Hauptchakren gelöst wurden.

Die höheren spirituellen Chakren

Über die höheren spirituellen Chakren erhalten wir Zugänge zu den entsprechenden höheren spirituellen Ebenen. Diese Chakren sind Pforten zu hochspirituellen Bereichen und können mittels spezieller Übungen und Meditationen betreten werden. Diese Praxis erfordert fortgeschrittenere Kenntnisse und Übung. Ich empfehle mit diesen Chakren nur unter fachkundiger Anleitung zu arbeiten, wenn du noch keine entsprechende Praxis hast.

Das **Alter-Major-Chakra** befindet sich in der Mitte des Hinterkopfes am Haaransatz. Es ist der Sitz des höheren Willens und stellt ein Tor zu den oberen spirituellen Chakren dar. Durch dieses Chakra können wir Botschaften unserer Seele erhalten.

Der **Transpersonale Punkt** befindet sich circa 40 cm über dem Kronenchakra. Das Transpersonale Chakra steht mit unserer Lebensaufgabe in Zusammenhang. Der Transpersonale Punkt ist die Haupteintrittspforte für universale Energie und die Tür zu den feinstofflichen Ebenen.

In Resonanz sein mit dem Seelenverwandten –
das Praktizieren mit Frequenzen

Dualseelen und Zwillingsseelen gehören auf der Seelenebene zusammen. Auf der menschlichen Ebene sieht das Bild manchmal ganz anders aus. Viele haben keinen oder nur sehr schlechten Kontakt zu ihrem Seelenverwandten. *„Warum ist das so?"* fragen viele Menschen; *„Warum funktioniert unsere Beziehung nicht im Leben, wenn wir doch auf der Seelenebene so intensiv miteinander verbunden sind!"*

Die Gründe, warum die tiefe Verbundenheit mit unserem Seelenverwandten nicht lebbar ist, sind äußerst individuell. Aber, bei fast allen Seelenpaaren wirken sich unterschiedliche Frequenzen erschwerend auf das menschliche Miteinander aus. Die reine Seelenfrequenz, also jene Frequenz, welche die Uressenz einer jeden Seele ausmacht, diese ist immer gleich. Sie ändert sich niemals. Im Laufe unserer Inkarnationen und unseres aktuellen Lebens kommen wir jedoch immer wieder mit den unterschiedlichsten Frequenzen in Kontakt, die wir uns zu Eigen machen. Also – je nachdem, was wir gelebt und erlebt, was wir erfahren und getan haben – alles hat seine Schwingung. So wie auch jedes Gefühl und jeder Gedanke seine eigene Schwingung besitzt. Diese erworbenen Frequenzen überlagern unsere Seelenschwingung. Manche sind mit unserer Seelenschwingung durchaus in Resonanz und unterstreichen sie – andere wiederum stehen im Gegensatz dazu und stören unsere Seelenschwingung. So wie ein Störsender sich über die reine Frequenz eines Radiokanals legen und seinen klaren Klang durch Rauschen und Knistern stören kann, so können manche erworbenen Frequenzen unsere Seelenfrequenz beeinträchtigen. Das geschieht vor allem dann, wenn wir nicht das leben, was uns erfüllt und uns Dinge, Gedanken, Gefühle zu Eigen machen, die nicht unserem Innersten entsprechen.

Die Probleme, die wir mit unserem Seelenverwandten haben, sind nicht seelischer Natur. Die reine Seelenverbindung ist immer rein und unbelastet. Nicht unsere Seelen haben Schwierigkeiten miteinander. Unsere Probleme sind menschlicher Art. Sie entspringen häufig dem Ego. Sie entstehen in der realen Handlungsebene, also in unserem täglichen, menschlichen Leben, können aber auch von vergangenen Leben herrühren. Sie betreffen dann die Ebene der vergangenen Leben. (Siehe auch das Kapitel über die verschiedenen Ebenen.) Auf diese Ebenen können wir mit den geeigneten Methoden sehr gut zugreifen. Dabei geht es nicht darum, den anderen zu beeinflussen oder zu heilen, sondern sich selbst zu heilen und die innere Ordnung wiederherzustellen. Sind wir mit Frequenzen überlagert, die sich hinderlich auf unser Leben und unsere

Beziehungen auswirken, so ist es wichtig diesen Aspekt zu ändern, unsere Störfrequenzen zu erkennen und zu entfernen.
In unserer gemeinsamen Ursubstanz sind wir also sowohl mit unserer Dual- wie auch mit unserer Zwillingsseele wunderbar in Resonanz. Selbstverständlich und zum Glück sind nicht alle Schwingungen, die wir uns im Laufe unserer persönlichen Evolution angeeignet haben, störend. Wir besitzen durchaus positive Frequenzen, die in völliger Harmonie mit unserem Seelenverwandten stehen. Jede Frequenz, die mit dir in Resonanz ist, ist auch mit deinem Seelenverwandten in Resonanz – und jede Frequenz, die störend auf deine Seelenbeziehung wirkt, wirkt sich auch nachteilig auf dich aus. Die Frequenzen, die wie ein Störsender unsere feinen Seelenschwingungen überlagern, sind natürlich auch nicht in Harmonie mit unserem Seelenverwandten. Stellen wir unseren persönlichen Sender wieder auf uns und unsere wahre Natur ein, so sind wir automatisch wieder mit unseren Seelenverwandten in Resonanz. Wir brauchen also nur auf uns selbst achten, uns harmonisieren, uns heilen und unsere eigene Bestimmung finden und leben. Dann sind wir ganz von alleine wieder im Einklang mit uns und mit allem was zu uns gehört. So einfach sich das anhören mag, so schwer ist es manchmal in der Praxis umzusetzen. Sich bei diesem Prozess unterstützen und sich helfen zu lassen ist für viele eine große Erleichterung. Wir brauchen einen anderen Menschen, der uns spiegeln kann. Eine professionelle Person kann uns hier wertvolle Dienste leisten. Je nachdem mag das ein Psychotherapeut, ein Coach, eine spirituelle Berater/in oder Heiler/in sein. Freunde und Familienangehörige stehen uns emotional sehr nah und sind von daher häufig zu befangen um uns als neutraler Spiegel dienen zu können. Macht uns ein anderer Mensch auf unsere Glaubenssätze, inneren Muster, Charaktereigenschaften aufmerksam, so können wir uns ihrer annehmen. Die Spiegelwirkung von Dual- und Zwillingsseelen funktioniert nur solange mit positiver Auswirkung, wie wir in Resonanz miteinander sind.

Eine Methode um temporäre Resonanz herzustellen
Wir können auf energetischer Ebene eine „Lichtbrücke" zum anderen aufbauen und ihn an unserer Schwingung teilhaben lassen. Oft bewirkt dies, dass der reale Kontakt erst wieder machbar wird. Wenn die Frequenzen zu unterschiedlich sind, ist gar kein Kontakt möglich. Sind wir jedoch miteinander in Resonanz, kann unser Seelenverwandter wieder in unser Leben treten.
Wir können uns energetisch auf unseren Seelenverwandten einspielen und somit die Resonanzen aus- bzw. angleichen, um wieder auf einer Frequenz zu schwingen. Unsere Energiefelder schwingen nun für eine gewisse Zeit wieder im Einklang miteinander.

Den Einklang mit der Seele und dem Herzen des anderen kann zum Beispiel mit der Methode des II. und III. Grades des authentischen Reiki hergestellt werden. Auch das „Herzsymbol" des IV. Grades ist wundervoll und sehr effektiv. Mit seiner Hilfe kann man eine Lichtbrücke zu seinem Seelenverwandten aufbauen, auf der der energetische Kontakt leicht, lichtvoll und harmonisch gefühlt werden kann. Es ist sogar so, dass man alles Negative im zwischenmenschlichen Bereich für eine gewisse Zeit mit dem eigenen Licht transformieren kann. Mit dieser Methode ist es nicht möglich zu manipulieren. Sie dient rein zum höchsten Wohle aller Beteiligten und es wird nichts gegen den Willen deines Seelenverwandten geschehen können.

Synchron mit dem geliebten Menschen zu schwingen ist ein wundervolles Gefühl. Diese spezielle Synchronität ist der gemeinsame Urzustand von Dualseelen und Zwillingsseelen. Auf der Seelenebene verfügen sie über ihre miteinander in Resonanz stehende Schwingungsfrequenz. Dualseelen schwingen durch ihre Gegensätzlichkeit, Zwillingsseelen durch ihre Gleichheit miteinander. Das Schwingungsmuster, das zwei verwandte Seelen miteinander verbindet, ist so einmalig wie ein Fingerabdruck. Es ist das göttliche Prinzip, der göttliche Urton und das göttliche Urlicht. Diese Schwingung ist das Erkennungszeichen. Unsere Seelen erkennen einander an genau dieser Seelenschwingung.

Wenn die Wellenlänge, also die Frequenz zwischen uns und unserem Seelenverwandten stimmt, dann ist unser Miteinander von Liebe, Harmonie und Gleichklang geprägt. Die Gegensätzlichkeit bei Dualseelen wird als Bereicherung und befruchtend erlebt. Die Gleichheit von Zwillingsseelen befindet sich in Harmonie und eine Leichtigkeit erfüllt ihr Sein. Stimmt die Wellenlänge nicht (mehr) mit unserer Dual- oder Zwillingsseele, so harmonieren und funktionieren die einfachsten gemeinsamen Angelegenheiten nicht. Verständigungsschwierigkeiten sind vorprogrammiert. Die Kommunikation ist belastet und es entstehen ständig Missverständnisse. Zwillingsseelen erleben diesen Zustand als äußerst schmerzvoll. Denn sie fühlen ihr Einssein auf der Seelenebene. Seelisch eins – aber durch das Leben getrennt. Der Schmerz darüber ist für viele nicht auszuhalten. Dualseelen kennen zwar die Gegensätzlichkeit miteinander, wenn diese sie nicht mehr befruchtet und kreativ sein lässt, so wirkt sie sich geradezu zerstörerisch aus. Ist die Gegensätzlichkeit der Dualseelen von Störfrequenzen überlagert, so stören sie sich gegenseitig in ihren Gedanken, Worten und Taten und in ihrem gesamten Miteinander. Die Liebe ist zwar das Element, das sie immerzu verbindet, wenn aber die menschliche und reale Ebene nicht mehr funktionieren, dann ist die Liebe nicht lebbar. Die Liebe kann lebbar werden, wenn wir es schaffen alles Störende zu entfernen. Wir fühlen uns wieder zuhause mit und bei unserem Seelenverwandten, wenn wir unsere gemeinsame Urschwingung, den Urklang unserer Seelen fühlen können. Diese Urfrequenz ist ja immerzu vorhanden. Wir fühlen sie leider nicht mehr, wenn sie von allerhand störenden Frequenzen überlagert ist.

Lichtbrücke

Die einfache Variante der Lichtbrücke stelle ich hier vor. Die Meditation „Lichtbrücke" gibt es auch noch in weiteren komplexeren Varianten. Diese sollten nicht ohne Begleitung durchgeführt werden. Diese Varianten sind auf die individuellen Bedürfnisse des Einzelnen angepasst und nur für diesen effektiv und heilvoll. Die einfache Lichtbrücke ist jedoch von jedem leicht durchführbar und trotz ihrer Einfachheit wunderbar effektiv.

Nimm vor dieser Meditation Kontakt mit deinem Hohen Selbst auf und frage, ob diese Verbindung erlaubt ist. Fühle in dich hinein und achte auf einen Hinweis. Solltest du keine Antwort erhalten, dann empfehle ich dir im Zweifelsfall die Meditation nicht durchzuführen. Falls du ein eindeutiges „Ja" bekommst, kannst du die nachfolgende Meditation praktizieren.

Setze dich an einem ruhigen geschützten Ort in deiner bevorzugten Meditationshaltung hin. Atme solange tief ein und aus, bis du vollkommen ruhig und entspannt bist. Konzentriere dich auf dein 3. Auge-Chakra zwischen deinen Augenbrauen. Wenn du es fühlen kannst, dann konzentriere dich nun auf dein Kronenchakra. Fühlst du nun auch dein Kronenchakra, so visualisiere es in einem sehr hellen, strahlenden Weiß. Realisiere, dass das Kronenchakra mit deiner Einheit, mit deinem Hohen Selbst in Verbindung steht. Fühle eine Weile einfach dein Kronenchakra. Falls Du mit Reiki arbeitest, kannst du an dieser Stelle die zweite Kopfposition machen. Wenn du die Energie in deinem Kronenchakra richtig gut fühlen kannst, so stelle dir vor, wie du von „oben" aus dem Universum noch mehr Energie bekommst. Diese Energie strömt in dein Kronenchakra ein. Sie fühlt sich wundervoll angenehm und gut an. Diese Energie bringt dich in Verbindung mit deinem göttlichen Bewusstsein. Deinem Bewusstsein von reiner Liebe und deinem göttlichen Wesenskern. Realisiere nun, dass dein Seelenverwandter ebenso durch sein Kronenchakra mit seinem eigenen göttlichen Wesenskern, seinem Hohen Selbst und seinem geistigen Ursprung verbunden ist, wie du selbst. Bitte nun darum, dass eine Lichtbrücke sich aus deinem Kronenchakra hinaus zu seinem Kronenchakra spannt und ihr über euer reines göttliches Bewusstsein miteinander verbunden seid. Fühle in diese Verbindung hinein und realisiere, dass ihr darin immer in Harmonie, immer in Resonanz und immer in der für euch richtigen Frequenz füreinander seid.

Varianten: Wenn du ein spezielles Problem, oder ein bestimmtes Thema hast, das sich nachteilig auf deine Seelenverbindung auswirkt, so kannst du dieses Thema in die Lichtbrücke einfließen lassen damit es durch euer höheres Bewusstsein Klärung und Heilung erhalten kann. Gehe dabei wie folgt vor:

Lege das Thema fest, das dich belastet. Verbinde dich mit der Lichtbrücke wie oben beschrieben mit deinem Seelenverwandten. Wenn du die Lichtbrücke aufgebaut hast und die Verbindung fühlen kannst, dann denke nun intensiv an das Thema und lasse es aus deinem 3. Auge in das göttliche weiße Licht des Kronenchakras einfließen. Die Thematik wird nun über den Lichtkanal nach „oben" abgeben in das göttliche Bewusstsein. Dort kann sie sich klären und eventuell sogar geheilt werden. Bleibe eine Weile lang in dieser Vorstellung und beende die Meditation, indem du dich bei deinem Hohen Bewusstsein bedankst. Komme danach langsam wieder ins Hier und Jetzt zurück. Ich empfehle dir, danach etwas ganz anderes zu tun. Geh spazieren, oder mache etwas im Garten oder im Haushalt. Es wird dir helfen dein Thema ganz an das hohe Bewusstsein zu übergeben, damit es transformiert werden kann. Denn, wenn du selbst immer wieder daran denkst, dann gibst du wieder Energie in Form von Aufmerksamkeit rein und identifizierst dich damit. Lass es frei!

Das Hohe Selbst und die innere Wahrnehmung

Unser Hohes Selbst ist die Instanz in uns, die über unsere gesamten Inkarnationen wacht. Sie ist Teil unserer Seele und hat Überblick über unser aktuelles Leben, unsere vergangenen Leben, unseren Seelenplan, unsere Lebensaufgabe und steht in direktem Kontakt mit unserer geistigen Führung und unseren Seelengeschwistern bzw. Seelenverwandten. Unser Hohes Selbst weiß alles über uns – wo wir herkommen und wohin wir gehen, sind ihm ebenso bekannt, wie unser Seelenplan und unsere Seelenverträge. Wer Kontakt zu seinem Hohen Selbst herstellen kann, der hat Zugriff auf seine Weisheit und wird vieles über sich selbst, seinen Lebensplan, seine Seelenverwandten, seine vergangenen Leben etc. herausfinden können. Unser Hohes Selbst wird uns immer die Informationen zuteilwerden lassen, die für uns sinnvoll, nützlich und heilsam sind. Niemals wird es uns überfordern.

Unser Hohes Selbst „spricht" zu uns über unsere Intuition, über unsere innere Stimme, über innere Bilder und auch durch unsere Gefühle und Stimmungen. Wer einen guten Draht zu seiner inneren Stimme hat, wird auch guten Zugang zu seinem Hohen Selbst finden können und umgekehrt.

Viele meiner Klienten/Klientinnen sind vom Aurareading sehr begeistert und traten in der Vergangenheit an mich heran, es von mir zu erlernen, um sich selbst all die Fragen beantworten zu können. Das Aurareading eignet sich hierfür allerdings nicht. Man benötigt immer eine andere Person, welche die Fragen stellt. Man selbst befindet sich während des ganzen Readings in einem erweiterten Bewusstseinszustand und kann nicht gleichzeitig beide Positionen, nämlich die des Fragenden und die des Mediums, einnehmen. Außerdem ist das Aurareading so, wie ich es praktiziere, nicht erlernbar. Die Grundtechnik erlernte ich im Jahr 2004 und passte es dann an meine persönlichen Bedürfnisse an. Um spezielle Ebenen und innere Räume betreten zu können, muss man die Zugänge dafür wissen. Dieses Wissen lässt sich jedoch nicht so ohne weiteres vermitteln, da die erweiterte Methode schon in Bereichen angesiedelt ist, in denen Worte keine Bedeutung mehr haben. Insofern ist es ohne lange Zeit der Schulung und Vorbereitung unmöglich zu erklären, was und wie ich diese Zustände erlange und wo die Zugänge zu finden sind. Für meine interessierten Klienten entwickelte ich eine andere Methode, die jeder leicht anwenden und gute Ergebnisse damit erzielen kann. Diese Methode stellt den Zugang zum eigenen Hohen Selbst her und gewährleistet Antworten auf Fragen zu erhalten, ohne auf eine andere Person angewiesen zu sein. Diese Methode eignet sich für den Hausgebrauch und ist von jedem Interessenten, auch ohne Vorwissen, leicht zu erlernen und anzuwenden. Der Kontakt zu seinem eigenen Inneren, zu seiner persönlichen Weisheit und inneren Stimme ist für jeden Menschen sehr wichtig und von großem Wert.

Wenn wir mit uns selbst verbunden sind, dann verfügen wir über eine glasklare innere Wahrnehmung, wir fühlen Energien, Schwingungen um uns herum von anderen Lebewesen und von Orten.

Wie kann ich Kontakt zu meinem Hohen Selbst aufbauen?

In meinem Wahrnehmungsseminar vermittle ich spezielle „Übungen" und Meditationen, mit deren Hilfe jeder – eine gewisse Praxis und Übungsbereitschaft vorausgesetzt – einen guten, stabilen und intensiven Kontakt zu seinem Hohen Selbst herstellen kann. Wichtig ist hierbei, wie bei vielen anderen Methoden auch, aktiv zu bleiben und die Übungen solange zu praktizieren, bis der Kontakt zum Hohen Selbst dauerhaft steht. So wie man ständig mit dem Internet verbunden sein kann, so kann man auch eine Dauerleitung zu seinem Inneren, zu seinem Hohen Selbst und seiner inneren Stimme haben.

Wenn du erste Erfahrungen mit deinem Hohen Selbst machen möchtest, dann empfehle ich dir folgende „Übung", die du wunderbar mit dir alleine machen kannst. Wenn du sie regelmäßig, am besten täglich praktizierst, dann wirst du sicherlich im Laufe der Zeit immer mehr Zugang zu deinem Hohen Selbst, deiner inneren Stimme und deiner feinstofflichen Wahrnehmung erhalten.

Übung, um Kontakt zu seinem Hohen Selbst herzustellen

Praktiziere auch bei dieser Meditation vorher eine Erdungsübung. Setze dich ganz ruhig und entspannt an einen Ort, an dem du dich wohlfühlst. Atme solange mit ruhigen und langsamen Atemzügen ein und aus, bis du dich absolut wohl und ruhig fühlst. Wenn es dir hilft, höre eine CD mit entspannender Meditationsmusik dabei. Wenn du nun das Gefühl hast völlig locker, ruhig und entspannt zu sein, dann lege beide Hände auf dein Herzchakra. Fühle in dein Herzchakra hinein. Fühle die Liebe, die in ihm ist. Dann werde dir bewusst, dass du diese Liebe ausstrahlst. Nehme wahr, dass du die Liebe aus deinem Herzchakra in deinen ganzen Körper ausstrahlen lassen kannst. Mache es dir bewusst, dass es geschieht und fühle hin, wie es sich anfühlt, in die Liebe aus deinem Herzen gehüllt zu sein. Nun visualisiere einen hellen, strahlenden Lichtpunkt in deinem Herzchakra und lasse ihn etwas größer werden. So groß, wie du dich damit wohlfühlst. Bitte diesen Lichtpunkt – er möge durch deinen Energiekanal nach oben steigen in dein Kehlchakra – dann weiter in dein Stirnchakra. Verweile mit dem Lichtpunkt solange in deinem Stirnchakra, wie du möchtest, dann lasse ihn weiter nach oben steigen in dein Kronenchakra. Verweile auch hier einen Augenblick, bevor du den Lichtpunkt weiter nach oben schickst. Circa 42 Zentimeter über deinem Kopf befindet sich der sogenannte Transpersonale Punkt. Hier ist der Zugang zu unserem Hohen Selbst. Lasse deinen Lichtpunkt hier verweilen und verankere ihn dort. Fühle in diese Verbindung hinein. Spüre, wie dein Herz über diesen Lichtpunkt mit deinem transpersonalen Punkt in Kontakt steht und somit mit deinem Hohen Selbst. Auch wenn du nicht gleich etwas fühlen solltest, so verweile einfach solange in dem Bewusstsein, dass du immerzu mit deiner höchsten inneren Instanz in Verbindung stehst. Bitte nun darum, dass der Lichtpunkt an seiner Position bestehen bleibt und du den Kontakt zu deinem Hohen Selbst dauerhaft hast. Atme zum Abschluss ein paar Mal tief ein und aus und komme langsam wieder in dein Wachbewusstsein zurück.

Diese Übung, so leicht sie erscheinen mag, kann es ziemlich in sich haben. Eine gute Erdung ist Voraussetzung. Solltest du während der Meditation das Gefühl haben nicht richtig geerdet zu sein, sollte dir schwindlig werden oder du dich auf eine andere Weise unwohl fühlen, so beende die Übung, indem du drei Mal tief ein- und wieder ausatmest. Im Grunde stellt diese Übung eine sehr gute, leicht durchführbare und auch harmlose Meditation dar. Aber dennoch kann sie von dem einen oder anderen Praktizierenden ziemlich intensiv wahrgenommen werden. Übernimm bitte die Verantwortung für dich und verwende sie nur dann, wenn du dich gut geerdet fühlst.

Wie kann ich meine innere Wahrnehmung schulen und erweitern

Ich empfehle dir, deine innere Wahrnehmung zu erweitern und zu trainieren und dir die Praxis zur „Aufgabe" zu machen. Verlege deine Übungsstunden nicht nur auf bestimmte Zeiten, wie zum Beispiel auf das Wochenende oder auf den Abend. In meinen Seminaren rege ich an, immer und ständig „zu üben". Du kannst, wenn du es dir bewusst machst, deine spirituelle Praxis wunderbar in deinen Alltag integrieren. Unsere innere Stimme „spricht" zu uns über unser Gefühl. Unsere Stimmung zeigt uns vieles an, was nicht nur mit uns selbst zu tun hat, sondern auch mit unserem Umfeld, also den Menschen, Gegenständen und dem Ort, wo wir uns befinden. Alles besteht aus Informationen und Schwingungen. Das heißt, die Informationen sind die Schwingung. Wir können sie über unsere Energiekörper wahrnehmen.

Du kannst dir also zu jeder Zeit an jedem Ort bewusst machen, wie du dich fühlst. Das wird dir Hinweise auf die vorherrschenden Energien geben können. In meinen Seminaren rege ich an, sich einmal in Gedanken an verschiedene, ganz unterschiedliche Orte zu versetzen. Zum Beispiel an einen wundervollen Gebirgsbach im Sommer, an einen Wühltisch in einem Kaufhaus zum Winterschlussverkauf, in eine Kirche bei einer Andacht, in den Hauptbahnhof einer Großstadt zur Rushhour, in ein altes Burgverlies oder auf eine Parkbank in einem Schlossgarten. Es gibt unendlich viele Beispiele von Orten mit ganz deutlich unterschiedlichen Energien. Diese Energien stammen nicht nur von den dort anwesenden Menschen, wie sie zum Beispiel an einem Wühltisch, oder bei einer Andacht überwiegen. Auch mitten in der Natur, wo kein anderer Mensch außer uns ist, kommen wir mit unterschiedlichen Energien in Kontakt. Je nachdem, was uns umgibt, können wir unterschiedliche Energien und Schwingungen fühlen und wahrnehmen, ohne sie mit unseren physischen Augen zu sehen. Ich kenne einen Park am Starnberger See, an dem eine wundervolle, sehr hohe Schwingung vorhanden ist. Es gibt jedoch eine Stelle, die sehr ungute, unruhige und beängstigende Gefühle hervorruft. Verweilt man an dieser Stelle, hat man das Gefühl nach unten gezogen zu werden. Nicht nur mir, sondern auch meinen Freundinnen ist es so ergangen. Jede fühlte die Präsenz von etwas Ungutem. Genauso wie es Kraftorte in der Natur gibt, so gibt es auch Orte, die dir die Kraft entziehen können, oder auch Orte, an denen früher etwas Schreckliches geschehen ist und die die Energie von diesem Ereignis immer noch aufweisen. Solche und noch viele andere Schwingungen können wir fühlen, wenn wir unsere inneren Sinne schulen und schärfen.

Unser Hohes Selbst teilt sich uns ebenfalls durch innere Wahrnehmungen mit. Wenn wir unsere feinstofflichen Sinne trainieren, kommt uns das immens zugute. Du wirst dich jetzt sicher fragen, was du tun kannst, um diese Sinne zu trainieren. Hier eine kleine Übung für dich.

Übung, um die innere Wahrnehmung und die feinstofflichen Sinne zu trainieren

Mache dir die Energien, die überall um dich herum sind, bewusst. Beginne in deiner eigenen Wohnung damit, am besten dann, wenn du alleine bist. Setze dich auf deinen Lieblingsplatz in deinem Zuhause und fühle hin, wie es sich dort anfühlt. Zur Verstärkung des Fühlens kannst du deine Hände auf dein Herzchakra legen. Nachdem du eine Weile gefühlt hast, wie sich die Energien an deinem Lieblingsplatz anfühlen, wechsle deine Position und setze dich woanders hin. Bleibe aber vorerst noch im selben Raum. Fühle auch hier wieder die Energien. Haben sie sich verändert? Oder fühlt es sich nahezu gleich an? Experimentiere etwas herum. Setze dich vielleicht wieder kurz auf deinen Lieblingsplatz, bevor du in ein anderes Zimmer gehst, um dort die Energien zu fühlen. Wandere so durch deine ganze Wohnung oder dein ganzes Haus. Fühle die Energien in jedem Zimmer. Du kannst die Übung auch so ausdehnen, indem du den Keller, Speicher und Garten mit einschließt. Lerne dein Zuhause auf neue Weise kennen. Du wirst, wenn du diese Übung zu verschiedenen Zeitpunkten durchführst, Unterschiede feststellen. Es mag sein, dass die Energien an deinem Lieblingsplatz Schwankungen unterworfen sind. Mal werden sie sich besser und mal etwas weniger gut anfühlen. Es gibt viele Gründe für solche Schwankungen. Nimm es einfach wahr.

Wenn du mit den Energien deines Zuhauses vertraut bist, dann suche andere Orte auf, an denen deutliche, leicht fühlbare Energien vorherrschen. Hier eine kleine Auswahl von Orten, an denen du sicher ziemlich deutliche Energien fühlen kannst: Kirchen, Kaufhäuser, Bahnhöfe (am besten zur Rushhour), Plätze in der Natur (ein See, ein Wasserfall, eine Waldlichtung etc.), ein Schlosspark. Besuche einen Discounter im Vergleich zu einem Bioladen. Achte auch auf Schwingungen in anderen Wohnungen. Fühle hin, wie es sich bei deinen Freunden anfühlt, wenn du sie besuchst. Oft ist die vorherrschende Stimmung schon beim Eintreten fühlbar. Später wirst du feststellen, ob sich die bedrückende Energie bewahrheitet, wenn dein Freund dir von seinem Kummer erzählt. Oder eine gute Energie wird sich bestätigen, wenn dein Freund dir von einem erfreulichen Ereignis berichtet.

Übe in deinem Alltag. Mache es dir zur Angewohnheit immer, egal wo du bist, die Energien deiner Umgebung zu erspüren und wahrzunehmen. Du wirst feststellen, wie sehr sich deine Wahrnehmung im Laufe deiner Praxis erweitern wird. Manche meine Seminarteilnehmer äußern, sie möchten gar nicht alles fühlen, vor allem wollen sie keine unschönen Energien wahrnehmen. Ich sage darauf, dass alle Schwingung, die um uns herum ist, immer etwas mit uns macht. Alles hat einen Einfluss auf uns. So wie die Luft (auch die sehen wir nicht), die wir atmen klar und rein oder mit Abgasen verpestet sein kann, so kann auch die Energie um uns herum aufbauend, stärkend oder negativ und schwächend sein. Wenn ich wahrnehme, wo ich mich befinde, dann kann ich mich auch aus der Störstelle entfernen. Wenn ich mir gar nicht bewusst bin, was um mich herum geschieht, kann ich mich auch nicht schützen. Der beste Schutz vor negativen Energien ist, diese wahrzunehmen. Wenn ich die negativen Energien um mich herum fühle, dann kann ich mich an einen anderen Ort begeben, an dem gute Energien vorherrschen. Wer energetisch blind ist, der bemerkt die unguten Energien die ihn umgeben nicht. Öfters kommen Klienten/Klientinnen zu mir, die berichten, wie sie sich am Abend müde, kaputt, ausgelaugt und kraftlos fühlen. Bei genauerer Nachforschung stellt sich meist heraus, dass deren Arbeitsplatz energetisch total belastet ist. Nicht die Arbeit an sich ermüdet die meisten Menschen, sondern die negativen Energien, die dort vorherrschen. Wird man sich dessen bewusst, so kann man einiges unternehmen, um sich vor entsprechenden Energien zu schützen, ohne gleich die Arbeitsstelle wechseln zu müssen.

Ich empfehle jedem, sich mit der feinstofflichen Welt vertraut zu machen. Denn das, was wir kennen, jagt uns keine Angst mehr ein. Im Laufe der Zeit stellst du fest, wie die feinstofflichen Energien einen Großteil deiner Umwelt ausmachen, dass sie alles Grobstoffliche durchweben und auch auf uns Menschen einen starken Einfluss ausüben. Irgendwann wird dir diese unsichtbare Welt so vertraut sein, dass du gar nicht mehr weißt, wie es vorher war, als du noch „blind" für Energien und Schwingungen warst. Für dich ist es ganz normal geworden, Energien zu fühlen. Du wirst mehr von deiner Umgebung wahrnehmen, als deine Freunde und es wird dich enorm bereichern. Du wirst entdecken, dass alles mit allem zu tun hat und alles mit allem in einem ständigen Rapport steht. Du bist Teil des Ganzen und das Ganze ist Teil von dir. Du wirst so immer noch mehr zum Schöpfer, zur Schöpferin deines Lebens, lebst deine Bestimmung und deine Lebensaufgabe auf ganz natürliche Weise. Denn Spiritualität ist dein natürliches Wesen und du brauchst keine esoterischen Gurus mehr, denn du hast Zugang zu dir selbst und deiner eigenen inneren Kraft, Wahrheit und Weisheit.

Teil VI
Dichter und Gedichte

Dichter und ihre Gedichte über die Seelenliebe

„Es gibt eine Liebe, die über jede Liebe erhaben ist; die Leben überdauert.
Zwei Seelen, aus einer entstanden. Vereinigt wie zwei Flammen.
Identisch – und doch getrennt.
Manchmal zusammen, durch Gefühl und Verlangen verschweißt.
Manchmal getrennt, um zu lernen und zu wachsen.
Aber einander immer wieder findend.
In anderen Zeiten, anderen Orten. Wieder und wieder."

Von Tatsuya 6. Jahrhundert

Dichter und Dichterinnen

Dual- und Zwillingsseelenbegegnungen sind kein Phänomen der heutigen Zeit, auch wenn es auf den ersten Blick so erscheinen mag. Wir besitzen heutzutage viele Möglichkeiten, um miteinander in Kontakt zu treten und uns auszutauschen. Das Internet lässt die Welt zu einem Dorf zusammenschrumpfen. Egal, für welches Thema wir uns interessieren, wir finden im Netz unglaublich viele Gleichgesinnte in der ganzen Welt. Soziale Netzwerke, Foren zu allen möglichen Themen, Chats, E-Mails etc., all diese Medien helfen uns mit Menschen zu kommunizieren, denen wir ohne diese Technik nie begegnen würden. Deshalb ist es nicht verwunderlich, dass viele Menschen glauben, Dual- und Zwillingsseelen würden sich in der heutigen Zeit besonders häufig begegnen. Aber im Grunde genommen gab es dieses Phänomen schon immer. Die Literatur ist voll von Geschichten und Gedichten über Dualseelen und Zwillingsseelen. Berühmte Beispiele sind *„Romeo und Julia"* und die *„Zauberflöte"*. Aber auch Sagen, Legenden und Mythen berichten von dieser ganz besonderen Liebe.

Interessant ist auch zu erkennen, dass die Liebenden in den allermeisten Geschichten große Herausforderungen zu meistern haben, bevor sie endlich ihr Glück miteinander leben können. Manchmal enden die Geschichten sehr tragisch, wie bei *„Romeo und Julia"*. In diversen Schöpfungsmythen wird von der Trennung zweier Wesenheiten gesprochen. Sie wurden voneinander getrennt und stellen somit Himmel und Erde oder auch Tag und Nacht dar. Die Dualität ist somit erschaffen worden. In Märchen wird häufig beschrieben, wie sich zwei Menschen, die zusammengehören, wiederfinden und große Abenteuer bestehen müssen, bevor sie schließlich glücklich für immer zusammen sein können; wie beispielsweise die Geschichte von *„Daphnis und Chloe"* oder von *„Jorinde und Joringel"* erzählt.

Auf den folgenden Seiten möchte ich am Beispiel von zwei bekannten historischen Dichtern veranschaulichen, dass es auch früher schon sehr intensive Seelenverbindungen gab, die von den Betroffenen auch als solche erkannt wurden. Es ist davon auszugehen, dass damals nicht nur Berühmtheiten ihre Dual- oder Zwillingsseele getroffen haben. In vergangener Zeit gab es freilich nicht so wie heute die Möglichkeit, sich mit vielen Menschen darüber auszutauschen. Es gibt auch kaum Aufzeichnungen darüber. Wir können uns deshalb nur an der damaligen Literatur orientieren. Am Beispiel von Johann Wolfgang von Goethe und Annette von Droste Hülshoff sehen wir, dass auch sie dieselben Probleme und Hindernisse mit ihrer Seelenbeziehung hatten, wie wir heutzutage auch. Ich glaube, dass das Dual- und Zwillingsseelenthema nie anders war – es ist, heute wie auch schon zu historischer Zeit, durch seine charakteristischen Herausforderungen, Chancen, und speziellen Entwicklungspotenziale geprägt. Das Thema der Seelenliebe ist nicht erst in unserer modernen Zeit brisant geworden. Es ist und war schon seit jeher ein wichtiges Thema der Menschheit.

Welche Art der Seelenliebe zwischen Johann Wolfgang von Goethe und Charlotte von Stein und zwischen Annette von Droste Hülshoff und Levin Schücking bestand, möchte ich dich liebe Leserin, lieber Leser selbst interpretieren lassen. Aus Respekt vor ihrer Person habe ich ihre Seelenbeziehung nicht in der Akasha-Chronik eingesehen. Ich bin mir jedoch sicher, dass du dir anhand der überlieferten Texte selbst dein eigenes Bild machen kannst.

Johann Wolfgang von Goethe und Charlotte von Stein

Deutschlands wohl berühmtester Dichter, Johann Wolfgang von Goethe, lebte von 1749 bis 1832. Seine große Seelenliebe war Charlotte von Stein. Er selbst bezeichnete sie als seine Seelenverwandte. Goethe verband mit Charlotte von Stein eine zehn Jahre lang währende ganz besondere, intensive Freundschaft. Diese Freundschaft war, soweit man weiß, rein platonischer Natur. Die Gefühle, die sie füreinander hegten, waren im Grunde weit mehr als freundschaftlich. Sie lebten sie aber vermutlich nicht aus. Ihre Beziehung endete abrupt, als Goethe spontan für zwei Jahre nach Italien reiste und Charlotte in ihrem Kummer um den geliebten Freund zurückließ.

Charlotte von Stein wurde am 25. Dezember 1742 geboren. Sie ist damit sieben Jahre älter als Goethe. Sie lebte mit dem Oberstallmeister Josias von Stein in einer Vernunftehe. Josias von Stein wusste um die tiefe Freundschaft zwischen Goethe und Charlotte von Stein, hatte allerdings keine Probleme damit. Frau von Stein führte ein recht fades Leben an der Seite ihres Ehemannes, dem seine Pferde weit über seine Frau gingen, bis sie Goethe kennenlernte. Der Kontakt mit Goethe gestaltete ihr Leben wieder freudvoll und erfüllte sie sehr. Durch ihn war ihr Leben wieder lebenswert geworden. Goethe seinerseits wurde durch die Beziehung zu seiner lieben Seelenfreundin sehr inspiriert, was sich deutlich in seinen zahlreichen Werken ausdrückte.

Dass Frau von Stein mehr für ihren Freund empfand, als rein freundschaftliche Gefühle drückt sie in folgenden Zeilen aus.

„Ob's unrecht ist, was ich empfinde – und ob ich büßen muss die mir so liebe Sünde will mein Gewissen mir nicht sagen; vernicht' es Himmel, du! Wenn michs je könnt' anklagen. Das Gefühl, das Goethe mir nun gibt, lässt mich in meinem Inneren zaudern und macht mich in meinem moralischen Denken unsicher. Mein Gewissen scheint mich im Stich zu lassen. Diese Gefühle der

Liebe sind, gemessen an meinen Normen, unrecht und sündig, aber sie sind mir doch so lieb! Nur erfahren darf diese Gedanken niemand.“
Sie verwehrt ihm jedoch jegliche Intimitäten, da sie ihrer moralischen Konvention absolut treu bleiben will. Goethe ist deswegen zwar frustriert, lässt sich seine Liebesbezeugungen jedoch nicht nehmen. *„Ein reines Glas, darin sich's so gut sich bespiegeln lässt.“* sagte Goethe über Charlotte von Stein. Hier haben wir den Spiegeleffekt, der charakteristisch für Seelenbeziehungen ist. Charlotte von Stein scheint Goethes Liebe lange nicht annehmen zu können und Angst vor seinen tiefen Empfindungen zu haben. Sie hält ihn immer wieder auf Abstand und betont, dass sie ihre moralischen Vorstellungen nicht verletzten will. Letztlich dreht sich die Geschichte um, als Goethe aus der Freundschaft ausbricht und ohne Vorwarnung für zwei Jahre nach Italien reist. Frau von Stein ist nun diejenige, die zurückgewiesen wurde. Dieser Aspekt ist auch heute in sehr vielen Seelenbeziehungen zu beobachten. Ein wechselseitiges Vor- und wieder Zurückweichen voneinander ist keine Seltenheit. Goethe schreibt an seine Charlotte in einem Brief: *„Ach, liebe Lotte, Du weißt nicht, welche Gewalt ich mir angetan habe und antue, und dass der Gedanke, Dich nicht zu besitzen, mich doch im Grunde, ich mag's nehmen und stellen und legen, wie ich will, aufreibt und aufzehrt. Ich mag meiner Liebe zu Dir Formen geben, welche ich will, immer, immer.“*
Vielfach wird der Aspekt dem anderen gehören zu wollen einer karmischen Verbindung zugeschrieben. Bedenkt man jedoch, dass sich Dualseelen gehören, da sie sich gegenseitig bedingen und ewige Geliebte sind – und sich Zwillingsseelen gehören, da sie Eins sind, bekommt dieser Aspekt eine ganz andere Bedeutung. Das „Sich gehören“ hat also in einer Dual- und Zwillingsseelenbeziehung einen gänzlich anderen Charakter als in einer karmischen Verbindung, in der es selbstverständlich auch vorkommen kann.

Goethe schrieb an Charlotte von Stein in den zehn Jahren ihrer tiefen Freundschaft und Seelenbeziehung circa 1.800 Briefe. Darunter waren sehr wohl einige deutliche Liebesbriefe, aber auch zahlreiche kleine Nachrichten. Goethe schreibt an Charlotte von Stein*: „Meine Seele ist fest an die deine angewachsen. Ich mag keine Worte machen, du weißt, dass ich von dir unzertrennlich bin und dass weder Hohes noch Tiefes mich zu scheiden vermag. Ich wollte, dass es irgendein Gelübde oder Sakrament gäbe, das mich dir auch sichtlich und gesetzlich zu eigen machte.“* Weiter schrieb er: *„Ich sehe, wie wenig ich für mich bestehe und wie notwendig mir dein Dasein bleibt, dass aus meinem ein Ganzes werde.“* Goethe wollte Charlotte auch offiziell gehören und wünscht sich ein Gelübde darüber ablegen zu können. Heiraten konnte er sie ja nicht, da sie schon verheiratet war. Ihr Dasein war für ihn notwendig, damit sie ihn vervollständigen und er ganz werden konnte. In Texten über die Beziehung zwischen Goethe und Frau von Stein wird öfters deutlich, dass Frau von Stein einen ausgleichenden, harmonisierenden Einfluss auf Goethes teils überschäumendes Temperament hatte.

Goethe und Charlotte von Stein lernten sich über eine Verkettung zufälliger Ereignisse kennen. Charlotte war von Goethes Werk „Die Leiden des jungen Werther" zutiefst beeindruckt. Als sie zu einer Erholungsreise in Bad Pyrmont war, lernte sie dort den Arzt Johann Georg Zimmermann kennen, mit dem sie einen lebhaften Kontakt entwickelte. Zimmermann zeigte Goethe ein Schattenbild von Charlotte. Goethe war von Charlottes Bild alleine schon fasziniert und wollte sie unbedingt treffen. Herr Zimmermann sorgte dafür, dass die beiden sich schließlich kennenlernten.

Goethe hat seine Seelenbeziehung zu Charlotte von Stein in einigen Gedichten und Stücken dargestellt. Laut Charlotte von Stein hat er ihre Beziehung in seinem Stück „Die Geschwister" offenbart. Dabei handelt es sich um die Geschichte von Marianne, die ihren angeblichen Bruder Wilhelm so sehr liebt, dass sie sich ein Leben ohne ihn nicht vorstellen kann. Auch Wilhelm liebt und begehrt Marianne. Da sie glauben Geschwister zu sein – müssen sie sich einander verwehren. Die Geschichte endet jedoch mit einem Happy End. Es stellt sich heraus, dass sie doch keine Geschwister sind und sie können schließlich heiraten.

Goethe schreibt über Charlotte von Stein: *„Ich bin leider an ihre Liebe zu fest geknüpft; wenn ich manchmal versuche mich los zu machen tut's mir zu weh, da lass ich es lieber sein."*

Ebenso widmet Goethe folgendes Gedicht seiner Seelenfreundin Charlotte:

Warum gabst du uns die tiefen Blicke...

Warum gabst du uns die tiefen Blicke,
Unsre Zukunft ahnungsvoll zu schaun,
Unsrer Liebe, unserm Erdenglücke
Wähnend selig nimmer hinzutraun?
Warum gabst uns, Schicksal, die Gefühle,
Uns einander in das Herz zu sehn,
Um durch all die seltenen Gewühle
Unser wahr Verhältnis auszuspähn?

Ach, so viele tausend Menschen kennen,
Dumpf sich treibend, kaum ihr eigen Herz,
Schweben zwecklos hin und her und rennen
Hoffnungslos in unversehnem Schmerz;
Jauchzen wieder, wenn der schnellen Freuden
Unerwart'te Morgenröte tagt.

Nur uns armen liebevollen beiden
Ist das wechselseit'ge Glück versagt,
Uns zu lieben, ohn uns zu verstehen,
In dem andern sehn, was er nie war,
Immer frisch auf Traumglück auszugehen
Und zu schwanken auch in Traumgefahr.

Glücklich, den ein leerer Traum beschäftigt!
Glücklich, dem die Ahnung eitel wär!
Jede Gegenwart und jeder Blick bekräftigt
Traum und Ahnung leider uns noch mehr.
Sag, was will das Schicksal uns bereiten?
Sag, wie band es uns so rein genau?
Ach du warst in abgelebten Zeiten
Meine Schwester oder meine Frau.

Kanntest jeden Zug in meinem Wesen,
Spähtest, wie die reinste Nerve klingt,
Konntest mich mit einem Blicke lesen,
Den so schwer ein sterblich Aug durchdringt;
Tropftest Mäßigung dem heißen Blute,
Richtetest den wilden, irren Lauf,
Und in deinen Engelsarmen ruhte
Die zerstörte Brust sich wieder auf;

Hieltest zauberleicht ihn angebunden
Und vergaukeltest ihm manchen Tag.
Welche Seligkeit glich jenen Wonnestunden,
Da er dankbar dir zu Füßen lag,
Fühlt' sein Herz an deinem Herzen schwellen,
Fühlte sich in deinem Auge gut,
Alle seine Sinnen sich erhellen
Und beruhigen sein brausend Blut!

Und von allem dem schwebt ein Erinnern
Nur noch um das ungewisse Herz,
Fühlt die alte Wahrheit ewig gleich im Innern,
Und der neue Zustand wird ihm Schmerz.
Und wir scheinen uns nur halb beseelet,
Dämmernd ist um uns der hellste Tag.
Glücklich, dass das Schicksal, das uns quälet,
Uns doch nicht verändern mag!

Dieses Gedicht beschreibt Goethes Seelenverwandtschaft zu Charlotte von Stein.

Warum gabst uns, Schicksal, die Gefühle,
Uns einander in das Herz zu sehn,
Um durch all die seltenen Gewühle
Unser wahr Verhältnis auszuspähn?

Hier beschreibt Goethe das „wahr Verhältnis", nämlich ihre Seelenverwandtschaft, die sie durch ihre speziellen Gefühle füreinander erkennen können. Er erwähnt, sich gegenseitig ins *„Herz sehen zu können"*. Seelenverwandte können sich nichts vormachen. Sie können einander bis auf den Grund ihrer Seelen schauen und wissen um ihre Liebe.

Glücklich, den ein leerer Traum beschäftigt! Glücklich, dem die Ahnung eitel wär! Goethe hält den Menschen für glücklich der einem leeren Traum und einer falschen Ahnung hinterherjagt. Er scheint unter der Seelenverwandtschaft zu leiden, da er fühlt, dass er diese Tatsache nicht mehr loswird.

Jede Gegenwart und jeder Blick bekräftigt Traum und Ahnung leider uns noch mehr. Jedes gewahr sein des anderen, jeder Blick bestätigt diese Ahnung und die Träume nur noch mehr. Goethe bedauert diesen Umstand offensichtlich.

Sag, was will das Schicksal uns bereiten? Sag, wie band es uns so rein genau? Hier nimmt Goethe Bezug auf die Schicksalhaftigkeit ihrer Beziehung und fragt sich, was es für sie beide bereithält. Auch stellt er die Frage, wie das Schicksal ihre Verbindung auf so besondere Weise erstellt haben kann. Goethe fühlt offensichtlich das Seelenband, das zwei Seelenverwandte untrennbar miteinander verbindet.

Ach du warst in abgelebten Zeiten meine Schwester oder meine Frau. Hier erklärt Goethe ihre spezielle Verbundenheit mit der Vermutung, dass Charlotte in einem vergangenen Leben seine Schwester oder seine Frau gewesen sei. Goethe glaubte offensichtlich an Reinkarnation.

Kanntest jeden Zug in meinem Wesen, spähtest, wie die reinste Nerve klingt, konntest mich mit einem Blicke lesen, den so schwer ein sterblich Aug durchdringt. In diesen Zeilen beschreibt Goethe noch einmal das Phänomen, sich mit einem einzigen Blick zu erkennen und zu wissen, wie es dem anderen geht und sein wahres Wesen zu erfassen. Was anderen Menschen verborgen blieb, das konnte Frau von Stein mit einem Blick erfassen. Sie kannte „ihren" Goethe auf ganz natürliche Weise.

Und von allem dem schwebt ein Erinnern nur noch um das ungewisse Herz, fühlt die alte Wahrheit ewig gleich im Innern, und der neue Zustand wird ihm Schmerz. Die alte Wahrheit ist das Wissen der Seelenverwandtschaft, das ewig gleich ist und im Inneren gefühlt wird. Der neue Zustand wird schmerzvoll empfunden. Ich glaube Goethe meint damit, dass im aktuellen Leben kein gemeinsames Leben möglich ist.

Und wir scheinen uns nur halb beseelet, dämmernd ist um uns der hellste Tag.
Glücklich, dass das Schicksal, das uns quälet, uns doch nicht verändern mag!

Goethe erwähnt den Aspekt des nur halb beseelet seins, das viele Zwillings-seelenpaare auch so empfinden. Auch ist er glücklich darüber, dass noch nicht einmal das Schicksal diesen Umstand verändern kann. Er weiß, dass eine Seelenverbindung untrennbar und ewig ist.

Charlotte ihrerseits schreibt über ihren Freund Goethe:

„Die Beziehung zum Geheimrat hat sich nicht sehr verändert. Meine Liebe zu ihm kann ich unmöglich öffentlich machen. Sie wird ein Geheimnis bleiben."
„Unsere Liebe ist immer noch wunderschön. Ich bin voller Zuversicht. Noch immer erhalte ich Versicherungen seiner Liebe in Form von Briefen, Gedichten und kleinen Geschenken. Goethe meinte einst, ich sei die Erfüllung seines Lebenstraumes und der Garant für sein weiteres glückliches Leben. Ich sei die einzige Frau, die er lieben könne und durch die er sich beruhigt und sein Leben geordnet sieht. Seine Bitten, in meiner Liebe nicht nachzulassen, muss ich erfüllen. Ich kann gar nicht anders."

Goethe schrieb einige Gedichte für Charlotte von Stein. Dieses hier beschreibt sehr schön, wie sehr sich Goethe mit Charlotte verbunden sieht.

An Charlotte von Stein

Gewiss, ich wäre schon so ferne, ferne,
So weit die Welt nur offen liegt, gegangen,
Bezwängen mich nicht übermächtige Sterne,
Die mein Geschick an deines angehangen,
Dass ich in dir nur erst mich kennen lerne.
Mein Dichten, Trachten, Hoffen und Verlangen
Allein nach dir und deinem Wesen drängt,
Mein Leben nur an deinem Leben hängt.

Bemerkenswert finde ich folgende *Zeile „Die mein Geschick an deines ange-hangen, dass ich in dir nur erst mich kennen lerne."* Durch seine Dualseele/Zwillingsseele findet man zu sich selbst! Hat Goethe das damit ausdrücken wollen? Goethe weiß offensichtlich, dass er durch seine Seelenfreundin sich selbst zu finden vermag.

Noch ein Gedicht für Charlotte von Stein.

An die Entfernte

So hab ich wirklich dich verloren?
bist du, o Schöne, mir entflohn?
Noch klingt in den gewohnten Ohren
ein jedes Wort, ein jeder Ton.

So wie des Wandrers Blick am Morgen
vergebens in die Lüfte dringt,
wenn in dem blauen Raum verborgen
hoch über ihm die Lerche singt;
so dringet ängstlich hin und wieder
durch Feld und Busch und Wald mein Blick;
Dich rufen alle meine Lieder;
O komm, Geliebte, mir zurück!

Aus diesen Zeilen klingt Goethes Sehnsucht nach der Geliebten, die zwar nah, aber dennoch unerreichbar fern ist.

Goethes Gedicht „Ginkgo Biloba" beschreibt die tiefe Verbundenheit zweier Wesen, die im Grunde eines sind, und erinnert uns an Zwillingsseelen. Er widmete es Marianne von Willemer, mit der ihn auch eine tiefe Liebe verband. Goethe hatte anscheinend mehrere Frauen tief in sein Herz geschlossen. Ob sie alle Seelenverwandte waren, kann nur er selbst wissen. Sicher ist jedenfalls, dass Goethe seiner Charlotte einen Ginkgo Baum schenkte, der heute noch hinter ihrem Haus steht. Als alter Mann äußerte Goethe, dass er nie wieder wie damals geliebt habe und alle anderen Liebesbeziehungen im Vergleich mit Charlotte nur oberflächlicher Art gewesen seien.

Ginkgo Biloba

Dieses Baums Blatt, der von Osten
Meinem Garten anvertraut,
Gibt geheimen Sinn zu kosten,
Wie's den Wissenden erbaut.

Ist es ein lebendig Wesen,
Das sich in sich selbst getrennt?
Sind es zwei, die sich erlesen,
Daß man sie als eines kennt?

Solche Frage zu erwidern,
Fand ich wohl den rechten Sinn;
Fühlst du nicht an meinen Liedern,
Daß ich eins und doppelt bin?

Goethe bricht am 3. September 1786 heimlich zu seiner Italienreise auf und entzieht sich der Freundin wie durch eine Flucht. Wenige Tage vor seiner Abreise schrieb er ihr noch: *„Du solltest immer mit mir sein, wir wollten gut leben."* Charlotte schenkte Goethe noch etwas zu seinem Geburtstag am 28. August, kurz vor seiner Abreise, nicht ahnend, dass ihr geliebter Freund zwei Jahre lang fort sein und verändert zurückkehren wird.

Charlotte ist durch Goethes „Flucht" tief verletzt. Was sie in diesen Zeilen unmissverständlich zum Ausdruck bringt:

„Ihr Gedanken fliehet mich
wie der Freund von mir entwich
ihr erinnert mich der Stunden
die so liebvoll verschwunden
o! wie bin ich nun allein
ewig werd' ich einsam sein.

Wenn im Aug' die Träne quillt
und der Schmerz das Herz aufschwillt
Wenn es dich den Lüften nennet
aus der Brust der Atem brennet
bleibt doch alles um mich leer
keine Antwort wird mir mehr.

Auch ich möchte fort und fort
eilen und weiß keinen Ort
weiß mein Herz an nichts zu binden

weiß kein Gutes mehr zu finden
alles alles floh mit Dir
ich allein verarmt in mir

Was mir seine Liebe gab
hüll ich sie ins tiefe Grab,
ach es sind Erinnrungsleiden
süßer abgeschiedner Freuden
was mich sonst so oft entzückt
und ich an mein Herz gedrückt.

Schutzgeist hüll mich nun noch ein
seines Bildes letzten Schein
wie er mir sein Herz verschlossen
das er sonst so ganz ergossen
wie er sich von meiner Hand
stumm und kalt hat weggewandt. "

Später schreibt sie dazu:

„Ich habe nie aufgehört ihn zu lieben, aber diese Kränkung verzeihen werde ich auch nicht. "

„Meine Erinnerung an die glücklichen Jahre lassen mich nicht los, so wenig wie der Gedanke an das Scheitern unserer Beziehung. "

„Die Zeit hat meine Wunden nicht geheilt. "

Goethe wurde von mehreren Menschen bzw. Frauen inspiriert. Er war zweifelsohne einer der größten deutschen Dichter, der vielfach interpretiert wurde. Freilich kann niemand anderer, außer ihm selbst, wissen, wie er seine Gedichte wirklich gemeint hat. Deshalb ist jede Interpretation lediglich eine Auslegung seiner Worte. Betrachtet man Goethe unter dem Aspekt der Dual- und Zwillingsseelenthematik, dann kann man durchaus einiges davon in seinen Gedichten und Werken wiederfinden. Ob er selbst es allerdings auch so gemeint hat, sei mal dahingestellt und ich bitte dich liebe Leserin, lieber Leser, dir deine eigene Meinung dazu zu bilden.

Im folgenden Gedicht „Wiederfinden" beschreibt Goethe in einer Art Schöpfungsgeschichte, wie es zur Trennung kam und wie sich die Liebenden suchen und wiederfinden.

454

Wiederfinden
Johann Wolfgang von Goethe
(1749 - 1832)

Ist es möglich! Stern der Sterne,
Drück ich wieder dich ans Herz!
Ach, was ist die Nacht der Ferne
Für ein Abgrund, für ein Schmerz!
Ja, du bist es! meiner Freuden
Süßer, lieber Widerpart;
Eingedenk vergangner Leiden,
Schaudr' ich vor der Gegenwart.

Als die Welt im tiefsten Grunde
Lag an Gottes ew'ger Brust,
Ordnet' er die erste Stunde
Mit erhabner Schöpfungslust,
Und er sprach das Wort: „Es werde!"
Da erklang ein schmerzlich Ach!
Als das All mit Machtgebärde
In die Wirklichkeiten brach.

Auf tat sich das Licht: so trennte
Scheu sich Finsternis von ihm,
Und sogleich die Elemente
Scheidend auseinander fliehn.
Rasch, in wilden, wüsten Träumen
Jedes nach der Weite rang,
Starr, in ungemeßnen Räumen,
Ohne Sehnsucht, ohne Klang.

Stumm war alles, still und öde,
Einsam Gott zum erstenmal!
Da erschuf er Morgenröte,
Die erbarmte sich der Qual;
Sie entwickelte dem Trüben
Ein erklingend Farbenspiel,
Und nun konnte wieder lieben,
Was erst auseinander fiel.

Und mit eiligem Bestreben
Sucht sich, was sich angehört;
Und zu ungemeßnem Leben
Ist Gefühl und Blick gekehrt.
Sei's Ergreifen, sei es Raffen,
Wenn es nur sich faßt und hält!
Allah braucht nicht mehr zu schaffen,
Wir erschaffen seine Welt.

So, mit morgenroten Flügeln,
Riß es mich an deinen Mund,
Und die Nacht mit tausend Siegeln
Kräftigt sternenhell den Bund.
Beide sind wir auf der Erde
Musterhaft in Freud und Qual,
Und ein zweites Wort: Es werde!
Trennt uns nicht zum zweitenmal.

Meine Interpretation:

Ist es möglich! Stern der Sterne,
Drück ich wieder dich ans Herz!
Ach, was ist die Nacht der Ferne
Für ein Abgrund, für ein Schmerz!
Ja, du bist es! meiner Freuden
Süßer, lieber Widerpart;
Eingedenk vergangner Leiden,
Schaudr' ich vor der Gegenwart.

Hier beschreibt Goethe, wie schmerzvoll die Zeiten der Trennung sind. Er schaudert vor der Gegenwart, wenn er die Leiden der Vergangenheit erinnert. Meint er damit vergangene Leben? Mit Widerpart meint er: das geliebte gegensätzliche Wesen.

Auf tat sich das Licht: so trennte
Scheu sich Finsternis von ihm,
Und sogleich die Elemente
Scheidend auseinander fliehn.
Rasch, in wilden, wüsten Träumen
Jedes nach der Weite rang,
Starr, in ungemeßnen Räumen,
Ohne Sehnsucht, ohne Klang.

Das Licht trennte sich von der Finsternis – die Dualität war entstanden. Die Elemente trennten sich ebenfalls, ja sie flohen regelrecht auseinander. Doch noch konnten sie sich nicht nacheinander sehen. Es gab keine Gefühle und keine Töne in großen endlosen Räumen.

Stumm war alles, still und öde,
Einsam Gott zum erstenmal!
Da erschuf er Morgenröte,
Die erbarmte sich der Qual;
Sie entwickelte dem Trüben
Ein erklingend Farbenspiel,
Und nun konnte wieder lieben,
Was erst auseinander fiel.

In der Einsamkeit der Trennung erschuf Gott die Morgenröte, welche wieder ein Hinweis auf die Dualität ist. Nur wenn es Morgenröte gibt, existieren Tag und Nacht, also die Dualität auf Erden. Die Morgenröte bewirkte ein erklingendes Farbenspiel. Damit ist wohl das Leben gemeint – Töne und Farben. Dadurch, also durch das Leben, war es möglich sich wieder zu begegnen und zu lieben.

Und mit eiligem Bestreben
Sucht sich, was sich angehört;
Und zu ungemeßnem Leben
Ist Gefühl und Blick gekehrt.
Sei's Ergreifen, sei es Raffen,
Wenn es nur sich faßt und hält!
Allah braucht nicht mehr zu schaffen,
Wir erschaffen seine Welt.

Diejenigen, dich sich angehören, sind eilig bestrebt sich zu finden und packen sich alsdann sofort. Der Blick ist auf das Leben gerichtet. Der Mensch ist nun der Schöpfer seines Lebens geworden und Gott, bzw. Allah, braucht nichts mehr zu erschaffen. Wir haben unseren freien Willen und erschaffen unser Leben selbst.

So, mit morgenroten Flügeln,
Riß es mich an deinen Mund,
Und die Nacht mit tausend Siegeln
Kräftigt sternenhell den Bund.
Beide sind wir auf der Erde
Musterhaft in Freud und Qual,
Und ein zweites Wort: Es werde!
Trennt uns nicht zum zweitenmal.

Diese Strophe finde ich am eindrücklichsten. Die Nacht mit den tausend Siegeln könnte auf die Zeit zwischen den Inkarnationen hindeuten. Wenn die Morgenröte die Dualität bedeutet, dann ist der Tag das Leben mit seinen Farben und Tönen und die Nacht ist die Zeit in der die Seelen in ihrer ewigen Heimat verweilen. Durch die Siegel ist das bewusste Erinnern daran verwehrt. Dieser Bereich ist verschlossen, versiegelt.
Die morgenroten Flügel deuten wieder auf die Dualität hin. Ist mit dem Bund die Seelenverbindung gemeint? Es scheint, dass Goethe genau das gemeint hat. Er beschreibt, dass beide ein Leben auf der Erde führen und kein zweites Wort von Gott sie kein weiteres Mal trennen wird.

Fazit
Frau von Stein steckt in einer freudlosen Ehe und führt ein recht farbloses Leben, bis sie Goethe kennenlernt. Dieser bringt die Liebe, die Freude und die Farbe in ihr Dasein. Goethe wird nicht müde ihr immer wieder seine Liebe mit Worten und mit Taten fühlen zu lassen. Frau von Stein ist zunächst eher distanziert. Aus Goethes Gedichten und Briefen an seine Charlotte geht hervor, dass er sie ganz haben und mit ihr leben möchte. Sie konnte sich jedoch nie von ihrem ungeliebten Ehemann trennen. Zehn Jahre lang bemühte sich Goethe um seine Charlotte. Dann geht ihm anscheinend die Kraft dazu aus

und er reist, ohne sie davon in Kenntnis zu setzen, urplötzlich nach Italien. Diese Reise dauert zwei Jahre an und Goethe kommt als veränderter Mann zurück. Frau von Stein konnte es Goethe nie verzeihen, dass er sie einfach sitzen ließ und war sehr wütend auf ihn. Sie konnte nur ihre eigene Verletztheit sehen und bedachte nicht, was ihren jungen Freund dazu bewog, einfach durchzubrennen. Letztlich war damit ihre freundschaftliche Liebesbeziehung beendet. Goethe heiratete dann Christiane Vulpius.

Bei der Verbindung zwischen Johann Wolfgang von Goethe und Charlotte von Stein erkennt man genau die Problematik, die auch heutzutage viele Seelenverwandte miteinander haben. Viele Seelenverbindungen scheitern an unseren menschlichen Normen, Prinzipien und Vorstellungen. Oft kann der Mensch nicht aus seiner Haut und lebt ein Leben das nicht seines ist. Ein Seelenverwandter kommt meist dann in unser Leben wenn es notwendig ist. Aber auch hier verfügen wir über unseren freien Willen. Wir selbst entscheiden uns für ein Leben mit oder ohne unsere Seelenliebe. So wie es auch bei Goethe und Charlotte von Stein war.

Frau von Stein blieb lieber in ihrer faden Ehe und fand nicht den Mut sich zu Goethe zu bekennen. Ihre Prinzipien und Moralvorstellungen verboten ihr das. Damit war klar, dass es kein gemeinsames Leben geben konnte. Als Goethe seiner Wege ging reagierte sie darauf mit tiefer Verletztheit.

Droste Hülshoff und Levin Schücking

Die deutsche Dichterin Annette von Droste Hülshoff (19.01.1797-24.05.1848) verband eine tiefe Liebe und Freundschaft mit dem 17 Jahre jüngeren Levin Schücking. Inwieweit sie ihrer Liebe Ausdruck verliehen, oder ob sie rein platonischer Natur war, darüber können wir heute lediglich Mutmaßungen anstellen. Interessant ist zu erwähnen, dass die beiden sich ziemlich ähnlich sahen. Bemerkenswert sind ihre sehr ähnlichen, besonderen Augen. Levin und Annette entdeckten ihrerseits sehr viele Gemeinsamkeiten. Im Umgang miteinander wirkten die beiden wie Kinder, oder wie ein in sich selbst verschworenes Team. Ihre Umgangsformen waren in der Gesellschaft anderer Menschen sehr förmlich. Das „Du" benutzten sie in ihren Briefen nur, wenn sie sicher waren, dass diese kein anderer zu Gesicht bekommen würde und sie alleine mit sich waren. Annettes Mutter mochte Levin nicht besonders und so betonte Annette ihr gegenüber, sie sei Levins früh verstorbener Mutter verpflichtet sich um ihn zu kümmern. Annette war in ihrer Teenagerzeit mit der sechs Jahre älteren Mutter Levins befreundet gewesen.

Auch zwischen Annette von Droste Hülshoff und Levin Schücking besteht ein reger Briefverkehr. Sie hilft ihm beruflich Fuß zu fassen und er inspiriert sie zu Höchstleistungen. Ohne Levin wären wohl viele ihrer Gedichte gar nicht entstanden.

Levin ist ein altdeutscher Name und bedeutet „lieber Freund". Die Kurzform „Levi" bedeutet anhänglich, treu. Ich finde diese Namensdeutung sehr beachtlich, da er für Annette genau dieser Freund war.

Levin inspiriert Annette nicht nur, er ist der erste, der ihr Talent richtig einschätzt. Durch ihn kann sie ihrer Gabe noch mehr Ausdruck verleihen. Levin hat das Talent Annettes Begabung durch seine Liebe wachsen und erblühen zu lassen wie nie zuvor.

Worte von Annette von Droste Hülshoff über Levin Schücking:

„Mein Talent steigt und stirbt mit Deiner Liebe. Was ich werde, werde ich durch Dich und um Deinetwillen. Sonst wäre es mir viel lieber und bequemer, mir innerlich allein etwas vorzudichten."

„Weiß der Henker, was Du für eine inspirierende Macht über mich hast."

„Lieber Levin, unser Zusammensein im Rüschhaus war die poetischste und das in Meersburg gewiß die heimischste und herzlichste Zeit unseres beiderseitigen Lebens, und die Welt kommt mir seitdem gewaltig nüchtern vor."

Annette lebte mit ihrem Levin fünf Monate lang, von November 1841 bis April 1842, auf der Meersburg am Bodensee. Dass Levin mit ihr dort war, hatte sie ihrer Mutter zunächst verschwiegen und erwähnte seine Anwesenheit nur beiläufig. Anscheinend sollte keiner so recht wissen, was sie füreinander empfanden. In diesen Monaten war sie sehr produktiv und schrieb so viele Gedichte, dass diese einen ganzen Band füllen konnten. Levin inspirierte sie zu Höchstleistungen, denn sie schrieb hier nicht nur sehr viele, sondern auch die schönsten ihrer Gedichte.

Levin bezeichnet Annette in seinen Briefen häufig als sein „Mütterchen" und Annette schreibt „mein Kind". Hatten sie eine Art Mutter-Sohn-Beziehung? Ich glaube es kaum. Meiner Ansicht nach war das nur eine Floskel, die den Schein einer rein mütterlichen Freundin von Levin aufrechterhalten soll. Sie schreibt gar folgenden Satz über ihre Freundschaft: *„Es gibt Menschen, die durchaus nicht fähig sind, sich ein rein freundschaftliches Verhältnis zwischen Männern und Frauen zu denken."*

Ihre Freundschaft war von ihrer Liebe zueinander geprägt. Annette verbarg sie ziemlich vor ihrer Familie, insbesondere ihrer Mutter. Deshalb könnte es durchaus sein, dass die Bezeichnung „Mütterchen" und mein „Kind" eine reine Vorsichtsmaßnahme war. Einer mütterlichen, freundschaftlichen Beziehung wird sicherlich kein erotischer Charakter nachgesagt. Freilich ist das reine Interpretation. Auf welche Art sie sich ihre Liebe zeigten, wissen nur die beiden allein.

Als Levin die junge Schriftstellerin Luise von Gall kennenlernte und sie schließlich heiratete kam eine gewisse Distanz in der Freundschaft zu Annette auf. Sie schrieben sich zwar nach wie vor noch Briefe, aber es war sichtlich, dass sich ihre Beziehung zueinander veränderte. Zu einer richtigen Trennung zwischen Annette und Levin kam es durch Levins Roman „Die Ritterbürtigen", den er 1846 veröffentlichte. Darin schilderte er die westfälische Aristokratie, zu der ja auch Annette gehörte, nicht gerade sehr positiv. Außerdem gab es in dem Roman zwei Frauenfiguren, die jeweils das gute und das böse Prinzip verkörperten. Annette glaubte, Levin hätte mit der bösartigen, tyrannischen Allgunde sie gemeint. Annette grämte sich sehr darüber und ihr Bruder riet ihr, sich von der Freundschaft zu Levin komplett zu distanzieren und sich von ihm gänzlich zurückzuziehen – was sie auch tat. Was Levin darüber dachte und wie es ihm damit erging ist nicht bekannt. Er hat jedoch nachweislich auch noch später immer mit unveränderter Liebe und Verehrung über Annette geschrieben.

An Levin Schücking [I]

Kein Wort, und wär' es scharf wie Stahles Klinge,
Soll trennen, was in tausend Fäden Eins,
So mächtig kein Gedanke, daß er dringe
Vergällend in den Becher reinen Weins;
Das Leben ist so kurz, das Glück so selten,
So großes Kleinod, einmal sein statt gelten!

Hat das Geschick uns, wie in frevlem Witze,
Auf feindlich starre Pole gleich erhöht,
So wisse, dort, dort auf der Scheidung Spitze
Herrscht, König über alle, der Magnet,
Nicht fragt er, ob ihn Fels und Strom gefährde,
Ein Strahl fährt mitten er durchs Herz der Erde.

Blick' in mein Auge – ist es nicht das deine,
Ist nicht mein Zürnen selber deinem gleich?
Du lächelst – und dein Lächeln ist das meine,
An gleicher Lust und gleichem Sinnen reich;
Worüber alle Lippen freundlich scherzen,
Wir fühlen heil'ger es im eignen Herzen.

Pollux und Kastor, – wechselnd Glühn und Bleichen,
Des einen Licht geraubt dem andern nur,
Und doch der allerfrömmsten Treue Zeichen. –
So reiche mir die Hand, mein Dioskur!
Und mag erneuern sich die holde Mythe,
Wo überm Helm die Zwillingsflamme glühte.

Meine Interpretation

Kein Wort, und wär' es scharf wie Stahles Klinge,
Soll trennen, was in tausend Fäden Eins,
So mächtig kein Gedanke, daß er dringe
Vergällend in den Becher reinen Weins;
Das Leben ist so kurz, das Glück so selten,
So großes Kleinod, einmal sein statt gelten!

Annette von Droste Hülshoff schreibt, dass kein Wort, auch wenn es so scharf ist wie eine Klinge aus Stahl, das zu trennen vermag, das *Eins* ist. Sie sieht ihre Beziehung zu Levin als rein und beständig an. Meint sie mit dem Vergleich mit dem Wein, die berauschende Wirkung der Liebe? *„Einmal sein statt gelten!"* Mit Levin konnte sie stets so sein wie sie ist – sie muss nichts darstellen und auch nichts gelten.

Hat das Geschick uns, wie in frevlem Witze,
Auf feindlich starre Pole gleich erhöht,
So wisse, dort, dort auf der Scheidung Spitze

461

Herrscht, König über alle, der Magnet,
Nicht fragt er, ob ihn Fels und Strom gefährde,
Ein Strahl fährt mitten er durchs Herz der Erde.

Wenn das Geschick, das Schicksal sie beide wie durch einen Frevel getrennt hatte und sie in einer starren Polarität gefangen hält, dann wirkt dort die Kraft der magnetischen Anziehung. Der Magnet, der ja durch die Pole gebildet wird, verbindet indem er mitten durch das Herz der Erde fährt. Die Erde ist vermute ich nur ein anderer Ausdruck für Leben. Egal wie sehr sie getrennt sind, die magnetische Anziehung bewirkt, dass sie sich im Leben wieder begegnen und anziehen werden.

Blick' in mein Auge – ist es nicht das deine,
Ist nicht mein Zürnen selber deinem gleich?
Du lächelst – und dein Lächeln ist das meine,
An gleicher Lust und gleichem Sinnen reich;
Worüber alle Lippen freundlich scherzen,
Wir fühlen heil'ger es im eignen Herzen.

Hier verweist Annette von Droste Hülshoff auf ihre Gleichheit. Auch äußert sie sich über ihre Seelenverbindung. Sie beide fühlen es im eigenen Herzen, worüber andere freundlich scherzen. Oder ist das auch ein Hinweis darauf, dass ihre Beziehung doch nicht so platonisch war? Oder auch beides? Wie es wirklich gemeint ist, weiß nur die Dichterin allein.

Pollux und Kastor, – wechselnd Glühn und Bleichen,
Des einen Licht geraubt dem andern nur,
Und doch der allerfrömmsten Treue Zeichen. –
So reiche mir die Hand, mein Dioskur!
Und mag erneuern sich die holde Mythe,
Wo überm Helm die Zwillingsflamme glühte.

Pollux und Kastor sind die Dioskuren, die göttlichen Zwillinge, die Unzertrennlichen. Allem Anschein nach betrachtete Annette von Droste Hülshoff ihren Freund, Levin Schücking, als ihren Zwilling, als ihren Dioskur. „*So reiche mir die Hand, mein Dioskur!*" Sie unterstreicht dies auch noch mit dem Wort „*Zwillingsflamme*". Was wusste Annette von Droste Hülshoff damals schon über Zwillingsseelen? Oder gab sie einfach ihren Gefühlen Ausdruck? Anscheinend drückten ihre Gefühle für den Freund genau das aus, was auch heute viele Menschen fühlen, die ihrer Zwillingsseele begegnet sind.

An Levin Schücking

O frage nicht, was mich so tief bewegt,
Seh' ich dein junges Blut so freudig wallen,
Warum, an deine klare Stirn gelegt,
Mir schwere Tropfen aus den Wimpern fallen.
Mir träumte einst, ich sei ein albern Kind,
Sich emsig mühend an des Tisches Borden;
Wie übermächtig die Vokabeln sind,
Die wieder Hieroglyphen mir geworden!
Und als ich dann erwacht, da weint' ich heiß,
Daß mir so klar und nüchtern jetzt zu Mute,
Daß ich so schrankenlos und überweis',
So ohne Furcht vor Schelten und vor Rute.
So, wenn ich schaue in dein Antlitz mild,
Wo tausend frische Lebenskeime walten,
Da ist es mir, als ob Natur mein Bild
Mir aus dem Zauberspiegel vorgehalten;
Und all mein Hoffen, meiner Seele Brand
Und meiner Liebessonne dämmernd Scheinen,
Was noch entschwinden wird und was entschwand,
Das muß ich Alles dann in dir beweinen.

Meine Interpretation

So, wenn ich schaue in dein Antlitz mild,
Wo tausend frische Lebenskeime walten,
Da ist es mir, als ob Natur mein Bild
Mir aus dem Zauberspiegel vorgehalten;

Annette schaut in Levins Gesicht und ihr kommt es so vor als würde sie in einen Zauberspiegel blicken und ihr eigenes Gesicht darin erkennen. Auch das erleben viele Menschen mit ihrem Seelenverwandten. Man blickt den anderen an und sieht sich – blickt in die Augen des geliebten Menschen und sieht darin nicht nur dessen Seele, sondern auch die eigene.

Dieses Gedicht drückt schon einiges an Unstimmigkeiten zwischen den beiden aus. „*Und all mein Hoffen, meiner Seele Brand und meiner Liebessonne dämmernd Scheinen*" – Die Dichterin ist anscheinend ziemlich traurig darüber ihrer Liebe nicht mehr den Ausdruck geben zu können wie früher.

An denselben

Zum zweitem Male will ein Wort
Sich zwischen unsre Herzen drängen,
Den felsbewachten Erzeshort
Will eines Knaben Mine sprengen.
Sieh mir ins Auge, hefte nicht
Das deine nach des Fensters Borden,
Ist denn so fremd dir mein Gesicht,
Denn meine Sprache dir geworden?
Sieh freundlich mir ins Auge, schuf
Natur es gleich im Eigensinne
Nach harter Form, muß ihrem Ruf
Antworten ich mit scharfer Stimme;
Der Vogel singt, wie sie gebeut,
Libelle zieht die farb'gen Ringe,
Und keine Seele hat bis heut'
Sie noch gezürnt zum Schmetterlinge.
Still ließ an meiner Jahre Rand
Die Parze ihre Spindel schlüpfen,
Zu strecken meint' ich nur die Hand,
Um alte Fäden anzuknüpfen,
Allein den deinen fand ich reich,
Ich fand ihn vielbewegt verschlungen,
Darf es dich wundern, wenn nicht gleich
So Ungewohntes mir gelungen?
Daß manches schroff in mir und steil,
Wer könnte, ach, wie ich es wissen!
Es ward, zu meiner Seele Heil,
Mein zweites zarteres Gewissen,

Es hat den Übermut gedämpft,
Der mich Giganten gleich bezwungen,
Hat glühend, wie die Reue kämpft,
Mit dem Dämone oft gerungen.
Doch du, das tief versenkte Blut
In meinem Herzen, durftest denken,
So wolle ich mein eignes Gut,
So meine eigne Krone kränken?
O, sorglos floß mein Wort und bunt,
Im Glauben, daß es dich ergötze,
Daß nicht geschaffen dieser Mund
Zu einem Hauch, der dich verletze.
Du zweifelst an der Sympathie
Zu einem Wesen dir zu eigen?
So sag' ich nur, du konntest nie
Zum Gletscher ernster Treue steigen,
Sonst wüßtest du, daß auf den Höhn
Das schnöde Unkraut schrumpft zusammen
Und daß wir dort den Phönix sehn,
Wo unsre liebsten Zedern flammen.
Sieh her, nicht eine Hand dir nur,
Ich reiche beide dir entgegen,
Zum Leiten auf verlorne Spur,
Zum Liebespenden und zum Segen,
Nur ehre ihn, der angefacht
Das Lebenslicht an meiner Wiege,
Nimm' mich, wie Gott mich hat gemacht,
Und leih' mir keine fremden Züge!

Meine Interpretation

Sieh freundlich mir ins Auge, schuf
Natur es gleich im Eigensinne

Hier nimmt Annette von Droste Hülshoff Bezug auf die erstaunliche Ähnlichkeit ihrer Augen.

So sag' ich nur, du konntest nie
Zum Gletscher ernster Treue steigen,
Sonst wüßtest du, daß auf den Höhn
Das schnöde Unkraut schrumpft zusammen
Und daß wir dort den Phönix sehn,
Wo unsre liebsten Zedern flammen.

Die ernste Treue! Meint sie damit die Ehe, die sie mit Levin nie hatte, meint sie eine verbindliche Liebesbeziehung? Sie vergleicht die ernste Treue mit einem Gletscher. Ein Gletscher ist uralt und beständig. Und dort schrumpft alles Unnütze (Unkraut) zu nichts zusammen. Dort wohnt ebenso der Phönix, das Symbol für Unsterblichkeit, Erneuerung und Wiederkehr. Außerdem stehen hier ebenso ihre liebsten Zedern in Flammen. Meint sie damit zwei Zedern, die in Liebe brennen, meint sie damit die Zwillingsflamme? Die Zwillingsflamme an einem uralten, beständigen Ort der Unsterblichkeit und Wiederkehr!

Fazit

Annette von Droste Hülshoff und Levin Schücking verbindet eine langjährige Liebe, die sie zumindest nach außen hin rein freundschaftlich leben. Inwieweit sie diese auch körperlich ausdrückten ist nicht bekannt. Annette und Levin inspirierten sich gegenseitig, wie das häufig in Seelenbeziehungen der Fall ist. Wenn man die Gedichte von Annette von Droste Hülshoff aufmerksam liest, bleibt einem die spezielle Energie, die sie erzeugen, nicht verborgen. Wer seiner Dual- oder Zwillingsseele begegnet ist, der weiß wie sich diese Energie anfühlt. Sie ist mit nichts anderem zu vergleichen. Fast scheint es, als wäre sie ein unbekanntes Element, das nur durch das Fühlen erkannt werden kann.

Annette von Droste Hülshoff erwähnt in einem Gedicht an ihren Freund Levin die Zwillingsflammen und bezeichnet ihn als Dioskur, was lediglich ein anderes Wort für Zwilling ist. Wir können heutzutage nur interpretieren, ob die Dichterin Levin als ihre Zwillingsseele ansah, oder ob sie ihre Zeilen vielleicht ganz anders gemeint hat. Wir können jedoch hinfühlen und bemerken diese besondere Energie, die von Annettes Zeilen ausgeht.

An der Geschichte von Annette von Droste Hülshoff und Levin Schücking können wir erkennen, dass auch eine so intensive und liebevolle Seelenfreundschaft, wie die ihre, nicht davor gefeit war kaputtzugehen.

Die tiefe von Liebe geprägte Freundschaft zwischen Annette und Levin erhielt einen Knacks als Levin heiratete. Zum richtigen Bruch zwischen Annette und Levin kam es durch Levins Roman. Annette interpretierte ihn so, dass Levin sie mit der bösen Frau identifizierte und seiner Frau die Rolle der gütigen Romanfigur zugedachte. Das war für Annette zu viel und sie kündigte Levin die Freundschaft. Dem Anschein nach war es wirklich reine Interpretation und Annette steigerte sich in etwas hinein, das gar keinen realen Hintergrund hatte. Warum war das so? Was steckte wirklich dahinter? Kann es sein, dass Annette von Droste Hülshoff als kluge und gebildete Frau sich nur wegen eines Romans von ihrem geliebten Seelenfreund komplett abwandte? Es erscheint doch sehr grotesk. Wie es wirklich war und welche Gefühle und Gedanken Annette dazu brachten weiß nur sie allein.

Ich habe einige Menschen kennengelernt, deren Kontakt zu ihrem geliebten Seelenverwandten durch ein ähnliches Missgeschick abgebrochen worden war. Oft sind es Situationen im Leben, in die man einfach viel zu viel hinein interpretiert und wo echte Kommunikation fehlt. Wir sollten uns deshalb nicht durch so etwas von unserem Seelenverwandten abwenden und auch über unseren Schatten springen können. Ebenso kommen wir mit unseren Interpretationen meist nicht weiter. Wir können uns verrückt machen und Dinge in den anderen hinein interpretieren, die keinerlei Wahrheitsgehalt haben. Besser ist es zu erkennen, was wirklich ist, und im Zweifelsfalle miteinander zu reden. Wenn der Kontakt erst mal vollständig abgebrochen ist, dann kann es sehr mühsam sein ihn wieder herzustellen. Beiderseitige Verletzungen stehen einer gemeinsamen Zukunft im Wege. Die Liebe ist das einzige das zählt und sie es ist, die zwei liebende Menschen aufs Intensivste miteinander verbindet. Umso bedauerlicher finde ich es, dass eine so tiefe von Liebe geprägte Freundschaft zerbrechen konnte.

Dual- und Zwillingsseelengedichte

Die nachfolgenden Gedichte lesen sich auf den ersten Blick vielleicht wie normale Liebesgedichte. Betrachtet man sie jedoch näher und mit dem Herzen, so wirst du die Aspekte einer Seelenliebe darin erkennen können.

Teilhard de Chardin
(1881 - 1955)

Alles im Universum
erfolgt durch
Vereinigung und Befruchtung
durch Zusammenschluss
der Elemente,
die einander suchen,
paarweise verschmelzen und
neugeboren werden in
einem Dritten.

ॐ

Die zwei Parallelen
Christian Morgenstern
(1871 - 1914)

Es gingen zwei Parallelen
ins Endlose hinaus,
zwei kerzengerade Seelen
und aus solidem Haus.
Sie wollten sich nicht schneiden
bis an ihr seliges Grab:
Das war nun einmal der beiden
geheimer Stolz und Stab.
Doch als sie zehn Lichtjahre
gewandert neben sich hin,
da wards dem einsamen Paare
nicht irdisch mehr zu Sinn.
Warn sie noch Parallelen?
Sie wußtens selber nicht, –
sie flossen nur wie zwei Seelen
zusammen durch ewiges Licht.
Das ewige Licht durchdrang sie,
da wurden sie eins in ihm;
die Ewigkeit verschlang sie
als wie zwei Seraphim.

An einen Freund vor seiner Abreise
Gabriele von Baumberg (1768 - 1839)

Das Wunderband, wodurch zwey gleich geschaffne Seelen
Beym ersten Blicke sich verbinden und vermählen,
Wird durch Entfernung nur gedehnt.
Es wird von einem Pol bis hin zum andern reichen,
An Dauerhaftigkeit wird's einer Kette gleichen,
Die selbst die Zeit nicht ganz zertrennt.

ৡৡ

Vereinigung der Seelen
Zu einem Bilde
Max Švabinsky (1873 - 1962)

Und wenn uns Beide alle Himmel trennen,
Werd' ich am jüngsten Tag aus tausend Chören
Dein Lied und deine Stimme gleich erkennen:

Denn durch die Sehnsucht aller Ewigkeiten
Werd' ich nur deine liebe Stimme hören,
Wird mich ihr holder, sanfter Klang begleiten.

Durch all die weißen, heilgen Engelscharen
Wird meine Seele, liebes Seelchen, fliegen,
Wird sich mein Wölkchen deiner Wolke paaren.

Da will ich mich auf deine Wolke schwingen
Und will mich eng an deine Seele schmiegen
Und mit dir knien und preisen, beten, singen ...

Hugo Salus
aus der Sammlung Ernte

Gieß in meine Seele deine
Robert Prutz (1816 - 1872)

Gieß in meine Seele deine,
Meine hast du längst getrunken,
Wie im Morgensonnenscheine
Untergehn der Sterne Funken:

Daß mit wonnevollen Schmerzen
Gleiche Flammen uns durchwühlen!
Daß wir beide tief im Herzen
Eines Blutes Pulsschlag fühlen!

ৼৼ

Christian Morgenstern (1871 - 1914)

Genug oft, dass zwei Menschen sich berühren,
– nicht leiblich, geistig nur – dass sie sich „sehn",
dass sie sich einmal gegenüberstehn –
um sich danach auf immer zu verlieren.

Genug oft, dass ein Lächeln zweier Seelen
vermählt – oh nicht vermählt! Nur dies: sie führt,
so voreinander schweigend und erschüttert,
dass ihnen alle Wort' und Wünsche fehlen,
und jede, unaussprechlich angerührt,
nur tief vom Zittern der verwandten zittert.

An * *
Christian Morgenstern (1871 - 1914)

Da steht man nun in fremder Stadt allein
mit dem, was man gefehlt und man getan,
und den man liebt, der will nicht bei dir sein
und wandelt eigenwillig eigne Bahn.
Und einer Liebe wunderreicher Hort
bleibt unerschöpft und ewig unerlebt;
ich stehe einsam hier, du einsam dort,
und sind im Tiefsten doch so ganz verwebt.

Der verwandten Seele
Max von Schenkendorf
(1783 - 1817)

Eingangsgedicht in dem Stammbuch des Dichters.
Komm' in den Garten, komm', es laden
Der Frühling und die Nacht uns ein,
Sie kamen von des Wests Gestaden,
Um Zeugen unsres Glücks zu sein.

Die Harfe bebt von Frühlingslüften –
Sieh, wie der Mond ins Fenster winkt!
Komm', daß in jenen Blumendüften
Die Seele Himmelsahnung trinkt.

In dem verschwiegnen Heiligthume,
Um das die Nacht den Schleier legt,
Entfaltet sich die stille Blume,
Die nur für sie den Balsam trägt.

Die Wesen trennenden Gestalten
Zerfließen in der Dämmerung
Und Seelen, die zusammen wallten,
Erfreu'n sich der Vereinigung.

Siehst du, wie dort im Sternenkreise,
Mit stillem, liebendem Gemüth
Der Mond auf ewig gleiche Weise
Nach der verwandten Erde sieht?

Der jedem Ding die Bahn gemessen,
Der Sonnen einst an Sonnen band,
Hat seinen Liebling nicht vergessen,
Den Wesenkranz knüpft Gottes Hand.

Der Hauch, in dem dem großen Geiste
Der schaffende Gedank' entfloß,
Von dem das alte Chaos kreiste,
Er war's, der unsern Bund beschloß.

So komm' denn, du verwandte Seele,
In der sich meine Seele schaut,
Die mich nicht wählt, die ich nicht wähle,
Die mir die Ewigkeit vertraut!

Nach *einer* Sonne hingewendet
Zerrinnen wir in *ein* Gemüth –
Doch nimmer wird der Kreis vollendet,
Der magisch um die Welt sich zieht.

Sprich, könnten wir ein Glück genießen,
Wenn sich nicht jedes Wesen freut,
Und eng' uns in uns selbst verschließen
Im Angesicht der Ewigkeit?

Zu Göttern macht uns der Gedanke,
Der hier durch meine Seele glänzt;
Daß keines Raumes enge Schranke
Das sel'ge Götterreich begrenzt.

So laß uns denn auf unsern Pfaden
Umher nach Bundesgliedern spähn,
Und alle mild und freundlich laden,
In unser Paradies zu gehn.

So Manchen werden wir begegnen,
Die einsam gehn den Dornengang,
Und einst mit uns die Stunde segnen,
In der uns diese Glut durchdrang.

Im Mondschein werden wir sie finden,
Im Zeichen, das uns Glück verheißt,
Und dem verwandten Geiste künden
Wird schnell sich der verwandte Geist.

Wir wollen in den Bund sie schließen,
Sie mit dem Friedenskusse weihn
Und Brüder sie und Schwestern grüßen
Und der Gefundenen uns freun.

ଝଷ

Treue Liebe
Louise Brachmann (1777 - 1822)

Laß stürmen hin, laß stürmen her,
mein Herz und zage nicht!
Sey ruhig wie der Fels im Meer,
an dem die Woge bricht.

Zwar trennt von ihr, für die du schlägst,
Dich grausam das Geschick,
sey dennoch ruhig, Herz! du trägst
in dir dein Leid und Glück.

Sie bleibt dein Theil, sie bleibt dein Gut,
wie fern du von ihr bist.
Wer raubte, was mit Felsenmuth
ein liebend Herz umschließt!

So wahr' es denn in tiefster Brust,
dieß Kleinod fest und rein!
Wenn alles du verlassen mußt,
bleibt treue Lieb' allein.

Sie ist dir Trost, sie ist dir Licht,
wenn Alles dich verläßt,
wenn Alles wankt und stürzt und bricht,
steht sie doch ewig fest.

Nur wer die Sehnsucht kennt
Johann Wolfgang von Goethe (1749 - 1832)

Nur wer die Sehnsucht kennt,
Weiß was ich leide!
Allein und abgetrennt
Von aller Freude,
Seh ich ans Firmament
nach jener Seite.
Ach! Der mich liebt und kennt,
Ist in der Weite.
Es schwindelt mir, es brennt
Mein Eingeweide
Nur wer die Sehnsucht kennt
Weiß was ich leide!

Rascher Wechsel
Robert Prutz (1816 - 1872)

Abschied zu nehmen kamest du,
Der letzte sollt' es sein für immer!
Matt wie erloschner Sterne Schimmer
Schien mir dein thränend Auge zu;
Du reichtest zögernd mir die Hand
Und zogst sie fort und hast sie dennoch mir gelassen,
Wie über eines Grabes Rand
Sich liebe Hände scheidend fassen.

Wir sprachen von vergangner Zeit,
Von Tagen, welche längst begraben,
Wie Herzen sich verloren haben,
Bestimmt einst für die Ewigkeit;
Wie neckend sich, voll holder Scham,
Die jungen Seelen flohn und, ach, sich dennoch fanden,
Von Küssen, die die Lippe nahm,
Eh' sie zu küssen noch verstanden.

Und leise, wie aus offner Gruft
Sich sehnsuchtvolle Schatten heben,
So fühlten nah' und näher schweben
Wir längst verrauschter Wonnen Duft.
O Gott, wie wehten sie uns an!
Wie süß, wie flammenheiß! wie brannten ihre Funken,
Bis flammend dem geliebten Mann
Du in die Arme bist gesunken!

Und sprangst empor – und wolltest gehn –
Und hingst aufs neu' an meinem Munde!
O wonnevolle Abschiedstunde,
Der Abschied ward zum Wiedersehn!
Die lange trübe Nacht verschwand,
Ein neues Leben winkt mit goldnem Strahl uns beiden
Und nichts mehr kann die Seelen scheiden,
Die Gott zum zweitenmal verband!

ည္တ

Rest
Betty Paoli (1814 - 1894)

Als uns'rer Seelen Aeolsharfensaiten
Vom Gotteshauch der Liebe laut erklangen,
Als uns're Geister glühend sich durchdrangen,
Nicht wahr, mein Freund! Das waren schöne Zeiten?

Das ist vorbei, und jene Seligkeiten,
Zu süß in ird'schem Gefild' zu prangen,
Sie sind in Nacht und Tod dahingegangen
Als ich dein schwankend Herz sah von mir gleiten.

Doch, ob auch liebeleer nun deine Brust;
Ein starkes Band wird ewig uns vermählen,
Im Innersten ist's trostvoll mir bewußt:

Denn ewig werden uns're düstern Seelen,
Gefall'nen Engeln ähnlich, von der Lust
Verlornen Edens trauernd sich erzählen.

&❧

Wir wollen uns immer die Hände halten
Francisca Stoecklin (1894 - 1931)

Wir wollen uns immer die Hände halten,
Damit unsre Seelen nicht in den kalten,
Notvollen Nächten einsam erfrieren.

Wir wollen uns immer tiefer finden,
Damit wir uns nicht wie die armen Blinden
Im schwarzen Walde traurig verirren.

Wir wollen uns immer die Hände halten,
Damit wir uns nicht zu tief in die Falten
Des unendlichen Lebens verlieren

Erkenntnis
Betty Paoli (1814 - 1894)

Daß ich dich liebe tief und heiß,
Das hab' ich oft empfunden,
Wenn deiner Nähe Zauberkreis
Glückathmend mich umwunden;
Wenn mich dein Arm so fest umschlang,
Dein Wort in seiner Süße
Zu meinem tiefsten Herzen drang
Wie tausend Jenseitsgrüße.

Doch daß du selbst mein innerst Sein
Und Herz von meinem Herzen,
Daß du nur in der Seele mein
Wach rufest Lust und Schmerzen,
Daß du ein heil'ger Engel bist,
Für mich als Mensch geboren,
Das weiß ich erst seit kurzer Frist:
Erst seit ich dich verloren.

ജി

Emanuel Geibel (1815 - 1884)

In diesen Frühlingstagen, da genesen
Das Herz nicht will vom süßen Sehnsuchtsleid,
Wie spricht, was einst bei Platon ich gelesen,
Vertraut mich an aus dunkler Fabel Kleid!
Geschaffen, schreibt er, ward als Doppelwesen
Der Mensch dereinst im Anbeginn der Zeit,
Bis ihn ein Gott, weil er nicht Schuld gemieden,
In seine Theile, Mann und Weib, geschieden.

Ein heilig Räthsel deutet mir dies Wort;
Wer fühlt' es nie, daß Bruchstück nur sein Leben,
Ein Ton, nur angeschlagen, zum Akkord
Mit seinem Gegenton sich zu verweben?
Wir all sind Hälften, ach, die fort und fort
Nach den verlornen Zwillingshälften streben,
Und dieses Suchens Leid im Weltgetriebe
Wir heißen's Sehnsucht, und das Finden Liebe.

Sehnsucht
Kathinka Zitz (1801 - 1877)

Jede Hoffnung hat mich stets betrogen,
Keinen Anspruch hab' ich auf das Glück!
Schrecklich haben Menschen mich belogen,
Freundschaft stieß mein sehnend Herz zurück
O was that, was hab' ich denn begangen,
Schlägt mein Herz nicht rein in dieser Brust?
Färbte Reue jemals diese Wangen,
Bin ich mir denn einer Schuld bewußt?

Nein, der Unschuld heilige Ägide
Schützte meines Lebens Blüthenzeit,
Und doch wird das Schicksal nimmer müde,
Spendet immerdar mir Harm und Leid.
Einst wies mir die Hoffnung Blumenpfade,
Zeigte lächelnd mir Elisium.
Aber ach! das lachende Gestade
Wandelt sich zur öden Wildniß um.

Dort hinauf, wo jene Sterne glänzen,
Sehnet sich mein wundgeschlag'nes Herz,
Dort, wo Engel mir die Locken kränzen,
Dort versinkt im Lethestrom mein Schmerz.
Ja! uns ist ein bess'res Seyn beschieden,
Dieß ist nur der herben Prüfung Land –
Unsrer harrt ein ew'ger Götterfrieden,
Kehren einst wir in des Vaters Hand.

ও ও

Weihnacht
Else Lasker-Schüler (1869 - 1945)

Einmal kommst du zu mir in der Abendstunde
Aus meinem Lieblingssterne weich entrückt
Das ersehnte Liebeswort im Munde
Zündet meine weißen Lichte an.
Alle Zweige warten schon geschmückt.

„Wann" − ich frage seit ich dir begegnet − „wann?"
Einen Engel schnitt ich mir aus deinem goldenen Haare
Und den Traum, der mir so früh zerrann.
O ich liebe dich, ich liebe dich,
Ich liebe dich!

Hörst du, ich liebe dich …
Und unsere Liebe wandelt schon Kometenjahre,
Bevor du mich erkanntest und ich dich.

&⊘

Von meiner Seele
Lisa Baumfeld (1877 - 1897)

An jenem Tag erschuf Er meine Seele −
Gewittersturm zerwühlte grell die Luft
Und Blitze rissen feuerhelle Pfade
Aus dumpfer Nacht in lichte Ewigkeit ...

An jenem Tag erschuf Er meine Seele
Und formte sie unendlich gross und schwer,
Liess Donnerstimmen brausend sie durchschüttern
Und kühne Blitze züngeln ätherwärts ...
Goss von des Morgens trunk'nen Sonnenflammen
Viel trunk'nes himmelklares Gold hinein −
Und auch den Duft von fremden, stillen Kelchen,
Und blasse Töne ... dämm'rig ... traumesweich ...
Dann hauchte Er ihr seinen Odem ein
Und sandte sie hinab ...

An jenem Tage,
Von Gottesodem, Gottesglanz geschwellt
Sank sie hinab auf gottesferne Erde
Und sank ... doch weh! da starrte ihr im Weg
Vielleicht ein Fels – vielleicht ein menschlich Wesen –
Da klirrte sie und stöhnte und zerriss –
Und von der grossen, sonnenschweren Seele
Ward mir ein kleiner wunder Theil geschenkt!
Ihr blieb die Ahnung weiter Lichtmyriaden
Und abgrundtiefes, banges Heimweh nur ...

Von jenem Donner blieb ihr ... dumpfes Grollen ...
Tiefdunkler, zornig ungestümer Trotz ...
Von jenem Blitz zuckt rastlos irres Flackern
Und kühnes Fragen, dem die Antwort fehlt ...
Denn ach! der Einblick in die grosse Helle
Gieng mir verloren mit dem Seelenglied.

Und Sonne blieb als brennendes Verlangen
Und Durst nach allem, was da strahlend ist.
Daher das Stürmen – aufwärts – Gottberauscht –
Daher das Sinken, – flügellahm – verzweifelt ...

Drum grollt und stürmt und schmerzt die Seele mich
Und kalter Hochmuth presst um sie sein Gitter,
Dass niemand ahne, was darinnen gährt.

In ihrem tiefsten, nachtumflorten Grunde
Bebt etwas auch von jenem Blumenhauch ...
Ein flüchtig Düften ... flüchtig scheue Thränen
Und scheuer Durst nach Liebe ... Liebe ... Liebe!
So kindhaft weich, fromm, schmiegsam ... hingegeben
Geschloss'nen Aug's ... in Seele aufgelöst.

Ich fühl' das selten ... nur in Dämmerstunden
Bei Geigenklang, bei bangem Fliederduft ...
Da kommt ein weinend Wünschen über mich,
Nach meiner Seele losgeriss'nem Flügel,
Aus allen Fasern strömt ihm Heimweh nach,
Das alte Heimweh ... unfassbar und trostlos.

ଔଷ

Du fragst, wozu das Küssen tauge?
Robert Prutz (1816 - 1872)

Du fragst, wozu das Küssen tauge,
Und was es eigentlich will sagen?
Um sich zu blicken Aug' in Auge,
Und Seel' um Seele zu befragen.

Wenn Auge sich in Auge spiegelt
Und sich zu Seele Seele findet,
Dann wird im Kusse rasch besiegelt,
Was treue Herzen ewig bindet.

Drum willst du je dich küssend neigen,
So giebt es Eines, das bedenke:
Daß leis in andachtvollem Schweigen
Auch Seele sie in Seele senke.

Wo nur die Lippen sich berühren,
Da wirst du bald verschmachten müssen;
Der Liebe Wonnen ganz zu spüren,
O lerne mit der Seele küssen!

ॐ ॐ

In deiner Seele klarem Leben
Adele Schopenhauer (1797 - 1849)

In deiner Seele klarem Leben
Da ruht mein wahres Glück allein,
Die Ferne kann mir Freude geben,
Mit Dir nur kann ich selig seyn.

In Deines Geistes raschen Flügen
Trägt leicht das schwere Leben sich –
Das Andre kann mir wohl genügen –
Du nur allein befriedigst mich!

Aus Deiner Liebe tiefen Quellen
Strömt eine Kraft, die mich erhebt,
Auf deren lichtumsäumten Wellen
Mein Lebensschiff vorüberschwebt!

[September 1823]

Schlusswort

Liebe kann auf alles verzichten, nur nicht auf sich selbst!

Liebe Leserin, lieber Leser, wenn du an dieser Stelle des Buches angekommen bist, dann hast du vermutlich einiges gelesen, das du schon wusstest, aber sicher auch sehr viel Neues erfahren. Das große Mysterium der Seelenliebe war schon seit jeher und ist auch heute noch für uns Menschen ein wundersames Phänomen. Damals wie heute verbinden wir es mit tiefer Liebe, starker Verbundenheit, großem Vertrauen und inniger Hingabe an den geliebten Seelenverwandten. Zahlreiche Geschichten, Gedichte und Aussagen liebender Menschen berichten davon.

Für jede und jeden Einzelnen von uns bedeutet die Begegnung mit diesem ganz besonderen Menschen ein außergewöhnliches und höchst individuelles Ereignis, das von einer extrem tiefen Liebe geprägt ist. Jede Geschichte und jede Seelenliebe sind absolut einmalig und jede für sich ist wundervoll in ihrer Einzigartigkeit.

Ungeachtet aller Hindernisse, Kümmernisse, Leid und Tränen, ist doch das höchste Gut unseres Menschseins, diese tiefe Liebe in sich zu fühlen und zu erfahren. Diese Liebe gehört dir und niemand kann sie dir wegnehmen – auch nicht du selbst. Du kannst zwar so tun, als würdest du sie nicht mehr fühlen und sie wird dann tatsächlich nicht mehr fühlbar sein – weil du es so entschieden hast – aber vorhanden ist sie trotzdem noch immer. Einer Seelenliebe kann man sich nicht entlieben – sie ist ein Zustand unserer Seelen. Unsere Seele ist Liebe! Liebe ist unser Sein!

Du bist Liebe!

Ich wünsche dir und deiner Seelenliebe von ganzem Herzen alles erdenklich Liebe und Gute! Mögen sich alle eure Wünsche, Träume, Hoffnungen und Sehnsüchte erfüllen!

Sandra Maria Ruzischka, im September 2012

Glossar

Akasha-Chronik: Die Akasha-Chronik ist unser kosmischer Informationsspeicher. In ihm ist alles gespeichert, was jemals war und jemals sein wird. Wer Zugang zur Akasha-Chronik erhält, der hat Zugang zu sämtlichen Informationen aller vergangenen, gegenwärtigen und zukünftigen Ereignissen und Potenzialen.

Alter-Major-Chakra: Das Alter-Major-Chakra befindet sich in der Mitte des Hinterkopfes am Haaransatz. Es ist der Sitz des höheren Willens und stellt ein Tor zu den oberen spirituellen Chakren dar. Durch dieses Chakra können wir Botschaften unserer Seele erhalten.

Empathie: Die Empathie ist die Begabung Gefühle und/oder Stimmungen eines anderen Lebewesens zu erfassen und zu verstehen. Empathische Menschen verfügen über eine außerordentliche Sensibilität.

Geistführer/geistige Führung: Unsere geistigen Führer sind hoch entwickelte Seelen bzw. geistige Wesen, die uns zur Seite gestellt wurden, damit sie uns in unserem Erdenleben begleiten. Im Grunde sind sie eher geistige Begleiter als Führer. Denn sie führen uns nicht in unserem Leben umher, sondern sie begleiten uns auf allen unseren Wegen. Egal wie wir uns entscheiden, sie gehen mit uns und urteilen nicht über unsere Entscheidungen. Wir können sie um Hilfe, Schutz, Führung und Beistand bitten.

Göttliches Selbst: Unser göttliches Selbst ist der Teil von uns, der noch im Kontakt mit dem Göttlichen steht. Dieser Teil hat die göttlichen Gefilde nie verlassen. Er ist absolut heil und verfügt über eine große Weisheit.

Hohes Selbst: Unser Hohes Selbst ist die Instanz, die über unsere Inkarnationen wacht. Sie ist Teil unserer Seele und hat Überblick über unser aktuelles Leben, unsere vergangenen Leben, unseren Seelenplan, unsere Lebensaufgabe und Lebensthemen. Unser Hohes Selbst steht in direktem Kontakt mit unserer geistigen Führung und unseren Seelengeschwistern bzw. Seelenverwandten.

Kundalini: Die Kundalini ist eine spirituelle Energie des Menschen, die am unteren Ende der Wirbelsäule lokalisiert ist. Die Kundalini wird häufig in Zusammenhang mit sexueller Energie und Lebenskraft gebracht. Sie stellt eine enorme Energiequelle dar. Die Erweckung der Kundalini kann mit tiefgreifenden Prozessen begleitet sein und sollte niemals leichtfertig forciert werden. Bei Interesse an der Arbeit mit dieser Energie empfehle ich hierzu weiterführende Literatur zu lesen.

Luzides Träumen: Der luzide Traum ist ein Traum, in dem man sich während des Träumens absolut bewusst ist, dass man träumt. Das Traumgeschehen kann somit willentlich beeinflusst werden.

Samadhi: Ist der Zustand, in dem wir das Einssein mit Gott fühlen. Den Samadhi-Zustand erleben wir nur jenseits unseres Bewusstseins. Er wird auch als Erleuchtungserlebnis bezeichnet.

Seelen

Junge Seelen: Junge Seelen waren noch nicht so häufig in einem materiellen Körper inkarniert. Sie haben ihren Inkarnationszyklus erst begonnen.

Alte Seelen: Sie waren schon sehr oft auf der Erde oder einem vergleichbaren Planeten inkarniert. Sie haben schon oft einen dichten, materiellen Körper bewohnt. Viele Menschen mit alten Seelen erfahren eine gewisse Lebensmüdigkeit. Sie möchten nicht mehr inkarnieren und hoffen, dass ihre gegenwärtige Inkarnation ihre letzte ist.

Seelenverwandte

Dualseele: Die Dualseele ist unsere gegensätzliche Entsprechung. Dualseelen sind zwei, die eines sind. Sie ist unserer Seele als ewiger Gefährte zugeteilt.

Seelengefährten/Seelenpartner: Einen Seelengefährten kennen wir aus einem vergangenen Leben. Mit ihm verbinden uns prägende Erfahrungen. Mit unseren Seelengefährten lebten wir unterschiedlichste Verbindungen, waren Verwandte oder auch in einer Partnerschaft miteinander liiert.

Seelengeschwister: Seelengeschwister sind die Seelen, die unserer Seelenfamilie angehören. Mit ihnen begannen wir unseren derzeitigen Inkarnationszyklus.

Zwillingsseele: Die Zwillingsseele ist unser ewiger seelischer Zwilling. Zwillingsseelen sind Eins, die Zwei sind – eine Seele in zwei Körpern.

Selektive Wahrnehmung: Wenn uns im Inneren ein bestimmtes Thema beschäftigt, dann wird uns dieses Thema im Außen vermehrt begegnen. Unsere Wahrnehmung und Aufmerksamkeit sind auf diese Themen hin ausgerichtet. Außerdem befindet sich das Thema in unserem Energiefeld und wir ziehen entsprechend dem Gesetz der Resonanz im Außen alles an, was mit diesem Thema in Resonanz ist. Das, was in uns ist – begegnet uns laut dem Gesetz der Resonanz im Außen.

Synchronität: Synchron bedeutet gleichzeitig. Bei der Synchronität stellt man fest, dass man in genau demselben Moment dasselbe getan oder erlebt hat, wie seine Dual- oder Zwillingsseele.

Synchronizität: Bei der Synchronizität geschehen ebenfalls zwei sehr ähnliche Dinge gleichzeitig, oder nahezu gleichzeitig. Eines erfolgt im Außen, das andere im Inneren eines Menschen, ohne dass es eine erkennbare gemeinsame Ursache gibt.

Telepathie: Telepathie ist Gedankenübertragung. Gedanken werden unabhängig von der Entfernung auf andere übertragen.

Transpersonale Punkt: Der Transpersonale Punkt befindet sich circa 40 cm über dem Kronenchakra. Das Transpersonale Chakra steht mit unserer Lebensaufgabe in Zusammenhang. Der Transpersonale Punkt ist die Haupteintrittspforte für universale Energie und ist die Tür zu feinstofflichen Ebenen. Durch das Transpersonale Chakra können wir außerdem Kontakt zu unserem Hohen Selbst herstellen.

Urquelle allen Seins: Als Urquelle allen Seins wird in der Metaphysik die urewige Kraft bezeichnet, die wir Gott nennen. Da der Begriff Gott sehr religiös besetzt ist, spricht man in der Metaphysik von der Urquelle allen Seins, als der Instanz aus der alles, was existiert, hervorgegangen ist. Sie ist die Quelle allen Lebens, aller Existenz.

Zwillingsteilchenphänomen: Ein Phänomen aus der Physik. Forscher stellten fest, dass zwei Teilchen, die aus derselben Urquelle zur selben Zeit hervorgegangen sind, so miteinander verschränkt sind, dass sie sich wie ein Teilchen verhalten. Ändert zum Beispiel ein Teilchen, das von dem anderen räumlich getrennt wurde, seine Richtung, so widerfährt diese Richtungsänderung dem anderen Teilchen ebenso ohne zeitliche Differenz. Die Wissenschaftler stehen vor einem Rätsel, wie dies sein kann, da die beiden Teilchen keinerlei Möglichkeit haben miteinander zu kommunizieren. Bis heute ist das Zwillingsteilchenphänomen nicht erforscht. Meine persönliche Meinung dazu ist: Die beiden Teilchen werden zwar als *zwei* Teilchen wahrgenommen, sind jedoch in Wirklichkeit *ein* Teilchen.

Zusätze

Literaturempfehlungen

Das Geheimnis der Dualseelen, Seelengefährten und Seelengeschwister
Sandra Ruzischka, **Bohmeier Verlag**
Mein erstes Buch über Seelenverwandtschaft. In diesem Buch geht es um Dualseelen und Zwillingsseelen gleichermaßen. Die anderen Seelenverbindungen erkläre ich ebenfalls. Hier sind meine allerersten Erfahrungen, Erkenntnisse, Fazite und Gedanken aufgeschrieben. Der Praxisteil enthält ein paar einfache, aber sehr effektive Meditationen und Praktiken, mit denen man sich selbst helfen kann. Gedichte und Grafiken zum Thema lockern Theoretisches auf.
Dieses Buch empfehle ich allen Interessierten als Einstieg in die komplexe Thematik der Seelenverwandtschaften.

Dualseelen im Licht der Reinkarnation
Shanya Ashram, Bohmeier Verlag
Dieses Buch beschreibt auf gut lesbare Weise in Romanform die gemeinsamen Inkarnationen zweier Zwillingsseelen. Besonders schön finde ich die Erkenntnis, dass es zwar gelegentlich sehr dramatische Leben gibt – letztlich aber immer die Liebe siegt.

Die Prophezeiungen von Celestine
James Redfield, Heyne Verlag
In diesem Buch wurden viele bedeutende spirituelle Erkenntnisse in eine leicht lesbare Romanform verpackt. Das Phänomen der energetischen Interaktionen zwischen Menschen wird auf sehr anschauliche Weise beschrieben. Dieses Buch ist ein richtiges Kultbuch geworden. Es gibt inzwischen einige Folgebände und einen sehr schönen Film davon.

Gemeinsam geliebt
Alma Milian, novum pro
Ein sehr gut lesbarer Roman über eine wundervolle Seelenliebe. Die Geschichte hat mich sehr berührt, weil sie die Gefühle und Gedanken der Autorin beschreibt. Ich konnte mich sehr gut in ihre Gedanken- und Gefühlswelt einfühlen.

Reiki | die sieben Grade
Barbara Simonsohn, Hans-Nietsch-Verlag
Das derzeit aktuellste Reikibuch von Barbara Simonsohn ist meines Erachtens auch das beste und informativste. Es informiert gut lesbar und komplex über das komplette siebenstufige Reikisystem.

Wenn lieben weh tut
Manuela Rösel, Starks-Sture Verlag
Dieses Buch richtet sich vor allem an den Partner, die Partnerin eines an Borderline erkrankten Menschen. Das Buch gibt einen guten Einblick in die Thematik und gibt wertvolle Informationen über das typische Verhalten beider Seiten.

Wir wollten doch die Engel
Nora Scholz, Kindle-Edition, bei Amazon.de erhältlich.
Ein Roman über die Liebe von Zwillingsseelen, die als Zwillinge inkarnierten. *„Ich liebe dich mehr als mein Leben!"* Da mir das Gefühl hinter diesen Worten nur zu bekannt war, fesselte mich dieser Roman, der durch die geschilderten Gefühle und Situationen nicht nur mitreißt, sondern einen ganz besonderen Zauber auf mich als Leserin bewirkte. Die Weise, wie die Autorin Gefühle und Gedanken beschreibt, ließen mich an vieles erinnern, das ich selbst in ähnlicher Weise gefühlt habe. Die Liebe, die tiefe Verbundenheit, der unsagbare Schmerz wegen der Trennung von seinem geliebten Zwilling. Alles alte Bekannte in einem Roman, der mich schon seiner Thematik wegen an meine Dualseele und unser gemeinsames vergangenes Leben erinnerte. Zwillinge, ein Junge und ein Mädchen – sie lieben sich über alles – für immer! Verbotene Liebe, das gemeinsame Kraftfeld, Seelenverwandtschaft.

Weiterführende Informationen und Kurse

Informationen über Kurse und Angebote für deine persönliche, spirituelle Entwicklung und Hilfe zur Klärung deiner Seelenverbindungen erhältst du unter folgender Adresse.
Das Kursangebot wird laufend aktualisiert und erweitert.

Sandra Ruzischka
Tel. 0049 (0)89/89 68 99 91
Mobil 0179/50 56 202
reikilichtung@email.de
www.dualseelenhilfe.de
www.sandra-ruzischka.de

Aurareading, Auraclearing, Aurahealing, Aurainformation, Auracheck, mediale und metaphysische psychologische Beratung

Kompetente metaphysische psychologische Beratung sowie Aurareadings, Auracheck, Auraclearing, Aurahealing und Aurainformation für sämtliche Lebenssituationen; insbesondere spezielle Readings zur persönlichen Dual- und Zwillingsseelenthematik. Über das Aurareading hinaus, Hilfe, metaphysische Beratung und Unterstützung bei Problemen mit der Dualseele, der Zwillingsseele oder einem Seelenpartner.

Authentisches Reiki

Ausbildung aller Grade für persönliches Wachstum und Lehrergrade, Anwendungen, Reikitreffen + Reikimarathon.

Immer wieder biete ich spezielle Kurse aller Grade an, die zusätzlich zum üblichen Inhalt ganz speziell auf die Dual- und Zwillingsseelenthematik eingehen und hierfür viele Tipps und praktische Anwendungsbeispiele beinhalten. Informationen über Kurse gibt es bei mir persönlich unter oben genannten Kontaktdaten, oder auch hier: www.dualseelenhilfe.de, www.reikilichtung.de

Dualseele, Zwillingsseele, Seelenpartner

Workshops, Beratungen, Unterstützung, Einzelsitzungen, Aurareadings, Auraclearing, Aurahealing und Aurainformation, Transformationen von Schwüren, Gelübden, Eiden, Flüchen etc. aus vergangenen Inkarnationen. Heilvolle und liebevolle Trennung belastender energetischer Bänder, Klärung des energetischen zwischenmenschlichen Interaktionsfeldes, Stärkung der Seelenverbindung. Seelenteilrückholung und -heilung, individuelle und persönliche spirituelle Wegbegleitung.

Dualflammenaktivierung

Seminar zusammen mit meiner Dualseele. Indem wir hochfrequente, spirituelle Energien mittels spezieller Einweihungen übertragen. Diese Energien bewirken eine Ausbalancierung der persönlichen Yin- und Yang-Anteile sowie eine Harmonisierung auf der Seelenebene. Näheres, sowie Termine unter: **www.dualflammen-energie.de**

Metaphysische Geistheilung

Kompetente metaphysische Geistheilung für alle Ebenen – Körper, Seele und Geist. Die metaphysische Geistheilung ist bei allen Seelenthemen sehr heilvoll, da sie direkt durch hochschwingende, göttliche Energien in der Seelenebene wirkt. Telefonische Anmeldung siehe oben.

Meditationsseminare, -workshops und -abende

Meditationen zu verschiedenen Themen: Seelenverwandtschaft, Dual- und Zwillingsseele, die Anwendung der geistigen Gesetze im Leben, Fülle, Geld, Materialisieren, der eigene Schöpfer sein, etc.

Wahrnehmungsseminar

Kontakt zum eigenen Hohen Selbst, der inneren Stimme, Energien wahrnehmen, visualisieren lernen.

Bildnachweise

Titelbild „Galaxien" – Das Titelbild mit den Spiralgalaxien ist eine Fotomontage, aus zwei verschiedenen Bildern. Der untere Teil ist der Walchensee (© *Sandra Maria Ruzischka*). Der obere Teil mit den Galaxien ist ein Bild von fotolia.com (http://de.fotolia.com/id/20855395, Autor rolffimages). Wir danken vielmals für die Lizenzüberlassung.

kaoli

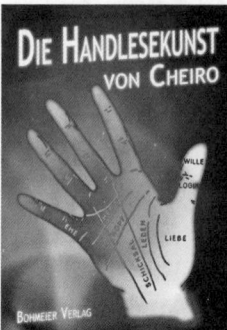